美国法律判例故事系列

宪法故事

（第二版）

Constitutional Law Stories

Second Edition

[美]迈克尔·C·道夫　主编
（Michael C. Dorf）

李志强　牟效波　译
张千帆　审校

中国人民大学出版社
·北京·

译者简介

李志强，北京大学法学博士，外交部工作人员。主要研究兴趣：宪法学、行政法学。

牟效波，北京大学法学博士，北京行政学院法学部讲师。主要研究兴趣：宪法学、行政法学。

鸣 谢

《宪法故事》第二版是各章作者和其他工作人员共同努力的作品。保罗·卡伦巧妙地说服我主编本书的第一版。我当时还没有意识到从此我将作出一个终身的承诺。基金出版社的约翰·布鲁奎斯特和吉姆·科茨一直都是那么的耐心，虽然我和一些章节的作者曾接连错过交稿的最后期限。西尔维亚·芭比基安和尼尔·凯利作为研究助理，在第一版助理工作的基础上，为本书的最新修订版作出了卓越的贡献。在此我还要感谢第一版的助理们，他们是：卡瑞萨·凯恩，亚基瓦·戈德法布，约翰·劳弗，斯科特·马丁，蕾妮·帕拉迪斯和扎卡里·特里普。理查德·班克斯是我自己拙劣规划的受害者，我曾请他为本书的第一版写了一篇关于反原则案例的故事，但是为了给第二版的一个新章节腾出空间，我非常不情愿地裁掉了他那精彩的一章。谢丽·寇伯为本项目几乎在每一个方面都提供了明智的建议。最后，感谢《宪法故事》的主人公们，在世的和不在世的——他们当中的许多人从未想要成为全国性重大争议的人物。

迈克尔·C·道夫

伊萨卡，2009 年

CONSTITUTIONAL LAW STORIES

目录

Contents

导言：将个人放回到“我们人民”当中

迈克尔·C·道夫

李志强　译

要从数百个构成宪法原则（canon）[1]的案例中仅仅选取15个组成这本《宪法故事》，是一件令人生畏的工作。我的选择仅仅是——我自己为汇集一组能加深对宪法事业整体理解的有趣故事选所做的特殊努力。几乎没有读者会认为，我纳入本书的每一个案例或是所有我所忽略的都是合理的。尽管如此，我还是要以解释为什么我会选择纳入这些案例和排除其他案例作为开头，希望我的解释能够对阐明本书的整体目标提供一些帮助。

在选择《美国法律报告》中的宪法案例时，我部分地依赖法学院课程表上的惯例。一些标志性案例，如马普诉俄亥俄（*Mapp v. Ohio*）[2]，吉登诉温莱特（*Gideon v. Wainwright*）[3]，以及米兰达诉亚利桑那（*Miranda v. Arizona*）[4] 都被归入刑事诉讼课程；彭努依尔诉内夫（*Pennoyer v. Neff*）[5]，高登伯格诉凯利（*Goldberg v. Kelly*）[6]，以及马修诉埃尔德里奇（*Mathews v. Eldridge*）[7] 都被纳入民事诉讼课程；重要的征收条款判决，例如宾夕法尼亚诉马文（*Pennsylvania v. Mahon*）[8]，卢卡斯诉南卡罗来纳海岸委员会（*Lucas v. South Carolina Coastal Council*）[9]，以及诺兰诉加利福尼亚海岸委员会（*Nollan v. California Coastal Comm'n*）[10] 一般都被保留给财产法课程。这些学科界线毫无疑问都有很强的任意性，但是《宪法故事》（其中）的一个功用是作为法学院一年级宪法课程的参考读物，因而我将我的选择局限于这门课程的主流：权力分立和联邦制的结构性议题；平等保护；以及个人权利（包括第一修正案上的各项权利）。

本书的第一版略掉了最近发生的可能是联邦最高法院数十年来最具争议的案例，布什诉戈尔案（*Bush v. Gore*）。[11] 正如许多评论家注意到的，联邦最高法院声称本案的处理是具有特殊性的（sui generis）[12]，并提醒大家说，

---

① 参见 J. M. Balkin & Sanford Levinson, *The Canons of Constitutional Law*, 111 Harv. L. Rev. 963 (1998)。

② 367 U. S. 643 (1961).

③ 372 U. S. 335 (1963).

④ 384 U. S. 436 (1966).

⑤ 95 U. S. 714 (1877).

⑥ 397 U. S. 254 (1970).

⑦ 424 U. S. 319 (1976).

⑧ 260 U. S. 393 (1922).

⑨ 505 U. S. 1003 (1992).

⑩ 10 483 U. S. 825 (1987). 10 参见 J. M. Balkin & Sanford Levinson, *The Canons of Constitutional Law*, 111 Harv. L. Rev. 963 (1998).

10 367 U. S. 643 (1961).

10 372 U. S. 335 (1963).

10 384 U. S. 436 (1966).

10 95 U. S. 714 (1877).

10 397 U. S. 254 (1970).

10 424 U. S. 319 (1976).

10 260 U. S. 393 (1922).

⑪ 531 U. S. 98 (2000).

⑫ 同上注，第109页（"我们的考虑仅限于当前的情形，因为选举程序中的平等保护问题一般会有很多复杂性。"）。

这一裁决的理念“是一张限制性的火车票，只对当天当次列车有效”[13]。但是，最初将布什诉戈尔案从《宪法故事》一书中忽略，与其说是因为我认为该案缺乏原则性效力的结果，还不如说是因为我意识到，在乔治·W·布什总统的第一个任期，该案在我们的集体记忆中还足够清晰，以至于他的故事没有必要被详述。现在，随着布什政府步入历史，关于布什诉戈尔案的客观讨论既有可能也有必要。迈克尔·格哈特在第四章里做到了这一点，甚至更多。

同样，第一版也忽略了直接由2001年9月11日的恐怖袭击以及随后国内的回应，或是在阿富汗和伊拉克的军事行动所引发的案件或材料。在这里，同样是因为当时直接的背景事实在记忆中依然鲜活，也同样，现在已经是回顾这些案件的成熟时机了。但是，正如本杰明·惠斯和汉娜·尼普拉施在本书第二版第十五章所显示的，即使是在今天，由关塔那摩湾海军基地和其他地方拘押敌方战斗人员而引起的核心议题，仍然在很大程度上没有答案。因此，正如尼尔·哥坦达在第七章中开篇就讲到的，“是松诉合众国案（*Koremastu v. United States*）[14] 拒绝走入历史”。

《宪法故事》可能反映了我自己的观点，即原意理解与当代宪法论辩的相关性有限[15]，因此，本书可能带有一些当代主义（presentist）的偏见。只有两个联邦创立时期的案例——马伯里诉麦迪逊（*Marbury v. Madison*）[16]和麦考洛克诉马里兰州（*McCulloch v. Maryland*）[17]——在不同的章节中被探讨过。有人肯定能够讲出其他一些引人入胜的故事，例如在联邦最高法院就吉本斯诉奥格登案（*Gibbons v. Ogden*）[18] 作出裁决之前，纽约州和新泽西州是如何因哈德森河上汽船（运营）权的争执而近乎开战的。[19] 同样，安德鲁·杰克逊总统对首席大法官约翰·马歇尔在伍斯特诉佐治亚州（*Worcester v. Geogia*）[20] 一案中的判决意见作出了愤怒的回应，这同样可以成为另一个好故事。但是我还是倾向于将更多与现代原则直接相关的案例纳入本书。

这并不是说我只选择那些构成“良法（good law）”的案例。相反，除

---

[13] *Smith v. Allwright*, 321 U. S. 649, 669 (1944). 例如参见 Philip P. Frickey, *Doctrine, Context, Institutional Relationships, and Commentary: The Malaise of Federal Indian Law Through the Lens of Lone Wolf*, 38 Tulsa L. Rev. 5, 34 (2002) (援引了限制性火车票的比喻); Linda Greenhouse, *Thinking About the Supreme Court After Bush v. Gore*, 35 Ind. L. Rev. 435, 436 (2002) (同样援引了该比喻); Pamela S. Karlan, *Exit Strategies in Constitutional Law: Lessons for Getting the Latest Dangerous Branch out of the Political Ticket*, 82 B. U. L. 667, 696 (2002) (同样援引了该比喻)。

[14] 323 U. S. 214 (1944).

[15] 参见 Michael C. Dorf, *Integrating Normative and Descriptive Constitutional Theory: The Case of Original Meaning*, 85 Geo. L. J. 1765, 1767 (1997)。

[16] 5 U. S. (1 Cranch) 137 (1803).

[17] 17 U. S. (4 Wheat.) 316 (1819).

[18] 22 U. S. (9 Wheat.) 1 (1824).

[19] 绘声绘色的描述，可以参见 David Lear Buckman, *Old Steamboat on the Hudson River* 37-42 (1907)。

[20] 31 U. S. (6 Pet.) 515 (1832). 据传杰克逊这样说：“既然约翰·马歇尔已经作出了判决，现在让他自己去执行判决吧。” 1 Charles Warren, *The Supreme Court in United States History*, 759 n. 53 (修订于1926年)。虽然这句话可能是杜撰的，但是真实的故事本身也是非常有趣的。参见 Barry Friedman, *The History of the Countermajoritarian Difficulty, Part One: The Road to Judicial Supremacy*, 73 N. Y. U. L. Rev. 333, 399-401 (1998)。

了马伯里案和麦考洛克案以外，我所选取的其他两个19世纪的案例，包括德雷克·斯科特诉桑福德案（*Dred Scott v. Sandford*）[21] 和普莱西诉弗格森案（*Plessy v. Ferguson*）[22] 都提供的是令人警醒的故事。此外，3个20世纪的案例——洛克纳诉纽约州案（*Lochner v. New York*）[23]，惠特尼诉加利福尼亚州案（*Whitney v. California*）[24]，以及是松诉合众国案（*Korematsu v. United States*）——都起着类似的作用，尽管正如大卫·伯恩斯坦在第九章中解释的，最近的一股学术潮流开始重新考虑对洛克纳案及其衍生案例的污蔑中伤。相反地，在一些读者看来，罗伊诉韦德案（*Roe v. Wade*）[25] 似乎也是一个令人警醒的故事，尽管它肯定不是露辛达·芬利在第十章描述的那样。最后，即使是那些在判决理由仍然有效的意义上构成良法的案例，也常常在一些论文著作中被认为是遵循了错误的判决逻辑或是建立在有问题的推理之上。

通过将许多推理不严或是在道德层面有问题的判决纳入本书，我想要同法学院的学生和宪法领域学者所共有的一种冲动——将美国宪政史看作是不断展现独立宣言所宣称的和宪法所铭刻的那些理想的历程这种倾向——做斗争。这种神话般的故事将建国描写成一种神圣的鼓舞人心的大事——“费城奇迹”——将宪法[26]和庄严的联邦最高法院的权威解释[27]都神圣化。即使有些深思熟虑的声音承认宪法是在奴隶制的原罪中设计构思的[28]，但是它们仍然倾向于将宪法随后的演变看作是一个稳步前进的历程。[29] 诚然，很少有人否认这个国家和联邦最高法院曾经不时偏离正确的道路——如在19世纪70年代南方复辟（Southern Redemption）时期，曾推迟（几乎一个世纪）实施重建修正案[30]，或是（几乎是同时）在联邦最高法院和州高等法院援用合同和财产权利来阻挠非常进步的立法——但是这些时期被看作是异常时期。

美国人这种对宪法和以宪法代言人名义发言的联邦最高法院盲目迷恋的倾向，因普通法传统下律师和法学专业的学生试图将案例合理化的倾向而变得更加严重。作为对法律现实主义和其他对宪法原则批评性描述的回应，我自己常常要求我的学生将他们的要点整理到可以放进案情摘要（brief）的程度。法律论证的陈规是要求律师们把案例当做良法而非恶法，即使是表面上看似残酷无情，其在更深层次上依然是正确的。结果，法律专业的学生和律师们持续地合理化那些非常坏的判决。正如罗纳德·德沃金解释的，普通法律师这样解释权威文本和先例是为了能够对法律从整体上做最好的理解。[31]

---

[21] 60 U. S. (19 How.) 393 (1856).

[22] 163 U. S. 537 (1896).

[23] 198 U. S. 45 (1905).

[24] 274 U. S. 357 (1927).

[25] 410 U. S. 113 (1973).

[26] 参见 Michael Kammen, *A Machine That Would Go of Itself* (1986)。

[27] 参见 Henry P. Monaghan, *Our Perfect Constitution*, 56 N. Y. U. L. Rev. 353 (1981)。

[28] 参见 Thurgood Marshall, *Reflection on the Bicentennial of the United States Constitution*, 101 Harv. L. Rev. 1, 2-5 (1987)。

[29] 同上注，5页（描述了美国宪法“200年的历史中充满希望的演进”）。

[30] 参见 Eric Foner, *Reconstruction: America's Unfinished Revolution, 1863-1877* (Perennial Library ed. 1989)。

[31] 参见 Ronald Dworkin, *Law's Empire*, 167-75, 186-224 (1986)。

一个人按照最好的理解去解释一系列的有害判决，这在理论上是可能的，但是人的理智又倾向于从认知的不一致上退缩。因而，律师式的合理化规则在更加宽广的范围上，与我们的宪法文化指向同一个赞美的方向。纳入本书的这些令人警醒的故事应该会给这种赞美的冲动泼上一盆冷水。

尽管如此，人们一定要小心别犯另外一个方向上的错误，并把联邦最高法院妖魔化。一些判决意见是有理由获得赞扬的。《宪法故事》中讨论的两个言论自由案件——惠特尼诉加利福尼亚州案和西弗吉尼亚州教育委员会诉巴内特案（*West Virginia State Board of Education v. Barnette*）[32]——可以作为例证。在这两个案件以及其他案件中，本书想要比普通的宪法或第一修正案案例著作在解释我们赞扬的是什么以及为什么值得赞扬方面研究得更加透彻。在第十一章，阿索托什·巴瓦揭示了布兰代斯（Brandeis）法官的言论自由哲学如何与霍姆斯（Holmes）法官的不同，以及为什么布兰代斯的观念比霍姆斯自由市场理念的比喻更适合美国民主传统。在第十二章，文森特·布拉西和西娜·谢弗林认为，沉默权的价值与其说在于不被外部观众误解，还不如说是为了避免因强制认可（compelled affirmation）而对观念形成造成内部干扰。

宪法学里最热闹的当然是受到争议的领域，而知道错误判例（anti-canon）的构成并不总是对构建宪法的正面解释有用。例如在第六章普莱西诉弗格森案的故事中，谢丽尔·哈里斯给人们留下了这样一个疑惑，种族隔离的法律怎么可能在这片土地上保持了 60 年呢？但是她仍然展示了种族隔离法的核心假设因为被重构过，所以并没有遭到多少批判。知道我们国家现在反对“隔离但平等”并没有告诉我们究竟将去往何方。（第一位）法官哈兰的反对意见书用连续的语句清楚地表明平等保护条款谴责等级制度原则，同时也阐明了色盲（colorblindness）原则。[33]虽然在当下大多数就宪法平等含义的辩论中，这两个原则是互相对立的。正面行动（affirmative action）项目是违反了色盲原则，但其目的在于同种族等级制度做斗争，这种建立在种族基础上的措施是否违反了宪法呢？哈兰在普莱西案中的反对意见和布朗诉教育委员会案（*Brown v. Board of Education*）[34]——这一判决在教育领域谴责普莱西案，但是基本上也就说了这么多——都没有回答这个问题。哈里斯认为，普莱西案本身就包含着“色盲”这个现代形式主义原则的明确先例。

就布朗案遗产的争论和《宪法故事》的理念，整体可以作为霍姆斯大法官在其洛克纳案反对意见中评论的例证。在该意见中他主张“普遍的主张不能用来判定具体的案件”[35]。这一行字是与霍姆斯《普通法》一书中引用率排名第四的一句话相连着的一个片段，那句话就是“法律的生命不在于逻辑，而在于经验”[36]。人类的事务是凌乱的，而法律常常仅是它的反映，而非一成

㉜ 319 U. S. 624 (1943).

㉝ 参见 Plessy，163 U. S. at 559（哈兰大法官的反对意见）（“这里没有等级制度。我们的宪法是色盲……”）。

㉞ 347 U. S. 483 (1954).

㉟ Lochner，198 U. S. at 76（霍姆斯大法官的反对意见）。

㊱ Oliver Wendell Holmes，Jr.，*The Common Law* 1 (1881).

不变地将秩序施加于这生活的凌乱之上。因此，要理解法律，仅仅了解那些常规的，常常是陈腐的所谓妙策（nostrums）是远远不够的。不论考虑的问题是普通法还是宪法，抽象的陈述如“任何人不能从他自己的错误行为中获益”㊲，还是“种族归类只有在必要且仅仅是为了获得令人信服的利益时方才可以允许”㊳，最多只能给司法判决提供考虑的参考；实际判决是建立在一系列额外因素之上的，这些因素只有通过对围绕案件的社会事实高度的熟悉才能被理解。

这一对待法律的方式在哲学意义上是“实用主义的”。一些实用主义的批评者将实用主义这个术语与一种行为——结果主义联系在一起：按照这种观点，做一个实用主义的法官，就是“不管通过什么方法，只要按照对未来产生最有利结果的方式判案就行”㊴。但是，查尔斯·桑德斯·皮尔斯、亨利·詹姆斯和约翰·杜威的美国传统上的哲学实用主义并不仅仅面向结果；它同样还反对宏大理论和抽象理念；它是以自下而上而非自上而下的方式理解和回应这个世界的。它揭示出这样一个道理：要理解宪法的事业，我们去了解那些生活被宪法裁判过程改变的人们的丰富细节，要好过我们去构建一个关于宪法是如何解释或是应当如何解释的人造总体性理论。

但是我们并不需要实用主义地自下而上。毕竟，即使是霍姆斯——法律领域完全的实用主义者㊵——也不是坚决反对抽象理论或是只支持自下而上的路径。事实上，在霍姆斯的《法律之道》一书中，他讲述了一个治安法官的精彩故事。这名治安法官，面对一件由两个农民就一个破搅拌桶（这个搅拌桶是一个农民借给另一个的）发生争议的案件，作出有利于被告的裁决，因为他找不出任何法律曾设立不准打破搅拌桶的义务。㊶ 这个愚蠢的治安法官忽略了一点，那就是法律是——或者在霍姆斯看来，应当是——按照抽取掉被借的搅拌桶和被借的其他物品之间差别的法律类别来组织的。霍姆斯一方面相信具体经验优先于逻辑的信条，另一方面则偏爱运用法律而非社会或自然的范畴，而霍姆斯的追随者要面对的挑战是调和两者。㊷

㊲ Ronald Deworkin, *Taking the Rights Seriously* 22－24 (1977)（发现这一原则在 *Riggs v. Palmer*, 22 N. E. 188 (N. Y. 1889) 中起了决定性作用)。

㊳ Metro Broadcasting, Inc. v. F. C. C., 497 U. S. 547, 602 (1990)（奥康纳大法官的反对意见)。

㊴ Richard H. Fallon, Jr., *How to Choose a Constitutional Theory*, 87 Calif. L. Rev. 535, 564 (1999). 罗纳德·德沃金是他所称的实用主义的又一批评者，他也使用了这个术语作为结果主义的一个同义词。参见 Dwokin，前注㉛，第 160 页（“实用主义……说法官应当遵循那些他们所相信的，只要能对未来社会产生最佳效果的判案方法。”)。尽管法律经济学运动（理查德·波斯纳法官在其中起了重要作用）可以说将判决和其他法律活动降低到功利主义计算的地步，波斯纳自己的著作也不赞成将实用主义描述为行为—结果主义。例如参见 Richard A. Posner, *Pragmatism Versus Purposivism in First Amendment Analysis*, 54 Stan. L. Rev. 737, 738 (2002)（实用主义“很容易被嘲笑为是没有原则的，临时应对性的（ad hoc）和‘政治性的’；但是只有在人们认为必须不顾司法裁决直接的和体系性后果时它才是如此，而没有任何称职的实用主义法官会相信这一点”。)。

㊵ 关于霍姆斯与皮尔斯、詹姆斯和杜威的关系，参见 Louis Menand, *The Metaphysical Club: A Story of Ideas in America* (2001)。

㊶ 参见 Oliver Wendell Holmes, Jr., *The Path of the Law*, 10 Harv. L. Rev. 457, 474－75 (1897)。

㊷ 正如弗里德里克·肖尔法所观察到的，霍姆斯并非赞成大的抽象归类而不支持小的具体归类，而是支持相对于社会或自然归类的法律归类。参见 Frederick Schauer, *Principles, Institutions, and the First Amendment*, 112 Harv. L. Rev. 84, 109 (1998)（“法律归类没有必要大过现实世界的归类。毕竟，昆虫的种类要远远多于侵权的种类。”)。

霍姆斯就这些议题的看法是否内在地一致并不是我这里所关注的。但是有一个密切相关的谜团不易解开。这个问题在于联邦最高法院判决程序的核心。一方面，由于大法官们对案件的受理有几乎完全的控制权[43]，联邦最高法院并非上诉法院。联邦最高法院的规则说得很明白，除了极少数例外，它只会接手那些在当事人之外还提出有关个人和机构含义议题的案件。[44] 另一方面，联邦最高法院又通过解释宪法第三条中案件或具体争议（case-or-controversy）的措辞排除了联邦法院（包括它自己）去考虑脱离具体、成熟和对抗性争议背景的抽象法律问题的可能。[45] 这种双重的——几乎是矛盾的——要求合理性何在？

常规的答案大概是这样：(1) 如果没有对案件受理的决定权，联邦最高法院将会被无足轻重的工作所淹没；(2) 只有通过选择审查的案件，联邦最高法院才能选取那些具有重大意义的争议，从而有效地进行审理工作；(3) 考虑到联邦最高法院缺乏民主可问责性，它不愿解决那些没有形成具体案件或争议的宪法性议题和其他全国性的紧迫议题；(4) 联邦最高法院在讨论发生在真实世界而非抽象领域的案件时，能够作出更好的判决；因而 (5) 在具体的可裁决的案件和争议世界里，联邦最高法院选择审理那些最紧迫的普遍问题。

前面提到的论点中首要的难点是第 (4) 步，在很多议题上是正确的东西，在另一些议题上却是错误的。当联邦和州政府制定了那些合宪性存疑的法规或规章时，面临着高昂服从成本的个人和组织就有强烈的利益去尽快地知道他们是否在事实上必须遵守它们。预先估计的可能和中止令状救济在某种程度上会减少在法律规则颁布与联邦最高法院最终判定其合宪性之间的迟延所带来的损失，但是这样一个间隔一般仍然以年计算。因为这个原因（还有其他原因），欧洲大多数的宪法法院都有权审查抽象立法，而在美国却禁止法院提供咨询性意见。[46]

实际上，美国联邦最高法院对具体案件的偏好有时似乎是一个形式而非实质问题。例如，正如加勒特·埃普斯在本书第十三章中所解释的，有关第一修正案（宗教）自由活动条款的中期（en route）结论是宪法并没有赋予宗教仪式的参与者豁免于那些普遍适用的并非针对宗教的法律，联邦最高法院介入了这样一个问题——在俄勒冈州明文规定使用佩奥特掌（peyote）是犯罪的情况下，（将其用于宗教仪式）是否违法——这个问题在案件实际发生之前本不起作用。法院明显将佩奥特掌诉讼看作是解决宗教豁免的这一普遍问题的便利手段，正如马歇尔法院将就马伯里先生担任治安法官资格展开的诉讼当成一个确立联邦最高法院司法审查权的机会。在这两个乃至其他的例子中，联邦最高法院将真实的凌乱的事实在很大程度上看成不相关的：法

---

[43] 联邦最高法院的绝大多数案件是通过对联邦上诉法院（根据 28 U.S.C. § 1254）和州高等法院（根据 28 U.S.C. § 1257）的调审令调过来的。

[44] 参见 Sup. Ct. R. 10。

[45] 参见 *Allen v. Wright*，468 U.S. 737，750－52 (1984)。

[46] 参见 Viokui C. Jackson & Marik V. Tushnet，*Comparative Constitutional Law* 607 (1999)（注意到了"欧洲流行的'抽象'审查"）。

院对阿尔·史密斯、威廉·马伯里和诺玛·麦科维（罗伊诉韦德案中的简·罗伊）的故事细节的关注，并不明显地比霍姆斯认为法院应当对农民究竟是借了一个搅拌桶还是借了一把犁的关注更多。

如果联邦最高法院似乎并不关心它所判决的案件背后的故事，为什么当事人之外的其他人要关注它们呢？一个原因是这些故事非常吸引人。本书中的15个故事每一个都有引人入胜的戏剧性场面，其间有激烈的冲突和来之不易的解决方案。但是《宪法故事》并不是仅仅作为消遣读物。它还有助于对联邦最高法院在宪法案件中的表现进行评估。

让我们把英美普通法系最高法院在宪法案例中采用的裁决方法和大陆法系公认的程式化裁决方法做一个比较。在后者中，法官认为他们的角色在于将由立法者制定的高度明确的、广泛的规则运用于任何提交给他们的事实之中。因为立法机关——在宪法裁决中则是制宪者——在原则上已经预计到了每一种情形，法官的任务在很大程度上被认为是机械的。相反，普通法系法官就更加雄心勃勃了。他们根据特定案件的情形量身定做法律规则和原则。相较于大陆法系的裁决（作为一个理想类型），普通法拥有灵活性的优点。[47]

当然，灵活性也是有代价的。首先，普通法法律原则的发展带有短视和路径依赖的风险。当联邦最高法院基于其特别赞同或者不赞同的事实，或者在重要利益缺乏代表的场合作出一项普遍性的规则时，这种通过特定当事人和事实类型就重要问题发表意见的方式可能扭曲了决策过程。

此外，普通法方式的灵活性给美国式宪法审判带来了特别的危险。关于合同、财产权和侵权的州普通法规则是默认规则（default rules），可以被立法机关中的多数票所废止。相反，美国最高法院的宪法判决只能由其自身修改或是通过宪法修订而改变。考虑到联邦最高法院对推翻自己先例的不情愿和修宪程序的高门槛（必须获得国会两院2/3多数的支持，外加3/4州立法机关的批准），联邦最高法院的宪法判决在很大程度上比州高等法院的普通法判决更加隔绝于民众的反对。考虑到联邦法官是终身任职而州法官常常要经受选举的考验，这一区别就更大了。在司法审查实践领域，我们有着亚历山大·贝克尔所称的著名的"反多数难题"[48]。

考虑到短视、路径依赖和篡权的风险，对联邦最高法院的工作设定高标准是合适的。要使得联邦最高法院的司法审查正当化，普通法方式的宪法解释至少要兑现其在法院考虑的案件中实现个案化正义的承诺。要判断联邦最高法院是否兑现了承诺的最好方式就是具体评估该法院的表现，就如本书中的文章所做的那样。

相应地，虽然《宪法故事》不是一本宪法理论书，但是它与美国宪法的核心理论问题高度相关：司法审查的实践是否可以被正当化，以及如果是的话，联邦最高法院应当采用何种或哪些宪法解释方法。

《宪法故事》中的一些章节明确地讨论这些问题。在第一章，迈克尔·麦康奈尔解释了在马伯里诉麦迪逊案作出判决的时代，关于法院压倒国会的

---

[47] 参见 Michael C. Dorf, *The Supreme Court*, 1997 *Term-Forward*: *The Limits of Socratic Deliberation*, 112 Harv. L. Rev. 4, 7 (1998)（注意到了适应性通常被看作普通法的一个优点）。

[48] Alexander M. Bickel, *The Least Dangerous Branch*: *The Surprising Court at the Bar of Politics* 16 (1962).

能力的争议比关于国会限制法院权力的能力的争议更少；在第八章，斯蒂芬·安索拉伯赫和萨缪尔·以萨迦沃夫评价了联邦最高法院在贝克诉卡尔案（*Baker v. Carr*）[49] 中通过扩展司法审查的范围，受理了对立法机关议席分配不公的挑战，从而进入了“政治荆棘丛”[50] 的判决；在第十四章，马克·图施耐特带我们转了一大圈（又回到本书的开头），他将波尔尼市诉弗洛雷斯案（*City of Boerne v. Flores*）[51] 看作是“现代版的马伯里案”，在这起案件中，议题已经不再仅仅是联邦最高法院是否有权就合宪性作出独立判断的问题，而是在何种程度上联邦最高法院是宪法解释的排他性机构的问题。

同样，关于解释方法：在第二章，丹尼尔·法伯尔将首席大法官马歇尔在麦考洛克诉马里兰州（*McCulloch v. Maryland*）一案中采用的宽泛方法，看作是为就宪法解释和联邦性质持续至今的辩论设定了术语；在第三章，吉姆·陈通过维克特诉费尔本案（Wickard v. Fillburn）[52] 探讨了司法机关在哪些事务上需要遵从国会的问题，以及该问题在就联邦权力范围展开的论争中的持续相关性；在第五章，克里斯托弗·艾斯格鲁伯注意到了德雷克·斯科特诉桑福德案与争议性的实质正当程序原则之间，与认为宪法应当根据那些立宪者和批准者的原意去解释的争议性主张之间的联系。实际上，在某种重要的意义上，正当性和方法论的问题在《宪法故事》的每一章都表现出来了。

然而，如果仅仅透过关于正当性和司法审查范围的维度去看待宪法就是一个错误了。尽管宪法的大部分是不可司法化的，但是宪法问题几乎不会消失；它们只是会被交给其他政府官员处理。关于宪法的重要辩论也曾发生在非司法背景下。麦考洛克案就是一个好例子：在本案中出现过的几乎所有关于合众国银行合宪性的观点之前，该问题在华盛顿行政当局内部都已经讨论过了。

在组织《宪法故事》的 15 个司法判决时，我并不是想要暗示宪法完全是由法院制定的。相反，本书中接下来的这些章节显示，联邦最高法院对宪法性案例的贡献比起其他主体所进行的问题架构（framing）来常常处于相对次要的地位。那些主体当然包括政府单位和官员，但是同样也包括私人律师和他们所代表的普通当事人。除了第十三修正案，宪法仅仅约束政府主体，但是它分配给这些主体的责任是与具体个人的权利和利益相互联系的。最后，《宪法故事》一书的观点——如果这本由 19 位观点各异的作者合著的作品能够有什么被浓缩成单独一点的观点的话——就是将作为个人的“人”，放回到宪法称之为“我们人民”的集体之中。

---

[49] 369 U. S. 186 (1962).

[50] *Colegrove v. Green*, 328 U. S. 549, 556 (1946)（法兰克福特大法官的判决意见）。

[51] 521 U. S. 507 (1997).

[52] 317 U. S. 111 (1942).

马伯里诉麦迪逊案的故事：让失败看起来像是胜利

迈克尔·W·麦康奈尔
李志强　译

1800 年的总统选举是美国历史上实力最接近、交锋最激烈的选举之一，在其之后又发生了美国宪法判例中最具争议的一起案件——马伯里诉麦迪逊案。围绕着谁在选举中胜出的争议在选举日之后仍持续了数月。尽管两位主要候选人整体上表现得非常克制和文明（他们也不是那种能激发大众热情的演讲者），他们两派的支持者却通过指控对方政治上和个人生活中的不正当行为而激起了民众情绪。每一党都不把对方视为一个合法的民主选项，而是对宪法十足的危险。一党被指控倾向于富人，以损害国会的代价加强行政部门的权力，进行了一场未经国会授权的非法战争（指 1798 年—1800 年间的美法战争，双方都没有正式宣战，译者注），夸大国家安全，践踏言论出版自由，并为了保护当政者的利益而侵犯外侨的权利。另一党则被指控煽动群众，信奉无政府主义和煽动叛乱，削弱美国的军事备战，缺乏对宗教和宪法传统价值的尊重，对工商业心存敌视，以及对全世界的革命抱有即使不是彻头彻尾的热情，也是危险的天真态度。而那场革命（指法国大革命，译者注）已经在一个主要国家制造了恐怖，而且可能将无序和混乱扩散到美国。

法官任命和司法哲学是竞选中一个主要的议题。现任总统和他的前任提名那些分享他们保守主义哲学观点的人做联邦法官。反对党则指责这些法官倾向于债权人和大地产主的利益，并支持对报纸编辑和其他批评行政当局的人提起诉讼。一些由现任总统任命的法官声称联邦法院有权在国会立法没有作出规定的情况下就判处一些公民有罪。反对党谴责联邦法官终身制的非民主倾向，这使他们隔绝于民主的压力，同时有权制定法律，并能够无视大众意志。

早些的选举出现了选举人票数的真正平局，整个国家按照地区界线彻底分裂了。最终结果取决于一个南方州，该州当局已经花了几周去决定究竟谁赢得了该州的选票。直到 12 月 12 日，结果公布了：共和党的候选人当选。

但是问题还没结束。根据那个年代奇特的选举规则，每一个选举人都会在总统选举中投两票，其中票数最多者当选总统，而第二名则当选副总统。因为所有的共和党选举人都把票投给了两位该党的候选人，所以杰弗逊和来自纽约州的竞选伙伴亚伦·伯尔又成了平局。在此情形下，选举结果的决定权就被交给了由约翰·亚当斯和亚历山大·汉密尔顿联邦党人主导的跛鸭众议院。这就造成了一个独特的政治交易机会：通过违背大众意愿，伯尔将被选为总统，他将以支持联邦党人的方式予以回报（为了自身的荣誉，亚当斯和汉密尔顿都不支持该计划）。在 3 个月的时间里，众议院出现了僵局。联邦党人控制的 6 个州的代表将票投向了伯尔，杰弗逊则控制着 8 个州，还有 2 个州处在分裂状态。虽然杰弗逊最终胜出，但是这一次联邦党人的阴谋差点就成功了，而且是以完全符合宪法规定的方式。无怪乎杰弗逊谴责这一计划为篡权，而弗吉尼亚州州长詹姆士·门罗威胁使用该州的民兵以阻止伯尔登上总统宝座。

在这场政权危机中，亚当斯总统和被打败的联邦党人试图保护国家免受其继任者的激进措施伤害，其手段就是掌握一个强有力而独立的司法分支，其成员由忠于联邦党原则的终身法官构成。①

亚当斯总统改造法院的愿望正逢其时，因为这时正好第三任联邦最高法院首席大法官奥利弗·艾尔斯沃斯辞职，而亚当斯的第一人选约翰·杰伊则婉拒了这个职位。总统现在将目光转向他最信任的内阁官员，来自弗吉尼亚的45岁的马歇尔。尽管其没有法官从业履历，但是马歇尔在美国独立革命中是一个杰出的战士；并曾作为弗吉尼亚的代表签署同英国的协议；还曾是国会众议院中的议员，在那里他是联邦党温和派的领导；曾在XYZ事件（指1797年—1800年间发生的法美外交纠纷，起因是三个法国密使向美国施压索贿的事件——译者注）时期做过驻法使节；现在则是国务卿，是亚当斯与法国成功和解的政策设计师。马歇尔曾经是一个极为能干的律师，却又性情温和，平易近人，这为他构建了广泛的联盟，并消除了反对者。尽管如此，他却不幸地有一个一直不能和睦相处的远亲——托马斯·杰弗逊，那位刚刚打败亚当斯赢得总统职位的人。②

亚当斯于1801年1月20日提名马歇尔为首席大法官。在被参议院中狂热的联邦党人批评者迟滞了1周时间之后，马歇尔获得了确认。虽然以现在的眼光看他当时扮演了两个怪诞而混乱的角色，但是马歇尔仍然在亚当斯剩余的5周任期内担任代理国务卿。就在这个职位上，他犯了一个错误，这直接促成了他职业生涯中最著名的宪法判决。

亚当斯总统建立一个亲联邦党的司法系统战略中下一个大的动作恰好发生在杰弗逊和伯尔争执达到最高峰的期间。1801年1月13日，司法法由联邦党控制的国会表决通过，并由亚当斯总统签署生效。这部法律取代了过时和无效的旧司法结构，代之以一个新的巡回法院系统，并扩大了联邦法院的管辖范围。联邦最高法院的法官再不用忍受巡回审判带来的不便和危险，当时他们必须去发生上诉的法院去处理案件。这一系统被认为是缓慢低效和不公正的。以后将有6个巡回法院和16名法官专门处理这些案件。因为这些法院可以定期地和方便地巡回全国审理案件，它们提高了联邦法院审理的效率、公正和权威——也因为同样的原因，提升了它们与州法院系统在争夺声望和权威时的竞争力。

司法法的颁行可以被看作是一项积极的政府改革措施，但是它在跛鸭国会中仓促的通过，以及16名终身任职的法官被迅速提名和确认，而且他们都是可靠的联邦党人这些事实，都使得司法法沾染了严重的党派色彩。鉴于杰弗逊党人很快将接管行政和立法分支，联邦党人相信将司法权掌握在自己手中是分权制衡的需要。更糟糕的是，该法律减少了最高法院的法官席位，以使得下一任总统（无论是杰弗逊还是伯尔）都不能任命新的法官。杰弗逊很快就感觉到了这党派化的意味："（联邦党人）龟缩到了司法系统内部，并将其当做强有力的支柱……从这里所有共和党人的工作成果都将被打倒在地

① 讨论1800年选举的资料包括 Richard E. Ellis, *The Jeffersonian Crisis*: *Courts and Politics in the Young Republic* (1971); James F. Simon, *What Kind of Nation*?: *Thomas Jefferson*, *John Marshall*, *and the Epic Struggle to Create a United States* (2002); Frank Van der Linden, *Turning Point*: *Jefferson's Battle for Presidency* (2002)。

② 可参见 Jean Edward Smith, *John Marshall*,: *Definer of a Nation* (1996); R. Knet Newmyer, *John Marshall and the Heroic Age of the Supreme Court* (2001)。

并被清除掉。”③

在司法法通过 4 天后，伯尔的阴谋终于走到了尽头。在总数为 36 张的总统选票中，足够多的联邦党代表投了空白票，这就足以使杰弗逊成为第三任美利坚合众国总统。

在此时，亚当斯对联邦司法系统的改造也基本完成。但是该计划中一个相对次要的部分还没有落实到位。在 1 月 27 日，星期五，距他的总统职位任满还有一个星期，哥伦比亚特区组织法由国会通过，并由亚当斯签署。这一法律创设了哥伦比亚特区治安法官这一职位。这不应当被视为是无足轻重的职位。治安法官是特区两个县地方政府的主要依靠，其兼具行政、司法、立法和管理的权力。更重要的是，他们负责维护公共秩序。如果有人亲眼目睹过不久前发生在巴黎的事件，他就不会认为维持一个国家首都公共秩序的职位缺乏政治重要性。这些法官任期 5 年，正好超过新任总统的任期。

在周末，亚当斯就将治安法官的提名人名单准备好了。他特别倚重的本杰明·斯托德特（他的海军部长和联邦党温和派的一位领袖）被提名为华盛顿县的治安法官，而另一位亲信，来自弗吉尼亚的国会议员列文·鲍威尔则被提名为亚历山大县的治安法官。星期一，亚当斯就向参议院提交了 42 人的提名名单。与一些历史学家们认为的相反，这一提名是一个跨政党的混合：华盛顿县的 23 名提名人中 6 人是共和党人。在这些提名人中有一些显赫的人物，如第六任马里兰州州长托马斯·西蒙·李；前参议员崔斯塔姆·达尔顿；即将卸任的海军部长本杰明·斯托德特，前乔治敦市市长和现任国会议员希伯来·弗里斯特；以及国会大厦的建筑师威廉·桑顿。但是现在最出名的，应当是 38 岁的乔治敦市商人，从来没有竞选过公职的威廉·马伯里。④

马伯里不但是一个靠自我奋斗获得成功的银行家、投资人，还是一个有经验的公共官员。他作为马里兰州的商务代表、该州最高级别的非民选官员，负责处理和征收本州的债款。在威士忌（1791 年至 1794 年发生在美国西部的农民抵抗联邦税收的骚乱——译者注）叛乱（Whisky Rebellion）时期，他领导的安纳波利斯民兵扑灭了一场在西马里兰州发生的暴乱。后来，他被乔治·华盛顿任命为波托马克公司的主要负责人。建立这个公司的目的是修建一条连通波托马克河和俄亥俄河的运河。1798 年，他从安纳波利斯搬到乔治敦，并在那里被选为哥伦比亚银行的董事，而且还被斯托德特聘为华盛顿海军造船厂的商务代表，负责财务和采购。马伯里的政治忠诚从他为自己的小儿子所起的名字就可以看出：亚历山大·汉密尔顿·马伯里。当时报纸上关于他在杰弗逊宣布当选那天表现的报道也明显表明了这一点。共和党的支持者们游行穿过乔治敦，强迫市民点亮他们的房间，以庆祝这一消息。甚至一些有名望的联邦党人也屈从于这种压力。但是华盛顿公报却报

---

③ 1801 年 12 月 19 日杰弗逊写给约翰·迪金森的信，载 10 *The Writings of Thomas Jefferson* 302，302（Albert E. Bergh ed. 1907）[以下称 “Writings of Jefferson”]。

④ 本段和下段的资料都来自 David F. Forte，*Marbury's Travail*：*Federalist Politics and William Marbury's Appointment as Justice of the Peace*，45 Cath. U. L. Rev. 349（1996）。还可见 John A. Garraty，*The Case of the Missing Commisioners*，载 *Quarrels That Have Shaped the Consitittution*（John A. Garraty ed.，1962）。

道，那个马伯里拒绝了游行者的要求，他的房子继续保持黑暗，“这群暴民一边诅咒要报复他，一边离开了”⑤。

到了1801年3月3日，星期四，杰弗逊就职的前一天，事情终于要告一段落了。亚当斯的治安法官提名被参议院所确认——速度是如此之快，以至于其中一些人还不知道他们被提名，连拒绝的机会都没有。亚当斯继续辛勤工作到晚上9点，签署了所有委任状。他早早上床休息，在第二天早上大约4点的时候就离开了首都。他不想看到杰弗逊就职典礼那令他感到不快的场景。在亚当斯签署了那些委任状之后，助手就把它们都送到国务院，在那里署理国务卿约翰·马歇尔掌管着国玺。

委任状送到后究竟发生了什么已经无从考证。其中的一些被发送出去了。马歇尔的弟弟詹姆士——刚刚被任命为哥伦比亚地区的巡回法官——发送了一些委任状给亚历山大县的被任命者。而其他的委任书则没有被发送出去。后来，约翰·马歇尔解释说，他那天晚上缺人手，因为两位国务院的助手正在协助总统。另外，他还认为，只要委任书被签署并盖章，投递与否不会影响其法律效果。⑥这是一个致命的错误。

在杰弗逊就任总统后的第二天，人们就在国务院办公室里发现了成捆的委任状。其中就有马伯里的委任状。有趣的是，詹姆士·麦迪逊，这位有幸成为马伯里著名宪法案件的被告的国务卿，当时还在弗吉尼亚的家乡处理他父亲的遗产。他父亲刚刚在一周前去世。因此，他直到5月才就职。⑦ 杰弗逊要求他的代理国务卿、总检察长列文·林肯，扣押所有未发出的委任状。杰弗逊很可能把他们都毁掉了。他还减少了治安法官的职位数目（法律是允许的），并任命了很多共和党人取代亚当斯任命的人。这样，他就把这些职位上所有忠诚的联邦党人全都清除掉了。

这些行为当时几乎没有引起人们的注意。在他的就职典礼上，杰弗逊强调党派之间的和解——“我们都是共和主义者；我们也都是联邦主义者”——而这些哥伦比亚特区的治安法官只不过是小马铃薯而已。直到9个月后，联邦党人的谋士们才在法院挑战杰弗逊扣押委任状的行为。

亚当斯委任在联邦法院的法官很快就提醒了杰弗逊，让他明白司法独立将是新政府的一个肉中刺。在威尔逊诉梅森（*Wilson v. Mason*）⑧ 一案，也是马歇尔的第一个宪法判决中，最高法院明确指出，它将是当地定居者和外地地产公司之间土地争议的最高裁决机构。这是杰弗逊党人和联邦党人在司法领域的战争导火索之一。因为小的农场主和定居者（大都是杰弗逊主义者）倾向于在政治上更加可靠的各州法院，而不是遥远的更加法律化的联邦法院。在思库纳·贝琪（*Schooner Betsy*）⑨ 一案中，法院则维护了它在外交事务中的权威。在以上两个案件中，马歇尔都适用了他所特有的战术（在后

---

⑤ 前注④，福德书，397页（引自《华盛顿公报》(Washington Gazette) 1801年1月25日的报道）。

⑥ 1801年3月18日约翰·马歇尔写给詹姆士·马歇尔的信，载6 *The Papers of John Marshall* 90 (Charles F. Hobson &Fredrika J. Teute eds.，1990) [下文称“Marshall Papers”]。

⑦ 见Simon，前注①，174页。

⑧ 5 U.S (1 Cranch) 45 (1801)．

⑨ *Murray v. Schooner Charming Betsy*，6 U.S. (2 Cranch) 64 (1804)．

续的马伯里诉麦迪逊[10]一案中也很明显），即避免因作出杰弗逊党人所恐惧的强硬判词而与其短兵相接，而是将案件限于一个狭窄的效果，这样就不会过于刺激杰弗逊党人。

新设立的哥伦比亚特区巡回法院的判决可能更加具有威胁性。该法院通过以党派划界的投票，命令检察官发起对共和党人的《国家通讯》（*National Intelligencer*）主编的诽谤指控，其依据仅仅是普通法。该编辑曾经发表过一封信捍卫杰弗逊，同时谴责法院系统。投票支持起诉的法官包括首席大法官的弟弟詹姆士·马歇尔和阿比盖尔·亚当斯的侄子威廉·克兰齐。他们指控所依据的法律原则是联邦普通法，这就意味着联邦法院在没有国会授权的情形下也可以行使权力。[11] 尽管共和党的地区检察官拒绝提起指控[12]，但是这一事件表明了联邦党人准备使用巡回法院以获得有利地位。

共和党人司徒瓦茨——在一定程度上是在新任总统的支持下——策划了一个对联邦党司法体系进行反制的策略。在6月，杰弗逊收到了来自其国会山盟友威廉·布兰奇·吉列的一封信：

> 让我们感到最揪心的是司法系统的组织现状。它常提醒我们，只要那个强大的堡垒还在敌人手中，那么革命就没有完成。现在的这一局面肯定是最奇异的：公众的情感本来应当支配立法和行政部门，但司法机关误用了“（司法）独立”的理念，它不但应该否认自己的影响力，而且还应当以克制自己的意志为荣。[13]

共和党人建议根据法律将巡回法院中的法官撤职，对在任法官进行弹劾以取消法官终身制。他们建议废除1801年司法法，回到1801年以前的弱司法结构。他们拒绝认可联邦法官有权在立法空缺的情形下，依据普通法审判的权力，特别是在刑事案件中。其中一些人甚至不承认法院有权根据宪法或者其他法律对国会或者行政机关的决定进行审查。

这一意见分歧已经进入了美国宪政主义的核心。宪法究竟是像共和党人所理解的那样，首先是一部民主政府的文件，在那里人民的意愿控制着一切乃至宪法的含义？还是像联邦党人所坚信的那样，首先是一套法治的规则，它由独立的法官实施，哪怕是面对大众的反对。

1801年12月8日，在杰弗逊向国会所做的第一次国情咨文中，杰弗逊脱下了他的防护手套（gauntlet），开始赤膊上阵：“美国的司法系统，尤其是最近建立的这一部分，当然应该将其置于国会的监督之下。”[14] 共和党人很快行动起来以废除司法法。在1802年1月，参议院就这一问题辩论了整整一个月。这是美国历史上最激烈的宪法辩论，它清楚地指向联邦法院的宪法地位。有趣的是，这是第一份被刊印和出版的参议院辩论记录——而这份出版合同被授予了那位曾经被詹姆士·马歇尔和克兰齐威胁要起诉的编辑。

---

⑩ 5 U.S (1 Cranch) 137 (1803).

⑪ 见 Simon，前注①，150页。

⑫ 见 1 Charles Warren, *The Supreme Court in United States History* 1789 - 1835 (Fred B. Rothman ed., 1987) (1926)。

⑬ 1801年6月1日威廉·布兰奇·吉列致杰弗逊的信，引自 Ellis，前注①，20—21页。

⑭ 托马斯·杰弗逊：《致国会的咨文》，引自 9 *Works of Thomas Jefferson* 321, 340 (Paul L. Ford ed., 1904)。

1801年12月16日，杰弗逊发表国情咨文后不久，查尔斯·李，一位曾经在华盛顿和亚当斯手下担任总检察长的弗吉尼亚联邦党人，来到约翰·马歇尔的最高法院，请求给国务卿麦迪逊发布一份强制令，命令其将治安法官的委任状副本发给马伯里和其他3位被任命者：丹尼斯·拉姆齐，威廉·哈伯，以及罗伯特·汤森·虚。杰弗逊的总检察长列文·林肯当时正好在最高法院，他说对此案他没有什么好说明的。马歇尔在进一步咨询了他的同事之后，将该案提交下一期法庭辩论。没有人会想到，这么一件小事，会改变整个宪政史。在那时，关于废除1801年司法法的争论正占据着舞台的中央。⑮

国会中的联邦党人议员声称，废除司法法是违宪的。其理由如下：首先，要求联邦最高法院进行巡回审判违反了宪法第三条的规定。该条仅授予联邦最高法院上诉审判和一小部分严格限定的初审权力。哈伊伯恩案(Hayburn)⑯ 已经确认，国会违反宪法第三条给联邦最高法院设置义务是违宪的，而国会也曾赞同了这一判决。如果现在废除司法法，就违反了这一原则。其次，联邦党人认为，如果撤除新任命的巡回法院法官的职位，则是对宪法第三条规定的法官终身制的违反。他们强调，这实际上将直接威胁司法独立的原则。"废除的后果是什么呢?"宪法的设计者之一，来自纽约州的现任参议员古弗尼尔·莫里斯（Gouverneur·Morris）问道。"这是不是一份宣言：你们剩余的法官要想保住职位就必须服从国会的意愿。这会导致什么结果呢？结果就是宪法所建立的，而且人民也希望的，制衡体系被摧毁。而按常识这是任何一个审慎的政治结构所必需的。"⑰

在经历了1个月的辩论之后，参议员以16∶15的票数压倒了联邦党人的反对，通过了废止法案（Repeal Act）。紧接着，众议院也以59∶32通过。杰弗逊在4月上旬签署了法案。几乎在同时，11名刚刚丢了职位的法官向国会请愿要求救济——这令人回忆起那古老的看法，即国会是澄清宪法原则的第一道防线。在随后进行的参众两院以党派为界的表决中，他们的要求被断然拒绝了。

现在注意力转向了司法系统，尤其是联邦最高法院。在18世纪90年代，联邦最高法院一般愿意承认国会法律的合宪性。而现在由于司法法的废除直接影响到司法系统本身，现在的问题是最狭义的司法审查，即每一个分支都能保护它自身的宪法权力免受其他分支侵犯的理念是否能够维持的问题。联邦最高法院的大法官们可以通过两种方式来回击废止法案：一种是拒绝巡回审判，一种是宣称对巡回法院法官的撤职是违宪的。

面对这么重大的议题，马伯里诉讼只不过是一段不起眼的小花絮。很少有人关注亚当斯任命的治安法官是否都已就任。在这一案件辩论之前，国会已经剥夺了治安法官大部分的权力，降低了其报酬，而且其5年任期中的两年都已经过去。在这时，即使是4位原告也不太可能还在乎他们的职位了。那时最重要的问题是司法系统是否还能抵制大众意志，并对司法法的废除予以回击。很可能是为了先发制人，国会通过了另一项法案，取消了联邦最高

⑮ 对这一辩论的后续描述很多都是建立在James M. O'Fallon, *Marbury*, 44 Stan. L. Rev. 219 (1992)。

⑯ 2 U.S. (2 Dall) 408 (1792).

⑰ 11 Annals of Cong. 38（古弗尼尔·莫里斯的发言）。

法院的6月全体会议，将下一次会议推迟到1803年1月的第二个星期一。“难道各位先生害怕法官吗?”来自特拉华州的联邦党人詹姆士·贝阿德这样问道。他也是马歇尔的一位亲密的朋友。“难道各位先生害怕法院会宣布废止法案无效吗?”[18]

无论国会是否真的害怕法官，国会中的共和党人是希望法官敬畏国会。“如果联邦最高法院胆敢僭越权力，宣布我们的法律无效”，来自弗吉尼亚的约翰·尼古拉斯警告说，“那就会促使我们采取行动。我们的职责是明确的”[19]。在推迟了联邦最高法院的全体会议之后，国会强迫每一位最高法院的法官单独决定，其究竟是否遵从新的法律去履行巡回审判的职责。这就使得每一位法官如果拒绝的话，要单独面对国会的愤怒。

为了让局势更加明了，杰弗逊党人开辟了反对独立和强大的司法系统的第二战场。在1803年联邦最高法院重新开始工作前一周，众议院的共和党领袖们发起了对来自新罕布什尔的法官约翰·皮克林的弹劾。皮克林是第一场法官弹劾程序一个合适的选择。他并没有犯下“重罪或者品行不端”。但是他是一个酒鬼，并且常常胡言乱语，因此是弹劾小试牛刀的理想选择。他可以检验国会是否可以超越宪法中关于弹劾的严格条件，来约束那些不听话的法官。在认定皮克林有罪之后，杰弗逊党人又在寻找下一个更大也更引人注目的目标，很可能是最高法院的萨缪尔·希斯（Samuel Chase)，最高法院最不肯合作的法官。在解散了巡回法院，并且构成了对最高法院法官们现实的弹劾威胁之后，杰弗逊党人希望能挫败司法系统那自命不凡的要求——独立于民众意愿。

法官们看明白了这个信号。马歇尔向他的同事写了一封征求关于巡回审判意见的信。在信中，他强调：

> 这不是一个可以轻易解决的问题。拒绝执行法律的后果可能相当严重。就我个人而言，我是不在乎这些的。因此，我将说服我自己去做任何在座的先生们都认为应做的事情。但是在采取措施前的这种确信必须非常强烈。[20]

即使是希斯，这位联邦最高法院中最强硬的联邦党人，也作出了如下的评论：“在我们国家当前的情形下，决定是否服从国会的命令去进行巡回审判是一个如此重大的问题，以至于应当由全体法官集体作出决定。至于某一个法官，如果他独自拒绝巡回审判，则必将因此落马。”[21] 而当最高法院大法官们再次聚在一起时，他们都已经进行过巡回审判了。其中4名法官，包括马歇尔在内，还曾在判决中驳回了解散巡回法院违宪的主张。马伯里案件远不是像人们想象的那样，反映了一个自信而刚毅的法院，而恰恰是一个被打败了的、丧失了斗志的法院的产物。

一代一代的法学院学生被教导说，马伯里案是法院确立其有权拒绝适用

---

⑱ 引自Simon，前注①，168页。

⑲ 12 Annals of Cong. 438 (1802)．

⑳ 1802年4月19日约翰·马歇尔写给威廉·皮特森的信，载6 *Marshall Papers* 108，109。

㉑ 1802年4月24日萨缪尔·希斯写给约翰·马歇尔的信，载6 *Marshall Papers* 109，116。

它认为违宪的法律的经典案例。但是即使是在当时，这一主张也没有特别大的争议。反联邦主义者“布鲁图斯（Brutus）”在就是否批准宪法进行辩论的时期就发表了非常有先见之明的警告，即宪政司法审查蕴涵着反民主的含义[22]，之后法院有权不适用违宪法律的主张或多或少已经成为18世纪90年代的通行观点。[23] 尽管没有在宪法正文第三条明确阐明——很多历史学家将其归因于意见不一而刻意制造的空缺——制宪会议和第一届国会上就权利法案的辩论都预先假定，法院有权进行某种形式的司法审查。麦迪逊和杰弗逊早年都支持司法审查。杰弗逊主义者们还曾经对18世纪90年代法院不愿宣布一些他们认为违宪的法律而感到失望，如征收运输税和惩治叛乱法（Alien and Sedition Act）。当他们不掌权的时候，司法审查看起来是一个有效的制约手段。只是当杰弗逊党人控制了立法和行政分支之后，看到了他们的政治对手控制着司法，他们才开始对司法审查抱有保留的态度。

司法权审查国会立法合宪性的范围问题在就废止法案进行辩论的时期中不断浮出水面。联邦党人倾向于接受司法审查权的广义观点。按照他们的意见，司法审查是宪法结构必不可少的一个部分，而法院的判断必须是最终的。法官们“被定位于法律与宪法之间，政府和人民之间；他们应当制衡立法。只要立法超越了宪法设定的范围，法官就有责任将其击退到其权力界限内”，一位来自北卡罗来纳的联邦党人这样说。[24] 古弗尼尔·莫里斯也称：“最高法院的判决是，而且必须是最终的。先生们，这是一个基本原则，以及我们所主张的那些权利的来源。”[25]

在有关废止法案的辩论中，大多数杰弗逊主义者倾向于温和中间路线。在这一路线方针下，司法审查是这样一种原则：政府的每一个部门都有权利在执行其职责的过程中作出独立的宪法判断，在案件和具体争议（case and controversy）的范围内，法院有权决定在两项相互冲突的法律中哪一个将在案件中得到适用，以及法律或者与之相冲突的宪法条文谁将控制结果。但是这绝不意味着任何特别或者最终的判断，更不用说排他性的“司法”审查权了。其他分支在执行其职责的时候也会遇到类似的法律解释或者宪法解释问题。宪法是最终的和效力最高的，但是它的含义是由各个分支在其权力范围内独立决定的，而最高的解释权属于人民。这一观点被称为著名的“部门主义”或者“合作审查”。在马伯里案过去几年后，杰弗逊这样表达这种观点：

> 宪法有意使政府的三大分支相互合作，又相互独立。因此，一个分支不应当控制另一个分支的行为……当不同分支都在各自的范围内运作，而且其行为是最终的和不能申诉的时候，它们就一部法律很可能作出不同且相反的解释。[26]

麦迪逊是这样表述这种立场的：

---

[22] Brutus, Essay XV, in 2 *The Complete Anti-Federalist* 437-42 (Hobert Storing ed., 1981).

[23] 后续的很多描述都是建立在 David E. Engdahl, *John Marshall's "Jeffersonian" Concept of Judicial Review*, 42 Duke L. J. 279 (1992)，以及 O' Fallon，前注⑮。

[24] 11 Annals of Cong. 859 (1802)（众议员威廉姆·希尔的发言）。

[25] 同上注，180页（参议员古弗尼尔·莫里斯的发言）。

[26] 引自1807年6月2日杰弗逊写给乔治·赫伊的信，载 11 *Writings of Jefferson* 213, 213-14。

我相信宪法的含义是由立法、行政和司法各自阐释的……我承认，在普通的政府运作中，宪法和法律的含义要由法院来解释。但是，我想知道，根据哪一项原则，政府部门的一个分支能够主张，在界定政府部门的权力界线上，它拥有比其他分支更大的权力？……我没有看到任何独立的政府部门在这一点上有更大的权力。㉗

根据杰弗逊主义者的观点，合作审查为个人权利提供了三重保障。任何对生命、自由和财产的限制和剥夺，都需要首先由立法机关根据宪法的规定制定法律，然后由行政机关提出指控（而如果行政机关认为这一限制不合宪时它就不提出），最后由法院——包括法官和陪审团——认定这一限制是合宪的。没有任何分支可以独自认定合宪与否。在 1820 年，杰弗逊宣称，由法官来作为“所有合宪性问题的最终裁判者”是“一项非常危险的原则”㉘。

大多数国会中的共和党人只是鹦鹉学舌般地模仿杰弗逊看待司法审查的观点。例如，一位马里兰州的共和党人就声称：“法官在合宪地提交到他们面前的问题上应当是宪法的守护者，”但是立法、行政和司法“在他们处理本部门的事务时各自都是宪法的守护者。”他补充道，“他不认为法官可以裁决非法律问题，或者在立法和行政问题上引导公众的情绪”㉙。

来自肯塔基州的资深杰弗逊主义者约翰·布雷肯里奇，是国会中第一位否认法院有权拒绝执行其认为违宪的国会立法的议员。他说，立法机关“在立权方面，拥有解释宪法的全权，法官必须执行国会制定的法律”㉚。这一观点即使在共和党人中间也是少数派。例如，一位来自马萨诸塞的共和党人就这样回应布雷肯里奇：

尽管我可能跟一些我一直以来很荣幸地赞同的人的观点相左，但是我还是要坦率地承认，每一级司法官员在履行其各自范围内的职责时，都有权判断其中任何一部法律的合宪性。这不但是其权利，还是其不可分割的义务。但这并不是司法部门的专属，而是每一位公职人员平等地承担的内在且不可分割的义务，甚至我还可以这样说，是每一位美国公民的义务。㉛

联邦党人巧妙地回应说，如果没有司法审查，则州政府将任由国会摆布而毫无办法，那样将没有任何对“联合政府（consolidated government）”的有效防护。㉜ 这提醒杰弗逊党人，不但联邦党人需要司法审查，即使是他们也需要司法审查来保护其所珍视的原则不被政治过程所压倒。

宽泛的司法审查加上联邦普通法，这让信奉人民主权的杰弗逊主义者如坐针毡。普通法是立法缺位时的法官统治，而司法审查是违抗立法的法官统治。一个终身任职、非选举的司法系统加上这两件武器是非常危险的，已经接近于贵族制了。一位国会中的共和党人有这样的担忧：

㉗ 1 Annals of Cong. 479，520 (Joseph Gales ed.，1789)（众议员詹姆士·麦迪逊的发言）。

㉘ 引自 1820 年 9 月 28 日杰弗逊写给威廉·C·贾维斯的信，载 15 *Writings of Jefferson* 276，277。

㉙ 11 Annals of Cong. 115 (1802)（参议员罗伯特·莱特的发言）。

㉚ 同上注，179（参议员约翰·布雷肯里奇的发言）。

㉛ 同上注，982（众议员约翰·培根的发言）。

㉜ 同上注，180（参议员古弗尼尔·莫里斯的发言）。

如果司法机关有了这两项制衡手段，允许他们宣布你的法律无效的，允许普通法这一（管辖范围）可以扩展到任何人和任何事的法律（按我的理解它就是这样的）合宪，那么人民将各位选送到这里参与立法都将是徒劳的……[33]

从200年前的这些记录来看，马伯里案一定与这些辩论相关。然而，马伯里案中的辩护律师没有讲到任何与对立法的司法审查相关的东西，马伯里案的判决理由也认为司法审查没什么特别的。这或多或少反映了联邦党人和温和共和党人的共识。真正算得上是首创的应该是法院声称其有权签署命令要求行政机关积极作为。[34] 马歇尔的判决中隐含着法院有权要求总统关注其行政机构的行为。来自纽约的德威特·克林顿在那时就将该案准确地描述为"包含着最高法院控制行政机关的权力"[35]。宪法要求总统——而不是法院——去肩负"使法律得到忠实执行的职责"[36]。尽管法院是对违宪行政行为比如不合法的指控和查封财产，加以制约的机构，但是宪法从未明确说过，法院有权命令一位行政官员去采取措施，比如给威廉·马伯里一份委任状副本。根据杰弗逊的理论，政府的每一个分支都有责任去决定在其权力范围内的宪法和法律问题，当法院告诉总统应当如何执行宪法第二条第三节有关委任官员的权力时，它已经超出了其权力界线。

杰弗逊和麦迪逊以最明确的方式表达了他们对不法诉讼的观点。他们根本就没有到庭。麦迪逊，这位名义上的被告，根本就没有出现：这是以最直白的方式来表明行政机关根本不承认法院有权指示一个内阁官员如何履行其职责。

马伯里案预定在1803年1月9日开庭。同时开庭的还有一个更为重要的案件，斯图亚特诉莱尔德案（*Stuart v. Laird*）。[37] 这个案件是对废止法案合宪性更为直接的挑战。马伯里案当时看上去并不具有什么重要性。

马伯里案采用了美国诉讼史上最奇怪的程序。[38] 6位法官中只有4位参加了庭审。法庭设在拥挤的、装修简单的国会大厦委员会厅，后来又为了方便生病的希斯法官而休庭转到了斯特尔宾馆。本案第一个需要解决的问题是确认马伯里、拉姆齐、哈伯，以及虚4人获得了任命和授权，但是委任状没能寄送出去。这一事实就出奇地难以证明。共和党人控制的国会拒绝提供他们获得任命和确认的正式材料，而国务院又拒绝提供其他的材料。但是，让这一程序看上去更加怪诞的是，最熟悉案情之人——本来可以是最佳的证人，应当为未能寄送委任状负责的人——却坐在主审的位置主持着审判。而名义上的被告，麦迪逊却与此事毫无关系。杰弗逊当时的代理国务卿，上午还来接受询问的列文·林肯现在却是总检察长。法庭上的每一个人都清楚究

---

[33] 同注[29]，552－553（众议员汤普森的发言）。

[34] 见 Michael J. Klarman，*How Great Were the "Great" Marshall Court Decision*?，87 Va. L. Rev. 1111，1114－17 (2001)。

[35] 12 Annals of Cong. 48 (1802)（德威特·克林顿参议员的发言）。

[36] 美国宪法第二条，第三节。

[37] 5 U.S. (1 Cranch) 299 (1803).

[38] 对诉讼程序的描述主要来自 Smith，前注②；Simon，前注①，以及威廉·克兰齐的审理报告。

竟发生了什么，但是没人能够或者愿意提供正式的证据。

查尔斯·李（Charles Lee）首先传唤了国务院两名协助处理过这些委任状的职员。他们最初不愿意出庭作证，后来又羞怯地声称，他们不知道那些委任状究竟去哪儿了。李又传唤列文·林肯到庭作证。列文也不愿意作证。他援引了宪法上任何人不得被迫自证其罪的条款（难道他害怕毁掉委任状已经构成犯罪？）更为重要的是，他还警告说一些他“非常尊重”的人士——可能是杰弗逊和麦迪逊——认为一位内阁成员被传唤到庭作证，提供他“因职务活动获知的事实”是不恰当的。如果任何一方不依不饶，则马伯里案很可能成为行政特权（executive privilege）这一迄今未得到完全解决的问题最早的案例，预见到了亚伦·伯尔叛国案[39]和尼克松录音磁带案[40]中的重大问题。然而，李和林肯最后达成了妥协，林肯同意考虑书面回答问题。

第二天，林肯回答了李提出的 4 个问题中的 3 个。他声称，他在 3 月 4 日早上在国务院办公室看到了相当多完整的委任状，但是他不能确认原告的委任状是不是在其中。他称他并未将这些委任状给他的继任者麦迪逊。首席大法官马歇尔出于谨慎允许他可以不回答后来究竟发生了什么。但是，根据詹姆士·马歇尔和另外一名书记员的宣誓证词，李宣布他已经“证明了那些委任状的存在”。

然后李就开始阐述他的法律观点。他有意调整了他的论点来谈有关废止法案的争论，李强调的主题是司法独立。从联邦党人的视角看，杰弗逊之拒绝允许马伯里担任 5 年任期的治安法官，与废止法案将终身任职的巡回法院法官免职都是一回事，前者是后者的缩影。在两个案件中，行政当局都违反法律以加强对司法系统的控制。此外，尽管李没有论证这个问题，但是马伯里案最终的判决理由跟国会要求联邦最高法院再次进行巡回审判本质上是一回事：即国会在超出宪法第三条的规定，再给联邦最高法院增加初审案件范围究竟合不合宪?

接着法庭休庭以考虑判决。所有的选项都不容易。如果法院判决支持马伯里的诉讼请求，几乎可以肯定杰弗逊将会拒绝执行。这将确立一个不良的先例，即法院的判决对总统没有效力。更严重的是，这很可能给国会一个口实，使其以司法不当为由对法官予以弹劾。独立的司法系统将被证明是软弱无力的，然后将被彻底摧毁。而从另一方面讲，如果法院判决驳回马伯里的诉讼请求，则法院将被视为一只纸老虎。无论如何，杰弗逊党人看起来都会胜利。

马歇尔的解困方案在战略上非常聪明，尽管看起来并不像是严格的法律观点。首先他判决，马伯里有权获得他的委任状。这很可能是不正确的。治安法官并不是宪法第三条所称的法官，其不具备终身任职的保障。法律授权总统决定治安法官的数量，杰弗逊也行使了总统职权将治安法官的数量从 43 个减少到 30 个。而且最高法院在一百多年后作出判决，确认联邦政府内所有行使行政权的官员都受总统支配。[41] 既然治安法官每 5 年就需要总统重新

---

[39] *United States v. Burr*, 25 F. Cas. 30 (No. 14, 692 - D) (C. C. D. Va. 1807).

[40] *United States v. Nixon*, 418 U. S. 683 (1974).

[41] 参见 *Myers v. United States*, 272 U. S. 52, 163 - 64 (1926)。

提名（或者让原任法官续任），那么这一5年任期的职位就不是宪法第三条意义上的法官。

其次，马歇尔认定马伯里有权获得强制令（mandamus）作为对其职位被剥夺的救济。在如今的宪法教学中，这一点一般被当做判决书中无足轻重的部分一笔带过，然而这实际上是最重要且最应当质疑的部分。强制令只有在针对部长的职责时方才可以发出。国务卿在任命官员这一宪法第二条赋予总统的权限上违背总统的直接命令难道仅仅是部长的职责吗？任命一个人担任要么已经被取消要么已经被别人充任的职位难道是部长的职责吗？即使不考虑这些细节，这也是具有重大意义的一步，因为这意味着法院有权给行政部门发布正面的命令。我们可能会想到法院与其他两个分支之间的关系是对称的。当法院拒绝赋予其认为违宪的国会立法以实际效力时，法官们从来都没想过要求立法分支去积极作为。那么为什么对行政分支就例外了呢？杰弗逊相信政府的任何分支都各自负责解释与其运作相关的法律，尤其是总统还肩负着在行政分支内部执行法律的职责。马伯里案过后几年，杰弗逊的总检察长恺撒·罗德尼发表了一份意见，宣称法院无权向行政官员发布强制令：

> 这类令状，只有在其无差别地适用于各类官员，并且其行为性质纯属部长的执法行为时，才有必要赋予将一个部门的权力转到另一个部门的效果。而如果就像本案那样，在法律已经将职责和裁量权赋予了一位行政官员的情况下，法院不但可以为权力的滥用提供救济，而且可以预先指示该项权力如何行使，这似乎就意味着，在司法权的名义下，法院还有必要承担行政职能。这可能会使“总统有责任保证法律得到忠实执行”的那部分宪法规定落空。[42]

因而，杰弗逊行政当局正式地表明它不会遵守法院判决。直到19世纪40年代，法院才再次宣称它有权对行政官员下达履行职务令。一直到行政程序法通过后，这一做法才成为常规。

再次，马歇尔宣称国会给联邦最高法院分配令状权力以及初审案件的管辖范围是违宪的。这一论断也是有问题的。从文本上讲，这一论断建立在对宪法第三条的严格解读基础上，然而第三条允许国会在初审和上诉审之间作出例外规定。此外，法院签发强制令的权力就是第一届国会授予的，而且在18世纪90年代也被多次使用。我们很难将认定这些都是违宪的判决，与一周之后联邦最高法院的另一个裁决相协调一致。在后一个判决，联邦最高法院一致认定，由第一届国会确立的，后来由联邦最高法院默许的巡回审判做法已经合法化了。也许法院是想通过这种巧妙的方式来暗示，这一判决是迫于压力的低头，而非基于原则的判决。

马歇尔以一段对司法审查响亮的辩护结束了他的判决意见。这一段后来非常有名：

> 值得强调的是，阐明何为法律是司法部门的职权和责任。那些把规则应用到特殊案件中去的人，必然要阐述与解释那项规则。如果两个法

---

[42] 美国总检察长报告，1808年7月15日，载 Aurora General Advertiser，No. 5464，2—3页（Aug. 9，1808）（William J. Duane &Co.，pub.）。

律相互冲突，法院必须决定每个法律的具体作用。因此，如果一项法律违背了宪法，如果法律与宪法都被运用于一个特殊案件，因而法院必须或者不顾宪法，顺从法律决定案件，或者不顾法律，顺从宪法，那么法院必须在冲突的规则中确定何者支配案件的判决。这是司法责任的根本所在。[43]

所有这一切都没有超出可接受的中间立场。马歇尔没有声称法院有对宪法排他的解释权，甚至也没有说法院判决的最终性，除了某些"特殊案件"之外。他很谨慎地将司法审查的实践局限于那些司法性质的案件。（司法审查范围的扩大并不是因为宪法理论有了什么变化，而是由诉讼手段的扩展导致的，比如禁止令。）他建议，法院不应当在可疑的案件中行使司法审查权，而应当遵从负有政治责任的政府分支（指民选的国会和总统）的判断。

马歇尔关于司法审查的论述在当时似乎并没有今天看来的那般重要。比如，杰弗逊就没有因为其行使司法审查权而批判该判决，而是批评联邦最高法院在自己都承认缺乏管辖权的情况下还得出了实体结论，还反对判决书中指责他下令扣押委任状的行为。此后数十年，杰弗逊主义者攻击联邦最高法院的理由不是其敲打了国会立法，而是因为它支持立法（最著名的案件就是麦考洛克诉马里兰州案[44]）。马伯里案也没有引发其他推翻法律的判决。直到1857年，在德雷克·斯科特诉桑福德（*Dred Scot v. Sandford*）一案中[45]，联邦最高法院才第二次判决国会法律违宪。当这一案件发生的时候，司法审查的争议才登上了国家政治的中心舞台。

马伯里案的判决可以被看作是马歇尔拐弯抹角地对（国会）废止司法法的意见，因为他没有能力直接面对。如果杰弗逊将一个5年任期的治安法官解职都是不合法的话，那么国会将16位按照宪法第三条终身任职的法官解职就是更加严重的违法行为。如果国会不能扩大最高法院的初审范围，那么它将巡回审判的责任分配给最高法院就一定是违宪的。但是通过认定最高法院对本案没有管辖权（同时把责任推给国会），马歇尔免除了执行判决的需要，也避免了其命令被无视而导致的脸上无光。杰弗逊和国会中的共和党人可能会感到愤怒，但是他们没法回击，因为最终的判决什么也没做。

马伯里案的判决是明智的，不是因为其对司法权做了多么有效的维护，而在于其有效地避免了司法受辱。它大胆但空洞的言辞背后掩藏着的是在所有实质问题上的妥协投降。在马伯里案一周后，最高法院正式宣布了它对斯图亚特诉莱尔德案（*Stuart v. Laird*）的判决。这一判决以简明扼要的、全体一致的方式（马歇尔没有参加审判）支持对司法法的废止，并决定联邦最高法院的法官重新履行巡回审判职责。10年后，联邦最高法院在合众国诉哈德森&戈德温一案（*United States v. Hudson & Godwin*）[46]中作出了另一份全体一致的判决，宣布联邦法院放弃以普通法为依据进行追诉。杰弗逊主义者的"反革命"大功告成。

---

[43] *Marbury*, 5 U.S. at 177-78.

[44] 17 U.S. (4 Wheat) 316 (1819).

[45] 60 U.S. (19 How) 393 (1857).

[46] 11 U.S. (7 Cranch) 32 (1812).

麦考洛克案的故事——信任中央权力

丹尼尔·A·法伯尔

牟效波　译

"麦考洛克诉马里兰州"一案①的重要性不容否认。截止到 2009 年 1 月 1 日，Westlaw 计算机数据库中的 2 400 多个州与联邦案件援引了这一判决。许多学者将其视为最高法院历史上唯一最重要的判决。之后的中央领导人"每当需要借助权威陈述，以确认中央政府源于合众国人民的合法性时，为联邦司法部门的独立性辩护时，支持宽泛解释国会在贸易条款和必要与合适条款之下的权力时，以及证成联邦宪法的司法解释以对付当前的紧迫问题时"②，都援引了约翰·马歇尔的意见。而且，该意见中的许多概念对任何宪法律师来说几乎具有天然的合理性（second-nature），例如马歇尔对"必要与合适"条款的定义以及他的格言——"我们绝不能忘记，我们正在解释的乃是一部宪法"③。

但是，这项判决的历史背景还远不为人们所熟悉。在麦考洛克案中，首席大法官马歇尔并不是在一段空白历史中撰写判决书，因为中央银行的合宪性问题自从共和国早期就受到争论，并且涉及一些深层的宪法理论问题。为了全面理解马歇尔的判决意见，我们需要将其稳固地放入历史背景中。只有这样做，我们才能理解为什么麦考洛克案的判决在当时是如此具有争议性。我们可能还会看到，最高法院之后对联邦主义的持续争论与马歇尔在麦考洛克案中清楚表达的观点有着怎样的关联。④

麦考洛克案如何到达最高法院

在对一个案件的详述中，有趣的部分通常与当事人的生活和品行、律师的诉讼策略，以及下级法院的审理对上诉判决有所贡献的方式有关。然而，就麦考洛克案而言，有趣的故事并不在诉讼的早期阶段，而是与其在美国宪政历史中的极深渊源有关。当马歇尔就合众国银行的合宪性作出判决时，他在继续着一场甚至在宪法生效之前就已经开始的争论。他也是在为关于联邦性质和联邦权力范围的讨论贡献力量，而这一讨论始自汉密尔顿、麦迪逊和杰弗逊。麦考洛克案中大量的口头辩论，主要是将该案与上述正在争论的广泛宪政主题连接起来，为马歇尔的历史性判决搭建了舞台。可以说，当时的马歇尔正在为其他人掀起的宪法争论添加一个章节。

合众国银行与诸位开国元勋

围绕一所中央银行的论战，甚至在联邦宪法批准之前就展开了。这个国家从美国独立战争中诞生，面临严重的通货膨胀，还背着超过 4.5 亿美元的债务，几乎没有希望还清。⑤ 1779 年—1781 年间，国会日渐有意特许设立一

---

① 17 U.S. (4 Wheat.) 316 (1819).

② Michael J. Gerhardt, *The Lives of John Marshall*, 43 Wm. & Mary L. Rev. 1399, 1443 (2002).

③ 17 U.S. (4 Wheat.) at 407（搞笑的是，曾经有一个学生在考试中将这句话转述为"我们绝不能忘记，我们正在'扩展'的乃是一部宪法"(We must never forget that it is a Constitution we are expanding.))。

④ 一般参见 John T. Noonan, Jr., *Narrowing the Nation's Power: The Supreme Court Sides with the States* 29-31, 117-119 (2002)。

⑤ 参见 Janet A. Riesman, *Money, Credit, and Federalist Political Economy*, in *Beyond Confederation: Origins of the Constitution and American National Identity* 128, 130-31 (Richard Beeman et al. Eds., 1987)。

所银行，目标是以该银行发行的票据为基础稳定通货。⑥ 罗伯特·莫里斯，该银行计划的幕后策划人，意图使银行的票据作为一种纸币无限期地流通。⑦在国会颁发了成立北美银行的特许状之后⑧，莫里斯试图说服国会通过他的计划，但没有成功。他的计划是将现有的国家债务转化为可流通的银行票据，但他并不能保证以此就能获得充足的资金回报。⑨ 但北美银行并不是完全失败的。富兰克林、杰弗逊和汉密尔顿都在投资者与存款人之列，并且该银行还解决了大陆军队的军费问题。⑩

即使在这个前宪法时期，一所中央银行的合法性也受到争论。不久就将成为新宪法批准过程的重要参与者的詹姆斯·威尔逊，提出了支持银行的理由。⑪ 他认为，"每当一个事物出现时，如果单独各州没有能力管理它，那么管理它的权力必然属于'邦联国会'（the United States in congress assembled)"⑫。他坚决主张，出于"许多目的，在相关的国际法意义上（by the law of nations incident to such)，合众国应被看作一个完整、独立的国家，并拥有所有的权利、权力和财产"⑬。出于若干理由，国会有权建立一所银行。这所银行是一个可靠的全国性货币源。"在所有的国家中，拥有一种自由、方便和稳定的流通工具都很重要：这在新建和繁荣的国家尤其重要，在这些国家，信用需求和工业收益比在任何其他国家都更巨大。"⑭ 一所银行也可以在战时提供一个稳定的资金来源。⑮ 威尔逊的结论是，"对合众国来说，在和平时期，一所中央银行将会带来极大便利；在战争时期，它将是非常必要的。"⑯

当制宪会议于1787年夏天召开时，代表们还将中央银行的问题挂在心上。在争论一项授权国会建造运河的提案时，麦迪逊提议，"当合众国的利益可能需要以及各州的立法规定可能无能为力时"，国会也应当被授予"特许成立公司"的权力。⑰ 马萨诸塞州的鲁弗斯·金后来成为合众国第一银行的一位主管⑱，当时就反对说这样的规定会产生歧义："在费城和纽约，它会被理解为一所银行的设立，在那些城市，这已经成为一个争论的主题。在其他地方，它会理解为商业垄断。"⑲ 詹姆斯·威尔逊（在制宪会议之前就因支持设立银行而被熟知）回应道，"就银行而论，他不同意金先生的以下观点：

---

⑥ 同注⑤，at 136－138。

⑦ 同上注，at 140－142。

⑧ 同上注，at 148。

⑨ 同上注，at 144－146。

⑩ Paul Johnson, *A History of the American People* 214 (1997).

⑪ James Wilson, *Consideration on the Bank of North America* (1785), *in Contexts of the Constitution: A Documentary Collection on Principles of American Constitutional Law* 368 (Neil H. Cogan Ed., 1999).

⑫ 同上注，at 373。

⑬ 同上注。

⑭ 同上注，at 380。

⑮ 同上注，at 383。

⑯ 同上注。

⑰ Daniel A. Farber & Suzanna Sherry, *A History of the American Constitution* 141 (1990).

⑱ 同上注，at 439。

⑲ 同上注，at 141。

从那样的角度看，这项权力将会催生可见的偏见和派系”⑳。乔治·梅森主张仅仅授予国会特许设立运河公司的权力，因为他“担心各种各样的垄断权”，而且“并不认为宪法已经以任何方式隐含了这样的垄断权，像威尔逊先生所认为的那样”㉑。然后，制宪会议对这项修正后的动议，即按照梅森的建议将这项权力局限于运河的动议，举行了投票表决。投票的结果否决了这项修正后的动议，也否决了那项权力更宽泛的提议。㉒

在宪法得到批准之后，亚历山大·汉密尔顿成为第一任财政部部长。正如一位评论员的观察，汉密尔顿的计划是启动即将崩溃的全国经济的一项大胆尝试：

> 汉密尔顿的政治经济学的视野和洞察力令人吃惊。假设你被认命为一个新建国家的财政部部长，这个新建国家背负着不良信用记录，它的地方和中央政府都欠着数额巨大的逾期债务，它的自然资源还未经开发，它的产品市场还不统一，发育还不完全，它的金融市场混乱无序，缺乏流动资金；再进一步假设你的新国家“只有很少可以生息的财富，或者换一种说法，很少生息资本”，你会怎么做呢？㉓

基于罗伯特·莫里斯的早期建议，汉密尔顿提出了一项充满雄心的方案，帮助联邦政府通过关税提高税收，然后为联邦政府和各州的战争贷款提供资金。建立一所中央银行是这项方案的关键部分。和莫里斯一样，汉密尔顿计划使用该银行的票据扩大全国的货币供给。汉密尔顿的这项计划在某种程度上是成功的。通过建立一种为偿还公共债务提供资金的可靠方法，他首次使这个国家的信用牢牢地站稳了脚跟。㉔

银行是汉密尔顿方案的关键部分。它将会成为政府的首要财务代理人，使政府的征税、付款更加便利，而且它将为商业资金筹措提供一个资本来源。㉕ 这项计划很大程度上模仿了英格兰银行，该银行帮助挽救了处于破产边缘的英国。㉖

对银行的反对有几个理由。有些反对者不同意汉密尔顿关于强势货币的必要性的观点，而是认为国家的财富应当仅仅以生产力为基础，而不应当以金融体制为基础。㉗ 其他的攻击来自土地价值的守卫者，其中很多人之前就是宪法的反对者。他们反对汉密尔顿集中精力于商业，并且为他建立全国金融机构的努力而担心。他们认为，像英格兰银行那样，一所美利坚国家银行将会制造一个强大的金融家阶层，而这个阶层反过来又拉拢联邦政府，并破

---

⑳ 同注⑰。

㉑ 同上注。

㉒ 同上注。

㉓ David McGowan, *Ethos in Law and History: Alexander Hanmilton, The Federalist, and the Supreme Court*, 85 Minn. L. Rev. 755, 796 (2001) (quoting Alexander Hamilton, *Report Relative to Provision for the Support of Public Credit* (Jan. 9, 1790), *reprinted in* 6 *The Papers of Alexander Hamilton* 51, 67 (Harold C. Syrett & Jacob E. Cook eds., 1962)).

㉔ 同上注，at 804。

㉕ 参见 Stanley Elkins & Eric McKitrick, *The Age of Federalism* 226 (1993)。

㉖ 同上注，at 227-128。

㉗ 参见 Riesman，前注⑤，at 160-161。

坏各州的自治。这些地权论者担心，一所国家银行会带来他们长期批评的存在于英国社会中的那种“腐败”（主要是对立法者的不适当影响）。[28] 最后，银行反对者，如麦迪逊，担心如果银行在费城设立，这将增强那个城市成为国家首都的呼声，妨碍他们首选的地点，波托马克（Potomac）或其他地方。[29]

在国会中，对银行的反对声音由麦迪逊领导。他认为，这个银行提议作为一个政策问题是靠不住的。更重要的是，他声称这项提议违宪。国会只拥有被有限列举的权力。设立银行至多能带来便利，而不是必需的。推论和解释不能用来扩展国会的权力。麦迪逊认为之前的北美银行则不一样——技术上不合法，但为战时所必需。[30] 麦迪逊尤其反对必要与合适条款可以成为设立银行的权力基础：

> 联邦政府的基本特征——只有有限与被列举的权力，将会受到破坏：如果不局限于直接与附带的手段，那么任何手段都可以得到使用。按照该议案前言中的语言表述，这些手段“可能被认为有助于财政的成功经营；或者可能‘被认为倾向于’为获得贷款提供‘便利’”。他（麦迪逊）力劝大家注意这些具有扩散性和延展性的术语，这些术语被发现对于掩饰该议案包含的权力的扩展必不可少。他将这些术语与联邦宪法中使用的“必要的”与“合适的”等词做了比较，并问道，是否可能将这两种描述视为同义，或者一种被视为另一种的公正与稳妥的注释。[31]

几天之后，他重复了自己的很多主张，这次还强调了给国会创建公司的权力将会多么危险：

> 他（麦迪逊）说，特许执照的权力是一项重大且重要的权力，如果我们发现我们自己没有得到明确授权特许执照，这项权力就不应得到行使：他在此详述了在欧洲结成的社团对公共事务产生的巨大而广泛的影响：它们是一个强有力的机器，在很大程度上独立于人民，总是被发现有能力按照既定方针实现目标。[32]

麦迪逊的主张立基于一种后来被称为原旨主义的解释理论。他清晰地表达了三条宪法解释的原则：（1）一项“破坏了政府特征的解释不可能是正确的”；（2）在意思明确的地方，不管结果如何，它都必须被接受；以及（3）“在具有争议性的情形中，制定该文件的各方参与者的意思表示，如果能够借助合理的证据收集到的话，则是一种适当的指南”，我们可以从“当时同一时期的一些阐述”中发现这些意思表示。[33]

㉘ 参见 Saul Cornell, *The Other Founders: Anti-Federalism and the Dissenting Tradition in America*, 1788 - 1828, at 176 - 181 (1999)。

㉙ Elkins & McKitrick，前注㉕，at 229。

㉚ James Madison, *Opinion on the Constitutionality of the Bill to Establish a National Bank* (Feb. 2, 1791), *in Context of the Constitution*, supra not 11, at 527, 530 - 531.

㉛ 同上注，at 531。

㉜ James Madison, *Opinion on the Constitutionality of the Bill to Establish a National Bank* (Feb. 8, 1791), *in Context of the Constitution*，前注⑪，at 536, 536 - 37。

㉝ Madison，前注㉚，at 529。

在回应中，银行的支持者提出了三项理由。首先，他们指出，建立银行是“调控贸易与税收、提供公共信用与防御的完整权力的一项必然的附带权力”㉞。其次，他们（可能正确地）坚决认为，麦迪逊正在发明新的解释原则，而像布莱克斯通这样的领衔权威却不认可这些原则。最后，他们回想起，联邦党文集第44篇（实际上是由麦迪逊自己撰写的，尽管这在当时并不为人所知）明确认可了隐含权力的原则。㉟ 麦迪逊显然没有说服他的同僚。在参议院通过之后，众议院以39:20的表决结果通过了银行议案。㊱

麦迪逊就银行问题与华盛顿总统有过几次讨论，华盛顿总统郑重其事地让麦迪逊准备一份否决声明以备用。然后华盛顿请司法部部长埃德蒙·伦道夫，更重要的是，国务卿杰弗逊，就这项议案的合宪性为他提供意见。㊲

汉密尔顿的经济方案是杰弗逊所厌恶的。在杰弗逊看来，美国的未来是农业国家。而且他怀疑制造业、商业和金融业。像大部分南方种植园主一样，他对银行深深地敌视。㊳ 杰弗逊以有力攻击国家银行合宪性的方式回应了华盛顿的要求。㊴

杰弗逊一开始列举了银行法案可能与州法相互冲突并因而将优占这些州法的各种方式。㊵ 在他看来，联邦宪法的基础是第十修正案对各州权力的保留：“超越特别为国会权力所划的边界哪怕是一步，就是占有了一个无限的权力范围，这一范围不再容许任何界定。”㊶ 接着，他考虑了可能的权力来源。国家银行不能在因偿还债务而征税的权力之下获得正当性，因为这两项工作它都不做。它也不能在政府的借款权力之下成立，因为这个银行将会有完全的自由以决定是否贷给联邦政府任何资金。而且，尽管国家银行的纸币和票据将在州际贸易中交易，但发行这些纸币并不是州际贸易：“因为联邦宪法授予国会的权力并不扩展到对一州贸易的内部调控（也就是说公民与公民之间的贸易），这一权力专门属于它自己的立法机构；而是仅仅涉及它的外部贸易，也就是说，它与另外的州之间的贸易，或者与外国或印第安部落之间的贸易”㊷。

杰弗逊还援引了原始意图：

> 众所周知，目前这项被提议“作为一项手段”的权力，被制宪会议“当做一种目的”加以反对。他们曾得到一项提议，授权国会开辟运河，还有一项修正性提议授权它们组建公司。但整个提议被否决了，而且在争论中提出的否决理由之一是，如果那样的话，他们就会拥有一项设立一所银行的权力，这将会使那些存在着对那个问题的偏见和嫉妒的大城

㉞ Elkins & McKitrick，前注㉕，at 231（引用了1 Annals of Cong. 1959 (Joseph Gales ed.，1789)）。

㉟ 同上注。

㊱ 同上注，at 232。

㊲ 同上注。

㊳ Johnson，前注⑩，at 215。

㊴ Thomas Jefferson, Opinion on the Constitutionality of the Bill to Establish a National Bank (Feb. 15, 1791), in *Context of the Constitution*，前注⑪，at 540。

㊵ 同上注。

㊶ 同上注，at 541。

㊷ 同上注。

市难于接受该宪法。[43]

杰弗逊以毫不含糊的语言反对必要与合适条款可以作为国家银行的宪法基础："已有诸多论证指出，一所银行将在征税方面提供巨大的便利或方便。假设这是真的：宪法也仅仅允许那些就实现被列举的权力而言'必要的'手段，而不是那些只是'方便'的手段。"[44]"难道我们能够认为，宪法的意图是为了一两点或多或少的'便利'，国会应当被授权打破各州最古老和最基本的法律，例如那些禁止土地死手保有（Mortmain）的法律、关于外国人法律地位的法律、血缘继承规则、遗产分配法案、关于土地复归和没收的法律、关于专利的法律?"[45] 为了给予国会任何没有被列举的权力，类似的逻辑可以运用到"那么长的列举权力清单中的'某一项'"，因为"没有一项权力不可以被'想方设法巧妙地'曲解为一种'便利'"[46]。如此宽泛地解释这项条款"将会吞没所有被授予的权力，把全部授权简化为一个条款"[47]。

有点出乎意料的是，杰弗逊在结论中向华盛顿提供了一个摆脱困境的出路。除非华盛顿"相当明确"该银行议案违宪，他应当尊重这项立法。[48]"如果正反双方的意见相当，以至于使他很难作出判断，那么对立法智慧的适当尊重自然就会解决这一均衡状态，并赞成立法机构的意见。"[49]

得到杰弗逊的意见之后，华盛顿要求汉密尔顿作出回应。[50] 汉密尔顿的回应在此尤其重要，因为约翰·马歇尔后来"解读、总结并重述了"这封信的许多部分。[51] 尽管准备匆忙——注明的日期仅仅比杰弗逊的意见晚 8 天[52]，但汉密尔顿的回应是令人信服而且是强有力的，在许多方面预料到了三十多年后最高法院对麦考洛克案的判决意见。[53]

汉密尔顿以讲述政府权力的性质为开端。他首先铺设了总的原则，即每项政府权力必然包括"使用所有对实现这项权力的'目的'来说必要而且相当'适合'的'手段'的权利；而且这些手段没有被宪法中明确规定的限制和例外所排除；而且不是邪恶的，与政治社会的基本目标并不相悖"[54]。联邦政府与各州政府之间的分权并不改变这项原则：就分配给它们的权力来说，它们都是完全至上的。他指出，宪法毕竟还是限制了各州的权力（例如，剥夺了它们废除合同的权力），因此，如果权力至上意味着不受限制的权力，那么联邦政府与各州政府都不能被认为是权力至上的。[55]

---

[43] 同注[39]，at 542。

[44] 同上注。

[45] 同上注，at 543 - 544。

[46] 同上注，at 542。

[47] 同上注。

[48] 同上注，at 544。

[49] 同上注。

[50] 参见 Elkins & McKittrick，前注[25]，at 232。

[51] McGowan，前注[23]，at 854。

[52] 参见 Alexander Hamilton，*Opinion on the Constitutionality of the Bill to Establish a National Bank*（Feb. 23，1791），*in Context of the Constitution*，supra not 11，at 544；Jefferson，前注[39]，at 540。

[53] 参见 Hamilton，前注[52]，at 544。

[54] 同上注，at 545。

[55] 同上注。

汉密尔顿特别针对杰弗逊提倡的严格解释发表了不同意见。他认为，宪法权力，尤其是那些涉及金融、贸易和防御的权力，应当获得宽泛的解释，因为“满足国家紧急需要、排除国家难题、促进国家繁荣的那些手段具有如此无限的种类、范围与复杂性，以至于在选择和使用这些手段时，必然存在巨大的自由裁量空间”[56]。汉密尔顿反驳了以下主张，即宽泛解释在各州层面比在联邦层面更合适。他坚决主张，如果真有什么区别的话，相反的立场更可能是正确的，因为范围更广且更重要的公共需要托付给了联邦政府。[57]

汉密尔顿还反驳了杰弗逊对原始意图的依赖。从记录显示的程度来看，在制宪会议上作出的仅有的实际决定涉及运河公司的组建，但与银行问题并没有密切联系。参与者仅仅对受到争论的议题意见不一。而且无论如何，原始意图也不是决定性的：

> 国务卿不会否认，无论一部宪法或一部法律的制定者的意图可能是什么，我们应当根据通常和已经确立的解释规则，从这项文件本身中去探寻那项意图。再普通不过的是，法律所表达的或影响的总是要比所预想的更多或更少一点。因此，如果建立一个公司的权力无论如何都能从合众国宪法众多规定的全部或任何部分中合理地推断出来，那么关于制宪会议的意图，从外部条件中得出的主张必须被舍弃。[58]

于是，唯一的问题就是，组建一所银行是否与任何被列举的权力之间存在必要的联系。就征税权来说，一所银行促进货币的流通（记住，这是一个很难获得通货的时期），因而提供了支付税收的手段。汉密尔顿说，如果没有银行的票据作为支付手段，联邦政府可能会被迫接受来自各种私人银行的钞票，甚至实物偿付。[59] 就借贷权来说，如果发生战争或者其他紧急情况，一所国家银行的存在将提供紧急贷款的来源。[60] 而且在几个方面，该银行还与州际贸易有关。“金钱是贸易赖于运转的中轴。”[61] 扩大货币供给将为贸易提供一种“便利的媒介”，而且还消除了来回运输贵金属的需要。[62] 其他银行是否也能够在某种程度上行使着类似功能与此无关：这里的问题是国会权力的范围，而不是在任何既定场合行使这项权力的利害。[63]

如果考虑到后来关于贸易条款范围的争论，汉密尔顿对杰弗逊的主张的回应则很有意思。回想，杰弗逊在州内事务与州际贸易之间划了一条清晰的界线，前者不关联邦政府的事。汉密尔顿质疑了这一区分：

> 但是对贸易的何种调控不会扩展到每州内部的贸易呢？所有相当于禁止的进口关税，还有对国内制造商提供的那么多补贴（以不同方式影响不同阶层的公民的利益）属于哪一种呢？涉及同一州不同地区之间贸

---

[56] 同注[53]，at 549。

[57] 同上注，at 550。

[58] 同上注，at 553。

[59] 同上注，at 560。

[60] 同上注，at 562。

[61] 同上注，at 563。

[62] 同上注。

[63] 参见 McGowan，前注[23]，at 812。

易的海岸航行法的所有规定属于哪一种呢？简而言之，必然影响各州内部贸易的州际贸易调控属于哪一种呢？作用于整体的措施必然扩展到每一部分！[64]

收到汉密尔顿的意见之后两天，华盛顿签署了银行法案。[65] 这项决定承载着极重的分量：华盛顿主持了制宪会议，并且当然是一位受人尊敬的全国性人物。汉密尔顿在这场争论中胜利了。即使在今天，他的信件似乎比他的对手的陈述更有力并受到更多关注。

为什么汉密尔顿的意见比麦迪逊和杰弗逊的意见更有力呢？两位一流历史学家指出，汉密尔顿站在他写联邦党文集时所处的同样的立场上，这一点和杰弗逊与麦迪逊不一样。他们评论道："处于攻势地位，阐释任何主张的积极方面，论述积极的革新，加上对其论题的完全把握，所有这些与一个人的说服力和提出理由的效果之间不仅仅存在偶然的联系。"[66] "当确信政府权力的大量使用将会对共同体产生积极与有益的影响时"，赞成宽泛解释就会很容易；"而且，当背后存在一种需要采取某种行动的紧迫感时，宽泛解释的观点很可能会占优"[67]。因此，正如在联邦党文集中那样，汉密尔顿仍然是一位制度建设者，主张公共需要要求采取一些大胆的行动。

相反，杰弗逊和麦迪逊偏离了联邦党文集的立场。他们在转折点上，"这时一个人更可能认为宪法并非一种实现其自身目标的工具，而是一种防止已被视为篡权与腐化的他人企图的保护性手段"[68]。杰弗逊能够不太强烈地接受严格解释，因为他历来就不是一位联邦宪法的热心支持者，但麦迪逊正被迫转变了他在联邦党文集中所处的立场。他看到自己周围正在形成一个"由有钱人和屈从于英格兰和大英帝国利益的商人支配"的世界，因此，必须与这种可以感知到的对美国价值观的威胁进行斗争的想法，迫使他陷入了一种尴尬的宪法立场。[69] 然而，银行问题暂时解决了，与汉密尔顿的斗争继而转移到其他问题上。

诉讼与律师们

1811 年，合众国第一银行的特许状到期了。由于它与联邦党的联系、各州银行的反对，以及它的股东中外国投资者的支配，第一银行在政治上已不受欢迎。[70] 但 1812 年的战争很快使人们接受了一所国家银行的可取性，1816 年国会发出了一份新的特许状。合众国第二银行管理不善，而且该银行为战后财政崩溃负有责任，这引起了除东北部之外的全国各地对该银行的强烈敌视。在 1816 年—1820 年间，佐治亚、印第安纳、伊利诺伊、肯塔基、马里兰、北卡罗来纳、俄亥俄和田纳西等州都通过了反银行（anti-Bank）立

---

[64] Hamilton，前注[53]，at 564。

[65] Elkins & McKitrick，前注[25]，at 233。

[66] 同上注。

[67] 同上注。

[68] 同上注，at 234。

[69] 同上注。

[70] 1 Charles Warren, *The Supreme Court in United States History* 504 (rev. ed. 1926).

法。[71] 同时，银行管理不善的更多证据暴露出来，在马里兰分支有将近 200 万美元的损失（在当时是多大的一笔钱哪！）。[72]

麦考洛克案开始于 1818 年，当时是一项针对国家银行马里兰支行的出纳员詹姆斯·W·麦考洛克征收 100 美元罚款的诉讼。这是一项因缺乏必要的马里兰州印章而散发银行钞票发生的惩罚（如果银行支付了 15 000 美元的年费就可以避免）。州的检察长和联邦官员之间达成一致，让这一案件变成审查国家银行合宪性的试验案件。马里兰州的上诉法院在一项未载入判决报告的法庭意见中支持了马里兰州的税收法律，为上诉至联邦最高法院布置了舞台。[73]

口头辩论持续了 9 天，并将这个国家中一流的宪法律师带到了联邦最高法院面前。[74] 作为背景，这里应当交待一下其中的 4 位律师：丹尼尔·韦伯斯特、威廉·沃特、威廉·平克尼和路德·马丁。这一时期，最高法院的辩护律师扮演了极其重要的角色。最高法院不接受书面辩护状，从而使口头辩论变得至关重要。[75] 这些一流律师也帮助确定了最终到达最高法院的法律争议。

其中，直到今天最令人难忘的律师是丹尼尔·韦伯斯特，他为合众国银行辩护。据说他当时已经成为“马歇尔法院的所有一流辩护律师中最著名、最爱辩论而且可能最有魅力的一位”[76]。他也是那个时代的一流演说家。[77] 他的外形很迷人：“墨黑的头发……宽大的额头，巨大、黝黑且锐利的眼睛……洪亮的声音……庄严的举止——合起来，这些特征看上去是何等出众；它们似乎暗示着一种强大的内在力量”[78]。在 1819 年—1830 年间，他为马歇尔法院的很多开创性判例作了辩护，只输掉了一个重要案件。[79] 韦伯斯特在影响最高法院的日程上特别积极，而且他还致力于将马歇尔法院的宪法观点提供给公众讨论。[80]

代表银行辩护的还有司法部部长威廉·沃特。他在某种程度上本来不太可能成为一个公众人物，没有家族关系和家族遗产，而且更爱好文学而不是法律。[81] 他于 1817 年被门罗总统任命为司法部部长并任职到 1829 年，当时杰克逊担任总统。[82] 在他的职业生涯中，他在最高法院出庭 170 次，包括那个时代几乎所有的重大宪法案件。[83]

为银行辩护的第三位著名律师是威廉·平克尼。平克尼虽然出身贫贱，

---

[71] 同注[70]，at 505 - 506。

[72] 同上注，at 506。

[73] 同上注，at 506 - 507。

[74] 同上注。

[75] G. Edward White, *The Marshall Court and Cultural Change*, 1815 - 1835, at 247 (1988).

[76] 同上注，at 267。

[77] 同上注，at 276。

[78] 同上注，at 268。

[79] 同上注，at 275。

[80] 同上注，at 288。

[81] 同上注，at 255。

[82] 同上注，at 262。

[83] 同上注，at 264。

但因他优雅的举止和别致的着装而享有花花公子的声誉。[84] 他不仅是一位律师，还是一位外交家。他参与了华盛顿政府初期的很多外交使团，并且后来出任驻英格兰公使。[85] 平克尼并不受人喜爱。例如，沃特说他“不可能喜欢这个人，因为他冷酷无情，只为自己着想”[86]。尽管他作为个人不受欢迎，但没有人置疑他作为一名律师的能力。据说，马歇尔说过，他从来没见过能够和平克尼“相匹敌的推理者——他的论证方法是那样清晰、易懂”[87]。这不是无根据的赞扬：马歇尔的一些意见几乎完全采纳了平克尼的论证。[88]

尤其是，麦考洛克案判决意见的几个部分基本上转述了平克尼的口头论辩。[89] 如果斯托里大法官的话是可信的，那么马歇尔对平克尼的高度尊重就是理所当然的。关于他的 3 天（!）口头辩论，斯托里说：

> 在我一生中，我从来没有听到过一次更伟大的演讲；它值得从塞伦旅行到此来聆听；他的演说充满感情，而且他的雄辩势不可当。他的语言、他的风格、他的外形、他的论辩都卓越且有才气。他讲话时像一位伟大的政治家和爱国者，也像一位明智的宪法律师。关于州的权利与州的主权的所有诡辩与理论，都被他用一把大扫帚清扫得一干二净。[90]

本案另一方的杰出人物是路德·马丁，长期担任马里兰州的检察长。[91] 他年轻时是一位参加制宪会议的代表，在会上他为小州的权利作了辩护，并反对具有扩张性的联邦权力。[92] 他后来变成一位联邦主义者，在此过程中，他修正了自己的观点。[93] 他的个人举止和外貌与平克尼全然相反：他以不修边幅、纵情饮酒、着装不洁、语无伦次以及糟糕的社交礼仪而闻名。[94] 他在麦考洛克案中的说理据说“出奇地冗长、杂乱无章且包揽无遗”，主要关注宪法制定者（当然包括马丁自己）的观点。[95] 在马丁说理的结尾，他大声朗读了约翰·马歇尔几年前在弗吉尼亚批准联邦宪法的大会上发表的一些评论。他一读完，马歇尔深深地呼了一口气；当斯托里在辩论后问及此事时，马歇尔说，他终于松了一口气，幸亏马丁没有在辩论中发表任何十分愚蠢的言论。[96] 在这次辩论几周之后，马丁得了严重的中风，并一直没有真正康复。[97] 他生命的最后时日寄宿在亚伦·伯尔的家里，他曾经为这个人的叛国罪指控作过辩护。[98]

---

[84] 同注[75]，at 241。
[85] 同上注，at 245 - 246。
[86] 同上注，at 253。
[87] 同上注，at 243。
[88] 同上注，at 247。
[89] 同上注，at 248 - 250。
[90] Warren，前注[70]，at 507 - 508。
[91] White，前注[75]，at 235。
[92] 同上注，at 230。
[93] 同上注，at 230 - 231。
[94] 同上注，at 237。
[95] 同上注，at 238。
[96] Warren，前注[70]，at 507。
[97] White，前注[75]，at 240。
[98] 同上注。

口头辩论

该案的口头辩论显示，银行的辩护者与其攻击者之间存在三项重要分歧。这些分歧涉及联邦的性质、必要与合适条款的范围以及州的征税权的限度。

最基本的是，双方在联邦的性质上存在不同的观念。支持银行的平克尼主张，联邦宪法“来源于人民”而不是来自作为整体的各州。[99] 相反，州的律师认为，联邦宪法是“各州之间的契约，而且宪法没有明确让出的所有权力都保留给各州”[100]。联邦宪法“不是由合众国人民全体，而是由各自州的人民”创立的。[101] 宪法体系“是通过州与联邦政府之间的相互让步与妥协建立的”[102]。

关于必要与合适条款的范围，银行的辩护者信奉一种宽泛的定义，并且主要依赖关于该条款适用于银行的非司法性先例。韦伯斯特指出，银行问题已经在共和国成立早期就得到充分探究，而且三十多年来，三个权力分支一直都在银行是合宪的这一假定之上行为。[103] 如此长时间的解释“必须被视为已得到人民声音的认可”[104]。平克尼说，这项解释尤其应当得到尊重，因为它与联邦宪法处于同一时期，而且是由宪法的创造者本身作出的。[105] 事实上，到银行重新被许可时，总统（麦迪逊自己）已经承认，该宪法问题已经不再具有争议性。[106]

关于该条款本身的含义，韦伯斯特继续说道，“必要的”与“合适的”应当被视为同义词，而且仅仅指“与目标相称的那些权力，对提出的目的来说极其有用的那些权力”[107]。国会是否选择了可能的最好手段不是法院所能决定的。[108] 同样，沃特引用约翰逊词典作为支持，坚决主张“必要的与合适的（necessary and proper）”“等于需要的与适合的（needful and adapted）”[109]。沃特说，无论如何，没有人能够否认，在全国范围内散布的银行是执行联邦政府权力的适当手段。[110] 联邦权力的限度不能依靠法院就必要性程度作出的判决。这样一个基于背景的标准，将使联邦政策的有效性“就其本质来说取决于外部条件，这些条件永远处于变动状态，因而必然在这些权力的本质中产生相应的变化”[111]。沃特声称在一定意义上，必要性程度提出了一个纯粹的

---

[99] McCulloch, 17 U. S. (4 Wheat.) at 377.

[100] 同上注，at 363。

[101] 同上注。

[102] 同上注，at 371。

[103] 同上注，at 323。

[104] 同上注，at 353。

[105] 同上注，at 378 - 379。

[106] 同上注，at 380。

[107] 同上注，at 324 - 325。

[108] 同上注，at 325。

[109] 同上注，at 356。

[110] 同上注，at 354。

[111] 同上注，at 355。

政治权衡问题，并重申这种问题专门属于立法考虑的范围。[112] 平克尼强调了宽泛解释的实际必要性，因为“在我们这样一个永远处于变动和改进、没有先例的社会状态中”，宪法制定者不可能调查每一个细节，或者“预料无穷无尽的各种情形”[113]。法院无力判断必要性的程度[114]；他们只能确认“所做的事情不是一个纯粹的托词”[115]。

在回应中，州的辩护律师将早期实践的重要性作了最小化处理，并提倡对该条款进行严格解释。不可否认，在更早的时期，一所国家银行可能对联邦政府的目的来说是必要的，但必要性“与变化的境况有关；在一个时期可能存在的事物状态在另一个时期却未必存在”[116]。与1816年重新许可银行时的情况相比，共和国早期的情形有很大不同。当汉密尔顿代表国家银行提出辩护时，“合众国内只有三家银行，资金和运转范围都有限”[117]。再者，在各州（如马里兰州）设立支行的必要性更不明显，而且这项决定是由银行本身而不是国会作出的。州的律师还声称，只有国会能够作出这种压倒各州偏好的重要决定，因为国会是唯一“可以被安全信任”的场所；“只有在这里，受到这项措施影响的各州才能得到公正的代表”[118]。这一权力不能委代给一个本质上为私人社团的组织。[119]

此外，马里兰州还区分了两种手段：一是“附着于正在讨论的特定权力的手段”；二是“可能被任意地认为对执行这项权力来说方便的手段，或者在必要性的借口之下僭取的手段”[120]。在这种语境下，“必要的”意味着“不可或缺的”[121]。马里兰州又依赖原始意图：“人们从来没有认为联邦政府应当成为任何类型的银行家或商人。他们意图将调控银行交易和所有其他国内工业的权力留给各州”，仅仅受制于国会对州际与国际贸易的调控。[122]

征税权问题似乎给银行的辩护者提出了最大的难题。平克尼将此问题视为本案中“最后但最大，以及唯一困难的问题”[123]。韦伯斯特问道：“如果各州可以对国家银行征税，那么它们可以征到什么程度呢？他们应当在哪里停下来呢？”[124] 他补充道，“征税的权力，必然包括毁灭的权力”[125]。这些话得到平克尼的附和[126]，并在之后得到最高法院的采纳。沃特坚决主张，如果各州可以对国家银行征税，“它们就可以对合众国法院中的诉讼征税”，而且“只

---

[112] 同注[99]，at 357。

[113] 同上注，at 385。

[114] 同上注，at 389 - 390。

[115] 同上注，at 387。

[116] 同上注，at 331。

[117] 同上注，at 332。

[118] 同上注，at 336。

[119] 同上注。

[120] 同上注，at 365。

[121] 同上注，at 367。

[122] 同上注，at 368。

[123] 同上注，at 390。

[124] 同上注，at 327。

[125] 同上注。

[126] 同上注，at 391。

有它们自己的裁量权可以对它们这项权力的行使施加限制”[127]。他补充道，“然而可以肯定的是，宪法制订者并不想将中央政府所有权力的行使取决于各州政府的自由裁量权”——因为那“是原来邦联的缺陷，也正是新宪法要根除的东西”[128]。平克尼声明，“无论合众国是否有权力去做某件事，各州都没有权力撤销。国会设立银行的权力，像它所具有的其他自主的权力一样，是至高无上的，否则它将什么都不是”[129]。对一个法院来说，决定征税的幅度何时越过了合理的极限是非常困难的，如果到了危害的证据足够清楚的时候，那再行挽救则为时已晚了。[130] 这也不是真正的非歧视性征税，因为没有其他银行在马里兰州设立分行。如果马里兰州的法律获得维持，那么肯塔基对该银行施加的 6 万美元的年税如何处理呢?[131]

州的辩护律师对征税权问题有几种主张。他们认为，这个银行基本上是私人性质的，不是一个联邦机构，因而没有资格享受任何类型的税收主权豁免。[132] 再者，“一个主权单位如果将它的财产放在另一个主权单位的领土和管辖范围之内，并当然受到后者的保护，就应当服从这个州的一般征税权，并且必须为这个州的财政需求作出适当的贡献”[133]。宪法的辩护者也在批准辩论中“反反复复”说过，州的征税权是“神圣不可侵犯的”[134]。“不受限制的征税权来自州的主权。”[135] 联邦宪法对州的征税权的唯一限制是禁止各州征收关税。[136] 确实，征税权可能被滥用，但联邦政府的权力也同样可能被滥用；只有各州与联邦政府保持一种合作关系，宪法才能有效地运行。[137] 只有互相信任、慎重和自制才能避免两层政府之间的冲突。[138] 路德·马丁承认，无论是各州政府还是联邦政府，都有可能滥用征税权。但他认为这种危险是不可避免的，这源于制宪会议（回想，他是制宪会议的一位代表）无力完全解决共存征税权提出的难题。[139]

总的说来，马里兰州强调了国家银行仰仗隐含权力叠加的程度。首先创建银行的权力是隐含的，然后从这项权力中引申出设立支行的权力，接着又引申出支行的税收豁免权，而征税权是州的“最重要和最基本的权力”[140]。对银行的辩护就像“著名的印第安无花果树”，“它的树枝从树干长出来，伸到很远的地方；然后落到地面，在那里它们生根长成树，然后新的树枝从新的树干长出来，并且生根繁殖，以同样的方式蔓延，直到渐渐地盖住一大片地

---

[127] 同注[99]，at 361－362。
[128] 同上注，at 362。
[129] 同上注，at 391。
[130] 同上注，at 392。
[131] 同上注，at 393。
[132] 同上注，at 339－340。
[133] 同上注，at 342。
[134] 同上注，at 344。
[135] 同上注，at 370。
[136] 同上注，at 369。
[137] 同上注，at 349－350。
[138] 同上注，at 371。
[139] 同上注，at 376。
[140] 同上注，at 347。

面，在它覆盖的阴凉处，所有的东西都枯萎了”[141]。

在最狭窄的层面，双方的争议涉及举证责任和司法能力问题。关于司法能力，争论的焦点在于，法院是否有能力审查国会在变动的环境中所选手段的适当性，或者是否有能力决定州对联邦机构征税的经济影响。假设法院无法或者不应当划出这样的界线，那么一个明确的规则就是必需的，问题也就成为应当支持哪一方。为支持联邦政府的规则辩护的主张基于最高条款、对一个有效中央政府的需要，以及国会中各州的代表和它的人民所提供的政治保障。支持州政府的辩护是宪法的契约理论、州的主权，以及对列举的联邦权力维持有效限制的需要。如果联邦政府获得支持，那么法院将不会审查国会措施的实际必要性，也就接受了反对州对联邦活动征税的本身违法规则(a per se rule)。如果州获得支持，法院就能决定一项既定的国会措施（至少是像特许一所银行这样不寻常的措施）在目前的条件下是否真的必不可少，并且会依靠各层级政府之间的合作防止州对征税权的滥用。这些选择，有的信任法院针对立法措施作出实际决定，有的信任国会负责任地行使它的权力，有的信任各州会公正地对待联邦政府。信任这些机构中的哪一个是口头辩论提出的基本问题。

最高法院的判决

当时，只有两位大法官是联邦党人，其他 5 位都来自反对党，这个反对党是麦迪逊和杰弗逊在与汉密尔顿及其追随者竞争的过程中建立起来的。[142] 然而，韦伯斯特预料到了对自己一方有利的判决。[143] 平克尼辩护仅仅 3 天之后，判决就下来了。[144]

不出所料，法院的一致意见由马歇尔执笔。与历史上在他之前的其他首席大法官相比，马歇尔在任职期间更大程度地支配着最高法院。他改变了首席大法官职位的职责。[145] 他作为首席大法官在任职期间，撰写了近半数的多数意见（majority opinions)，包括几乎所有宪法案件的判决，而且在他任职早期，他几乎撰写了所有最高法院的判决。[146] 除了汤姆斯·杰弗逊这个显著的例外，几乎所有与他交往的人都喜欢他，赞赏他。这在早期华盛顿社区这个紧密的世界中，是一种有用的品质。[147] 他的“谦虚、诙谐、灵活和耐心”在说服其他大法官接受他的观点，至少压倒他们的反对意见时，作用简直无法估量。[148] 据说，他还不容置疑地成为“他那个时代伟大的法律推理者之一：同时代的人经常证明他从前提推理到结论的能力”[149]。他的意见之所以特别可信，是因为他“援引了那些建国时代被认为永恒的原则”，宪法的语言就是

---

[141] 同注[99]。

[142] Warren，前注[70]，at 508 - 509。

[143] 同上注。

[144] 同上注，at 510。

[145] White，前注[75]，at 367 - 368。

[146] 同上注。

[147] 同上注，at 372。

[148] 同上注，at 373。

[149] 同上注。

建立在这些原则之上的。[150]

马歇尔对麦考洛克案的判决意见以强调最高法院解决这个问题的必要性为开端。问题的重要性与其实际意义可能"从根本上影响政府的良好运转"[151]。但是这个问题"必须获得和平解决，否则就会留下一个产生立法冲突的源头，可能是一个具有更严重性质的冲突的源头；而且，如果这个问题要获得和平解决，只有本庭能够作出决定"[152]。他的意见并不因原创性而著名；基本上每一个观点都可追溯到口头辩论和汉密尔顿给华盛顿的信件。但这个意见逻辑上很连贯，使得结论看上去几乎是必然的。下面，我们来看一下他对本案提出的三个主要问题的分析。

主权问题

在讨论主权问题时，马歇尔以转述州的主张为开端。马里兰州坚决主张，在解释宪法时，"认为这个文件不是源自人民，而是具有主权和独立的州的行为"[153] 这一点很重要。因此，联邦政府的权力来自"州的委代，而只有各州是真正至高无上的；联邦政府权力的行使必须服从于各州，而只有各州才拥有最高统治权"[154]。

然而，在马歇尔看来，各州没有也不能创建联邦政府。联邦宪法的效力来自各州批准大会，但这些批准大会代表人民。[155] 州的主权有能力形成一个同盟（a league），如原来的邦联条款，但无法"将这个联盟（alliance）转变为一个有效的政府，这个政府拥有重大而至高无上的权力，直接面对人民行使权力"[156]。正如事实那样，其权力直接来自于人民，联邦政府"在其行动范围之内必然是最高的"，尽管这个范围是有限的，只局限于它被授予的权力："它是所有人的政府；它的权力由所有人授予；它代表所有人，并为所有人而行动。"[157]

麦考洛克案的判决从"我们人民"的字眼中推论出联邦政府的权力，但没有讨论一个长期的关于人民主权性质的争议。在各自的州界内投票的"我们人民"是一个人民，还是众多州的人民，每个州的人民保持它自己的团体身份？在美国历史上，针对这一点已提出了各种各样的理论。林肯认为，美国从独立的那一刻起就是一个国家（one nation）。其他人认为，当联邦宪法被批准的时候，分立的州的人民（peoples）产生了一个统一的人民（People），而还有其他人坚持认为，即使在今天，各州的人民仍然保持完全分立状态。[158] 如果不是神学意义上的，像中世纪对三位一体（the Trinity）性质的争论那样，这些区分似乎有点细微，但这并没有阻止它们在我们的历史上

---

[150] 同注[99]，at 375。

[151] McCulloch，17 U.S.（4 Wheat.）at 400.

[152] 同上注，at 400－401。

[153] 同上注，at 402。

[154] 同上注。

[155] 同上注，at 403。

[156] 同上注，at 404。

[157] 同上注，at 405。

[158] 参见 Daniel A. Farber，*Lincoln's Constitution* ch. 2（2003）。

有时具有巨大的政治含义。

马歇尔在麦考洛克案中没有明确地讨论这个问题。他的确说了“联邦政府（government of the Union）”“明显且真正是一个人民的政府”[159]。他继续道：“在形式上，并在实质上，它来源于他们。它的权力由他们授予，并且为了他们的利益直接作用于他们。”[160] 这一语言暗示了一个统一的全国性人民的存在。但之前在提到宪法批准时，他说过人民确实在他们各自的州集会。“从来没有政治梦想家疯狂到想把各州的界线抹掉，将美国人民混合成一个统一的群众集合（one common mass）。因此，当他们行动时，他们在他们的州内行动。”[161] 这些语言可能暗示着，美国人民实际上没有融为一个单一的整体，尽管它能被解读为虽然一个统一的美国人民也存在，但各州的人民仍然保持他们自己的身份，并拥有一个行动的场所。然而，麦考洛克案的判决似乎没有在人民主权的细微之处选取一个真正的立场（尽管马歇尔在判决发布以后确实对该主题作了更多讨论）。但是该判决确实清楚地宣告，真正的主权并不属于各州政府，并且那些政府从属于联邦政府。

马歇尔的公理——联邦主权凌驾于各州政府之上——为判决的其他部分提供了基础。这个公理意味着最终的信任依赖于国会的判断，而不是各州立法机构的判断。这反过来支持了必要与合适条款的宽泛解释，以及州权针对联邦实体的狭窄解释。

联邦权力的范围

像国家银行的律师一样，对联邦权力范围的论证，马歇尔一开始提到了其他政府分支的长期且一贯的实践做法。他没有否认，“即使比该案的情形得到默认的时间更长、更彻底，一项大胆的篡权也可能受到反抗”[162]。但至少当问题涉及人民的代理人之间的权力分配而不是个人权利时，这些政府实践应当受到相当的重视。[163]

麦考洛克案的判决强调了联邦权力的极端重要性以及宽泛解释的必要性。“一部宪法，如要包含它的主要权力所容纳的所有分支及其执行所需要的所有手段的准确细节，就将像一部法典一样冗长，因而很难为人类的思维所接受。”[164] 因此，宪法的性质要求，“宪法条款只能勾勒宏伟纲要、指明重要目标，并从目标本身的性质推断出组成那些目标的次要成分”[165]。因而，在考虑联邦权力的范围时，“我们永远都不应忘记，我们正在解释的乃是一部宪法”[166]。如果已经将“丰富的权力”赋予联邦政府——“利剑与钱袋，所有的对外关系以及相当部分的国家工业”——就必须将同样“丰富的实施手

[159] 17 U. S. (4 Wheat.) at 405.

[160] 同上注。

[161] 同上注，at 403。

[162] 同上注，at 401。

[163] 同上注。

[164] 同上注，at 407。

[165] 同上注。

[166] 同上注。

段”赋予它。[167] 为这些权力的实施提供便利是“全国人民的利益”；“对其实施造成障碍与困扰，从来不可能是他们的利益，也不可能被认为是他们的意愿……”[168] 像任何其他手段一样，设立一个公司的权力仅仅是在适当的地方使用的一项手段。[169]

马歇尔拒绝了以下主张，即“必要的”这个词限制了国会选择手段的自由决定权。他已经说明，即使没有必要与合适条款，国会也会在手段选择上具有宽泛的自由裁量权。因此，州的论辩可归结为以下观点，即必要与合适条款实际上缩减了如果没有该条款国会反而可能具有的源自各种列举权力的自由决定权。马歇尔认为那是不合情理的，因为宪法文本将这项条款视为权力的额外来源，而不是对已有授权的一项限制。[170]“必要的”这个词取决于上下文，能够具有多种含义，并且“常常无非意味着一件事物很便利，或者很有用，或者对另一件事物很重要”[171]。事实上，宪法在另外的地方使用了“绝对必要的”这样的字眼。[172] 一种狭窄的解释将阻碍一个民族的福祉所倚赖的那些主要权力的实施。[173] 在一部“意图去经受漫长岁月的考验，并因而需要适应人类事务的各种‘危难’”的宪法中，“用永恒不变的规则规定紧急需要”根本讲不通，“这些紧急需要，如果能够被预料到一点的话，必然只能被模糊地预料到，而且只能当它们发生时才能最好地制订应对规则”[174]。

马歇尔以著名的文字阐明了国会权力的范围：“假设目的是正当的，并在宪法允许的范围之内，那么所有适当的手段，明显适合于实现该目的的手段，如果没有受到禁止，并且与宪法的文字与精神一致，都是合宪的。”[175]

马歇尔发现，国家银行很明显满足这个标准：

> 在这个广袤的共和国中，从圣克罗伊河到墨西哥湾，从大西洋到太平洋，政府都要征收与开支财政收入、调遣与维持军队。民族危急关头可能要求北款南调、西税东流，或者反过来。使这些行动变得困难、危险和昂贵的宪法解释应该受到偏爱吗?[176]

关于国家银行的实际用途，马歇尔依赖了历来国家财政当局的共识。[177] 州银行的存在也不能成为相关的替代品，像马里兰州所主张的那样。联邦政府不会依赖各州“执行宪法授予它的重大权力”[178]。总之，“国会自己可以在众多手段的选择中作出决定”[179]。

---

[167] 同注[159]，at 407 - 408。
[168] 同上注，at 408。
[169] 同上注，at 409 - 411。
[170] 同上注，at 419 - 420。
[171] 同上注，at 413。
[172] 同上注，at 414。
[173] 同上注，at 415。
[174] 同上注。
[175] 同上注，at 421。
[176] 同上注，at 408。
[177] 同上注，at 423 - 424。
[178] 同上注，at 424。
[179] 同上注。

政府间的豁免权

余下来的唯一的问题就是，马里兰州是否能够对一个合法联邦机构的行为征税，如国家银行。像国家银行的律师一样，马歇尔接受了如下主张，即征税的权力就是毁灭的权力。[180]“但是”，马歇尔说，“在自己的权力范围内清除其行动的障碍，从而限制下级政府的每一项权力，以使自己的行为免受其影响”，这“正是最高的核心含义”[181]。（与其大部分说理的前提一样，马歇尔没有引用任何权威来支持这一主张——这项主张的提出好像一个不证自明的真理，只有傻瓜才会否认。）

“无代表不纳税”是美国立国信条的一部分。因此，马歇尔在分析税收问题时，一开始就解释道，对滥用征税权的唯一控制只能“存在于政府自身的结构中”，因为在“征税时，立法机构作用于它的选民”[182]。但是，虽然一州的人民授予他们的政府向他们自己征税的权力，但征税权仅能扩展到“一州的主权所能管辖的子民”，而这并不包括联邦政府。[183] 这个标准——征税权与主权的范围相一致——提供了一个“明了的标准”，使法院无须涉足“并不适合司法部门回答的难题，即征多少税是权力的正当行使，而多少就等于征税权的滥用”[184]。这也排除了信赖各州政府的必要。“一个州的人民凭什么愿意把权力托付给其他州的人民，去控制掌握着他们自己最重要与最有价值的利益的政府的运作呢?”[185]

马歇尔断然拒绝了以下主张，即州对联邦政府的征税权与联邦对州政府的征税权是相等的。他的说理成为后来为人们所熟知的宪法过程理论的前兆。重要的段落浓缩了判决意见中的很多理念，值得在此详细引述：

> 这两种情形并非基于同样的理由。所有州的人民创建了全国政府，并将普遍的征税权授予它。所有州的人民和各州本身，都在国会中获得代表，并且通过他们的代表行使这项权力。当代表们向各州许可成立的机构征税时，他们是向其选民征税；并且这些税收必须是统一的。但当一州向合众国政府的运作征税时，它所影响的机构，并非由它们自己的选民，而是由他们无权管辖的人们创建的。它作用于一个政府的措施，而这个政府是由他们自己和其他人共同创建的，以同时保障其他人和他们自己的利益。整体作用于部分与部分作用于整体之间的不同总是存在而且必须存在——一个政府的法律被宣称是最高的，而一个政府的法律如果与那些最高的法律冲突时，就不是最高的。[186]

马歇尔的所有理念都来自律师们的口头陈述。在如此短的时间内，也只能如此。但他将这些辩论放到一个框架里，而这个框架又似乎完全是他自己

---

[180] 同注[159]，at 427。
[181] 同上注。
[182] 同上注，at 428。
[183] 同上注，at 429。
[184] 同上注，at 429－430。
[185] 同上注，at 431。
[186] 同上注，at 435－36。

的。他的基本前提是，联邦政府被人民自己授予最重要的政府权力，因而它必然高于各州，各州的权力仅仅来自一部分人民。基于这些前提，马歇尔的结论势不可当。

麦考洛克案的即刻影响

麦考洛克案被视为这一开庭期最重要的案件。[187] 该案的判决引起了爆炸性回应，尤其在南部，然后是西部（现在的中西部）。密西西比的一家报纸说，“组成全国联邦的各单独州的主权与独立的最后遗迹一下子被抹掉了”[188]。在田纳西州，一家报纸说，这个判决“唤醒了对最高法院贵族品性的公共关注，迟早会使其成员招致共同体人民的咒骂”。而肯塔基的一家报纸说，马歇尔的那些原则“肯定会在我们广袤的帝国中引起惊慌”，因为它们“动摇了州权（State-Rights）和州主权（State Sovereignty）的根基”[189]。

对麦考洛克案判决最重要的攻击，来自弗吉尼亚的法官斯宾塞·罗恩和弗吉尼亚核心政治集团的其他成员（可能是威廉·布罗肯伯勒）撰写的匿名文章。[190] 弗吉尼亚州并不特别地反对国家银行，但它是杰弗逊氏州权观念的大本营。[191] 因此，这些攻击集中在判决中那些宽泛的国家主义原则上，而不是关于国家银行的具体判决。

在最先出现的那些批评性文章中，匿名作者指向麦考洛克案判决中的“两个原则”，这两个原则“恰恰危及州权（state rights）的存在”[192]。一个是“否定了联邦政府的权力是由各州授予的”；另一个是主张联邦权力，尤其是必要与合适条款，“应当从宽泛而不是严格的意义上获得解释”[193]。谈到第一个原则，他们认为，宪法并不是由人民全体，而是由“各分立的主权州内的人民批准的”，在这个意义上，是各州“以其主权能力授予联邦政府权力，并因而是制定这份契约的参与者”[194]。谈到第二个原则，他们认为，如果国会充分利用最高法院对其权力的解释，那么“很难说留在各州手中的将会是多么少的一部分剩余权力”[195]。这一系列文章中的下一篇列举了一行令人恐惧的事情：联邦政府可以“投资于公路和运河”，“为了内政的改进而创设各种委员会”，“为穷人建立大学、学院和校舍”，“为了促进农业发展设立公司”，以及建造教堂并向牧师支付报酬。[196]

罗恩的文章采取了类似的方法。他提出了关于联邦权力扩张的警告：“一个不受限制的授权与一个虽然在语词上受到限制但伴随着不受限制的实

---

[187] 参见 White，前注[75]，at 542。

[188] Warren，前注[70]，at 519。

[189] 同上注，at 520。

[190] Gerald Gunther，Introduction to *John Marshall's Defense* of McCulloch v. Maryland 1，13（Gerald Gunther，ed.，1969）.

[191] 同上注，at 9。

[192] *A Virginian's "Amphictyon" Essays*，Rich. Enquirer，Mar. 30-Apr. 2，1819，reprinted in Gunther，前注[190]，at 52，54.

[193] 同上注，at 54－55。

[194] 同上注，at 56。

[195] 同上注，at 55。

[196] 同上注，at 75。

施手段的授权之间根本没有不同，看不到这一点的人肯定是一个可怜的白痴。”[197]“必要的”这个词必须受到严格解释，就像罗恩所说它在普通法与国际法中受到解释的方式那样。[198]最高法院的解释甚至会“赋予国会没收人们的武器的权力，因为没有比拥有使叛乱获得成功的手段更有益于叛乱的东西了”[199]。如此宽泛的解释方法已经成就了《煽动叛乱法》。[200]

罗恩还强调，宪法是“每一个州的人民与所有州的人民之间的一项契约，而且它仅仅是一项契约”[201]。“据此，能够说宪法是由合众国人民作为‘一个’人民整体采纳的吗？或者能够否认它是由各州，由上述各分立的州的人民采纳的吗？难道‘他们’不是制定这项契约的参与者吗？”[202]“因此”，他说，“我们的全国政府像原来的邦联一样，是一个‘同盟（league）’。唯一的不同在于，这个政府的权力大大扩展了”[203]。于是，“这个政府在某种意义上可以被视为‘原来’邦联政府的延续”[204]。

马歇尔十分不安地发表了自己对该判决的匿名辩护。关于必要与合适条款，他对罗恩与其他法律领域的类比表示了异议。在罗恩援引的情形中，“似乎可以证成一种相当严格的解释方法”的那些条件都不能“适用于宪法”：

> 它不是企图消灭彼此的仇敌之间的协议，因而并不渴望写入每一个细节，以免警惕的对手利用疏忽之处。它也不是以下情形：有利于一个人的含意会削弱另外一个人的法定权利。它也不是围绕一个事物的契约，任何与其有关的事物都可以被联想到并被记入其中。它是一个民族的行为，这个行为创建一个政府，没有这个政府他们不能作为一个民族而存在。[205]

但马歇尔也否认了麦考洛克案的判决给了国会不受限制的权力。他说，“法官们的推理反对那种限制性解释，这种解释将使国会在执行其受到公认的权力时陷入困窘之地；并且认为这样的解释，如果不是这个文件的文字所要求的，不应当得到优先采纳；但是并没有暗示一种将授权扩展至其目的之外的解释方法”[206]。

马歇尔坚定地驳斥了罗恩的以下断言，即合众国仍然是一个邦联，就像它在联邦宪法通过之前的那样：

> 罗恩想否认存在合众国人民这样一个人民群体（a people）吗？我

[197] *Roane's "Hampden" Essays*, Rich. Enquirer, June 11－22, 1819, reprinted in Gunther, 前注[190], at 106, 110。

[198] 同上注, at 117－124。

[199] 同上注, at 134。

[200] 同上注。

[201] 同上注, at 127。

[202] 同上注, at 142。

[203] 同上注, at 146。

[204] 同上注。

[205] *Marshall's "A Friend of the Constitution" Essays*, Alexandria Gazette, June 30-July 15, 1819, *reprinted in* Gunther, 前注[190], at 150, 170。

[206] 同上注, at 182。

们难道不是作为一个国家而存在？……合众国是一个国家；是一个由很多州组成的国家，只不过这些州在许多方面（尽管不是所有方面）具有至高无上的主权而已。这些州的人民也是合众国的人民……我们都是公民，不仅是我们各自州的公民，而且还是这个伟大共和国的公民。[207]

马歇尔说，联邦宪法诚然是由人民以州的名义采纳的。[208] 但他说，一个政府的特征取决于它的宪法，而不是宪法获得采纳的方式。大不列颠联合王国是一个国家，尽管它是通过英格兰、苏格兰和爱尔兰议会各自的行为而形成的。[209]

不像邦联条款那样，"我们的宪法不是一个同盟（league）"，而是一个"政府"[210]。马歇尔坚持认为，在这个国家陷入其在邦联条款之下的混乱和虚弱状态之前，美国人应当三思。[211] 马歇尔坚决主张，"我们的宪法不是一个契约"[212]。相反，它是"一个单一当事人（a single party）的行为。它是在其各自的州聚集，并为整个国家批准一个政府的合众国人民的行为"[213]。因此，"当用在这样一个政府身上时，所有建立在同盟和契约之上的主张，必然是靠不住的"[214]。

麦考洛克案判决之后的一些事件与其说是政治的，不如说是法律的，因为各州试图通过其他方法攻击国家银行。之后的一个案件，奥斯本诉合众国银行案[215]，给了马歇尔一个机会，再度强调之前那个判决中表达的一些主题。俄亥俄州通过了一项法律，向国家银行的每一个分支征收 5 万美元的税。根据这项法律，该州审计官奥斯本决定查封国家银行的资金。国家银行获得了一项禁止收税的联邦禁令，但州的官员仍然不管不顾，擅自行动。在遭到拒绝支付税收之后，奥斯本的助手进入国家银行的保险库，带走了他所能发现的所有东西，共计 12 万美元。联邦下级法院发出一项命令，要求俄州归还国家银行这笔资金。[216]

今天，奥斯本案通常只为研究联邦管辖权内的法律的专家所知，也主要是因为最高法院的以下判决，即一个联邦法院可以听审作为一个联邦机构的国家银行提起的任何诉讼。然而，在此更重要的一点是针对州官员的禁令。就在他否决州对国家银行征税的权力时，马歇尔驳斥了以下主张，即州的主权豁免为其官员干预国家银行的行为提供了庇护。他强调了关于联邦最高的相反判决可能造成的影响：州的官员"可以阻止合众国所有法律的执行"。如果一位州行政官员对一位联邦官员罚款或惩罚，那么这位联邦官员将不能获得一项禁令。邮递员、征税官、联邦法院事务官以及军事征兵人员，都将

---

[207] 同注[197]，at 195。

[208] 同上注，at 197。

[209] 同上注，at 197 - 198。

[210] 同上注，at 199。

[211] 同上注，at 199 - 120。

[212] 同上注，at 203。

[213] 同上注。

[214] 同上注。

[215] 22 U. S. (9 Wheat.) 738 (1824) .

[216] Warren，前注[70]，at 528 - 530，533。

面临遭受像针对国家银行那样的毁灭性惩罚的危险。马歇尔说，简而言之，一州将“能够按照自己的意愿攻击这个国家，阻碍这个国家前进的每一个步伐，在其计划的实施中积极且有效地行为，而这个国家却被剥光了它的防御性盔甲，赤裸裸地站立在那里”[217]。这再次证明，联邦最高是最基本的需要。

麦考洛克案的判决像其后的奥斯本案的判决一样，必须被视为与州权(states' rights)斗争的一部分，而这场战斗始于弗吉尼亚和肯塔基议案(Virginia and Kentucky Resolutions)，结束于阿波马托克斯法院大楼(Appomattox Courthouse)。杰弗逊和麦迪逊，在他们起草的方案中，接受了联邦宪法的契约理论，没有认真考虑州对联邦政府的干预。罗恩自己之前已经使用相同的理论为各州法院不受制于最高法院的上诉审查而辩护，因为一个主权单位不能指挥另一个主权单位的行为。稍晚些时候，契约理论成为约翰·卡尔霍恩的废止理论的基础，再往后，成为南部脱离行为的基础。在这个争论的另一方面是马歇尔、韦伯斯特（不仅在麦考洛克案中，而且在一些重要的公共演讲中）等这样的著名人物。关于严格解释的争论源自对这个联邦根本不同的理解。它仅仅是一个主权州组成的同盟，还是凭其自己的名分就是一个主权国家?[218]

麦考洛克案在今天的持续重要性

合众国银行很不体面地毁在安德鲁·杰克逊手中，他先否决了银行执照的更新，然后取出所有联邦存款，关闭了银行。[219] 可能是证实银行支持者关于国家银行的真切必要性的观点，全国经济迅速陷入失控状态。[220] 一位历史学家说，到杰克逊离职的时候，“美国处于到目前为止最大的金融危机的早期阶段”[221]。虽然今天国家银行系统和联邦储备系统起着汉密尔顿意图使银行发挥的同样的功能，但合众国银行从来没有再次开张。

然而，麦考洛克案的意义比引发这个案件的争议更久远地存在下来。正如已故的吉罗德·冈瑟所说：

> 在周期性发生的中央与各州之间权力分配的争斗中，以其详细阐述的对宪法灵活性和国会裁量权的承认，马歇尔正确地将最高法院的秤砣放在了中央化一边。以这个判决，最高法院提供了一个蓄水池，容纳着支持中央行为的辩护理由，这个蓄水池甚至可能比马歇尔预想的还要满——这个蓄水池在“好感时代(the Era of Good Feelings)”、“强盗资本家(Robber Barons)”时代、“新政(the New Deal)”时代以及我们的民权危机时代，被那些寻求扩展中央权限的人士反复使用。[222]

现在，我们可以将国会和行政分支从 2008 年秋天开始为稳定摇摇欲坠的全国经济而采取的强硬措施添加到冈瑟的清单中来。

---

[217] 22 U.S. (9 Wheat.) at 847 - 848, 857 - 858.

[218] 参见 Farber，前注[158]，ch. 3。

[219] 参见 Johnson，前注[10]，at 353 - 355。

[220] 同上注，at 356 - 357。

[221] 同上注，at 357。

[222] Gunther，前注[190]，at 6。

尽管麦考洛克案在美国宪法中几乎具有神圣地位，但它的含义和在当前的意义仍然在今天的最高法院受到争论。当关于联邦主义性质的根本问题再一次受到争论时，马歇尔的国家主义观念和目前的一些大法官的倾向之间似乎存在一些冲突。

在1995年的“任期限制案（Term Limits case）”中，最高法院遇到一个再次辩论联邦性质的机会，这个案件涉及一州为国会议员设定任期限制的权力。[223] 任期限制案判决中的多数观点认为，对联邦立法机关成员的控制仅仅属于联邦宪法创建的新政府，而不属于任何先前存在的州政府，因而并没有受到第十修正案的“保留”。斯蒂文斯大法官撰写的多数意见说明了一贯存在的关于州与联邦主权的现代观点。斯蒂文斯说，在邦联条款之下，“各州保留着它们的大部分主权，像独立的国家一样，仅仅通过条约绑在一起”[224]。新宪法“放弃了这个国家是一个各州的集合体这一概念，而是创造了中央政府与合众国人民之间的直接纽带”[225]。斯蒂文斯的观点追溯到了丹尼尔·韦伯斯特的主张，即“合众国人民是一个人民整体”[226]。

与此相反，托马斯大法官的反对意见得到其三位同事的加入，直接反驳了国家主权的观念。他说，“因为多数意见从根本上误解了‘保留’权力的概念，所以我从一些基本原则谈起”[227]。按照托马斯大法官的说法，其中最基本的是：“联邦宪法权威的终极来源是每个单独州的人民的同意，而不是这个国家中没有差异的人民作为一个整体的同意。”[228] 托马斯大法官认为，在联邦宪法之下，“每一个州的人民”即使在联邦宪法被批准之后仍然“保留着他们单独的政治身份”[229]。

肯尼迪大法官一般站在州权支持者的一方，但拒绝赞同托马斯在“任期限制案”中关于州主权的观点。在肯尼迪看来，联邦政府的正当性基础是，“它的存在归功于创建它的整个人民的行为”[230]。他否定了“一个美国人的政治身份仅仅与他或她所居住的州相联系”[231]。他反驳了以下观点，即“合众国人民没有一个虽然相容但独立于他们的州公民身份的政治身份”。肯尼迪的结论是，像各州一样，全国政府“在实质上和理论上都是一个共和国”，其权力来自人民（the People）。[232] 然而，仅仅在4年之后，在“奥尔登诉缅因州案（*Alden v. Maine*）”[233] 中，肯尼迪大法官加入了“任期限制案”的4位反对者的行列，宣布各州保留了“剩余而不可侵犯的主权”或者至少如他紧接着补充的，保留了“主权的尊严，尽管不是主权的全部权力”[234]。很明显，

---

[223] *U. S. Term Limits, Inc. v. Thornton*, 514 U. S. 779 (1995).

[224] 同上注，at 803 (quoting *Wesberry v. Sanders*, 376 U. S. 1, 9 (1964))。

[225] 同上注。

[226] Robert V. Remini, *Daniel Webster: The Man and His Time* 379 (1997).

[227] U. S. Term Limits, 514 U. S. at 846 (托马斯大法官的反对意见).

[228] 同上注。

[229] 同上注，at 849。

[230] 同上注，at 839 (肯尼迪大法官的赞同意见)。

[231] 同上注，at 840。

[232] 同上注，at 839-842。

[233] 527 U. S. 706 (1999).

[234] 同上注，at 715。

即使在今天，主权问题仍然悬而未决。

这并不令人惊奇，因为宪法制定者本身在宪法中的主权定位问题上，也显然没有非常清楚的概念。正如一位一流历史学家解释的那样，“在联邦和各州之间分配权力问题上，没有单一的向量简洁地描绘制定者采纳的路线方针”[235]。联邦党文集第 39 篇谈到，联邦宪法起源于不同的州的人民的“联邦”行动。在这篇文章中，麦迪逊在结论中谈到这个新政府的不清不楚的混合性质。他说，“这个被提议的宪法，严格来说既不是国家性的也不是联邦性的，而是这两者的组合”[236]。它兼有两者的某些特征。他说，“它的创立是联邦性的，而不是国家性的”[237]。但“从这个政府的一般权力来源来说，它部分是联邦性的，部分是国家性的；在这些权力的运作上，它是国家性的，而不是联邦性的；在这些权力的范围上，它又是联邦性的，而不是国家性的”[238]。最后，按照麦迪逊的说法，修改程序“既不完全是联邦性的，也不完全是国家性的”[239]。因此，即使在宪法批准之后的主权定位问题上存在一个简单的答案，制定者们自己显然也不知道这个答案是什么。正如宪法制定时期的一位一流历史学家所说，1789 年之后，“主权本身将仍然是分散的——这就是说，它将无处不在”[240]。

如果过去的经验可以为鉴的话，历史记录的含糊性只有可能点燃这场辩论。离麦考洛克案近两个世纪之后，主权在美国法律中仍然是一个尚在争论中的问题。不出意料，麦考洛克案的含义本身在这些争论中都仍然是一个引发争执的原因。托马斯大法官曾引用麦考洛克案判决中的说法支持他的理论，即主权属于相互隔离的各州民众，引用的大意是，没有任何政治梦想家曾想“将美国人民混合成一个统一的群众集合体”[241]。然而，肯尼迪也引用麦考洛克案的判决来支持以下理论，即这个政府的权力来自美国人民，而不是来自各州。[242] 托马斯认为马歇尔将宪法的批准视为逐州进行的过程，这一点可能是正确的。[243] 但正如马歇尔对罗恩的回应所显示的那样，他并不同意各州的人民仍然保持完全分离；相反，他强调，宪法的批准同时创造了作为一个实体而独立存在的合众国人民。

托马斯在“任期限制案”中的反对意见，加上最高法院近来注重保护各州主权免受国会或司法机构干预这一点，显示最高法院存在一种倾向于被马歇尔否定的契约理论的可能。但无论它的理论基础存在什么不确定性，马歇尔开创的法律框架——一项宽泛的中央权力不受各州政府潜在的对抗所阻

---

[235] Jack N. Rakove, *Original Meanings: Politics and Ideas in the Making of the Constitution* (1996).

[236] *The Federalist* No. 39 (James Madison), *reprinted in The Federalist Paters* 254, 259 (Issac Kramnick ed., 1987).

[237] 同上注。

[238] 同上注。

[239] 同上注。

[240] Jack N. Rakove, *Making a Hash of Sovereignty, Part I*, 2 Green Bag 2d 35, 41 (1998); 又见 Jack N. Rakove, *Making a Hash of Sovereignty, Part II*, 3 Green Bag 2d 51 (1999).

[241] U. S. Term Limits, 514 U. S. at 849.

[242] 同上注，at 839。

[243] 参见 Martin S. Flaherty, *John Marshall*, McCulloch v. Maryland, *and "We the People": Revisions in Need of Revising*, 43 Wm. & Mary L. Rev. 1339, 1370-1379 (2002)。

碍——仍然牢固地原地未动。今天的争论发生在联邦权力的边缘，比如国会强迫州立法者和行政官员积极协助的资格。[244] 托马斯和现代最高法院的任何其他人都不会认为，所有的联邦权力必须尽可能狭窄地获得解释，或者各州有权阻止它们不同意的联邦计划。因此，麦考洛克案的基本判决目前是法律的基本原则。

结论

马歇尔的判决具有显著的广博性。他的确讨论了宪法文本的某些细节，例如对必要与合适条款中的“必要”与宪法中其他条款中的“绝对必要”两词的对比。但他几乎没有参考批准宪法过程中辩论的细节、当事人援引的法律权威或者在国会中提出的许可成立银行的详细理由。相反，他主要依靠自己对联邦宪法的“目标、目的和性质”的理解。[245] 为此，他利用了韦伯斯特、平克尼和沃特在口头辩论中提出的结构性论点，其中一些可以一直追溯到汉密尔顿。但是他将这些论点与一个最重要的主题捆绑在一起：在各州共同关注的所有问题上，联邦政府必须是最高的，因为只有它代表整个国家的人民。

最高法院对宪法的解释（constitutional law）一般被认为是对一个文本的解释。但在麦考洛克案中，说马歇尔在解释一项行动可能更准确：这项行动是，不同州的人民同意将现存的同盟转变为一个国家，在此过程中，将他们自己从 13 个独立的州的人民转变为“我们合众国人民”。通过接受联邦宪法的文本，合众国人民不仅创建了一个政府，还创造了一个国家。他们使用的这些文字只能被理解为这项自我创造行为的一个组成部分。正是这个行为，可能是麦考洛克案判决的最深层寓意。

---

[244] 参见 *Printz v. United States*，521 U. S. 89 (1997)。

[245] Sylvia Snowiss，*Text and Principle in John Marshall's Constitutional Law*：*The Cases of* Marbury and McCulloch，33 J. Marshall L. Rev. 973，1002 (2000) .

维克特诉费尔本的故事：农业、整体性与贸易

吉姆·陈*
牟效波 译

* 这个故事的讲述大大归功于玛丽·卢·费尔布鲁恩·司布真——罗斯科·柯蒂斯·费尔布鲁恩的女儿。我从司布真夫人2002年8月30日的信件［下文称Spurgeon Letter］中汲取了大量材料。那封信中没有谈到的一件事是罗斯科·费尔本（Roscoe Filburn）在20世纪50年代早期决定将其姓氏的拼写改为“Filbrun”。司布真夫人不知道这一拼写更改的具体原因。在讨论关于他的联邦最高法院案件时，我将本章的主角称为罗斯科·费尔本（Filburn），但在讨论他后来的生活时，我将其称为罗斯科·费尔布鲁恩（Filbrun）。

本章引用的俄亥俄州的报纸和注⑫中引用的费尔本家族的历史在代顿市图书馆（Dayton Metro Library）可以找到。本章的一个版本已经发表，即*Filburn's Legacy*，52 Emory L. J. 1719 (2003)。

导言

从许多方面来看，美国宪法故事是一部农业传说。大量宪法起源于美国昔日的乡村。[①] 大量宪法争议起因于一些看上去鸡毛蒜皮的争论，这些争论往往围绕农作物生产、畜牧业和农产品加工问题展开。[②]

“维克特诉费尔本案”（*Wickard v. Filburn*）[③] 联结了农业法和宪法之间虚幻的隔阂。费尔本案[④]讨论了联邦主义的核心问题，而联邦主义可能是“最古老的宪法问题”[⑤]。几乎每一个关于公民自由或政府结构的案件都能作为“联邦主义案件”加以分析。[⑥] 在美国人的政体创新中，“联邦主义是制宪者们的独特贡献”[⑦]。如果说美国的建立的确“分裂了主权原子”[⑧]，那么新政则承受了联邦主义的第一次连锁反应。就在恩里科·费尔米（Enrico Fermi）抑制了原子裂变的 1942 年，联邦最高法院判决了“维克特诉费尔本案”[⑨]。

费尔本案是其所在时代的产物，也是跨越几代法律人的灯塔。费尔本案中的新政计划处理的是第一次世界大战结束以来的农业失调。当罗斯科·费尔本在法院赢得了最初的胜利时，当地报纸将其头版一分为二，一部分报道这个新闻，另一部分是来自荷属东印度群岛的战争快报。[⑩] 像装饰艺术风格

---

① 比较 Jim Chen，*The Potable Constitution*，15 Const. Comment. 1 (1998)（使用涉及牛奶和烈酒的案件勾勒美国宪法的轮廓）。

② 例如参见 *United States v. Carolene Prods. Co.*，304 U. S. 144 (1938)；*United States v. Butler*，297 U. S. 1 (1936)；*A. L. A. Schechter Poultry Corp. v. United States*，295 U. S. 495 (1935)；*Nebbia v. New York*，291 U. S. 502 (1934)；The Slaughter-House Cases，83 U. S. (16 Wall.) 36 (1872)。一般参见 Geoffrey P. Miller，*Public Choice at the Dawn of the Special Interest State: The Story of Butter and Margarine*，77 Cal. L. Rev. 83 (1989)；*Geoffrey P. Miller*，*The True Story of Carolene Products*，1987 Sup. Ct. Rev. 397。

③ 317 U. S. 111 (1942).

④ 维克特诉费尔本案当然应当简写为“费尔本案”而非“维克特案”。作为农业部部长，克劳德·维克特比普通公民罗斯科·费尔本被卷入多得多的案件。从前，联邦最高法院知道这种区别，并恰当地简写为“费尔本案”。例如参见 *Mandeville Island Farms v. American Crystal Sugar Co.*，334 U. S. 219，231 n. 10 (1948)（两次提及“费尔本案”）。然而，沃伦法院的一项重要判决使用了“维克特案”作为简化形式，参见 *Maryland v. Wirtz*，392 U. S. 183，196 n. 27 (1968)，而且至今似乎已经没有任何希望恢复那种传统的引证习惯了。例如参见 *United States v. Lopez*，514 U. S. 549，556 - 558 (1995)（不断提到“维克特案”）。

⑤ *New York v. United States*，505 U. S. 144，149 (1992)；又见 H. Jefferson Powell，*The Oldest Question of Constitutional Law*，79 Va. L. Rev. 633 (1993)。

⑥ *Coleman v. Thompson*，501 U. S. 722，726 (1991).

⑦ *United States v. Lopez*，514 U. S. 549，575 (1995)（肯尼迪大法官的赞同意见）。

⑧ *U. S. Term Limits, Inc. v. Thornton*，514 U. S. 779，838 (1995)（肯尼迪大法官的赞同意见）。

⑨ 317 U. S. 111 (1942).

⑩ 比较 *U. S. Court Voids Wheat Penalty*，Dayton Sunday J. -Herald，Mar. 15，1942，at 1 和 *Allies Concede Loss of 12 Warships Off Java But Bag 8 Enemy Vessels*，Dayton Sunday J. -Jerald，Mar. 15，1942，at 1。

的建筑、玛格利特·伯克-怀特[11]和沃克·埃文斯[12]的摄影艺术以及克里斯蒂安·迪奥的奢华设计[13]一样，费尔本案承载着爵士乐时代、大萧条和第二次世界大战的文化痕迹。因此，费尔本案似乎就发生在昨天。[14] 出于同样原因，费尔本案代表了联邦最高法院几个世纪以来努力的一个关键时刻，它努力界定着国会“调控国际、州际以及与印第安部落之间的贸易”[15] 的权力范围。

费尔本案和其他的新政案件涉及贸易条款司法中存在激烈争议的两个方面。这些争论点中的每一个都可以从联邦宪法的措辞中找到根源。一个涉及“贸易”的定义；另一个是“各州之间”这个短语的含义。新政之前，联邦最高法院严格区分贸易和生产活动（譬如农业、制造业和采矿业）。1880 年最高法院写道，“国际和州际贸易存在于交换与运输之中，包括航运和人与财产的运送，以及买卖和商品交换”[16]。同时，虽然可以预期“国内企业在农业或制造业，或者艺术领域的产品可能最终会成为国际或州际贸易物品，但这一预期并不赋予国会调控这些物品的生产过程”[17]。最高法院推理说，如此扩大解释国会调控贸易的权力将会取代各州调控“不仅制造业，还有农业、园艺业、畜牧业、家庭渔业、矿业（简而言之即人类工业的每一个分支）的传统治安权力”[18]。

在 21 世纪，联邦政府的调控权力触及所有这些领域。国会调控国际和州际贸易权力的现代范围得以扩展的力量源泉恰恰来自以下预期：“西北部的小麦种植者、南部的棉花种植者在种植、培养和收获其农作物时，将会留心利物浦、纽约和芝加哥的价格。”[19] 新政之前，这些事业领域中的“微妙、多样且重要的利益，在它们获得成功管理的所有细节上，曾经似乎天生是地方性的”[20]。相比之下，今天的最高法院把调控商品市场看作联邦立法的适当甚至日常的主题。

在联邦最高法院处理州内与州际贸易的界线问题上，费尔本案也显得特别突出。最高法院的贸易条款判例一直承认国会的权力不能影响“那些内部事务……这些事务完全处于一州之内，不影响其他州，而且为了执行联邦政府的某些一般权力没有必要受到干预”[21]。然而，这种责任的划分并不意味着

---

⑪ 一般参见 *Margaret Bourke-White*：*Photographer*（Sean Callahan，Maryann Kornely & Debra Cohen eds.，1998）。

⑫ 一般参见 James Agee & Walker Evans，*Let Us Now Praise Famous Men*（1939）。

⑬ 一般参见 Marie-France Pochna，*Christian Dior*：*The Man Who Made the World Look New*（Joanna Savill trans.，1996）。

⑭ 参见 Frederick Lewis Allen，*Only Yesterday*：*An Informal History of the* 1920's（1997 年报道）。

⑮ U. S. Const. art. Ⅰ，§ 8，cl. 3.

⑯ *County of Mobile v. Kimball*，102 U. S. 691，702（1880）；以下判例支持这一主张：*Kidd v. Pearson*，128 U. S. 1，20 - 21（1888）。

⑰ *Veazie v. Moor*，55 U. S.（14 How.）568，573（1853）；以下判例支持这一主张：*Carter v. Carter Coal Co.*，298 U. S. 238，298（1936）。

⑱ Kidd，128 U. S. at 21.

⑲ 同上注。

⑳ 同上注。

㉑ *Gibbons v. Ogden*，22 U. S.（9 Wheat.）1，195（1824）.

"国会的这项权力止于各州的辖区界线上"[22]。新政之前的贸易条款判例确定，国会调控"州际贸易工具"的权力天然地"包括控制与州际交通有着如此密切和实质关系因而联邦控制很必要或很合适的所有州内事务"[23]。某些活动同时影响州内和州际贸易这一事实"并不减损国会调控后者的完整和至上的权威"[24]。

联邦政府对20世纪早期农业危机的反应，引发了一场关于州与联邦权力边界的戏剧性斗争。即使在新政前，联邦最高法院也认可国会为抗击垄断对家畜和谷物自由流通的威胁所做的工作。[25]农业领域的争议帮助最高法院想到"州际贸易为什么不是一个法律技术概念，而是从商业活动中得出的实际概念"[26]。新政对全球萧条（这次萧条特别严重地打击了美国农业）的积极反应，激发国会在其权力的边缘地带制定了空前的立法。

凭借其在新政时期农业争论中的显著地位，"维克特诉费尔本案"在随后的宪法变革中承担了更重要的角色。与"美国诉达比案"[27]和"NLRB案"[28]一起，"维克特诉费尔本案"被认为标志着贸易条款司法中的一个转折点，甚至可能是一个高潮。[29]伦奎斯特法院积极地重新解释了贸易条款，"努力将各州放在今天的大法官们认为它们应有的位置上"[30]。由于他们的继任者在意识形态上保持明显的忠诚，伦奎斯特大法官的去世和奥康纳大法官的退休似乎不可能破坏最高法院重新振兴的一种决心，即明确"区分何者确实是全国性的，何者确实是地方性的"[31]。费尔本案已经被仍回到宪法争论中。如果第111届国会和奥巴马政府为了回应美国的经济难题而扩展联邦政府的权力，费尔本案在解决这些行动的合法性问题上可能会扮演一种重要角色。

在提供一份关于两次世界大战之间美国农业及其调控的简短调查之后，我将讲述关于罗斯科·费尔本在1941年小麦种植的争议。在它自己的那个

㉒ 同注㉑。

㉓ *Houston, E. & W. Tex. Ry. v. United States* (The Shreveport Rate Cases), 234 U.S. 342, 351 (1914).

㉔ 同上注。

㉕ 例如参见 *Board of Trade v. Olsen*, 262 U.S. 1, 32 (1923)（支持了1922年《谷物期货法》的规定）; *Stafford v. Wallace*, 258 U.S. 495, 516 (1922)（驳回了一项针对《包装与牲畜围场法》的挑战）。

㉖ *Swift & Co. v. United States*, 196 U.S. 375, 398 (1905).

㉗ 312 U.S. 100 (1941).

㉘ 301 U.S. 1 (1937).

㉙ 参见 *United States v. Morrison*, 529 U.S. 598, 608 (2000)（"自NLRB诉琼斯与拉芙琳钢铁公司案以来的几年中，国会已经有了比我们之前的判例法所允许的更大的活动范围。"（引证略））; *United States v. Lopez*, 514 U.S. 549, 556 (1995)（"琼斯与拉芙琳钢铁公司案、达比案和维克特案开启了贸易条款司法的一个时代，其中，之前定义的国会权力得到极大扩展……"）; 同上注, at 573（肯尼迪大法官的赞同意见）（指出琼斯与拉芙琳案"标志着最高法院最终接受了贸易权力的实质概念"）; *Perez v. United States*, 402 U.S. 146, 151 (1971)（指出达比案和费尔本案"恢复了吉本斯诉奥格登案"宣布的关于贸易条款的更宽泛的观点, *Gibbons v. Ogden*, 22 U.S. (9 Wheat.) 1 (1824)); *Heart of Atlanta Motel, Inc. v. United States*, 379 U.S. 241, 257 (1964)（将琼斯与拉芙琳案、达比案和费尔本案列入支持贸易权力行使的系列判决中）。

㉚ John T. Noonan, Jr., *Narrowing the Nation's Power: The Supreme Court Sides with the States* 8 (2002); 又见 Philip P. Frickey & Steven S. Smith, *Judicial Review, the Congressional Process, and the Federalism Cases: An Interdisciplinary Critique*, 111 Yale L.J. 1, 701 (2002)。

㉛ Lopez, 514 U.S. at 567–568.

时代，“维克特诉费尔本案”仅仅代表新政时期最高法院的贸易条款司法中的一个次要部分。在21世纪的拐点上，关于贸易条款的更多争吵已经赋予费尔本案新的生机。因此，我将不仅考察在判决时费尔本案意味着什么，而且还将考察它在今天意味着什么。

背景

美国农民在大萧条中受害至深。[32] 只在一代人之前，美国农民享受着无与伦比的繁荣。临近第一次世界大战的这段时期作为联邦农业法中的“平价”（parity）时期被铭记。“平价”是指目前的价格、工资、利率和农民缴纳的税收相对于“1910 年 1 月至 1914 年 12 月间（包括起止时间）这些价格、工资、利率和税收的一般水平的比率”[33]。一种观点认为，政府应当使农民销售其产品的价格与他们购买商品和服务的价格保持一定的比率，这个比率应当与他们在“平价”时期享受的水平一致。对那些“提倡增加农民收入”的人来说，这种观点已经成为一个聚集点。[34]

一战前的岁月实际上是农业的黄金时代。1920 年的人口普查第一次报告了城市人口超过乡村人口；在接下来的 10 年中，美国的城市人口空前增长了 1 500 万[35]：

> 1790 年，美国有 3 929 214 位居民，每 20 人中有 1 人居住在城市……从那之后每个 10 年，除 1810 年至 1820 年间，城市人口的增长率都超过了乡村人口的增长率。到 1860 年，每 5 人中有 1 人属于城市人口。城市化的进程在接下来的几十年中一直持续着，到 1920 年，城市人口超过了乡村人口。[36]

但是，自然人口转移掩盖了变化的真正驱动力。这场使世界上的民主更加安全的战争使得美国乡村不再适合发展农业。[37] “1914 年战争的最初冲击……使小麦与棉花的国外销售突然瘫痪……”[38]。美国的参战使商品价格更低了，因为 4 000 万英亩新土地的紧急耕种使大量粮食从大平原倾泻出来。[39]

---

[32] 例如参见 John Steinbeck，*The Grapes of Wrath*（1939）。

[33] 7 U. S. C. § 1301 (a) (1) (C) (2000)；又见 *United States v. Butler*，297 U. S. 1，54 (1936)（记述了根据 1933 年《农业调整法案》使用 1909 年 8 月至 1914 年 7 月这个“基准期”来确定价格与收入的扶持水平）；例如一般参见 George N. Peek & Hugh S. Johnson，*Equality for Agriculture*（1922）；William R. Camp，*The Organization of Agriculture in Relation to the Problem of Price Stabilization*，32 J. Pol. Econ. 282 (1924)。

[34] Harold F. Breimyer，*Agricultural Philosophies and Policies in the New Deal*，68 Minn. L. Rev. 333，336 (1983)；又见 Peter H. Irons，*The New Deal Lawyers* 115－116 (1982)（描述了在起草 1933 年《农业调整法案》的过程中对平价原则的运用）。

[35] 参见 2 U. S. Dep't of Commerce，Bureau of the Census，U. S. *Census of Population*：1950，at 12 (1953) (Characteristics of the Population / United States Summary)（报告了 1920 年至 1930 年间美国的城市人口增加了 14 796 850 人）。

[36] 同上注。

[37] 一般参见 Benjamin H. Hibbard，*Effects of the Great War Upon Agriculture in the United States and Great Britain* 22－67 (1919) (Carnegie Endow. For Int'l Peace，Div. of Econ. & History，Preliminary Economic Studies of the War No. 11)。

[38] Theodore Saloutos，*The American Farmer and the New Deal* 3 (1982)．

[39] 同上注。

同时，战时的通货膨胀破坏了农场的购买力。[40]

宏观经济的混乱与技术革新恰好同时发生。20 世纪早期的“经济发展与专业化进程”将农业的“整体经济过程所必需的功能”转变成“分开而独立的生产功能；它们与农业功能联合运营，但不再是它的一部分”[41]。同时，引擎对简单马力的系统替代提高了产量，增加了对购买性投入的依赖，并且减少了对饲料的需求。[42] 许多农民，尤其是小麦种植者，陷入了典型的压价困境中[43]：他们的产品需求低迷，价格下跌，伴随着生活成本无法承受地增长。[44]

就这种变化来说，没有地方比南部更加明显。两次世界大战中间机械摘棉机的全面配备“淘汰了”内战之后确立下来的“佃农体制”[45]。棉铃虫的蔓延给予南部的农业经济致命一击。[46] 在“历史上其中一次数量最大且最迅速的国内人口大规模迁移”中，650 万美国黑人将最终离开南部乡村。[47] “当这次迁徙到 20 世纪 60 年代末停止时，乡村人口中美国黑人不到 1/4；‘城市’已经成为‘黑人’的委婉说法。”[48]

无论白人还是黑人，佃农还是永久土地业主，美国农民在和平时期得不到救济。第一次世界大战的胜利破坏了国外市场。美国因战争的胜利由全球债务人变成债权人，并成为一个进口国。乐观的收支平衡使美国很难将农业出口恢复到战前的水平。[49] 政治不稳定破坏了几个重要的欧洲市场。当时德国被苛刻的赔偿义务和恶性通货膨胀压垮[50]，因而它提高了关税，并为其国内的粮食生产提供补贴。[51] 法西斯主义的意大利同样关闭了它的市场。[52] 苏

---

[40] 参见 A. B. Genung, *The Purchasing Power of the Farmer's Dollar from 1913 to Date*, 117 Annals Am. Acad. Pol. & Soc. Sci. 22, 22-23 (1925)。

[41] *Farmers Reservoir & Irrig. Co. v. McComb*, 337 U. S. 755, 761 (1949).

[42] 参见 Saloutos，前注[38]，at 6，25。

[43] 例如一般参见 *Federal Power Comm'n v. Conway Corp.*, 426 U. S. 271, 279 (1976); *City of Anaheim v. Southern Cal. Edison Co.*, 955 F. 2d 1373, 1376-1378 (9th Cir. 1992); John E. Lopatka, *The Electric Utility Price Squeeze as an Antitrust Cause of Action*, 31 UCLA L. Rev. 563 (1984)。

[44] 对“农业踏车”（agricultural treadmill）这种具有农场风味的压价变体的解释，参见 Willard W. Cochrane, *Farm Prices: Myth and Reality* 85-107 (1958); Willard C. Cochrane, *The Development of American Agriculture: A Historical Analysis* 378-395 (1979)。

[45] Nicholas Lemann, *The Promised Land: The Great Black Migration and How It Changed America* 5 (1991).

[46] 参见 4 U. S. Dep't of Commerce, Bureau of the Census, *Fifteenth Census of the United States*: 1930, at 12 (1993)（“与其他所有原因加在一起相比，棉铃虫可能要对 20 年代的农场数量、农场面积和农场人口负更多责任。”）。

[47] Lemann，前注[45]，at 6；又见 Conrad Taeuber & Irene B. Taeuber, *The Changing Population of the United States* 109-111 (1958)（讨论了“黑人迁离南部各州并大量进入城市地区的戏剧性速度”）。

[48] Lemann，前注[45]，at 6。

[49] 一般参见 E. G. Nourse, *The Trend of Agricultural Exports*, 36 J. Pol. Econ. 330 (1928); Rexford Guy Tugwell, *The Problem of Agriculture*, 39 Pol. Sci. Q. 549 (1924)。

[50] 一般参见 John Maynard Keynes, *The Economic Consequences of the Peace* 235-248 (1920)（以可悲的准确性提出恶性通货膨胀在德国造成可怕后果的警告）。

[51] 参见 Leo Pasvolsky, *International Relations and Financial Conditions in Foreign Countries Affecting the Demand for American Agricultural Products*, 14 J. Farm Econ. 257, 260-262 (1932)。

[52] 参见上注，at 262-263；N. W. Hazan, *The Agricultural Program of Fascist Italy*, 15 J. Farm Econ. 489 (1933)。

联农业的调整几乎禁止了进口。[53]

悲惨的是，美国也信奉严厉的关税和农业的自给自足。在 1927 年和 1928 年差点儿成为法律的《麦克纳里·哈根议案》主张提高农业进口关税，目的是提升国内的商品价格。[54] 赫伯特·胡佛的当选终结了麦克纳里·哈根计划[55]，但他的政府执行了臭名昭著、保护主义的《斯穆特·哈利关税法案》。[56] 随着世界范围内报复性关税的增加，美国"在国际关系中最具灾难性的一个错误"完成了这次溃败。[57] 国内供给激增，出口锐减，价格急跌。[58] 在一战前的平静时期，美国农民可以将他们的小麦倾销到国外。但新的关税关闭了许多国外市场。美国本土之外的战争也没有恢复农业繁荣。国外援助项目（如租借法案）和战时需求的增加仅仅提供了不多且短暂的帮助。[59]

1932 年总统选举正好赶上美国农业历史上的一个重要时刻：北方和南方最后在共同的苦难中团结起来。[60] 丧失赎回权的抵押品拍卖在 1932 年 4 月的一天之内使密西西比 1/4 的土地获得交易。[61] 农民假日协会在中西部举行了一些暴力游行。[62] 缓解农业危机成为富兰克林·D·罗斯福开展总统选举运动的核心政纲。[63]

但罗斯福最早向农民提供价格和收入扶持以及债务减免的一些努力在宪法上遭遇了挫败。在宣布 1934 年《农业破产法》无效之后[64]，联邦最高法院甚至更严厉地打击了新政的农业方案。1933 年《农业调整法案》[65] 被罗斯福

---

[53] 参见 Mordecai Ezekiel, *European Competition in Agricultural Production, with Special Reference to Russia*, 14 J. Farm Econ. 267, 271 - 273 (1932)。但比较 U. S. Dep't of Commerce, *Foreign Commerce and Navigation of the United States* 363 (1942)（报告了苏联到 40 年代恢复了对美国小麦和面粉的进口）。

[54] 参见 Cilbert C. Fite, *American Farmers: The New Minority* 42 - 47 (1981)。

[55] 参见 Kenneth Finegold & Theda Skocpol, *State and Party in America's New Deal* 75 - 81 (1995); Jon Lauck, Note, *Against the Grain: The North Dakota Wheat Pooling Plan and the Liberalization Trend in World Agricultural Markets*, 8 Minn. J. Global Trade 289, 293 - 297 (1999)。

[56] Pub. L. No. 71 - 361, 46 Stat. 590 (1930)（作为修正条款散编于 19 U. S. C 中的各部分中）。

[57] Richard N. Cooper, *Trade Policy as Foreign Policy, in U. S. Trade Policies in a Changing World Economy* 291, 291 (Robert M. Stern ed., 1987).

[58] 参见 U. S. Dep't of Agric., *Agricultural Statistics* 10, 20, 22 (1942)（提到 1929 年至 1932 年间小麦价格下降 2/3，并在 1938 年、1940 年和 1941 年进一步下跌）; Robert L. Stern, *The Commerce Clause and the National Economy*, 1933 - 1946 (Part Ⅱ), 59 Harv. L. Rev. 883, 901 (1946)（同上）。

[59] 参见 U. S. Dep't of Agric., 1943 *Annual Report of the Secretary of Agriculture* 136 (1944)（报告了小麦用作粮食、动物饲料和酒精原料的需求的增加）。

[60] 比较 Jim Chen, *Of Agriculture's First Disobedience and Its Fruit*, 48 Vand. L. Rev. 1261, 1316 - 1319 (1995)（比较了美国农业中北方和南方的传统）; Paul S. Taylor, *Public Policy and the Shaping of Rural Society*, 20 S. D. L. Rev. 475, 476 - 480 (1975)（同上）。

[61] 参见 William E. Leuchtenburh, *Franklin D. Roosevelt and the New Deal*, 1932 - 1940, at 23 (1963)。

[62] 参见 Fite，前注[54]，at 53 - 54。

[63] 参见 Frank *Freidel*, *Franklin D. Roosevelt: The Triumph* 342 - 50 (1956); 比较 Breimyer，前注[34]，at 342 - 343（描述了"富兰克林·D·罗斯福的个性"在新政农业政策的形成中所扮演的"中介"角色）。

[64] 参见 Frazier-Lemke Farm Bankruptcy Act, Pub. L. No. 73 - 486, 48 Stat. 1289 (1934); *Louisville Joint Stock Land Bank v. Radford*, 295 U. S. 555, 601 - 602 (1935)。

[65] Agricultural Adjustment Act of 1933, Pub. L. No. 73 - 10, 48 Stat. 31（作为修正条款汇编为 7 U. S. C. § § 601 - 626 (2000)）.

称赞为“在和平时期曾经提出的最激烈、影响最广泛的农业立法”[66]，但人们谴责该法案为“政府侵犯私人事务”开启了大门。[67] 在1936年的“美国诉巴特勒案”中，联邦最高法院判决，该法案向农业加工者施加的税收，在其意图调控和控制农业生产（这项事务超出联邦政府的权力范围）的程度上，不合宪地“侵犯了各州的保留权利”[68]。这项第十修正案判决紧跟着“谢哥特家禽案”（*A. L. A. Schechter Poultry Corp. v. United States*）[69]，该案宣布《全国工业恢复法案》无效。《全国工业恢复法案》和《农业调整法案》——被喻为罗斯福百日新政中的锤子和镰刀——被摧毁。

然而，贸易条款司法迅速朝着有利于扩张的联邦权力的方向发展。1937年的琼斯与拉芙琳钢铁公司案[70]支持了《全国劳工关系法案》，模糊了贸易和制造业与农业等生产活动之间的区分。首席大法官查尔斯·埃文斯·休斯写道，被调控的实体是否“从事生产活动不是决定性的”[71]。相反，琼斯与拉芙琳钢铁公司案的判决根据被调控的活动“对州际贸易的影响”衡量了联邦贸易权力。[72] 琼斯与拉芙琳钢铁公司案延伸了“贸易流”这一支配新政前的贸易案件的隐喻[73]，授权国会消除“来自其他源头的负担和障碍”[74]。

这种宪法上的转变使新政的农业方案获得了新生。从1935年到1938年，国会通过了4部重要法案，恢复了之前的法律，只是名称有所不同：1935年《弗雷泽—莱姆克农场破产法案》[75]、1936年《土地保护和国内分配法案》[76]、1937年《农业销售协议法案》[77] 以及有重大意义的1938年《农业调整法案》。[78] 到1939年，新的《农场破产法案》、《农业销售协议法案》和新的《农业调整法案》都经受住了宪法挑战。[79] 土地保护法律逃过了审查，因为“没有人能够挑战保护的价值”或合宪性。[80] 对种植“保护土壤的”农

---

[66] Franklin D. Roosevelt, "*New Means to Rescue Agriculture*" - *The Agricultural Adjustment Act*, *in* 2 *The Public Papers and Addresses of Franklin D. Roosevelt* 74, 79 (1938).

[67] Gilbert C. Fite, *Farmer Opinion and the Agricultural Adjustment Act*, 1933, 48 Miss. Valley Hist. Rev. 656, 669 (1962).

[68] 297 U. S. 1, 68, 74 - 75 (1963).

[69] 295 U. S. 495 (1935).

[70] 301 U. S. 1 (1937).

[71] 同上注，at 40。

[72] 同上注。

[73] 参见上注，at 34 - 36 (尤其引用了 *Stafford v. Wallance*, 258 U. S. 495 (1922))。

[74] 同上注，at 36；比较 *Board of Trade v. Olsen*, 262 U. S. 1, 32 (1923) (将谷物期货交易描述为“不断重现的州际贸易的负担和障碍”，尽管那些交易“不在州际贸易过程中，而且本身也不是州际贸易”)。

[75] Pub. L. No. 74 - 384, 49 Stat. 942 (1935).

[76] Pub. L. No. 74 - 461, 49 Stat. 1148 (1936).

[77] Pub. L. No. 75 - 137, 50 Stat. 246 (1937) (作为修正条款汇编为 7 U. S. C. §§ 601 - 624, 671 - 674 (2000))。

[78] Pub. L. No. 75 - 430, 52 Stat. 31 (1938) (作为修正条款汇编为 7 U. S. C. §§ 1281 - 1393 (2000))。

[79] 参见 *United States v. Rock Royal Co-op.*, *Inc.*, 307 U. S. 533, 562 - 581 (1939) (支持了《农业销售协议法案》)；*Mulford v. Smith*, 307 U. S. 38, 47 - 51 (1939) (支持了1938年的《农业调整法案》)；*Wright v. Vinton Branch of the Mountain Trust Bank*, 300 U. S. 440, 470 (1937) (支持了《农场破产法案》)；又见 *H. P. Hood & Sons v. United States*, 307 U. S. 588, 595 (1939) (认为 Rock Royal 案的判决是认定《农业销售协议法案》合宪的“决定性因素”)。

[80] Breimer，前注[34]，at 348；比较 *Mayo v. United States*, 319 U. S. 441, 446 - 448 (1943) (根据政府间调控豁免的理论，判决联邦官员分发的肥料不受佛罗里达州一项检疫法的限制)。

作物提供补贴，实现了按照被宣布无效的1933年《农业调整法案》预期的大部分种植面积的缩减。[81] 联邦最高法院作出的一项支持烟草检疫法案的判决，加强了罗斯福政府日益增长的固若金汤的感觉。[82]

在这个系列的案件中，"马尔福特诉史密斯案"[83] 可能是最重要的。虽然与1933年法案规定的加工税相比，1938年《农业调整法案》施加的市场限额对烟草工业的侵扰更加过分，但马尔福特案的判决不动声色地认可了1938年的法案。虽然仅在3年前1933年的法案被指责为一项"调控和控制农业生产——这项事务超出了联邦政府的权力范围——的违宪计划"[84]，但马尔福特案则赞成1938年的法案是一项"旨在支持、保护和维系州际贸易的计划"[85]。

贸易条款司法中的这种变化产生了明显的影响。紧随马尔福特案之后，一家巡回上诉法院支持了《农业调整法案》施加的棉花市场限额。[86] 联邦最高法院认可了国会直接确定商品价格的权力。[87] 支持了1938年《公平劳动标准法案》的"美国诉达比案"[88]，解决了大多数遗留的重要贸易条款问题。除了推翻"哈默诉达根哈特案"的判决[89]外（1918年的这项判决将贸易权力限定在调控"本身有害或有毒的物品"[90]），"达比案"宣布放弃了任何质疑国会制定立法"以贯彻联邦政府的州际贸易公共政策"的"动机和目的"司法权力。[91] 到1941年，罗斯福政府重塑贸易条款的努力已经展开并赢得了胜利。

下级法案的判决

罗斯科·科蒂斯·费尔本于1902年8月2日生于俄亥俄州代顿市，其父母是马丁和玛丽·伊丽莎白·费尔本。[92] 他代表着一个俄亥俄州农场家族的第五代。[93] 他的外公外婆约翰和苏珊娜·史密斯在蒙哥玛利县耕种着一整块土地。[94] 史密斯夫妇将他们的640英亩的土地分给了7个孩子。玛丽·伊

---

[81] 参见 Fite，前注[54]，at 60；Breimyer，前注[34]，at 348 - 349 & n. 65；Jim Chen, *Get Green or Get Out: Decoupling Environmental from Economic Objectives in Agricultural regulation*, 48 Okla. L. Rev. 333，343 (1995)。

[82] 参见 *Currin v. Wallace*, 306 U. S. 1 (1939)（支持了《烟草检疫法案》第623章，49 Stat. 731 (1935)（被编为7 U. S. C. § 511 - 511q (2000)））。

[83] 307 U. S. 38 (1939).

[84] *United States v. Butler*, 297 U. S. 1, 68 (1936).

[85] Mulford, 307 U. S. at 48.

[86] 参见 *Troppy v. La Sara Farmers Gin Co.*, 113 F. 2d 350，350 - 352 (5th Cir. 1940)。

[87] 参见 *Sunshine Anthracite Coal Co. v. Adkins*, 310 U. S. 381，393 - 394 (1940)；*United States v. Rock Royal Co-op., Inc.*, 307 U. S. 533，571 (1939)；比较 *Carter v. Carter Coal Co.*, 298 U. S. 238，312 - 316 (1936)（拒绝审查国会规定煤炭价格的权力）。

[88] 312 U. S. 100 (1941).

[89] 247 U. S. 251 (1918).

[90] Darby, 312 U. S. at 116 - 117（推翻了 Hammer 案的判决）。

[91] 同上注，at 115。

[92] 参见 Jerry Allen Filbrun et al., *A Fillbrunn Family History: Various Members of the Families Fillbrunn, Filbrun, Filbrun, et al.*, 1570 - 1985, at 176 (1985) [下文称 Filbrun Family History]。

[93] 参见上注，at 174。

[94] 参见 Spurgeon Letter，前注 * at 2。

丽莎白得到了宅地、95 英亩农田和额外 9 英亩林地。[95] 罗斯科·费尔本的中间名字科蒂斯是一位外科医生的名字，这位外科医生挽救了他的父亲马丁的胳膊，马丁的胳膊是在一次脱粒事故中受伤的。[96] 一份家庭传记提供的一处引文证实了罗斯科·费尔本的"自豪感"："我一生中从来没有为其他人工作过。"[97]

罗斯科·费尔本饲养奶牛和家禽。他的家庭每天接待"75 位顾客前来购买牛奶和鸡蛋"[98]。罗斯科·费尔本还在每年秋天种植冬麦，来年夏天收割。费尔本卖掉一部分小麦，留一部分饲养奶牛和家禽，把一部分磨成面粉供家庭消费，然后把剩余的保存起来用作下一季的种子。根据 1938 年法案的规定，他获得的配额是按照正常每英亩 20.1 蒲式耳的产量种植 11.1 英亩小麦。1940 年秋，费尔本种植了 23 英亩小麦，而不是 11.1 英亩。1941 年 7 月，他总共收获了 462 蒲式耳小麦。[99] 他超额种植的 11.9 英亩出产了 239 蒲式耳小麦。

费尔本的超额收获违反了他的面积配额。面积限制是《农业调整法案》控制受到联邦补贴的农作物供给的首要工具。供给控制在农业调控中一直扮演着重要角色。因为过量生产会扩大商品市场价格与政府扶持项目设定的目标价格之间的差距，所以实际上每一种价格扶持机构都伴随着某种供给控制。[100] 当政府将无追索权贷款（non-recourse loan）延伸到生产者时，供给控制的必要性显著增加，它能有效提高商品的最低价格。[101] 在 1941 年的种植时节之前已经很明显，"小麦的低价明显是超量供给的结果"[102]。只有对过量生产施加更严厉的惩罚，才能防止已经过剩的库存超过 1940 年达到的历史最高点。[103] 虽然农民持传统的反对态度，但面积限制似乎是不可避免的。[104]

对小麦供过于求以及随之而来的价格下跌的恐惧，使公众的注意力转向了《农业调整法案》中的供给控制规定。该法案指示农业部部长为每年的小麦种植公布一份全国性的面积配额，在各州、各县和个体农场之间分配。在任何销售年度内（从 7 月 1 日开始），只要农业部长预测总的小麦供给可能超过正常的国内消费和出口的 35%以上，潜在的生产限制就会启用。该法案要求农业部部长在 5 月 15 日之前作出表达该意思的声明。声明作出后，6 月 10 日前，部长必须举行一次由受到影响的全体农民参与的公投。强制性全国小麦销售配额将在本销售年度生效，除非超过 1/3 的参与投票的农民表决暂时取消该限额。当费尔本种植 1941 年的庄稼时，该法案对超量小麦的惩

---

[95] 参见注[94]，at 3。

[96] 参见 *Filbrun Family History*，前注[92]，at 174。

[97] 同上注，at 176。

[98] Spurgeon Letter，前注 * at 7－8。

[99] 参见 *Wheat Control Challenged*，Dayton J.，July 15，1941，at 1，2。

[100] 参见 J. W. Looney，*The Changing Focus of Government Regulation of Agriculture in the United States*，44 Mercer L. Rev. 763，787－788（1993）。

[101] 例如参见 *St. Paul Fire & Marine Ins. Co. v. Commodity Credit Corp.*，646 F. 2d 1064，1067（5th Cir. 1981）。

[102] Stern，前注[58]，at 902。

[103] 参见上注，at 901－902。

[104] 参见 Fite，前注[54]，at 51－52。

罚标准是每蒲式耳 15 美分。

1941 年春天，农业部部长克劳德·维克特预测到小麦过剩，因而提议实行市场配额。他安排 5 月 31 日举行全国性公投。在 5 月 19 日的一次广播演说中，维克特部长在国会提出了一项待决议案，该议案将会把用于小麦的无追索权贷款利率提高到平价的 85%。这会导致小麦实际最低市场价格的上涨，从而刺激更多的生产，这会反过来压低真正的市场价格，并因而增加政府的价格扶持义务。小麦限额计划将使 1941 年的“小麦平均价格保持在每蒲式耳约 1.16 美元”，“世界上的市场价格为每蒲式耳 40 美分”[105]。

在其 5 月 19 日的演讲中，维克特部长宣布：“由于不确定的世界局势，我们今年故意多种植了几百万英亩小麦……因为农民们为防止食品短缺提供了保障，所以他们不应当受到惩罚。”然而，他没有提到，《农业调整法案》的一份待决修正案将提高对过量小麦的惩罚力度，从每蒲式耳 15 美分提高到 49 美分（平价贷款利率的一半，当时的平价贷款利率为 98 美分），而且将使违法农场的小麦受制于以美国为受款人的留置权。

5 月 26 日，国会同意了这项待决修正案。5 月 31 日，农业部举行了小麦种植公投。在那些投票中，81%支持销售限额。然而，俄亥俄州的农民投票反对这项限额。[106] 由于势不可当的全国性投票结果，以下两项规定都生效了：一是增加对小麦种植的贷款利率，二是提高对超过个体销售限额行为的罚金。

负责在蒙哥马利县实施《农业调整法案》的官员确定对费尔本的 239 蒲式耳超额小麦处以每蒲式耳 49 美分的罚款，并对其全部小麦施加了留置权，等着他缴纳 117.11 美元的罚款。在等待支付罚款时，县委员会还扣留了费尔本的销售卡，他出售小麦时需要这张销售卡。

在提交给位于俄亥俄南区的联邦地区法院的诉状中，费尔本对他遭受的销售超额罚款提出挑战。“费尔本诉赫尔克案”[107] 中的多数意见甚至没有提及贸易条款。相反，地区法院的约翰·杜费尔法官强调了“以下事实：提高罚金的法律通过仅仅 5 天后就举行了全国性公投”[108]。他推理说，该案取决于农民是否“被无意识地误导了”[109]。法院强调了 5 月 26 日的修正案（对超额小麦课以超过 3 倍的罚款）违背了维克特部长保证农民不受不公正处罚的声明。[110] 法院推理说，维克特部长应当事先警告农民，“增加的平价贷款”将使他们容易“因农场销售超额而被课以更高的罚金”[111]。法院最后判决 5 月 26 日的修正案“溯及既往地”造成“未经正当程序的财产征收”[112]。

唯一的反对者佛罗伦萨·艾伦法官认为，“没有公正的理由”阻止“我

[105] *Wickard v. Filburn*, 317 U. S. 111, 126 (1942).

[106] 参见 *Wheat Control Challenged*, 前注[99], at 1。

[107] 43 F. Supp. 1017 (S. D. Ohio), 以下案件推翻了该判决：*Wickard v. Filburn*, 317 U. S. 111 (1942)。卡尔·赫尔克和蒙哥马利县农业委员会的其他成员作为被告。

[108] 同上注，at 1018。地区法官罗伯特·内文加入了杜费尔法官的意见。

[109] 同上注，at 1019。

[110] 参见上注。

[111] 同上注。

[112] 同上注。另一种说法是，法院判决“该案的衡平法……有利于原告”。同上注。

国立法机构的意愿得以实现”⑬。艾伦法官独自预料到费尔本案中关键的宪法问题。艾伦法官主要依靠联邦最高法院支持了新政中农业计划的案件⑭，并广泛引述了国会对事实的研究结果⑮，认为《农业调整法案》“作为联邦贸易权力的有效行使适用于小麦”⑯。

辩护状

地区法院基于宪法理由作出禁止执行《农业调整法案》的判决，使维克特部长有权直接上诉至联邦最高法院。联邦最高法院表明了可能的管辖权。⑰

在政府最初的答辩状提出的5个问题中，3个问题集中于维克特部长5月19日的广播演说、5月26日的修正案和5月31日种植者的公投。⑱ 第四个问题提出了最终决定“维克特诉费尔本案”判决的议题：“1938年《农业调整法案》中的小麦销售限额规定（1941年5月26日得到修正）是否在国会的贸易权力范围之内。”⑲

关于国会调控州际贸易的权力，政府当局的辩护状作出两项重要贡献。第一，政府当局清楚地说明，地区法院不应回避贸易问题，至少该法院“对该案的处理必然无法与被上诉人费尔本的以下观点相容：争议中的调控不在贸易权力范围之内”⑳。因为《农业调整法案》对超出各农场配额而“销售”的小麦施加的处罚不仅包括用于“出售”的小麦，还包括“用于饲养家禽和牲畜”的小麦，所以费尔本基于宪法理由在以下意义上指责该法案，即该法案“不仅使卖出的小麦受到惩罚，而且使在农场上使用（如用于饲养牲畜）的小麦受到惩罚”㉑。

第二，政府当局的辩护状用资料证明了小麦市场的两重性。一方面，政府描述了“小麦和面粉在各州和各国之间流动的广泛程度”㉒。另一方面，政府当局将小麦区别于“马尔福特诉史密斯案”中讨论的农作物——烟草。㉓ 和烟草不一样，小麦“由一百多万农民通过几乎数不清的商店出售”㉔。“大量”小麦用于农场消费，“用作牲畜饲料、种子，少量用作食物”㉕。这些特

---

⑬ 同注⑩⑦，at 1020（艾伦法官的反对意见）。

⑭ 参见上注，at 1022－1023（尤其引用了 *Mulford v. Smith*, 307 U. S. 38 (1939); *United States v. Rock-Royal Co-op.*, *Inc.*, 307 U. S. 533 (1939)）。

⑮ 参见上注。（援引了 7 U. S. C. § 1331）。

⑯ 同上注，at 1022。

⑰ 参见 *Wickard v. Filburn*, 62 S. Ct. 919, 919 (1942)。

⑱ 参见 Brief for the Appellants, at 2, 重印于 39 *Landmark Briefs and Arguments of the Supreme Court of the United States*: *Constitutional Law* 677, 682 (Philip B. Kurland & Gerhard Casper Eds., 1975) [下文称 *Landmark Briefs*]。

⑲ 同上注。第五个问题挑战费尔本控告俄亥俄州和蒙哥马利县农业保护委员会个体成员的资格。参见上注，at 2, 53，重印于 Landmark Briefs，前注⑱，at 682, 733。

⑳ 同上注，at 38 n. 7, *reprinted in Landmark Briefs*，前注⑱，at 718 n. 7。

㉑ 同上注。

㉒ 同上注，at 12, *reprinted in Landmark Briefs*，前注⑱，at 692。

㉓ 307 U. S. 38 (1939).

㉔ 上诉人的辩护状，at 45，重印于 Landmark Briefs，前注⑱，at 725。

㉕ 同上注，at 41, *reprinted in Landmark Briefs*，前注⑱，at 721。

点使小麦调控变得极其复杂。政府当局对贸易重要性和调控难题的这种独特组合的强调将证明非常关键。

费尔本的律师将政府当局论证的这个方面视为一种机会，将该案与“马尔福特案”和其他支持了新政农业计划的判决区别开来。[126] 被上诉人的辩护状以它认为是政府当局的一个重大让步而结束：“实际上所有农民都在当地出售粮食，这表明小麦并不在牛奶和其他直接在州际贸易中出售的农产品的行列。”[127]

1942年6月1日，联邦最高法院要求重新辩论，并限于“以下问题：在该法案处理用于生产者农场消费的小麦的意义上，该法案是否在国会调控贸易的权力范围之内”[128]。维克特部长在重新辩论时的辩护状用更倾向于扩展联邦权力的语言重新改写了这个贸易条款问题：“这里的问题不是国会是否有权调控农场上的消费，而是作为调控用于销售的小麦的数量和州际价格结构的一种手段，国会是否有权力控制全部可用的小麦供给，包括用于农场消费的那一部分。”[129]

与此相反，费尔本的律师求助于传统的生产和运输的区分。被上诉人在重新辩论中的辩护状将政府当局的主张——“在这个农场上种植出来并用于这个农场消费的饲料、种子和食品与贸易产品存在竞争——描述为竞争理论的一种归谬”[130]。费尔本的辩护状警告说，政府当局对贸易条款的解释方式“不仅能产生一个中央集权的政府，而且通过连续废弃联邦宪法的所有限制，最终可能导致专制体制”[131]。

经过一些调整之后，“维克特诉费尔本案”中的辩护状最终形成该案判决依靠的原则基础。联邦最高法院的重新辩论命令极度轻视了使地区法院束手无策的“溯及既往”和“衡平法”问题。重新聚焦的争议明确提出了新政最终未解答的贸易条款原则问题。

联邦最高法院的判决

联邦最高法院迅速略过了维克特部长的广播演讲。杰克逊大法官为最高法院撰写的一致意见认为地区法院的判决——“部长的演讲使公投无效”——“明显错误”而不予考虑。[132] 最高法院不允许“一位内阁官员的演讲”——甚至是一次可能“无法满足司法的明确性、准确性和详尽性理想”的演讲——“使国会法案表达的政策无效”[133]。事实上，最高法院认为基于这次演讲的抱怨“很肤浅”[134]。联邦最高法院很快讨论完了地区法院的结论，即联邦法律剥夺了费尔本的正当程序权利，或者说造成了一个不公正的结果。

---

[126] 参见 Brief for Appellee，at 21－23，*reprinted in Landmark Briefs*，前注[118]，at 741，761－763。

[127] 同上注，at 22，*reprinted in Landmark Briefs*，前注[118]，at 762。

[128] 62 S. Ct. 1289，1289 (1942)．

[129] Brief for the Appellants on Reargument，at 2，*reprinted in Landmark Briefs*，前注[118]，at 765，770。

[130] Brief for the Appellee on Reargument，at 13，*reprinted in Landmark Briefs*，前注[118]，at 823，835。

[131] 同上注，at14，reprinted in Landmark Briefs，前注[118]，at 836。

[132] *Wickard v. Filburn*，317 U. S. 111，117 (1942)．

[133] 同上注，at 118。

[134] 同上注。

在小麦计划使价格高于未调控水平这一点上，最高法院拒绝了费尔本的正当程序主张[135]："政府当局调控它资助的事务实际上不存在正当程序缺陷。"[136]

最高法院用其意见的大部分篇幅讨论了贸易条款。然而，最高法院宣布，由于其在"美国诉达比案"中的判决，连这个问题"都不太值得考虑"[137]。达比案与费尔本案之间唯一的不同在于"以下事实：《农业调整法案》将联邦调控扩展到并非用于任何贸易的产品，而是完全用于农场上消费的产品"[138]。而这项因素的重要性似乎被夸大了。最高法院推理说，"对那些有关国会权力的问题作出决定，不会参照任何给予'生产'和'间接'等这类术语控制力并妨碍考虑争论中的活动对州际贸易的实际影响的规则"[139]。因为这些术语仅仅描述了结果，而未提供有用的指导，以确定"哪种影响州际贸易的州内活动是联邦调控的适当对象"[140]，最高法院拒绝"机械地适用"旨在"发现争论中的活动是'生产活动'"或称相关的经济影响为"'间接影响'"的"法律规则"[141]。

最高法院然后转向了"小麦产业的经济情况"[142]。它对国内外这个"问题产业"的概括，令人联想起首席大法官休斯对琼斯与拉芙琳钢铁公司惊人规模的描述。[143] 虽然其他案件取决于以下可被感知的需要，即保持"小麦从西部流向东部和欧洲的磨粉厂及配给点"[144]，但费尔本案的判决以"小麦的州际贸易"开始，并没有以此结束。[145] 这不是使一种稀缺商品的国内流通理性化的普通计划。最高法院对 16 个小麦出口州与 32 个小麦进口州之间"大量而重要"的运输的概括，暗示了一种全球均衡危机。[146] 真正的问题是"异常大量的小麦供给"，它"导致许多市场发生拥塞，阻塞了铁路运输，并使一些活动谷仓在很多情况下不准粮食入仓，使铁路采取禁止措施以防止进一步拥塞"[147]。"主要由于国外生产增加和进口限制，美国小麦和面粉的每年出口量在 1940 年 10 前的十年间平均低于总产量的 10%，而在 20 世纪 20 年代平均超过 25%。"[148] 最高法院对市场环境的回顾确定了适当的经济基线不是地方性的，而是全球性的。它比较了小麦计划在 1941 年的基准，即"每蒲式耳

---

[135] 参见注[132]，at 129 - 133。

[136] 同上注，at 131；又见同上注，at 133（"如果费尔本能够得到政府给予的所有资助，并且不做政府所要求的事，那么他就会比这项法律允许的程度更加富裕。"）。

[137] 同上注，at 118（引用了 *United States v. Darby*，312 U. S. 100 (1941)）。

[138] 同上注。

[139] 同上注，at 120。

[140] 同上注，at 122。

[141] 同上注，at 124。

[142] 同上注，at 125。

[143] 参见 *NLRB v. Jones & Laughlin Steel Corp.*，301 U. S. 1，25 - 28 (1937)。

[144] *Chicago Board of Trade v. Olsen*，262 U. S. 1，36 (1923)；又见 *Lemke v. Farmers' Grain Co.*，258 U. S. 50，53 - 54 (1922)；*Dahnke-Walder Milling Co. v. Bondurant*，257 U. S. 282，290 - 291 (1921)；*Munn v. Illinois*，94 U. S. 113，131 (1876)；比较 *Stafford v. Wallace*，258 U. S. 495，516 (1922)（将"本国各种各样的牲畜围场"描述为"重大的国家公共设施"，支配着"贸易从西部的牧场和农场流向东部的消费者"）。

[145] 317 U. S. at 125.

[146] 同上注，at 125。

[147] 同上注。

[148] 同上注。

约 1.16 美元的平均价格”，“与 40 美分的世界市场价格”[149]。

杰克逊大法官接下来集中在美国农民身上。虽然西部小麦出口州的许多农民“专门种植小麦”并“卖掉换取现金”，但小麦进口地区如新英格兰的农民通常将小麦用于多个方面，从动物饲料到“牧草种植的保护作物”再到仅仅是“防止土壤腐蚀和流失的覆盖作物”[150]。（直到土壤保护法将小麦描述为一种“耗地”作物为止。[151]）这些地区差异证明是决定性的。最高法院得出结论说，“消费自家种植的小麦”深深地影响州际贸易，因为“它在小麦消失的过程中构成最可变的因素”[152]。不像“相对恒定”的“用作食物和种子”的小麦数量，农场上的小麦消费“在数量上的变化程度似乎超过平均产量的 20%”[153]。

这种对自家种植小麦的观察使得最高法院提出以下“整体性”（aggregation）论证成为可能，今天“维克特诉费尔本案”正是因为这一论证而著名：

> 政府调控对小麦价格的维持，无疑可以通过保持或增加需求与限制供给而实现，两种手段同样有效。我们审查的法案的效果，是限制可能为市场生产的产品数量，以及一个人可能通过生产自己需要的产品而不求助于市场的程度。被上诉人自己对小麦需求的贡献本身可能是微不足道的，但像这里一样，当他的贡献与许多处境相似的其他人的贡献加在一起远非微不足道时，这就不足以将他排除在联邦调控的范围之外。[154]

这个意见使最高法院对贸易条款的分析得出一个迅速而果断的结论。很明显，1938 年法案的目的在于“提高小麦的市场价格，并限制小麦的数量”[155]。国会“调控州际贸易中商品价格”的权力不能再受到置疑。[156] 家用小麦被公认所具有的“实质性影响”清楚地证明，国会可以合适地将农场上自产自用的小麦全部卷入市场限额体系，以免不受控制的农场消费“挫败和妨碍国会通过提高价格刺激贸易的意图”[157]。

费尔本案的即刻影响

一些最早批评费尔本案的人察觉到对州主权的威胁。最温和的评论家们反对说，费尔本案的判决“主要依靠相当广泛的竞争概念”[158]。更加大胆的批评家们表达了“对国会巨大且不断增长的权力的界限的迷惑”[159]。

费尔本案的判决本身没有迹象表明已经如此显著地改变了整个格局。一位新政的前线鼓吹者认为，这个案件对贸易条款司法的贡献相对较少：“‘维

---

[149] 同注[145]，at 126。

[150] 同上注，at 126 - 127。

[151] 参见前面与注[80]对应的文字。

[152] Filburn，317 U.S. at 127.

[153] 同上注。

[154] 同上注，at 127 - 128。

[155] 同上注，at 128。

[156] 同上注。

[157] 同上注，at 128 - 129。

[158] Note，*The Supreme Court of the United States During the October Term*，1942：Part I，43 Colum. L. Rev. 837，845（1943）.

[159] John J. Trenam，Note，*Commerce Power Since the Schechter Case*，31 Geo. L. J. 201，202（1943）.

克特诉费尔本案’几乎没有对‘达比案’作出补充……”⑯。事实上，大部分繁重工作已经完成了。达比案和它激起的案件⑯几乎已经摧毁了贸易和制造业、采矿业以及农业之间摇摇欲坠的区分。⑯ 即使“整体性”论证也不是源自费尔本案；在更早的一个开庭期，达比案已经使用了相似的推理。⑯ 在一个更早的案件中，联邦最高法院承认，国会对州际贸易的“无限”权力“扩展到所有这些贸易，不管它是大是小”，并且最高法院从未因为在任何特定案件中受到影响的贸易数量可能很小，而认为这一权力“应当在宪法上受到限制”⑯。

在它重新起诉已确定主张的意义上，费尔本案似乎更类似于确实模糊的“莱特伍德牛奶公司案”（Wrightwood Dairy case）⑯，当一家联邦上诉法院“莫名其妙地”判决“在同一个市场上与州际牛奶竞争的州内牛奶并不受制于联邦贸易权力”时⑯，后者重访了刚刚得到辩护的《农业销售协议法案》。事实上，费尔本案作出判决两个开庭期后，联邦最高法院感到没有必要援引费尔本案支持以下主张：在确定贸易条款的范围时，并不把判断局限于在一个争议中直接受到争论的行为在数量上的影响，而是根据以下预期，即类似于“当前情况”的事件的“整体影响”，“如果不受控制，可能对贸易的危害很深远”⑯。连费尔本案的具体判决——用于家庭消费的小麦处于国会的州际贸易权力之内——也未能在下级法院牢牢地扎根。迟至 1966 年，联邦最高法院还简要地推翻了一家巡回上诉法院的判决，该判决基于宪法理由，使各州的精神病院和监所种植的小麦豁免于联邦的面积限制。⑯ 无疑，联邦最高法院确实承认，费尔本案使得在“生产”和“贸易”之间维持宪法上有意义的区分已不可能。⑯ 总体而言，费尔本案帮助建立了新政的贸易条款共识：“如果正是州际贸易感到夹痛，实施这种挤捏的行为无论多么具有地方性都无关紧要。”⑰

---

⑯ Stern，前注⑱，at 908。

⑯ 参见 *United States v.* Darby，312 U.S. 100 (1941)；*Gray v. Powell*，314 U.S. 402 (1941)；*United States v. Wrightwood Dairy Co.*，315 U.S. 110 (1942)；*Cloverleaf Butter Co. v. Patterson*，315 U.S. 148 (1942)；*Kirschbaum v. Walling*，*316 U.S.* 517 (1942)；*Overnight Motor Transp. Co. v. Missel*，316 U.S. 572 (1942)。所有这些案件在费尔本案中都被引用，317 U.S. at 118 & n. 12。

⑯ 参见 *Carter v. Carter Coal Co.*，298 U.S. 238，304 (1936)；*A. L. A. Schechter Poultry Corp. v. United States*，295 U.S. 495，549-550 (1935)；又见 *United States v. E. C. Knight Co.*，156 U.S. 1，14-16 (1895)。

⑯ 参见 312 U.S. at 121（“常见的一种权力行使是对一些州内交易的调控，这些州内交易与州际贸易如此融为一体或者如此相关，以至于如果州际贸易要想得到有效控制，这些州内交易就必须全部受到调控。”）；同上注，at 123（“在现代产业中，一小部分的竞争可能影响整体，并且许多小生产者竞争的总体影响可能是巨大的。”）；例如以下判决支持这一观点：*Filburn v. Helke*，43 F. Supp. 1017，1022 (S.D. Ohio)（艾伦法官的反对意见），以下案件推翻了该判决：*Wickard v. Filburn*，317 U.S. 111 (1942)。

⑯ *NLRB v. Fainblatt*，306 U.S. 601，606 (1939)，在费尔本案中获得引用，317 U.S. at 128。

⑯ *Wrightwood Dairy*，315 U.S. at 110.

⑯ Robert L. Stern，*The Commerce Clause and the National Economy*，1933-1946 (Part I)，59 Harv. L. Rev. 645，689 (1946).

⑯ *Polish Nat'l Alliance v. NLRB*，322 U.S. 643，648 (1944).

⑯ *United States v. Ohio*，385 U.S. 9 (1966) (per curiam)，summarily rev'g 354 F. 2d 549 (6th Cir. 1965).

⑯ *Mandeville Island Farms v. American Crystal Sugar Co.*，334 U.S. 219，228 (1948).

⑰ *United States v. Women's Sportswear Mfg. Ass'n*，336 U.S. 460，464 (1949)；以下判例支持这一主张：*Heart of Atlanta Motel*，*Inc. v. United States*，379 U.S. 241，258 (1964)。

关于费尔本案的这种看法持续了几十年。虽然沃伦法院具有积极主义名声，但它对联邦主义新基础的削减极少（如果有的话）。认为1964年《民权法案》是国会贸易权力的适当行使因而支持了这一法案的那些判决[171]，在沃伦法院最无创新——因而也最安全——的判决之列。[172]“卡森巴旗诉麦克朗案”[173]肯定了费尔本案的原则，即单个行为人对州际贸易的影响虽然“本身是微弱的”，但当“他的贡献与许多处境相似的其他人的贡献加在一起远非微不足道时，这个人的行为可能处于联邦调控的范围之内”[174]。“亚特兰大之心汽车旅馆诉美国案”[175]再次肯定了一项更古老的贸易条款原则。在20世纪早期，当贸易和生产之间以及直接影响与间接影响之间的区分占据主导地位时，最高法院却认可了“国会保护州际贸易通道不受不道德和有害使用的权力”[176]。“亚特兰大之心案”与“麦克朗案”对挑战国会使用贸易权力的诉讼都采取了理性基础审查标准[177]。“麦克朗案”还评论说国会未能纳入“正式调查结果”是“不重要的”[178]。

沃伦法院最重要的贸易条款判决“马里兰州诉威尔茨案”[179]支持了《公平劳动标准法案》延伸至州和地方政府经营的医院、机构和学校。一种主张认为这些雇员不受联邦权力调控。在回应这一主张时，威尔茨案援引了费尔本案的整体性原则：“在贸易条款案件中，法院有权从理性界定的一种行为中去除个别情形（尽管微不足道）的论点已经被完全抛弃了。”[180]

像宪法的许多其他领域一样[181]，伯格法院在扩展贸易条款判例法上比前

---

[171] 一般参见 Richard C. Cortner, *Civil Rights and Public Accommodations*: The Heart of Atlanta Motel and McClung Cases (2001)。

[172] 比较 Suzanna Sherry, *Too Clever by Half*: *The Problem with Novelty in Constitutional Law*, 95 Nw. U. L. Rev. 921, 926 (2001)（描述了激发“原创性、创造性甚至才华横溢”同时也是“十分明显错误”的宪法理论产生的“不正当动机”(perversive incentives)）；一般参见 Daniel A. Farber, *Brilliance Revisited*, 72 Minn. L. Rev. 367 (1987)；Daniel A. Farber, *The Case Against Brilliance*, 70 Minn. L. Rev. 917 (1986)。

[173] 379 U. S. 294 (1964).

[174] McClung, 379 U. S. at 301（引用了 *Wickard v. Filburn*, 317 U. S. 111, 127-128 (1942)).

[175] 379 U. S. at 241.

[176] *Caminetti v. United States*, 242 U. S. 470, 491 (1917)；以下判例支持这一主张：Heart of Atlanta, 379 U. S. at 256；又见 *Champion v. Ames*, 188 U. S. 321 (1903)。

[177] 参见 McClung, 379 U. S. at 303-304（“当我们发现立法者在挑选一种对保护贸易来说必要的调控策略时具有一种理性基础，我们的审查就结束了。”）；Heart of Atlanta, 379 U. S. at 258（“仅有的问题是：(1) 国会在发现汽车旅馆的种族歧视影响贸易时是否具有理性基础，以及 (2) 如果它具有这样的基础，它选择消除那种危害的手段是否合理和适当。”）；同上注，at 252（“国会挑选的手段必须合理地适应联邦宪法许可的目标……”）。

[178] McClung, 379 U. S. at 304 (citing *United States v. Carolene Prods. Co.*, 304 U. S. 144, 152 (1938)).

[179] 392 U. S. 183 (1968).

[180] 同上注，at 192-193（引用了 *Wickard v. Filburn*, 317 U. S. 111, 127-128 (1942)；*Polish Nat'l Alliance v. NLRB*, 322 U. S. 643, 648 (1944)；McClung, 379 U. S. at 301)。

[181] 例如参见 *The Burger Court*: *The Counter-Revolution That Wasn't* (Vincent Blasi ed., 1983)；Henry J. Abraham, *Justices and Presidents*: *A Political History of Appointments to the Supreme Court* 349 (3d ed. 1992)（“伯格法院的特点是通常令人惊讶的司法积极主义倾向，即使在民权和公民自由这类令人意想不到的领域也是如此。”）；Christopher E. Smith & Thomas R. Hensley, *Unfulfilled Aspirations*: *The Court Packing Efforts of Presidents Reagan and Bush*, 57 Alb. L. Rev. 1111, 1116 (1994)（评论说伯格法院在许多问题上——“最显著的是堕胎和纠偏行动”问题——“朝着主张改革的方向前进”，因而“最终令保守派很失望”）。

任沃伦法院做得更好。“佩雷兹诉美国案”[182]支持了将《消费者信用保护法案》适用于一位“高利贷者”身上，据称这名高利贷者从事纯粹地方性的敲诈勒索行为。引用了费尔本案、达比案、亚特兰大之心案以及麦克朗案，佩雷兹案最终判决高利贷者作为一类人处于“联邦权力所及范围之内”，虽然个人的敲诈行为“微不足道”，并且在本质上是地方性的。[183]

费尔本案在今天的意义

今天，费尔本案被视为新政宪法变革的最高峰。虽然费尔本案本身评论说“首席大法官马歇尔”在“吉本斯诉奥格登案”[184]中“用从未被超越的宽度描述了联邦贸易权力”[185]，但首席大法官伦奎斯特后来指出费尔本案“可能是贸易条款权力对州内活动影响最深远的例子”[186]。一位评论者总结了新政后在贸易条款的含义上一度形成的一项共识：“琼斯与拉芙琳案和维克特案判决之后，很明显国会实际上拥有了调控所有私人经济行为的权力。”[187]

费尔本案支持以下观点：“实质性经济影响”胜过对经济行为的“直接”与“间接”影响的简单区分。杰克逊大法官明确宣称，“对那些有关国会权力的问题作出决定，不会参照任何给予‘生产’和‘间接’等这类术语控制力并妨碍考虑争论中的活动对州际贸易的实际影响的规则”[188]。费尔本案同样判决，即使是地方性的非贸易活动，“无论它的性质为何，如果它对州际贸易产生实质性经济影响，不管这种影响是否可能在更早的时期被定义为‘直接的’还是‘间接的’，那么它仍然可以受到国会调控”[189]。后来的案件已经认可了这些观点，至少表面上如此。[190]最重要的是，费尔本案已将“整体性”策略补充到宪法的修辞库中。由于费尔本案，国会可以触及任何“本身微不足道”的经济行为人，只要它对“全国经济”的贡献——“与许多在相似处境的其他行为人的贡献加在一起”——“远远不是微不足道的”[191]。费尔本案积极反对司法机构故意忽视“本身微不足道”的行为，这一立场甚至影响了

---

[182] 402 U. S. 146 (1971).

[183] 同上注，at 154 (引用了 Wirtz，392 U. S. at 193)。

[184] 22 U. S. (9 Wheat.) 1 (1824).

[185] 317 U. S. at 120 (引用了 Gibbons，22 U. S. at 194－195)。

[186] *United States v. Lopez*，514 U. S. 549，560 (1995)；以下判例支持这一主张：*United States v. Morrison*，529 U. S. 598，610 (2000)。

[187] Earl M. Maltz，*The Impact of the Constitutional Revolution of* 1937 *on the Dormant Commerce Clause—A Case Study in the Decline of State Autonomy*，19 Harv. J. L. & Pub. Pol'y 121，129 (1995)；又见 Lawrence Lessig，*Translating Federalism*：*United States v. Lopez*，1995 Sup. Ct. Rev. 125，129－130 (评论说“今天的贸易”实际上“触及社会生活的每一种行为”，而且“国会现在行使的权力范围远远超过了制宪者们想象的程度”)。

[188] Filburn，317 U. S. at 120.

[189] 同上注，at 125。

[190] 参见 *United States v. Morrison*，529 U. S. 598，610 (2000)；*United States v. Lopez*，514 U. S. 549，556 (1995)；*New York v. United States*，505 U. S. 144，158 (1992)；*Garcia v. San Antonio Metro. Transit Auth.*，469 U. S. 528，537 (1985)；*Hodel v. Virginia Surface Mining Ass'n*，452 U. S. 264，308 (1981) (伦奎斯特大法官的赞同意见)；*Maryland v. Wirtz*，392 U. S. 183，196 n. 27 (1968)。

[191] 317 U. S. at 127－128；accord，e. g.，Lopez，514 U. S. at 556；*Perez v. United States*，402 U. S. 146，151－152 (1971)；*Katzenbach v. McClung*，379 U. S. 294，301 (1964)；*Heart of Atlanta Motel*，*Inc. v. United States*，379 U. S. 241，275 (1964).

潜伏贸易条款原则：评价一项州法的"实际影响"，"不仅要考虑该法案本身的后果，而且要考虑受到挑战的法案可能如何与其他州合法的调控制度相互作用，以及如果不是一个而是许多或所有的州采纳类似立法将会产生什么效果"⑲。一位批评家因为费尔本案有助于破坏联邦最高法院在潜伏贸易条款案件中对各州立法判断的尊重而感到遗憾。⑲

这些批评对一个更加注意各州在联邦体制中的角色的最高法院影响更大。曾经被认为已经消失在历史迷雾中⑲的联邦主义又恢复了元气。尽管如此，学者的共识仍然是，联邦"贸易权力已经膨胀到使制宪者们惊奇地'揉擦眼睛'的程度"⑲。最强烈地提倡地方分权化政府的人宣称，"维克特诉费尔本案""无法通过'最低级的审查'(giggle test)"⑲。

各州宪法特权的现代复兴不仅影响了费尔本案，也从整体上影响了贸易条款的司法方向。1995 年，美国诉洛佩兹案⑲宣布 1990 年《学校区域禁止枪支法案》无效，该法案规定"任何人在他知道或有合理理由相信是学校区域的地方故意持有枪支"构成一项联邦罪。⑲ 联邦最高法院判决，"该法案超出了国会调控州际贸易的权限"⑲。首席大法官伦奎斯特承认琼斯与拉芙琳案、达比案和费尔本案等这些新政案件"大大扩展了以前界定的国会在贸易条款之下所拥有的权力"⑳。从这些案件中，首席大法官指出费尔本案最具有国家主义的性质。⑳

首席大法官伦奎斯特总结了"国会在其贸易权力之下可以调控的三种宽泛的行为类别"⑳：

> 第一，国会可以调控州际贸易通道的使用。第二，国会有权调控和保护州际贸易的手段，或者州际贸易中的人或物，尽管威胁可能仅仅来自州内活动。最后，国会的贸易权力包括调控那些与州际贸易有实质关系的活动的权力，也就是那些对州际贸易有实质影响的活动。⑳

枪支持有行为"与'贸易'或任何种类的经济活动"之间缺乏明显的关

⑲ *Healy v. Beer Inst.*, 491 U.S. 324, 336 (1989)；以下判例支持这一主张：*Wyoming v. Oklahoma*, 502 U.S. 437, 453-454 (1992)；*C & A Carbone, Inc. v. Town of Clarkstown*, 511 U.S. 383, 406 (1994)（奥康纳大法官在判决中的赞同意见）。

⑲ 参见 Maltz，前注⑱，at 129-130。

⑲ 例如参见 Larry Kramer, *Understanding Federalism*, 47 Vand. L. Rev. 1485, 1486 (1994)（"法官应该在多大程度上调节州和中央政府之间的权力分配？通常的回答一直是'几乎不需要'。"）；William W. Van Alstyne, *The Second Death of Federalism*, 83 Mich. L. Rev. 1790, 1721 (1985)（"司法对联邦主义宪法原则的执行到了尽头"）。

⑲ Ann Althouse, *The Alden Trilogy: Still Searching for a Way to Enforce Federalism*, 31 Rutgers L. J. 631, 658 (2000)（引用了 *Alden v. Maine*, 527 U.S. 706, 807 (1999)（苏特大法官的反对意见））。

⑲ Richard A. Epstein, *Constitutional Faith and the Commerce Clause*, 71 Notre Dame L. Rev. 167, 173 (1996).

⑲ 514 U.S. 549 (1995).

⑲ 18 U.S.C. §922 (q) (1) (A) (1988 & Supp. V. 1993).

⑲ Lopez, 514 U.S. at 551（引用了 U.S. Const. art. I, §8, cl. 3）。

⑳ 同上注，at 556。

⑳ 参见上注，at 560。

⑳ 同上注，at 558。

⑳ 同上注，at 558-559（引证略）。

联。[204] 洛佩兹案的判决还指责法案缺乏“管辖要件（jurisdictional element），以通过逐案审查的方式确保讨论中受到禁止的行为影响了州际贸易”[205]。虽然首席大法官被认为肯定了之前认为国会无须“就一种行为对州际贸易造成的实质负担制作正式调查结果”的判例[206]，但他抱怨说调查结果的缺乏使“肉眼无法看到”对贸易的“实质影响”[207]。因此，首席大法官伦奎斯特拒绝“批准一种普遍的联邦治安权力”，使之可能延伸到传统上由各州调控的核心事务上，“如家庭法和对教育的直接调控”[208]。首席大法官宣称他自己和最高法院“不愿意”抹掉“真正全国性的事务与真正地方性的事务之间的区别”[209]。

2000 年，最高法院的行为证明了洛佩兹案并不是偶然的。与认为洛佩兹案偏离正轨的评论相反[210]，最高法院一直狭窄地解释贸易条款。美国诉莫里森案[211]宣布《防止对妇女施暴法》（Violence Against Women Act）无效。首席大法官伦奎斯特从该案中提取了四项“重要考虑”[212]。第一，受到调控的“努力”被认为具有的“经济”性质，对于司法机构同意“联邦政府因一项州内活动实质影响了州际贸易而对该活动的调控”具有决定作用。[213] 第二，法案条文中的“管辖要件”“可以证明该法案是为了贯彻国会对州际贸易的调控”[214]。第三，虽然关于该活动对州际贸易的影响的国会调查结果不是必不可少的，但莫里森案重申了洛佩兹案对调查结果的偏好。[215] 最后，首席大法官强调“枪支持有”与洛佩兹案中所宣称的“对州际贸易的影响之间的联系”已经“减弱”了。[216]

《防止对妇女施暴法》没有通过洛佩兹案的标准。首席大法官伦奎斯特写道，“性别暴力犯罪在这个短语的任何意义上不是经济活动”[217]。《防止对妇女施暴法》也没有包含一项“管辖要件，以确定联邦政府的行动理由是为了行使国会调控州际贸易的权力”[218]。在莫里森案中，国会制作了“许多关于性

---

[204] 同注[199]，at 561。

[205] 同上注。

[206] 同上注，at 562－563（引用了 *Katzenbach v. McClung*，379 U. S. 294，304（1964）；*Perez v. United States*，402 U. S. 146，156（1971））。

[207] 同上注，at 563。

[208] 同上注，at 564－565。

[209] 同上注，at 567－568。

[210] 例如参见 David L. Shapiro，*Federalism*：*A Dialogue* 141（1995）（预言洛佩兹案“对更广泛的联邦权力问题”将会产生“有限的”影响）；Deborah Jones Merritt，*The Fuzzy Logic of Federalism*，46 Case W. Res. L. Rev. 685，693（1996）（“实际上，洛佩兹案剥夺了国会非常少的权力。”）；比较 John Copeland Nagle，*The commerce Clause Meets the Delhi Sands Flower－Loving Fly*，97 Mich. L. Rev. 174，176（1998）（考虑了洛佩兹案是否将“注定成为引证中‘但是参见’的对象”）。

[211] 529 U. S. 598（2000）.

[212] 同上注，at 609。

[213] 同上注，at 611。

[214] 同上注，at 612。

[215] 参见上注。

[216] 同上注。

[217] 同上注，at 613。

[218] 同上注。

别暴力严重影响受害者及其家人的调查结果”[219]。在这个意义上，莫里森案区别于洛佩兹案。但这些调查结果证明是没有用的。首席大法官伦奎斯特拒绝认为“国会调查结果的存在本身足以维持贸易条款立法的合宪性”[220]。莫里森案认为这些有关性别暴力的调查结果与州际贸易的联系如此“大幅减弱”，以至于把它们作为联邦立法的基础将“完全抹掉联邦宪法对中央和地方权力的区分”[221]。最高法院担心，“从最初发生暴力犯罪开始的‘要不是’（but-for）因果链”的延伸将允许“国会调控任何犯罪，只要那项犯罪的全国性整体后果对就业、生产、运输或消费产生实质性影响”[222]。这种推理抑制了费尔本案的“整体观”：“我们拒绝接受以下主张，即国会仅仅因为一项非经济性暴力犯罪行为对州际贸易产生整体影响就可以调控这种行为。”[223]

可以说，洛佩兹案和莫里森案没有重视“统一执行公民权利的传统全国利益”[224]。一些批评家认为，洛佩兹案和莫里森案已经“挑选出公民权利法律，认为这类法律尤其处于国会的贸易权力范围之外”[225]。联邦环境法律也似乎更可疑。[226] 洛佩兹案和莫里森案可能把建议解释法案以避免合宪性质疑的传统规则[227]转化为一种自由活动权，可以限制多数大法官不喜欢的法案。事实上，在之后涉及联邦纵火法案[228]和清洁水法案[229]的案件中，莫里森案之后的最高法院似乎就是那样做的。

“维克特诉费尔本案”的整体性原则仍然有效，但它只是在争议中的行为人或行为与贸易有关时才起作用。枪支持有或性别暴力就不合格，至少当它们与明显的经济活动之间不存在可见的联系时如此。这种转变恢复了新政前盛行的贸易条款司法的某些因素。正如苏特大法官在洛佩兹案的反对意见中所评论的那样，“明显是贸易性的事务与非贸易性事务之间的区分，看上去很像之前对直接影响贸易的事务与仅仅间接涉及贸易的事务的区分”[230]。布雷耶大法官的反对意见认为，洛佩兹案对费尔本案以及同类判例的处理与那

---

[219] 同注[211]，at 614。

[220] 同上注。

[221] 同上注，at 615。

[222] 同上注。

[223] 同上注，at 617。

[224] 参见 Julie Goldscheid, *United States v. Morrison and Civil Rights Remedy of the Violence Against Women Act: A Civil Rights Law Struck Down in the Name of Federalism*, 86 Cornell L. Rev. 109, 131 - 132 (2000)。

[225] Louis J. Virelli Ⅲ & David S. Leibowitz, "*Federalism Whether They Want It or Not*": *The New Commerce Clause Doctrine and the Future of Federal Civil Rights Legislation After United States v. Morrison*, 3 U. Pa. J. Const. L. 926, 976 (2001) .

[226] 参见 generally Christine A. Klein, *The Environmental Commerce Clause*, 27 Harv. Envtl. L. Rev. 1 (2003)。

[227] 例如参见 *Edward J. DeBartolo Corp. v. Florida Gulf Coast Bldg. & Constr. Trades Council*, 485 U.S. 568, 575 (1988); *NLRB v. Catholic Bishop*, 440 U.S. 490, 500 - 501 (1979); *Murray v. The Charming Betsy*, 6 U.S. (2 Cranch) 64, 118 (1804)。

[228] 参见 *Jones v. United States*, 529 U.S. 848, 859 (2000)（判决纵火法案仅“适用于在贸易或影响贸易的活动中通常使用的财产”，以避免在洛佩兹案之后令人怀疑该法案的合宪性）。

[229] 参见 *Solid Waste Agency v. United States Army Corps of Eng'rs*, 531 U.S. 159, 173 - 174 (2001)（宣布军队的候鸟规则无效，以“避免”军队对法案中“可航行水域”的解释“所提出的重大宪法和联邦主义问题”）。

[230] *United States v. Lopez*, 514 U.S. 549, 608 (1995)（苏特大法官的反对意见）。

些案件的实际裁决“不一致”[231]。在洛佩兹案中，多数意见声称依赖新政对贸易条款的理解。在这个意义上，这个判决采取了“引用与转换”的策略，在忽略它或去其精华之前对先例致以名义上的敬意。[232]

至少形式上洛佩兹案没有推翻任何先例。与此相比，托马斯大法官的赞同意见暗示，最高法院“必须最终修正它的贸易条款司法方向”[233]，可能通过恢复对“贸易”的狭义界定完成这项工作，这里的“贸易”区别于农业、制造业和导向“商品生产”的其他活动。[234] 托马斯大法官主张，最高法院已经将贸易条款扩展到如此程度，以至于它使“国会的许多其他列举权力……完全多余了”[235]。在莫里森案中，托马斯大法官再次撰写单独意见，主张“贸易条款之下‘实质影响’标准的概念与最初对国会权力的理解不一致”[236]。接受托马斯大法官对贸易条款的注释将使国会的权力受到非常严格的约束。实际上，最高法院不会在贸易和其他经济活动（如农业、制造业和采矿业）之间作出严格、绝对的区分。

2005 年的“冈萨雷斯诉莱希案”[237] 提供了贸易条款司法的一种更现实的观点。莱希案涉及联邦《受控药物法案》适用于大麻的情形。加利福尼亚州使有限数量的医用大麻豁免于刑事禁止；联邦法律则没有。因为洛佩兹案和莫里森案都没有推翻贸易条款的先例，莱希案中的多数大法官再次肯定了国会调控州际贸易通道的权力，调控和保护州际贸易工具（包括人或物）的权力，以及调控对州际贸易产生实质影响的行为的权力。[238] 莱希案将“维克特诉费尔本案”视为具有约束力的先例：

> 本案与维克特案的相似点很明显。和维克特案中的农民一样，被上诉人为了家庭消费种植一种可交换的商品，这种商品可以在确定（尽管不合法）的州际市场上流通……在维克特案中，我们毫无困难地判决国会有一种理性基础认为，从整体来看，使家用小麦不受调控策略的控制将对价格与市场状况产生实质影响。这里也是，国会有一种理性基础认为，使家用大麻不受联邦调控将同样影响价格与市场状况。[239]

莱希案的判决指出大麻贸易“具有典型的经济性质”，从而将该案与洛佩兹案和莫里森案区分开来。[240] 撰写了赞同意见的斯卡利亚大法官同意大麻和其他受控药物“是可交换的商品”，“从未离开过州际市场”，尽管“在家

---

[231] 同注[230]，at 628（布雷耶大法官的反对意见）。

[232] 参见 Ronald J. Krotoszynski，Jr.，*An Epitaphios for Neutral Principles in Constitutional Law：Bush v. Gore and the Emerging Jurisprudence of Oprah!*，90 Geo. L. J. 2087，2093（2002）。

[233] Lopez，514 U. S. at 602（托马斯大法官的赞同意见）。

[234] 同上注，at 587。

[235] 同上注，at 588；以下文章支持这一主张：Deborah Jones Merritt，*The Third Translation of the Commerce Clause：Congressional Power to Regulate Social Problems*，66 Geo. Wash. L. Rev. 1206，1208－1209（1998）。

[236] *United States v. Morrison*，529 U. S. 598，627（2000）（托马斯大法官的赞同意见）。

[237] 545 U. S. 1（2005）.

[238] 同上注，at 16－17。

[239] 同上注，at 18－19。

[240] 同上注，at 25。

里种植并因个人使用而占有”[241]。莱希案把家用大麻与家用小麦作类比的能力，胜过了三位持反对意见的大法官的异议，即“最高法院对经济行为的界定……有将人类的所有生产活动卷入联邦调控范围之势”[242]。

费尔本案在今天的遗产是该案最初含义的一个镜像。由于费尔本案曾经将国会的权力范围延伸到看上去琐细但其整体经济影响达到全国或全球层面的活动上，费尔本案现在标志着联邦权力的最大边界。贸易和生产之间的区分曾经是形式主义贸易条款司法的一个特点，现在已经不占主导地位。即使提倡更狭义解释贸易条款的人也承认，对“贸易”的宪法定义“包括……制造业、农业和采矿业等这类活动所从事的商品生产行为”[243]。没有一丝讽刺，今天的最高法院已经把罗斯科·费尔本农场的经济特征看作恢复贸易和非贸易活动之间形式区分的基础，而这一区分正是“维克特诉费尔本案”的判决所拒绝的。[244]

后记：农场的性质

现代的贸易条款司法曲解了“维克特诉费尔本案”的遗产。从适当的历史和经济角度解读，费尔本案不能被公正地拿来支持贸易和非贸易之间或者生产和运输之间严格的区分。基于农业知识对费尔本案的理解，使我们不可能证明任何一家经济组织完全是地方性的。辖区之间的经济、环境和政治“互联”“已经变得太真实因而不容忽视”；“跨越边界的共同体的存在必然在所有领域创造一种远离地方主义的驱动力”[245]。在一个实际上每一种法律行为正在“从严格的地方事业向全球行为”转变的世界上[246]，没有任何事务可以“由一个单一的国家主权有效地控制”[247]。罗斯科·费尔本抱怨联邦调控侵入了一个专门由地方控制的领域，但今天的全球现实使得赞同这种抱怨既不合情理，也无法令人接受。在一个如此紧密地与其农业根基相结合的政治体制中，对宪法形式主义的适当补救在于农业认知。一页经济历史的价值相当于数卷法律逻辑。[248]

“维克特诉费尔本案”本质上是一个关于小麦的案件。[249] 啊，“小麦，粮

---

[241] 同注[233]，at 40（斯卡利亚大法官在判决中的赞同意见）。

[242] 同上注，at 49（奥康纳大法官的反对意见）；又见上注，at 70（托马斯大法官的反对意见）（指出莱希案中的多数意见正在“改写”贸易条款，使其“覆盖人类活动的整个网络”）。

[243] Grant S. Nelson & Robert J. Pushaw, Jr., *Rethinking the Commerce Clause: Applying First Principles to Uphold Federal Commercial Regulations but Preserve State Control over Social Issues*, 85 Iowa L. Rev. 1, 108 (1999).

[244] 参见 Jesse H. Choper, *Taming Congress's Power Under the Commerce Clause: What Does the Near Future Portend?*, 55 Ark. L. Rev. 731, 743 (2003)（评论说首席大法官伦奎斯特试图对整体原则施加一种贸易性限制，而这种努力“与维克特案中最高法院的分析矛盾”）。

[245] Daniel A. Farber, *Stretching the Margins: The Geographic Nexus in Environmental Law*, 48 Stan. L. Rev. 1247, 1271 (1996).

[246] Jim Chen, *Fugitives and Agrarians in a World Without Frontiers*, 18 Cardozo L. Rev. 1031, 1051 (1996).

[247] John H. Jackson, *Reflections on International Economic Law*, 17 U. Pa. J. Int'l Econ, L. 17, 25 (1996).

[248] 比较 *New York Trust Co. v. Eisner*, 256 U.S. 345, 349 (1921)；又见 Oliver Wendell Holmes, Jr., *The Common Law* 1 (Little Brown & Co. 1990) (1881)（“法律的生命不是逻辑，而在于经验。”）。

[249] 参见 Stern，前注[58]，at 901。

中之王！”[250] 更早的农业方面的判决涉及烟草[251]或牛奶。[252] 小麦在两个关键方面有所不同。第一，烟草和牛奶都无法与小麦的全球影响力相比。作为人类食品库中最主要的庄稼物种之一[253]，小麦种植广泛，运送范围更广。[254] 世界大战的爆发加强了小麦市场的重要性。当世界上其他地区受困于你死我活的斗争时，美国没有经历小麦短缺。相反，它抱怨小麦过剩压低了支付给农民的价格。第二，小麦不同于新政农业争议中的其他商品——烟草、牛奶、棉花，因为生产者使用小麦和卖给加工者一样方便。因为“农民不使用未加工的棉花或烟草本身”，他们“几乎把所有烟草和棉花带到烟草货栈或轧棉厂销售”[255]。牛奶争议似乎总是源自相当多的生产者对相当少的牛奶“加工商”的经济依赖。[256] 看上去“田园式”且“平静”的“挤奶行为（目的是利用它们的乳汁为人们提供食物）”，“常常和烈酒一样引起了同样多的人类纷争和麻烦”[257]。一位更聪明的调控者（或垄断者）可以借助一个的瓶颈就能控制这些市场。

费尔本案源起于小麦特殊的灵活性和多功能性。至少在罗斯科·费尔本那个时代，许多生产者既能够卖掉小麦，也能够在农场上使用它作为动物饲料。虽然对到达货栈的烟草或到达轧棉厂的棉花的数量限制“几乎影响那些商品的全部供给”[258]，但 20 世纪 30 年代生产的玉米有 85%以玉米饲养的牲畜、家禽或它们的蛋奶等副产品的形式进入贸易过程。[259] 更少但也是相当一部分小麦同样转化为肉、奶、家禽和蛋类。农场用小麦“似乎在多于平均产量 20%的数量上变化”[260]。综合性农民能够将小麦装入饲料库，从而规避销售限额。[261] 国会因此决定“像对待用于销售的家禽或牲畜的饲养一样”对待玉米和小麦。[262]

相似的策略支配着新政中的其他农业计划。在“科林诉华莱士案”中，

---

[250] O. E. Rolvaag, *Giants in the Earth* 110 (Lincoln Colcord & O. E. Rolvaag trans., 1927).

[251] 参见 *Mulford v. Smith*, 307 U. S. 38 (1939); *Currin v. Wallance*, 306 U. S. 1 (1939)。

[252] 参见 *United States v. Wrightwood Dairy Co.*, 315 U. S. 110 (1942); *United States v. Rock Royal Co-op., Inc.*, 307 U. S. 533 (1939)。

[253] 一般参见 Robert Prescott-Allen & Christine Prescott-Allen, *How Many Plants Feed the World?*, 4 Conservation Biology 365, 366 (1990)。

[254] 参见 Moshe Feldman et al., *Wheats*, *in Evolution of Crop Plants* 184, 184-192 (J. Smartt & N. W. Simmonds eds., 2d ed. 1995); Jim Longmire & Walter H. Gardiner, Econ. Res. Serv., U. S. Dep't of Agric., Long-Term Developments in Trade in Feeds and Livestock Products 2 (1984)（报告说 90%用于国际贸易的小麦用作食物）。

[255] Stern, 前注[58], at 902。

[256] 参见 *Zuber v. Allen*, 396 U. S. 168, 172-174 (1969); Reuben A. Kessel, *Economic Effects of Federal Regulation of Milk Markets*, 10 J. L. & Econ. 51 (1967)。

[257] *Queensboro Farms Prods. v. Wickard*, 137 F. 2d 969, 972 (2d Cir. 1943)（“牛奶为人所用没有伴随着成功改良所有从事牛奶产业的人所具有的一些更自私的人类本能。”）。

[258] Stern, 前注[58], at 902。

[259] 参见 H. R. Rep. No. 75-1645, at 24 (1937); Stern, 前注[58], at 902。

[260] *Wickard v. Filburn*, 317 U. S. 111, 127 (1942).

[261] 参见 J. B. Hutson, *Acreage Allotments, Marketing Quotas, and Commodity Loans as Means of Agricultural Adjustment*, *in* U. S. Dep't of Agric., *Yearbook of Agriculture*, 1940: *Farmers in a Changing World* 551, 555 (1940); Stern, 前注[58], at 903。

[262] S. Rep. No. 76-1668, at 2 (1940), *quoted in Stern*, 前注[58], at 902。

调控者无法将销往国内市场的烟草与用于国外市场的烟草分开。[263] 牛奶销售命令也无法针对确切的州内和州际牛奶市场。[264] 这些问题与源自小麦多功能性的问题存在程度上的差别，但性质上相同。费尔本案认为，调控者不能将用于农场自身的小麦与在公开市场上销售的小麦区分开来。唯一的不同是，科林案中的货栈与费尔本案中的全球小麦市场相比，更明显是“烟草进入贸易流的咽喉”[265]。

现代的律师们常常认为，罗斯科·费尔本将其超额的小麦制成了面包。[266] 现实中，以下想法破坏了这种想象：“费尔本是一位在家里自制面包的朴实农民，决定种植小麦来制成一些面包。”[267] 为了消费超额的 239 蒲式耳小麦[268]，费尔本一家将不得不在一年之中每天消费将近 44 块 1 磅重的面包。[269] 在费尔本生活的年代，农民们喂给牲畜的小麦比他们磨成面粉以供家用的小麦多 20 倍。[270]

将一种农田作物变成杂货店商品并不需要比饲养农场牲畜更神秘的东西。这种行为，而不是耕种农田，可能已是发展农业的第一步。[271] 通过将超额的小麦转化为牛奶、肉类、家禽和蛋类，费尔本的农场从事着受调控的商号的一种古老的做法[272]：在受到调控的行业（小麦）与不受调控的行业（肉类、牛奶、家禽和蛋类）之间巧妙地处理着投资。农业部以同样古老的方式作出回应，将每一位农民的全部小麦耕种面积视为一种可操作的替代品，以完成一项“不可能完成的任务”，即“计算每一位农民以小麦或肉类的形式销售的小麦的实际数量”[273]。面积限制允许小麦计划，不仅可以在受到调控的市场上，而且可以在几个衍生性产品（derivative product）市场上，控制价格和供给。[274] 同时，联邦推广机构力劝农民将他们的大部分小麦用于饲养牲

---

[263] 306 U. S. 1，11 (1939)（“烟草市场上的这些交易实际上同时在没有差别地进行着，而且这使得国会的规则如果得到适用就有必要支配所有那样用于销售的烟草。”）。

[264] 参见 *United States v. Wrightwood Dairy Co.*，315 U. S. 110，120 - 121 (1942)；*United States v. Rock Royal Co-op.，Inc.*，307 U. S. 533，568 - 569 (1939)。

[265] *Mulford v. Smith*，307 U. S. 38，47 (1939)；比较 *NLRB v. Jones & Laughlin Steel Corp.*，301 U. S. 1，35 (1937)（使用相似的“咽喉”比喻描述州际贸易的一种障碍）；*Stafford v. Wallace*，258 U. S. 495，516 (1922)（同上）。

[266] 例如参见 *National Paint & Coatings Ass'n v. City of Chicago*，45 F. 3d 1124，1130 - 1131 (7th Cir.)（将费尔本案描述为一个涉及一位“农民消费自制面包”的案件）；调卷令申请被驳回，515 U. S. 1143 (1995)；*Village of Oconomowoc Lake v. Dayton Hudson Corp.*，24 F.，3d 962，965 (7th Cir.)（引用了费尔本案支持以下观点：“一位农民烘烤成面包并在家食用的小麦是‘州际贸易’的一部分”），调卷令申请被驳回，513 U. S. 930 (1994)。

[267] Deborah Jones Merritt，*Commerce!*，94 Mich. L. Rev. 674，748 - 749 & n. 316 (1995)．

[268] 参见 *Wickard v. Filburn*，317 U. S. 111，114 (1942)。

[269] 1 蒲式耳小麦出产 67 块面包。参见 Tex. Wheat Producers Bd. & Ass'n，*Fun Facts*，at http：//www. texaswheat. org/Facts/funfact. htm (2003 年 5 月 10 日访问)。

[270] 参见 U. S. Dep't of Agric.，*Field and Seed Crops by States*，1949 - 1954，at 8 (1957)（报告了 1944 年的小麦消费统计数据）。

[271] 参见 Constance Holden，*Bringing Home the Bacon*，264 Sci. 1398，1398 (1994)。

[272] 例如参见 *Colorado Interstate Gas Co. v. Federal Power Comm'n*，324 U. S. 581 (1945)；*Smith v. Illinois Bell Tel. Co.*，282 U. S. 133 (1930)；City of Houston v. *Southwestern Bell Tel. Co.*，259 U. S. 318 (1922)；*Southwestern Bell Corp. v. FCC*，896 F. 2d 1378 (D. C. Cir. 1990)。

[273] Stern，前注[58]，at 903。

[274] 例如参见 *United States v. Southwestern Cable Co.*，392 U. S. 157 (1968)；In re Montana-Dakota Utils. Co.，278 N. W. 2d 189 (S. D. 1979)。

畜，表面上是为了加强美国的战时饮食，但同时缓和小麦供过于求的状况绝不是巧合。[275]

费尔本案的“整体性”原则反映了经济现实。以纵向关系结合起来且多样化的生产者作出的同时但缺乏合作的行为，具有大大超过任何单个农民行为的重要性。像蚂蚁、城市和互联网一样，农业市场表现为一个复杂的自适应系统的“即时举动”[276]。费尔本和任何其他单独行动的农民，仅仅通过决定销售小麦或者把小麦生产与其他农场活动整合在一起，都没有足够力量影响全球价格。费尔本碰到什么价格就必须接受它；如果发现这个价格不理想，他就寻求其他用途。在一个由农业综合企业收购者支配的世界上，这种“价格接受行为”是农民的命运。[277] 但每位农民看上去孤立的行为，如果增加许多倍，就会在更大的市场上深刻影响价格和供给。对作为食物和种子的小麦的相对刚性的需求[278]，使农场上的消费变成在芝加哥谷物交易所销售的合法替代形式，在芝加哥谷物交易所里，即使新政前的最高法院也很容易认识到，“如果一种物品的销售影响全国范围内这种物品的价格，那么这种物品的销售就直接影响这种物品在全国范围内的贸易”[279]。“无动于衷，攻不可破，纯粹无瑕，如此巨大的世界力量滋养着各国，包裹在涅槃式的宁静中，不为天下熙攘所动，庞然而不可阻挡，在其既定的轨道上行进着。”[280] 国会无疑有权调控这个市场。

当然，国会的权力不能保证联邦政府的目标得以实现。[281] 面对以下抗辩，即小麦计划对西部单一栽培的偏爱胜过对东部综合业务的偏爱，费尔本案以司法无能为力作为理由：“由于这项调控计划明智、可用或公正，我们没有什么事情可做。”[282] 贸易条款的两半部分都不“保护市场上交易的特定结构和方法”[283]。“维克特诉费尔本案”支持的小麦计划的实施结果具有明显的（并非完全可取的）分配效应。按照《农业调整法案》进行的财富转移遵循了通

---

[275] 参见 U. S. Dep't of Agric., *Annual Report of the Secretary of Agriculture* 69, 80 (1941)。

[276] Stephen Johnson, *Emergence: The Connected Lives of Ants, Brains, Cities, and Software* 18 (2001).

[277] 参见 *National Broiler Mktg. Ass'n v. United States*, 436 U. S. 816, 825－826 (1978)（描述了农民在一个几乎完全竞争性的市场上必须卖给集中的农业综合企业购买者时发生的“价格接受行为”）；同上注，at 829（布伦南大法官的赞同意见）（同上）；同上注，at 840－841（怀特大法官的反对意见）（同上）；*Tigner v. Texas*, 310 U. S. 141, 145 (1940)（同上）。

[278] 参见 *Wickard v. Filburn*, 317 U. S. 111, 127 (1942)（“用作食物的小麦的全部数量有所变化，但变化相对较小，并且用作种子的数量相对而言很稳定。”）；Stern，前注 58，at 904。

[279] *Chicago Bd. of Trade v. Olsen*, 262 U. S. 1, 40 (1923)；比较 *Santa Cruz Fruit Packing Co. v. NLRB*, 303 U. S. 453, 464 (1938)（在“生长于加利福尼亚州”并完全在该州内运载的“水果和蔬菜”的流动中，很容易就发现了“一个持续不断的州际贸易流”）。

[280] Frank Norris, *The Octopus: A Story of California* 360 (Doubleday & Co. rpt. 1947) (1901).

[281] 比较 *CTS Corp. v. Dynamics Corp. of Am.*, 481 U. S. 69, 96－97 (1987)（斯卡利亚大法官在判决中的赞同意见）（“一项法律在经济上的愚蠢性与合宪性可以并存。”）。

[282] *Wickard v. Filburn*, 317 U. S. 111, 129 (1942)；比较 *Ferguson v. Skrupa*, 372 U. S. 726, 731 (1963)（将对受质疑行业的“社会效用”的争论委托给“立法机构，而不是我们”）。

[283] *Exxon Corp. v. Governor of Md.*, 437 U. S. 117, 127 (1978)；以下判例支持这一主张：*CTS Corp. v. Dynamics Corp. of Am.*, 481 U. S. 69, 93－94 (1987)。

常的做法，即“向更穷的人征收最重的税收，以此主要补贴更富有的农民”[284]。在一个农业政策集中在失败者身上的国家中[285]，罗斯科·费尔本自己代表着最彻底被击垮的那一部分人。自从联邦最高法院最后考虑一项针对联邦调控农场价格和收入的宪法挑战以来，像他那样的农场——除了耕种着“一小块面积的冬小麦”，还“维持着一群奶牛，销售着牛奶，饲养着家禽，并且销售着家禽和蛋类”[286]——实际上已经不存在了。

费尔本案将最后的铅锤打入了美国家庭农场的松木棺材中。只有像费尔本的农场，一个把谷物生产与牲畜或家禽饲养整合在一起的这样的农场，才能自由地在销售小麦（储存小麦以等待更高的价格）与用小麦饲养农场动物之间转换。然而，正如费尔本案承认的那样，不同地区的农场组织存在极大差别。西部的小麦出口州“专门种植小麦”，因此“专门种植这种粮食的土地达到了全部粮田的27%，并且平均每个农场在多达155英亩的土地上收获小麦”[287]。与此相比，新英格兰地区（纯粹是小麦进口地区，并且是美国家庭农场的发源地[288]）的一些州，利用“少于1%的粮田种植小麦”，并且“每个农场在不到5英亩的土地上收获小麦”[289]。由于专门种植小麦者与综合农民的地理分布不均匀，费尔本案支持的这项计划将财富系统地从东部（包括俄亥俄州）更小的综合农民手中转移到西部更大的专门化农民手中。[290]

费尔本案公开承认《农业调整法案》对传统农业的威胁。杰克逊大法官承认，“从来没有销售过的”小麦“满足了种植它的这个人的需要，要不然这个过程就会以公开市场上的购买行为反映出来”[291]。在《美国判例汇编》中没有对罗纳德·科斯赢得诺贝尔奖的观察结论更好的表述。这项观察结论是，纵向整合与公开市场购买行为是同一种经济现象的两面。[292]

“维克特诉费尔本案”的细致分析肯定了科斯在《公司的本质》一文中描述的内容。费尔本案公开承认，这项小麦计划“强迫一些农民进入市场去买本来他们可以为自己提供的东西”，因而产生的影响是“不公平地提升专门从事小麦种植者的市场和价格”[293]。“维克特诉费尔本案”之后的30年中，

---

[284] Robert Tempest Masson & Philip M. Eisenstat, *The Pricing Policies and Goals of Federal Milk Order Regulations: Time for Reevaluation*, 23 S. D. L. Rev. 662, 663 (1978)；又见 Jim Chen, *The American Ideology*, 48 Vand. L. Rev. 809, 860-862, 875 (1995)（略述了依靠提高食物价格以增加农民收入的分配情形）。

[285] D. Gale Johnson, *U. S. Agricultural Programs as Industrial Policy*, *in Industrial Policy for Agriculture in the Global Economy* 307, 308 (S. R. Johnson & S. A. Martin eds., 1993).

[286] *Wickard v. Filburn*, 317 U. S. 111, 114 (1942).

[287] 同上注，at 126-127。

[288] 参见 Taylor，前注[60]，476-480；比较 Mark Kramer, *Three Farms: Making Milk, Meat, and Money from the American Soil* 20, 38-42 (2d ed. 1987)（描述了新英格兰农民特别不可靠的经济处境）。

[289] Filburn, 317 U. S. at 127.

[290] 比较 *McCulloch v. Maryland*, 17 U. S. (4 Wheat.) 316, 408 (1819)（“这个国家的紧急关头可能要求，在北部征集的财富应当运到南部，在东部征集的财富运送到西部，或者这个顺序应当掉转过来。”）。

[291] Filburn, 317 U. S. at 128.

[292] 参见 R. H. Coase, *The Nature of the Firm*, 4 Economica 386, 388-389, 392 (1937)。

[293] 317 U. S. at 129.

美国在种植小麦的农场里就地消费的小麦的比例从16%减少到5%[294]：

年份	在农场里使用*	销售*	在农场里使用的百分比
1944	173 354	886 757	16.35%
1946	161 306	990 812	14.00%
1948	174 541	1 120 370	13.48%
1950	142 536	876 808	13.98%
1952	136 140	1 170 300	10.42%
1954	84 398	884 398	8.58%
1956	84 419	920 978	8.40%
1958	88 025	1 369 410	6.04%
1960	68 061	1 286 648	5.02%
1962	53 023	1 038 935	4.86%
1964	72 620	1 210 751	5.66%
1966	72 188	1 232 701	5.53%
1968	98 852	1 457 783	6.35%
1970	95 300	1 256 258	7.05%
1972	84 964	1 461 245	5.50%
1974	87 534	1 694 384	4.91%
1976	104 755	2 044 025	4.88%
1978	83 151	1 692 373	4.68%

农业部赢得了一次惨胜，因为费尔本案支持的这项法案加剧了像罗斯科·费尔本这样的农民的破败。在费尔本案之后不久，农业分析家们就开始提出科斯的令人不安的问题："为什么不是所有的生产由一个巨大的公司实施呢?"[295] 到1957年，哈佛大学的经济学家们发明了一个新词"农业综合企业"（agribusiness），以描述"农场供应品的制造和分配所包括的所有活动的总和，农场上的生产活动，以及在农场上制造的农场商品和其他物品的储存、加工和分配"[296]。传统农业"或多或少是一个以典型农场家庭为特征的自给自足的产业"，这种家庭"生产他们自己的食物、燃料、遮盖物、干活的牲口、饲料、工具以及器具甚至大部分衣物"。这种传统农业正在衰弱。[297] 贫困的农场倒闭了，平均农场规模迅速增加，工业开始从事"实际上与种植、加工、储存和销售食物和纤维织品有关的所有业务"，这些已经成为"农场的一种功能"[298]。农场上的纵向结合让位于农场的纵向结合。在"公司"（firm）与"农场"（farm）之间只有一个元音字母之差；公司的本质支配着农场的命运。[299]

---

[294] 参见 USDA Econ. & *Statistics Sys.*, *State-Level Wheat Statistics*, athttp://usda.mannlib.cornell.edu/usda/ers/89016/whtus.wk1（目前的数据文件从1949年开始）。所有标记"*"的数字都以"千吨"为单位。

[295] Coase，前注[292]，at 394。

[296] John H. Davis & Ray A. Goldberg, *A Concept of Agribusiness* 2 (1957).

[297] 同上注，at 4。

[298] 同上注，at 1。

[299] 参见 Douglas W. Allen & Dean Lueck, *The Nature of the Farm*, 41 J. L. & Econ. 343 (1998); Jim Chen & Edward S. Adams, *Feudalism Unmodified: Discourses on Farms and Firms*, 45 Drake L. Rev. 361, 402 (1997)。

公道地说，由于新政，传统的农场经济已经被判了死刑。“无论政府做或不做什么，到20世纪40年代末和50年代，似乎可以肯定的是，农场和农民数量的下降是无法逆转的。”[300] 世界大战造成的社会、经济和技术变革也同样不容更改。机械动力、化肥和农药的全面使用维持了一直以来粮食的出产。[301] 充裕的饲料几乎代替了家庭种植的粮食，并且已经把美国的大部分牲畜从个人的牧场和开旷的草原转移到饲养场。[302]

人们也大量离开农场。战争之后的半个世纪中，美国的务农人口从大约1/4下降到不及2%。[303] 美国跃升超级大国的地位几乎注定了这些人口统计学上的变化。乡村人口的减少是经济发展的直接结果。上升的城市收入鼓励农民放弃农耕寻找城市工作，残存的乡村风景只有更少更大的农场。[304]

费尔本案和它颂扬的商品计划无疑加速了农耕梦想的破灭。[305] 对一项“主要目标是保护或恢复现有结构或境况”的计划来说，美国的农业政策甚至败在其自身不可靠的条款上。[306] 新政意想中的受益人对新政在农业方面的影响最加痛恨。地狱里也没有像一位受到欺骗的农民那样的暴怒者：美国小农的提倡者既没有忘记也没有原谅联邦政府，因为它在农场变得数量更少、规模更大、更加工业化的趋势中发挥了共谋作用。[307]

从谷场到城郊的发展道路是美国历史上的主流叙述。“维克特诉费尔本案”的主角栩栩如生地代表了这一历史轨迹。罗斯科·科蒂斯·费尔布鲁恩——在联邦最高法院败诉大约十年以后，他改变了自己姓氏的拼写[308]——在其家族中代表了第五代也是最后一代俄亥俄州的农民。1966年，发起对农业新政的挑战1/4世纪后，他说服其他继承了其祖父母最初640英亩农庄的人为了开发卖掉他们的土地。[309] 俄亥俄州代顿市的塞伦购物商场现在占据着费尔布鲁恩的大家庭曾经耕种的大部分土地。[310] 罗斯科·费尔布鲁恩在推

---

[300] Fite，前注[54]，at 123。

[301] 参见 David Goodman & Michael Redclift, *Refashioning Nature: Food, Ecology, and Culture* 109 - 110 (1991)。

[302] 参见同上；James R. Simpson & Donald E. Farris, *The World's Beef Business* 37, 51 (1982)。

[303] 参见 Chen & Adams，前注[299]，at 381 & n. 129；又见 Neil D. Hamilton, *Feeding Our Future: Six Philosophical Issues Shaping Agricultural Law*, 72 Neb. L. Rev. 210, 218 - 220 (1993)。

[304] 参见 Yoav Kislev & Willis Peterson, *Prices, Technology, and Farm Size*, 90 J. Pol. Econ. 578, 579 (1982)；比较 Andrew P. Barkley, *The Determinants of the Migration of Labor out of Agriculture in the United States*, 1940 - 1984, 72 Am. J. Agric. Econ. 567, 571 (1990)（评估了更高的非农业工资对人们大批放弃农耕的影响）。

[305] 参见 Christopher R. Kelley, *Rethinking the Equities of Federal Farm Programs*, 14 N. Ill. U. L. Rev. 659 (1994)。

[306] Johnson，前注[285]，at 308。

[307] 例如参见 Marty Strange, *Family Farming: A New Economic Vision* 131 - 134 (1998)；Ingolf Vogeler, *The Myth of the Family Farm: Agribusiness Dominance of U. S. Agriculture* 170 - 185 (1981)；*The New Agrarianism: Land, Culture, and the Community of Life* (Eric T. Freyfogle ed., 2001)。关于区分农业政策上左倾和右倾的一种指南，参见 Curtis E. Beus & Riley E. Dunlap, *Conventional Versus Alternative Agriculture: The Paradigmatic Roots of the Debate*, 55 Rural Soc. 590 (1990)。

[308] 参见前注＊。

[309] 参见 *Filbrun Family History*，前注[92]，at 176；Spurgeon Letter，前注＊，at 4 - 5。

[310] 参见 *Filbrun Family History*，前注[92]，at 174, 176。

动区划改革以及为该购物商场开发用水和排水系统中发挥了最主要的作用。[311]他耕种的95英亩土地成为居民区；与之相邻的9英亩林地成为商用不动产。[312]在曾经属于他的那块土地上有一条街道，现在为了纪念他被命名为“费尔布鲁恩巷”[313]。罗斯科和弗吉尼亚·麦康奈尔·费尔布鲁恩的两个孩子都没有以农业为职业。他们的女儿玛丽·柳·费尔布鲁恩·司布真的工作是教别人弹风琴。[314]当玛丽·柳的丈夫于20世纪50年代在海外服兵役时，她的父亲购买了附近布鲁克威尔的贝弗利商店，玛丽·柳和她母亲一起经营着这个生意。终身是农民的大罗斯科·费尔布鲁恩于是成为一家女装店的老板。[315]小罗斯科（人们叫他汤米）从小到大帮他父亲在农场上干活，但最后从事一项办公室工作。[316]汤米的儿子约翰·科蒂斯·费尔布鲁恩把挽救了马丁·费尔本的胳膊的那位医生的名字带入了第三代。[317]

大罗斯科·科蒂斯·费尔布鲁恩逝于1987年10月4日，时年85岁，并且享尽了天年。他的家庭像美国一样，“生在乡村……然后迁到了城市”[318]：乡村的人们多么健忘啊。当他们爱上一座城市时，那是永恒的，而且就像是永恒的。就好像从来没有一刻他们不喜欢它。当他们到达火车站或者走下摆渡，瞥见那宽大的街道，看到奢侈的灯光照耀着他们的那一刻，他们知道自己就是为此而生。在那里，一座城市中，没有什么比他们自己更新的了：他们的自我更坚强、更大胆。[319]

---

[311] 参见注[310]，at 176。

[312] 参见 Spurgeon Letter，前注＊，at 5。

[313] 参见 *Filbrun Family History*，前注[92]，at 175，176；Spurgeon Letter，前注＊，at 3。

[314] 参见 *Filbrun Family History*，前注[92]，at 177。

[315] 参见 *Background of the Beverly Shop*，Ohio Apparel Reg.，Jan. 1956，at 15。

[316] 参见 *Filbrun Family History*，前注[92]，at 177；Spurgeon Letter，前注＊，at 16。

[317] 参见 *Filbrun Family History*，前注[92]，at 177。

[318] Richard Hofstadter，*The Age of Reform*：*From Bryan to F. D. R.* 23（1995）.

[319] Toni Morrison，*Jazz* 33（1992）.

布什诉戈尔案：司法能动主义的悖论

迈克尔·J·格哈特
李志强　译

在2000年选举日几周后的一天，我作为宪法专家出席CNN的一个节目。节目的主题是关于按计划将在当天晚些时候进行的一场联邦最高法院的辩论，这是由总统选举引发的两起案件中的第一起，争议双方是州长乔治·W·布什和副总统阿尔·戈尔。主持人问我，这一即将进行的辩论有何重大意义。当我否认本次辩论的重要性时，他催促我解释为什么我不肯承认显而易见的事实——这一案件将会成为联邦最高法院作出的最重要判决之一。我回答说，我认为这一几率很小。我暗示联邦最高法院很可能会找出一些理由，以避免卷入选举争议的实体问题中。

我错了，但是犯错的人并非仅我一个。至少在那时，很少有人预计到，联邦最高法院最终将干预总统选举（因为干预的依据很少），并且第一次——也很可能是最后一次——决定谁是一场有争议的总统选举的获胜者。

近十年之后，布什诉戈尔案[①]已经因其违反规则而变得臭名昭著。在该案作出判决当时以及随后的岁月里，这一案件都被广泛嘲讽为对法治的侮辱和司法能动主义的最恶劣例子。很多人（大多数是民主党人）相信，法院窃取了阿尔·戈尔的竞选胜利，而布什诉戈尔一案是伦奎斯特法院保守派法官们明显地党派化和无原则的判决，他们以自己的党派倾向来解决选举争议。然而，另外一些人则视布什诉戈尔案为司法克制的一个典范。这些人（大多是共和党人）为布什诉戈尔案中的多数派法官辩护，认为他们坚守了原则，而没有考虑政治影响。确实，共和党人和民主党人都被该案调动起来，他们的热情如此之高，以至于围绕本案所写的书是所有伦奎斯特法院作出的判决中最多的；而且它还是少数几个被拍成电影的联邦最高法院案例。但是，布什诉戈尔案同样因其有争议地被宣布为不具有先例价值的最高法院判例而显得特别。尽管如此，没有任何案件比本案教给我们的更多，或者更广阔地、全方位地展示出民主选举中可能出现的问题。结果，自2000年起，在每一个重大的选举中，所有美国人——以及候选人——都做好准备迎接可能出现的另一起布什诉戈尔案。

布什诉戈尔案中的这些不规则（anomalies）使得该案很难讲授。事实上，该案完全可以称为是一场法律风暴；它是一系列在很大程度上难以预测的法律问题的汇总集合，它涉及联邦主义、联邦与各州的选举法、州和联邦层面的分权、平等保护、正当程序以及联邦最高法院的政治问题和诉讼资格原理。但是，问题的复杂性和当时律师们非同寻常的紧张时限都不能充分解释布什诉戈尔案在宪法上的重要性。本案的重要性部分在于联邦最高法院破例选择偏离过去三次解决总统选举争议的通常路径，即将其留在法庭之外寻求政治解决。这一选择是布什诉戈尔案的核心。[②] 因为本案是联邦最高法院对其在有关投票权和选举法的早期判例中承认的司法审查范围的逻辑扩展。[③]

---

① 531 U.S. 98 (2000).

② 本文并未声称是对布什诉戈尔案全面的介绍。它主要是对2000年总统选举涉及的宪法问题的一个描述。当然这一案件包含了很多非宪法问题，本文将仅在它们与主旨相关，或者有助于阐明布什诉戈尔案中的宪法问题和结果时方予以讨论。大多数关于本案的详细介绍既包含宪法问题，也包括非宪法问题。对本案全面的事实争议、法律摘要和公共评论，参见Howard Gillman, *The Votes that Counted: How the Court Decided the* 2000 *Presidential Election* (2001)；以及Jeffrey Toobin, *Too Close to Call: The Thirty-Six-Day Battle to Decide the* 2000 *Election* (2002)。

③ 见后注80-83，以及相关的正文。

将布什诉戈尔案归结为无原则的司法能动或是充满勇气的司法节制的公共努力都掩盖了本案的重要性，尽管这些努力说明了这么一点：一个判决究竟是司法能动还是司法节制，关键要看是站在谁的角度观察。司法能动是那些不同意判决的人用来嘲笑法院的一种委婉说法，而司法节制则是那些支持判决的人的描述。④ 司法能动或是司法节制的描述是被用来满足那些特定支持者需要，以增进或者削弱对有争议的联邦最高法院判例的公众支持和政治支持的；尽管如此，这一描述倾向于模糊而非揭示宪法案例的重要意义。布什诉戈尔案绝非是被当做手司法能动而予以批评或者被当做司法节制而予以捍卫的独特案例；它也不是具有争议和不够完美的唯一案例。但是，本案的特殊性在于其利害关系（stake）完全是政治性的，而且本案的重要性依赖于我们对把一个明显属于政治争议的案件交给联邦最高法院去解决如何认识。要理解本案的重要意义，我们需要超脱党派化的反应和批评，去探究本案的起因和后果，以及布什和戈尔将争议诉诸法院的法律策略——布什倾向于在联邦法院起诉，而戈尔则愿意去州法院。因而，本案根本的重要性在于它就迈进 21 世纪时司法审查的实际状况揭示了什么。

通向最高法院的最初历程

当 2000 年 11 月 7 日选举日来临之际，两大主要政党的总统候选人，乔治·W·布什和阿尔·戈尔都在准备一场势均力敌的选举，而且他们都在根据可能出现的结果，回顾过去，寻找指引。戈尔担心他可能会在全国性的公民投票中失利，但会在选举人团（Electoral College）中获胜，因而考虑发起一项公共呼吁来捍卫成果。其方法是将他的情况和上一次在类似情形下选出的总统作类比——在 1888 年的总统选举中，时任总统格罗弗·克利夫兰虽然赢得了选民的多数选票，但是在选举人票中居于少数，因而向他的对手，共和党候选人本杰明·哈里森认输。布什则预计其会赢得选民的多数票，但是会在选举人团中居于少数，因此他考虑挑战选举人团的正当性。

在选举日当天下午，布什和戈尔都抛弃了他们的最初念头，因为很明显选举成败现在悬于一州的公民投票结果——佛罗里达州。在东部标准时间傍晚快 8 点时，主要的新闻网络根据民意调查结果和早些时候的计票，得出戈尔在佛罗里达获胜的结论。到了当晚 10 点，大多数新闻网络都将佛罗里达归入戈尔囊中，并称其赢得了 2000 年的总统大选。布什不肯认输，因为他这一方的报告指向一个不同的，或者至少是存疑的结果。的确，新闻网络开始撤回戈尔赢得佛罗里达州的报道。在 11 月 8 日凌晨 2 点 15 分，主要的新闻网络宣布布什事实上赢得了佛罗里达的公民投票，因而将赢得佛罗里达州的选举人票，这将使得他拿到赢得总统选举所需的多数选举人票。15 分钟后，戈尔打电话给布什承认败选。但是，当戈尔准备向他在田纳西州纳什维

④ 司法能动或者司法节制都是承载了多种含义的术语。例如，司法能动通常具有两种可能的贬义之一，有时它指联邦最高法院推翻联邦或者州的决定，有时它指判决是建立在法官个人倾向或者政治倾向之上，而非法律本身之上。同样，司法节制也可以指法院尊重以及愿意支持民主机构的决定，或者法官恪守承诺，避免个人倾向影响他们的正式判决。

尔的支持者宣布这个消息的时候，从佛罗里达传来的最新结果表明布什的领先幅度在缩小。在凌晨 3 点的时候，佛罗里达最终的结果如此接近——少于投票总人数的 0.5%——根据佛罗里达法律，这就要求官方重新计票。在凌晨 3 点 45 分，戈尔打电话给布什，收回其败选声明。30 分钟后，新闻网络也收回其布什胜选的报道，并宣布选举结果未定。尽管戈尔在全国范围内的公民投票中略微领先，但是缺了佛罗里达，两位候选人都未能赢得超过 270 张选举人票，而这是赢得总统选举的最低要求。

在接下来的几周，竞选双方提起了超过一打（dozen）有关佛罗里达总统选举投票的诉讼，其诉讼请求各式各样，但其中只有两件被诉至联邦最高法院。与本章内容最为相关的案件正是这两个诉讼。在准备这两个案件（并干预影响其他案件）的过程中，布什和戈尔认识到他们必须做两件事情，而且要快：首先，他们必须召集一个律师团。他们各自从自己的竞选团队、本地律师和熟悉佛罗里达选举法的（前任或者现任）州政府官员以及全国范围内的优秀律师中召集了一个律师团。布什团队的领袖是詹姆斯·贝克，他曾经担任老布什的国务卿。戈尔团队的领袖是沃伦·克里斯托弗，他曾经担任比尔·克林顿的国务卿，他的首席助理则是戈尔的前幕僚长罗恩·克莱因。

其次，布什和戈尔的律师们必须熟悉联邦和佛罗里达的选举法。主要的联邦立法是 1887 年选举计票法。该法制定于 1876 年总统选举争议之后，它是为了给各州提供一套可遵循的程序，以避免在联邦国会挑战（总统）选举人的名单——尤其是为了在选举人团预定投票的 6 天内解决总统选举人名单的争议。解决的方法是依据“在选举人任命之前制定的法律”中规定的“司法程序或者其他方法、程序”处理。⑤ 佛罗里达的选举法将选举结果争议分为两个阶段，第一个阶段允许反对意见者提起诉讼挑战官方的选举结果认定。佛罗里达州选举法第 102.166 节要求候选人在自选举日午夜起算的 72 小时内决定是否在某些特定县提起手工点票的请求，如果提起则必须将这些请求提交到特定县由 3 人组成的计票委员会。法律进一步规定了计票委员会“可以授权”对 1%的选票“进行手工计票”，并“应当”通过各种各样的方式，包括手工点票纠正任何“选举表格中可能会影响选举结果的错误”⑥。

要掌握佛罗里达州的选举法就要求律师们理解佛罗里达州 67 个县不同的投票制度实际上是如何运作的，以及为什么会出现失误。在选举日当晚起的 24 小时之内，两个竞选团队就开始明白 4 个民主党大票仓出现的问题：在沃卢希亚、迈阿密—达德和布劳瓦县，出现了大量的“漏选票”（“under-votes”）（当打孔选票通过计票机时，机器未能记录下其投票的选择）。出现大量漏选票一个可能的原因是当投票人使用打孔触针在他们所选择的候选人处穿孔时，未能完全穿透选票上的圆孔。民主党人相信，手工点票可以根据穿孔的程度发现这些投票者的真实意愿，因为在选票正确位置的小孔和强力印记可以反映出投票者想要投给的特定候选人。在棕榈滩县存在着更大的问题：超过 29 000 张选票被抛在一边，要么是因为未有效选择，要么因为过多选择（选了超过 1 名选票上记录的候选人）。而且，在棕榈滩县，独立候

⑤ 3 U.S.C. § 5 (2000).

⑥ Fla. Stat. § § 102.166 (4), (5) (2000).

选人帕特·布坎南难以置信地获得了 3 704 张选票——比佛罗里达其他所有县的总和还多 2 000 多张。民主党人和许多棕榈滩的居民都很困惑：棕榈滩县有大量的犹太人，他们不应该会支持布坎南啊。许多民主党人很快意识到，布坎南获得的令人惊讶的大量支持是由于以下事实造成的：当地官员使用了一种特别的蝴蝶形选票，将布坎南的票孔位置放在了戈尔的名字和票孔之间。

在第一个申诉阶段，戈尔似乎比布什机会更多。戈尔支持进行申诉，因为这就事实上要求（重新）点票，而在重新计票中那些承担主要职责的县计票委员会成员大多是民主党，这样就使得首先提起诉讼的责任落到了布什身上。此外，戈尔还想阻止对重新计票结果的正式认定，因为他知道有权正式认定选举结果的官员是佛罗里达的州务卿凯瑟琳·哈里斯，而她是布什在该州竞选团队的共同主席。如果戈尔等待哈里斯去行动，他知道他仍然可以在第二阶段根据佛罗里达州的法律挑战选举结果——挑战认定的结果。布什对重新计票持谨慎态度，因为他害怕这将抹掉其在佛罗里达州公民投票中的微弱优势。事实上，布什错了：由自动计票机进行的重新计票表明他以少于 300 票的优势赢得了佛罗里达州的公民投票。作为对机器计票的回应，戈尔迅速请求布劳瓦、沃卢希亚、迈阿密—达德、棕榈滩县的计票委员会采取手工方式重新点票。他请求哈里斯在手工点票完成之前不要认定选举结果。

布什没有等哈里斯作出答复，而是由己方首先采取行动提交法庭处理。他选择了向联邦法院起诉：在星期六，11 月 11 日，他的律师向联邦地区法院法官唐纳德·米德尔布鲁克斯提起诉讼，要求法庭签发禁止令以停止戈尔所要求的手工点票。米德尔布鲁克斯法官是民主党人，由比尔·克林顿任命。

11 月 13 日，星期一，法律行动启动之前的那个周末，被证明是暴风雨之前的平静。首先，法官米德尔布鲁克斯拒绝了布什的请求，但布什的律师很快上诉了。⑦ 然后，州总检察长罗伯特·巴特沃斯，一位曾担任戈尔在该州竞选团队共同主席的民主党人，出具了一份官方意见，以捍卫戈尔要求的在 4 个县进行手工点票的合法性。⑧ 接着戈尔在布什起诉后不久，在州巡回法院特里·路易斯法官，一位民主党人那里提起诉讼，请求确认手工点票的合法性。随后，作为对佛罗里达州共和党主席正式请求的回应，凯瑟琳·哈里斯签署了一项正式咨询意见。⑨ 她在该项意见中直言不讳，不加任何掩饰。哈里斯声称佛罗里达法律要求本州所有的县在第二天，即 11 月 14 日的工作时间结束之前上报其计票结果，并表明其不打算接受任何在该日之后的手工或者以其他方式重新计票的结果。在她的声明中，她强调佛罗里达州法律规定的措辞，即“如果州主管部门未在选举之后第七天下午 5 点之前收到某县的计票结果，那么所有未报送结果的县将被忽略，此时记录在案的选举结果

⑦ *Siegel v. LePore*, 120 F. Supp. 2d 1041 (S. D. Fla. 2000).

⑧ Florida Attorney General, Advisory Legal Opinion No. AGO 2000 - 65, Nov. 14, 2000.

⑨ 布什、戈尔、哈里斯和其他人士在 2000 年总统选举漫长的争议期间所讲的言论，可以在 Gillman 和 Toobin 的文章中找到，参见前注②。

将被认定”[10]。她进一步补充说，她希望“佛罗里达州总统选举的结果能在星期六下午被认定（在星期五收到所有缺席选票之后），这样也可以避免司法干预”。克里斯托弗很快代表戈尔发表了一个抗议声明。克里斯托弗注意到，哈里斯引用的选举法条款紧接着这样一条规定，迟到的计票结果“可以被（州务卿）忽略”，这意味着（至少对于戈尔的支持者而言）迟到的结果并不是必须要被哈里斯忽略。[11] 因此，克里斯托弗称哈里斯的意见是“专断和不合理的”，并表示她是受到其作为佛罗里达布什竞选团队共同主席地位的驱使。布什的律师则回应称哈里斯的意见是“建基于佛罗里达州法律的客观决定”。

法律行动日趋激烈。首先，在 11 月 13 日早上，戈尔正式加入关于 2000 年总统大选的诉讼。他与布什以及棕榈滩县一起加入了有关沃卢希亚县命令进行手工点票的诉讼。戈尔和沃卢希亚县请求州巡回法院的主审法官特里·路易斯法官，一位民主党人，命令凯瑟琳·哈里斯延展该县提交重新计票结果的最后期限。在周一举行了简短庭审之后，路易斯在第二天，也即 11 月 14 日作出了有利于哈里斯的判决。[12] 特别是，路易斯法官裁决哈里斯有权拒绝接受该日之后任何县的选举结果。路易斯法官解释说，“州务卿可以忽略那些迟延报送的结果，但是不能以专断的方式行使权力，而必须在考虑所有合理事实和环境之后，恰当地行使裁量权。”[13] 因此，路易斯法官得出结论，即戈尔请求的 4 个县可以提交迟延的结果，但是哈里斯也可以拒绝接受它们，如果她有合理的基础如此做的话。在 11 月 14 日下午 5 点之前，沃卢希亚是戈尔请求的 4 个县中唯一一个确认其重新计票结果并提交给州务卿的县。布劳瓦在最后期限到来之前仅提交了部分重新计票的结果，而迈阿密—达德县在 11 月 14 日下午 8 点之前仅完成了 1%的测试性重新计票。棕榈滩县仅仅向哈里斯提交了其机器重新计票的结果，并将其手工计票的结果推迟到佛罗里达最高法院裁决戈尔要求的重新计票是合法授权的时间。在审查了这些县提交的结果之后，哈里斯同意将沃卢希亚县的重新计票结果包括在内，但是不包括其他 3 个县。这让布什在佛罗里达州的总统选举公民投票中保持了领先局面——尽管是一个少于 300 票的领先优势。作为对路易斯法官裁决的回应，哈里斯发表了一个简短的声明，她声称她会要求“剩下的 3 个县在全州范围内的选举结果被最终认定之前就导致迟延提交的事实和情况作出书面说明”。她要求书面说明于次日，也就是 11 月 15 日星期三下午两点之前提交给她。

星期三是忙乱的一天。当天早上早些时候，哈里斯向佛罗里达州最高法院请求停止所有县的手工计票，并请求通过将所有相关诉讼都合并到州巡回法院的一个诉讼中来控制选举程序。但是，佛罗里达州最高法院拒绝了这一请求，并允许手工计票继续进行。[14] 它还允许州务卿和竞选双方加入到由棕

---

[10] Fla. Stat. § 102. 111 (1) (2000) .

[11] Fla. Stat. § 102. 112 (2000) .

[12] *McDermott v. Harris*, 2000 WL 1693713, at ∗1 (Fla. Circ. Ct. Nov. 14, 2000) .

[13] 同上注。

[14] *Harris v. Circuit Judges*, Emergency Petition for Extraordinary Relief, 2000 WL 170529 (Fla. Nov. 15, 2000) .

榈滩县计票委员会发起的独立诉讼中去，该案的诉讼请求是要求法院澄清哈里斯和州总检察长之间就戈尔请求重新计票的合法性的分歧。[15] 在下午两点的时候，各县计票委员会提交了它们对为什么需要更多的时间去完成重新计票的解释，但是晚上 9 点的时候哈里斯宣称“这些理由是不充分的，不足以使这几个县豁免于佛罗里达州法律明确规定的最后提交期限”。哈里斯解释说，迟延提交选举结果仅在以下几种情况下方为合法：“有证据表明选举舞弊已经影响到了选举结果”，“对法定程序的实质违反”和超出选举官员控制的“情有可原的情形”。布什依据哈里斯声明的结果拒绝了当天早些时候戈尔提出的请求，即他们双方达成一致，在佛罗里达的每一个县都进行手工点票。

第二天早上，戈尔的律师再次向路易斯法官提起诉讼，要求法官判决哈里斯拒绝给棕榈滩、迈阿密—达德和布劳瓦县宽限期以让它们完成重新计票的举动构成藐视法庭。11 月 17 日当天晚些时候，路易斯法官拒绝了戈尔的诉讼请求，判决哈里斯拒绝接受 3 个县迟延报送的选举结果没有构成滥用自由裁量权。[16] 布什阵营公开声称“法治原则获胜了”。戈尔很快就路易斯的裁决向佛罗里达州最高法院上诉。佛罗里达州最高法院同意审理该上诉案，并将该案与戈尔请求在那 4 个县重新计票的案件合并，并决定在 11 月 20 日，星期一进行口头辩论。[17] 此外，佛罗里达州最高法院自己提出并一致通过一项决议，要求哈里斯在“法庭发出进一步指令”之前不要确认选举胜出者。[18] 布什阵营很快谴责佛罗里达州最高法院决定受理戈尔上诉的决定纯属党派化的行为，并指出以下事实，佛罗里达州最高法院 7 名法官中的 6 位是由民主党州长任命的任期 6 年的法官。

同时，第十一巡回法庭全体法官出席并作出了一项一致同意的决议，支持法官米德尔布鲁克斯拒绝停止重新点票的裁定。[19] 该上诉法院的法官，7 名共和党人和 5 名民主党人宣布：“美利坚合众国宪法和（选举计票法）都明确规定，各州有首要的权力去决定任命总统选举人的方式和解决大多数关于选举人任命争议的权力。”[20] 至少在这个时候，很少有人注意到，布什阵营的声明中所称的“我们有权在未来某个合适的时候就选择性的和主观性的手工点票程序向联邦法院提起我们的合宪性诉讼”。

哈里斯拒绝等待。在 11 月 18 日，星期六，她宣布她将不会继续等待布劳瓦、棕榈滩和迈阿密—达德 3 个县的计票委员会的重新计票结果。根据沃卢希亚县重新计票的结果和佛罗里达其他各县的票数总和，加上适当提交到她办公室的缺席投票（absent ballot），哈里斯正式认定布什以 930 票的优势在佛罗里达州的公民投票中获胜。

在 11 月 20 日，佛罗里达州最高法院进行了棕榈滩县计票委员会诉哈里

⑮ 这一案件被称为 *Palm Beach County Canvassing Bd. v. Harris*，772 So. 2d 1220 (Fla. 2000)。

⑯ *McDermott v. Harris*，2000 WL 1714590 (Fla. Cir. Ct. Nov. 17，2000)．

⑰ *Palm Beach County Canvassing Bd. v. Harris*，2000 WL 1716481 (Fla. November 17，2000)．

⑱ *Palm Beach County Canvassing Bd. v. Harris*，2000 WL 1716480 (Fla. November 17，2000)．

⑲ *Touchston v. McDermott*，234 F. 3d 1130 (11th Cir. 2000)．

⑳ 同上注，1132 页。

斯案（*Palm Beach County Canvassing Bd. v. Harris*）的口头辩论。戈尔一方案情摘要的主要作者是W·德克斯特·道格拉斯，一位广受尊敬的佛罗里达律师；以及大卫·博伊斯，一位全国知名的出庭律师，曾经因成功地代表联邦政府对微软公司提起反垄断诉讼而声名鹊起。他们同时还将负责为戈尔阵营进行口头辩论。博伊斯和道格拉斯做了三项论证。[21] 首先，他们强调佛罗里达的案例法和成文法都规定了手工计票"以确定投票人的意图"，以保证选举结果反映大众的观点。通过引用佛罗里达州最高法院的早期判例达比诉佛罗里达州（*Darby v. State*）[22]，博伊斯和道格拉斯主张，各计票委员会"必须审查每张选票的全部证据以确定投票者的意图，并综合各种情形作出裁决"。其次，道格拉斯和博伊斯谴责哈里斯通过选择"再三……试图阻止或迟延合法的手工点票"，滥用自由裁量权。他们主张，佛罗里达州的法律并未规定"她可以无视适当投出的选票……即使正在进行的重新计票揭示出，有效选票并未被统计在内，而且错误的候选人正在被认定为获胜者（原文如此强调）"。再次，他们认为，佛罗里达法律没有对"任何被县计票委员会认为有必要改正、修正，或是补充的计票结果的提交设定最后期限，以保证提交的结果准确、完整地反映投票人的意愿，不论是初次计票还是重新计票"。他们对佛罗里达州法律的解释部分是以佛罗里达选举立法对"官方选举结果"的定义为基础，该定义包括"自动统计设备打印出来的结果"以及"手填的、缺席的和手工重新清点的选票"[23]。戈尔的律师将该条解释为"所有手工重新清点的选票应被统计在内，结果的认定应当被推迟到适时要求的手工点票完成为止"。他们得出结论，其对佛罗里达州法律的解释是与佛罗里达州最高法院长期以来的立场相一致。这一立场是支持对选举争议的司法审查，以保证本州人民有充分和公平的机会在选举中表达他们的意愿。

布什一方案情摘要的主要作者是本杰明·金斯伯格，竞选团队的总顾问；前佛罗里达州副总检察长巴里·理查德；以及迈克尔·凯文，里根时期司法部的前副助理总检察长，此人同时还将承担本案的口头辩论。他们从四个方面阐述己方观点。[24] 首先，他们认为戈尔对佛罗里达选举法的解读"实际上相当于改写了佛罗里达法律"。法律明确"要求县计票委员会在选举后7日内完成他们的工作，包括重新计票"和"要求计票委员会认定最后的选举结果"，即使这样做可能会"忽略那些未能满足最后期限要求的县的选举结果"。其次，他们认为选举计票法要求"各州按照选举日之前制定的法律"选择选举人，而"（佛罗里达）州选举前生效的法律没有任何一条……授予法院衡平的（equitable）权力去忽视最后期限和州务卿自由裁量权的合理行使"。再次，他们认为，"所有州层面上的行动者——包括法官——都必须遵守佛罗里达州立法对选择州总统选举人程序作出的选择。"这一义务来自美

---

[21] 两位律师的论证和原话，参见 Joint Brief of Petitioners/Appellants Al Gore Jr. and Florida Democratic Party, *Palm Beach County Canvassing Bd. v. Harris*, 772 So. 2d 1220 (Fla. 2000)。

[22] 75 So. 411 (Fla. 1917).

[23] 参见 Fla. Stat. § 101.5614 (8) (2000)。

[24] 这几位律师的论证和原话，参见 Answer Brief of Intervenor/Respondent George W. Bush, *Palm Beach County Canvassing Bd. v. Harris*, 772 So. 2d 1220 (Fla. 2000)。

国宪法第一节第二条的规定，即“各州的立法机关应规定总统选举人的选择方式”。最后，他们暗示缺乏任何统一的标准以指导县计票委员会确定选民的真实意图，这违反了宪法第十四修正案规定的正当程序和平等保护条款。

在答辩状中，戈尔的律师提出了一个统一的标准来指导重新计票。㉕ 他们请求佛罗里达州最高法院行使衡平权力，来指导县计票委员会“适用客观意图标准来确定选票是否有效”。他们指出这一标准早在 1917 年达比诉佛罗里达州㉖一案中就已获得承认，并一直被佛罗里达州最高法院沿用至今。

佛罗里达州最高法院没有片刻耽搁就作出了判决。（实际上，法院明显在口头辩论之前就写出了判决意见，凯文在他的口头辩论开始前几分钟就意识到了这一事实。）口头辩论仅仅一天后，在一份全院法官一致作出的判决意见中，法官们给出了以下三个理由支持戈尔的请求。㉗ 他们首先承认两项“指导性”原则：第一个是源于先例并被反复确认的㉘，“人民的意愿，而非对法律条文高度的技术依赖”，应当成为选举案件的最高原则。㉙ 第二个是“法律解释的传统规则”㉚。这些规则要求“选举法必须按照有利于公民行使投票权的方式予以解释”，这样法庭就“不会无视选举法的根本目的”，这一方式就是“方便和保障每一位选民在我们代议制民主的环境下行使权利去表达他或她的意愿”㉛。法庭裁定，州国务卿只有在计票在某种程度上可能会“妨碍候选人、选举人或者纳税人挑战选举认定”或者“妨碍佛罗里达州的选民在联邦选举过程中的充分参与”时，方可拒绝接受迟延提交的计票结果。㉜ 因为州务卿在本案中未能满足其中的任何一项条件，所以法院裁定其构成滥用自由裁量权。㉝ 法庭进一步得出结论，“我们必须援引衡平权力去提供救济，以公平和迅速地解决提交到本庭的问题”㉞。法庭进一步要求，不但棕榈滩、迈阿密—达德和布劳瓦县应在 11 月 26 日星期日下午 5 点之前，提交其手工重新计票的结果，而且哈里斯在拒绝任何计票结果时，都必须向选举委员会解释她的理由。㉟

法院的判决意见至少有两个明显的漏洞。首先，法官们并没有为计票委员会明确提出一个在确定投票人意图时遵循的统一标准。其次，法官们没有解释他们为什么选择 11 月 26 日作为各县向哈里斯提交修正后的计票结果最后期限的原因。很明显，法官们想要为各县补回因为哈里斯的行动而耽搁了重新计票的 5 天时间。因此，佛罗里达州最高法院将其判决意见发布之后的

㉕ 戈尔一方的论证和原话，参见 Joint Brief of Petitioners/Appellants Al Gore Jr. and Florida Democratic Party, *Palm Beach County Canvassing Bd. v. Harris*, 772 So. 2d 1220 (Fla. 2000)。

㉖ 见前注㉒。

㉗ *Palm Beach County Canvassing Bd. v. Harris*, 772 So. 2d 1220 (Fla. 2000)（引用法官判词）。

㉘ 参见 *Chappell v. Martinez*, 536 S. 2d 1007 (Fla. 1988); *Beckstrorm v. Volusia County Canvassing Bd.*, 707 So. 2d 720 (Fla. 1998)。

㉙ *Palm Beach County Canvassing Bd. v. Harris*, 772 So. 2d 1227 (Fla. 2000)（引用法官判词）。

㉚ 同上注，1228 页。

㉛ 同上注，1237 页。

㉜ 同上注。

㉝ 同上注，1237—39 页。

㉞ 同上注，1240 页。

㉟ 同上注，1237—38 页。

第五天作为最后期限。

所有这些都让布什团队倍感压力。更有甚者，他们都确信法官们将帮助戈尔窃取选举胜利的果实，并通过改写佛罗里达州的选举法以达到这个目的。正如詹姆斯·贝克宣称的，“选举之后两周，法院发明了新的选举计票方法。在游戏的中间，或者在游戏已经结束的时候改变规则明显是不公平的。”在选举诉讼期间一次少见的电视亮相中，乔治·W·布什也认为，“法官们利用自己的地位去改变佛罗里达州选举法律，并篡夺了佛罗里达选举事务官员的权力。”在有线电视和无线广播24小时不间断的新闻报道中，充斥着共和党人谴责佛罗里达州最高法院的声明。

第二天，也就是11月23日，布什授权其律师向联邦最高法院提出了调卷令申请。上诉律师由西奥多（“泰德”）·奥尔森主导，一位里根时期的司法部官员（后来成为副总检察长）。他很大程度上是重申了布什阵营的法律团队在佛罗里达州最高法院的观点。最初，布什的律师跟戈尔的律师一样，都对联邦最高法院心存疑虑。他们估计联邦最高法院可能宁愿遵从州最高法院对该州法律的解释，而且会避免因干预佛罗里达的政治争议而显得党派化色彩太浓。但是，十几位为伦奎斯特法院保守派法官们做助手的律师告诉奥尔森，联邦最高法院会发出调卷令。他们相信贝克指出的，佛罗里达民主党人正在试图窃取总统选举的果实这一观点，将会引起法官们的共鸣。他们是正确的。在11月24日，收到调卷令申请第二天，最高法院同意就三个问题举行口头辩论，其中第三个是法院自己主动提出的：（1）佛罗里达州最高法院是否在实质上改写了佛罗里达的选举法律（因而篡夺了立法机关的权力）；（2）宪法是否仅仅授予了州立法机关去决定选择总统选举人的标准；（3）如果法院发现“佛罗里达州最高法院的判决与1887年选举计票法不相符”，那么会有什么后果。㊱ 尽管如此，法院并不同意就布什律师提出的缺乏重新点票的统一标准是否违反第十四修正案进行辩论。法庭给各方仅仅一周时间来写他们各自的案情摘要，并决定在12月1日举行口头辩论。

正当布什和戈尔的上诉律师们绞尽脑汁完成他们的案情摘要的时候，戈尔团队成为了第一个在挑战选举结果问题上在佛罗里达进入第二个诉讼阶段的组织：它在11月27日正式提起诉讼挑战对选举结果的认定。该案被分配给州巡回法院法官N·桑德斯·索尔斯，一位共和党任命的法官，他已经同佛罗里达州最高法院发生了不止一次的冲突。佛罗里达州最高法院不仅常常改判他的判决，而且还指控其对肩负的行政职责处理不当，并试图将其从巡回法院主审法官的位置上拉下来，但是，没有成功。到最后，索尔斯法庭的判决将会盖过与总统选举争议相关的其他所有法律事件的光芒。

棕榈滩县计票委员会诉哈里斯一案口头辩论前一天，联邦最高法院宣布它会在辩论之后立即发布一份录音记录。同一天，佛罗里达州最高法院发布了全体一致的判决意见，驳回戈尔对棕榈滩县使用的蝴蝶形选票的挑战。㊲戈尔声称选票的设计如此复杂以至于导致棕榈滩县选民将投给戈尔的票划得更接近帕特·布坎南，因而为了澄清选民的真实意图，有必要进行手工重新

㊱ *Bush v. Palm Beach County Canvassing Bd.*, 531 U.S. 1004 (2000).

㊲ *Fladell v. Palm Beach County Canvassing Bd.*, 772 So. 2d 1240 (Fla. 2000).

点票。戈尔的律师们重新将精力主要集中在联邦最高法院，他们希望在那里温和派法官能够说服他们的同事不插手选举，并允许继续进行重新计票。

联邦最高法院，第一回合

在联邦最高法院的审理过程中，泰德·奥尔森领导法律团队拟就了布什一方的案情摘要，并代表布什出庭。布什阵营最主要的论点就是，佛罗里达州最高法院依据所谓的“衡平权力”去指定一个提交修正选举结果的新期限，超越了司法权的界限，行使了州立法机关的权力，这违反了选举计票法(Electoral Count Act)、美国宪法和佛罗里达州的选举法律。㊳ 在布什阵营看来，这三套法律明显将规定总统选举人确定程序的权力排他性地授予佛罗里达州立法机关。首先，选举计票法规定，有关选举人的争议应完全依照选举日之前颁布的法律予以解决。而布什的律师们认为，佛罗里达州最高法院明显未理会该条规定，并在实质上改写了相关法律。为了支持他们的论点，即本案并不构成政治问题㊴，他们主要引证了联邦最高法院一个未受关注的一个世纪前作出的判例，麦克佛森诉布莱克案（*McPherson v. Blacker*）。㊵ 布什的律师将麦克佛森案解读为，法院认定因任命总统选举人而引发的争议不是政治问题，而是应由联邦法院裁决的“司法问题”。类似地，布什的律师辩称，佛罗里达州立法授权州务卿“忽略”迟于7日最后期限提交的选举结果完全符合选举计票法的要求。他们进一步声称，佛罗里达州最高法院“改变佛罗里达有关解决总统选举人任命争议的方法和时限”的行为，违反了宪法第二条第一节的规定。该节明确规定，“规定有关总统选举人任命方法的权力专属于各州立法机关。”布什阵营反对佛罗里达州最高法院的理由，即它是以佛罗里达州宪法作为判决基础的，因此其判决并非立法性行为。

戈尔一方案情摘要的主要作者是罗恩·克莱因，他曾是戈尔的第一任幕僚长；还有皮特·鲁宾，一位乔治城大学的法学教授；以及哈佛大学法学院的教授劳伦斯·特莱布。其中特莱布将代表戈尔出庭。戈尔的律师们提出了三个论点。㊶ 首先，他们坚持佛罗里达州最高法院的判决是“对法律解释的正常运用”，并且是建立在“传统的对（法条）模糊之处进行法律解释的规则”之上。其次，戈尔的律师们认为佛罗里达州最高法院并未违反选举计票法。依他们的理解，这一法律并未对佛罗里达州施加任何要求。相反，他们

㊳ 相关论证和原文，参见 Brief for Petitioner, *Bush v. Palm Beach County Canvassing Bd.*, 531 US. 70 (2000)。

㊴ 法院明确指出，一个法律争议如果要构成一项不可司法解决的政治问题，它必须至少包含下列因素中的一项，“根据宪法文本该问题需要与政治部门协调解决；或者该问题在司法上缺乏可发现的或者可适用的标准去解决”。*Nixon v. U. S.*, 506 U. S. 224, 228 (1993)（详细的引用在此略去）。当戈尔的律师（及其支持者）指出，布什诉戈尔一案满足以上标准的时候，他们却未能指出当代联邦最高法院确定政治问题的标准是在 *Baker v. Carr*, 369 U. S. 186 (1962)（见第八章）一案中第一次表述的。具有讽刺意味的是，贝克案（Baker）认为一州的选区划分并不构成一个政治问题。任何声称布什诉戈尔案构成了不可司法解决的政治问题的论断，都会遭到选举权领域其他两个相似判决的削弱。参见注释⑳—㉒和相关正文。

㊵ 146 U. S. 1 (1892)（在该案中联邦最高法院支持对据称限制建立州选举人选择机制的立法权力的行为进行司法审查）。

㊶ 相关论证和原文，参见 Brief for Respondents, *Bush v. Palm Beach County Canvassing Bd.*, 531 US. 70 (2000)。

将该法解释为其仅仅规定，如果各州按照选举日之前公布的法律解决选举结果的争议，那么各州对总统选举人的选择就是最终的，不得再在国会受到挑战。换言之，该法为各州提供了一个“安全港”——只要它们选择遵循这条路径，它们选择总统选举人的决定就不会被国会修正。他们认为，一州未能遵循选举计票法的唯一惩罚就是被剥夺该“安全港”条款的好处。最后，戈尔的律师认为麦克佛森案的先例要求支持而非推翻佛罗里达州最高法院的判决。他们解释说，“在麦克佛森案中，州最高法院按照与‘州宪法和法律’相一致的方式斟酌考虑了选举计票法相关规定后作出了选举人任命，而联邦最高法院认为其‘无权修正州法院对地方立法事项的最后结论’”。对麦克佛森案合理的解读就是它要求联邦最高法院遵循佛罗里达州最高法院对佛罗里达选举法的解释。

佛罗里达州最高法院在口头辩论阶段曾对凯文连番追问，而联邦最高法院则对双方都穷追不舍。[42] 联邦最高法院的4位保守法官——首席大法官伦奎斯特（Rehquist）、奥康纳大法官（O'Connor）、斯卡利亚（Scalia）法官和肯尼迪（Kennedy）法官——暗示，尤其是在盘问奥尔森的时候，他们怀疑选举计票法在司法上可以适用。他们的盘问反映了他们可能的兴趣点在于发现佛罗里达州最高法院已经违反了宪法第二条的规定，即是州立法机关，而非州整体或者州法院，单独负责制定选择总统候选人的程序。联邦最高法院偏向自由派的法官——斯蒂文斯（Stevens）、苏特（Souter）、布雷耶（Breyer）和金斯伯格（Ginsburg）——明显想要将律师们，尤其是特莱布引向另一个方向，即承认需要将本案发回重审，以澄清佛罗里达州最高法院不过是试图调和佛罗里达州立法机关制定的选举法中看似矛盾的条款。

当口头辩论在星期五结束的时候，人们并不清楚法官们要用多少时间作出判决并写好法律意见。事实上，这是一个创纪录的时间——在周一早上，也就是12月4日，联邦最高法院就公布了其7页长的、全体一致的判决意见。[43] 在具体回顾了争议事实之后，法院首先就佛罗里达州最高法院是否违反了宪法第二条发表意见。法院承认，“作为一项基本规则，联邦最高法院应当遵从州法院对本州法律的解释。但是当由州立法机关制定的法律不仅适用于州内官员的选举，还适用于总统选举人的选择时，立法机关就不仅是按照本州人民的授权行使权力，而是还要依据联邦宪法第二条第一节第二款的相关规定的授权。”[44] 这一款规定，“各州应当按照州立法机关规定的方式任命一定数量的总统选举人。这一数额等于该州有权选送到国会中的参议员和众议员的数目总和。”[45] 通过引用麦克佛森案的先例，联邦最高法院声称本条中所说的“州”任命选举人的措辞，即“立法机关可以规定”这句，赋予了州立法机关专属的权力，这一权力不能被其他法律或者该州的其他机关所限

---

[42] 还有其他两位律师参与口头辩论：小约瑟夫·克洛克，作为州务卿哈里斯的代理人；以及保罗·汉考克，作为佛罗里达总检察长的代理人。尽管他们在口头辩论阶段也被连番追问，但是都没有像奥尔森和特莱布那样经受长时间询问，或是受到那么明显的影响。

[43] *Bush v. Palm Beach County Canvassing Bd.*, 531 US. 70 (2000).

[44] 同上注，76页。

[45] 美国宪法第二条第一节第二款。

制。联邦最高法院发现很重要的一点是，该条款并未涉及本州的“人民”或者“公民们”，因而它对佛罗里达州最高法院所提及的澄清选民意图的重要性感到困惑。这就说明存在这样的可能性，即佛罗里达州法院没有根据佛罗里达宪法与联邦宪法第二条第一节第二款以尽可能相一致的程度解释佛罗里达选举法，“界定立法权力”[46]。

此外，联邦最高法院将选举计票法解释为设立了一个“安全港（safe harbor)”条款，允许各州在选择总统选举人问题上自由决定，免受国会审查或修正。因而，联邦最高法院对于佛罗里达州最高法院未就选举计票法作出说明表示关切，包括“立法机关利用‘安全港’的愿望（规定在该部法律中）是否会排斥任何在国会看来构成对该法修改的解释”[47]。

联邦最高法院得出结论，“在审查了佛罗里达州最高法院的判决意见之后，我们发现该判决的理由存在着相当的不确定性”，而这“是我们这次拒绝审查提交到本庭的联邦问题的充分理由”[48]。联邦最高法院撤销原判，发回佛罗里达州最高法院重审，要求其澄清它所做的行为的性质——解释或是制定法律，并且，如果是解释法律，它建立在何种基础之上——州法或是联邦立法。

每一方都在法庭意见中发现了一线希望。布什的律师们把它解读为对佛罗里达州最高法院的明确责难，一支弯弓射出的利箭，以警告下级法院改变其路线等等。戈尔的律师们认为这一判决的重要意义在于，它没有判定佛罗里达州最高法院违反了联邦法律。他们相信，联邦最高法院中的温和派塑造了这一判决，他们把它解读为向下级法院发出请求，以帮助其找出避免进一步卷入本案的方法。但是他们错了。[49]

第二次通往最高法院

令人奇怪的是，佛罗里达州最高法院对发回重审的判决没有立即回应，尽管联邦最高法院已经给了它机会去显示它的判决是建立在州法的基础上，并是受州立法机关指引作出的（与宪法第二条的要求一致）。[50] 与此同时，一系列的事件在佛罗里达州其他法院迅速展开。在联邦最高法院发表了其对棕榈滩县计票委员会诉布什一案的判决意见后没几个小时，州巡回法院的法官索尔斯也发布了其就戈尔诉哈里斯一案的判决意见。该案是戈尔寻求改变选举结果的最重要（也是最后）的努力——他请求法庭即使不撤销，也要修正

---

[46] 同注[43]，77 页（引用 *McPherson* 案，146 U.S. 1，25（1892））。

[47] 同上注，78 页。

[48] 同上注（详细引证在此略去）。

[49] 布什诉戈尔案之后的相关报道显示，联邦最高法院的温和派法官当时只是试图在布什诉棕榈滩县选举委员会案（*Bush v. Palm Beach County Canvassing Bd.*）中拖延保守派法官的措施。保守派法官甚至在本案较早阶段，就认定佛罗里达州最高法院要么违反了选举计票法，要么违反了宪法第二条的授权。

[50] 这一发回重审的裁定可以被认为是给了佛罗里达州最高法院一个机会使其判决意见整体免受联邦最高法院的审查。它潜在地给了佛州法院一个机会去显示它的判决有充分的和独立的州法基础。因为最高法院长期以来承认它只有权在涉及联邦法律问题时审查州法院的判决，所以充分和独立的州法基础将有效免除联邦最高法院对佛罗里达最高法院判决的管辖权。参见 *Michigan v. Long*，463 U.S. 1032（1983）。

那一未将合法投给他的票计算在内的选举结果的认定。[51] 由大卫·博伊斯领衔的戈尔律师团声称，根据佛罗里达州法律，只要他们能够证明有足够多的漏选票（undervotes）未被计入选票总数，其数量可能改变选举结果，那么他们就有权挑战选举结果认定。博伊斯意识到要在 12 月 12 日之前（能够使佛罗里达州利用选举计票法规定的“安全港”条款的最后一天）完成手工点票已经没有足够的时间，因此他请求索尔斯法官将注意力集中在特定选票上，即已经被放在一边的两个县的疑似“漏选票（under-votes）”——迈阿密—达德县的 266 张和棕榈滩县的 3 800 张。迈阿密—达德和棕榈滩县是民主党的票仓，它们给戈尔阵营以希望，即重新清点这两个县的漏选票将可能帮助戈尔超过布什。

巴里·理查德代布什做了回应。他声称，迈阿密—达德和棕榈滩县的计票委员会都有权根据州法就有争议的选票作出认定。除非它们完全不合理，州法院不应对此结果进行二次审查。同时，他指出这两个县的计票委员会认定的结果没有任何不合理之处。理查德进一步强调说，戈尔光挑对自己有利的县重新计票。理查德指出，戈尔不是要澄清法律原则，而是仅仅寻求那些可能让他赢得选举的选票。

索尔斯法官同意布什的意见。[52] 他的书面判决意见只有两段话。他没有认定任何事实，也没有对在其庭上进行了两天的庭审证词作出任何评论。[53] 尽管如此，他确实得出如下结论：戈尔未能就其有权获得“在佛罗里达州所有县进行重新计票的救济提出满足原告举证责任”要求的证据。[54]

甚至在索尔斯法官宣判之前，戈尔已经向佛罗里达州最高法院提起上诉，法院同意在 12 月 7 日举行口头辩论。当双方的律师都在各自准备口头辩论的案情摘要时，另外一些律师代表各自阵营再次在联邦上诉法院第十一巡回法院出庭，就布什请求终止手工点票就行辩论。这一上诉案是第一个专门围绕一个宪法问题展开的诉讼——缺乏确定选民意图的统一标准指导手工点票，是否违反了（美国宪法上的）平等保护条款：这可能使得布什很难在重新点票中获得基本的公正，（计票委员会）可能会以党派倾向操纵使用不同的标准。只用了一天时间，第十一巡回法院的 14 名全职法官就作出了判决，但是这一次不是全体一致。8 名法官加入了多数意见。[55] 多数派法官包括 5 名民主党任命的法官和 3 名共和党任命的法官，他们认为本案唯一需要解决的问题是继续进行手工点票是否会对布什造成不可修复的损害。尽管多数派法官认为下级法院的判决有其合理性，但是布什已经被认定为佛罗里达选举的获胜者这一事实，使得（手工点票）不可能对其造成“严重损害，更不要说是不可修复的损害了”[56]。多数派法官认为原告并未举证证明其遭受了不可修复的损害。多数派法官对平等保护问题未置一词，首席法官安德森强

---

[51] *Gore v. Harris*, 2000 WL 1770257 (Fla. Circ. Ct. Dec. 4 2000) .

[52] 同上注。

[53] *Gore v. Harris*, 2000 WL 1770257.

[54] *Gore v. Harris* 的正式判决文本，Case No. 00－2808，第二巡回法院在利昂（Leon）县宣判，2000 年 12 月 4 日。

[55] *Siegel v. LePore*, 234 F. 3d 1163 (11th Cir. 2000) .

[56] 同上注，1177 页。

调佛罗里达州的各项防范措施足以保证“选举结果准确反映选民意愿”[57]。所有 4 名持反对意见的法官都是共和党任命的，其中 3 名法官分别发表的反对意见认为，佛罗里达州最高法院以违反宪法第二条的方式改写了佛罗里达的选举法，而且统一标准的缺失，剥夺了布什平等保护条款的保障，不能保证手工点票的公平性和统一性。[58]

12 月 7 日，就戈尔上诉索尔斯法官拒绝计入“漏选票”一案，博伊斯和理查德在佛罗里达州最高法院出庭。他们很大程度上重述了其先前在索尔斯法官那里提出的理由。佛罗里达州最高法院对他们都进行了紧张的盘问。另外，一些法官明显感受到了联邦最高法院发回重审的压力。在整个口头辩论中，这些法官尤其表达了对其可能在先前判决中超越界限的担心。在先前的判决中，他们下令重新计票，并确定了一个新的最后期限，而不是完全在佛罗里达州立法机关选举日之前制定的法律框架内裁决总统选举人任命的争议。

接下来的 24 小时充斥着司法的重磅炸弹。当天一开始，巡回法院的两名法官联合发布了他们的司法意见，拒绝了将 25 000 张缺席投票以各种各样的瑕疵为由而排除在外的努力。[59] 仅仅几分钟后，佛罗里达州最高法院发布了其就戈尔诉哈里斯一案的分裂判决。佛罗里达州最高法院以 4∶3 的微弱优势，推翻了索尔斯法官的判决意见，并要求在全州范围内立即开始重新计票。[60] 多数派法官包括 3 名民主党任命的法官和法院唯一 1 名两党联合任命的法官。法院认识到了宪法第二条和选举计票法的重要性，解释说其只是在执行州立法机关的强制性指示，即“如果投票人的选票显示出明确的意图”，则该选票不得被忽略，“除非不可能识别其选择”[61]。因而，合法的投票就是投票人的“意图能从选票中分辨出来的选票”[62]。他们强调佛罗里达选举法律的“明确信息”是“任何公民的投票只要可能都要被计入……”[63] 因而，多数派法官将该案发回分管迈阿密—达德县的巡回法院重审，并要求全州范围内所有尚未进行手工重新点票的县都进行重新计票。根据已经重点过的漏选票，戈尔的得票增加了 383 张，布什在本州的领先优势减至 154 票。在最后宣判意见中，多数派法官指出，“在计算选票和确定何为‘合法’选票的时候，采取的标准是由立法机关在选举法典中确立的原则，即只要‘显示出投票人明确的意图’，那么该选票就应被作为‘合法’投票计入。”[64]

戈尔诉哈里斯案中的三位少数派法官包括首席法官查尔斯·韦尔斯。韦尔斯法官在说完“我首先声明……我并不怀疑我多数派同事良好的信念或可

---

[57] 同注[55]，1185 页（安德森首席法官的赞同意见）。

[58] *Siegel v. LePore*, 234 F. 3d 1163 (11th Cir. 2000)（乔弗拉特法官的反对意见）；同上注（布里奇法官的反对意见）；同上注，1193 页（杜比纳法官的反对意见）。

[59] *Taylor v. Martin County Canvassing Bd.*, 2000 WL1793409 (Fla. Cir. Ct. 2000)；*Jacobs v. Seminole County Canvassing Bd.*, 2000 WL 1793429 (Fla. Cir. Ct. 2000).

[60] *Gore v. Harris*, 772 So. 2d 1243 (Fla. 2000) (per curiam).

[61] 同上注，1254 页（佛罗里达法律的详细规定在此不赘述）。

[62] 同上注，1256 页。

[63] 同上注，1254 页。

[64] 同上注，1262 页（引自 Fla. Stat. 101. 5614 (5) (2000)）。

敬的意图”之后，就强调判决需要重新手工点票“在佛罗里达州 2000 年 11 月 7 日已经存在的法律中没有依据”[65]。他表达了其“深深的和持久的担心，即由计票争议引发的漫长司法过程将使整个国家和佛罗里达州陷入前所未有的和不必要的宪法危机”[66]，特别是考虑到人们广泛相信，重新计票中明确的立法性标准的缺失，造成了“平等保护的担忧，这最终会导致佛罗里达的选举结果被联邦法院或者国会驳回”[67]。

尽管对该判决的反应与党派划界大相径庭，但是下一步将会如何发展则是毫无疑问的。布什的律师很快将佛罗里达州最高法院戈尔诉哈里斯案和联邦第十一巡回法院西格尔诉赖珀案（*Siegel v. LePore*）的判决上诉至联邦最高法院。不到 24 个小时，联邦最高法院就以 5∶4 的多数表决发布紧急强制令，要求停止重新计票，并将口头辩论定于 12 月 11 日。[68] 这将是双方当事人第二次，也是最后一次就 2000 年总统选举争议在联邦最高法院进行较量。此时，戈尔的选择非常狭窄：他继续重新点票的机会已经非常渺小，考虑到法院不但以 5∶4 的表决通过了紧急中止命令，而且斯卡利亚大法官在赞同意见中表示，“本院的大多数法官……相信布什非常可能已经获胜”，连续的重新计票“对其声称的当选合法性蒙上了阴影”，这对他造成了不可修复的损害。[69]

联邦最高法院，第二回合

联邦最高法院要求各方在 12 月 10 日，星期日下午，提交他们各自的案情摘要，而口头辩论则定于第二天。但是，这场辩论的动态（dynamics）与不到 10 天前的哈里斯案大为不同。奥尔森再次代表布什出庭，但是戈尔想要一个改变，所以他用大卫·博伊斯替换了特莱布，他认为博伊斯对发生在佛罗里达的事情更加熟悉。

奥尔森和博伊斯都明白，这一场辩论是奥尔森要输的（this argument is Olson's to lose），奥尔森的主要挑战是避免犯错误，导致 5 名多数派法官中的任何 1 人重新思考其停止重新计票的决定。奥尔森和博伊斯进一步认识到，布什的宪法论据已经获得了第十一巡回法院的 4 名反对意见法官和佛罗里达州最高法院 3 名反对意见法官的支持。因而，奥尔森的论证再次强调了那些法官在其反对意见书中的观点，以及更为重要的、斯卡利亚法官在其中止计票裁定中的赞同意见。[70] 首先，他声称，佛罗里达选举法对法院在选举纠纷中的角色做了限制，即其只能审查选举官员是否滥用了裁量权。其次，他认为，佛罗里达“任意的、选择性的和无标准的手工重新计票”违反了宪法第十四修正案规定的平等保护和正当程序条款，因为他们对“相同情况下

---

[65] 同注[60]，1263 页（韦尔斯首席法官的反对意见）。

[66] 同上注。

[67] 同上注，1267 页。

[68] *Bush v. Gore*，531 U.S. 1046（2000）.

[69] 同上注，1046—47 页（斯卡利亚大法官的赞同意见）。

[70] 论证和原文，参见 Brief for Respondents，*Bush v. Gore*，531 U.S. 98（2000）。

投票人的投票给予不同的对待，（选票是否有效）完全视投票人居住在哪个县或者哪个区”。他解释说，这一问题在于，“当一张选票是部分穿孔或者有些微印记的时候，这张选票可能在某些县算一‘票’，但是在另一些县却不算。”

博伊斯认为他并不需要寻求突破而只要说服一位裁决中止计票的法官转变立场。他盘算最有可能被说服改变立场的法官是桑德拉·戴伊·奥康纳大法官和安东尼·肯尼迪法官。他们可能被说服去遵循惯例，即（联邦最高法院）通常遵从州法院对州法的解释。因而他认为，佛罗里达州最高法院的重新计票指令是建立在州立法机关的决定基础上。在该决定中，州立法机关“明确授予法院极其广泛的救济权力”，只要州法官有理由相信，认定的选举结果由于忽略了太多合法选票，而可能错误地宣布了获胜者。作为对奥尔森指控的佛罗里达州最高法院指导重新计票的标准太过宽泛和模糊的回应，博伊斯声称佛罗里达州最高法院的澄清“投票人意图”标准是一个全国通行的标准，并且足够明确和公平，可以消除任何计票委员会党派化成员从中作祟的可能。博伊斯声称，平等保护条款并不要求所有选票在一州范围内的计票过程中被精确地、同一地和机械地平等对待。实际上，这样一个标准是不可能的，如果考虑到佛罗里达州采取了多重投票方式。他得出结论，就算联邦最高法院判决州法院的统一标准并不充分，合适的救济措施也不是抛开所有的漏选票，而是为计票委员会制定一个新的可遵循的标准。他请求联邦最高法院不要放弃重新计票，因为这可能在“相当程度上稀释选举民意”。

从法官们询问的问题上看，联邦最高法院将走向何处是非常明显的。正如一位记者所观察到的，“联邦最高法院的自由派法官明显在努力……就可能解决布什诉戈尔案（所必需的标准）达成一项妥协，以使佛罗里达州总统选举的点票能够继续进行。”[71] 另一位记者则看出，“没有任何一位保守派法官对讨论重新点票的标准感兴趣。”[72] 而且，奥康纳大法官和（尤其是）斯卡利亚法官指出，漏选票都是不合法的，并且不应被计入，因为佛罗里达法律在投票前明确告诉投票人，只有选票上的孔完全打穿，才能被计入有效选票中。因为肯尼迪法官似乎对宪法第二条授予州立法机关在选择总统选举人问题上排他性权力的可能性很感兴趣，所以口头辩论中的问题明显对博伊斯不利。

在布什诉戈尔一案正在进行辩论之际，佛罗里达州最高法院终于就棕榈滩县计票委员会诉哈里斯发回重审一案作出回应。7 位法官中 6 位组成的多数派作出了判决意见。[73] 这一判决意见没有对佛罗里达州宪法进行任何引用，而是大致上坚持原来的理由——一字不差地重复——仅仅对在发回重审的裁定中有关宪法第二条和选举计票法的要点部分，在适当的地方有所替代。佛罗里达州最高法院判决意见中新作出的唯一澄清就是对 11 月 26 日最后期限的解释。该法院强调，这“并不是一个新的最后期限”，并不会对未来的选

---

⑦ Linda Greenhouse, *Justices' Questions Underline Divide on Whether Hand Recount Can Be Fair*, N. Y. Times, Dec. 11, 2000, at A1.

⑫ David G. Savage, Justices Debate *Bush v. Gore*, L. A. Times, Dec. 12, 2000, at A1, A27.

⑬ 772 So. 2d 1273 (Fla. 2000)（引用法官判词）。

举产生效力。[74] 法院解释说，这是为了在本案的特定背景下“将选举法的所有条款作为一个统一的整体”加以适用。[75] 法院进一步解释说，11 月 26 日最后期限的指定是为了“将争议各方置于其在 2000 年 11 月 13 日星期一（选举）部门发布其建议性意见时同样的状况”[76]。唯一持有反对意见的是首席法官韦尔斯，他批评他的同事们即使面对联邦最高法院发回重审的要求，仍然就选举争议作出了一项新决定，“而此时联邦最高法院正在考虑布什诉戈尔案”[77]。

很少有比布什诉戈尔案判决更令人热切期待的联邦最高法院判决了。联邦最高法院大楼人山人海，所有的记者都渴望成为第一个将判决报道给全世界的人。在第二天，也就是 12 月 12 日晚上 10 点联邦最高法院发布判决的时候，法官和书记员已经离开了大楼。第一批发出的关于判决的报道显示出，那些记者只是浏览了复杂的判决意见，或者一边试图读懂判决一边已经在报道其内容了。不出意料，早期的报道是不完整和不清楚的。最早要到第二天早上，全国才理解了判决的真正含义，即停止手工计票，并宣布 2000 年总统选举正式结束。

由首席大法官伦奎斯特、大法官奥康纳、斯卡利亚、肯尼迪和托马斯组成的多数派法官签署的 13 页长的判决意见简明扼要：第一，它承认“公民个人没有宪法权利去选择总统选举人，除非直到州立法机关选择以全州范围的选举作为行使其任命选举人团成员权力的手段”[78]。法院解释说，州立法机关有排他性的权力规定选定选举人的方式。

第二，法庭认定佛罗里达州最高法院要求的重新计票违反了平等保护条款。多数派法官解释说，“佛罗里达州最高法院判决要求的重新点票实施机制不能满足最低程度的非专断对待标准，侵犯了选民的基本权利。”[79] 布什诉戈尔案的问题是被沃伦法院 3 个有巨大影响的判例所承认的一人一票原则——雷诺兹诉西姆斯案（*Reynolds v. Sims*）[80]，维斯伯利诉桑德斯案（*Wesberry v. Sanders*）[81] 和贝克诉卡尔案（*Baker v. Carr*）[82] ——它们要求政府不得“以……专断和根本不同的对待”，以“削弱某些选民选票分量”的方式，“使得一些人的选票的价值高于另一些人的”[83]。多数派法官解释道，这些关于一人一票原则的判例要求在“探求”投票人的“意图”时，必须“遵循确保同等对待的特定规则”[84]。联邦最高法院认定佛罗里达州最高法院的标准太过于笼统，并易于被用来区分对待选票。因而，它的标准可以被修

---

[74] 同注[73]，1290 页。

[75] 同上注。

[76] 同上注。

[77] 同上注，1292 页（韦尔斯首席法官的反对意见书）。

[78] *Bush v. Gore*, 531 U. S. 1046 (2000)（引用法官判词）。

[79] 同上注，105 页。

[80] 377 U. S. 533 (1964) .

[81] 376 U. S. 1 (1964) .

[82] 369 U. S 186 (1962) .

[83] *Bush v. Gore*, 531 U. S. at 105—06（引自 *Reynolds v. Sims*, 377 U. S. 533, 555 (1964)）。

[84] 同上注，106 页。

正以区别适用于相同或者不同的计票委员会。例如，联邦最高法院注意到布劳瓦县确定计入选票的是“更加宽松的标准”，这导致其发现了3倍于棕榈滩县的新选票。[85] 法院得出结论，佛罗里达州最高法院的标准不能满足“最低程序保障”，例如澄清谁负责操作重新计票，或者何种程度的重新计票算是满足了佛罗里达州最高法院的标准。[86]

第三，多数派法官认定这一时刻唯一可行的救济措施就是停止重新点票。它认定“佛罗里达州最高法院曾经说过立法机关打算”利用联邦选举计票法的“安全港”条款，而该联邦法律要求任何就选择选举人产生的争议或争执必须在12月12日之前作出最终结论。这一天已经到了，现在任何按照佛罗里达州最高法院命令进行的重新计票都不可能满足最低程度的合宪性标准。因为很明显，任何试图在12月12日之前完成的重新计票都不合宪，原因我们前面已经讨论过了。因此，我们推翻佛罗里达州最高法院重新计票的命令。[87]

第四，多数派法官宣布，“本案的考虑仅局限于当下的情形，因为选举过程中平等保护问题通常非常复杂。”[88] 这一宣示是非同寻常的，因为法院从未在其他任何宪法性争议中宣布判决将不具有先例的效力。这一判决仅仅适用于当下的情形，而不适用于以后的案件，至少法院是这么说的。

尽管很明显戈尔的上诉已经结束了，但是并不是所有的法官都讲完了。多数派法官中的3位法官——首席大法官伦奎斯特和大法官斯卡利亚以及托马斯——联合发布了一份由首席大法官伦奎斯特撰写的赞同意见。这一赞同意见扩充了斯卡利亚大法官在法院最初发布紧急中止令时的观点。首席大法官伦奎斯特开篇就解释，因为宪法第二条授予了州立法机关排他性的权力去决定选择总统选举人的程序，任何“对任命总统选举人框架的重大偏离都构成了一个联邦宪法问题”[89]。他强调在总统选举争议的特定环境下，联邦最高法院应当尊重“那些被立法明确授权的机构去行使其宪法性权力”[90]。这就要求本院在本案中，采取“即使恭敬（deferential），但必须独立的州法分析”，以确定佛罗里达州最高法院“是否侵犯了立法机关的权力”[91]。首席大法官伦奎斯特把本案比作沃伦法院推翻州法院判决的实践，当时联邦最高法院坚决拒绝州法院声称的（种族）隔离符合平等保护条款，认为其构成了种族歧视：“在本案中本院要做的与先例正好类似：认定佛罗里达州最高法院对佛罗里达选举法的解释不可接受地歪曲了对法律的公正解读，违反了宪法第二条。”[92] 首席大法官认定，佛罗里达州最高法院在延长确认选举结果的7日时限时，偏离了立法明确规定的期限。佛罗里达州最高法院的最后期限“架空

---

[85] 同注[83]，107页。

[86] 同上注，109页。

[87] 同上注，110页。

[88] 同上注，109页。

[89] 同上注，113页（伦奎斯特首席大法官的赞同意见）。

[90] 同上注，114页。

[91] 同上注。

[92] 同上注，115页。

了法律确认选举争议法律结果的实质要求”[93]。而且，首席大法官伦奎斯特没有发现州法上有任何根据可以支持佛罗里达州最高法院命令进行的重新计票。他得出结论，佛罗里达选举法第102.168（8）节规定授权州法院就选举争议提供适当救济的条款，应当结合选举计票法的“安全港”条款予以解读：“当佛罗里达立法机关授权州法院给予‘适当’的救济时，它意味着这一救济必须在（选举计票法）规定的最后期限之前作出。”[94]

如果我们仔细查看本案其他的判决意见，就会发现不是5位而是7位法官都认定佛罗里达州最高法院违反了平等保护条款。4位反对意见法官中的两位——斯蒂芬·布雷耶（Stephen Breyer）和大卫·苏特（David Souter）法官——也同意佛罗里达州最高法院指导重新点票的模糊标准违反了平等保护条款，但是他们坚持不应当由联邦最高法院来终止佛罗里达的重新点票。布雷耶大法官指出，法院应当允许佛罗里达州最高法院去决定是否遵循12月12日的最后期限，而由佛罗里达其他的机关就这些决定是否适当作出回应。[95] 他认为本案是一个不可司法裁决的政治问题，联邦最高法院本应当保持节制，不去做裁判。[96] 在苏特大法官的反对意见书中，他坚持仍然有足够的时间让佛罗里达完成其重新计票。[97]

金斯伯格（Ginsburg）法官不同意（多数派法官的）赞同意见将佛罗里达州最高法院的行为与当年南方各州的法院明目张胆地拒绝遵循联邦最高法院就种族隔离的指示相提并论。[98] 她指出，联邦最高法院应当遵循其尊重州法院对州法解释的传统。她解释说，这“反映了我们都认可的联邦制核心……如果法院的其他成员留意我们的制度是双重主权，他们就会认可佛罗里达州最高法院的判决”[99]。所有人都不会忽略的一个细节是，金斯伯格大法官在简短总结其意见时没有用通常“我很尊重但不同意”的措辞，而是直接就说“我不同意”[100]。

斯蒂文斯（Stevens）法官完全不同意多数派法官及其赞同意见。[101] 首先，他认为，“选举计票法和宪法第二条都未授权联邦法官以任何特别的权威去代替州法官对本州法律事项的观点。”[102] 他对麦克佛森（McPherson）案的解读类似于戈尔律师的看法，即承认宪法第二条下的州权包含着“州立法权必须在州宪法之下运作的前提”[103]。其次，斯蒂文斯大法官注意到联邦最高法院以前从未认定过手工点票违反平等保护条款。换言之，本案的判决没有先例。此外，他还指出佛罗里达“选民的真实意图”标准与其他许多为联邦

---

[93] 同注[83]，118页。

[94] 同上注，121页。

[95] 同上注，144—158页（布雷耶大法官的反对意见）。

[96] 同上注。

[97] 同上注，129—135页（苏特大法官的反对意见）。

[98] 同上注，135—144页（金斯伯格大法官的反对意见）。

[99] 同上注，142—143页。

[100] 同上注，144页。

[101] 同上注，123—129页（斯蒂文斯大法官的反对意见）。

[102] 同上注，124页。

[103] 同上注，123页（引自 *McPherson v. Blacker*，146 U.S.1，25（1892））。

最高法院支持的标准（包括陪审团在刑事案件定罪时“排除合理怀疑”的标准）相比，没有什么不同，或者没有更加难以实施。[104] 最后，他捍卫了佛罗里达州最高法院的正直性。他指出，布什的“整个联邦攻击（federal assault)”都建立在“未言明的对州法官公正性和能力的缺乏信心，认为如果重新计票继续，他们将作出危险的判决。然而，这一立场完全没有依据。本院多数派法官对布什的支持立场只会让全国对法官工作持怀疑态度的人得势。”[105] 他最后总结道，“正是对运作司法体系的男人和女人们的信任才构成了法治的真正基石。随着时间的流逝，今天判决造成的伤痕终有一天会弥合。”[106] 他指出，尽管如此，虽然“我们可能永远都不会知道本年度总统选举的获胜者究竟是谁，但是失败者却是清楚的。那就是整个国家对法官作为法治公正的守护人的信心”[107]。

布什诉戈尔案的直接后果

各选举阵营的反应和2000年大选的终结

布什阵营很快认识到联邦最高法院的判决解决了选举争议，并确保了布什当选总统的地位。布什一方有意避开了任何公开的幸灾乐祸，由詹姆斯·贝克发表了一份简短的声明，承认“这对双方每一位卷入争议的人都是一段漫长而艰苦的经历”，但是布什团队“对于联邦最高法院中7位法官认定佛罗里达州最高法院要求的重新计票存在宪法问题感到欣慰和感激”。

戈尔团队花了很长时间才意识到其不可挽回的结果。最初，他们回应说，他们正在“审读当晚由联邦最高法院发布的5∶4判决”，而且“这需要花一段时间来全面地分析这一复杂而冗长”的判决。第二天早上，戈尔阵营的律师得出结论，戈尔除了承认选举失败之外已经别无选择。戈尔很快就照此做了。在联邦最高法院发布了其对布什诉戈尔一案的判决23个小时之后，戈尔对全国做了一个简短的电视讲话。戈尔宣布，“就在刚才，我跟乔治·W·布什通了电话，并祝贺他成为美利坚合众国第四十三任总统。我向其保证这一次我不会再给他回电（撤销祝贺）。”戈尔补充道，他尊重“作为民主自由源泉”的法治，而且他也曾“试图将其作为在整个诉讼争议中的指引”。他接着承认，“现在联邦最高法院已经作出了决定。那就让我们不再疑惑。虽然我强烈地反对法院的判决，但是我接受它。”他引用斯蒂文斯·道格拉斯在1860年总统选举甫一结束时对林肯的讲话：“党派化的感情必须服从于爱国主义。我跟您站在一起，我的总统，愿上帝保佑你。”几分钟后，当选总统布什出现在电视上，在一个有数百名支持者的会场发表演讲。他承认已当选总统，并敦促民主党人和共和党人团结起来，用林肯的话说，“超越分裂的房子（rise above a house divided)”。

戈尔承认选举失败以及联邦最高法院的判决，促使佛罗里达立法机关及

[104] 同注[83]，125页。
[105] 同上注，128页（斯蒂文斯大法官的反对意见）。
[106] 同上注，128页。
[107] 同上注，128—129页（斯蒂文斯大法官的反对意见）。

其州长杰布·布什停止其各自从 12 月早些时候就开始的努力，目的是回避佛罗里达州最高法院最初的重新计票命令。佛罗里达立法机关放弃了任命他自己的选举人名单的计划，而州长布什则遵循联邦法律程序向联邦档案馆寄送了一份关于总统选举人任命争议最终决定的正式证书。这一证书宣布就佛罗里达选举结果争议的“最终决定有利于乔治·W·布什州长，对此任何进一步的争议都已经被联邦最高法院有效地否定了”。

佛罗里达州最高法院很快清理了有关选举争议的待决案件。作为对联邦最高法院就布什诉戈尔案“发回重审”的回应，佛罗里达州最高法院一致同意无须再采取任何进一步措施，但是 7 名法官中仅有 5 名同意说他们“指示的手工重新计票标准是由佛罗里达立法机关在佛罗里达选举法典中确立的”，而如果这一标准还不够的话，“我们认为发展一项具体的、统一的、对于保证平等适用和保障佛罗里达全境的选举基本权利必不可少的标准的任务，就应当交由最有条件研究和解决它的机构——立法机关去处理”[108]。在一份独立的赞同意见中，肖（Shaw）法官补充道，本案“容易引起分歧和复杂的”性质“不在于其争议问题的党派化性质，而在于深植于本案当中并相互冲突的法律原则”[109]。他不同意联邦最高法院的观点，即 12 月 12 日应当被认定为佛罗里达确定其总统选举人不可动摇的最后期限，而是承认这将导致佛罗里达州最高法院无法“在当下的情形精心设计出能够满足正当程序、平等保护和联邦最高法院其他相关要求的补救措施”[110]。

联邦最高法院也很快清理了有关选举争议的待决案件。它的最终决定是拒绝受理三个不同的就选举争议上诉的案件[111]，包括哈里斯诉佛罗里达州选举计票委员会案[112]中，关于佛罗里达州官员接受迟于法定 11 月 17 日最后期限的海外选票是否违反宪法第二条的问题。

2000 年 12 月 18 日，选举人团召集投票。新闻媒体报道了这一事件，538 名选举人在 50 个州的首府和哥伦比亚特区集合。因为选举人从技术层面上讲并非必须投他们各自州中赢得公民选举的候选人，很可能其中有些人会投向戈尔。戈尔在全国性大众选举中赢得了 50 万票。但是戈尔回绝了所有的倒戈行为，呼吁所有选举人忠实于他们的选民。截至选举日结束，271 名选举人投了布什的票，266 名投向了戈尔。这是自 1876 年那次臭名昭著的总统选举以来选举人团实力对比最为接近的一场胜利，在 1876 年的那次选举中海耶斯以仅仅一票的优势赢了蒂尔登。

联邦法律要求的选举人团正式投票之后的最后一个步骤，是召集一个国会联席会议清点总统选举人的票数。根据宪法，有权主持参议院会议的人正是副总统阿尔·戈尔。当来自佛罗里达的选举人票打开时，国会黑人同盟的几位成员根据他们在联邦法律上的权利对佛罗里达选举人名单提出反对意

---

[108] *Gore v. Harris*, 773 So. 2d 524, 526 (Fla. 2000).

[109] 同上注，527 页（肖法官的赞同意见）。

[110] 同上注，529 页。

[111] 见 *Jones v. Bush*, 244 F. 3d 134 (5th Cir. 2000), *cert. denied*, 531 U. S. 1062 (2001); *Virginia v. Reno*, 117F. Supp. 2d 46 (D. D. C. 2000), *cert. denied*, 531 U. S. 1062 (2001)。

[112] 235 F. 3d 578 (11th Cir. 2000), *cert. denied*, 531 U. S. 1062 (2001).

见。但是，没有任何参议员同意在反对意见书上签字，所以这些动议就被搁置了。戈尔清点了选票，并且在下午 2 点 50 分正式宣布乔治·W·布什获得了选举人团的多数票，因而成为美国第四十三任总统。两周后，首席大法官伦奎斯特，他也是布什诉戈尔案中 5 位多数派法官之一，正式主持了布什当选总统宣示的仪式。

媒体和美国公众的反应

在联邦最高法院对布什诉戈尔案作出判决之前，如果说很多人还对媒体略微左倾或是倾向民主党的观点有所怀疑的话，这一判决消除了这些怀疑。尽管在对竞选的报道中，对戈尔的批评令人奇怪地要严厉于对布什的批评，但是媒体对布什诉戈尔案的反应是压倒性的负面评价。全国大多数主要报纸的编辑和大多数有线或无线电视台评论员都强烈抨击这个判决。尽管如此，在联邦最高法院就布什诉戈尔案作出判决后的几周，一些报纸和主要的新闻组织进行了他们自己对佛罗里达选举的重新计票，根据他们各自对“选民真实意图”标准的解释，对如果联邦最高法院不停止重新计票的话，究竟是布什还是戈尔获胜，得出了相互冲突的结果。[113]

与媒体对布什诉戈尔案的反应相反，公众对本案的反应是分裂的。一些在联邦最高法院作出判决之后很快进行的民意调查显示，略微过半数的美国人显示他们对总统选举争议尘埃落定感到“欣慰”，并对联邦最高法院作为非党派化的机构持有信心。[114] 盖勒普调查在 2001 年 1 月发布的对联邦最高法院的支持率显示，它与 2000 年 8 月基本相同。[115]

进一步审视调查结果，我们会发现，在判决发布后共和党人对联邦最高法院的认可率从 60%一跃到了 80%，而民主党人对法院的认可率则从 70%下降到 42%。同一调查显示，中立者对联邦最高法院的认可率从 57%下降到 54%。在表面上，这一调查显示公众对联邦最高法院的看法并无大的变化，但是实际上反映出投票人之间依赖于各自党派化倾向的明显分歧。

对布什诉戈尔案判决的批评

布什诉戈尔案引发了一股学术评论的浪潮。其中绝大多数评论都取决于评论者的政治倾向。大多数自由主义者嘲讽布什诉戈尔案，而大部分保守主义者则捍卫它。有三股最流行的批评——以及对它们的回应——仍然在布什诉戈尔案的学术争论中引起共鸣。

对布什诉戈尔案第一项，也是最流行的批评是联邦最高法院 5 名最保守的法官明显表现出派性，并且仅仅按照政治倾向投票。这是超过 500 名法学

---

⑬ 对这些研究的叙述，参见 Gillman，前注②，166—168 页。

⑭ 例如，Janet Elder，*Poll shows Americans Divided over Election*，*Indicating that Bush Must Build Public Support*，N. Y. Times，Dec. 18，2000，at A22；(reporting on CBS poll)；Richard Benedetto，*It's Times to More On*，*People Say Americans Relieved Flight Is Finally Over*，USA Today，Dec. 18，2000，at A8。

⑮ 参见 Wendy Simmons，“Election Controversy Apparently Drove Partisan Wedge into Attitudes toward Supreme Court”，Gallup. com，Jan. 16，2001。

教授的观点，他们联名在《纽约时报》2001 年 1 月 13 日发布整版公告，为“联邦最高法院像党派组织一样，而不是像法院的法官那样行使其权力”感到悲痛。[116] 还有一则广为流传的流言支持法官仅仅是在按照党派化倾向行使权力的看法，即在选举日当天下午，有人听到奥康纳大法官为戈尔很可能胜选而感到悲伤。[117] 支持这一看法的还有，伦奎斯特法院一直以来都倾向于遵从州法院对其州法的解释。大家怀疑，要是布什和戈尔在本案中的角色互换一下，伦奎斯特法院也不会支持戈尔。此外，对伦奎斯特法院在布什诉戈尔案中动机的猜测还部分地来自以下事实，即伦奎斯特法院一直以来几乎都认定中性归类——那些未明确建立在性别或者种族之上的分类——并未违反平等保护条款。正如罗纳德·德沃金所批评的，“保守派法官推翻州最高法院关于州法律事项的判决并未在任何一般宪法问题上反映出既定(established)的保守立场。[……][因而，它]很难找到一个令人尊重的解释，为什么所有的而且只有保守派法官投票以此种方式结束选举……[引发了这样的关注]即这一判决反映的不是理念上的分歧，这是不可避免的，而是利用职权的自利行为。”[118] 持有这一立场的并非德沃金一人，其他自由主义评论员用了更加严厉的措辞批评这一判决。[119]

布什诉戈尔案并非唯一被挑出来批评为仅仅基于党派倾向作出的判决。除了布什诉戈尔案，还有佛罗里达州最高法院裁决哈里斯滥用其裁量权和命令进行重新计票的两个判决；联邦地区法院路易斯法官，一名民主党任命的法官，最初支持戈尔重新计票请求的判决；以及第十一巡回法院作出的允许重新计票的判决，其中 4 名反对意见法官都是共和党人，并且都被怀疑倾向于帮助布什。

对以上批评，即对布什诉戈尔案和其他几个司法判决是明显的党派化产物最重要的反驳是，很多事实证据并不支持这一观点。在布什诉戈尔案中，是 7 名，而非 5 名法官支持布什的平等保护请求。苏特大法官和布雷耶大法官也赞同 5 名保守派同事的观点，即布什提出的平等保护请求有其可信的依据，尽管这与很多人对他们个人倾向的假定相冲突。在棕榈滩县计票委员会诉哈里斯一案中，联邦最高法院一致作出判决；是全部 9 名法官——而非仅仅是保守派法官——同意要求佛罗里达州最高法院澄清其判决理由。此外，佛罗里达州最高法院在 2000 年总统选举期间发布了 5 个判决，其中 3 个都是一致支持布什的。[120] 只有两个法院判决事实上是支持戈尔的，而且在第二

---

[116] 554 *Law Professors Say*, Advertisement, N. Y. Times, Jan. 13, 2001, at A7.

[117] 参见 Gillman，前注②，188 页。

[118] Ronald Dworking, *A Badly Flawed Election*, N. Y. Rev. of Books, Jan. 11, 2001, at 53.

[119] 例如参见 David Abel, Bush v. Gore *Case Compels Scholars to Alter courses at U. S Law Schools*, Boston Globe, Feb. 3, 2001, at A1（引用 Margaret Radin 的批评称，这一判决是“赤裸裸的篡权”）；Bruce A. Ackerman, *The Court Packs Itself*, The American Prospect, at 48, Feb. 12, 2001（声称这一判决意见“背叛了整个民族的信任”）；Linda Greenhouse, *Another Kind of Bitter Split*, N. Y. Times, at A1, Dec. 13, 2000（引用 Suzanna Sherry 的批评称，“这个判决意见几乎没有妥协余地，除非让布什获胜”）；Neal Kumar Katyal, Op-Ed., *Political Over Principle*, Wash. Post., Dec. 14, 2000, at A35（批评这一判决是“没有法律依据和缺乏先例的”）；Jeffrey Rosen, *Disgrace*, The New Republic, Dec. 25, 2000, at 18（宣称联邦最高法院“这一不公正的判决完全就是保守派法官自利政治倾向的结果……使得美国国民不可能保持起码的对法治的信念”）。

[120] 参见 *Jecobs v. Seminole Country Canvassing Bd.*, 773 So. 2d 519 (Fla. 2000)；*Taylor v. Matrin County Canvassing Bd.*, 773 So. 2d 517 (Fla. 2000)；*Fladell v. Palm Beach County Canvassing Bd.*, 772 So. 2d 1240 (Fla. 2000)。

个，3 名民主党任命的法官曾经激烈反对过。[121] 尽管有 3 名共和党任命的法官在第十一巡回法院第二次判决中持有反对意见，但是在本案中判决驳回布什请求的多数派法官也包括 5 名共和党任命的法官。[122] 另外，第十一巡回法庭第一次就选举争议作出的判决是全体一致地支持戈尔，尽管该法院的大多数法官都是共和党人。[123] 这一事实，和其他案件中的投票阵线，并不支持法官在整个诉讼过程中仅仅是按照个人的政治倾向投票的论断。

对布什诉戈尔案的第二项批评是这一判决的理由很牵强。迈克尔·麦康奈尔，一位广受尊重的保守主义宪法学者（现在是联邦上诉法院的法官），令人惊讶地跟很多对本案持批评态度的自由派学者用一个腔调讲话。他嘲讽这一判决是“试图妥协的失败尝试”和给了布什“可能是理由最薄弱的胜利”。因为“在佛罗里达州法院的判决意见或是佛州法律中没有任何内容表明其倾向于在根据州法完成重新计票的问题上利用 12 月 12 日最后期限的避风港条款”[124]。麦康奈尔批评 5 名保守派法官“缺乏政治判断”，特别是他们不愿意跟随苏特大法官和布雷耶大法官支持将本案发回佛罗里达州最高法院重审。麦康奈尔认同的是苏特大法官和布雷耶大法官的路径，因为这是最有可能在联邦最高法院“达成几乎是全体一致”判决的机会，而且“这样做会在很大程度上安抚美国人民……但是，联邦最高法院却是这样判决的：虽然应该重新计票，但是已经没有时间完成了。这就使得布什似乎成为了一位并非根据选举人意愿，而是由于缺漏（default）当选的总统”[125]。

对麦康奈尔批评的回应是法官本不应该一直行使政治判断，至少不应当对其行使政治判断做那么多的评价。麦康奈尔的抱怨似乎是联邦最高法院本应该更加积极——它本应该采用任何能够在“很大程度上安抚美国人民”的理由作出判决。然而，这样的判决将不再是按照法律对它的要求作出的判决。

有人可能走得更远，认为联邦最高法院完全曲解了选举计票法。正如反对意见法官（和许多其他批评者）所声称的，选举计票法并未要求各州去利用其“避风港”条款，也没有对选择不如此做的州强加任何惩罚。事实上，正如斯蒂文斯大法官指出的，“在 1960 年，夏威夷州任命了两个名单的选举人，国会选择正式接纳 1961 年 1 月 4 日任命的那一个”[126]。在 2000 年大选中也有一些州是在 12 月 12 日之后才向联邦政府报送选举人名单的，但是并没有承担任何不利的后果。[127] 而且，布什诉戈尔案中的赞同意见和布什阵营都没有解释其判断标准，以决定州法院对该州法律的解释达到何种程度就偏离

---

[121] 见 *Palm Beach County Canvassing Bd. v. Harris*，前注㉗—㉟和相关正文；*Gore v. Harris*，前注㊿—67和相关正文。

[122] 见 *Siegel v. LePore*，前注55—58和相关正文。

[123] 见 *Touchston v. McDermott*，前注⑲—⑳和相关正文。

[124] Michael McConnell, *What Now?*, Slate. com, Dec. 13, 2000, Http: //www. slate. com/id/93655/entry/95085/.

[125] 同上注。

[126] *Bush v. Gore*, 531 U. S. at 127（斯蒂文斯大法官的反对意见）。

[127] 各州选举人名单的确认证明书可以在以下网址查到http: //www. archives. gov/federal-register/electoral-college/2000/certificates _ of _ ascertainment. heml. 加利福尼亚、艾奥瓦、马里兰和宾夕法尼亚都错过了 12 月 12 日的“最后期限”。另外，俄勒冈的确认证明书没有注明日期，佛蒙特证明书上的日期，至少在网上可见的版本中，是难以辨认的。所有这些州都投了戈尔的票。

了轨道，构成了事实上的立法行为。另外，即使按照佛罗里达州最高法院的方式去解释佛罗里达法律，也很难说其有什么不合理。当佛罗里达选举法规定州务卿“可以忽略”那些迟延提交的选举结果时[128]，就在同一部法律的其他部分，法律允许各县可以授权重新计票，就算重新计票已经超过了州务卿在选后确认选举结果的 7 天期限。[129] 布什提出的平等保护请求明显是如此的奇怪、反常和脆弱，以至于连布什自己的律师都曾经认真考虑不将其列入上诉法律意见之中。[130]

对此一批评明显的回应是基于如下事实：戈尔的律师可能有一些合理的法律理由为自己辩护并不意味着布什律师的理由就是不合理的。事实上，州务卿哈里斯将佛罗里达选举法中“可以忽略”迟延提交的选举结果这一指示解释为授权其在有合理依据的情形下忽略这些结果，这是合理的，很难说是滥用职权。

对布什诉戈尔案的第三项批评是由大法官布雷耶在其反对意见中阐述的。布雷耶认为联邦最高法院本来应该将本案认定为一个不可司法解决的政治问题。布雷耶大法官认为 1887 年选举计票法规定了一个由国会处理此类争议的“详细的、广泛的架构”[131]。按照他的观点，国会在制定这一立法时已经“充分意识到由法官在缺乏合适法律标准的情况下解决此类高度争议性的总统选举争议存在的危险”[132]。而且，有理由认为布什诉戈尔案符合构成不可司法解决的政治问题的某些标准。例如，可以这样认为，联邦宪法第二条很明显将任命总统选举人的决策权力赋予了州和联邦的政治机构。布雷耶指出，尽管这可能也不够完美，但是他的结论是，解决选举纠纷的最终责任在那些为其行为承担政治责任的机构身上。

尽管如此，布雷耶的理由仍有两个问题。首先，在布什诉戈尔案中，最有权力的机构除了联邦最高法院之外就是佛罗里达州务卿，一个承担政治责任的官员。其次，布雷耶是联邦最高法院唯一坚持 2000 年总统选举争议是一个不可司法解决的政治问题的大法官。虽然其他法官就联邦最高法院是否应当就布什诉戈尔案发布调卷令以便作出裁决的意见不一，但是他们似乎同意（至少是默认），联邦最高法院有权就这一争议的法律依据行使司法审查权力。

对布什诉戈尔案判决的辩护

在布什诉戈尔案之后的几周乃至数月，除了前述对批评的回应之外，还有人至少以其他三个理由对该案的判决加以辩护。首先，联邦最高法院的先例支持对棕榈滩县计票委员会诉哈里斯和布什诉戈尔案进行司法审查。正如首席大法官在布什诉戈尔案的赞同意见中所揭示的，这一判决在一定意义上同联邦

---

[128] Fla. Stat. § 102.112（3）（2000）.

[129] Fla. Stat. § 102.166（4）（2000）.

[130] 见 Gillman，前注②，㉟—㊱页。

[131] *Bush v. Gore*，531 U. S. at 155（布雷耶大法官的反对意见）。

[132] 同上注，156 页。

最高法院推翻州法院抵制去种族隔离努力的判例相似。[133] 而且，正如联邦最高法院所声称的，它对本案行使司法审查遵循了它的先例，在以往那些案例中联邦最高法院拒绝将投票权和选举法案件裁定为政治问题，这些案例包括贝克案（*Baker*），雷诺兹案（*Reynolds*）和维斯伯利案（*Wesberry*）。[134]

对这一辩护的回应是，这一辩解建立在对联邦最高法院先例的错误解读基础上。联邦最高法院有关选举权的先例是可以被解读为支持司法审查以控制直接限制少数种族权利的多数主义（majoritarian）立法。在这些情形中，司法审查是必要的。它如果不是同宪法上平等保护条款所防范的——明显的或长期存在的种族歧视做斗争的唯一的途径，也是首要的路径。但是在布什诉戈尔案中，争议的政府行为不是明显的种族歧视。无论是佛罗里达选举法，还是佛罗里达州最高法院指导重新计票的"选民真实意图"标准[135]，在表面上看都与种族歧视无关。佛罗里达法律和佛罗里达州最高法院的规定可以说是中立的、不带明显种族歧视色彩的标准。因而，要与联邦最高法院先例保持一致就可能要求对佛罗里达州最高法院重新计票的标准适用合理性基础审查而非更加严格的审查标准。

对联邦最高法院选举权判例这一解读的反驳是，它既不是对那些判例不可变更的解释，也不是唯一可信的解释。布什的律师声称，一人一票原则并非仅仅适用于明显种族歧视的案例，而是应当适用于所有的选举。因此，佛罗里达法院规定的指导重新计票的标准太模糊和太易于操纵了。按照州法院的判决，不同的县在确定"投票人的意图"时肯定会出现不同的操作，因而稀释了一人一票原则。

第二项对布什诉戈尔案的辩护是人们需要联邦最高法院作出判决以避免一场宪法危机。可能这一辩护最精致的版本是由两位著名学者作出的，尽管他们并不经常赞同对方，他们是凯斯·森斯坦和理查德·波斯纳法官。森斯坦赞扬联邦最高法院不仅克制自己没有在布什诉戈尔案中做或者说超出必要的东西，而且它推行了一种"无法律的秩序"——在一个缺乏规则的争议中建立秩序，尽管联邦最高法院没有法律基础如此去做。[136] 尽管森斯坦批评联邦最高法院并没有州法或者联邦法律的依据去确定重新计票的最后期限，但是他还是为联邦最高法院通过以下两件事为整个民族提供"服务"而喝彩：它"以比美国国会可能被期望提供的更加简单和权威的方式"解决了在布什和戈尔之间拖延日久的诉讼和选举争议；它可能"避免了一场宪法危机"（要不是联邦最高法院介入，危机很可能会继续）。[137] 森斯坦预计，一旦重新计票完成，就会有一方在国会提起挑战。在众议院是由共和党占多数，该院会批准布什的佛罗里达选举人名单，而参议院则会出现 50∶50 的分裂，而此时戈尔将投下票数均等时的决定一票，投给自己。联邦法律规定，如果国会两院就选举人名单有分歧，则国会必须接受由州主要行政官员认定的选举

---

[133] 参见前注[92]和相关正文。

[134] 参见前注[80]—[82]，和相关正文。

[135] 参见 Fla. Stat. § 102.166 (7) (b).

[136] 参见 Cass R. Sunstein, *Order Without Law*, 68 U. Chi. L. Rev. 757 (2001)。

[137] 同上注，758 页。

人名单。在本案中，州主要行政官员只能是杰布·布什，乔治·W·布什的兄弟。[138] 这样就会引发一场宪政危机，因为法院可能会试图命令布什去确认他所不同意的选举结果，而对在此情况下应当如何去做，“法律没有提供任何明确答案”[139]。

虽然波斯纳预见的危机与森斯坦不同，但是他也为联邦最高法院的干预进行了合法化论证。波斯纳指出，当戈尔的名单被挑战的时候，这一过程可能会堕落为“一场在国会充满恶意的争斗”。随后将在联邦最高法院引发诉讼，这时就需要要么由共和党籍的众议院议长丹尼斯·哈斯泰特，要么由同样是共和党籍的参议院主席斯特罗姆·瑟蒙德出任代总统，直到谁是总统选举获胜者得到确认。[140] 尽管如此，波斯纳不会将这一案件看作是“仅仅是为了解决（在佛罗里达总统选举公民投票中的）统计死结。这是一场政治和宪法危机——考虑到手工重新清点损坏选票内在的主观性——（这一裂痕）永远不会弥合”[141]。因此，波斯纳相信，由于“存在真实和令人担忧的失序以及（政府）暂时瘫痪的潜在可能”，故而联邦最高法院必须干预，它的干预也是大多数国民“所欢迎和感到欣慰的”[142]。波斯纳认为联邦最高法院拒绝将交由国会解决争议作为选项时是做了一件正确的事，因为“这可能损害（获胜者）的任期”，而“采取实用主义路线，剪断戈尔迪安死结（Gordian knot 希腊神话中的一个难题——译者注），并让布什直接接任并开始履行职责（是正确的）”[143]。

虽然如此，波斯纳和森斯坦为布什和戈尔案的辩护很可能是建立在两个有问题的前提上的。首先，他们假定州和联邦的政治过程会搁浅，并不能解决布什和戈尔的争议。而对此的一个批评就是，司法能动主义的一个副产品——缺乏原则的判决打击了民主活动——剥夺了美国人民在有争议的政治问题上发言的机会，因而削弱了选举过程。而且我们还可以说，布什诉戈尔案显示了对通过政治过程解决争端缺乏信心，而正是在政治过程中，对美国人民负责的政治官员对其决策承担责任，无论是好的决策还是坏的决策。正如许多保守派学者谴责的司法案例一样——例如罗伊诉韦德案（Roe v. Wade）[144] ——布什诉戈尔案可能被批评为使人们更加倾向于去法院，而非通过政治过程解决政治争议。其次，尽管 1824 年和 1876 年解决竞争激烈的总统选举争议所采用的政治手段广受批评，但国家并未因此崩塌。因为众议院的交易使得约翰·昆西·亚当斯当选，而安德鲁·杰克逊在总统选举中失利，但是他向美国人民诉求正义，因而在 1828 年和 1832 年以越来越大的优势连续当选总统。萨缪尔·蒂尔登曾经在 1876 年因为众议院设立的特别委员会完全按党派划界的表决而在总统选举中失利，因此他在余生一直抱怨这一结果，但是毫无用处。2000 年通过司法而非政治手段解决总统选举，联邦最高法院可能对自己过于自信而低估了美国国会和美国人民的智慧。

---

[138] 同注[136]，769 页。

[139] 同上注。

[140] Richard A. Posner, *Breaking the Deadlock* 137 - 38 (Princeton University Press 2001).

[141] 同上注，147 页。

[142] 同上注，143—144 页。

[143] 同上注，141、150 页。

[144] 410 U.S. 113 (1973).

对布什诉戈尔案的最后一项辩护是佛罗里达州最高法院没有给联邦最高法院其他选择。当法院的5名最保守的法官决定结束重新计票的时候，他们不会无视佛罗里达州最高法院对其的羞辱。佛罗里达州最高法院对棕榈滩县计票委员会诉哈里斯发回重审一案没有及时作出回应，而且几乎没对原判决做任何补充修正。而当时佛罗里达州最高法院的审理日程上并没有什么紧迫的案件以至于其没有时间和机会对联邦最高法院就其判决理由的询问作出回应。要不是佛罗里达州最高法院这么做，联邦最高法院的大法官们也不会感到有必要像在布什诉戈尔案中那样，为佛罗里达州最高法院对它的不尊重而敲打它。

当然，这一辩护纯属推测。这次的情形很可能是（如果不是更像的话），联邦最高法院为佛罗里达州最高法院设下了一个不可能逃脱的圈套。[145] 一个可信的解释是，即使佛罗里达州最高法院对发回重审的指令及时地（和适当地）作出回应，联邦最高法院还会改判其判决，认为其违反了平等保护条款或者宪法第二条的授权性规定（该条赋予了州立法机关制定选择总统选举人程序的权力）。简而言之，州法院的判决无论如何都会被推翻。

布什诉戈尔案持续和长期的后果

当事人：他们现在在哪里？

布什诉戈尔案的主角现在在哪里并不是一个秘密。在布什任职的第一年，布什诉戈尔案很快就成为过眼云烟，因为2001年9月11日发生了对美国可怕而悲剧性的袭击。这些袭击——布什对其所做的回应，特别是他将美国带入伊拉克战争的决定——界定了他的剩余总统任期。在2004年，布什再次当选总统，这次赢得了大多数的公民投票，并且在选举人团获得了比第一次略大的胜利。尽管如此，伊拉克战争的持续和他领导的行政当局在卡特琳娜飓风中的无能表现，损害了布什的支持率。当自大萧条之后最为严重的全国性经济危机发生时，他的支持率进一步下降。在2008年选举日之前，布什的支持率已经是现代历位总统中最低的了。这为布什的继任者，民主党的巴拉克·奥巴马的历史性选举胜利铺平了道路。尽管如此，布什担任总统时期还是留下了一项具有持续影响力的遗产。他任命了两名新的联邦最高法院法官——约翰·罗伯茨（接替威廉姆斯·伦奎斯特担任首席大法官），和小萨缪尔·阿利托（接替桑德拉·戴伊·奥康纳大法官）。在这两次任命时，布什都强调他是按照大法官斯卡利亚和托马斯的榜样选择法官的，而这两位大法官在布什诉戈尔案中都是多数派法官。罗伯茨曾经向布什的法律团队建议布什向联邦最高法院上诉，同时也是布什最早任命的十几位上诉巡回法院的法官之一。[146]

---

[145] 例如参见，Michael C. Dorf，Op-ed，*Supreme Court Pulled a Bait and Switch*，L. A. Times，Dec. 14，2000，at B11。

[146] 这一批上诉巡回法院法官包括迈克尔·麦康奈尔，布什总统任命其担任了联邦第十上诉巡回法院的法官。尽管奥尔森不在其列，但是其担任了布什的第一任总检察长，并有报道说他曾是2005年担任联邦最高法院法官的考虑人选之一。奥尔森的妻子芭芭拉，同其飞机上的所有人，在2001年9月11日恐怖分子劫机撞向五角大楼的那次空难中死亡。在布什诉戈尔案后不久，凯瑟琳·哈里斯当选众议员，但她在那届任期的表现并不出色，并且在随后的美国参议员竞选中失利。

在布什就职典礼之后，戈尔很大程度上投身于宣传全球变暖危险的事业。在2007年，戈尔以其影片《令人烦忧的真相》赢得了奥斯卡最佳纪录片奖。在这部影片中，戈尔促进了人们对环保的理解。在同一年晚些时候，他因为其动员全世界的公民关注全球变暖危险的努力而赢得了诺贝尔和平奖。[147]

选举人团和选举改革

布什诉戈尔案将全国的注意力都吸引到选举人团和投票技术上来。在这一判决之后不久，还有一些激发出来的兴趣促使人们去反思选举人团的效用，并考虑为了有利于全国性的公民投票，应当废除这一机构。但是这一兴致很快消逝了，特别是在人们发现明显没有修正宪法的全国性支持之后。因为全国性的公民投票会使得全国性选举的候选人倾向于将其主要竞选精力投入在大州，而忽视小州的民意。同时，国会授权成立了一个全国性选举委员会，并由前总统杰米·卡特和哥罗德·福特担任共同主席，以对美国选举改革提出建议。[148] 尽管该委员会提出了很多建议，包括使用光学扫描仪而不是纸质选票投票，但是几乎没有一个建议被付诸实施。

等待下一个布什诉戈尔案

在布什诉戈尔案之后的每一次重大选举，主要的候选人都在选举日之前就准备好应对由全国范围内不同的选举法律和不同的投票计票机制所引发的危机和法律挑战。尽管如此，在2004年，很多俄亥俄州的民主党人确信，布什窃取了民主党候选人克里的胜利。他们抱怨共和党州当局试图在选举日期间把（比共和党选票）更多的民主党选票认定为无效。他们还抱怨那年用于总统选举的投票机器（由一个主要的共和党竞选赞助者掌控的公司设计）是有问题的，并且导致该州大量选票，特别是支持民主党选区的选票无效。在2008年，两位主要的候选人——巴拉克·奥巴马和约翰·麦凯恩——在每一个征战的州都召集了律师团，以处理在选举日之前和当天引发的选民身份证明（voter identification）和投票的法律问题。

联邦最高法院

联邦最高法院从未摆脱布什诉戈尔案的阴影。斯卡利亚法官在2007年普林斯顿大学一个演讲之后回答关于布什诉戈尔案的一个提问时，他声称，“揭过这一页吧，这已经是7年之前的事情了。我认为我国的大多数公民都（对联邦最高法院停止重新计票）感到欣慰。”[149] 一年后，金斯伯格大法官在回答关于斯卡利亚法官评论的一个问题时说，她仍然跟斯卡利亚法官保持着

---

[147] 在戈尔这一边的那些人中，劳伦斯·特莱布还在哈佛大学，大卫·博伊斯仍然回到其律所——纽约市的博伊斯、席勒 & 弗莱克斯纳合伙律师事务所，继续从事私人律师业务；皮特·鲁宾成为了马萨诸塞州上诉法院的一名法官；而罗恩·克莱因也回到律所从事私人律师业务，但是其间他离开很短一段时间领导了一个投资公司。在2008年11月12日，新当选的副总统拜登任命克莱恩担任其首席幕僚长。

[148] 见Gillman，前注②，168页。

[149] Samantha Pergadia, *Ginsburg: Mutual Respect Unites Nine*, Daily Princetonian, Oct. 24, 2008, at 1.

亲密的朋友关系，但是布什诉戈尔案“从未被联邦最高法院引用过，而且我认为永远也不会被引用”⑩。（虽然这一案件被联邦低级法院引用过很多次，但是这不值一提。）

结论

布什诉戈尔案一直备受很多学者的批评，他们认为它是联邦最高法院以自己的偏见投票或者操纵法律以使法官的个人偏好最大化的最典型案例。学者们仍然在分析和讨论这一案件，但是他们的可信度也大打折扣，因为他们对该判决的反应与其个人的政治倾向明显相关。这也是理查德·波斯纳法官的看法。他在布什诉戈尔案判决后不久表示，如果有人去考察“宪法教授们在选举后诉讼期间所做的公共评论，就会发现学术性宪法法律实践明显和司法实践一样的政治化。自由派教授们花了大量时间试图在他们所喜欢的案例，如罗伊诉韦德案中发现令人满意的基本原理，而从未努力去研究布什诉戈尔案，而保守派教授则不寻常地一味支持这一判决，不管其法律依据是什么（我认为这明显不可取），这不可避免地要被贴上‘司法能动主义者’的标签”[151]。

当布什诉戈尔案在学术界仍然是一个困扰的时候，我们不清楚它在多大程度上塑造了公众对联邦最高法院的看法。事实上，在联邦最高法院对布迈丁诉布什案（Boumediene v. Bush）[152] 作出判决，裁定国会不能对在反恐战争中拘押的“敌方战斗人员”无限期地推迟人身保护令状之后不久，一个调查显示，“60%的投票者相信联邦最高法院的法官有其自己的政治动机（agendas），而只有 23%的人相信他们依然公正……这一观点跨越了党派界线，投票者持有各种各样的意识形态信条。”[153] “当各公众被问及其对各种美国机构拥有多少信心的时候，最受信任的组织是军队……联邦最高法院是 32%，总统是 26%，国会是 12%。”[154]

很难说上述数据在多大程度上是仅仅由布迈丁案而非其他事件，包括布什诉戈尔案塑造的。更难以想象还有哪一起案件能够像布什诉戈尔案一样吸引了全国的注意力，或者能够产生接近于该案的政治后果，或者能够密切关系到——如果不是决定——美国总统的任期。尽管布什诉戈尔案从未被联邦最高法院引用过，但是至少它仍然是一个在宪法上具有深远影响的特例。

---

[150] 同注[149]。

[151] Gillman，前注②，163 页（内部引用在此略去）。

[152] 128 S. Ct. 2229 (2008).

[153] 《60%的人相信联邦最高法院的法官有其自己的政治动机》，Rasmussen 报道，2008 年 6 月 16 日，可见http://www.Rasmussenreports.com/public_content/politics/mood_of_america/60_believe_suprem_court_justices_have_their_own_political_agendas.。

[154] Ronald A. Rotunda, 2008 *Supplement to Modern Constitutional Law: Case and Notes* 40 (8th ed. 2008)（原文引用在此略去）。

德雷克·斯科特案的故事：原意主义被遗忘的过去

克里斯托弗·L·艾斯格鲁伯

李志强　译

当联邦最高法院就德雷克·斯科特诉桑福德（Dred Scott v. Sandford）一案作出判决时[①]，其中一些大法官希望他们已经解决了有关奴隶制的冲突，并避免了一场内战。[②] 与之恰恰相反，他们作出的几乎肯定是美国宪法史上最糟糕的司法判决。首席大法官谈尼（Taney）的判决意见声称，身为奴隶后代的非洲裔美国人在宪法上既不是“公民”也不是“人”；国会无权在其领土上禁止奴隶制；而且尽管独立宣言曾宣称“所有人都生而平等”，但它只适用于白人，而非“所有人。”这其中任何一点都足以破坏联邦最高法院的名声；而所有这些加起来则不啻一场灾难。

内战之后，两条主要的宪法修正案彻底抹掉了斯科特案判决依据的基本原理。第十三修正案废除了奴隶制，使得斯科特案就这个问题所说的一切都变得过时。第十四修正案的第一句话不容置疑地推翻了斯科特案就美国公民权问题所持的观点。该修正案规定，任何出生或归化于合众国的人都是美国公民，无论其种族和血统。有人可能会以为现在对斯科特案的研究纯粹只是出于历史兴趣，而对现代司法几乎没有意义。

然而正如玛丽·安妮所称的，斯科特案作为一个“反例（anti-precedent）”依然存在于美国法中，成为了揭示法院不应当做什么的典型例子。[③] 因此，在联邦最高法院持续进行的有关堕胎问题的司法辩论中，斯科特案占据了突出地位。保守学者和法官声称，类似罗伊诉韦德案（Roe v. Wade）[④] 和计划生育诊所诉凯西案（Planned Parenthood v. Casey）[⑤] 等判决判定宪法保护妇女选择是否中止妊娠的权利，这重复了斯科特案的错误。在这些批评者看来，罗伊和凯西等案例是又一起的德雷克·斯科特案，或者说得更简要一点，“德雷克案再版（Dred Again）”。罗伯特·博克所谓“德雷克案再版”理论的表述是这一立场的典型：

> “（斯科特案）至少很可能是联邦最高法院首次运用实体正当程序的判例，它是洛克纳诉纽约州案（Lochner v. New York）和罗伊诉韦德案的原始先例……因此洛克纳案和罗伊案有一个非常丑陋的共同祖先。但是一旦我们承认法官可以给正当程序条款赋予实质含义，德雷克·斯科特案、洛克纳案和罗伊案就都是宪法上同样有效的案例……要谈罗伊案就必须谈到洛克纳案和斯科特案。”[⑥]

尽管“德雷克案再版”理论的大多数支持者在表达其主张时比博克温和一点，但是博克也只不过是将罗伊案和斯科特案联系在一起的众多学者和法学家中的一个。上述引文的第一句是大卫·柯利教授说的。[⑦] 迈克尔·麦康

① 60 U.S. (19 How.) 393 (1857).

② Don E. Fehrenbacher, *The Dred Scott Case: Its Significance in American Law and Politics* 208 (1978).

③ Mary Anne Case, "*The Very Stereotype the Law Condemns*": *Constitutional Sex Discrimination Law as a Quest for Perfect Proxies*, 85 Cornell L. Rev. 1447, 1469 n. 112 (2000).

④ 410 U.S. 113 (1973).

⑤ 505 U.S. 833 (1992).

⑥ Robert H. Bork, *The Tempting of America: The political Seduction of the Law* 32 (1990).

⑦ David P. Currie, *The Constitution in the Supreme Court: The First Hundred Years*, 1789-1888, at 271 (1985).

奈尔教授（现在是法官）也曾作出过类似于博克“德雷克案再版”的评论。[8]就在凯西案中，安托宁·斯卡利亚（Antonin Scalia）大法官也在其反对意见书中称多数派法官重复了斯科特案的过错，而他们的名声将遭受到类似于谈尼一样耻辱的命运。[9]

尽管“德雷克案再版”理论很盛行，但是它建立在对斯科特诉桑福德案错误的描述之上。这一描述假定斯科特、罗伊和凯西案中的多数派法官都是由“基本价值/实体正当程序”理论团结起来的，乐于承认未列举的权利。它进一步假定，所有这些案件中的反对意见法官都认同仅仅遵循制宪者指示的原意主义（originalism）的法学理论。这一对斯科特诉桑福德案的描述包含着一些错误，这一点任何一位认真读过判决意见的人都能够明显感觉得到。但是，很少有律师认真读过，更不用说仔细读过斯科特案。或许这是可以原谅的忽略。这一判例的报告大约有 250 页长，而且大部分都是胡言乱语——例如丹尼尔（Daniel）大法官的赞同意见使用了罗马奴隶制的夸张讨论来分析在美国奴隶解放与奴隶制的关系。[10] 这一案件是司法性法律选择和实质性议题的胡乱纠缠。斯科特诉桑福德案不仅仅是联邦最高法院作出的最不公正的判决，还是最冗长、最阴暗和最过时的判决。

因此，本章探讨斯科特案件的文本谜团和历史背景，试图纠正“德雷克案再版”理论对本案持续的歪曲。对本案经过还原的描述不但不会威胁凯西案或罗伊案中多数派法官的名声，反而对他们的批评者提出了警告。将谈尼和其反对者区分开来的法学理论不是其依赖的基本价值（因为谈尼根本没有提出任何价值），也不是他对原意主义的拒斥（因为谈尼接受了它）。真正将谈尼的理论同其反对者的相区分的，是其明显和赤裸裸的对正义的漠不关心。

案件如何打到了联邦最高法院

约翰·艾默生医生，一位军队外科医生，住在密苏里州。德雷克·斯科特是他的一名奴隶。1834 年—1838 年间，艾默生在伊利诺伊州的阿姆斯特朗堡（Fort Armstrong）和现在在明尼苏达州境内的斯内林堡（Fort Snelling）任职。[11] 他去这些地方的时候带着斯科特。奴隶制在阿姆斯特朗堡和斯内林堡都是不合法的。伊利诺伊州是一个自由州，在那里奴隶制是被禁止的。明尼苏达当时还不是一个州，而是联邦领地的一部分，由美国国会管理着。这些旅程可能会对斯科特的解放产生一定的法律效果。根据在 19 世纪

---

⑧ 见 Michael W. McConnell, *A Moral Realist Defense of Constitutional Democracy*, 64 Chi-Kent L. Rev. 89, 101 (1988)。

⑨ Casey, 505 U.S. at 1001-02（斯卡利亚大法官的反对意见）。

⑩ 60 U.S. at 477-80（丹尼尔大法官的赞同意见）。

⑪ 参见 Fehrenbacher，前注②，243—244 页。这一节对历史背景的概括很大程度上依赖费伦巴赫尔对斯科特案的报道。这篇报道以其娴熟的笔法获得了普利策奖。此外还有一个相当不错的节略本，Don E. Fehrenbacher, *Slavery, Law, and Politics: The Dred Scott Case in Historical Perspective* (1981)。还有一本书可以提供有益的补充，其内容主要集中于哈丽特·罗宾逊·斯科特在诉讼中的地位。这本书是 Lea VanderVelde and Sandhya Subramanian, *Mrs. Dred Scott*, 106 Yale L. J. 1033 (1997)。

被广泛接受的普通法原则，如果奴隶主将奴隶带进自由地区，不论其自己是否有解放奴隶的主观意图，奴隶都将获得解放。[⑫] 在此决定性的因素就是奴隶主是否主观上有将该奴隶带到自由地区的意图（如果奴隶不经奴隶主的批准就去了自由地区，后果就会相当不同：该奴隶将根据宪法上关于逃亡奴隶的条款和国会立法被认定为在逃奴隶，而应当被重新捕获）。

有证据表明斯科特在明尼苏达的时候行使了自由人的权利。例如，斯科特娶了哈丽特·罗宾逊为妻，其婚礼仪式由一名政府官员主持。奴隶是无权结婚的，因此这显示斯科特将自己视为自由人（这也表明该名政府官员，或者艾默生都将斯科特视为自由人）。[⑬] 然而后来，斯科特随着艾默生返回了密苏里州。斯科特为什么这样做并不清楚：如果他确实理解自己已经被解放了的话，返回密苏里州是非常愚蠢的。可能是艾默生强迫他返回，或者斯科特当时并不知道自己的旅程已经使其获得自由了。

艾默生直到其于 1843 年去世都声称斯科特是他的奴隶。其后，艾默生的夫人，伊莱莎·桑福德·艾默生继续控制着德雷克·斯科特、哈丽特·罗宾逊·斯科特及其两个女儿。[⑭] 在 1846 年 4 月 6 日，斯科特一家起诉伊莱莎·桑福德，要求获得自由。他们起诉的理由是桑福德殴打和非法拘禁他们。这是密苏里州自由权诉讼的典型形式：奴隶主对奴隶使用的暴力，如果针对的是自由人，则构成殴打罪。艾默生夫人则辩护称，斯科特一家是她的奴隶，因此她有权拘禁并殴打他们。[⑮]

这一诉讼花了 10 年才打到联邦最高法院。斯科特一家最初在密苏里州的法院提起诉讼。一名年轻的法官亚历山大·汉密尔顿（与美国国父之一的汉密尔顿无关）主持了审判。[⑯] 在 1850 年，经历过第一次开庭、申诉和第二次开庭之后，汉密尔顿法官作出了对斯科特一家有利的判决。伊莱莎·艾默生上诉至密苏里州最高法院。由威廉姆斯·斯科特（与本案斯科特无关）撰写的，以 2∶1 投票作出的判决有利于艾默生夫人。密苏里州最高法院以前曾赞同这样一项基本原则，即奴隶一旦被带入自由地区即获得解放；这一原则正是斯科特起诉和汉密尔顿判决的基础。然而，现在密苏里州最高法院逆转了这一路线。它认定艾默生和其他奴隶主在将奴隶带入自由地区之后依然保持对这些奴隶的权利。[⑰]

密苏里州最高法院于 1852 年 3 月 22 日作出判决。它的判决首先建立在密苏里州法律的基础上，而非联邦法律：它依据密苏里州法律所承认的（对奴隶的）财产权利来处理艾默生旅程的影响。其后，斯科特并没有向联邦最

---

⑫ 参见 Fehrenbacher，前注②，50—61 页；另见 Robert M. Cover，*Justice Accused*：*Antislavery and the Judicial Process* 83-89 (1975)。

⑬ 本杰明·柯蒂斯（Benjamin Curtis）大法官在其反对意见书中也提出了相关的论点。他指出如果密苏里州将斯科特视为奴隶，那它将对斯科特夫妇的婚姻合同义务造成不合宪的损害。*Scott*，60 U. S. at 598-601（柯蒂斯法官的反对意见）；参见 Fehrenbacher，前注②，412—413 页。

⑭ 参见 Fehrenbacher，前注②，248—249 页。

⑮ 同上注，250—253 页。

⑯ 同上注，253 页。

⑰ 同上注，253—265 页。

高法院提起上诉。⑱ 相反，在 19 个月之后，斯科特提起了一个新的诉讼，其理由仍是州法上的殴打和非法拘禁条款，但是这次是向联邦法院起诉。在那时，也即 1853 年 11 月，伊莱莎·艾默生的弟弟约翰·桑福德主张其对斯科特一家拥有所有权。⑲ 他成为了本案的被告。⑳ 本案的一个技术性，但是非常重要的方面是，斯科特声称他的案件属于联邦法院的多元管辖范围（diversity jurisdiction）：桑福德是纽约州的居民，而斯科特是密苏里州的居民，因此，本案的双方当事人是不同州的公民。㉑

乍一看，转向联邦法院似乎没什么意义：毕竟，即便抛开管辖权问题和对既判力的关注不论，这一案件难道不会像上次诉讼一样转到同样的州法问题上吗？难道联邦法院不是一定要尊重密苏里州法院对其州法的解释吗？在 19 世纪的时候不是这样的。当时的相关案例是斯威夫特诉泰森（*Swift v. Tyson*）㉒，而非伊利铁路公司诉汤普金斯（*Erie Railroad Co. v. Tompkins*）㉓——这意味着联邦法院可以就有关密苏里州法律的内容作出独立的判断。斯科特有机会赢得诉讼，因为密苏里州最高法院的判决包含着对州法扩张性的重新解释，并偏离了其主流权威——实际上密苏里州最高法院的反对意见中就强调法院没有尊重密苏里州法律中的先例。㉔ 另外，联邦最高法院也有可能（尽管不大可能）认定，密苏里协定在关于奴隶身份的问题上已经优占了密苏里州的州法。㉕

本案于 1854 年 5 月开庭。联邦巡回法院的罗伯特·韦尔斯（Robert Wells）法官主持庭审。他遵从密苏里州最高法院的推理，作出了有利于桑福德的判决，裁决斯科特根据密苏里州法律仍然是一名奴隶。㉖ 斯科特向联邦最高法院申请再审令状。联邦最高法院从 1856 年 2 月 11 日起，辩论了 4 天。在当年的 5 月，联邦最高法院再次将本案提上辩论日程。从 1856 年 12 月 15 日起，又进行了 4 天的辩论。㉗

斯科特案在州法院和联邦巡回法院诉讼期间，没有引起多少关注㉘，但

---

⑱ 联邦最高法院要主张其对一个来自州法院的案件拥有管辖权，它必须能够找出这样的依据，即这一案件的结果依赖于一个联邦问题。尽管密苏里州法院努力将本案的判决建立在州法基础上，联邦最高法院仍然有可能找到一个联邦问题。例如，密苏里妥协（Missouri Compromise）可能使得在处理某个被带入按照协定禁止蓄奴地区的人的身份时，联邦法律将优占该州法律。费伦巴赫尔认为这一理论是有道理的；参见 Fehrenbacher，前注②，268—270 页。然而，几乎没有证据表明这样一种策略将会成功，因此斯科特一家和他们的律师选择再提起一个诉讼而不是直接上诉，这并不令人奇怪。

⑲ 仍然不清楚的是，桑福德如何获得了对斯科特一家的控制，或者说他是否在事实上确实有控制力。参见 Fehrenbacher，前注②，270—274 页。就本文的目的而言，这是无关紧要的；桑福德在诉讼中承认其所有权。参见前注，274 页。

⑳ 同上注，2&n. *。

㉑ 同上注，270—271 页。

㉒ 41 U.S.1 (1842).

㉓ 304 U.S. 64 (1938).

㉔ 参见 Fehrenbacher，前注②，265 页。

㉕ 正如前面述及的，前注⑱，费伦巴赫尔认为这一理论很有道理，虽然我并不如此认为。

㉖ 同上注，276—280 页。

㉗ 同上注，285—294 页。

㉘ 同上注，280、288—289、291 页。

是当本案打到华盛顿的时候，它吸引了全国性的注意。[29] 桑福德就斯科特起诉的辩护理由是，无论如何，国会没有宪法权力在其领地上禁止奴隶制。桑福德坚称，因为这一原因，艾默生在斯内林堡的居留不可能使斯科特获得解放；根据桑福德的理论，规定明尼苏达为自由地区的密苏里协定，本身就是不合宪的，因此，不存在有效的法律禁止联邦领地上的奴隶制。如果桑福德的主张获得接受的话，将产生远远超出斯科特案的影响力。联邦领地上奴隶制的地位是 19 世纪 40 年代和 50 年代一个爆炸性的政治议题。如果允许在联邦领地上蓄奴，则这些联邦领地很可能最终以蓄奴州的身份加入合众国。这反过来会影响反奴隶制和支持奴隶制双方的力量平衡。

对于很多人来说，斯科特一案的结局似乎会决定美国如何解决它所面临的最持久和最激烈的政治冲突。实际上，在 1857 年 3 月 4 日，离斯科特案的判决作出还有两天时，詹姆士·布坎南总统在其就职演说中宣称，联邦最高法院将很快解决联邦领地上奴隶制的问题。[30] 布坎南的预言可不是随便揣测：他参与了几位联邦最高法院法官的秘密交易，以便作出一个支持奴隶制的判决，而当他做就职演说的时候，他已经知道联邦最高法院将会如何判决。[31]

联邦最高法院在 3 月 6 日作出裁决。首席大法官罗格·谈尼宣读了判决和冗长的判决意见。两位反对意见法官，约翰·麦克莱恩（John Mclean）和本杰明·柯蒂斯（Benjamin Curtis）也分别宣读了他们的意见，两位附议法官詹姆士·韦恩（James Wayne）和萨缪尔·尼尔森（Samuel Nelson）也是如此。麦克莱恩和柯蒂斯法官很快就将其判决意见出版，但是首席大法官谈尼则等了数周才让其判决意见面世。在此期间，他明显实质性地修改了其判决意见——唐·费伦巴赫尔，此案最顶尖的专家，指出谈尼很可能增加了其判决意见 50%的篇幅，或者大约 18 页。[32] 这一不同寻常的程序引发了谈尼和柯蒂斯之间激烈的争吵，最终导致柯蒂斯于 1857 年从联邦最高法院辞职。[33]

联邦最高法院的判决意见

联邦最高法院作出了有利于桑福德的判决。这一点是明白的，而其他的却几乎都不清晰。所有 9 位法官都写了判决意见。尽管官方的报道声称谈尼大法官的意见是“法庭的意见”，要辨析出哪位法官加入了哪个主张，或者为本案的判决提供了什么理由却极其困难。[34] 本章后面的部分将遵循惯例集中于谈尼大法官的判决意见。

谈尼判决意见中最臭名昭著的部分是很容易概括的。谈尼同意桑福德的

㉙ 同上注，305 页（“在 1856 年的圣诞节前，德雷克·斯科特这个名字可能已为大多数美国人所熟知，他关系着国家事务的进程。”）。

㉚ 同上注，313 页。

㉛ 同上注，307—314 页。

㉜ 同上注，315—320 页。

㉝ 同上注，318—319 页。

㉞ 费伦巴赫尔对这一问题的分析特别深入，同上注，322—334 页。

意见，即国会无权在其领地上禁止奴隶制，因此密苏里协定是违宪的。[35] 谈尼的判决意见认为，宪法第五修正案的正当程序条款适用于密苏里协定：谈尼暗指国会（在其领地上）禁止奴隶制的时候是以缺乏正当法律程序保护的方式剥夺了那些进入联邦领地的奴隶主的财产。[36]

以上就是那些“德雷克案再版”理论家们所抓住的谈尼判决意见的要素。它们无疑是重要的，但却是孤立的理解。他们对谈尼判决意见的描述是不完整而且有误导的。我会在必要时增加细节以回应“德雷克案再版”的理论。然而，我们有必要在开头先提及一个棘手问题。桑福德在联邦最高法院的辩论意见包含着对联邦法院管辖权的挑战。他声称，斯科特并非公民，因而不能引发联邦法院对不同州公民争议的管辖权。联邦最高法院可以在管辖权问题上通过以下两种方式中的任何一种作出对桑福德有利的判决：认定尽管斯科特是自由人但并非公民，或者认定斯科特并未获得自由因而更不可能是一个公民（因为只有自由人可以成为公民）。

谈尼二者都做了。他在其判决意见开头就发表了冗长的论证，支持桑福德的管辖权申诉。[37] 谈尼认定任何非洲人后裔都不能成为（联邦）多元管辖条款（diversity Clause）意义上的公民，因为非洲裔美国人并非宪法上所称的“人”[38]。然而当裁定联邦最高法院对本案缺乏管辖权之后，谈尼却接着讨论国会是否有权在其领地上禁止奴隶制。[39] 这一判决理由的结合导致了关于谈尼对密苏里协定的宣告是否是权威有效的法律认定的长期争论。[40] 一些评论者认为，谈尼关于密苏里协定的探讨是其判决理论一项可供替代的理由，而并非对法律依据的讨论——正如我们已经注意到的，如果斯科特并非自由人，他也就不是公民，因此联邦最高法院缺乏管辖权。在探讨“斯科特案翻版”论证法律依据的议题上，我们可以将这个争论放在一旁；它无关我们的主题。但不论谈尼对密苏里协定的分析是否是权威有效的法律认定，他的判决理由依然意义重大，这是由于以下两个原因：一是因为他们（原意主义者们）的方法论，二是因为这些论证与他对正当程序条款解释之间的关系（在这两个原因中，后者依赖于前者）。

1. 财产权条款

我们现在来详细探讨“德雷克案再版”迷思。我们可以从一个简单但令人吃惊的文本观察开始：尽管“德雷克案再版”的理论家不赞成，但是斯科特案和现代隐私权案例（包括堕胎案）依据的是不同的文本来源。正如斯蒂文斯（Stevens）大法官在 1992 年发表的一篇文章中指出的，隐私权案例是根据自由权条款判决的：第五和第十四修正案中保障任何人不得未经正当法律程序就被剥夺自由的那部分。[41] 斯科特诉桑福德案的判决却不是依据该条

---

[35] Scott，60 U. S. at 452.

[36] 同上注，450 页。

[37] 同上注，399—430 页。

[38] 同上注，404—405、411、426—427 页。

[39] 同上注，430—454 页。

[40] 对此争论的探讨，可见 David M. Potter，*The Impending Crisis*：1848 - 1861，at 281 - 86（1976）。

[41] 参见 John Paul Stevens，*The Bill of Rights*：*A Century of Progress*，59 U. Chi. L. Rev. 13，20（1992）。

款作出的。它是根据第五修正案中财产权条款作出判决的：保障任何人不得未经正当法律程序就被剥夺财产的那部分。

在一些人看来，这一差别不足以构成文本上的差别。毕竟，生命、自由和财产在正当程序条款中是紧密相邻，并列出现的。自由权和财产权条款共用了那些措辞（“任何人不得……被剥夺……”或“任何州都不能剥夺任何人的……”)，并且都紧跟着（“未经正当法律程序”）的措辞。那么这一差别还重要吗？虽然这种说法有一定道理，但差别依然存在。

自由之所以不同于财产，是因为自由的定义来自人之本性和我们的理想，而非来源于历史上的偶然事件，如盗窃、不动产授予和法律（包括斯科特案中的奴隶法）。斯蒂文斯大法官在 Meachum v. Fano 一案中清晰地阐明了这一点。当时他不同意多数派法官的说法，即自由利益必须“植根于宪法”或者“在宪法上有基础”[42]。

> （法律）并非自由的源泉，更不是其独有的来源。我把自由视为不证自明的，所有人都被他们的造物主赋予了自由。自由是首要的和不可转让的权利。正当程序条款保护的是基本权利意义上的自由，而非由具体法律或者法规赋予的特定权利或者利益。[43]

斯蒂文斯的论证有意重复了独立宣言中的话语。独立宣言将“生命、自由和追求幸福”称为“不可剥夺的权利”。宪法中的正当程序条款（不同于独立宣言）则同时保护自然权利和实证权利，用“财产”替换了“追求幸福”。就算是自然法思想在美国法学界最强盛的时候，一些理论家依然承认财产权利的边界很大程度上依赖实证法律的宣示。例如约瑟夫·斯道利在结束其对自然法和财产权利的理论考察时如是说：

> 无论一个人对某一财产拥有怎样的权利，都不意味着他就有权将该财产权利转让给他人，或者在他去世的时候，转交给他的子女或者继承人。他的所有权的性质和程度、他处分该财产权的方式、在他去世之后遗产继承和分配的流程，以及在出现任何对财产权的侵犯时的补偿，如果不是完全，也在很大程度上，是社会立法制度的结果。[44]

当然，斯道利所说的是现在早已过时的自然法语言。人们无须诉诸自然权利的修辞就可以表达这一基本观点：财产权利在某种程度上依赖于立法机关的界定，而自由则不需要。

财产权利的这一特征是在确定正当程序条款是否在保护程序权利之外还保护实体权利时，尊重宪法上关于自由和财产之间差别的最佳理由。尽管如此，“德雷克案再版”的理论家们依然拒绝这一理由。然而，他们还需要对其他理由作出回应。例如，体制性考虑提供了尊重自由和财产之间差别的又一个理由。在超过 70 年的时间里，联邦最高法院在经济性法规和其他法律

---

[42] 427 U. S. 215，230（1976）（斯蒂文斯大法官的反对意见）（引自多数派法官意见，同上注，226 页）。

[43] 同上注。

[44] Joseph Story, *Natural Law*, in 9 Encyclopedia America 150，156（Francis Lieber ed.，1836），重印后载 James McClellan, *Joseph Story and the American Constitution*: *A study in Political and Legal Thought* 313 - 20（1971）。

之间画出了一条界线，裁定司法不应仔细地审查前者。[45] 这一差别建立在这样一种信念上，即经济性权利是相对不重要的。这一差别在最近几年遭受了来自批评家斯蒂芬·梅塞德的一些打击。[46] 很多读者可能会同意梅塞德所说的“我们的职业在塑造我们的身份方面经常同我们读什么书或者从媒体中接受什么观念一样深刻，同我们做的私人选择一样深刻”[47]。不过即使是那些赞同梅塞德关于经济自由观点的人也会相信，机构能力的因素使得法院在保护经济性权利方面地位非常虚弱：例如，人们可能会认为在一个复杂的市场经济中法官们（考虑到他们的训练和资源）评估一项经济性法规的影响，要比评估道德性法规对个人隐私的影响难得多。[48] 那些接受了这一体制性理由的人也会以区别对待自由和财产的方式解释正当程序条款。

无论如何，“德雷克案再版”的理论家们必须对斯蒂文斯指出的文本性差别作出一个合理的回应。他们不能仅仅像博克那样，仅仅通过坚持“任何词语除了法院给予它的含义之外都没有实质含义”，就不管自由和财产之间的差别。[49] 这一立场不但与博克自己宣称的文本主义不相符[50]，也与“德雷克案再版”立论的前提不符。这一立论部分地转而声称，斯科特案和罗伊案是依据同一套法律词语作出的判决。但是它们并非如此。

2. 谈尼的原意主义

现在我们来讨论“德雷克案再版”理论家们对德雷克案的描述中最明显的偏差。他们假设说，只要谈尼坚持原意主义，他就能避免灾难性的后果。诚然，谈尼的判决意见是对原意主义的一次背离。他论证的核心是对宪法起草时期种族主义行为的冗长描述，所有这些都是为了证明非洲裔美国人既不是宪法意义上的“人”，也不是“公民”[51]。谈尼以这样的方式描述他的解释方法：

> 如果（宪法中的）某些条款被认为是不公正的，宪法本身已经规定了修正它的模式；但是只要它还未被修改，它现在就必须按照当初被采纳时的意思去解释……它不仅同制宪者当初起草、美国人民表决和采纳时使用着同样的措辞，而且还具有同样的意思和同样的意图。任何其他的解释方法都会抹煞法院的特性，并使宪法沦为当下流行观点和激情的

---

[45] 例如参见 *Ferguson v. Skrupa*, 372 U. S. 726 (1963), *Williamson v. Lee Optical*, 348 U. S. 483 (1955)。

[46] Steven Macedo, *Liberal Virtues: Citizenship, Virtue, and Community in Liberal Constitutionalism* 183 - 202 (1990).

[47] 同上注，198 页。还可见 Christopher L. Eisgruber, *Constitutional Self-Government* 162 - 63 (2001)。

[48] 道格拉斯 (Douglas) 法官认为联邦最高法院愿意保护经济性自由——而非他们愿意赋予正当程序条款实质性内容——才是洛克纳 (*Lochner*) 时代的罪恶。因而他认为，保护堕胎权利并不涉及“实体正当程序”，因为堕胎权利并不涉及“立法规制一个商业企业”。*Doe v. Bolton*, 410 U. S. 179, 212 n. 4 (1973)（道格拉斯法官的赞同意见）。相反，道格拉斯表达了对联邦最高法院在其使用平等保护条款审查佛罗里达税收减免中优待女性的实践依据时重新恢复实体正当程序原则的关注。参见 *Kahn v. Shenvin*, 416 U. S. 351, 356 n. 10 (1974)；还可见 Erisguber，前注[47]，165 页。

[49] Robert H. Bork, *Again, a Struggle for the Soul of the Court*, N. Y. Times, July 8, 1992, at A19.

[50] 参见 Bork，前注[6]，145 页（“法官的职责是解释法律的文本含义，而非其他。”）。

[51] Scott, 60 U. S. at 404 - 05.

反映。[52]

这是一条能够温暖原意主义者心灵的信条。[53] 遵循着这样的信念，谈尼收集了各种各样的证据。他追溯了从英格兰到殖民地时期支持奴隶制的看法。[54] 他考察了各种将非洲裔美国人归于“低等的和从属的状态”的州法[55]，并且声称“在这些条款形成之后，以及它们持续生效期间，在美国的任何一个州都找不出承认‘任何获得自由的非洲裔美国人’全部公民权利的例子”[56]。他坚称，如果宪法产生了使得奴隶主的财产——奴隶可能成为享有权利的人的可能性，那么蓄奴州当初就不会同意批准宪法。[57] 更重要的是，谈尼主张，宪法起草者的那些措辞究竟是什么意思应当以他们的行为来判断，而非他们的愿望：

> 独立宣言的起草者们都是伟人——极有文采——也极有荣誉感，因此不可能声称那些与其行为不相吻合的原则。他们非常清楚其使用的语言的含义，以及其他人会如何理解它。他们知道文明世界的任何部分都不可能接受黑种人……他们按照当时确立的学说和原则去言说，去做事，而且按照今天的通常语言，也不会有人误解他们。不幸的黑种人与白种人之间被抹不掉的标记所区隔，被很久以前就确立的法律所分开，除了被当做财产之外从不被考虑或者提起，并且只有在作为奴隶主的所有物、商人的利润时，才被认为需要保护。[58]

原意主义对基本价值更为轻蔑是不难想象的。谈尼并不认为需要关注这样一种可能性：即原意主义的解释可能使宪法不公正。[59] 他同样拒绝这样一种假定：即制宪者们想让他们的宪法原则超越他们自身行为的不足。假使谈尼采用了这样一种假定，他就会倾向于解释制宪者们的目的，这样宪法就会在某种程度上与正义相一致。然而，谈尼采用了恰恰相反的假设。他的解释建立在这样一种假定之上，即制宪者并未打算让宪法与一种比他们自身所能达到的更高的行为标准相结合。

谈尼走得更远。他暗示宪法是建立在根据现在新的理解，看起来并不公正的意见之上的：“我们很难通过那个时代制定的独立宣言和那个时代起草并采纳的美国宪法，来实现今天在世界文明开化部分流行的关于那个不幸种

---

[52] 同注[51]，426 页。

[53] 例如我们可以在罗伯特·博克的书中听到对谈尼这些话的共鸣：

法律，我们承认，可以被修改或者废止。宪法也可以按照其第五条规定的程序修正。这些规定好的程序就是法官不应当改变法律或者宪法的必要宣示。虽然法官经常改变法律或者宪法的含义，但这毫无合理性可言。

什么是法官所不应改变的规则含义呢？就是当这部法律制定时被理解的那个意思。宪法批准者的理解就是宪法的真正含义，这是一个简单易记的公式。这是因为正是他们制定了它，颁布了它，也是因为批准者知道他们必须用当时公众所理解的意思来制定法律。

Bork，前注⑥，143—144 页。

[54] Scott，60 U. S. at 408.

[55] 同上注，416 页；谈尼对各州法律的考察见前注，408—409、412—416 页。

[56] 同上注，418 页。

[57] 同上注，416 页。

[58] 同上注，410 页。

[59] 同上注，426 页。

族的公共意见要求。”[60] 谈尼这样总结道，没有任何理由假设制宪者的意图是公正；倒是有一些理由让我们相信他们的意图事实上就是不公正；因此没有理由要将他们的意图那样解释以让其变得公正。

原意主义应当为谈尼在斯科特案中的结论承担多大程度的责任呢？即使按照原意主义自己的标准，谈尼对他原意主义策略的实施也是明显不足的。例如，谈尼声称在宪法起草的时候各州没有自由黑人公民，这明显是错误的。[61] 谈尼对历史记录的回顾也充满了谬误。[62] 但是这又如何？原意主义在其干得糟糕的时候仍然还是原意主义。那些推崇原意主义的人知道，正如其他方法一样，原意主义也既有能力强的门徒，也有水准不够的门徒。实际上，如果原意主义是一种特别难以施行的策略的话（例如，因为历史记录的模糊），会导致坏的原意主义论证压倒好的那些。这正是原意主义作为一种解释工具价值大打折扣的原因。无论如何，如果谈尼是诚实的话——或者换句话说，如果本案的结果事实上就是根据他所展示的那些推论得出的话——那么他的判决意见正是原意主义能造成不公正令人信服的证据。[63]

此外，谈尼的原意主义论证并不是建立在那些很容易被柯蒂斯法官提供的那种历史证据揭穿的声明之上的。谈尼全部需要的只是声称制宪者们是在“白色种族基础上（the white basis）”[64] 建立合众国政府的，因为其中的一些人赞成奴隶制，另一些人则是种族主义者或者相信一个永久性地带有种族主义的联邦也好过没有联邦。这些说法是不容易被驳倒的。的确，即使是很多通常对制宪者们充满敬意的人也认为他们是同情奴隶制的种族主义者。[65]

当然，人们可以收集证据反驳谈尼关于制宪者们的观点。柯蒂斯法官确信这样的证据将被证明是有说服力的。[66] 赫伯特·斯道林实施了柯蒂斯法官预想的计划。[67] 然而任何这类计划的成功与否可能都依赖于解释者是否愿意采纳麦克莱恩法官在其反对意见中建议的态度。麦克莱恩写道，他倾向于“根据麦迪逊、汉密尔顿和杰伊解释宪法的方法，而非按照滞后于时代的，在基督教国家被宣布为劫掠行为，并以死刑予以惩罚的非法交易（指贩奴，译者注）来解释”[68]。其他的解释也是可能的，但麦克莱恩的方法也就是在要求我们按照与正义最相一致的方式解释制宪者的意图。麦克莱恩建议采取这样一种解释的姿态，即不是像谈尼所采取的那种贬低制宪者的理想以适应其行为的方式尊重制宪者，而是认识到制宪者们也有理想（并且将其体现在宪

---

[60] 同注[54]，407 页。

[61] 同上注，572—575 页（柯蒂斯大法官的反对意见。）

[62] 见 Fehrenbacher，前注[2]，340—364 页。

[63] 当然，谈尼可能撒谎了：他可能明知原意主义的论证是错误的还援引了它们，以掩盖他以其他理由得出的结论。然而，将谈尼的判决意见归结为一个谎言同样会削弱“德雷克案再版”的迷思，因为它会在为原意主义开脱的同时，也在同样程度上开脱了实体正当程序为斯科特案所承受的责难。

[64] 这一说法来自斯蒂芬斯·道格拉斯，他接受并捍卫谈尼版本的观点。Paul M. Angle，*The Complete Lincoln-Douglas Debate of* 1858 65（1958）。

[65] 对当时观点的探讨可参见 Herbert J. Storing，*Slavery and the Moral Foundation of the American Republic*，*in The Moral Foundations of the American Republic* 313（Robert H. Horwitz ed.，3d ed. 1986）。

[66] 见 *Scott*，60 U. S. at 574—75（柯蒂斯大法官的反对意见）。

[67] 见 Storing，前注[65]，313—324 页。

[68] *Scott*，60 U. S. at 537（麦克莱恩大法官的反对意见）。

法上），虽然他们并没有达到那么高的行为标准。

我们可以通过对谈尼原意主义的考察得出两个结论。第一，不同于麦克莱恩或者柯蒂斯，谈尼是以一种对制宪者们的意图是正义还是非正义漠不关心的方式接受了原意主义。谈尼可能在事实上就是这样一种原意主义者。[69]第二，谈尼版本的原意主义对于本案的结果至关重要。

3. 原意主义在斯科特案判决逻辑中扮演的角色

我们可能会期待，在"德雷克案再版"理论有关斯科特案和罗伊案的比较中，会发现斯科特案会和罗伊案一样，是以"法律正当程序"为中心展开论证的。然而情况并非如此。谈尼的原意主义——而非他对正当程序条款的实质性解读——应当为斯科特案最臭名昭著的结论负责。谈尼关于公民权和人格的原意主义论证占据了其判决意见44%的篇幅。[70] 谈尼分析的结论是联邦最高法院没有多元管辖条款下的司法管辖权。[71] 这一结论是以原意主义的推理为依据，独立于正当程序条款的。它已经足以驳回斯科特的诉讼了。

谈尼在他对公民权原意主义的讨论之后又对联邦领地条款（Territories Clause）做了更加原意主义的论证（一样地缺乏说服力和冗长）。[72] 仅仅有两句话提及正当程序条款。它们出现在谈尼判决意见的第 51 页。以下是那两句话，及其前面和后面的句子：

> 这些以及其他有关个人权利的权力（我们在这里没有必要完全列举），是用明确和正面的措辞，拒绝赋予一般政府（General Government）的；私人财产权也受到同样的保护。因而财产权就和其他个人权利一样，被置于宪法第五修正案平等保护之下。这一修正案规定，未经法律正当程序，不得剥夺任何人的生命、自由和财产。因此，如果一个公民并没有犯下任何违反法律的罪行，仅仅因为他带着其特定财产进入美国的特定区域，国会制定的法律就剥夺了他的自由或财产，这几乎不可能满足正当法律程序的要求。

因此，我们也很难声称，国会能够制定法律允许士兵在和平时期未经主人同意就驻扎于联邦领地的民宅中；在战争时期也不例外，除非以法律规定的方式。[73]

因而，谈尼的判决意见在任何意义上都不是关于正当程序条款的。他没有像其表述和支持原意主义宪法解释的观点那样，表述有关正当程序条款的

---

[69] 例如参见 William E. Nelson, *History and Neutrality in Constitutional Adjudication*, 72 Va. L. Rev. 1237, 1237 - 38 (1986)（"'目的主义'……至少可以追溯到1857年的斯科特诉桑福德案。"）；还可见 Paul W. Kahn, *Legitimacy and History: Self-Government in American Constitutional Theory* 46 (1986)。

[70] 我依据的是费伦巴赫尔的统计，见 Fehrenbacher，前注②，337—340 页。

[71] *Scott*, 60 U. S. at 427.

[72] Art. IV, § 3, cl. 2（"国会有权处置属于合众国领地上的财产，并制定一切必要的法律和法规调控之。"）谈尼的论证是怪异的。他先是主张这一条款并未授权国会去调控西北地区。在剥夺了国会根据宪法文本最自然的解释就能拥有的对其领地的立法权之后，谈尼转换了立场，声称根据国会有权决定接纳新州的条款，国会默示地获得了该项权力。Art. IV, § 3, cl. 1（"国会可以决定接纳新州加入合众国。"）。对该论证的总结和批评，可以参见 Fehrenbacher，前注②，367—376、381—382 页。

[73] *Scott*, 60 U. S. at 450.

理论。尽管如此，还有一个重要问题：谈尼对正当程序条款的实质性解释是否是支持其结论的必要条件或者充分条件呢？如果答案是肯定的，这当然是主张斯科特案是“实体正当程序”案例的一个理由，无论它还可能是什么。但是答案是否定的。

谈尼对正当程序条款的实质性解释对得出他的结论，即联邦法院不能给斯科特任何救济，明显并非必要。谈尼已经根据管辖权的理由得出了这个结论。尽管如此，有关正当程序的论证可能对谈尼结论的另一个方面是必要的。首先应当对斯科特诉桑福德案之后出现的政治性冲击波负责的不是谈尼有关管辖权的裁决。[74] 相反，这一政治冲击波是缘于谈尼的另一个结论，即国会无权在联邦领地上禁止奴隶制。谈尼对正当程序的讨论是为了论述这样一个主题：他暗示密苏里协定因为禁止在一些联邦领地上蓄奴，而不合宪地剥夺了那些进入这些领地的奴隶主的财产。[75] 如果谈尼对“法律正当程序”的实质解读对他就密苏里协定的判断是必要的话，我们可以至少说它对其中一个更加臭名昭著的结论是必要的。

然而，财产权条款的论证仅仅是作为谈尼得出其结论——密苏里协定是违宪的——众多独立理由中的一个。谈尼将有关正当程序的论证置于对宪法是否授权国会调控联邦领地上的奴隶制这一冗长的讨论中。尽管谈尼从这一论证中略作偏离，以引述正当程序条款，然而不久之后，论述就又回到这一主题上来了。谈尼的立场远不够清楚，但是他明显认为宪法根本没有赋予国会任何权力，去调控在联邦领地上的奴隶制。[76] 如果这一说法没错的话，那么财产权条款阻止国会禁止奴隶制的论证就是多余的，因为谈尼已经得出结论，宪法没有授予国会调控奴隶制的权力。

尽管如此，谈尼有关国会无权调控联邦领土上奴隶制的论证也是混乱的。对此，有人可能会说，谈尼需要对正当程序条款进行实质性解释来得出国会无权在联邦领地上禁止奴隶制的结论。我的观点与此不同，但是一样具有理智的人可能会在这一点上有不同的看法。

当我们从论证的必要性转向充分性时，我们可以更有信心地这样回答。谈尼将正当程序条款解读为一种实体性权利源泉并不足以驳回斯科特的要求，也不能使得密苏里协定无效。这一原因非常重要：谈尼对“财产”的解释建立在他对非洲裔美国人不是宪法意义上的人这一原意主义的解读之上。

索蒂里奥斯·巴伯就明确地指出：

> 人们无须去反对那个抽象的论点，即国会应尊重那些从一个地方迁

---

[74] “谈尼对黑人公民权不利的判决不同于其对密苏里协定限制蓄奴不利的判决，它没有遭受任何类似于后者招来的情绪性指责。”前注②，429页。当然，谈尼判决意见所引发的反应反映出当时盛行的种族主义舆论。以事后的眼光看，就算谈尼在多元管辖权条款的论证之后就结束，他的判决意见依然称得上是最坏的判决，因为这一意见拒绝了非洲裔美国人获得公民权的可能性。

[75] 我之所以说是“暗示”是因为，费伦巴赫尔指出，“尽管与一般的印象相反，谈尼从未明确地声明，密苏里协定违反了第五修正案。”Fehrenbacher，前注②，382页。谈尼说，国会不能仅仅因为一个公民将他的财产带进了联邦领地就剥夺其财产。谈尼并没有说密苏里协定是有问题的，当然人们可以从他的论证中推断出来。费伦巴赫尔得出这样的结论，“因此，谈尼对实体正当程序发展的贡献是不足的和某种程度上模糊的”。同上注。

[76] *Scott*，60 U. S. at 452.

到另一个地方的人的财产权利。德雷克·斯科特案令人感到遗憾的是其进一步的主张，即国会有义务充分尊重以人类形式出现的财产。国会应当尊重财产是一回事，而法律已经或者可以合法地把人类作为一种普通财产形式就是另一回事了。德雷克·斯科特案中的一切事实表明，谈尼对后一问题做了肯定回答，而且他假装相信这一答案是美国宪法的明确授权。⑦

换言之，对正当程序条款的实质性解读如果不和那个令人憎恶的财产概念（承认人可以作为财产）相结合，就对谈尼毫无用处。正如巴伯所指出的，谈尼是从他原意主义的论证中得出他那个财产概念的。诚然，我们可以很容易就理解谈尼对公民权的论证是如何为他所需要的财产理论提供基础的：通过认定宪法仅仅将非洲裔美国人当做财产而非当做人，谈尼能够肯定宪法不承认任何将非洲裔美国黑奴同其他财产相区别的理由。这正是他所追求的路径。

在那两句引证正当程序的话之后不久，谈尼就用两段话为财产权的实证主义理论做辩护。⑧ 尽管谈尼承认国际法将奴隶同其他形式的财产相区别，他仍然否认这一区别与宪法相关。⑨ 他引用了其判决意见的“较早部分”，在那里他得出结论“对奴隶的财产权清楚明白地为宪法所肯定”⑩。谈尼不会那么好心提供一个注释说明在他心目中究竟引用的是宪法的哪一段。唯一可信的选项就是他讨论输入和逃亡奴隶条款（Importation and Fugitive Slave Clause）的那一段，这段讨论包含在谈尼对公民权的阐释中。⑪ 这一段紧跟在前文已经引用过的谈尼的解释原理之后，即制宪者的意图依赖于其行为。谈尼的原意主义是解释这两个条款至关重要的基础，同样也是他宣称的“对奴隶的财产权清楚明白地为宪法所肯定”的基础。在这两个论点中他仅仅提及了人，而从未提到奴隶或者财产。⑫ 因此，谈尼对财产权条款的解释要归因于原意主义。

---

⑦ Sotirios A. Barber, *Whither Moral Realism in Constitutional Theory? A Reply to Professor McConnell*, 64 Chi.-Kent L. Rev. 111, 126-27 (1988).

⑧ Scott, 60 U.S. at 451.

⑨ 谈尼将他的否认建立在法律实证主义基础上：

我们都会承认，在美国人民和美国政府之间不存在任何国际法关系……政府的权力和公民在政府之下的权利都明白地规定在实证和成文的实际法律中……如果宪法承认奴隶主对奴隶的财产权，并且没有对财产和公民拥有的其他财产在描述上作出区别，那么任何审判机关……都无权划出这样的界线……

同上注，451 页。

⑩ 同上注。

⑪ 同上注，410—412 页。这一段是谈尼唯一使用文本证据以支持其非洲裔美国人是财产的主张的段落。在这一段中，谈尼说“不幸的黑种人……除了被当做财产之外从不被考虑或者提起，并且只有在作为奴隶主的所有物、商人的利润时，才被认为需要保护”。同上注，410 页；在谈到输入条款时，谈尼说，“购买和拥有此类财产在宪法制定之后的 20 年里都是明确允许和获得授权的”，同上注，411 页；而逃亡奴隶条款保证“只要他们组建的联邦政府还存在，就会以确定的方式保持和支持奴隶主的权利”。同上注。

⑫ 不论是柯蒂斯法官在其反对意见书中，还是亚伯拉罕·林肯在同斯蒂芬斯·道格拉斯辩论时，二者都强调宪法从未使用过“奴隶制”这个字眼，即使是在逃亡奴隶条款中。在所有地方提到奴隶时都是称其为“人”。同上注，624 页（柯蒂斯大法官的反对意见）；Angle，前注㊿，385 页。

4. 基本价值法学理论和斯科特案的反对意见

“德雷克案再版”学派将斯科特案的反对意见法官们——特别是柯蒂斯大法官——描绘为一位实证主义的光荣战士，他刻意避免向道德判断求助。“德雷克案再版”学派的成员声称自己是这些法学家真正的继承者。然而，他们的主张又一次建立在对斯科特案的错误说法之上。

如果“德雷克案再版”学派的解读是公正的话，那么我们会期待斯科特案的反对意见包含一些现代实证主义对实体正当程序的批评。这一批评或者主张正当程序条款的保护范围仅限于程序性权利，或者主张从史实上看，制宪者们从未打算在正当程序条款中纳入实质内容。这一批评会将文本的和历史的论据作为决定性的证据，以反对对财产权条款或自由权条款的实体性解读。[83]

柯蒂斯大法官的反对意见实际上并不包含这样的论证。他如此写道：

> 依我的判断，禁止将奴隶带入联邦领地并没有未经正当程序剥夺任何人的财产。这一判断经得起考验。
>
> 我们一定记得这一立法限制并非仅仅是根据美国宪法作出的，它还源于大宪章。大宪章由我们的祖先带到美国，作为祖先传承的自由的一部分，（宪章）存在于我们美国的每一个州，甚至用词都与大宪章非常相像的。它在1787年时存在于每一个政治性社区，当时的法令禁止奴隶制越过俄亥俄河向北向西发展。[84]

然后柯蒂斯回顾了各种各样剥夺奴隶主对其奴隶的权利的州法。他指出，没有人会以它们与大宪章不相一致而反对这些法律。

这些形式的论证看起来有点像是纯粹的原意主义。柯蒂斯法官援引了以下证据：在联邦成立之前的那些年里，从未有人以这些法律与大宪章不一致为由挑战这些禁止奴隶制的法律。他从这一证据得出结论：制宪者们相信大宪章允许（禁止奴隶制的法律），无论这些法律生效后会产生何种剥夺财产的效果。他论证道，因为美国宪法从大宪章那里借用了正当程序条款的语言，制宪者们可能会相信，那些与大宪章相一致的法律同样也和正当程序条款相一致。这一纯粹原意主义的论证会让我们得出以下结论，这些关于（正当程序）条款运作的信条是决定性的。

但是，我们必须将柯蒂斯的论证和纯粹原意主义的论证区分开来。在斯科特案中，柯蒂斯从未把话说绝。例如，他并没有说，正当程序条款不能有不同于大宪章的运用，也没有说制宪者们对大宪章的解释就其含义而言是决定性的。[85] 实际上，他明确绕开了后一问题，只是说，“我认为，至少可以这样说，如果国会制定的法律确实违反了大宪章，那么怎么没有人发现呢?”[86]

---

[83] 以上两个证据在Bork书中连续出现，前注⑥，32页。

[84] Scott，60 U.S. at 626—27（柯蒂斯大法官的反对意见）。

[85] 虽然柯蒂斯没有在斯科特案件中如此强烈地主张，但是有证据表明他在早些时候的一个案件中是这样认为的，见*Murray's Lessee v. Hoboken Land and Improvement Co.*，59 U.S.（18 How.）272（1855）。在那个案件中，柯蒂斯说“‘正当法律程序’的措辞无疑是要传达大宪章中‘根据这片土地上的法律’同样的意思”，同上注，276页。

[86] *Scott*，60 U.S. at 627（柯蒂斯大法官的反对意见）。

柯蒂斯因而明确要求谈尼解释，为什么那么多理智和聪明的人都误解了大宪章的运用。当然，就算那些人犯的错误不能以任何方式拘束未来的宪法解释，问这样的问题也是合情合理的。

另外，柯蒂斯并没有说正当程序条款不保护实体权利，也没有作出倾向于今天实证主义的论证，也即：根据简单的文本概念，“程序”这个词的外延本身就排除了（正当程序）条款保护实体自由的可能性。[87] 不过，假如现在讨论的这段话是柯蒂斯对谈尼正当程序论证的全部回答的话，我会退而承认“德雷克案再版”理论家们的描述使得柯蒂斯看起来比谈尼更加忠实（于原意主义）。尽管上述这段话至少提供了一些认为柯蒂斯是一个“实证主义/原意主义/程序就是指程序”的法官的依据，但是对大宪章的引用并非故事的全部。

以下是柯蒂斯攻击谈尼财产权条款论证的方式：

> 我现在将要审查这样一个问题：这一条款是否拥有（多数派法官）认为其具有的效力。首先，我们必须对现在探讨的这一特定形式的财产种类的性质和相关事件有一个明确的观点。
>
> 奴隶制，与自然法相反，仅仅是由国内法（municipal law）创立的。这不仅本身就是很明白的，被所有这一领域的研究者所认同，而且也能从宪法上推断出来，并为法院所明确宣示。宪法将奴隶视为“在一州的州法下必须服侍他人的人”。没有什么更能明白地描述出这一由国内法创造的地位了。在普里格诉宾夕法尼亚案（*Prigg v. Pennsylvania*）中……法庭宣布：“奴隶地位仅仅是国内法所创设的，它建立在，也限制在属地法律的范围内。”[88]

奴隶形式的财产与其他形式的财产不同，因为奴隶制是“与自然法相冲突的”。柯蒂斯因此得出结论，将宪法解释为，即使在奴隶主允许奴隶离开创设这种权利的管辖领域的情形下，其仍然保护这类财产权利很难说是合理的。[89]

根据“德雷克案再版”理论家们令人吃惊的说法，这一点明显值得一提：这是一个关于自然权利的论证，而非“清楚的文本”或者“制宪者意图”的论证。柯蒂斯声称逃亡奴隶条款包含着自然权利和实证权利的区别，而且他声称，人们必须理解这一差别才能理解正当程序条款中的“财产”一词。现在要论证这个问题可能就要根据基本权利或是朴素的正义观念来理解，但是这都是一样的。要理解宪法文本，人们必须考虑正义。

这是柯蒂斯反驳谈尼对财产权条款实质性解读的第一次也是最为宽泛的论证。这同样也是麦克莱恩法官对谈尼解读的唯一反驳。[90] 尽管如此，柯蒂斯法官第二次的论证有着明显的原意主义含义，而且如果仅仅因为那次有关自然权利的论证是第一次论证，而且篇幅更长，就声称他的第一次论证

---

[87] 对此一论证经典的表述（虽然并非一个纯粹的实证主义者），可见 John Hart Ely, *Democracy and Distrust*: *A Theory of Judicial Review* 18 (1980)。

[88] *Scott*, 60 U.S. at 624（柯蒂斯大法官的反对意见）（引用 *Prigg v. Pennsylvania*, 41 U.S. 539, 611 (1842)）。

[89] 同上注，625—626 页。

[90] 同上注，547—550 页（麦克莱恩大法官的反对意见）。

更加重要是愚蠢的。另一方面，如果声称只有柯蒂斯的第二次原意主义的论证才算数那就更愚蠢了。因此，我们至少可以这样说：基本价值法学理论对于斯科特案的反对意见法官们也有一定的价值（包括柯蒂斯法官的反对意见）。

在我们评判“德雷克案再版”理论对柯蒂斯法官的描绘之前，还必须考虑最后一件证据。“德雷克案再版”理论家们喜欢引用柯蒂斯法官对其方法的总结，他们把它当做对一切形式的基本价值法学理论的批判。下面是柯蒂斯法官写的：

> 必须承认，要向任何法律文本灌输一个其中找不到的实体性例外都是一件极难的事情。法律文本越重要，难度就越大，重要文本的解释涉及大量和复杂的利益。如果在解释宪法时也按照纯粹的政治原因这样做，就会使得司法解释变得不可能——因为司法审判机构不能按照政治性考虑作出判决。政治原因缺乏必要的确定性，不能担当司法解释的规则。它们都是因人而异的。即使是同一个人在不同时间也会有不同考虑。当根据支配法律解释的确定规则进行的严格宪法解释被抛弃，当我们允许个人性的理论意见控制宪法意义时，我们就不再拥有一部宪法了；我们就处在政府中一个个个人的统治下，他们有权随时根据其个人观点宣称宪法的含义是什么。[91]

实证主义者们会热烈欢迎这段论述，对此我们不会感到惊讶。这段话采纳的是“严格解释”和“确定规则”；它批评“政治原因”和“理论观点”；并警告说其他解释模式允许那些不持重的法官将“宪法是什么”的问题隐藏在“按照他们自己的观点，宪法是什么”的背后。但是我们应当小心。在我们承认柯蒂斯法官是——以他声称的方法论，而非他实际使用的方法——今天“德雷克案再版”理论家的先驱之前，我们应当审视其声明的模糊性。当柯蒂斯法官提到“法律解释的确定规则”时，他究竟是指什么？

正如G. 爱德华·怀特所揭示的，内战前的宪法性理论在“解释规则”的名义下，接受了一些高度争议性的、实体性的规则。[92] 柯蒂斯增加了一项要求，即规则必须是“确定的”。柯蒂斯的意见中没有任何东西能够使我们确定他究竟如何理解这个术语。[93] 然而，这很有可能与柯蒂斯在斯科特案中的话相一致。柯蒂斯可能考虑过，在获得法律共同体共识的前提下确定一个解释规则。他说，这一规则“是由在此领域的所有专家认可的”。这个规则

---

[91] 同注[88]，620—621页（柯蒂斯大法官的反对意见）。柯蒂斯法官提到双方的律师在就密苏里协定的合宪性进行辩论时都忽视了宪法文本：“在支持其各自观点的法庭论辩中，没有任何特定宪法条款被引用。”同上注，620页。

[92] G. Edward White, *The Marshall Court and Cultural Change*: 1815－35, at 114－19 (1988年版节略本)（讨论了约瑟夫·斯道利如何将“与意识形态视角相一致”的19个主张描述为“解释规则”，用来为司法审查提供一个“确定标准”）。

[93] 柯蒂斯引用了*Murray's Lessee* 中“固定规则（settled rules）”的说法，见59 U. S. 272, 283 (1855)。他在那里所声称的“确定规则”包括这样一些主张，例如“根据合法规则行事的公共代理人……不应为其遵守政府合法命令的行为而承担司法责任；发号施令的政府本身在没有获得其同意的情况下不能被起诉”。同上注。尽管在*Murray's Lessee* 中柯蒂斯花了两段的篇幅来讲这些规则（没有引证），我们仍然很难从这些段落中推断出他究竟是使用什么标准将“确定规则”同其他法学理论上的规则区别开来。

就是“与自然权利相冲突的奴隶制是仅仅由国内法（municipal law）所创立的”[94]。谈尼承认长期存在的、区别单纯国内法律和与自然权利相一致的法律的规则，但是他拒绝按照原意主义的理由[95]，允许“确定规则”支配宪法解释。柯蒂斯有关国内法的论证是对谈尼拒绝这一区别的回应。我们又回到这样一个假设：在那一段实证主义非常赞赏的段落中，柯蒂斯或许是想要为合理地求助于自然权利而辩护，来反对那种拒绝参考任何这类权利的鲁莽的实证主义。确实，我们有这样一种感觉，实证主义是一种坚定的政治立场，因为他允许占主导地位的意见决定法律的含义，而不向任何“确定”的标准求助，比如正义或者自然权利。

在刚刚结束的论证中有很多的“可能（Maybes）”。而且，柯蒂斯的论证也有一个实证主义的光环。但是，我们可以就柯蒂斯所说的作出两个温和的结论。第一，当人们知道柯蒂斯是以不同于原意主义的立场发表反对意见时，其陈述的意见性质就变了。柯蒂斯一定意识到，原意主义的论证不会比有关基本价值的论证带有的“纯粹政治性”更少。第二，柯蒂斯不同于谈尼，他从未表达过对其解释理论可能会造成法律不公的漠不关心。因此，柯蒂斯的宪法解释理论是否是实证主义是非常可疑的。正如我们看到的，他的实践无疑是怀有对基本价值深深的尊重的。

德雷克·斯科特诉桑福德案的直接影响

我们已经看到，谈尼在斯科特案中的判决意见就其特征而言是原意主义的，而且几乎没有对正当程序条款给予多少关注。然而，当我们对司法之外的（extra-judicial）资料来源进行审视后可能会发现，一些内战前深思熟虑的斯科特案批评家曾认为，谈尼对正当程序条款的实体性解读是其判决的本质，并且相信，这一解读是建立在对实证主义或原意主义的排斥基础上的。如果真是这样，这就将为我们接受“德雷克案再版”理论对斯科特案的描述提供了一个理由——尽管是非常脆弱的理由。我们至少可以说，公众相信谈尼对“正当法律程序”的不适当解释违反了其司法职责，即使他的判决中支持奴隶制的效果是由其他错误导致的，即使斯科特案的反对意见者们并没有像他们本来可能的那样有力地坚持这一点。（司法）记录允许“德雷克案再版”理论家们作出这样的论断吗？

---

[94] *Scott*，60 U. S. at 624（柯蒂斯大法官的反对意见）。见前注[88]及与其相关的正文。这一由柯蒂斯描述的规则在萨默塞特案中得到了最著名的清晰表达，见 *Somerset's Case*，20 Howell's State Trials 1，98 Eng. Rep. 499（1772）。在该案中，曼斯菲尔德勋爵（Lord Mansfield）说，“奴隶制的状态是这样一种性质，即它不能以任何理由被接受……除非实证法……它是如此的可憎，以至于没有任何东西能支持它，除了实证法。”20 Howell's State Trials at 82，98 Eng. Rep. at 499。对此的讨论，见 Cover，前注②，at 16—17，29。

国内法（municipal law）的概念本身就反映了一系列的法律原理。布兰克斯通将“国内法”界定为“在一国内由最高权力制定的国民行为规则，命令做对的行为而禁止错误行为”。William Blackstone，*1 Commentaries on the Laws of England* 44（1765）。他将其与自然法和神启法（revealed law）相对应，同上注，42—43、54—55 页。他说，“任何人类法律都不应与这些法律相抵触。”同上注，42 页。约瑟夫·斯道利以一种略微不同的方式使用这一术语。他将“国内法律”与其他法律以这样一种理由相区分：国内法律是为了“私人或者当地的便利”，而非“公共善（public good）”。Joseph Story，1 *Commentaries on the Constitution of the United States* § 421（1833）。

[95] *Scott*，60 U. S. at 451. 见前注[79]和相关正文。

答案是否定的。斯科特案激起了激烈的公共讨论。用内战领域杰出的历史学家詹姆斯·麦克佛森的话就是，“联邦最高法院的判决不但没有将联邦领地上的奴隶制这一议题从政治领域抹去，其本身也成为了一个政治议题。”[96] 很多北方的报纸和反奴隶制的政治家都严厉批评这一判决。[97] 当然，当时对斯科特案的批评采取的是与“德雷克案再版”理论所期待的不同的进路。共和党和废奴主义者批评这一判决是政治性的而非司法性的，但是他们反对的是谈尼对密苏里协定的评价是权威断言的主张。[98] 这些批评者认为，一旦谈尼判定斯科特并非公民，因此无权起诉，则谈尼就没有了裁决本案的法律依据。这的确是一种反对政治性判决的论证，但不是“德雷克案再版”理论家们希望得出的那种结论。“德雷克案再版”理论家们对谈尼判决的法律依据有论证，但是却没有对谈尼的判决如何得出这些法律依据进行论证。

当然，内战前斯科特案最重要的批评者亚伯拉罕·林肯的确集中就谈尼判决的法律依据进行了讨论。林肯对谈尼判决意见的一个首要批评就是，该意见裁定将奴隶“带入按照国会法律禁止蓄奴的联邦领地，并未使该奴隶获得自由，因为国会的法律是违宪的”[99]。谈尼对正当程序条款的实体性解读是其对密苏里协定进行攻击的一个部分（尽管可能并非必要的部分）。我们是否可以得出结论，至少对于这位著名的斯科特案批评者而言，对“正当程序”的解读是这一判决邪恶的核心？

有三个理由会让我们说不是这样。首先，正如我们已经看到的，谈尼将正当程序条款运用于密苏里协定依赖于他的原意主义主张，即对奴隶的财产权是符合宪法目的的，它与其他类型的财产权没有什么不同。

其次，林肯将谈尼的原意主义结论挑出来予以特别的批评。根据林肯的理解，斯科特案建立在将奴隶制全国化的基础上，因为谈尼宣称“对奴隶的财产权是宪法所清楚明白地肯定的！”[100] 这一主张是谈尼运用正当程序的先决条件，而非其结果。谈尼是从他对公民权的原意主义理论中得出这一结论的。林肯对谈尼将非洲裔美国人从独立宣言提出的原则中排除出去的原意主义论证，也给予了激烈的谴责。[101]

再次，林肯并未以这样的理由来反对斯科特案的判决，即它与实证主义有关民主过程的视角不相一致。相反，他批判这一判决是因为它侵蚀了宪法所隐含的、独立宣言所明示的道德原则。林肯说，“很大一部分美国人……将奴隶制看作是一种巨大的道德罪恶。”[102] 他认为，美国人民能够“证明正是那些宪法和独立宣言的起草者们给了我们现在享受的自由赐福”，这一点非

---

[96] James M. McPherson, *Battle Cry of Freedom: The Civil War Era* 176 (1988).

[97] 见 Fehrenbacher，前注②，417—448 页。

[98] 同上注，417—418 页；还可见 Potter，前注㊵，281—283 页；3 Charles Warren, *The Supreme Court in United States History* 1856 - 1918, at 24 - 40 (1922)。

[99] Angle，前注64，377 页。

[100] 同上注，308 页（引自 *Scott*, 60 U. S. at 451）。按照林肯的理解，斯科特案的本质可以浓缩成他引用的这一句话。同上注。

[101] 同上注，380 页。（“三年前没有人敢于……声称独立宣言中的原则不适用于黑人。我相信，第一个这样说的人就是首席大法官谈尼，他在德雷克·斯科特案中这样说。紧接着他的就是我们的朋友，斯蒂芬斯·道格拉斯。”）

[102] 同上注，35 页。

常重要。[103] 制宪者们的判断从宪法中的语句来看是很明显的，那些语句给奴隶制贴了“很多明显的非难性标记”[104]。斯科特案最麻烦的问题在于它与独立宣言确立的原则不一致。[105] 林肯强烈反对斯科特案的判决，“因为我们认为它的理由不只是在扩大和扩散我们认为的罪恶，而且它还将扩散这一罪恶的根据归结到合众国本身上。”[106] 因此林肯的宪法解释是原意主义的，但是他的解释不同于谈尼的，是嵌入了正义观念的原意主义。[107]

总言之，共和党人和废奴主义者都将这一判决谴责为政治性的，他们这样做的原因与谈尼对正当程序条款解释的法律依据无关。林肯对斯科特案的批评强调的是以与道德原则相一致的方式解释宪法的重要性。斯科特案的主要批评者们指责的是谈尼的非正义，而非不忠实于实证主义的解释方法。

斯科特案在今天持续的重要性

1. 斯科特案讽刺性的遗产

人们可能会说，林肯对斯科特案的批判确保了本案会成为一个对美国宪法具有深刻且持久影响的案例，尽管肯定不是谈尼想让其成为的那种，也不是他的同道们想象的那种。斯科特案不具有一丁点谈尼希望它拥有的先例权威。诚然，我们可以偶尔发现内战后的法律意见中以赞成的态度引用斯科特案。例如，在波多黎各岛系列案（*Insular Cases*）中，联邦最高法院处理的是国会对波多黎各岛的权力。一些法官引用了谈尼就联邦领地上国会权力的分析。[108] 但是以此案作为立论基础的法官们和律师们是冒着风险的，使用斯科特案最普遍的方式是将其视为应当避免的错误。

然而，就算斯科特案缺乏先例权威，它还是有另外一种类型的持续性宪法影响，因为它在促成林肯担任总统方面发挥了某种作用。[109] 林肯有理由被认为是内战中北方胜利的原因之一，而这一胜利导致了第十四修正案的制定，它是联邦最高法院公民自由判决的源泉。通过这一系列连锁事件，现代

---

[103] 同注[96]。

[104] 同上注，386 页。

[105] 同上注，41 页；还可见 Sotirios A. Baber，*The Ninth Amendment：Inkblot or Another Hard Nut to Crack*?，64 Chi.-Kent L，Rev. 67，68-69（1988）（讨论林肯对谈尼独立宣言解读方式的反对意见）。

[106] Angle，前注[64]，333 页。

[107] 例如参见前注，100—101 页（美国人应当追随立宪者们，因为“他们建立了一个灯塔来指引其孩子们乃至后世子孙，以及无数将在地球上世代生活的芸芸众生”。）；还可见 Erisguber，前注[47]，104—105 页。有关林肯对斯科特案回应的一个经典描述，可见 Harry V. Jaffa，*Crisis of the House Divided：An Interpretation of the Issues in the Lincoln-Douglas Debates*（1959）。

[108] 见 *Downes v. Bidwell*，182 U.S. 244.291（怀特大法官（White，J.）的赞同意见）；360—61（富勒首席大法官（Fuller C.J.）的反对意见）（1901）。

[109] 历史学家查尔斯·沃伦声称，罗格·谈尼通过斯科特案的判决意见，“让亚伯拉罕·林肯当选为总统”。Warren，前注[98]，379 页。费伦巴赫尔的书中曾说，《纽约时报》1964 年 10 月 14 日的报道认为，“德雷克·斯科特案的判决‘对林肯当选总统的贡献超过了其他因素的总和’。”Fehrenbacher，前注[2]，712 页。费伦巴赫尔对这一说法持怀疑态度。同上注，562—567 页。另一方面，詹姆士·麦克弗森认为斯科特案的贡献更大，“没有德雷克·斯科特案，林肯很可能永远成不了美国总统”。James Mcpherson，*Politics and Judicial Responsibility*：Dred Scott v. Sanford，in Great Cases in Constitutional Law 93（Robert P. George ed.，2000）。

民权法律可能极为奇怪地，竟然是斯科特案的持续性遗产。解释斯科特案对林肯职业生涯的影响需要我们偏离“德雷克案再版”理论，但是没有它斯科特案的故事又会是不完整的。

林肯——道格拉斯的著名辩论与1858年的伊利诺伊州参议员竞选有关。道格拉斯是时任参议员，而林肯是他的挑战者。在辩论的初期，道格拉斯抛出了一系列7个问题，想要让林肯难堪，林肯很容易就化解了它们，然后提出了他的一系列问题。最重要的一个问题是林肯首先在费里波特（Freeport）提出来的。[110] 林肯问道，那些居住在某一联邦领地的人民是否可以制定法律，禁止在其领地上实行奴隶制。这一问题击中了道格拉斯的要害。他是一个温和的北方政治家，他在国会中反对赞成蓄奴的力量，但是也获得了南方的一些支持。他将其主张建立在两个原则基础上：首先，每一州的人民都有权自己做主决定是否允许奴隶制；其次，斯科特案和其他联邦最高法院关于奴隶制的判决应该获得全国的支持。表面上，这两个原则是一致的。斯科特案禁止国会调控联邦领地上的奴隶制，人们可能会认为，这意味着此一问题应当留待居住在领地上的人民自主决定。然而，林肯一再提醒道格拉斯，斯科特案还说，“对奴隶的财产权是宪法所清楚明白地肯定的。”一项被宪法清楚明白地肯定了的权利，似乎与人民自主决定的权利相冲突。道格拉斯必须在其两个原则中作出选择。

这就留给了道格拉斯一个在政治上毁灭性的困境。如果他说宪法允许（联邦领地上的）定居者拒绝接纳奴隶制，他就不能无条件地支持令人憎恶的斯科特案。而这将使他疏远南方。可是如果他坚持说宪法要求定居者必须允许奴隶制在其领地上的存在，则他必须违背他对人民主权的承诺。这样他就会疏远北方。作为回应，道格拉斯设计了一种立场，后来被称为“费里波特原则”。他说，尽管蓄奴的权利被宪法所肯定，但是各州和各领地的人民可以拒绝制定任何支持奴隶制的法律。它们因此就会在实际上，而非在法律上摧毁其管辖区域内奴隶主的权利。

实际上，道格拉斯在选择上还是将人民主权凌驾于对斯科特案的支持，将北方优先于南方。“费里波特原则”使得他能够打败林肯，并赢得参议院的选举。然而，这使他丧失了南方的支持，而且他当总统的雄心从没有从这一击中恢复过来。道格拉斯曾经是一位可能获得全国性支持的候选人。在没有一位切实可行的全国性候选人的情况下，共和党，一个在南方没有获得一丁点儿支持的地域性政党试着向白宫发起冲击。林肯抓住了这个机会。[111]

当然，存在着这样的可能性，即就算没有斯科特案和随后的费里波特辩论，林肯也可能会成为总统。而且即使林肯没有担任总统，一些类似于重建时期修正案的条款也可能会出现。但是很明显，至少“斯科特案的判决没有像谈尼所希望的那样削弱共和党，反而通过扩大民主党内地域性裂痕的方式

---

[110] 虽然道格拉斯对林肯的回应被称为“费里波特原则（the Freeport Doctrine）”，但是林肯的问题是一个敏锐但并非全新的问题。“道格拉斯面对这一议题已经很多次了……林肯不论怎么问，道格拉斯总会像预期那样回答。”McPherson，前注[96]，183—184页。

[111] McPherson，前注[109]，93页。

加强了共和党的力量”[112]。因而，一个具有讽刺性的转折是，斯科特案可能为第十四修正案的最终出台做了基础性工作。

2. 斯科特案能恢复名誉吗？

马克·格雷伯最近用一本原创性的和研究深入的著作——《德雷克·斯科特案和宪法性罪恶的问题》，试图恢复谈尼判决意见的名誉。[113] 格雷伯的书实际上针对的是当代的斯科特案批评者，包括罗伯特·博克和我。[114] 在我看来，该书的某些部分摧毁的是没有任何斯科特案批评者持有的立场。例如，格雷伯宣称，“在19世纪50年代，没有任何重要的宪法学说能够保证完全公正的结果。”[115] 博克和我都不会反对这个观点。博克和我相信，在宪法解释的方法上有较好的和较坏的差别，但是我们同意格雷伯的观点，即没有任何方法能够保证好的结果，或者消除坏结果出现的可能。

但是，格雷伯著作的核心是一个更加有趣的论断。他捍卫谈尼对斯科特案的处理，因为这可能是最忠实于包含在最初宪法中的、维护奴隶制的协定。[116] 在富有煽动性的最后一章，格雷伯甚至建议，宪政主义者们应当选择约翰·贝尔（1860年总统大选时亚伯拉罕·林肯的一个竞争者）的观点，而非林肯的。[117] 贝尔阵营主张维持联盟和避免内战的重要性。[118] 根据格雷伯的观点，宪法的首要目标是保持和平，因而贝尔可能比林肯更加忠实于宪法。林肯虽然曾经说过他不希望内战，但是他愿意冒着战争的危险去维护其有关奴隶制是非道德的观点。[119]

格雷伯这本勇敢的书纠正了一些关于斯科特案广泛存在的误解，而且他提醒我们，这一判决的一些部分可以被看作对宪法的正当解释，它无非是同奴隶制做了令人不快的和模糊的妥协而已。因为这些原因，格雷伯的作品现在处在任何对斯科特案怀有认真兴趣的人最应当看的书之列。然而，格雷伯的论证不应当使我们修正那个普遍的观点，即斯科特案是一个糟糕的判决。

首先，格雷伯为一个与谈尼的表述相当不同的法学观点进行了辩护。格雷伯承认，在谈尼说宪法明确肯定了拥有奴隶的权利时，在他说独立宣言仅仅适用于白人时，以及他说自由黑人永远不能成为公民时，他已经“越界”了。[120] 在这一点上，格雷伯同意林肯以及谈尼的温和批评者们的意见。然而，与谈尼的大多数批评者不同，格雷伯似乎并不认为这些错误事关重大。例如，格雷伯的书几乎不提斯科特案判决意见对独立宣言的解读。然而，正如我们已经看到的，这些段落对谈尼判决意见的逻辑是至关重要的，而且它们是林肯批评意见的首要关注点。通过降低谈尼实际论证的重要性，格雷伯自

---

[112] McPherson，前注[96]，178页。

[113] Mark Graber, Dred Scott *and the Problem of Constitutional Evil* 1 (2006).

[114] 同上注，24—26页（博克和其他原意主义者）和26—28页（我和其他理想主义者（aspirationalist））。

[115] 同上注，85页。

[116] 同上注，13—14、39—45页。

[117] 同上注，237—254页。

[118] 同上注，240—241页。

[119] 同上注，251、253页。

[120] 同上注，68、56—57、47—48页。

己反而成了无视斯科特案历史背景和意义的人，虽然他喜欢指责斯科特案的批评者为现代主义者。[121]

其次，谈尼对宪法文本和历史的歪曲削弱了格雷伯为斯科特案辩护的论证。正如格雷伯自己所观察到的，宪政制度依赖于它们在履行重新评估和不断改进的承诺上的成功。用格雷伯的话说，就是“宪法协定最佳的正当性理由……来自这样一个信念，即在持续经受道德上更高的理想和社会安排的审视时，人类能够认识并摒弃那些不道德的做法”[122]。通过对独立宣言和宪法文本不精确的描述，谈尼的判决意见模糊了使关于奴隶制的宪法妥协（有理由地）正当化的原则。特别是，谈尼暗示奴隶制是道德还是不道德的问题与宪法对其的处理无关。谈尼因此损害了联邦机构解决奴隶制问题的能力。亚伯拉罕·林肯锲而不舍地攻击谈尼的判决意见正是因为这个原因，而林肯这样做是对的。

再次，格雷伯夸大了和平与合作作为宪法目标的重要性。如果格雷伯是说美国宪法乃至更广义的宪法的目的之一是为解决有关道德问题的政治争议建立一个非暴力架构的话，他是对的。内战是宪法失败的一种形式。但是破坏和平与秩序并非宪法失败的唯一形式。宪法同时还有道德目标，当它们不能实现这些目标时同样是失败的。这就是为什么现在大多数人相信林肯的立场是具有充分正当性的：保存宪法的唯一途径是同时坚持联盟的重要性和奴隶制的非道德性，这两者中的任何一者都是宪法成功所不可或缺的。[123]

结论

今天大多数人都是仅仅通过例如“德雷克案再版”等政治争论知道斯科特诉桑福德案的，而该理论将斯科特案描绘成一个依赖对正当程序条款实质性解释的案件，试图指责当代法院的隐私权法学理论是靠求助于（罗格·谈尼的）基本价值观点才得以正当化的。我们现在可以看到“德雷克案再版”理论至少在四个方面歪曲了斯科特案。第一，斯科特案的关键问题是，人能否成为宪法意义上的“财产”，这是隐私权案件中不曾出现的问题。第二，谈尼以教条式的原意主义回答了这个问题，明确接受了不公正结果的可能性。谈尼对“财产”一词的原意主义解读是斯科特案赞成奴隶制主张的根源。因而将谈尼在斯科特案中的判决意见描绘成一个由基本价值法学承担风险的例子是错误的。第三，柯蒂斯和麦克莱恩法官都是明确以自然法反对谈尼的原意主义的。柯蒂斯的方法论信条是与这一路径相一致的。因而，将柯蒂斯或麦克莱恩描绘成一个纯粹的实证主义者是错误的。第四，我们没有发现任何证据表明，当时对斯科特案的公共责难依赖实证主义。相反，该案判决最著名的也是最重要的批评——林肯的谴责，在某种程度上听起来像是建

---

[121] 例如参见注[113]，20页。

[122] 同上注，177—178页。

[123] 在许多地方，格雷伯似乎都在暗示林肯没有忠实于或是误解了内战前宪法的基本原则。例如参见前注，13—14、239页。对这一论断的充分回应超出了这篇短文的范围。然而，在我看来，这一论断严重低估了内战前宪法的开放式结构和不完整性的特征。事实上，在他的其他论点（当其是在捍卫谈尼而非攻击林肯时）中，格雷伯自己也强调宪法开放式结构特征的重要性。例如参见前注，17—18页。

立在基本价值（或是单纯的正义或自然法）之上。

这些结论可能会诱使一些人与“德雷克案再版”理论家们互换立场。谈尼的判决意见带有以下特征：它是原意主义的，它将财产的价值看得至少不比自由低。有人可能会抓住斯科特案的这些特征来指责捍卫财产权的原意主义者们。按照这种观点，罗伯特·博克、安托宁·斯卡利亚以及其他人可能正在重复斯科特案的错误——因而可能恰恰会犯下他们认为其自由派对手的错误。

然而，这是一个很差劲的论证。事实上，虽然论辩的双方——原意主义和基本价值两派——都不惜笔墨，但是他们如果运用恰当的话，两种不同的法学路径实际上会导向同样的结果。[124] 美国政府应当既是民主的，又是正义的。同时要求正义和民主可能会负担沉重，但是我们希望这并非美国人民不切实际的要求。只要没有证据强迫我们放弃一个建立在正义之上的民主，宪政事业就要求我们必须合理对待这一愿望。当原意主义否认正义能够告诉我们什么是人民的想法时，它已经跑歪了；当基本价值理论拒绝承认人民的法律可以作为正义的指引时，它也已经走偏了。谈尼犯的是原意主义版本的错误，而非基本价值版本的错误，但是它并不意味着是原意主义造成了错误，或者基本价值理论不会犯类似的错误。这并不是说原意主义和基本价值所寻求的路径之间的差别无关紧要。当我们选择何谓宪法的最佳解释时，这一差别非常重要。[125] 但是如果人们只要注意避免宪法的最坏解释——换言之，避免未来的斯科特诉桑福德案，原意主义和基本价值之间的差别就无关紧要。

用历史学家大卫·波特的话说，“德雷克·斯科特判决之所以是一个失败是因为法官们遵循了狭隘的法条主义（legalism），这导致了他们将宪法置于美国基本价值的对立面，采取了一个站不住脚的立场。而宪法的力量事实上源自它对美国价值的具体化。”[126] 谈尼的错误不在于他采纳了原意主义，而在于他对正义的漠不关心。他采纳的是一种无视正义诉求的原意主义，他用他那完全没有道德原则的方法论，作出了一个极度不道德的判决。

---

[124] 在我看来，“宪法要求联邦最高法院的法官们按照人民对正义的最佳判断来进行法律解释；无论是哲学论证还是历史回顾都可以帮助完成这个任务，而哪种方式最好可能是一个个人风格和倾向的问题。问题不在于法官们使用历史的还是哲学的论证……而是他们是否理解这一观点：方法应当有助于法官们代表人民就正义发声。”Eisgruber，前注㊼，8页。

[125] 我在其他地方已经论证了原意主义的大多数形式是站不住脚的。同上注，25—44页。

[126] Potter，前注㊵，292页。

普莱西诉弗格森案的故事：种族形式主义的死亡与复活

谢丽尔·I·哈里斯

李志强　译

1896年联邦最高法院就普莱西诉弗格森案（*Plessy v. Ferguson*）作出了判决。判决认定路易斯安那州一部授权在火车车厢上进行种族隔离的法律是合宪的。[①] 虽然一些人声称在那个时代，普莱西案判决只是对日常实践的合法化而已，而且并未引起争议[②]，但是这一案件已经成为一个标志性判决。作为我们国家种族关系史上一个虽然重要却是耻辱性的标志，普莱西案获得了“反规则（anticanonical）”案例的地位[③]，它常常被贬斥为对德雷克·斯科特案的滑稽模仿，并与之处在同等地位上。[④] 普莱西案对州当局施加种族等级做法的支持，像德雷克·斯科特案拒绝黑人（Blacks）[⑤] 的国家公民资格一样[⑥]，体现的是很久以来就被否定的种族主义逻辑。[⑦]

然而，与德雷克·斯科特案不同，普莱西案似乎还有一个挽回其名声的正直之人：哈兰（Harlan）大法官独自一人反对多数派的意见，他将其指责为“薄薄的伪装”，通过这一伪装，对黑人的压迫被合法化并得以维持。[⑧] 在人们看来，哈兰反对意见的过人之处在于它的预见性：即使在那个黑人处于从属地位被视为是自然秩序一部分的年代，哈兰谴责州当局按照种族等级强迫实施的隔离，他认为这是与重建时期修正案（Reconstruction Amendment）授予全国性公民权不相符的违宪行为。[⑨] 如此看来，普莱西案的判决不但正如哈兰所指出的是对（重建时期修正案）承诺的背叛，还代表了对种族压迫臭名昭著的公开认可。

---

① 163 U.S. 537 (1896).

② 根据描述，“全国的媒体对这一案件基本上都没兴趣”，这一案件很大程度上是被“无视的”，因为“在它的特定历史时期”，这一案件并非“特别具有争议性的”。Charles Lofgren, *The Plessy Case: A Legal History Interpretation* 5 (1987)。这一对本案的看法受到了批评：“（洛夫格伦）过分强调了那个时期科学性种族主义的影响，给人留下这样一个印象，即科学性种族主义的霸权地位在当时未受到挑战。而最近对重建时期历史编纂的回顾表明，我们尚未充分理解重建时期平等主义理念的命运。”Mark Elliott, *Race, Color Blindness, and the Democratic Public: Albion W. Tourgee's Racial Principles in Plessy v. Ferguson*, 67 J. S. Hist. 287, 291 n. 10 (2001)。

③ 反规则案例“通常被用来指那些糟糕的宪法解释案例”。Paul Brest & Sanford Levinson, *Processes of Constitutional Decisionmaking* 207 (4 th ed. 2000)。

④ *Dred Scott v. Sandford*, 60 U.S. 393 (1857). 实际上，这一比较是由哈兰大法官（Justice Harlan）在该案中的反对意见所提出的：“在我看来，今天就（支持车厢隔离法）所作的判决，终有一天会被证明同本法院在德雷克·斯科特案中作出的判决一样有害。”Plessy, 163 U.S. at 559（哈兰大法官反对意见）；见 Robert J. Harris, *The Quest for Equality: The Constitution, Congress and the Supreme Court* 101 (1960)（认为这一判决是“糟糕的逻辑、糟糕的历史、糟糕的社会学和糟糕的宪法的一个混合产物”。）。

⑤ 见 Kimberle W. Crenshaw, *Race, Reform and Retrenchment: Transformation and Legitimation in Antidiscrimination Law*, 101 Harv. L. Rev. 1331, 1332 n. 2 (1988)（“黑人和亚洲人、拉丁人以及其他‘少数族裔’一样，构成了一个特定的文化群体，因此也像其他族群一样，需要一个合适名词来描述。”）。

⑥ 特别是这样两个问题：(1) 斯科特是否可以根据多元管辖权在联邦法庭起诉；(2) 国会是否有权在联邦领地上调控奴隶制。根据法庭的判决，对这两个问题的回答都是否定的。见 *Dred Scott v. Sandford*, 60 U.S. 393, 454。

⑦ *Brown v. Board of Education*, 357 U.S. 483 (1954)，直截了当地批评了那种根据宪法，公共教育领域的隔离也可以是平等的观念。同上注，494—495页。尽管如此，虽然布朗案明确拒绝州政府所施加的公共教育领域的隔离，但它并没有专门就种族归类本身的合宪性作出判决。见 Brook Thomas, *In the Wake of Plessy*, in *Plessy v. Ferguson: A Brief History with Documents* 172 (Brook Thomas ed., 1997)（“联邦最高法院在布朗案中回避了种族归类是否内在地违宪的问题。”）。

⑧ *Plessy*, 163 U.S. at 562（哈兰大法官的反对意见）。

⑨ 在布朗案作出裁决的1954年，《纽约时报》的社论指出，“（哈兰）在他独自一人撰写的反对意见中所说的那些话……已经生效成为……这片土地上法律的一部分……首席大法官沃伦所说的每一个字都与哈兰很早的观点吻合。”Editorial, *Justice Harlan Concurring*, N. Y. Times, May 23, 1954, § 4, at E 10，引自 Lofgren，前注②，204页。

因此，尽管大家普遍谴责普莱西案的判决理由，但是该案远没有死亡：通过哈兰的反对意见，该案成为了当代社会最重要的种族比喻来源。哈兰大法官声称的“我们的宪法是色盲（color-blind）”⑩ 是现在种族政治和论述的格言，极大地影响了今天的宪法学理论以及我们如何思考和谈论种族问题。确实，根据当下的宪法原则，禁止政府对种族因素加以考虑的一般性禁止就是建立在色盲这一标准倾向基础上的；因而任何州对种族差别的承认都内在地是可疑的，不论其背景和目的。⑪ 哈兰拒绝接受普莱西案中多数派法官的盲目形式主义，因为它重新塑造出将法律上的隔离视为平等对待的体制。

但是，具有讽刺意味的是，色盲这一谴责形式主义的术语现在成了体现在当下平等保护原则和立法提案中的新形式主义术语。当下的原则和提案是试图在公共政策中禁止所有有关种族的考虑，哪怕是作为矫正种族（不平等）效果的一部分也不行。⑫ 在宪法分析方面，联邦最高法院的大部分法官都接受了一种很大程度上与历史和社会含义无关的种族观念。虽然多数派法官中的一些成员已经不愿意支持由法官斯卡利亚（Scalia）、托马斯（Thomas）以及现在是阿利托（Alito）所主张的更加彻底的色盲表述，整体的共识仍然是应当对种族因素的各种应用予以严格审查，除了极为特殊的情形外，种族因素是且在规范上应当是不相关的。正如普莱西案重新配置了黑人和白人不对称的关系，并将其视为是平等的——因为黑人和白人同样都要服从隔离的规则，因此没有违反宪法——现在的多数派法官将种族视为一个没有任何社会意义的分类，以至于黑人和白人再次在机能上一样了。

这已经导致了特别有害的法律和实践效果。首先，平等保护被认为是仅

⑩ *Plessy*，163 U. S. at 559（哈兰大法官的反对意见）。

⑪ 即使联邦最高法院允许一些令人信服的州利益可以使得州对种族因素考虑的普遍性禁止有所例外，情况依然如此。参见 *Grutter v. Bollinger*，123 S. Ct. 2325，2338（2003）（“尽管所有使用种族的政府性措施都要接受严格审查，但是它们并非全都无效。”）。因而，我并不认为色盲和严格审查是同义的。尽管如此，当宣称所有使用种族的政府性措施都是可疑的或是要接受严格审查时，当下的原则对于即使是考虑种族因素的补偿性措施都极为不利。在这个意义上，将色盲作为一个标准性理念接受是成立的，即使它允许有限的例外。

⑫ 这其中的例子如所谓的加利福尼亚民权提案，该提案禁止州当局“在公职雇佣、公共教育和公共合同领域，基于种族、性别、肤色、民族和国家来源等理由歧视或者优待任何人或者组织”。加利福尼亚民权提案，第 209 号建议（在 1996 年 11 月 5 日被采纳）（编入加利福尼亚宪法 art. Ⅰ § 31）。华盛顿州、密歇根州和最近内布拉斯加州也采纳了类似的措施。参见华盛顿州民权法第 200 号提议措施（1998 年 11 月 3 日批准；1998 年 12 月 3 日生效）（编入华盛顿州法律重述 § 49. 60. 400）；密歇根州民权提案，第 2 号建议（2006 年 11 月 7 日批准；2006 年 12 月 22 日生效）（编入密歇根宪法 art. Ⅰ § 26）；内布拉斯加州民权提案，第 424 号建议（2008 年 11 月 4 日批准；2008 年 12 月 10 日生效）（编入内布拉斯加州宪法 art. Ⅰ § 30）。科罗拉多州选民刚刚否决了一项身份性建议。科罗拉多州民权提案，修正案第 46 号，原本要修正科罗拉多州宪法，增加到第 2 条第 31 节中，但是被略多一个百分点的反对者所挫败。参见 Dan Frosch，*Vote Results Are Mixed On a Ban On Preference*，*N. Y. Times.*，Nov. 8，2008，at A19。其他反对正面行动的提案在密苏里州、俄克拉何马州和亚利桑那州未能满足票数要求。密苏里州民权提案（也被称为密苏里投票措施第 009 号）未能在最后期限之前收集到足够的请愿签名。参见 Kavita Kumar，*Missouri Petition Drive Falls Short*，St. Louis Post Dispatch，May 6，2008，at D1。俄克拉何马州第 737 号问题或者民权提案同样没能收集到足够的合格签名。参见 Barbara Hoberock，*Affirmative Action Ban Scuttled*，Tulsa World，Apr. 5，2008，at A13。亚利桑那州民权提案，第 104 号建议，也因未能提交足够的有效签名而没能满足投票要求。参见 Matthew Benson 和 Glen Creno，*Affirmative-Action Initiative Fails to Make Ballot*，Arizona Republic，Aug. 22，2008，at 1。推广色盲原则的努力还包括加利福尼亚种族隐私提案，这一提案寻求禁止州当局收集任何关于种族的信息。参见加利福尼亚种族隐私提案，第 54 号建议（在 2003 年 10 月 7 日的表决中失利）。

仅要求平等对待，即使实际的条件并不平等。[13] 结果就如普莱西案那样，大多数的种族不平等都是在法律调控范围之外出现的，因为它们或是被视为私人而非公共权力选择的结果，或是被认为不构成宪法上可以审理的损害。其次，虽然布朗案受到广泛欢迎，被认为是对因普莱西案造成伤害的补救，但是多数派法官却坚持认为用以纠正隔离造成伤害的措施在宪法上等同于隔离制度本身。他们威胁要消除布朗案的影响，重新启用普莱西案形式主义的规诫。在社区学校学生家长诉西雅图学区第一案中，联邦最高法院裁定，当地学区不能实施自愿性种族意识学生分配计划（voluntary race-conscious school student assignment plans），就算以前一个类似的矫正校园隔离的计划曾经获得司法授权。[14] 按照多数派法官的看法，学区小学和中学的去隔离计划在宪法上是脆弱的，因为它们没能够通过严格审查的检验——这些计划既缺乏令人信服的政府利益，而且也明显是不必要的。[15] 根据这一观点，非但（种族）融合不是宪法强制的，而在分配学生时考虑种族因素则更是宪法所不允许。事实上，这一意见将学校的去隔离措施——根据布朗案的要求实施的补救性措施——视为一个"不公正的种族优待"[16]。虽然学生家长案没有在法律上支持类似于普莱西案的隔离，当多数派法官的意见以现在学校形成隔离的方式不是宪法上可以审理的损害为由，裁定学区委员会的措施不合法时，这已经是普莱西案逻辑的重复了。[17] 的确，这里唯一相关的损害是由那些不愿意接受学区委员会实施去隔离计划的白人家长承受的。在每一个情形中，联邦最高法院都拒绝承认现存形式的歧视构成了提供任何救济的正当理由。事实上，按照首席大法官罗伯茨（Roberts）在学生家长案中的话，对于种族不利地位系统性类型的答案几乎是同义重复地（tautologically）明白的："停止基于种族基础的歧视（discrimination）的方式就是停止基于种族基础的区别对待（discrimination）。"[18]

因而，本章没有将普莱西案主要当做一个过去的事件，而是将其看作一个通向现在的窗户。普莱西案的遗产除了"色盲"这一修辞学上的虚假外表之外很少为世人所理解。诚然，普莱西案有关种族含义和概念的说教被认为早已消亡并被埋葬了。但事实上，普莱西案的种族推理与当下关于种族问题的辩论之间的连续性却解释了这样一点，尽管普莱西案支持的特定类型的种族形式主义已经声誉扫地，种族形式主义却通过由该案制作好的模板而得以复活。普莱西案的推论虽然不是那么明显可察觉，但是它们仍然以类似的有害效果存在于我们身边。

我在本文一开始将探寻普莱西案的先例，因为当谈到普莱西案部分术语对当代的影响时，我们必须有超出本案的更广阔的历史背景知识。普莱西案不仅仅是布朗案的先例，也不仅仅是一个支持恶法的糟糕判决。普莱西案的

---

⑬ 可参见 Cheryl I. Harris, *Equal Treatment and the Reproduction of Inequality*, 69 Fordham L. Rev. 1 753 (2001)。

⑭ *Parents Involved in Comm. Schls. v. Seattle Schl. Dist. No.* 1 127 S. Ct. 2 738 (2007).

⑮ 同上注，2752—2753 页。

⑯ 同上注，2767 页（质疑"如果本案中的种族归类不是按照种族基础的区别对待的话，它又是什么呢?"）。

⑰ 同上注。

⑱ 同上注。

故事就是美国种族隔离的故事。这一故事揭示了隔离既有私人间的又有公共性的，既有政治性的也有社会性的，它是法律和习俗的共同产物。在南方社会，隔离被认为是一种标准的和必需的做法，“它既应该也必要”。而且，隔离的含义超出了地域变化。通过普莱西案，隔离成了全国性的制度设计，成了现代规制国家的扩展，以及强化（美国作为）白种人国家身份的手段。这样理解隔离有助于揭示对联邦最高法院、诉讼当事人以及他们的盟友乃至整个国家而言，什么才是他们在本案中利害攸关的。它也能对现在的某些难题提供一些启示。

吉姆·克罗残酷无情的历史

正式的种族隔离在美国有很长的历史：它被广泛实行，引发了激烈的争论，并同时为习俗和法律所强制实施。将隔离制度放在习俗、阻力和法律的社会大环境中加以审视，而非仅仅将其看作是法律的运作，这是最重要的，因为“隔离经常先于法律，并常常超越法律”⑲。隔离同时在物质性和象征性层面运作：它是基本原理，是法律，是私人行为，还是不断得到加强，又常常受到抵制的“自然秩序”。隔离同时反映和产生了这样一个内部矛盾，也即一个社会同时对平等和种族等级两个抽象概念的信奉。隔离制度制定了错综复杂的规矩来调控社会接触最细微的细节，以及日常生活中最私人的方面——比如一个人在哪里睡觉，哪里洗澡，哪里放松、生活，甚至死亡。它还在意识形态和政治经济层面，设定社会和政治交流的术语，确定国家和政治社区边界的轮廓，并获得了宪法的保护。

隔离并非千篇一律的（monolithic）。广泛的历史力量形塑了各种形式和具体的隔离制度，以至于它在不同的地域和不同的时段表现不同。尽管如此，我们可以识别出三个广阔的时段来：内战前的隔离（大体上是城市中的现象）；重建时期（隔离制度处在垂危和争论之中）；以及后重建时期（这一时期隔离得到进一步巩固，并成为法律）。普莱西案中涉及的法律是最后一个阶段的产物，大约开始于 1887 年。通过这些法律，公共交通工具和食宿设施上的法律隔离得到了进一步加强。要理解这部法的目的、形式和效果，就需要我们对它之前的情形做一些探究。

奴隶解放之前

在内战前的南方，要在一个以奴隶制为基础的经济中维持种族等级制度，正式的隔离制度既不可能，也不必需。⑳ 实际上，奴隶制度“使得种族隔离基本上不可操作”㉑，因为对受剥削的、心存反抗的和潜在不稳定的劳动力的警戒是必需的。控制是直接的、即刻的，常常伴随着暴力和强制。隔离尤其对那些家庭奴仆不适合，因为其工作性质要求不同种族之间密切和亲密

⑲ C. Vann Woodward, *The Strange Career of Jim Crow*, at xiii (3rd ed. 2002)（下文以该书为依据）。

⑳ 参见 W. E. B. Du Bios, *The Soul of Black Folk* 183 (1903)。

㉑ Woodard, *Strange Career*，前注⑲，12 页。

地接触。

然而，即使在奴隶制时期，种族的接触，特别是城市中自由黑人的存在㉒，导致在那里阶级和种族的边界不能得到直接管制㉓，引发了“种族混合”的担忧，并催生了各种各样的社会接触和政治准入规制：黑人被排除在医院等公共建筑之外，被排除在公共交通工具和公共食宿提供场所如宾馆和饭店之外。㉔ 他们进而被禁止自由迁徙或者拥有武器，并被排除在特定的贸易之外。㉕ 同时隔离是城市中才出现的现象，直到奴隶制被废除甚至在其后不长的一段时间，在南方城市中居住隔离相对而言并不多见。㉖ 这与北方根深蒂固的和严重的居住区隔离形成了鲜明对比。㉗

内战前南方的隔离并非没有例外。一些浅肤色的黑人获得了优惠地位，尽管他们仍然低于白人。南方不同地区之间的地域差别是明显的，尽管事实上所有的州都将自由黑人置于低于白人的地位上。㉘ 尽管有人发现新奥尔良的化装舞会和其他公共社交场合保留着种族化的异性接触场所，事实上在所有南方的城市都有地下“暗娼”，在那里白人与黑人进行社交“游戏”㉙。

此外，隔离在北方也是根深蒂固和高度发展了的。这不仅仅是“种族偏见，而且还是内战前北方社会的通行做法”，除了新英格兰的 5 个州，黑人在所有州都被排除在选举之外，并被“限制从事卑贱的职业，并受到经常性的歧视”㉚。参加陪审团的种族性禁止和对黑人证人的证言禁令也是普遍性的。种族隔离是体系性的，通过习俗和法律，它在人类存在的一切领域都划出了种族界线。事实上，黑人“常常在隔离学校里受教育，在隔离监狱里服刑，在隔离医院里接受护理，并被埋葬在隔离墓地里”㉛。

种族排斥也存在于西部，有些州不但禁止黑人进入公立学校，甚至禁止黑人进入其州界。㉜ 在那些已经废除了奴隶制的州，强烈的敌视和歧视并不

㉒ 参见 Richard C. Wade，*Slavery in the cities：The South*，1820－1860 (1864)（“在美国南部各州的城市里，黑人和白人比邻而居，共用房屋，虽然不一定是同等的设施，却长期共存”），引自 Woodard，*Strange Career*，前注⑲，14 页。人口的绝大多数，不论白人还是黑人，都居住在乡村。见前注，16—17 页。尽管如此，到 1860 年时，大约 22 万自由黑人居住在北方，而超过 26 万有色自由人居住在南方，大多数都在城市地区。参见 John Hope Franklin，*From Slavery to Freedom：A History of American Negroes* 215 (2d ed. 1956)。

㉓ 参见 C. Vann Woodward，*Strange Career Critics：Long May The Preserve*，75 J. Am. Hist. 857，858－59 (1988)（认为隔离是一项发展出来用以补充白人对黑人直接控制的非个人化管制制度）。

㉔ 当黑人被允许进入时，分配给他们的是隔离开的设施。参见 Woodard，*Strange Career*，前注⑲，13—14 页。

㉕ Ira Berlin，*Slaves Without Masters：The Free Negro in the Antebellum South* 316－17 (1974).

㉖ 参见 Woodard，*Strange Career*，前注⑲，14 页。

㉗ 同上注，19 页。

㉘ 参见 Berlin，前注㉕，317 页。

㉙ 参见 Woodard，*Strange Career*，前注⑲，15 页。不同种族之间的性关系常常充斥着剥削，在南方城市比邻而居的工人阶层里，种族间性关系的禁令常常被违反。参见 Berlin，前注㉕，265 页。

㉚ Eric Foner，*Free Soil，Free Labor，Free Men：The Ideology of the Republican Party Before the Civil War* 261 (1970)（下文以该书为依据）。

㉛ Leon F. Litwack，*North of Slavery：The Negro in the Free States*，1790－1860，at 97 (1961).

㉜ Foner，*The Ideology of the Republican Party Before the Civil War*，前注㉚，261 页。在黑人入境未被完全禁止的州，常常需要入境黑人邮寄良好行为保证书，Woodard，*Strange Career*，前注⑲，20 页。

比南方更不明显，在很多方面甚至更为严重。[33] 隔离制度在 19 世纪 30 年代就足够根深蒂固了，它获得了一个正式称号——吉姆·克罗（Jim Crow）。[34]

交通工具上的隔离

交通隔离无论在北方还是南方都是通行惯例。即使是在内战之前，黑人的从属地位已经体现在他们被排除或者限制进入公共交通工具。[35] 黑人在乘坐公共交通工具旅行时，大多数情况下他们被看作主人的附属物，只允许在需要他们服务的范围内进入交通工具，并被分配到指定给仆人的低等设施上。当他们获准乘坐时，常常被强迫住在行李车或是汽船甲板上。在北方也是如此。[36] 偶尔，极少的一些黑人，因为其财富或是肤色的特惠能够获得“特别”地位，被允许进入保留给白人的交通工具，但是附带有条件。例如，路易斯安那的富裕黑人种植园主获得了进入汽船一等舱的许可，但是却不准和白人乘客交流。[37]

汽船是隔离形式最为严格的公共交通工具。这部分反映在汽船被严格分为几等舱位，有远离甲板的奢华头等舱，如特等舱、女士休息室和男式吸烟室。甲板附近是货舱和“低等”舱位。[38] 在甲板上，不但没有男女分开的住房，没有洗浴设施和餐饮供应，而且甲板上的乘客还靠近锅炉，那是最容易因为爆炸和事故发生伤害的地方。[39]

铁路客运没有像欧洲一样类似的客舱等级区分，但是早在 19 世纪 40 年代，客车就分为“女士车厢”和“吸烟车厢”。女士车厢，保留给女士和她们的男性同伴，通常都在火车的尾部，是最安全和最干净的部分，并安装了适合女性起居的洗漱间和沙发，或者是包裹着的座位。在这里粗鲁和喧闹的行为是被禁止的。虽然“女士车厢”和“吸烟车厢”都是同样的票价，“吸烟车厢”却是非常不同的；那里只有木头座位和痰盂——基本上只有少得不能再少的设施，以便男人们可以抽烟、喝酒、嚼烟草、吐痰和无所节制的行为。[40]

街车（streetcar）“是最接近没有等级区分的”[41]。这部分是因为它们是最纯粹的运输工具，而非像汽船或者火车那样，日常生活的活动——吃饭、睡觉和个人卫生——都要在那里进行。这一亲密接触的危险引发了分层的需要。汽船和火车等交通工具主要满足和解决的是中等和上等阶层乘客的偏好

---

[33] Woodard, Strange Career，前注⑲，19 页（“当黑人走进西部那些自由州的时候，他们发现权利剥夺和隔离更加严厉”）。

[34] 根据 Woodward 的说法，吉姆·克罗源自托马斯·D·莱斯表演的一首歌（舞）。这首歌的歌词有一句是“轮子转啊转啊，吉姆·克罗跳啊跳啊”。*Jim Crow*, in 8 the Oxford English Dictionary 239 (2 ed. 1989)。

[35] 参见 Barbara Welke, *Recasting American Liberty: Gender, Race, Law and the Railroad Revolution*, 1865 - 1920, at 255 (2001)（下文以该书为依据）。

[36] 同上注。

[37] 同上注，256 页。

[38] 同上注，252—253 页。

[39] 同上注。

[40] 同上注，255 页。

[41] 同上注，256 页。

和担忧，这是它的主要乘客；而街车是工人阶层的交通工具，它没有按照性别和食宿等级进行隔离。当然，这并不意味着没有歧视：黑人常常被拒绝乘车，或是不允许进入车厢内部。㊷

即使是在黑奴解放之前，这些种族隔离措施就遭到了激烈的抵制。其中弗里德里克·道格拉斯就曾经抵制过马萨诸塞铁路线上的隔离列车；在道格拉斯进入吉姆·克罗车厢时，他被强行赶下车来。在道格拉斯看来，这些行为是引发对隔离制度公共关注的运动中一个重要的组成部分，并且公开地羞辱了那些进行隔离的公司。㊸ 在1843年之前，马萨诸塞的列车上废除了隔离制度。㊹

内战和重建

在1865年之前，通过同样的战术，对街车隔离的抵制导致波士顿、纽约、芝加哥和巴尔的摩取消了隔离。㊺ 在华盛顿特区，索杰纳·特鲁斯反复要求乘坐马车，并坐在她选择的位置上。有一次特鲁斯被街车拖着走，当时售票员让她的白人同伴上了车，而当她想上车的时候，车却开走了；还有一次，当她拒绝离开时，遭到了售票员的殴打。在这两个事件中，当她向公司董事长举报时，这些售票员都被解雇了，而且在后一个案例中，她成功地以侵犯人身罪起诉了那个售票员。㊻ 通过这些"乘坐行为"，特鲁斯和其他一些坚持不懈的黑人居民不断挑战街车种族（隔离）规制的边界。结果，在1866年，华盛顿的街车隔离也废止了。㊼

在内战和（奴隶）解放带来的觉醒浪潮中，"运输公司只是在已经区分好的物理空间中为黑人乘客划出一块地方来"㊽。汽船，这一隔离最为严格的公共交通工具，重新分配了二等舱或者货舱的空间，为黑人创设了"有色人种舱室"或是"被解放奴隶专用间"。一些铁路公司将黑人——不论男女——都分配到大致相当于二等车厢条件的吸烟车厢。在弗吉尼亚，因为不论黑人付了多少票价，他们都被分配到二等车厢，一些黑人要求使用独立的车厢作为获得更好条件的一种方式。㊾ 正如布克·T·华盛顿所说的，"我们抱怨的并不是隔离，而是设施上的不平等。"㊿ 一些铁路公司将吸烟车厢分隔开来，提供了一个独立的车厢隔间作为选择。其他铁路运输公司通过只为黑人提供二等车厢车票——这是大多数黑人唯一能够负担得起的车票——来解

㊷ 同注㉟，257页。

㊸ 参见Carleton Mabee，*Sojourner Truth*：*Slave*，*Prophet*，Legend 130（1993）。

㊹ 参见Woodard，*Strange Career*，前注⑲，19页。

㊺ Mabee，前注㊸，130页。

㊻ 同上注，133—134页。从那时起，特鲁斯成为了一名著名的废奴主义者，具有很大的影响力，而且这一案件吸引了广泛的关注。同上注。

㊼ 同上注，133—135页。

㊽ Welke，*Recasting Ameircan Liberty*，前注㉟，259页。

㊾ 参见Lofgren，前注②，13页（一位黑人议员提出一项立法议案，呼吁设立隔离但是同等设施的交通工具，以便获得条件上的改善）。

㊿ Brook T. Washington，A *Speech Delivered Before the Women's New England Club*（Jan. 27，1889 [1890]），in 3 The Brooker T. Washington Papers 25，27－38（Louis R. Harlan ed.，1974）.

决这个问题。当然，这意味着黑人乘客会同其他白人乘客一起坐车；事实上，“这些措施并没有将所有有色人种和所有白人隔离开来；他们只是将大多数有色人种和白人妇女隔离开来”[51]。

这些安排中没有一项提供给黑人的设施能在任何方面与保留给白人的达到同等标准。提供给黑人妇女和孩子的条件尤其有问题，他们被迫乘坐肮脏的、烟熏雾绕的车厢，在那里各种粗鲁的行为都是寻常事。[52] 将黑人妇女置于二等车厢并不仅仅是将她们暴露于象征性和尊严性的伤害；考虑到当时流行的社会规范，这是将她们置于性骚扰的危险之中。当种族隔离的政策常常以保护白人妇女免受黑人男性的性骚扰为由辩护时，将黑人女性置于白人男性充斥的吸烟车厢却没有被当做问题，尽管长期以来都有白人男子性侵犯黑人妇女的事情发生。[53]

考虑到反映在铁路公司空间安排上种族和性别之间界线的不确定性，执行过程中的不公和任意就不会令我们感到惊讶了。在同一条铁路线上，黑人妇女有时被允许进入女士专用车厢，后来就都被拒绝了。这类不一致的行为为诉讼提供了肥沃的土壤。[54] 作为回应，铁路公司否认（提供给黑人）的设施是较差的，并且试图将注意力引到规则的合理性而非执行的任意性上。[55]

这些不一致性因为内战、奴隶制的正式终结和战后重建等大变动进一步加剧了；旧的种族秩序被暴力打破，尽管白人的主导地位依然是普遍的假定。[56] 奴隶制的终结明显引发了对黑人法律和社会地位变迁深深的担忧。事实上，可以这样说“白肤色的价值下降了，而黑肤色不再意味着奴隶地位”[57]。根据一些历史学家的描述，奴隶解放带来的剧烈崩溃是如此严重，以至于它引发了严格形式种族隔离的迅速发展，用以取代奴隶制留下的空缺。[58]

致力于强迫黑人居于低等地位的力量在内战后存活下来，同时对从属地位予以抵制的力量在很多地区也得到了加强。另一方面，在 1866 年之前，很多州如密西西比、佛罗里达和得克萨斯的临时立法机关都采纳了一系列的黑人法典（Black Codes）。这些法典建立在广泛的一系列用以调控和保证自由黑人处于从属地位的社会规范和法律的基础上，它们在内战之前和奴隶制终结之后都得到了发展。它们对黑人的投票、参加陪审团、拥有土地所有权和行使职业及迁徙自由施加了广泛的禁止。[59] 奴隶制的终结威胁到了白人的

---

[51] Welke，*Recasting Ameircan Liberty*，前注㉟，276 页。

[52] 同上注，260—261 页；另见 Lofgren，前注②，16 页。

[53] 参见 Welke，*Recasting Ameircan Liberty*，前注㉟，319—320 页。

[54] 同上注，261—262 页。事实上，大多数挑战此类隔离的诉讼都是由黑人妇女提起的。参见 Barbra Y. Welke，*When All the Women Were White，and All the Blacks Were Men：Gender，Class，Race，and the Road to Plessy*，1855 - 1914，13 Law &Hist. Rev. 261，268（1995）[以下根据该书]。其中一位诉讼当事人是知名记者和反私刑运动的领导者艾达·B·韦尔斯，同上注，270、281 页。在路易斯安那州，相当多的诉讼获胜了，以至于白人商业公司对违反同等设施法律的行为变得谨慎。参见 Lofgren，前注②，20 页。

[55] Welke，*Road to Plessy*，前注[54]，262 页。

[56] 参见 Woodard，*Strange Career*，前注⑲，22—23 页。

[57] Eva Saks，*Representing Miscegenation Law*，Raritan Rev.，Fall 1988，at 39，47.

[58] 概括性的描述可见 Joel Williamson，*After Slavery：The Negro in South Carolina During Reconstruction*，1861 - 1877（1965），还可见参见 Woodard，*Strange Career*，前注⑲，25 页。

[59] 参见 Theodore Brantner Wilson，*The Black Codes of the South* 41（1965）。

统治地位和对劳动力的控制；因而，很多法律要求自由黑人提供雇佣的书面证据或者获得工作的许可，否则予以逮捕和罚款。[60] 在保护（未成年人）的伪装下，南方颁布法律确立了一种对黑人未成年人的劳动力征召形式，将“那些父母没有收入或是拒绝提供支持的黑人未成年人”送去做非自愿的学徒。[61] 这些法律的累积效应是重新实施了另一种形式的奴隶制，实际上使得宪法第十三修正案成为具文。

另一方面，对此类压制的反对为国会改革和1866年民权法的迅速颁布提供了动力，该法保障黑人缔约、拥有土地和“与白人公民一样享有所有法律全部的和平等的权益以及个人证券和财产的收益”[62]。这部法律与其他许多重建法律一样，都被约翰逊总统所否决，因而引发了弹劾总统的行动。虽然约翰逊差一票侥幸没有被弹劾，但是在激进共和党人的领导下，国会压倒了约翰逊的否决。[63] 南方被置于军事管制之下，联邦当局监督各州宪法大会的成立，以设立新的州政府，并登记黑人选民。[64]

在1866年民权法被采纳后不久，国会又提出第十四修正案，并进行了激烈的辩论。[65] 该修正案禁止各州拒绝给予任何人“平等法律保护”的开放式文本语言引发了相互竞争的解释。一些国会议员认为修正案不过是提供了民权法的宪法基础。另一些则声称，在禁止各州剥夺“美国公民的利益和豁免”这一句，该修正案语意模糊，非常危险，它不但允许学校融合，还带来了“种族混合”的可怕阴影。[66] 因为预见到普莱西案中所作出这一区分，共和党的忠实拥护者否认被解放黑奴民权的平等会禁止反种族间通婚法律的出台，因为这些法律对黑人和白人施加了同样的禁止。[67]

随着南方各州被共和党控制，或者由国会认可的政府掌权，平等食宿条件的法律获得了采纳。[68] 然而，就在主持重建的各州政府寻求解除长期以来根深蒂固的习惯性隔离类型的同时，公立学校的隔离依然广泛存在，而且就是被某些此类政府所认可的。[69] 最重要的、与本故事的目的最相关的例外是新奥尔良，在那里公立学校是融合的，直到1877年。[70]

重建之后：回潮和反动

伴随着解决1876年总统选举死结的妥协，重建（*Reconstruction*）在

---

[60] 同注[59]，66页。

[61] 同上注，67页。

[62] Civil Rights Act of 1866, ch. 31, § 1, 14 Stat. 27, 27 (codified as amended at 42 U. S. C. § 1981 (a) (2000)).

[63] 参见Eric Foner, *Reconstruction: America's Unfinished Revolution*, 1863 - 1877, at 271 - 76 (1988) ［下文以该书为依据］。

[64] 同上注，276—277页。

[65] 同上注，251—261、267页。

[66] 参见Cong. Globe, 39th Cong., 1st Sess. 134 (1866)。

[67] 参见Lofgren，前注②，65页（援引Sen. Lynam Trumbull的话，一位被解放黑奴事务管理局法案的提案人）。

[68] 同上注，18—19页。

[69] Woodward, *Strange Career*，前注⑲，24—25页。

[70] 同上注，24页。

1877年正式终止。当年的总统选举人投票结果有利于共和党候选人卢瑟福·B·海耶斯，不利于民主党候选人萨缪尔·J·蒂尔登，而蒂尔登才是公民投票明显的获胜者。民主党以对海耶斯的支持为交换，换取共和党同意将联邦军队撤出南方，并允许共和党控制下的3个州的民选民主党州长上任就职（这3个州的选举结果也有争议），以及最为关键的是，将被解放黑奴的问题留给南方各州去解决。(71) 对前奴隶的身份再界定成为了一个“州权利”和“地方自治”的议题，而非联邦法律问题。(72) 随着联邦军队从南方撤出，以及共和党人把持的州立法机关的垮台，黑人的从属地位在新选举产生的民主党政权下进一步强化，其方式既有物质层面和象征层面的隔离，也有有组织的种族主义暴力。黑人和他们日益减少的同盟者们强烈抵抗，力争保留这些经过艰苦斗争才赢得的平等权利。路易斯安那是各方最为激烈的战场，在那里既有暂时的胜利，也有得而复失。

在新奥尔良，私人街车公司维持了一种隔离制度，黑人的车（上面标着一颗星）少于总数的1/4。(73) 黑人抗议已经持续很久了，到了1865年，对星记街车的不满终于爆发了；正如一篇社论所说的，“这些白人专用的车是打在我们身上的一个烙印，是奴隶制的残留，不应当再被容忍。”(74) 在当时的背景下尤其不能容忍的是：黑人军官不能乘坐其白人士兵乘坐的街车。(75) 有时，黑人乘客拒绝乘坐带星标记的街车，试图坐上白人乘坐的车，并取得了不同程度的成功。(76) 黑人不断向军管当局提出申诉，以至于当局要求街车公司解释并说明其政策的合法性。(77) 该公司被迫承认它“没有掌握任何能使这些规章合法化的事实，除了这个城市的习俗和惯例，以及人们的偏见”(78)。尽管与法院的裁决相反，对带星标记的街车持续不断的抵制最终导致了其终结：在1867年5月，菲利普·谢里丹将军签署命令终止它。(79) 新奥尔良街车的隔离实际上直到19世纪末才消失。(80)

在公立学校方面，故事就不是那么成功了。1868年路易斯安那州宪法规定，设立公立学校，并要求其在招生的时候不考虑种族因素。(81) 尽管遭到地方学校委员会和白人领袖们的坚决抵抗和回避，以及（白人的）联合抵制，新奥尔良的学校最终实现了种族融合，因为白人家长发现私立学校太昂

(71) 同注(69)，6页。

(72) 参见Foner，Reconstruction，前注(63)，580—581页。

(73) Letter from New Orleans City Railroad Company to Col. C. W. Killborn (Aug. 3 1864), in *The Thin Disguise: Turning Point in Negro History* 31, 31-32 (Otto H. Olsen ed., 1967).

(74) Editorial, New Orleans Trib., Feb. 28, 1865，引自Olsen，前注(73)，33页。

(75) 同上注。

(76) 当地报纸的一篇社论谴责这些努力是试图引发骚乱，Editorial, New Orleans Times, May 7, 1867，引自前注(73)，33、34—35页。

(77) 参见Letter from New Orleans City Railroad Company to Col. C. W. Killborn，前注(73)，31—32页。

(78) 同上注，32页。

(79) Woodward，*Strange Career*，前注⑲，27页。

(80) Keith Weldon Medley, *Black New Orleans*, Am. Legacy Mag., Summer 2000.

(81) 参见Liva Baker, *The Second Battle of New Orleans: The Hundred-Year Struggle to Integrate the Schools* 19-20 (1996)。

贵了，而且抵抗的代价——联邦军队的持续存在——也难以承受。[82] 这场试验的终止进程于 1874 年开始了。在白人联盟（White League）领导下的白人暴力抵制愈演愈烈，几乎推翻了州政府，并开始了一场针对混合学校学生和老师的施暴和恐吓运动。虽然在 1875 年学校于种族融合的基础上重新开放，但是在 1876 年海耶斯—蒂尔登妥协以及联邦军队从路易斯安那州撤离之后，新当选的民主党州政府积极追求学校的再隔离。[83] 这些努力受到了许多黑人，包括一个由阿里斯蒂德·玛丽和保罗·特里格涅领导的代表团的抵抗。阿里斯蒂德·玛丽是克里奥社区一名显赫的成员，而保罗·特里格涅则是一份激进的克里奥语和英语双语报纸的编辑。特里格涅提起诉讼，他在其案情摘要中声称，公立学校的种族隔离"会对整个城市的有色族群造成不可修复的伤害，它倾向于以种族和肤色的理由歧视这些人，贬低他们的公民资格"[84]。该案被以技术性理由驳回了，这明显反映出法院不愿干预。[85]

尽管事实上路易斯安那州 1868 年宪法规定，所有的公共交通工具和商业"应当向所有人开放，不能以种族或者肤色为由区别对待或者歧视"[86]，但是到了 1890 年路易斯安那州紧跟潮流确立了铁路运输领域的法律隔离。在 1887 至 1892 年，几个州颁布法律要求在铁路和其他公共交通工具上进行隔离。[87] 尽管这些法律在细节和要求方面有所不同，但是这一时期的大多数法律都要求平等但隔离的设施，并对铁路雇员未能遵守这一分配要求处以罚款或者监禁。[88] 在 9 个州的法律中，有 5 个州对拒绝遵守的乘客处以刑事罚款或监禁。[89]

很多理论试图解释隔离法律的迅速扩散，C. 范恩·伍德沃德的一本具有广泛影响的著作认为，南方无处不在的法律隔离并不是内战刚结束时期的特征。[90] 伍德沃德承认存在着很多以习惯和实践形式存在的隔离，以及反映在私刑数量稳步增长和频繁发生上的激烈种族暴力[91]，但是他注意到即使是在 1877 年重建结束之后，第一部吉姆·克罗法律也是在 10 年之后才在南方颁布的，类似的法律直到二十多年后才在那些成立时间更长的东南部各州出现。[92] 尽管一些人挑战伍德沃德的观点，提出内战前广泛存在着习俗和法律

---

[82] 同注[81]，21—22 页。

[83] 同上注，24—25 页。

[84] 同上注，28 页。

[85] 同上注。路易斯安那最高法院不支持特里格涅要求禁止新奥尔良学区按种族划分学校的诉讼请求，因为学校委员会已经采取措施寻求禁令了。参见 *Trevigne v. School Board*，31 La. Ann. 105 (1879)。

[86] 1868 年路易斯安那州宪法第 13 条。

[87] 对这些法律条文的总结，参见 Lofgren，前注[2]，18—23 页。例如，佛罗里达州的法律规定一等舱的服务只向"肤色值得尊敬的人"提供，一等舱的票也只卖给他们，而黑人则可以获得与那些白人同等但隔开的设施。同上注，22 页。田纳西是第一个制定法律要求平等但分开模式隔离的州，它要求铁路公司提供不同的车厢或是隔开的车厢，"所有付了一等车厢票价的有色乘客都有权进入或者使用，这些设施应当处于良好状态，具备便利条件，并遵守与其他一等车厢同样的规则"。同上注，21 页。隔离的车厢应当具备同等条件的要求被普遍忽视。同上注。

[88] 同上注，22 页。

[89] 同上注。

[90] 参见 C. Vann Woodward, *American Counterpoint*：*Slavery and Racism in the North-South Dialogue* 237 (1971)。

[91] 同上注，43 页（注意到了私刑数量的迅速增长）。

[92] 同上注，34 页。

隔离的证据[93]，大家总体上还是认为1890年左右是立法性强制种族隔离急剧增多的时期。[94]

伍德沃德认为系统性的法律隔离并未在重建一结束就立即出现，因为严格的隔离主义界线只是解决"黑人地位"问题——随着内战后激烈变动而浮现出来的种族问题——许多政治选项中的一个。例如，民主党的精英主义保守阵营最初反对法律上的隔离，即使他们坚定地认为黑人是劣等人。[95] 另一方面，民粹主义者例如汤姆·沃森认为，黑人是潜在的同盟，因为黑人和贫穷白人具有亲缘性，他们有着"同样的怨恨和同样的压迫者"[96]。最后，这两个阵营都放弃了种族合作的努力，因为白人之间的裂痕通过将黑人作为替罪羊得以解决了，他们都把黑人当做18世纪80年代后期和90年代政治经济危机的根源。[97]

按照伍德沃德的观点，对小农场主不断增长的政治权力和一个强大且独立的政党可能出现的关注，导致民主党推动剥夺黑人的选举权，以讨好民粹主义运动[98]，并推进"失和的白人阶层之间的和解和坚实南方（Solid South）的再团结"[99]。因为没有能力控制黑人的投票，以及由民主党人操纵和强制投票的脆弱性，民粹主义者致力于剥夺黑人的投票权，以此作为解决政治不稳定和他们政治目标挫败的办法。[100] 在许多州，几乎就在种族隔离法律迅速扩散的同时，民主党领导了有组织的运动去剥夺黑人的选举权。[101] 事实上，就在投票权扩展到没有财产的白人的同时，黑人的选举权却被剥夺了，可以说选举权的资格从拥有财产（土地）变成了只要是白种人。[102] 黑人权利的压缩伴随着白人民主权利的扩展，进一步加大了压迫的范围。[103] 没有什么比选举权领域更明显的了。在1868年有100万黑人有选举权，在1872年总统选举时有70万黑人参加了投票。在1867年之前，没有黑人担任公职；到了1870年，南方14%的公职人员是黑人。然而到了20世纪早期，这些成果完全被

---

[93] 对伍德沃德观点一个重要的批评者是霍华德·拉比诺维茨：

> 我不是仅仅将相当多的隔离简单地载入编年史，而是去追问它替代的是什么。我发现，以前的做法是排斥黑人，而非隔离；具有讽刺意味的是，隔离常常标志着黑人境遇的改善，而非一个挫折。这一观点被广泛接受，最著名的和采纳最多的就是伍德沃德本人。

Howard N. Rabinowitz, *More Than the Woodward Thesis: Assessing The Strange Career of Jim Crow*, 75 J. Am. Hist. 842, 845-46 (1988).

[94] 同上注，849页（注意到"在19世纪90年代，南方种族关系上明显发生了一些重要事件"）。

[95] Woodward, *Strange Career*，前注⑲，45、47—51页。

[96] 同上注，61页。

[97] 1873年标志着一个大的经济衰退的开始——第一次大萧条。1873年的恐慌导致了严重的经济动荡；到了1876年，超过半数的铁路公司被破产接收，到了1878年，超过一万家企业倒闭。Foner, *Reconstruction*，前注⑬，512页。结果是导致大量的失业，尤其是在城市中。同上注，513—514页。

[98] Lofgren，前注②，24—25页。

[99] Woodward, *Strange Career*，前注⑲，82页。

[100] 参见John Hope Franklin, *From Slavery to Freedom: A History of Negro Americans* 270-72 (4th ed., 1974)。

[101] 参见Lofgren，前注②，24—25页。

[102] Raymond T. Diamond & Robert Cottrol, *Codifying Castle: Louisiana's Racial Classification Scheme and the Fourteenth Amendment*, 29 Loy. L. Rev. 255, 260-61 (1983)（总结说当选举权的财产要求对白人废除的时候，自由黑人的选举权却被剥夺了）。

[103] 参见Woodward, *Strange Career*，前注⑲，92页。

逆转了。[104] 以路易斯安那州为例，1896 年有 130 344 名黑人有选举权，到了 1904 年，只剩下 1 342。[105] 路易斯安那州曾经选出过 1 名黑人州长，123 名黑人议员曾于 1868—1877 年间在州立法机关任职，而在 1900 年只剩下最后 1 名黑人议员。直到 1967 年为止，该州再未出过一名黑人议员。[106]

南方法定隔离制度的巩固构成了一种种族排斥和镇压，但是它带来了某种物质利益，即它使得白人之间的阶级紧张得到了缓解。就算是在下层白人收入没有因为白人的特权而得到增长的时候，他们依然获得了 W. E. B. 杜·博伊斯所称的"公共和精神上的收益"[107]。黑人的从属地位是贫穷白人民主化进程的核心。白人工人和统治阶级之间利益的矛盾被白人特权模糊了。具有讽刺意味的是，正如伍德沃德所讲到的，"需要很多的习惯和吉姆·克罗法律才能支撑那些为黑人雇主工作的底层白人的白人至上信条。"[108] 在铁路列车上，一个人甚至可以说"是立法规定更贫穷白人能获得隔离开的车厢"[109]。黑人有力的抵制，新一代没有经过奴隶制的黑人的出现，以及对接受与白人区别对待的传统要求普遍性的不情愿，也进一步提供了支持脆弱的白人优越地位的动力。[110]

性别也对公共交通工具上立法强制隔离类型的出现起了至关重要的作用。正如芭芭拉·韦尔克所指出的，之所以在 19 世纪 90 年代局面会发生变化，部分答案在于"南方白人坚定的目标……去保护白人女性，她们是南方理念的化身"[111]。历史上，铁路列车和汽船都按性别和舱位等级将乘客隔开，并为女性设立了优待设施。当有色人种的女性寻求"按照她们的性别所应享有的优待"，并"在法庭挑战那种要求她们付一等舱的价格，却只能享受低等的设施的做法"时，有关公共交通工具的法律作出了这样的回应：允许在交通工具上进行种族隔离，只要运输公司能够提供基本上相当的设施——对同样票价的所有乘客提供平等但隔离的设施。[112] 由于许多运输公司不愿意花额外的费用来达到这样的要求，许多运输公司开始允许"值得尊敬的"有色人种妇女进入一等女性专用设施。这一对"保护白人妇女神圣的地方，以及白人至上信条"隔离之墙的侵蚀，引发了这样的看法，即有必要采取立法行动来维持这一界线，其他措施都不足以保护它。[113]

对种族间性行为的高度焦虑感也加剧了立法强制解决的要求，并进一步反映在对跨种族婚姻的规制和禁止上。虽然反种族通婚的法律可以追溯到 17

---

[104] 参见 Steven F. Lawson, *Black Ballots: Voting Rights in the South*, 1944—1969, at 116 (1976)。

[105] Woodward, *Strange Career*, 前注⑲, 83—85 页。

[106] 参见 Charles Vincent, *Black Legislators in Louisiana During Reconstruction* 220 (1976)。

[107] W. E. B. Du Bois, *Black Reconstruction in America*, 1860－1880, at 700 (David Levering Lewis ed., 1992)。杜·博伊斯令人信服和缜密阐释的理论，可见 David R. Roediger, *The Wages of Whiteness: Race and the Making of American Working Class* (1991)。

[108] C. Vann Woodward, *Origins of the New South*, 1877－1913, at 211 (1951).

[109] Lofgren, 前注②, 24 页。

[110] 同上注, 25 页。

[111] Welke, Road to Plessy, 前注㊹, 266 页。

[112] 同上注。

[113] 同上注, 266—267 页。

世纪[114]，但是种族通婚的“问题”[115] 成为议员们的当务之急是在从 19 世纪 40 年到重建的这段时期。[116] 虽然战前的种族通婚法律对种族间性行为和种族间婚姻都施以刑事处罚，种族间性行为，尤其是白人男子和黑人女人之间的性行为，一般地都可以接受，并在经济上是有利的；这种结合生下的孩子，一般地但并非都是，继承了其母亲的奴隶身份[117]，因而增加了他父亲的财产。这些混血儿童的大量存在说明了这样一个事实：跨种族的性行为只要没有威胁到白人的统治地位则是可以接受的。

尽管如此，正如就第十四修正案进行的辩论所反映出来的，种族通婚是其中的重要议题。奴隶制的终结和民权法的通过，引发了多个层面的复杂危机。首先，重建修正案极大地扩展了联邦的权力，引发了南方各州的权力危机，这使得跨种族性行为和通婚有可能被联邦法律合法化。[118] 结果是反种族通婚的条款被包含进内战后南方 6 个州的宪法之中，而且一些州还在重建时期收紧了对种族间通婚的限制，加大了对其的处罚。[119] 对跨种族性行为的控制是对州权利的一个关键考验。其次，对跨种族性关系予以合法化威胁到了恢复财产价值——特别是体现在白人肤色上的财产价值这一关键性议题。反种族通婚的法律在这一计划中扮演着关键性角色。

法律背景

在各级法院，种族隔离的问题深深地嵌在有关联邦贸易条款（Commerce Clause）对州管制权力的限制等宪法性问题、有关公共交通工具的普通法问题[120]，以及重建修正案（Reconstruction Amendments）含义和范围的问题之中。虽然本章仅仅论述第三个问题，但是在很多例子中，学说和分析在三者之间相互交织，增强了其限制，并在最后加固了种族隔离的习惯和实践。

本案如何打到了联邦最高法院

在 1890 年 5 月，路易斯安那州立法机关引入了一项法案，据称“目的

---

[114] 第一部将种族间性行为规定为犯罪的是 1662 年制定的弗吉尼亚法律。参见 A. Leon Higginbotham, Jr. &Barbara K. Kopytoff, *Racial Purity and Interracial Sex in the Law of Colonial and Antebellum Virginia*, 77 Geo. L. J. 1967, 1967 &n. 5 (1989), *reprinted in Interracialism: Black and White Intermarriage in American History, Literature, and Law* 81, 81－82 &n. 5 (Werner Sollors ed., 2000)。

[115] 按照萨克斯的描述，这一术语产生于 1864 年大卫·克罗利所写的一个小册子，大卫是纽约报纸的编辑。这篇文章以《种族通婚：种族混合的理论，适用于白人男性和黑人》为标题。参见 Saks，前注㊼，42 页。

[116] 同上注，43 页。

[117] 参见 Cheryl I. Harris, *Whiteness as Property*, 106 Harv. L. Rev. 1709, 1719 (1993)（报道称自从 17 世纪 60 年代起的法律就规定，白人男性和非洲裔女性生下的孩子“是奴隶还是自由人要依据其母亲的身份”）。

[118] 萨克斯发现，重建和联邦权力的增长“使得州法院在对种族通婚的主体——白人男子，按照州刑事法律加以惩罚时，违反了联邦宪法，他可以在很多层面辩护：性层面，经济、职业和政治层面。”Sarks，前注㊼，44 页。

[119] 同上注，44、48 页。

[120] 事实上，“平等但隔离”的原则是在普莱西案 30 年前，由州法院和联邦法院有关公共交通工具的判例一同发展出来的。参见 Lofgren，前注②，116—147 页。

在于提升旅客的舒适程度”。它要求在该州的火车上“为白人和有色人种提供平等但隔离的设施”[121]。根据新奥尔良一份日报的报道，“本州的白人几乎全体一致地要求制定这样的法律。”[122] 在另一方面，对将白人与其他“有色人种”予以法律隔离的坚决支持，可能看起来与新奥尔良作为一个大都市中心的形象相冲突，在那里肤色的界线长期以来已经模糊了。此外，自1700年代起，路易斯安那的种族划分就包含了一个第三等级——有色自由人。他们是欧洲裔父亲和非洲裔母亲结合后繁衍的自由后代，其社区长期以来享有不同寻常的自治。[123] 事实上，虽然路易斯安那的法律禁止与奴隶的通婚，自由有色人和白人的通婚则不在此限[124]，其后代被推定为自由人（虽然黑人被推定为奴隶）[125]，并能够在法庭提供对白人不利的证据[126]，在一些情形还可以获准继承他们白人父亲的财产。[127] 一些人甚至自己成了奴隶主。[128] 白人常常依靠由这一阶层组成的民兵保护自己，镇压奴隶的反叛和控制印第安人。[129] 事实上，一些民兵成员曾自愿为南方邦联而战，直到后来他们被拒绝在邦联军队中服役。[130]

那如何解释路易斯安那转向了最严格形式的种族隔离呢？它禁止所有的有色人种接触白人。在某种程度上，路易斯安那州的车厢隔离法案（Separate Car Act）是全国和解项目的另一个标志，通过放弃为黑人的平等而努力来团结南方。它还进一步代表了这样一种日益高涨的意识，即需要立法性的强制隔离来保护白人妇女以及更广泛意义上的白种文明，免受黑人自由带来的混乱。尽管它具有倒退的效果，但是隔离被看作是现代化的一个项目和课题，以及对重建时期错误的纠正。稳定不确定的种族动态被视为稳定劳动力市场和将南方重新整合进全国经济的关键。[131]

该法案刚刚提出，新成立的美国公民平等权委员会的17名成员就谴责它，认为其与“公民权是全国性的和不考虑肤色的”原则不相符。[132] 签名者包括路易斯·A·马提奈特（Louis A. Martinet），克里奥社区的一位检察官和外科医生，他在1889年创办了激进的周刊——《新奥尔良十字军战士》。

---

[121] 参见1890 La. Acts 111，at 152-54。

[122] Olsen，前注[73]，9页（引自《新奥尔良日报》的报道）。

[123] 参见Roger A. Fischer, *Racial Segregation in Antebellum New Orleans*, 74 Am. Hist. Rev. 926, 929-30 (1969)。到了1788年，有色自由人占到了新奥尔良人口的1/3强。参见Berlin，前注[25]，112页。

[124] 这一禁止可以追溯到西班牙管理时期，虽然地方当局有权对规则作出特别例外。参见Virginia Dominguez, *White By Definition: Social Classification in Creole Louisiana* 24-25 (1986)。在激进共和党掌权的那些年里，种族通婚的禁令被废止。

[125] 同上注，25页。

[126] 参见Berlin，前注[25]，19页。

[127] 参见Dominguez，前注[124]，27—28页。作为一个阶级，他们积累起可观的财产，以至于“他们的财富、社会地位和教育程度将他们同大部分农村黑人区分开来”。Henry P. Dethloff & Robert P. Jones, *Race Relations in Louisiana, 1877-1898*, in 9 Louisiana History 301, 322 (1968)。

[128] 参见Berlin，前注[25]，14页。

[129] 同上注，124页。

[130] 参见Olsen，前注[73]，9页。

[131] 参见James C. Cobb, *Segregating the New South: The Origins and Legacy of Plessy v. Ferguson*, 12 Ga. St. U. L. Rev. 1017 (1996)。

[132] Lofgren，前注[2]，28页。

马提奈特还参与成立了美国公民平等权委员会[133]，该协会成为了挑战这部法案的领导力量。

这一法案最初于1890年7月8日在州参议院受阻，这是两种反对力量的结果。其一是因为铁路公司出于新法案施加的经济负担而加以反对；其二是经典的政治性讨价还价：支持重新给州博彩业颁发执照的议员通过反对车厢隔离法案，换取议会中的18名黑人成员的支持，好压倒州长对博彩法案的否决。然而，一旦博彩法案通过了，隔离法就被重新考虑，并在其受阻之后两天就通过了。[134] 该法案由州长弗朗西斯·T·尼科尔斯（Francis Nicholls）签署生效。他是一名前南方邦联的将军，作为海耶斯—蒂尔登妥协的一部分于1877年就职。作为协议的一部分，民主党州长在3个有争议的州就职，但是他们需要正式承诺继续支持公民权利。尼科尔斯在任期开始时曾经发表声明说他反对种族偏见，并发誓"要抹掉政治上的肤色界线"[135]。他签署车厢分离法的举动反映了黑人在没有联邦实施公民权时政治命运的深刻逆转，以及当时被认为是权宜之计的向种族主义的妥协。

马提奈特迅速展开对该法案的攻击，呼吁铁路公司抵制，号召提起法律诉讼。在《新奥尔良十字军战士》这份周刊上，他写道："我们将会提起一个诉讼，一个测试性案例，并以侵犯公民在州际间不受干扰地旅行的权利为由，将它提交到联邦法院。"[136] 他并非一个人在战斗：阿尔比恩·图尔热（Albion W. Martinet），一个前联邦战士、法官、作家和黑人平等运动的著名倡导者，继续在他的社论专栏呼吁反对这部法律。"一个旁观者的评论"，发表在《芝加哥洋际报》（Chicago InterOcean）上，这是该市共和党最重要的刊物。[137] 图尔热了解到了马提奈特的决心，并给他以鼓励。

尽管他们很有热情，但是直到一年后，也就是1891年9月，"公民平等权委员会测试车厢隔离法合宪性"的案件，才在阿里斯蒂德·玛丽的敦促下正式提起。阿里斯蒂德·玛丽是重建时期克里奥社区的一个领导人物。其间的这一年，局势进一步恶化了；新的隔离法律在6个南方州被采纳，被处私刑的人数创了纪录。[138] 公民权利组织却表现得虚弱且分裂。[139] 尽管如此，很大程度上靠马提奈特的努力，主要由新奥尔良市克里奥社区精英人士组成的公民平等权委员会还是"通过公众捐款"筹集到了3 000美元，作为本案的经费。马提奈特与图尔热的通信使得图尔热答应了公民平等权委员会的请求，出任本案的首席律师，"对其从始至终加以控制"[140]。他还同意担任律师且不收取任何报酬。当地的律师就相对更难找到了；马提奈特的第一选择被

---

[133] 这个多种族组织致力于为种族平等而奋斗。参见路易斯·A·马提奈特（Louis A. Martinet）写给阿尔比恩·W·图尔热（Albion W. Martinet）的信（1891年10月5日），载Olesen，前注[73]，55、57—58页。

[134] Olsen，前注[73]，10页。

[135] Keith Medley, *The Sad Story of How "Separate but Equal" was Born*, Smithsonian, Feb. 1994, at 104, 108.

[136] Olsen，前注[73]，11页。

[137] 参见Elliott，前注[2]，300、305页。

[138] 在1892年，大约255名黑人男子、妇女和儿童被处私刑。参见Paula Giddings, *When and Where I Enter: The Impact of Black Women on Race and Sex in America* 37 (1984)。

[139] 参见Otto H. Olsen, *Carpetbagger's Crusade: The Life of Albion Winegar Tourgee* 310 (1965)。

[140] 路易斯·A·马提奈特写给阿尔比恩·W·图尔热的信，前注[133]，56页。

证明有点昂贵，他的第二选择因为害怕政治性报复而退缩了。在 1891 年 12 月，詹姆斯·沃克被选为本地律师，并同意以 1 000 美元的报酬接下该案。[141] 马提奈特敦促由图尔热来担任首席律师，以及他不寻求黑人律师的帮助部分地显示出，他认为黑人律师的能力不足以提起宪法诉讼，理由是当时大多数的黑人律师从事的“几乎完全是警事法庭的业务”[142]。

图尔热和马提奈特考虑了好几个对车厢隔离法提起诉讼的可行性方案。他们可以让一名黑人乘客在外州购买一张车票，然后旅行到路易斯安那，以引起州际贸易的诉讼，或是选择一个浅肤色的黑人妇女，让她试图进入女士专用车厢。根据马提奈特的看法，后一策略是有问题的，因为她可能不会被拒绝进入白人车厢，因为在新奥尔良，“人们能够容忍相当的多样性，就算走错了肤色对应的车厢，在这里也能很大程度上免受那可恶的歧视”[143]。尽管后一策略存在着潜在的困难，但是图尔热继续坚持挑选一位“不超过 1/8 有色血统的”原告，其外观上看起来已经像是白人了：目的是揭露法律对种族定义的模糊性。正如图尔热所解释的：“这是一个（联邦最高法院）很可能会受理的案子，如果不为其他目的，就让法院在该案上磨砺它的智慧吧。”[144] 马提奈特还为他们构想的、因违反车厢隔离法而引起的刑事起诉挑战的可行性而感到担心：如果黑人乘客仅仅被依照法律拒绝进入，或者如常见的情形，乘客被强制性地用暴力赶开，那这一挑战也就不可行了。马提奈特开始和铁路公司的官员谈话，以寻求他们的合作。至少有一家铁路公司告诉他，他们不会执行该法；另一家声称其反对该法，因为它带来了巨大的成本，但是不愿意公开反对它。最后路易斯维尔和纳什维尔铁路公司同意做一个测试案例。[145]

在 1892 年 1 月 24 日，丹尼尔·德斯杜纳斯购买了一张到亚拉巴马州莫比尔（Mobile）的一等舱车票，他乘坐的是路易斯维尔和纳什维尔公司的火车，并坐了一个专门保留给白人的座位。他是鲁道夫·德斯杜纳斯的 21 岁的儿子，也是最初的抗议请愿书签名者和马提奈特的《新奥尔良十字军战士》这份周刊的主要编辑。他被捕了，并被以违反车厢隔离法为由提起刑事指控。在 3 月 14 日，他被起诉。在 3 位律师——马提奈特、图尔热和沃克进行了广泛讨论之后，他们提起了一个“管辖权之诉”，挑战法院审理该案的权威。他们提出的主要理由是“根据宪法第一条第八节保留给国会的权力”，德斯杜纳斯作为州际旅行的乘客，有“权利和权益（right and Privilege）”“不受任何政府管制或控制”地旅行。[146] 尽管法院最初裁定密西西比

[141] 参见 Lofgren，前注②，30—31 页。

[142] Lofgren，前注②，31 页，引自 J. Clay Smith，Jr.，*Extract Justice and the Spirit of Protest：The Case of Plessy v. Ferguson and the Black Lawyer*，4 How. Scroll 1，10 (1999)。史密斯在此不同意马提奈特的评估，他指出有一些非常有能力的黑人律师也在联邦法院从事业务，并且将案件打到了联邦最高法院。参见 Smith，同上注，10 页。史密斯总结说，他们为什么忽略了这一事实仍然是个“迷”。同上注。

[143] 路易斯·A·马提奈特写给阿尔比恩·W·图尔热的信，前注[133]，56—57 页。

[144] 阿尔比恩·W·图尔热写给 J.C. 沃克的信，1892 年 5 月 11 日，引自 Elliott，前注②，307 页。

[145] 参见 Lofgren，前注②，32 页。

[146] 同上注，34 页。

州的法律要求铁路公司为不同种族的人建立隔离车厢并不构成州际贸易的负担[147]，律师们还是相信，一部要求将乘客按照种族予以分配的法律是否侵犯了（联邦的州际）贸易权力还是一个尚未解决的问题。图尔热进一步论辩道，确定种族是一个复杂的科学问题，法律不能授权列车员去做一个草率的和实质上缺乏标准的判断。这一申诉以德斯杜纳斯的名义提起，而地区检察官反对这些事实。律师们以为这一申诉会被驳回，德斯杜纳斯将会被定罪，而他们将迅速提起上诉。然而，主持审判的法官罗伯特·马尔却没有迅速作出裁决，到了 4 月 19 日，他竟然神秘地失踪了。

同时，在 5 月 25 日，路易斯安那州最高法院对 *Louisiana ex rel. Abbott v. Hicks* 作出裁决[148]，本案涉及的是因一名在得克萨斯和太平洋铁路公司工作的列车员允许一名黑人进入保留给白人的车厢而提起的指控。铁路公司辩称，因为这名乘客是做州际旅行，所以车厢隔离法不能适用，即使适用的话，它根据（州际）贸易条款也是违宪的。路易斯安那法院同意这一看法，裁决这样的规定仅仅在州内旅行时才是有效的；当它适用于州际旅行的乘客时，就构成了联邦宪法所禁止的对州际贸易的管制。[149] 突然之间，德斯杜纳斯更有可能胜诉了。在 7 月 9 日，新任命的法官，约翰·弗格森批准了管辖权反对意见，对德斯杜纳斯不利的指控被驳回了。马提奈特兴高采烈；他在《新奥尔良十字军战士》上断言，“反动分子有口难言，而波旁（民主党复辟者）的机构可能会坐立不安，但是吉姆·克罗跟门板上的钉子一样已经死了。”[150]

因为在德斯杜纳斯案中几位律师已经发展出了很多论据和坚实的工作安排，他们开始寻找新的原告，以对州内隔离提出挑战。他们找到了霍默·普莱西，丹尼尔·德斯杜纳斯父亲的一位朋友。他当时是一位 30 岁年纪的鞋匠，公民平等权委员会的成员。他和德斯杜纳斯一样，外表上看起来像是白人。在 1892 年 6 月 7 日，霍默·普莱西购买了一张东路易斯安那铁路公司的一等车厢车票，从新奥尔良到科文顿市（Covington），全程都在路易斯安那境内。当他登上火车，并按照原计划在专属白人的车厢里坐下的时候，列车员命令普莱西离开该车厢，去保留给“有色人种”的车厢，否则将“处以拘禁”。当普莱西拒绝时，列车员呼叫了警察，普莱西被强行赶出火车，并被投入新奥尔良的一所监狱。他被指控违反了 1890 年的车厢隔离法。在交了 500 美元保释金之后，普莱西被释放了。

路易斯安那州诉普莱西案被立案，该州并于 7 月 20 日以违反车厢隔离法为由对普莱西提起公诉。明显地，这一公诉书没有包含任何关于普莱西种族的信息。[151] 庭审直到 10 月才进行。如同上次一样，在庭审当天，普莱西的律师提出了管辖权反对意见，认为车厢隔离法是违宪的，因而州法院无权审

---

[147] 参见 Louisville, *N. O. & T. Ry. Co. v. Mississippi*, 133 U. S. 587 (1890)。

[148] 44 La. Ann. 770 (1892) .

[149] 同上注，777—778 页。

[150] Lofgren，前注②，40 页。

[151] 参见 Information, *State of Louisiana v. Homer Plessy at* 14 - 15, *Plessy v. Ferguson*, 163 U. S. 537 (No. 15, 248)。逮捕普莱西的警官宣誓作证说，普莱西是“一个有色人种的乘客”。Affidavit of Christopher at 4, *Plessy v. Ferguson*, 163 U. S. 537 (1896) (No. 15, 248)。

理或者决定本案的事实。

普莱西的律师特别指出，东路易斯安那铁路公司作为一个普通的运输公司无权根据种族对公民作出区分。正如德斯杜纳斯案已经阐释过的，普莱西的律师们认为考虑到作出种族归类的困难性，不但列车员没有能力作出决定，就是州当局也无权将“在没有证据的情况下确定［种族］”的权力授予任何人，或者“使得任何美国公民的权利或者权益依赖于种族事实，或是那些未被授权的人所做的种族事实决定，以强迫公民接受这样的决定，或者在该公民拒绝遵守时就施加刑事制裁”[152]。这部法律还进一步剥夺了公民就错误行为寻求救济的权利，因为它规定，铁路公司和列车员都不对安排或驱赶乘客引发的损害承担责任。因为州当局无权对一个种族授予排他性的权利和权益，而拒绝将其给予其他种族。这部法律建立了“潜在的差别，并按照种族在美国公民中间予以区别对待，而这是与全国性公民权的基本原则相冲突的，它使得有色种族公民的非自愿奴役状态永久化……并且……侵犯了美国有色种族公民的权益和豁免，以及由第十三和第十四修正案保障的权利……”[153] 这一抗辩没有提到普莱西的种族。

地区检察官对这一抗辩提出反对意见，他认为（被告律师所称的），按照法律不能提起公诉的理由不足。法院同意这一观点，并命令普莱西作出回答。普莱西向路易斯安那州最高法院申请禁止令状，希望命令弗格森法官停止审理该案，因为缺乏这样一份命令，法院就会根据不合宪的法律将普莱西定罪并判刑，而“按照那部法律所规定的，对这样的判决不可上诉”[154]。禁止令状和调审令状申请中所说的理由与申诉中的一样，只是多加了以下一点：“申请人是一个高加索人种（也即白种人，译者注）和非洲人的后裔，其中7/8是高加索人血统，1/8是非洲人血统；在申请人身上，有色人种的混血是分辨不出来的”，因而他有权获得宪法保障给白人的一切权利。[155]

在11月18日，弗格森法官驳回了普莱西的申请，采纳了检方的观点。普莱西的律师向州最高法院提出审理请求。这有效地阻止了对普莱西的审判。路易斯安那州最高法院首席大法官、签署车厢隔离法的前州长弗朗西斯·尼科尔斯，签发了一份暂时性的禁止令，命令弗格森法官提供理由，说明为什么该令状不应是永久性的。弗格森做了回答，而路易斯安那州最高法院援引其特别监督管辖权来考虑这一案件。

在普莱西单方案（Ex parte Plessy，申请令状的案件往往只有一方当事人，译者注）中[156]，法院认定车厢隔离法并未违反第十三或者第十四修正案。芬纳法官（Fenner）引用一系列民权案例，并得出结论：本案并未涉及第十三修正案保障的权利，因为公共设施上的隔离并非奴隶制的标志或是事件。[157]按照法庭的看法，这里唯一的问题是，要求进行州际运输的铁路公司为不同

---

[152] Defendant's Plea to Jurisdiction at 17, *Plessy v. Ferguson*, 163 U. S. 537 (1896) (No. 15, 248).

[153] 同上注，18页。

[154] 禁止令和调审令申请第3页，*Plessy v. Ferguson*, 163 U. S. 537 (1896) (No. 15, 248)。

[155] 同上注，1页。

[156] 45 La. Ann. 80 (1893).

[157] 同上注，82—84页（引用民权案例，109 U. S. 3 (1883)）。

种族的人提供隔离车厢，并要求乘客不离开某些车厢的法律是否违反了第十四修正案。法院认为，根据许多判决确立的原则，要求乘客的食宿按照种族进行隔离的问题并不难解决。这一原则就是，“在这类问题上，设施的平等，而非身份或者族群归属，是对法律是否符合第十四修正案要求的特别检验”(158)。

法院援引了罗伯茨诉波士顿市（*Roberts v. City of Boston*）一案(159)，内战前马萨诸塞州的一个支持公立学校种族隔离合法性的案例，法院据此认为无论按种族隔离学校还是按种族隔离设施都没有违反平等保护保证，即使它们是由一些敌意驱使的，因为法律与感情或者种族等级的社会结构无关。正如罗伯茨案所指出的，“有人强调说，维持隔离学校倾向于加深和永久化令人憎恶的、深深扎根于公众偏见之上的等级差别。这一偏见，如果存在的话，也不是由法律创造的，更不可能由法律改变。”(160) 因而，普莱西案中的管制，与罗伯茨案中的一样，是根据以种族为基础作出的差别而对警察权力的合理行使。这一差别并不构成不合法的歧视。事实上，“这部法律对两个种族都以绝对的公平和平等予以适用，带来供我们审查的案卷记录并未披露起诉的人是位白人还是有色人士。指控的仅仅是他‘确实在当时坚持走进按照种族不属于他的车厢，而这种行为本身就是不合法的’。很明显，如果事实成立，不论被指控的是白人还是有色人士，刑罚都是一样的”(161)。法院也没有因免除铁路雇员对错误安排承担责任而困扰：它解释说，这一条款在错误的种族归类情形下并不适用。这一豁免仅仅适用于对种族身份的正确分配。(162)

普莱西的律师向新奥尔良的联邦巡回法院申请了一份再审令状，交了保释金，审理程序也停止了。在翌年 2 月之前，各类法律文书都已经归档整理好了，可以向联邦最高法院提交再审该案了。图尔热评估后感觉联邦最高法院的整体倾向决定性地不利于他们：“在所有的法官中，只有一位公开支持我们必须持有的立场……另外四位可能直到加百利（圣经中的七天使之一，上帝传送好消息给人类的使者——译者注）吹响他的号角时才会表态……”(163) 剩下的四位法官倾向于不支持普莱西，很可能通过辩论或是不断变化的公共情绪而被说服（去反对普莱西）。他希望过一段时间他们的前景会有所改善，然而，当时他就意识到这一风险出奇的高：“联邦最高法院一直以来都是自由的敌人，直到公共意见迫使它前进……无论如何，最底线的结果是我们不能有一个不利的判决，因为那就是一个可以被（敌人）炫耀为是联邦最高法院的结论，而联邦最高法院从未在宪法性问题上推翻过自己的结论。”(164)

然而，时间被证明并非普莱西一方的同盟。尽管从 1893 年提交再审令

---

(158) 同注(156)，85 页。

(159) 59 Mass. (5 Cush.) 198 (1849).

(160) *Ex parte Plessy*, 45 La. Ann. at 84（引用 *Roberts*, 59 Mass. (5 Cush.) 209）。

(161) 同上注，87 页。

(162) 同上注，88 页。

(163) 阿尔比恩·W·图尔热给路易斯·A·马提奈特的一封信，1893 年 10 月 31 日，载 Olsen，前注(73)，78 页。

(164) Lofgren，前注②，149 页。

状到1896年4月的口头辩论隔了3年，如果说有什么变化的话，就是政治气候变得对本案更加不利。尽管联邦最高法院的构成发生了变化[165]，但黑人的物质条件还在持续恶化，就平等问题给予的大力抨击也在持续减少。这使得完全的暴力、威胁和强制成为必需，也使得更加巧妙的统治形式如欺诈成为必要，它们侵蚀了重建时期通过巨大努力才获得的收入所得、财产所有权和政治权力。同以前的时期不同，压迫黑人的幽灵不再引起全国性的关注，事实上全国和解依赖于将黑人的从属地位视为南方一个“地方自治”的问题。随着1896年总统竞选的来临，威廉·麦金莱能够自信地宣称“南方和北方不再被旧的（断裂性）的界线所隔开”[166]。虽然在某些地区有过成功抵制的迹象[167]，整体的气候是如此无情地敌视种族平等的诉求，以至于一些黑人领袖接受了所谓经济自足的政治修辞，并通过自我贬低来避开白人暴力性的反应。布克·T·华盛顿于1895年在其臭名昭著的亚特兰大博览会前的讲话中敦促黑人，“无论你在哪里，放低你的姿态”，并远离“社会平等问题带来的骚动，因为这是极其愚蠢的。”[168] 他用比喻默认了根深蒂固的种族隔离，他这样安抚白人，“在一切纯粹社会性的事务上，我们可以像指头一样分离开来，然而在所有对于共同进步至关重要的事务上，我们又如同一只手一样在一起。”[169] 从南欧和东欧来的移民加速涌入也加剧了本土居民对盎格鲁—撒克逊优越性被稀释的担忧，因而使得很多占统治地位的精英，尤其是来自新英格兰的精英，倾向于种族主义逻辑，赞同南部关于白人优越性的理由。[170] 对华人的敌意已经使得包括1882年排华法案（Chinese Exclusion Act）等很多限制性移民政策出台。[171] 普莱西案当时正处在一个严重危机的时刻。

辩论和判决

在1896年4月13日，图尔热和当地律师S.F.菲利普斯在联邦最高法院出庭辩论，5月18日，联邦最高法院发布了其判决意见。最高法院以7∶1的投票结果肯定了车厢隔离法的合宪性。判决意见由来自马萨诸塞州的亨

---

[165] 按照图尔热的说法，“当我们开始斗争的时候，联邦最高法院还有几个倾向于我们的法官……（现在）全部的法官中只有一个公开支持我们所持的观点。”阿尔比恩·W·图尔热给路易斯·A·马提奈特的一封信，前注[163]，78页。

[166] Paul H. Buck, *The Road to Reunion*, 1865－1900, at 282 &n. 20 (1937).

[167] 参见Olsen，前注[73]，24页。

[168] *Booker T. Washington*，亚特兰大展览会的演讲（1895年9月18日），载Thomas，前注[7]，119、121、124页。因为某些并不完全清楚的原因，弗里德里克·道格拉斯（Frederick Douglass）最初也拒绝给想要推翻车厢隔离法的努力以任何帮助。参见路易斯·A·马提奈特给阿尔比恩·W·图尔热的一封信，1892年7月4日，载Olsen，前注[73]，61、65页。根据马提奈特的说法，道格拉斯对公民平等权委员会写给他的信中拼写错了他的名字感到恼火，并拒绝给予任何支持。马提奈特感到深深的失望，提到他不要金钱只需要一个道德上和政治上的支持。

[169] 同上注，122页。这一演讲使得华盛顿赢得了来自总统格罗弗·克利夫兰的祝贺，而克利夫兰是一位著名的黑人权利反对者。同上注，120页。

[170] 参见Michael J. Klarman, *The Plessy Era*, 1998 Sup. Ct. Rev. 303, 312－13。

[171] 可参见Lucy E. Slayer, *Laws Harsh as Tigers: Chinese Immigrants and the Shaping of Modern Immigration Law* (1995)。

利·比林斯·布朗（Henry Billings Brown）起草。[172] 下面是普莱西一方提出的论点概要以及联邦最高法院的回应。

由图尔热代表普莱西起草的案情摘要提出的第一个论点就是，因为被看作是白人具有不可否认的价值，这就等于赋予了铁路雇员专断的权力，使其可以随意认定一位喜欢被当做白人的乘客事实上不是白人，这违反了未经法律正当程序不能剥夺财产的宪法保障。[173] 这一存在于白肤色的财产具有压倒性的重要性和不证自明的价值：

> 当一个年轻人进入法律实践层面时被看作是一个白人而非有色人具有多大的价值呢？6/7 的人口是白人。全国 19/20 的财产归白人所有。99%的商业机会控制在白人手中……如果给大多数白人一个选择，他们可能宁愿去死也不愿意在美国作为有色人士活着。在这种条件下，我们还能得出这样的结论，作为白人的名声不是财产吗？事实上，它难道不是最有价值的一种财产吗？它是打开机遇金色大门的万能钥匙。[174]

考虑到车厢隔离法威胁要限制自由和剥夺贵重财产，那么它应当建立在种族归类的确定性之上。但是事实上，正如图尔热指出的，确定种族归属是一个复杂的法律和事实问题，超出了任何铁路雇员的能力和权力范围。而且，铁路雇员的决定绝非是科学、确定和清楚的："在我们国家的所有地方，种族混合都已经达到了一定程度，以至于在许多公民身上究竟哪种血统占优势是不可能确定的，除非对家谱进行仔细的审查……［因为禁止与奴隶结婚］在大多数情形即使是一个大致的认定……事实上也是不可能的……"[175]

另外，图尔热还提到，在确定谁是白人时，不但没有全国性的标准，现有的规则也是相互冲突的，它们在定义上都包含着白人的主导地位：

> 可能有人会说，所有看起来带有可见的有色血统混合的人都应被归为有色人。这根据的是哪部法律？这又是哪个法官决定的？为什么不把带有可见的白人血统痕迹的人都归为白人？这只有一个原因：白种人的统治地位。[176]

法院试图通过如下主张来回避这一论点：尽管这部法律明显地授予了列车乘务员以按照种族分配车厢的权力，但是它并未导致正当程序被剥夺，因为普莱西的种族身份并没有"在本案的案卷中出现"[177]。因为没有任何证据显示普莱西被不适当地归类，所谓缺少司法程序审查不适当归类的主张就不能

---

[172] 参见 *Plessy v. Ferguson*, 163 U. S. 537 (1896)。布鲁尔大法官（Brewer）没有参与本案的判决。同上注，552 页。

[173] Brief for Plaintiff in Error at 8, *Plessy v. Ferguson*, 163 U. S. 537 (1896) (No. 15, 248)［下面引自霍默·普莱西的案情摘要］。

[174] 同上注，9 页。

[175] 同上注，10 页。

[176] 同上注，11 页。

[177] *Plessy*, 163 U. S. 549 (1896)．弗格森辩称，附在禁止令申请中的在书记员面前所做的宣誓证词并非提交给本庭的一部分。因而，弗格森声称，"被告可以负责任地说，至少在提交给他的法庭材料中，他不知道，也不可能知道，至少在庭审之前不会知道这位坚持走进和留在不属于他的车厢的霍默·A·普莱西……究竟属于白人还是有色人种。"被告对禁止令和调审令申请的答辩第 13 页，Plessy, 163 U. S. 537 (1896) (No. 15, 248)。

成立。然而，联邦最高法院这样说实在是太不真诚了。虽然指控普莱西的案卷没有指出他的种族身份，只是说列车员分配普莱西“去他种族所属的车厢，而他在该时该地非法地坚持去按照种族不属于他的车厢”⑰⑧。逮捕普莱西的警官的宣誓证词在初审记录法院就归档了，并附在再审令状里面，这里面就声称普莱西是“有色种族乘客”⑰⑨。另外，禁止令和调审令申请中已经声明了普莱西是一个“高加索和非洲裔血统的混合，其中 7/8 是高加索血统，1/8 是非洲血统”⑱⓪。尽管联邦最高法院声称他们不知道普莱西的种族归属，但是几乎没有疑问的是，文件记录包含了有关普莱西种族身份的事实，尽管普莱西并未将自己界定为“白人”或是“有色人”。

尽管法庭努力避免对违反正当程序的指控下结论，它还是就普莱西是否遭受了以名声形式出现的财产损害发表了意见。这个问题依赖于法庭早些时候拒绝评论的种族归属议题。联邦最高法院认定，考虑到州政府的律师已经承认该法对乘务员责任的豁免是不合宪的，因此如果普莱西是白人，任何对他名声的损害都将足以使其向铁路公司提起损害赔偿之诉。⑱①

普莱西一方认为，根据缺乏标准的决定将其分配到黑人列车车厢，是对其体现在白肤色之上的财产专断和未授权的剥夺，侵犯了宪法的正当程序要求。法院对这一观点不屑一顾。然而，就在同时，联邦最高法院的判决对种族声誉是一种财产利益的观念予以了支持，并认为它需要通过损害赔偿之诉加以保护。它并没有特别考虑或是认可任何对种族类别的具体界定，但是它保护白种人的界线，即使它否认在强制隔离制度下种族（归属）决定的宪法相关性。尽管不同的行政区域在认定“占优势的血统”上有不同规定，例如按照 3/4 规则或是其他不同的方法授予白种人的身份，联邦最高法院还是会遵从州法，并将其作为种族界定的合法性源泉，即使它拒绝具体考虑普莱西的种族身份。⑱②

普莱西的律师们还认为就算这一按种族基础进行的分配没有构成对正当程序的剥夺，它仍然违反了第十四修正案对全国性公民身份的保障。该公民身份使得“个人权利的平等和对所有公共权益自由和安全的享用”成为必要，并且禁止“将等级制度合法化”⑱③。就算这是州警察权力的行使，第十四修正案还禁止歧视黑人，因为这些行为意味着试图恢复地位的不平等，而这是奴隶制的标志。民权案例（Civil Rights Cases）并未就这个问题发表意见，因为它们不同于本案。在本案中，是州当局，而非一个私人主体，进行了歧视。而且车厢隔离法的目的明显是歧视性的，这一点反映在它授权对于“其他种族的看护儿童的保姆”给予豁免上：“这一对保姆的豁免显示出真正的罪恶并不在于肤色，而在于维持有色人种从属于白人的关系。如果一个有

---

⑰⑧ Information, *State of Louisiana v. Homer Plessy at* 14–15, *Plessy v. Ferguson*, 163 U. S. 537 (1896) (No. 15, 248)。

⑰⑨ 同上注，2 页，还可见克里斯托弗·凯恩的宣誓证词第 4 页，*Plessy v. Ferguson*, 163 U. S. 537 (1896) (No. 15, 248)。

⑱⓪ 禁止令和调审令申请第 1 页，*Plessy v. Ferguson*, 163 U. S. 537 (1896) (No. 15, 248)。

⑱① *Plessy*, 163 U. S. 549.

⑱② 同上注，552 页。

⑱③ 霍默·普莱西的案情摘要，前注⑰③，14 页。

色人士是依附于白人的，他可以被容忍；如果他不是，则他的存在就是难以容忍的。”[184]

法庭断然拒绝了认为车厢隔离法与第十四修正案目标不一致的解释。法庭认为该修正案的目标“无疑在于执行两个种族在法律面前的绝对平等，但是，根据事物的性质，它不可能打算废除建立在肤色之上的差别，或是实施不同于政治平等的社会平等，或是将两个种族按照不能让任何一方满意的条件予以混合”[185]。同路易斯安那州最高法院一样，联邦最高法院也将普遍存在的学校隔离实践当做这些区别是非歧视性的证据。罗伯茨案被引用作为此类实践的证据，而这一解释是合理的。[186] 布朗（Brown）法官反对普莱西律师对民权案例的解读，他在判决意见中指出，该法有效的理由是：第十四修正案仅仅赋予国会在州当局采取措施损害或者破坏“该修正案明确列举的基本权利”时采取行动的权力。[187] 要求在州内旅行时实施种族隔离的法律并未牵涉此类权利。[188]

第十三修正案的理由被简明扼要地驳回。图尔热的案情摘要声称，第十三修正案不仅仅是要废除“奴隶主义（chattelism）”，而且还要“解开所有奴隶制在建立种族歧视以及对被奴役种族个人性和集体性的控制方面的死结”[189]。美国奴隶制的最明显特征就是它使得创立等级制度——“对居于统治地位的阶级法定的臣服”成为必要，以至于奴隶处于无权地位，他不仅要臣服于其主人，还要臣服于所有白人。[190] 第十三修正案是设计用来摧毁这一地位，并恢复人格权利的。车厢隔离法是与该修正案含义不一致的等级制度的一个标志。联邦最高法院完全没有采纳这一观点，它说：“该法没有与第十三修正案相冲突……这是太明显不过的了。”[191] 虽然法院整体上同意第十三和十四修正案的目的在于废除奴隶制，并保护被解放奴隶不被施加“沉重的限制和负担”，但是正如民权案例所说的那样，“这可能将奴隶制的理由泛化……并将其适用到每一个歧视性法律中。”[192] 最终，联邦最高法院否认法律上的种族隔离是源于种族性从属地位：

> 我们认为原告观点的根本错误在于假定实施两个种族的隔离会给有色种族打上低等的标记。如果是这样的话，这也不是因为任何在该法中发现的东西造成的，而仅仅是因为有色种族选择这样解释它。这一观点在本案中不止出现过一次，它的必然推论就是，如果有色种族在州立法机构中成为主导力量的话，如果其按照完全同样的条件采取行动，这就会将白种人降到从属地位。我们可以想象，白种人至少不会同意接受这种假定。这一观点同时假定社会偏见可以通过立法得到克服……但是立

---

[184] 同注[183]，19 页。

[185] *Plessy*, 163 U. S. 544.

[186] 同上注，544—545 页（引用罗伯茨诉波士顿市案，59 Mass.（5 Cush.）198）。

[187] 同上注，546—547 页。

[188] 同上注，548 页。

[189] 霍默·普莱西的案情摘要，前注[173]，33 页。

[190] 同上注，32 页。

[191] *Plessy*, 163 U. S. 542.

[192] 同上注，542—543 页（引用民权案例，103 U. S. 3（1883））。

法对于消除种族本能或是废除建立在外观差异基础上的差别是无力的……[193]

反对意见

哈兰大法官的反对意见一开始就指出宪法保障的民权（civil rights）并不依赖于种族；事实上，“宪法”，他声称，“并没有……允许任何公共机构去了解那些有权获得保护的人究竟是什么种族……”[194] 他指出，第十三修正案的目的在于避免施加构成奴隶制标志或是事件的负担。被作为一个整体通过的重建修正案“将种族界线从我们的政府体系中抹去”[195]。哈兰反对那种认为车厢隔离法仅仅施加了一个建立在种族基础上的差别的观点，他坦率地指出这样一个事实：“每个人都知道，现在争议的这部法律的目的根本上在于将有色人士排斥在白人占据的或者分配给白人的车厢之外，而不是将白人排斥在黑人车厢之外。”[196] 在“提供平等设施的面具下”，黑人被隔离起来。这部法律因而直接与保障给所有公民的个人自由相冲突，并同时侵犯了黑人和白人选择坐在哪里的权利。州当局不能以它是合理的为由为这部法律辩护。如果州当局的那种逻辑可以成立，它还可能强迫黑人和白人在街道上各走一边，强迫他们在法庭上各坐一边[197]，将他们在议会中隔离开来，甚至将“本土和归化的公民……或是新教徒和罗马天主教徒隔离开来。这无疑是荒唐的”[198]。哈兰推定这样的规则是不合理的，是错误的公共政策；然而，他承认，以与公共政策相冲突而宣布一项规则无效不是法院的判断。

然后哈兰转向一个关键性的更大的议题：

> 白种人将自己视为这个国家占统治地位的种族，而且事实上也如此。无论在声望，在成就，在教育，在财富和权力方面都是如此。因此，我质疑的不是这一局面会一直持续下去，如果由于强大的传统使这种局面保持下去的话，如果它遵循了宪法自由的原则的话，那是合理正常的。但是根据宪法的观点，在法律眼中，这个国家没有高人一等的、占主导地位的和居于统治阶级的公民。这里没有等级制度。我们的宪法是色盲，它既不知道也不容忍公民中的等级划分。就民权而言，所有的公民在法律面前都是平等的。[199]

展望未来，哈兰估计到了这一判决的有害影响：

> 在我看来，时间将会证明今天作出的这一判决将会像本法院曾经作

---

[193] 同注[191]，551 页。

[194] 同上注，554 页（哈兰大法官的反对意见）。

[195] 同上注，555 页（哈兰大法官的反对意见）。

[196] 同上注，557 页（哈兰大法官的反对意见）。

[197] 当然，具有讽刺意味的是，哈兰假设的看起来不合理和错误的规则事实上在很多州都成为了公共政策：不但黑人在法庭上被分配坐在不同的地方，就连黑人证人宣誓用的圣经都与白人的是分开的。参见 Woodward, *Strange Career*，前注[19]，68—69 页。

[198] *Plessy*, 163 U.S.，558 页（哈兰大法官的反对意见）。

[199] 同上注，559 页（哈兰大法官的反对意见）。

> 出的德雷克·斯科特案判决是一样有害……现在的这个判决，可以这样理解，它不但会在承认有色公民权利方面激起或多或少残忍的和刺激性的好斗情绪，还会鼓励这样的想法，即有可能通过州的立法，来挫败美国人民在采纳最近的修正案时所持的仁慈目的……6 000 万白人不会因为 800 万黑人的出现就处于危险之中。在我们国家，两个种族的命运是不可分割地联系在一起的，二者的利益都要求我们所有人共同的政府不应该允许种族仇恨的种子在法律批准的情况下被播下。[200]

哈兰认为，这不是寻求社会平等的问题，而是一个民权问题，因为公共交通上的种族隔离是一个"与公民自由和宪法确立的法律面前的平等完全不相符的奴役标志"[201]。

最后，为了说明车厢隔离法的荒唐，哈兰指出了另一个不正常的现象：

> 有一个种族的人与我们是如此的不同，以至于我们不允许属于这个种族的人成为美国公民。属于这个种族的人，除了少数例外，是绝对地被排斥在我们国家之外的。我指的是中国人。但是，根据现在争议的这部法律，中国佬（Chinaman）可以和美国白人公民乘坐同一个车厢，而黑人公民……这些拥有白人公民所有的全部权利的人……如果他们踏进由白人公民占据的公共车厢……却被宣布是罪犯。[202]

哈兰进一步驳斥了多数派法官引用的先例，其中最为重要的（例如罗伯茨案）是在重建修正案被采纳之前作出的，其他的也是奴隶制时代的一部分。这样的案例不能为当前案件提供指引。最后，哈兰轻蔑地说，"'同等'设施这一薄薄的一层面具" "不会骗过任何人，也不会弥补今天所犯的错误。"[203]

影响和意义

普莱西案判决作出之后，确认州法院在普莱西单方案（Ex parte Plessy）中所作判决的命令也发布了。1897 年 1 月 11 日，普莱西走进了地区刑事法院认罪，并支付了 25 美元的罚款。筹集来运作本案的经费大概还剩 220 美元，被捐给了新奥尔良本地的慈善机构，还有 60 美元用来对图尔热略表谢意，他已经为本案无偿工作了近五年。《新奥尔良十字军战士》，马提奈特的周刊，停止了发行。公民平等权委员会的最终报告这样说，"州当局通过法律对公民进行歧视是错误的……尽管本案判决已定，但是我们，作为公民，依然相信自己是对的，我们的事业是神圣的。"[204] 马提奈特声称，"在捍卫自由事业的道路上，我们遭遇了失败，但是并没有耻辱。"[205]

黑人的媒体强烈地谴责这一判决，而且至少在北方的新闻界，这一判决

---

[200] 同注[198]，559—560 页（哈兰大法官的反对意见）。
[201] 同上注，562 页（哈兰大法官的反对意见）。
[202] 同上注，561 页（哈兰大法官的反对意见）。
[203] 同上注，562 页（哈兰大法官的反对意见）。
[204] Medley，前注[135]，117 页。
[205] Lofgren，前注②，208 页。

也遭到了反对。布克·T·华盛顿也宣称，虽然隔离“也许是好的法律……但它不是好的常识。”[206] 然而，舆论的一致评价是，对普莱西案的回应整体上是缄默的。[207] 事实上，从判决作出到 20 世纪 40 年代，本案从未在主要的宪法史教科书和论文中出现过，或是仅仅出现在脚注中。[208] 在这方面，普莱西案是完全成功的，它似乎只是重复惯例——仅仅是批准早已存在的种族逻辑。

事实上，普莱西案的影响是复杂的，因为这一判决在某种层面确认了根深蒂固的实践，并使得被广泛承认的原则合法化。普莱西案之后发生的事情与其之前发生的看起来非常相像。普莱西案中争议的法律是自 1887 年起，交通领域立法隔离大趋势中的一部分。因此，一些人认为本案无关紧要，无论是在原理上，还是在更广阔的政治版图上。[209]

如果人们以黑人劣等的这一根深蒂固的观念看待普莱西案，本案的确没有对通常的种族理念提出任何激进的根本性结构重组。但是，如果认为普莱西案不重要那就错了。普莱西案中争议的法律“代表的并非诉诸法律的创举，而是法律母体（legal matrix）内隔离制度地位的一个变化”[210]。这一变化使得法律更加直接地处在这样一条前沿战线：它认可了在以往是普遍性的实践，而现在在约束黑人自由潜质、重建种族和经济秩序、重新团结整个民族方面显得越发重要的做法。

在某种层面上，这一判决的效果是固化了种族隔离的实践，并加强了种族从属的逻辑。在路易斯安那，有证据证明这一判决给了参加 1898 年州制宪会议的代表某种鼓励。在这次会议上，种族混合学校被宣布为违法，同时设立了一项（内战时南方）邦联战士家属的抚恤金，还使得民主党成为一个仅接纳白人的组织，并宣布“我们的使命是建立白种人的优越地位”[211]。到了 1900 年，州立法机关已经没有一位黑人代表了；直到 1967 年才又有黑人议员当选。[212] 根据法律，隔离几乎没有受到司法干预就扩展到了学校，而且很少有人在强制隔离时关注设施是否平等的问题。[213] 被错误分配到“有色人种”车厢的原告想要获得救济，面临着证明其种族身份的沉重举证责任，因为证明责任在原告一方，而且“要确定是否是白人，不仅要根据是否有黑人血统

---

[206] Booker T. Washington, *Who is Permanently Hurt*?, Boston Our Day, June 1896，引自 Thomas，前注⑦，135 页。

[207] 参见 Lofgren，前注②，5 页（声称大家对这一判决“基本上冷漠不关心”。）。

[208] 同上注。

[209] 参见前注，203—204 页；还可见 Klarman，前注⑰，392—394 页。

[210] Lofgren，前注②，201 页。

[211] Medley，前注⑬，106 页。

[212] 同上注。

[213] 一个特别重要的判决是卡明诉里士满县教育委员会案（*Cumming v. Richmond County Board of Education*, 175 U. S. 528 (1899)）。在该案中，哈兰大法官支持向佐治亚州里士满县的黑人家长征税，尽管教育委员会以“在黑人教育领域纯属经济的原因”，决定关闭黑人高中，并在该校以前所占的设施上开办其他学校。接下来，在伯利亚学院诉肯塔基州案中（*Berea College v. Kentucky*），211 U. S. 45 (1908)，联邦最高法院支持对伯利亚学院（一所私立学校）的起诉和定罪，因为其违反了州法禁止种族混合学校的规定。*Gong Lum v. Rice*, 275 U. S. 78 (1927)，将隔离逻辑延伸到华人儿童上，华人儿童像其他“有色儿童”一样，被排斥在保留给白人的高中之外。普莱西案和卡明案突出地反映了联邦最高法院推论的特征。

混合的证据，还要根据声誉、社会接纳程度和是否行使白人特权的证据”[214]。

更具体的是，有理由认为普莱西案强化了重建后时期（post-Reconstruction）白人国家的身份。将黑人分配到二等车厢是他们二等公民身份日常的和公开的体现。黑人虽然形式上属于这个国家，但是不能在任何意义上代表这个国家。普莱西案通过确认这一地位的合法性，开创了一个新的种族与平等的形式主义表述方式，这使得即使在（内战后）经过修改的宪法框架内，种族从属依然可以持续存在。当然，单单普莱西案不能实现这一结果，但是它至少在三个重要的方面对这一计划作出了重要贡献。

首先，普莱西案强化了对第十四修正案的一个特别解释，即根据该修正案，平等对待就代表了，并且构成了全部的平等保护承诺。其次，普莱西案以与种族地位现状相一致，并对其予以支持的方式，修正和更新了种族的概念。最后，普莱西不仅将“色盲”一词确定为对平等保护理念主导性的生动比喻，它还将种族等级制度纳入色盲理论分析的结构中去。在这方面，普莱西案确立了这样一个原则：唯一与宪法相关的平等就是那个建立在色盲基础上的种族概念——种族没有任何社会意义。

普莱西案的判决确认，如果按整体去界定，平等保护原则就是平等对待。支持普莱西案判决的基础实际上是这样一个假设：种族隔离对黑人和白人都意味着同样的含义；因为法律将平等对待延伸到不同的种族群体，所以没有违反平等保护。多数派法官认为普莱西没有站得住脚的宪法诉求，因为法律禁止黑人去保留给白人的车厢，也禁止白人去保留给黑人的车厢，这体现了哈兰大法官反对意见中严厉驳斥的种族形式主义。

当然，类似在普莱西案中那些同等禁止的规则已经不再被认为与第十四修正案要求相一致了，但是平等保护就是平等对待的理念依然没有消亡。平等保护就是平等对待是现在处理种族问题的原则性规则和寻求建立一套“色盲”制度的公共政策新方案共同的核心。[215] 在联邦最高法院坚持将严格审查扩展到所有使用种族归类的场合，即使是用以补偿长期存在的种族不平等的类型[216]，这是对普莱西案核心理念的再包装。这一观点认为，事实上存在的种族差别超出了法律能够触及的范围，除非有证据表明这些差别是故意或是恶意制造的，否则它们就不是法律上相关的差别。普莱西案的荒谬之处和其判决的基本理由已经被否定，正如哈兰所说的，它无视隔离是意图使黑人处于从属地位的产物——施加一套种族等级制度明显而确凿的证据。尽管如此，普莱西案根本的平等理念依然完好无损：只要巨大的种族不平等不是由不平等对待引起的，这些不平等就被视为超出了法律调整的范围——是一个

---

[214] *Lee v. New Orleans Great N. R. Co.*, 51 So. 182 (1910)（拒绝给予原告被分配到“有色”车厢的未成年子女赔偿，尽管证据表明他们的父亲是白人，只是因为母亲祖先的种族问题）。

[215] 一个首要的例子就是前第 209 提案，它修订了加利福尼亚宪法，禁止任何“建立在种族基础上的优待”。它的目标在于消除建立在违反对所有人不分种族平等对待原则基础上的正面行动（affirmative action）。参见加利福尼亚民权提案，第 209 号（1996 年 11 月 5 日采纳）（编入加利福尼亚宪法第 1 条，第 31 节）。

[216] 例如参见 *Adarand Constructors, Inc. v. Pena*, 515 U. S. 200, 223 - 24 (1995)（将严格审查扩展到政府正面行动计划的做法合理化，尽管在历史上少数民族拥有的公司很少有机会参与政府合同）；*Rice v. Cayetano*, 528 U. S. 495 (2000)（将严格审查扩展到对州基金会选举程序的审查上来，当时夏威夷州设立了一个基金会来接管立法确定的应由夏威夷原住民管理的土地，这些土地早前被白人从原住民手中夺走）。

社会平等或是私人权力的问题，但不是司法关注的问题。在普莱西案平等对待的原则下，现在的种族从属依然根深蒂固。正如联邦最高法院在詹妮丝诉福特森案（Jenness v. Fortson）中所说的，“有时最大的歧视可能在于把不同的事物按照它们似乎是完全一样的来对待……”[217] 这一警告常常被联邦最高法院自己所忽视。[218]

与普莱西案对平等课题的影响同等重要的是普莱西案对当下“种族”概念的影响。种族作为一个自然的生物学上的归类遭到了普莱西律师的挑战：因为普莱西只有“1/8的非洲血统……而且在他身上有色血统的混合是不可辨识的”，他的律师认为列车员将普莱西分配到“有色”车厢是一种对种族归属专断的界定，列车员罔顾复杂的事实和法律问题，专断地剥夺了他作为白人的名声。然而在这里存在着这样的争议，即一个对此一诉讼请求有利的裁决究竟会终结隔离制度，还是仅仅将白人的特权扩展到那些能够通过门槛被认定为白人的人身上。[219] 通过揭露种族界定的专断特征以及种族概念建构性和非自然的特征，普莱西的律师想要使得隔离法律无法实施，因为黑人和白人之间的界线将不能维持。[220] 根据路易斯安那三重种族结构，普莱西被归为“有色人”——*gens de couleur*（法语有色人的意思——译者注）——不同于“黑人（negro）”[221]。而且，普莱西在外表上已经和白人难以区分。普莱西种族外表的不确定性凸显了种族分配规则的不精确性，以及法律化种族隔离制度这座大厦地基的不稳固性。因而，尽管图尔热的论证出于反种族主义动机，但其在案情摘要中反复强调普莱西7/8的白人血统，以及因此将其归为有色人种是荒唐的，这一切都起到了强化黑人社区既存的内部种族差别的作用，类似于肤色等级制度。

最后，上述的论证对本案的结果几乎没有任何影响，因为联邦最高法院对这一观点只给予了草率的对待，它声称对错误种族归类的补偿是一个州法而非联邦法律问题。联邦最高法院似乎对普莱西的诉求模棱两可，它一方面声称，以白肤色表现出来的名誉是一种形式的财产[222]，但事实上，法院又以这样一种方式保护白肤色的财产利益的：它承认作为白人的名誉可以通过损

---

[217] 403 U.S. 431, 442 (1971).

[218] 在貌似中立的法律产生了非常巨大的种族差异效果时，联邦最高法院还坚持要求原告提供存在具体歧视意图的证据，这严重限制了宪法补救种族和其他形式不平等的效力范围。例如参见 *McCleskey v. Kemp*, 481 U.S. 279 (1987)（拒绝采信死刑带来种族性差异效果的证据）；*Washington v. Davis*, 426 U.S. 229 (1976)（拒绝了一个失败的警察部门职位黑人求职者提出的甄选考试违反平等保护的主张，因为该部门并未显示出其有歧视性的意图）；*Milliken v. Bradley*, 418 U.S. 717 (1974)（推翻了在底特律郊区学区推行的去种族隔离计划，因为没有直接证据表明这些学区有歧视意图，虽然有证据表明底特律的学区存在着种族歧视政策，以及存在着公众合作以制造居住隔离）。

[219] 一些人认为这会导致隔离体制的崩溃，例如 Olsen，前注⑬，20页。其他人则认为这仅仅会将白人的特权扩展到那些被看作是白人的人身上。例如，Eric Sundquist, *Mark Twain and Homer Plessy*, 24 Representations 102, 114 (1988)。

[220] 参见 Olsen，前注⑬，12页；另见 Elliot，前注②，307 &n. 48。尽管普莱西律师的意图是这样，但是这一论证充满着内在的紧张和矛盾心态，这反映在以动摇种族归类为基础的不确定战略轨迹上。普莱西案可以被解读为这些战略的优点和脆弱性的反映。

[221] 路易斯安那州的判决和法律很久以来就对有色人和黑人作区分，有色人首先被假定为是自由人，而黑人则不是。Dominguez，前注[124]，25—26页；还可见前注[125]和相关正文。

[222] 参见 *Plessy v. Ferguson*, 163 U.S. 537, 549 (1896)。

害赔偿诉讼得到保障。实际上，这就使得州法在界定种族时以血统和纯白种的虚拟（fiction）作为基础被合法化了。特别有趣的是，与此同时联邦最高法院确认州有权维持对种族的界定，即使它是专断的、矛盾的和建立在白人优越基础上的。联邦最高法院将种族的含义从反映白人高于黑人这一等级制度的生物学归类，转换成一个看似与宪法问题无关的形式化社会归类。在某种意义上，种族，类似商业，被联邦化了。在这些领域，权力在州和联邦之间进行划分。在普莱西案中，联邦最高法院抛弃了自然等级的种族概念——尼尔·哥坦达（Neil Gotanda）称之为作为身份地位的种族，从而接受了形式化的种族概念——在那里种族被看作是“中立的、与政治无关的描述，仅仅反映了‘肤色’或者祖先来自的国家……与能力、不利地位或是道德可责性（culpability）无关”[223]。在普莱西案的逻辑下，种族成了一个形式化的身份归类，与历史、与过去和现在的从属地位都无关。正如哥坦达所指出的，普莱西案向形式主义种族描述的转变，是对维持种族霸权的一个主要贡献。[224]事实上，普莱西案首创的这个替代性的种族解释被证明是高度持久的和能够适应条件变化的：无论种族是什么（一个生物概念，一个州法问题，一系列的社会习俗），所有的种族身份是一样的，所有的种族差别都是禁止的。

不那么明显的是，当下的平等原则自有其先例，哈兰大法官在其反对意见书中就满怀矛盾地乞灵于色盲；而色盲事实上是与种族等级并行不悖，并且与之始终相伴的。哈兰的名言如“我们的宪法是色盲”，是直接源自对白人主导地位的明确肯定：“白种人认为他们是这个国家的主导种族，而且事实上也的确如此。无论在声望、在成就、在教育、在财富还是在权力方面，都是如此。因此，我质疑的并不是，这一局面会永远持续下去。”[225]尽管我们可以假设这更多的是带有修辞色彩的、用来安抚（白人）而非事实上的承诺，然而我们注意到即使哈兰谴责州实施种族等级制度，他同时评论道，法律之下平等（与其他平等）之间是有差别的，法律之下的平等是宪法所保障的，而社会和经济的平等，则超出了宪法关注的界线。而且，为了支持他的结论，即路易斯安那州的法律是不合理的，哈兰认为该法律制造了不可想象的讽刺：一个黑人公民可能被阻止进入保留给白人的车厢，而一个中国人，“一个与我们如此不同以至于我们不会允许属于那个民族的人成为我们公民的人”，却可以挨着白人就座。[226]因而哈兰的意见正当化了真正公民（true citizenship）、从属种族公民和从属种族非公民或外来者之间的差别。尽管哈兰拒绝接受吉姆·克罗法种族性禁止的虚拟平等，事实上，他重复了多数派法官的主张，即平等保护能够通过无视种族因素得以满足，即使面对物质上

---

[223] Neil Gotanda, *A Critique of "Our Constitution is Color-Blind"*, 44 Stan. L. Rev. 1, 4 (1991).

[224] 同上注，38 页。

[225] *Plessy*, 163 U.S. at 558（哈兰大法官的反对意见）。

[226] 这并非是暂时性的或是个别性的偏离正道：

（哈兰）在其长期的法官生涯中都是一个真诚地反对给予华人宪法权利的人……无可置疑的是，哈兰早于其普莱西案的同事承认“隔离但平等”是绝对错误的……哈兰的宪法观是保护某些非白人，但是赞同以种族为基础歧视另一些非白人，这在根本上与其反对的特定形式的种族等级制度一样是无原则的和不稳定的。

Gabriel J. Chin, *The Plessy Myth: Justice Harlan and the Chinese Cases*, 82 Iowa L. Rev. 151, 156-57 (1996).

的不平等。哈兰提升了阿尔比恩·图尔热“色盲”的比喻[227]，但是事实上他通过再次肯定形式平等和社会平等之间的差别，以及进一步认可以种族术语界定公民权的州权力，而使得该词的意思更加模糊了。作为一个宪法原则，色盲一开始就隐含着深深的种族化假定和等级制度。这样它提供了一个合格的对隔离制度的攻击，也同时勾勒出了法律上和事实上隔离的区别、目的歧视和差别性影响的区别，它们今天在理论上依然重要。

结论

在作为正式原则占据统治地位 50 年之后，随着长时间的法律战斗，和一场近乎于社会革命的运动，普莱西案死亡了。但是，我们可以说普莱西案的种族形式主义从未死亡。类似于“隔离但平等”，“色盲”平等使得种族不平等实际上不可弥补。对一切种族身份都予以严格审查也是一样的，所有的种族差别对待，不论其意图，都被普遍禁止，除非有特别重大的利益，它才能够被正当化。这一规则实际上将所有的身份都看作是对称的和居于同样地位的，正如联邦最高法院在普莱西案中所做的一样。现代政治学和种族学的论著通过假定现在与普莱西案时代已经大不一样而标榜进步。深深的讽刺可能在于，虽然争论的术语相较普莱西案已经进化了，但是其间的差距事实上更多是想象的而非事实上的。

---

[227] 这与图尔热所设想的“色盲”的不同含义形成了对比。图尔热在其小说《没有稻草的砖头》中，使用了这样的表述来批评法律形式主义的分析，指责它们实际上拒绝对事实上条件的不平等和从属化给予救济。这位作家这样说，“（被解放奴隶的）权利是抽象的：在具体层面上则一无所有。正义不会听到他的声音。法律自过去以来都是色盲。” Albion W. Tourgee, *Bricks Without Straw* 35 (1880)。参见 Elliott，前注②（认为图尔热援引了色盲的双重含义，有时是作为正面目标，有时则是作为对不承认种族压迫现实的做法的批评，反映了他拒绝承认种族因素绝不应当被予以考虑的观点）。

7

是松诉合众国案的故事：日裔美国人案件

尼尔·哥坦达
李志强　译

是松诉合众国案（*Korematsu v. United States*）拒绝走入历史。是松案的故事——和许多围绕着本案判决展开的故事一样——都开始于日本偷袭珍珠港。在珍珠港事件之后4个月内，12万名日裔美国人，包括移民、公民、男人、女人、孩子和婴儿，都被联邦调查局（FBI）和军方拘捕，并遣送到了一系列的监狱和拘留营。这种只将日裔美国公民挑出来（予以关押）的做法的合宪性在4个交织在一起的案件中受到挑战：安井诉合众国（*Yasui v. United States*），平林诉合众国（*Hirabayashi v. United States*），是松诉合众国，以及远藤单方案（*Ex Parte Endo*）。[①] 在经过一段时期的沉寂之后，20世纪70年代的活跃分子将最初的诉讼当事人——安井稔、平林和是松——带回来重新参加一个宪法性活动，而这已经是他们当初参加庭审之后40年的事情了。在一个悲剧性的结尾，又一起暴力袭击——9.11事件——再次将人们的注意力集中到紧急状态下战争权力、种族和司法审查的位置这些最初的问题上来。本章对是松诉合众国案的4个片段进行了简短的回顾。

（1）我们首先从联邦最高法院大法官们的判决意见及其尖锐的对立说起。作为一个宪法上战争权力的问题，多数派法官和反对意见法官们就对日裔美国人采取的限制措施是否坠入了墨菲（Murphy）法官所称的“种族主义的丑恶深渊”[②] 产生了分歧。雨果·布兰克（Hugo Black）法官和欧文·罗伯茨（Owen Roberts）法官就未经听证拘禁美国公民是否侵犯了正当程序权利进行了辩论。在一份赞同意见中，法兰克福特（Frankfurter）法官批评了杰克逊（Jackson）法官关于联邦最高法院应当如何审查紧急状态下军事行动的理念。

（2）在审查了这些法律问题之后，我们来审视在是松诉合众国案中最显示出人性弱点的故事。是松诉合众国案批准了对居住在城市和太平洋沿岸农场为数不多的日裔美国人严厉而草率的驱逐，将他们都迁移到分散和隔绝的集中营里。通过了解这几位当事人——4位Nisei（第二代日裔美国人）——我们可以对日裔美国人社区被打乱的生活有所了解。

（3）日裔美国人驱逐案故事的前一半是悲剧性的——拘留，监禁和平静的社区被打乱。在战争结束之后，大多数日裔美国人安静地回到了西海岸，并成功地重建了生活。很多人感到被政府的行为深深地冤枉了，但是因个人和社会原因的束缚未能将他们的经历说出来。但是，规模很小的少数群体认为，日裔集中营的不公应当被公之于众，并予以讨论，如果可能的话，还要提起诉讼。

日裔美国人中那活跃的少数人最终在几条战线上动员起了日裔社区：在美国国会寻求金钱救济，起诉联邦政府要求赔偿损失，以及重新开庭审查所有已经被遗忘的法庭有罪判决。正是这些判决构成了联邦最高法院判决的基础。这些松散地组合在一起的运动，被称为“日裔美国人寻求赔偿运动”。它取得了极大成功。在1990年前，日裔美国人拘禁案故事的后一半成为了一个赎罪的故事。在对日裔美国人的拘禁结束40年后，美国式的正义得以

① *Yasui v. United States*, 320 U.S. 115 (1943); *Hirabayashi v. United States*, 320 U.S. 81 (1943), Korematsu v. United States, 323 U.S. 214 (1944); *Ex Parte Endo*, 323 U.S. 283 (1944).

② *Korematsu v. United States*, 323 U.S. at 233（墨菲大法官的反对意见）。

实现。从总统到国会都作出道歉，曾被拘禁的尚在世的日裔美国人每人获得2万美元的补偿，在法庭上，安井稔、平林和是松的有罪判决被推翻。这一故事，带着喜剧性的结尾，标志着日裔美国人案件的结束。

（4）但是在最近，尤其是在9.11恐怖袭击之后的浪潮中，一些著名的法学家试图至少部分地为是松诉合众国案正名。[③] 这一重新兴起的学术辩论导致了对是松诉合众国案所面对的基本问题的重新审视：当面对国家安全的明显威胁时，在宪法上“战争权力”的理由下军方和政府的何种行为是可以允许的？粗略的对宗教、外貌、公民权或是种族的归类可以成为采取强制性措施和侵害性措施（如软禁、拘禁和起诉被认为是恐怖分子的人）的基础吗？指责这些归类是种族主义的主张能够成立吗？一旦紧迫的危机过去，法院“以事后觉悟的冷静视角”审查这些措施时的角色和责任是什么？[④] 经过半个世纪，我们发现自己再一次要面对是松诉合众国案时提出的那些问题。[⑤]

判决意见：联邦最高法院大法官们就种族主义、正当程序和司法审查的辩论

日裔美国人案件由三个重要案例组成——平林诉合众国案、是松诉合众国案和远藤单方案——它们将（对日裔美国人的）拘禁切割成几个分离的议题。这一分割绝不是自然的区分，而是联邦最高法院辩论的结果。根据对判决意见的分析，这里面存在着4个独立的法律问题：宵禁、驱逐、拘押和无限期拘禁。[⑥] 联邦最高法院发布了3个判决意见。

戈登·平林被控两项不同的罪名，而且指控全部成立。一项是因为违反了只适用于日本人的宵禁令；另一项是违反了去拘禁集合中心报到的命令。首席大法官斯通（Stone）撰写的平林案判决意见只将宵禁的问题挑出做了讨论，而没有解决向军管集合中心报到命令的问题。在是松诉合众国的案件中，联邦最高法院审查了弗雷德·是松因为没有离开他在加利福尼亚的家而被定罪的判决。根据布兰克（Black）法官的看法，是松被定罪是因为违反了驱逐令（要求日裔美国人离开西海岸军事区域的命令），而非因为他未向拘禁集合中心报到。因为设立禁区和向集合中心报到接受拘禁是军方相互协调的计划中的一部分，所以反对意见法官们反对通过使用这一形式性的区别以避免审查拘禁美国公民的合宪性。

最后一个判决是远藤单方案，它与是松诉合众国案在同一天宣判。该判决认定远藤，这位连政府也承认是忠诚的美国公民，不能被无限期地关押在集中营。因而，联邦最高法院回避了对远藤是如何被关押到集中营的讨论。通过这种方式，斯通法院回避了最难解决的问题——对美国公民不经听证就

---

③ 参见 William Rehnquist, *All the Laws But One*, *Civil Liberties in Wartime* 207 - 211 (1998)，还可见 Alfred C. Yen, *Introduction: Praising with Faint Damnation-The Troubling Rehabilitation of Korematsu*, 40 B. C. L. Rev. 1 (1998); Pamela Karlan & Richard Posner, *The Triumph of Expedience*, *Harper's Mag.*, May 2001, at 31, 39。其中波斯纳的评论是他与卡兰教授辩论的一部分，卡兰教授将是松诉合众国案称为“灾难性的法律”。同上注，37页。

④ *Korematsu v. United States*, 323 U.S. at 224.

⑤ 参见 Eric K. Yamamoto ET AL, *Race, Rights, and Reparation: The Law and the Japanese American Internment* (2001)，该书提供了有关这些经历翔实的材料汇集。

⑥ 参见 Jerry Kang, *Denying Prejudice: Internment, Redress, and Denial* 9 (2003)（未出版的手稿，作者惠赐）。作者将这种策略称为分析上的“切割术”，并认为这使得联邦最高法院可以避免对更大的拘押程序议题承担责任。

立即予以拘禁（是否违宪）。

不同于联邦最高法院许多判决意见要就一系列复杂的事实作出评论，是松诉合众国案的判决意见仅仅是接着讨论早些时候作出的平林诉合众国案判决中就探讨的问题。在偷袭珍珠港事件发生后一段短暂的相对的公共沉寂之后，马上出现了由政治家和各式特殊利益集团发出的喧闹的公共要求，呼吁将日本人从西海岸迁走。[⑦] 在经历了华盛顿的官员和西海岸军事司令部之间激烈的内部讨论之后，罗斯福总统于 1942 年 2 月 19 日签署了第 9066 号行政命令。在一个月内，国会也通过了支持性立法。它们一起授权战争部长（Secretary of War）建立军事区域，并就这些区域内任何人的存在、迁徙和驱逐行使完全的权力。西部防御司令部的约翰・L・德威特将军签署命令建立了包括整个太平洋沿岸和华盛顿州、俄勒冈、加利福尼亚和亚利桑那州大部分区域的军事区。德威特随后发布命令对日本人实施宵禁和驱逐，并要求他们向集合中心报到。[⑧]

戈登・平林因为违反了宵禁令和未向集合中心报到而被定罪。在联邦最高法院的审理中，首席大法官斯通选择尽量以狭窄的方式作出该项判决。在法庭辩论之后，法院最初的表决中，道格拉斯（Douglas）法官、拉特里奇（Rutledge）法官，特别是墨菲大法官都表达了严重的保留意见，并暗示他们打算投票反对政府的做法。然而，斯通还是能够说服所有的法官加入到他这一方。[⑨] 最后，即使是墨菲大法官也将其反对意见改成赞同意见，在该意见中，他抱怨政府的行为"已经走到了合宪权力的最边缘"[⑩]。斯通确实承认种族歧视的指控，他说："对一个将制度建立在平等原则基础之上的自由民族来说，仅仅因为祖先的不同而在公民中作出的差别就其性质而言是令人憎恶的。因为这个原因，纯粹建立在种族基础上的立法归类或是区别对待常常被认定为对平等保护的拒绝。"[⑪]

3 个辩论议题：种族主义、保障公民的正当程序和对军队的司法审查在是松诉合众国案中，法官们直接进入的核心议题，但是这一次首席大法官斯通不能说服所有的同僚都加入到他支持政府的这边。联邦最高法院严重分裂，产生了 5 份独立的判决意见，其中有 3 份反对意见。这 5 份意见是：雨果・布兰克（Hugo Black）法官起草的法庭多数派意见；菲利克斯・法兰克福特（Felix Frankfurter）简短的赞同意见；欧文・罗伯茨（Owen Roberts）的正当程序反对意见；法兰克・墨菲（Frank Murphy）将拘禁指为种族主义的严厉谴责；以及罗伯特・杰克逊（Robert Jackson）雄辩但并不令人满意的对紧急状态下的军事行动司法审查的检验。

如果我们做一个仔细的解读，就会发现这些意见探讨的是 3 个不同的辩论议题。布兰克大法官的意见首先回应了墨菲大法官，然后是罗伯茨大法

⑦ 例如参见 Greg Robinson, *By Order of the President*: *For and the Interment of Japanese Americans* 87 - 88 (2001)。

⑧ 参见 *Hirabayashi v. United States*, 320 U. S. at 81, 83 - 89 (1943)。

⑨ 参见 Peter Irons, *Justice at War*: *The Story of Japanese-American Interment Cases* 227 - 250 (1983)。

⑩ Hirabayashi, 320 U. S. at 111 (墨菲大法官的赞同意见)。

⑪ 同上注，100 页。

官，其最后一段再次断然地否认政府存在种族偏见，并以此作为结论。因而第一场辩论就发生在墨菲大法官和布兰克大法官之间。他们就拘禁日本人的计划是种族主义的指控进行了激烈的交锋。然后，罗伯茨大法官和布兰克大法官就没有做个别性的事实调查和审查就驱逐和监禁公民是否侵犯了正当程序权利进行了辩论。罗伯茨大法官强调，日裔美国公民未经个别性的听证就被全部拘禁，与其说是建立在事实基础上，还不如说是基于种族。最后，法兰克福特大法官就法院对紧急军事行动进行司法审查时的角色问题，挑战杰克逊大法官的观点。

1944 年 10 月 16 日星期一，联邦最高法院就是松诉合众国案进行首次讨论，在口头辩论 5 天后，法官们以 5∶4 的表决作出了有利于政府的判决。除了 3 位最终的反对意见法官，威廉·O·道格拉斯（William O. Douglas）法官最初也投票支持是松。威利·拉特里奇（Wiley Rutledge）法官在平林诉合众国案中曾是斯通大法官一个不大情愿的支持者，这次他再次与首席大法官一起投票支持政府，尽管非常勉强。斯通分配雨果·布兰克大法官来撰写判决意见。

拘禁是种族主义吗

墨菲大法官指控种族主义

法兰克·墨菲大法官是罗斯福总统任命的第五位联邦最高法院大法官。在最高法院的 10 年，他获得了坚定支持个人权利和社会正义的名声。其中一份成就他美名的判决意见就是其在是松诉合众国案反对意见中对种族主义直言不讳的指控：

> 在没有戒严法令出台的情况下，就应军事必要的请求，将"所有日裔，包括外国人和非外国人，驱逐"出太平洋沿岸地区的命令不应当获得批准。这一驱逐已经越过了"宪法权力的最边缘"，坠入丑恶的种族主义深渊。⑫

他承认在战争时期遵从军事当局有其必要性。在联邦最高法院审查战争紧急状态下的行为时，墨菲大法官首次建议这样一个检验："在判定一个根据当时明显的危险采取的紧急行动时，我们不能设立太高和太细的标准；只要该行动与消除入侵、破坏和间谍行为的危险有一些合理的联系，就可以视之为必要的了。"⑬

然而，在墨菲看来，军事当局的命令甚至连这么低标准也未能满足。

> 但是，这一对所有具有日本血统的人的驱逐，无论是短暂的还是持久性的，就其方式而言都不具有这样的合理联系。这一联系的缺乏是因为驱逐令的合理性必须建立在所有日裔人士都可能有从事破坏、间谍行为和以其他方式帮助日本军队的危险倾向基础上。很难让人相信，推理、逻辑或经验的综合能够支持这样一种假设。⑭

---

⑫ *Korematsu v. United States*, 323 U. S. at 214, 233 (1944)（墨菲大法官的反对意见）。

⑬ 同上注，235 页（墨菲大法官的反对意见）。

⑭ 同上注（墨菲大法官的反对意见）。

布兰克大法官的回应

布兰克大法官代表法院为是松诉合众国案所撰写的判决意见以对种族主义指控的评论开始。布兰克用严格审查标准等已经成为宪法规则的语言，以非常强烈的方式表述了对真实种族偏见的适当宪法回应，包括什么时候针对某一族群的法律限制可被允许的检验标准。

> 首先应当指出的是，任何限缩某一种族公民权利的法律性限制都是明显可疑的。这并不是说所有这些限制措施都是不合宪的。这是指法院必须将它们置于最严格的审查之下。紧迫的公共需要可能在某些时候使得这类限制合法化；但是种族敌对则永远不能。⑮

然后布兰克大法官继续讨论对日本人采取的措施。他引用了平林案的判决，即考虑到存在的威胁，军方的措施是合理的。⑯ 通过重申军方的行动并非建立在种族敌对或是偏见基础上，布兰克得出了他的结论：

> 将本案归入种族偏见的范围内，而不考虑实际存在的军事危险，只会使本案涉及的议题更加模糊不清。是松并非是因为对他或是对他的种族的敌意而被驱逐出军事区域的。他被驱逐是因为我们正在和日本帝国交战……⑰

布兰克在“种族偏见”和“因为我们正在和日本帝国交战而被驱逐”之间所做区别的确切含义依然不清楚。但是，他的语言显示出至少两种可能性。第一种是预计那些和日本人，一个正跟美国交战的民族，具有共同的种族和民族纽带的人会进行破坏和间谍行为是符合逻辑的。根据这个观点，军队对日本人和日裔美国人的怀疑是建立在对民族性和人性合理和诚实的评估之上的，而非种族偏见这种对某一族群品质特征非理性的归纳之上。第二种相关的可能性是，布兰克正在做的是一个有证据支持的（evidentiary）声明——而种族偏见的指控是没有足够证据支持的，也即认为军方官员对日本人的做法是出于主观恶意的观点并无根据。无论在哪种模式下，不忠的可能性——日裔美国人帮助“日本帝国”的间谍和破坏行为——是需要理解和分析的关键概念。

墨菲大法官清楚地认识到，对日裔美国人忠诚度的预先判断是基本问题。但是对墨菲来说，忠诚度的问题是一个为了确定军方行动是否合理而有待考察的事实问题。在墨菲的反对意见中，他以种族歧视问题作为开头，简要介绍了其认为军方行动违反宪法的理论。⑱ 接着墨菲承认军事紧急状态的严重性，以及遵从合理的军事决定和行动的宪法必要性。但是，正如前面提到的，墨菲大法官在对由德威特将军和西部防御司令部实际采取的军事行动

---

⑮ 同注⑫，216 页。

⑯ 同上注，217 页。

⑰ 同上注，223 页。

⑱ 墨菲概述了三个理论：违反平等保护的歧视；剥夺自由选择工作和生活的权利；以及未经听证就“逐出社会”所侵犯的正当程序权利。墨菲声称，作为一个公认的原则，第五修正案包含着平等保护。参见 *Korematsu*，323 U. S. at 234 - 35（墨菲大法官的反对意见）。但是这一立场直到博林诉夏普案时方才被正式接受（*Bolling v. Sharpe*，347 U. S. 497 (1954)）。

的审查中，并未发现“那种合理的关系”[19]。为了进一步支持这一观点，墨菲对德威特将军的《1942 年关于迁移西海岸日本人命令的最终报告》做了评论：

> 这一强行驱逐是对种族罪恶错误推测的结果，而非出于真实的军事必要，这一点在发布命令的将军关于迁移太平洋沿岸地区日本人命令的最终报告中就可以看出。在那份报告里，他将日裔后代的所有人都视为是“颠覆性的”，因为他们属于“一个敌对种族”，而那种“种族纽带是无法消解的”，所以他们构成了沿太平洋地区“今天逍遥在外的……超过 112 000 名潜在敌人”[20]。

布兰克大法官在辩论中对事实是否充分的回应出现在其评论的结束部分。布兰克指出，军方的确满足了它最低限度的证据要求：

有证据表明（日裔美国人中）至少有一部分人是不忠诚的，军事当局认为采取行动的需要是巨大的，而时间是紧迫的。我们现在不能——用事后觉悟的冷静视角——来说当时采取的那些行动是不合理的。[21]

墨菲大法官似乎在是否有事实证据支持军方迁移日本人的决定问题上赢得了辩论。历史界的共识是这些行动是种族主义的，并且建立在错误的推测之上——这一共识在 20 世纪 80 年代推翻三个有罪判决的错案纠正（coram nobis）庭审中得到了澄清。

对公民采取即决式（summary）监禁的议题——布兰克大法官 vs. 罗伯茨大法官

罗伯茨大法官的反对意见更多地集中在对美国公民的“监禁”上，而非种族或祖先的问题。他解释道：

> 这并不是类似平林诉合众国案那样一个要求人们在晚上不要上街的案件，也不是为了一名公民个人的安全或是整个社会的安全，将其暂时性地排除在某一区域之外的案件，同样也不是向某位公民提供一个机会，让其暂时性地离开某一区域，因为在那里他的存在可能会造成对他个人或是同伴的危险。恰恰相反，这是一个因为其祖先的缘故，而且是仅仅因为其祖先的缘故，在没有证据或是没有关于其忠诚度和对合众国良好意向调查的情况下，就将一名公民定罪惩罚的案件。如果这就是对这份记录披露的事实和我们需要进行司法审查的事实正确的描述的话，我几乎可以不假思索就得出结论，这已经侵犯了宪法权利。[22]

根据祖先作出归类的做法使得罗伯茨的信念非常明确，即对日本人的种族偏见是军方决定的部分原因。罗伯茨大法官讨论的内容中很大一部分是对军方司令部签署的命令中技术层面的评论。然而，罗伯茨真正的关注，可见于其在与雨果·布兰克就“迁移（evacuation）”修辞的次要小冲突中使用的讽刺性语气。在讨论军队命令是松向位于指定地区的集中营报到的问题时，

---

[19] 同注[12]，235 页。

[20] 同上注，235—36 页（脚注略去）（引自 John L. Dewitt, *Final Report*, *Japanese Evacuation from the West Coast*, 1942 (June 5, 1943)）。

[21] 同上注，223—24 页。

[22] 同上注，225—26 页（罗伯茨大法官的反对意见）（引文有节略）。

罗伯茨补充道："德威特将军向战争部长所做的关于迁移和重新安置日本人计划的报告中，已经说得非常明白……集合中心是监狱的一个委婉说法。在这些中心的任何人除非有军方的命令都不准离开。"㉓

罗伯茨选择用"监禁（imprisonment）"和"监狱（prison）"这几个术语，而非"拘禁（detention）"和"集合中心（assembly centre）"。在其对将日本人迁往永久性军管营这一问题的讨论中，他采用了更加强烈的术语："在1942年3月18日，总统发布了第9102号行政命令，在所谓的重新安置中心——集中营的委婉说法，设立战争重新安置管理局（War Relocation Authority），它按照西部防御司令部军事当局和重新安置管理局相互协作的原则成立……"㉔ 罗伯茨和联邦最高法院都很清楚从欧洲发来的德国政府和军队如何对待犹太人的报告。他选择使用在政治上受谴责的术语"集中营（concentration camp）"就反映了他的感情。

布兰克大法官没有直接回应监禁的指控。他部分的辩解是高度技术化的，即声称现在联邦最高法院唯一需要处理的议题是要求是松搬出指定区域的驱逐令。㉕ 将是松强制迁移和监禁在一个永久性营地的讨论就被认为是超出了这一判决的范围。然而，在案件打到联邦最高法院的时候，所有的日本人都已经从太平洋沿岸迁走了。布兰克一定已经明白了联邦最高法院不是仅仅在预先阻止某一行动，而完全是在回避本案提出的"因未能向集合中心或是重新安置中心报到而定罪"的问题。

罗伯茨对布兰克就监禁违宪指控所做的技术性、准司法性回应表示轻蔑：

> 原告唯一可以避免被逮捕和起诉的方式就是当其向国内控制中心（Civil Control Center）报到时，按照该中心给他的指示去集中营。我们知道这就是事实。为什么我们要设定虚拟的和不真实的场景而不愿面对本案的实际情况呢？㉖

罗伯茨以这样的指控作为结束：联邦最高法院在面对非法拘禁时实际上创造了一种新的宪法性原则，即是松不可以直接挑战监禁的合宪性，而必须遵守命令接受监禁，只有在监狱里，他才可以申请人身保护令状。㉗

既然布兰克大法官选择不同罗伯茨大法官正面交锋，我们就很难判断究竟谁胜出了。在支持布兰克大法官的方面，我们可以指出宪法入门读物和教科书中的例证。这些书常常引用是松诉合众国案，来说明国家安全是一种在平等保护严格审查之下"令人信服的利益"，可以使得对少数民族的驱逐和监禁合法化。㉘ 这些对是松诉合众国案的解释说明，在特定的情况下，对美国公民的即决式集体性监禁也是可以允许的。

㉓ 同注⑫，230页。

㉔ 同上注（脚注略去）。

㉕ 同上注，221—222页。

㉖ 同上注，232页（罗伯茨大法官的反对意见）。

㉗ 同上注，233页。

㉘ 例如参见 Edwin Chemerinsky, *Constitutional Law: Principles and Policies* 698（2006年第3版）；John E. Nowak & Ronald D. *Rotunda*, *Constitutional Law* 385-386（2004年第7版）。

我们可能会把前首席大法官伦奎斯特作为罗伯茨的支持者。在下面将要谈到的1998年出版的一本书里，伦奎斯特表达了对像对付外国人那样对待美国公民的严重担心。当下反对伦奎斯特观点的法学家包括波斯纳法官，他认为是松诉合众国案的判决是适当的。在2004年，8位法官（除了克拉伦斯·托马斯（Clarence Thomas）之外的全部法官）都认为，宪法授予了一名被军方拘押并被认定为敌方战斗人员的美国公民某些个人程序权利。这一事实支持我们刚才的判断。[29] 然而，联邦最高法院尚未就政府在这些案件中究竟应当如何表现作出判决。（本书第十五章）

司法审查——法兰克福特大法官 vs. 杰克逊大法官

是松诉合众国案中法官们对最后一个议题的争论发生在法兰克福特大法官和杰克逊大法官之间。杰克逊大法官像他同事中的其他反对意见者一样，深信驱逐令中包含有种族因素。他将（军方）对是松的严厉对待同对“一个德国籍外侨敌人、一个意大利籍外侨敌人和一个被判定叛国但获得假释的、有本土祖先的美国人的待遇相比较”，认为后面所说的这些人都不会遭到驱逐[30]，这显示联邦最高法院认可了“血统败坏（Corruption of Blood）”[31]。

但是，杰克逊大法官首要关注的是联邦最高法院应当如何评价军方有争议的和可质疑的行动。杰克逊的方式是谨慎的和实用主义的。他很清楚战争时期遵循军方命令的必要性。[32] 但是在表达其警告时，他还做了一个有争议的建议：

> 当一个区域是如此危险以至于必须被置于全面军事管制之下时，首要的考虑是措施的有效性而非合法性。军事服务必须保护一个社会，而非仅仅一国的宪法……一个暂时将其全部精力集中于防御的指挥官是在实施一个军事计划；他不是在制定法院所理解的法律。他发布命令，这些命令作为军令有一定的权威，尽管它们可能是宪法意义上非常坏的命令。[33]

将军方和宪法分离开来的主张正是引发法兰克福特大法官回应的那个主张。

事实上，杰克逊大法官说宪法在战争时期的紧急状态下应当被暂时中止。我们不能期望军方像平民立法者和法官那样以同样的方式或是以同样的标准行动，这是不现实的。杰克逊继续说：

> 但是如果我们不能通过宪法来约束军方的应急措施，那么我也不会曲解宪法去认可所有军方采取的权宜之计。可是这就是联邦最高法院现在正在做的，无论它是否意识到这一点。根据现在我面前的证据，我不能说德威特将军的命令是不合理的应急军事预防措施，我也不能说它们就是合理的。但是尽管它们是可允许的军事程序，我否认这就可以推出它们是合宪的结论。如果像联邦最高法院现在认定的那样，可允许的就

---

[29] 参见 *Hamdi v. Rumsfeld*，542 U. S. 507 (2004)。

[30] *Korematsu*，323 U. S. at 243（杰克逊大法官的反对意见）。

[31] 同上注（援引了美国宪法第三条第三节）。

[32] 参见 *Korematsu*，323 U. S. at 244。

[33] 同上注。

是合宪的，那么我们很可能会说任何军事命令都是合宪的，我们已经彻底解决这个问题。㉞

对杰克逊大法官来说，问题的核心是时机。尽管法院可能在前瞻性地禁止某些军方行动方面无能为力，但是也没有必要在事后加以认可。杰克逊说，一个司法判决，不同于一项军事行动，“它自身有一种繁殖性的能力（指英美法系的遵循先例原则，译者注）”㉟。

法兰克福特大法官对杰克逊的意见感到深深的困惑，他不能理解一项在宪法战争权力范围之内采取的合理的军事措施可能被发现违反了宪法。他评论道，“授权国会和总统领导国家进行战争的宪法条款和宪法中规范和平时期国家行为的条款没什么大的差别。”㊱ 他引用了首席大法官休斯的看法，“政府的战争权力就是‘尽力赢得战争的权力’。”㊲

法兰克福特大法官强调法院和军方在不同领域的权威，并重点批评了杰克逊认为军方的行动虽然是可允许的但仍然有可能最终被裁定是违宪的看法。法兰克福特断言，这样一种“辩证的机巧”，不可能是宪法那些“冷静实际的起草者，其中大多数还是真正参加过战争的人”所设想的。㊳

法兰克福特的方式——一份军事命令不可能同时在军事权力之内又是违宪的——反映了当下对军事行动司法审查的标准。然而，我们最好记住杰克逊大法官最后的警告：

> 就军方遣送和拘押日本血统公民的计划对自由的危险，我们已经讲得够多了。但是一份支持该命令的对正当程序条款的司法解释是比颁布这一命令本身更微妙的打击。一份军事命令就算违宪，其持续的时间也不可能超过军事紧急状态。即使在紧急状态时期，一位继任的司令官就可能会撤销它。但是一旦一份司法判决意见将这样的命令合理化，并表明这一命令与宪法相一致，或者将宪法加以合理化解释以显示宪法批准这样的命令，这时联邦最高法院就永久性地使得刑事程序中的种族歧视原则和迁移美国公民的做法合法化。这时这一原则就会像一件上了膛的武器（loaded weapon），可以为任何能提出貌似真实的紧急需要主张的政府当局所利用。每一次重复都使得这一原则在我们的法律和思想中根扎得更深，并可以将其扩展到新的目的中去。㊴

杰克逊令人难忘的“上膛武器”比喻被频繁引用。

尽管如此，就司法审查的议题，法兰克福特大法官似乎占了上风。㊵ 尽

㉞ 同注㉜，244—245 页。

㉟ 同上注，246 页。

㊱ 同上注，224 页（法兰克福特大法官的赞同意见）。

㊲ 同上注（引用 *Hirabayashi v. United States*，320 U.S. 81，93（1943））（法兰克福特大法官的赞同意见），和 Home Bldg. & Loan Ass'n v. Blaisdell，290 U.S. 398 426（1934）。

㊳ *Korematsu*，323 U.S. at 225（法兰克福特大法官的赞同意见）。

㊴ 同上注，245—246 页（杰克逊大法官的反对意见）。

㊵ 军方可能卷入了不合宪的行动但是却不能被司法审查，因为它引发了一个不可司法裁决的政治问题，这种情形是有可能的。但是即使是这样，法院也不会采取杰克逊大法官的方法进行事后的谴责；它们只会拒绝就该问题作出裁决。

管杰克逊大法官的雄辩论述被引用的次数更多，（多数派法官）对行使战争权力行为进行司法审查的标准似乎是合理的。

驱逐和监禁日本裔美国人

是松诉合众国案的判决仅仅是一幅巨大（历史）画卷的一个片段。在袭击珍珠港之前一年，政府机构开始非常认真地准备与日本可能的战争。他们收集和整理了各种有潜在危害和颠覆嫌疑的外国人名单。这些名单并非是官僚化的作业。在珍珠港事件之后第二天，《洛杉矶时报》报道说，“在南加利福尼亚……一个规模庞大的逮捕行动正在进行。”联邦探员“抓获了 300 名有进行破坏行动嫌疑的日本外侨”。当天晚上，736 名日本人以及少数德国人和意大利人被拘捕。㊶ 在这最初进行的对可疑外国侨民的行动中，有超过 2 000名在美国大陆的日本人和近 900 名在夏威夷的日本人被拘留。这里面相当大比例的人都是成年日本男子，因为在美国的大多数日本成年人都是移民身份，种族门槛使得他们不能归化为公民。因为名单关注的是在社区组织中担任重要职位的移民，其中很多人与日本有纽带，所以这些被捕的人事实上构成了整个社区的领导层。

与这些逮捕行为相伴的是一些刺激性的谣言，声称在夏威夷有第五纵队阴谋搞破坏，以及有敌方潜艇在加利福尼亚海域出没的迹象。尽管有这么多耸人听闻的报道，珍珠港事件之后西海岸并没有实际发生由日裔美国人进行的间谍活动。㊷ 这些人中的很多人在大搜捕中被捕，并在集中营和拘禁中心度过了战争岁月。㊸ 对于其中许多人，其主要的罪行就是他们是日裔社区中有影响力的人。最高等级的嫌疑人名单包括渔夫、农民、有影响力的商人，并不令人奇怪，还有日本领事馆的成员。其他有亲日本嫌疑的外国人包括日语教师、武术教练、旅行社代理人和新闻编辑。㊹ 总共有大约 8 000 名日本移民被联邦调查局和军方逮捕。㊺

在 2002 年，一篇对一位所谓敌方侨民的感人报道发表在《洛杉矶时报》上。特里莎·渡边亚以，一位该时报的雇员作家，偶然接触到了她在战争时期曾经被关押过两年多的祖父的故事。㊻ 渡边亚以的姐姐曾经雇过一位日裔美国木匠，这位木匠的爱好和个人热情是研究在第一波逮捕浪潮中就被拘押和投入监狱的日本移民的故事。在谈话之后两个月，这位木匠找到了特里莎祖父的档案——通过信息自由申请，他将获得的档案交给了渡边亚以一家。这些档案里面有嫌疑犯照片和手印，并以联邦调查局的报告作为开头。

义隆·渡边亚以，特里莎的祖父，曾经是西雅图海边帕克市场的一个水

㊶ 参见 Irons，前注⑨，21—24 页。

㊷ 同上注，21—24 页。

㊸ 参见 Wendy Ng，*Japanese American Internment During World War* Ⅱ：*A History and Reference Guide* 49 - 51 (2002)。

㊹ 参见 Irons，前注⑨，22 页。

㊺ 参见 Teresa Watanabe，Deja Vu：大约 8 000 日本移民被当做外国敌人逮捕和拘押——其中就有义隆·渡边亚以。60 年后，在一种类似的怀疑气氛中，他的家人最终知道为什么了。《Part 9》（杂志名），2003 年 6 月 8 日，16 页。

㊻ 义隆·渡边亚以的传记信息来自特里莎·渡边亚以的文章。见前注。

果蔬菜经销商。他于 1942 年 3 月 7 日被捕，并与其残疾的妻子和 5 个孩子分开。这份报告显示义隆·渡边亚以被捕是因为他是 Sokokukai 组织的成员，证据是他曾在 1940—1941 年之间订阅过 Sokoku 杂志。该组织被司法部认为是颠覆性组织。在 4 月份由 3 人组成的敌方外侨委员会所主持的听证上，渡边亚以否认忠诚于日本天皇，并表达了对美国与日本之间和平的渴望，还表示会支持美国赢得战争。他声称，他订阅 Sokoku 杂志仅仅是为了帮助一个朋友摆脱困境，而且几乎没有阅读该杂志。在听证之后，渡边亚以被从蒙大拿州的移民局拘留所转移到美国陆军为敌方侨民关押人员在路易斯安那设立的特别中心。

特里莎·渡边亚以震惊于她的祖父曾是一个颠覆性组织的成员，并想寻找关于该组织更多的信息。她向美国历史学家和日本专家请教，但是没有一个人曾听说过 Sokokukai 这个组织。西雅图联邦调查局的档案已经被销毁了。她最终通过洛杉矶时报东京分支机构的关系，联系上了一位杰出的现代日本政治评论家松元建一（Kenichi Matsumoto）。松元指出，联邦调查局错误地怀疑 Sokokukai 与臭名昭著的右翼组织有联系，但是他否认有任何此类联系，也否认 Sokokukai 的领导曾经鼓吹仇恨或是反对美国的暴力。他推测联邦调查局很可能是因为杂志的名字而感到警惕，"Sokoku"的意思是祖国。当特里莎·渡边亚以知道联邦调查局在战争爆发时没有日语翻译时，这一怀疑得到了加强。

义隆·渡边亚以在以其名义提起申诉之后获得了假释，得以从军方监狱中出来。这一申诉是由埃默里·安德鲁牧师组织的，他是一位西雅图日本施洗者教堂（Baptist Church）的白人牧师。安德鲁自愿搬到爱达荷平原担任米尼多卡拘留营日本信众的牧师。义隆·渡边亚以孩子的行动也支持其忠诚于美国的声明。他的两个儿子、他的女婿和他最小女儿的未婚夫都从米尼多卡拘留营入伍。只有他最小的儿子，因为还在上中学没有入伍。义隆·渡边亚以的儿子玛斯（Mas）是戴着勋章退伍的。他参加的是（种族）隔离的、全部由日本人组成的第 442 团战斗队，该队在欧洲作战。他的女婿在同一单位战斗，并且在战斗中阵亡。特里莎的父亲被分配到军队的军事情报处，负责翻译日文文件。

因为有这么多有利的证明，义隆·渡边亚以被从军事监狱释放，在爱达荷州米尼多卡的战争重新安置局平民营中与其家人团聚。他直到 1945 年 9 月 18 日才离开那里，那时战争已经结束 1 个月了。

公民诉讼人——安井稔（Minoru Yasui）

安井稔出生在俄勒冈州胡德河一个来自日本的苹果园农民家庭。[47] 他皈依了卫理公会成了教徒，进入俄勒冈州的公立学校和大学就读。他在大学里接受了预备役军官训练，并在 1937 年获得了陆军步兵预备役二级中尉的委任状。他接着进入了俄勒冈大学法学院学习。在 1939 年毕业之后，他发现很难找到法律职业的工作岗位。于是通过家庭的联系，他接受了一份日本驻

---

[47] 安井的传记信息来自 Irons，前注⑨，81—87 页，以及 John Tateishi，*And Justice For All*：*An Oral History of The Japanese American Detention Camps* 62 - 93（1984）。

芝加哥领事馆的工作。作为一个为外国政府工作的美国公民，他在国务院以外国雇员的身份注册过。在珍珠港事件之后的第二天，安井收到了他父亲的一封电报，催促他马上加入美国陆军。安井接受了建议，从领事馆辞职。虽然铁路公司最初拒绝卖给日本人去西海岸的火车票，他还是到俄勒冈州波特兰附近的温哥华堡报了到。尽管他尝试了 8 次，军方还是拒绝接受其入伍。

同时，他的父亲已经被联邦调查局作为外侨嫌疑犯逮捕，并被送到蒙大拿州密苏拉的司法部拘押中心。安井试图做他父亲的辩护律师，但是却仅仅被允许作为家庭成员旁听。在一个即决式的听证之后，他的父亲被认定为不忠并被拘押至 1945 年。因为对在没有证据支持的情况下就指控其父亲不忠和对日裔美国公民持续的骚扰感到愤怒，安井稔回到了波特兰。第 9066 号行政命令在两周后发布。当时谣言四起，安井想找一个途径挑战任何单独将日本裔美国公民区别对待的政府措施。在与一位本地律师和在联邦调查局做探员的前法学院同学商量之后，安井最初试图找熟人提起一个测试性诉讼。在努力无果之后，他马上决定自己提起诉讼。

单独针对日本人的宵禁命令在 1942 年 3 月 28 日午夜生效。那天晚上——一个星期六——他让他的秘书打电话给警察，告诉他们有一个日本人违反了宵禁令还在街上。安井为了被逮捕费了很大劲。即使是在他给警察出示了一份宵禁令的拷贝以及表明自己是日本人的出生证明之后，警察还是不断告诉他回家去，别惹麻烦。最后，他自己去了警察局，在那里一位办事警员（desk sergeant）同意逮捕他。安井忘了周末是没有保释的，他最后被拘押在醉汉拘留所，直到星期一早上才获释。

在一场没有陪审团的审判中，地区法院的法官签发了一份冗长的判决意见，对民事法院与军事当局的关系进行了评论。地区法院的结论是，至少对公民来说，宵禁令构成了建立在种族或者肤色基础上的歧视，因而是违宪的。但是，法院继续说当这些规章适用于外侨时，它们是准许的。法院裁定，安井通过为日本领事馆工作的行动，已经选择了日本国籍，放弃美国国籍。在这个基础上，地区法院判决安井有罪。㊽

安井向联邦最高法院申诉，并与戈登·平林一起受审。在安井案的法律意见简述中，首席大法官斯通提到，法院在平林案中已经支持了针对公民的宵禁令，但是因为政府并没有否定安井的美国公民身份，所以本案被发回重审，并要求对安井丧失国籍的调查结果重新认定。㊾

公民诉讼人——戈登·平林（Gordon Hirabayashi）

戈登·平林在战争爆发时是一个大学四年级的学生。跟安井一样，平林选择由自己发起测试性案例。㊿ 平林于 1918 年出生在华盛顿州的奥本，西雅图南的一个农场小镇。他的家庭属于一个和平主义组织，与贵格会有联系并在信仰上类似。这一组织举行宗教仪式无须牧师，并拒绝军事服务和战争。他进入华盛顿大学就读，并在日裔美国人组织 YMCA 和大学贵格教友会里非常活跃。在珍珠港事件之后，他最初还留在学校，后来因为受到了 1942

㊽ *United States v. Yasui*, 48 F. Supp. 40 (D. Or. 1942).

㊾ *Hirabayashi v. United States*, 320 U. S. 115 (1943).

㊿ 平林的传记材料来自 Irons，前注⑨，87—93 页。

年 3 月 28 日宵禁令以及他帮助第一批被迁移的日本人——来自附近班布里奇岛的人的经历影响而退学了。平林在第一个月遵守宵禁令，但是后来决定不让宵禁操纵他的生活并开始无视它。他将这些违反宵禁的经历写在日记里。这份由其日记构成的记录后来成了认定他违反宵禁令的基础。

平林在与其朋友和律师进行了深入谈话之后，决定反对迁移行动。他的意图传到了当地美国公民自由协会（American Civil Liberties Union）成员们的耳朵里，该协会决定帮助任何选择抵制迁移令的日本人。平林在与美国公民自由协会接触之后，表示欢迎他们提供帮助，并一起成立了一个小型的支持委员会。

在 1942 年 5 月 16 日，平林同他的律师一道去西雅图联邦调查局办公室自首。他带了一份 4 页长的打印声明，题目是“为什么我拒绝迁移登记”。这一声明反映了平林的和平主义背景，显示出他强烈的个人信念，即“集体迁移全部日裔民众的命令否认了居住生活权”。平林随身带着的公文包里，放着他的个人日记。当联邦调查局审读日记后，他们又在平林拒绝迁移报到的指控之外，增加了违反宵禁令的指控。

平林在庭审中被认定两项指控都成立，但是他就这两项定罪全部向联邦最高法院上诉。[51] 由首席大法官斯通撰写的判决中仅对违反宵禁令做了评论，而没有对驱逐令进行审查，这部分地是有意的选择，以在更加具有争议性的议题上遵从（军事当局）。平林案与是松案判决意见之间长达一年的迟延，使得联邦最高法院可以有额外的时间根据该领域事态的发展去考虑其最终的行动路线。这一迟延当然也意味着日本人还要继续被拘押在拘留营里面。

公民诉讼人——弗雷德·是松（Fred Korematsu）

不同于安井和戈登·平林，费雷德·是松从未决定去抵制迁移令以检验政府行为的合宪性。[52] 他的目的是高度个人化的，最初并没有涉及任何公民自由法律理念或是社会正义的意识形态。弗雷德·是松出生并成长在加利福尼亚的奥克兰。1938 年从奥克兰高中毕业之后，他短暂地进入洛杉矶城市学院学习，但是因为经济原因被迫辍学。在返回奥克兰之后，他进入一所焊工学校学习，然后找到了一份船坞焊接工的工作。在 1941 年 6 月，他试图加入海军，但是被拒绝了。

在珍珠港事件之后，是松的锅炉制造工会将所有的日本裔成员踢出去。是松失去了在船坞的工作，只能从事一些短期的焊接工作。当迁移令发布的时候，他的所有家人都向坦弗伦赛马场集合中心（Tanforan Race Track Assembly Centre）报到了。马棚被迅速改成日本人的拘留所。弗雷德·是松选择留在奥克兰，这样他就能和他的未婚妻——埃达·波伊泰诺（Ida Boitano）待在一起。他希望挣到足够的钱好让他们能够一起搬到中西部。是松在一个声名狼藉的外科医生那里做了整形手术，好让他看起来不那么像东方人，这样也不会让他的妻子在他们离开加利福尼亚的时候感到尴尬。尽管他

---

[51] *United States v. Hirabayashi*, 46 F. Supp. 657 (W. D. Wash. 1942), aff'd, 320 U. S. 81 (1943).

[52] 是松的传记信息来自 Thomas Y. Fujita-Rony, *Korematsu's Civil Rights Challenge: Plaintiff's Personal Understandings of Constitutionally Guaranteed Freedoms, the Defense of Civil Liberties, and Historical Context*, 13 Temp. Pol. &Civ. Rts. L. Rev. 51 (2003)，以及 Irons，前注⑨，93—99 页。

做了这么多努力，他还是于1942年5月30日在加利福尼亚的圣莱安德罗被捕。起先他声称自己是来自拉斯韦加斯的西班牙和夏威夷人的混血，但是他的故事很快就露出了马脚，然后他供出了自己的真实身份。

弗雷德·是松并不是唯一一位在集中营外被捕的日本裔美国人。在旧金山地区至少还有9位日裔美国人是在集中营外被捕的，而在萨克拉门托地区有6位。欧内斯特·贝司哥（Ernest Besig），旧金山美国公民自由协会机构的主任，走访了许多这样被逮捕的日裔美国人，想寻找一位愿意挑战驱逐令的志愿者。只有是松同意参加该协会的行动。是松几乎没有社区的支持，除了美国公民自由协会之外也没有任何外部协助。他在给贝司哥的一份简短但感人的声明中指出，“要将人投入监狱，至少需要给这些人一个公正的审判，以使他们可以在法庭上以民主的方式为其忠诚辩护，但是他们没有经过任何公正的审判就被投入监狱了。”[53]

欧内斯特·贝司哥雇了韦恩·柯林斯——一位年轻激进的旧金山律师——代表是松出庭。柯林斯继续在是松上诉到联邦最高法院的程序中担任是松的代理人。另外，柯林斯还代表日裔美国人承担了最难和最具争议的议题。[54]

公民诉讼人——远藤三雅（Mitsuye Endo）

远藤三雅的挑战依据的是一个不同的战略。她的案件并未直接挑战宵禁、迁移或是拘押。然而，她寻求获得一份人身保护令状以使其能从监禁中获释。[55] 远藤是通过日裔美国公民协会招募的。律师们受州人事委员会委托在萨克拉门托调查当局将全部日裔公民从与州相关的公共服务岗位上清除出去的事件时知道了她的名字。旧金山律师詹姆士·珀塞尔与人事委员会的努力因为驱逐令的发布而变得不再重要，但是他们依然保持着联系。珀塞尔调查了被拘押的州雇员，并挑选了远藤三雅作为提起人身保护令状行动的申请人。远藤三雅于1920年出生在萨克拉门托，她的父亲经营着一个杂货店。她进入公立学校读书，并加入了本地的卫理公会教会。高中毕业后，她开始为加利福尼亚州政府工作，当了一个打字员。她不久就发现，“因为有太多的对日裔美国人的歧视，除非我们为日本公司工作，唯一能够找到的职位就是州政府提供的岗位”[56]。她的兄弟在1941年偷袭珍珠港之前被征召入伍。

远藤的整个案件是靠通信进行的。她最初向华乐嘉（Walerga）集合中心报到，这个中心是在一个靠近萨克拉门托的移民工人营地基础上修建的。她后来被遣送到加利福尼亚靠近俄勒冈州北部交界地带的鲐鲫湖（Tule Lake）拘留营。根据珀塞尔对日裔美国人州雇员的调查，远藤三雅被从鲐鲫湖拘留营招募来提起人身保护令状申请。她从未见过她的律师珀塞尔，也没

---

[53] Irons，前注⑨，99页。

[54] 可参见Donald E. Collins，*Native American Aliens：Disloyalty and the Renunciation of Citizenship by Japanese American During World War* Ⅱ（1985）；Neil Gotanda，*Race，Citizenship，and the Search for Political Community Among “We the People”*，76 Or. L. Rev. 233（1997）。

[55] 远藤的传记信息来自Irons，前注⑨，99—103页；以及John Tateishi，前注㊼，60—61页。

[56] John Tateishi，前注㊼，60页。

有出过庭。用她的话讲，她之所以被选中是因为“他们感觉我能作为‘忠诚的’美国人的代表”[57]。远藤为推进这个诉讼作出了重大的牺牲。她的很多朋友在1944年年底之前就从拘留营中转移出来或者被释放了。她符合提前释放的条件，一位政府律师甚至明确地作出了提前释放的承诺。但是，这就会使人身保护令状申请变得没有实际意义。因此，应她的律师请求，她待在拘留营里面直到联邦最高法院作出判决才出来。[58]

案件与是松诉合众国案在同一天，也就是1944年10月11日在联邦最高法院进行辩论，这之前该案已经在低级法院被耽搁了几次。判决意见也是与是松诉合众国案同一天签发的，虽然（作出判决的）准确日期引起了一些争议。有传言说首席大法官斯通押后了本案判决意见的发布。道格拉斯法官，远藤单方案判决意见的起草者，在1944年11月28日的备忘录中向斯通抱怨说，尽管判决意见在1944年11月8日就被批准并内部传阅了，但是因为“政府的官员暗示拘押计划的一些改变正在考虑中”而被耽搁。[59] 判决意见被泄露给行政当局的不确切证据，可以从非同寻常的12月17日举行的周日战争部记者招待会（Sunday War Department Press Release）上看出来。西部防御司令部的首长宣布“在过去两年中其个人记录通过军方审查的日裔人士”将会在1945年1月2日之后获释。[60] 联邦最高法院正好是在第二天，也就是12月18日星期一发布了其就是松诉合众国案和远藤案的判决意见。

道格拉斯法官代表法院写的判决要求释放远藤三雅。但是这一意见不够清楚，道格拉斯有意避开宪法性议题，并认定战争重新安置局（War Relocation Authority）——一个国会设立的非军事机构，并非军方的一部分——缺乏拘押被政府承认为忠诚的公民的权力。[61] 由于军方先发制人的行动，远藤案争议的议题在很大程度上已经没有了实际意义。作为一个在名义上是法律性（statutory）而非宪法性的案例，远藤案在很大程度上被当做是松诉合众国案的一个脚注。[62]

同时，具有讽刺意味的是，在宪法学说上，是松诉合众国案后来却被当做一个高度司法审查——严格审查的先例。第一次被明确引用该案作为严格审查先例的是1954年的博林诉夏普案（Bolling v. Sharpe）[63]，以及同时期的联邦第五修正案案例布朗诉教育委员会案（Brown v. Board of Education）。[64] 在博林案中，首席大法官沃伦声称，“仅仅建立在种族基础上的归类必须予以特别仔细的审查。”[65] 是松诉合众国案——一个支持歧视的战争权力案

---

[57] 同注[56]，61页。

[58] 同上注；Irons，前注⑨，102—103页。

[59] Partrick O. Gudridge, *Remember Endo*?, 116 Harv. L. Rev. 1933, 1935 n. 11 (2003).

[60] Irons，前注⑨，345页。

[61] 参见 *Ex Parte Endo*, 323 U. S. 283 (1944)。

[62] 参见 Gudrige，前注[59]，1959页（探讨了为什么远藤单方案很大程度上被遗忘了，并认为本案并非“在任何核心意义上”，都是“关于法律解释”的案件）。

[63] 347 U. S. 497 (1954).

[64] 347 U. S. 483 (1954). 还可见埃尔南德斯诉得克萨斯州（*Hernandez v. Texas*），347 U. S. 475, 478 n. 4 (1954)，该案在布朗案之前仅仅两周宣判，认定在挑选陪审团成员时对墨西哥裔的种族歧视违反了平等保护。联邦最高法院就埃尔南德斯案的判决引用了平林案，而非是松诉合众国案。

[65] *Bolling*, 347 U. S. 497 (1954).

件——如何转变成了一个批判偏见的学理性工具？我们可以在日裔美国人民权律师和批判吉姆·克罗种族隔离的知名民权律师之间的温和联盟中发现部分的答案。[66] 但是我们可以更广阔地这样推测：随着时间的流逝，联邦最高法院开始对是松诉合众国案感到后悔，并将之后的案件当做通过运用该案而对其进行否定的机会。

日裔美国人赔偿运动：是松诉合众国案和20世纪60年代的激进主义

对是松诉合众国案以及监禁日裔公民的评论和兴趣在20世纪五六十年代进入低潮。在战后立即进行的重新安置和融入社会的痛苦过后，在第二代日裔美国人中几乎听不到公开的甚至家庭内部关于强制迁移和拘留营岁月的任何讨论。有一个关于弗雷德·是松的感人故事。在20世纪60年代，他的女儿听到一个学生在学校里做关于是松诉合众国案的报告。小姑娘感到非常好奇，当她回到家中的时候，就问他父亲他们是否与本案的这一家人有关系。到了这时，弗雷德·是松才告诉他女儿，“呃，我就是那个人。”[67]

敦促遗忘的力量随着广泛的社会关注和20世纪六七十年代激进主义的兴起而开始变弱。激进主义最显著的群体是大学学生。在学生为争取种族合校而进行的罢课中，特别是在旧金山州立大学、加州大学伯克利分校和加州大学洛杉矶分校，亚洲学生参加了运动，并第一次把他们自己称为“亚裔美国人”。

与当时的时代氛围相一致，Sansei——也即第三代日裔美国人中的激进主义在许多不同的议题上呈现出广泛的差异。大多数日裔美国人心中都有他们曾经遭受过不公的深切感觉。想要将这些议题提交到更广泛的美国公众那里，并要求某种公共赔偿的愿望逐步在各种各样的会议讨论中成形了。这些方面的社会关注最终联合成三个法律运动：(i) 申请错案补救令状来推翻对戈登·平林、安井稔和弗雷德·是松的定罪；(ii) 国会制定金钱补偿立法；以及 (iii) 直接提起联邦诉讼要求金钱赔偿。随着全体社会性的运动的兴起，许多有趣的人物加入进来，一些人受过良好的教育，还有一些人持温和立场。

一个非凡的人物，爱子吉·赫齐格 (Aiko Herzig-Yoshinaga)，直接参与到所有三个运动中来。作为华盛顿特区国家档案馆拘禁记录的非正式“流动 (movement)”档案管理员，她扮演了一个关键角色。她也是直接从事补偿立法的官方听证委员会成员之一。她和她的丈夫作为积极分子都参加了集体诉讼。作为一位档案管理员，她不仅是真正知道和理解有关拘禁的大量国家档案馆材料内容的唯一人士，她还找到了一份仅存的德威特将军《1942

---

[66] 参见 Greg Robinson 和 Toni Robinson, Korematsu *and Beyond*: *Japanese Americans and the Origins of Strict Scrutiny*, 68 Law &Contemp. Prob. 29 (2005)。

[67] Fujita-Rony, 前注[52], 62页 (转引自 Peter Irons, *Justice Long Overdue*, New Perspectives, Winter/Spring 1986, at 5)。

年关于迁移西海岸日本人命令的最终报告》未删节版的拷贝。这份档案——在1944年联邦最高法院拒绝提供时——成了错案补救听证的一份关键证据。

在1941年，爱子吉是洛杉矶高中的一名荣誉学生，原本打算在6月毕业，然后在秋季进入秘书学校学习。珍珠港事件和接下来的第9066号行政命令给洛杉矶日本人的生活投下了阴影。爱子吉没有跟着她的家人去阿堪萨斯（Arkansas）的拘留营，而是决定跟她的未婚夫去曼扎纳（Manzanar）。曼扎纳在加利福尼亚州塞拉内华达山脉东坡的沙漠地带。在曼扎纳她结了婚，生了一个孩子，并得以在她父亲去世之前去阿堪萨斯拘留营探望了一次家人，没有丈夫陪同，因为他被禁止旅行。爱子吉从拘留营获释之后，最初搬回了加利福尼亚，但是后来与其他家庭成员一起定居纽约市。[68]

作为纽约市日裔美国人社区的一员，爱子吉认识了面向日裔社区的一个松散组织中的一些活跃分子。爱子吉离婚并再婚了，她继续保持与这些人的联系，比如写了《13 660个公民》的艺术家矿大久保（Mine Okubo）[69]，比如《不光彩的岁月：美国集中营被尘封的故事》的作者道之西浦·韦格莱恩。[70] 后一本书出版于1976年，是自20世纪50年代以来由第二代日裔美国人所写的第一本关于拘留营的重要研究著作。爱子吉·赫齐格在纽约的那些年从事秘书和办公室经理的工作。

在西海岸地区，第二代日裔美国人中的积极分子越来越强烈地敦促政府公开拘留营的事情。1969年在洛杉矶，苏·国富·恩布利带领一个小型的旅行团对曼扎纳拘留营进行了第一次朝圣般的访问。在1970年，在日裔美国公民联合会年会上，雷·冈村和爱迪生·宇野这两位联合会里长期的批评家发起了一项总决议，呼吁日裔美国公民联合会就对日裔美国人给予赔偿的议题采取措施。这些早期的努力取得了一定的成功，在1976年，时任总统杰罗德·福特签署了一项总统声明，废除了第9066号行政命令。当然，这只不过是自该命令在1946年被杜鲁门总统终止之后的法律上的正式手续而已。但是福特发布声明的同时还声称，迁移是错误的，日裔美国人是“忠诚的美国公民”。在20世纪70年代后期，促使福特发布声明的努力已经成长为一个运动——赔偿运动——致力于对在第二次世界大战中被关押的日裔美国人个人给予金钱赔偿。

爱子吉·赫齐格和她的丈夫杰克·赫齐格就在日裔美国人赔偿全国委员会成立的前一年搬到了华盛顿特区。在华盛顿，爱子吉·赫齐格决定通过审阅国家档案馆有关拘押日本人的材料来满足她个人的好奇心和兴趣。她的兴趣很快发展成她的主要的项目。虽然她没有作为图书馆员或是档案管理员的专业训练，她还是开始对大量的数据进行整理和编制索引。她作为一个志愿者来工作，并将其多年从事办公室秘书工作的经验转化为档案技能。她很快成了国家档案馆关于日裔美国人材料的常驻专家。

这一赔偿运动，与一些个人和社区组织结成了松散的全国性联盟，并获得了4个日裔美国人国会议员的关注。赔偿运动中的温和成员与国会中的代

---

[68] 参见 Josh Getlin, *WWⅡ Internees; Redress: One Made a Difference*, L. A. Times, June 2, 1988, at 1。

[69] Mine Okubo, Citizen 13660 (1983).

[70] Miichi Weglyn, *Years of Infamy: The Untold Story of America's Concentration Camps* (1976).

表结成同盟，发展出了一个不那么咄咄逼人的建议。他们支持建立一个国会委员会在全国范围内举行听证，但是会推迟金钱赔偿的要求。战时重新安置和拘押平民问题委员会举行的听证以及它建议赔偿的最终报告，最终被证明是国会赔偿法案成功通过的关键。

然而，当建议提出的时候，委员会在赔偿运动上发生了分裂。反对者认为委员会采取的缓进路线是“出卖背叛”。他们感到在听证的最后，委员会中那些有声望的全国性人物将永远不会建议采取金钱补救。一个反对派团体，由芝加哥的激进分子威廉·北原（William Hohri）领导，并联合了爱子吉·赫齐格和杰克·赫齐格，寻求更加直接的路线。他们重新组织起一个叫日裔美国人赔偿全国委员会的组织——NCJAR，他们获得了一家虽然小，但有声望的律师事务所的服务。在1983年，他们代表125 000名被关押的日裔美国人提起了一系列联邦集体诉讼。这一诉讼对22项指控中的每一项都索赔10 000美元，共计索赔270亿美元。[71] 虽然最终没有成功，这一诉讼仍然被看作整个日裔美国人赔偿运动中一个重要的组成部分。[72]

在日裔美国人国会代表的支持下，战时重新安置和拘押平民问题委员会在1980年成立。因为委员会需要一个信息整理人员，爱子吉·赫齐格自学的技能让她开始了新的职业生涯。她在1981年被雇用。作为委员会的成员，爱子吉·赫齐格继续进行对档案的研究，并且参与了委员会在9个城市举行听证的工作。9人组成的委员会包括一些全国知名的人物：阿瑟·弗莱明，前艾森豪威尔内阁成员和美国民权委员会的主席；前参议员阿瑟·高柏；罗伯特·F·德里南牧师，一位来自马萨诸塞的耶稣会牧师和前国会议员。超过750名证人出席作证，包括那些战前生活被拘禁打碎的普通日裔美国人，以及很多参与过罗斯福政府决策而当时还在世的政府官员。委员会的工作在许多方面是成功的。对于很多作证的人，乃至整个日裔美国人社区，听证都是一个痛苦和折磨人的经历。他们打破了数十年之久的社区沉默。对于作证的政府官员，这次听证对其中一些人来说是一个道歉的机会，对另一些人则是坚定声称其行为妥当的机会。

委员会的第一份报告于1982年12月获得全体成员的一致支持而发布，题目是《被拒绝的个人正义：战时重新安置和拘押平民问题委员会的报告》。这份480页的报告描述了日裔美国人在美国的历史、华盛顿的决策过程，并得出这样一个结论：拘禁决定是由“种族偏见、战争的歇斯底里和政治领导的失败”造成的。[73] 除了建议以总统签署国会决议的形式作出全国性道歉外，

---

[71] 参见 William Minoru Hohri, *Repairing America: An Account of the Movement for Japanese-American Redress* 38－50, 191 (1988)；Mitchell T. Maki et al., *Achieving the Impossible Dream: How Americans Achieved Redress* 125 (1999)。

[72] 这一诉讼，即合众国诉北原（*United States v. Hohri*），有一段迂回曲折的历史。联邦最高法院在1987年就管辖权问题作出判决。在被发回重审后，联邦巡回法院判决原告败诉，接着原告向联邦最高法院发起第二次调审令申请。这一申请直到国会通过赔偿法律，并由里根总统签署三个月后才被驳回。参见 482 U. S. 64 (1987)，*remand to* 847 F. 2d 779 (Fed. Cir. 1988)，*cert. denied*, 488 U. S. 925 (1988)。

[73] 战时重新安置和拘押平民问题委员会，第97届国会，《被拒绝的个人正义：战时重新安置和拘押平民问题委员会的报告》，第18页，1982年。还可见战时重新安置和拘押平民问题委员会，第97届国会，《被拒绝的个人正义——第二部分：建议》，1983年。

委员会（除一人反对）还建议给予每一位还在世的曾遭受驱逐或拘押的日裔美国人 20 000 美元的金钱赔偿，由 15 亿美元的一个基金支付。这一立法由国会通过并拨款。[74]

爱子吉·赫齐格在其后并没有停止参与这些事件。在她从事研究和在国家档案馆工作期间，她遇到了皮特·艾伦斯（Peter irons），接着认识了马萨诸塞大学政治学教授爱慕赫斯特（Amherst），后者当时正在为写一本关于日裔美国人案件的书而做研究工作。但是，艾伦斯并不仅仅是出版过关于新政和最高法院问题著作的杰出政治学家，他还是一个律师。此外，他还曾是越南战争时期的一个征兵抵制者，并且在联邦监狱里度过了一年半时间。[75]当他收集资料时，他开始意识到那些数十年前的谈话备忘录和报告除了有机会讲出那些重要但是尚未为人所知的故事外，还有可能在法律上重新审视对平林、安井和是松的有罪判决。艾伦斯和爱子吉·赫齐格同意与其合作，并共享资料。

艾伦斯和爱子吉·赫齐格发现了不同政府律师之间相互争论的证据，以及一份失踪的档案——德威特将军最终报告原始版本的线索。[76] 在日本人被迁走之后，由德威特准备的报告被提交给联邦最高法院，并被政府在是松诉合众国案的口头辩论中使用过。爱子吉·赫齐格发现了关键所在。在其日常工作期间，她注意到了档案架上一份不寻常的档案。在审阅过后，她发现这是一份德威特将军最终报告的不同版本——被掩盖的第一稿。德威特将军最初的语言是这样说的，迁移是必要的，因为我们不可能区分出谁是忠诚的日裔美国公民，谁又是不忠诚的。时间不够还不是问题。德威特写道“问题仅仅是我们必须面对这样的现实，即正面的决定是不可能作出来的，想要精确地将‘绵羊从山羊中区分出来’是不可能的”[77]。换一句话说，对于德威特而言，仅仅是没有办法对日本人加以区分。华盛顿一收到这份报告，战争部次官（Under Sectary of War）约翰·J·麦克罗伊就意识到这与政府声称的立场相冲突，政府的立场是战争时期的紧急状态使得迁移成为必需。德威特所表述的理由是一个赤裸裸的种族性观点，即忠诚的和不忠的日裔美国人永远区分不开。确实，这就是德威特公开持有的立场，他最著名的话就是“日本人就是日本人。无论他是否为美国公民都没有任何差别”[78]。但是德威特的种族主义观点并不被认为是政府的官方观点。

后来表明，德威特曾经拒绝修改他的报告，但是麦克罗伊最终占了上风。在去掉那些伤害性的语言之后，国防部的律师和官员确认“烧毁了迁移日裔最

---

[74] 参见 Leslie T. Hatamiya, *Righting a Wrong*: *Japanese Americans and the Passage of the Civil Liberties Act of* 1988 (1993)。

[75] 参见 Tony Perry, *Curbs on Use of High Court Tapes Lifted*; *Law*: *UC San Diego Professor's Battle Opens the Door to the Distribution and Broadcast of Recordings of U. S. Justices' Sessions*, L. A. Times, Nov. 3, 1993, at A36。

[76] 参见 Irons，前注⑨，206—212 页（引自美国国防部关于将日本人从西海岸迁走的最终报告，1942 年（华盛顿特区，1943 年））。

[77] Irons，前注⑨，208 页。

[78] 参见 David Cole, *Enemy Aliens*, 54 Stan. L. Rev. 953, 990 (2002)（引自日裔美国人联合会的简述，Amicus Curiae at 198, *Korematsu v. United States*, 323 U. S. 214 (1944))，reprinted in 42 Landmark Brief and Arguments of the Supreme Court of the United States: Constitutional Law 309 - 530 (Philip B. Kurland & Gerhard Casper eds, 1975)。

初报告的原始证据和原始页，及其草稿和备忘录”[79]。而且，德威特的最终报告是原打算要向大众公布的，后来只向国防部的律师们公布。原始版本的内容不但向弗雷德·是松的律师隐瞒了，而且也没有直接向在联邦最高法院准备案情摘要和口头辩论的司法部律师们提供。[80] 麦克罗伊后来在政界和商界从事许多不同的职业，但是总是为迁移措施及自己在其中所起的作用而辩护，包括1981年他在战时重新安置和拘押平民问题委员会出席作证的时候。[81]

操纵证据和隐瞒证据在皮特·艾伦斯看来意味着重新开启那几起刑事案件的审判成为可能。其他人也作出了类似的建议，但是艾伦斯和爱子吉·赫齐格在档案中发现的材料，第一次为重新审理提供了坚实的证据基础。艾伦斯在战时重新安置和拘押平民问题委员会出席作证，并受到威廉·丸谷（William Marutani）委员的鼓励。丸谷是一名法官，也是委员会中唯一的日裔美国人，他鼓励艾伦斯去寻求错案补救令状（coram nobis）。艾伦斯拜访了所有的前被告人，并获得了他们的许可去探究这些案件。为了进一步将这次尝试推向深入，艾伦斯认识到必须要有一个相当阵容的志愿律师团为3位被告人做代理。被告人安井稔是一位非执业律师，他在日裔社区有着广泛的关系网，并向艾伦斯提供了一系列可能的律师人选。但是只有一位律师生活在这些被告人受审的城市。[82] 这位律师叫达尔·南（Dale Minami），他并非一位寻常的律师。

达尔·南（Dale Minami），是阿堪萨斯（Arkansas）靠近罗尔（Rohwer）的一个拘留营被关押者的儿子。他于1971年从加州大学伯克利分校布阿尔特学院（Boalt Hall）毕业。那个时期正是游行示威反对越南战争和学生罢课争取种族合校风起云涌的年代。达尔·南靠着小额资本开始执业。他开着他的大众面包车外出工作，在奥克兰街面的刚刚成立的亚洲法律研究中心办公室、加州大学伯克利分校亚裔美国人研究部，以及旧金山、奥克兰的法庭之间来回奔忙。10年后，他已经是一个虽然小但很受尊重的律所的合伙人，并被认为是亚裔美国人事务的一位领导者，还担任过加利福尼亚亚太律师协会的第一任主席。他是索赔运动一位有力的支持者。

南对艾伦斯的询问给予了热情的回应。在一系列的会议、讨论和申诉书起草工作之后，南和当地的支持者组织了3个律师团，一个在波特兰和安井稔合作，一个在西雅图和戈登·平林合作，另一个则在旧金山海湾地区为弗雷德·是松担任律师。这些努力都体现出非同寻常的热情和活力。艾伦斯在访问旧金山海湾地区时，捕捉到并描述出这些人工作精神的缩影：

> 一组加州大学伯克利分校的本科生在听了由达尔·南和唐·塔马基讲授的亚裔美国人法律问题课程之后，准备了一张巨大的图表，大概有10英尺那么长，上面标注了所有政府文件、法庭陈述和联邦最高法院判决意见中重要的声明，同时探寻了它们的出处和联系。尽管工作节奏

---

[79] Irons，前注⑨，21页。

[80] 同上注，212页。

[81] 同上注，351页。

[82] 参见 Peter Irons，*Introduction*，In Justice Delayed：The Record of the Japanese- American Internment Cases 9 (Peter Irons ed.，1989)。

紧张，健康的“不敬行为”记录还是在工作中随处可见；一位律师在他的备忘录里称呼达尔·南为“最高领导南”，并把他们自己称为“疯狂急躁的幕后男孩”。法律团队开始把他们自己称作“西部防御突击队”，以调侃由德威特将军领导的军事单位。[83]

在幕后，爱子吉·赫齐格继续从事着她那无声的工作，为这些法律准备工作提供着支持。在离开日裔美国人赔偿全国委员会之后，她和她的丈夫杰克继续他们的研究，将其在华盛顿的公寓变成了拘押赔偿文件的档案室。她掌握着比任何人都多的材料，这提供了错案补救令状申请所需要的核心事实陈述。[84] 据报道，在听证期间，一位沮丧的政府律师将爱子吉·赫齐格描述为“毁灭性力量”[85]。

20年的索赔运动

到1990年之前，赔偿运动实质上已经结束，并且取得了极大的成功。在国会立法战线，日裔美国人获得了非常高层面的政府道歉。战时重新安置和拘押平民问题委员会的全国性听证为长期以来被掩盖的拘留营被拘押者的证言提供了公之于众的机会。在一个令人惊叹的立法胜利中——由国会制定、里根总统签署的1988年公民自由法（Civil Liberty Act）——向每位被关押者提供20 000美元的赔偿，由一个权限超过10亿美元的信托基金支付。[86]

错案补救令状申请也同样成功。在被定罪40年后，当年联邦最高法院的3名被告获得了平反。虽然这3起声名狼藉的案件吸引了媒体的注意力，实际上是沿太平洋海岸志愿者团队的艰辛工作提供了法庭上胜利的基础。

即使是不成功的损害赔偿集体诉讼也对赔偿运动的胜利作出了自己的贡献。联邦最高法院在1987年6月作出的判决没有驳回诉讼，而是将该案发回要求做进一步考虑。这一判决作出的时候，赔偿立法还在国会搁置着呢。一些评论家已经注意到联邦最高法院将这一诉讼保持在存活状态，这可以被解释为给国会一个暗示，让其在赔偿立法上采取一些措施。对最后一份调审令申请的最终驳回，正好发生在1988年公民自由法签署生效两个月后。[87]

种族概念和批判性的种族理论（Critical Race Theory）

法官之间的种族观念

在1944年，当墨菲大法官与布兰克大法官就种族主义的指控进行争论时，墨菲对种族和种族主义的理解与今天的种族实践相接近。在其是松诉合众国案的反对意见中，墨菲指出军方，特别是德威特将军，使用了血统、后代和生物学的隐喻来描述日本人种及日本人种的特征。墨菲进一步指出，驱逐适用于所有“在血管里流着日本血液”的人，而且在德威特的《最终报

---

[83] 同注[82]，13页。

[84] 参见前注，12页。还可见Thomas Fujita-Rony, “*Destructive Force*”: Aiko Herzige-Yoshinaga's Gendered Labor in the Japanese American Redress Movement, 24 Frontiers 38 (2003)（以下引自该文）。

[85] *Destructive Force*，前注[84]，52页。

[86] 50 U.S.C. §§ 1989b—3, 1989b-4 (1988).

[87] 参见*Hohri v. United States*, 488 U.S. 925 (1988)（拒绝了调审令申请）。

告》中，德威特“将所有日裔后代都认定为属于‘一个敌对种族’，而且这种‘种族纽带是不可稀释的’”[88]。

墨菲强调德威特的种族理解是德威特支持强制迁移的关键：“驱逐令必须也有必要将其合理性建立在所有日本祖籍的人都可能有从事破坏和间谍活动危险的基础上……”[89] 在一个脚注中，墨菲引用了德威特在1943年早些时候在国会作证的证词：

> 我不想他们中的任何人……在这里。他们是一个危险因素。我们没有办法确定他们的忠诚度……日本人的危险过去和现在都在于——如果允许他们回来的话——他们可能会从事间谍和破坏活动。他是不是美国公民无关紧要，他仍然是一个日本人。美国公民的身份并不必然决定其忠诚度……[90]

墨菲认为这种不忠可能性的归因（attribution）是一种“种族罪恶”推定。[91]

在墨菲大法官的分析及其对军队的批评中，他避免使用德威特那粗糙的“日本血统”或是“种族纽带”的概念。[92] 墨菲小心翼翼地将日裔美国人的社会归类和其他特定特征区分开来。因而，他批评军队的理由建立在“有问题的种族和社会学基础上，这已经不属于通常军事专家判断的领域了”[93]。他得出结论，“因而，强制迁移所依据的主要理由并未证明日裔美国人的集体特征与入侵、破坏和间谍行为的危险之间存在合理联系。”[94] 墨菲在此做了一个由三部分组成的分析：（i）日裔美国人的归类；（ii）他们的集体特征——对墨菲来说，这并非必然与祖先血统相联系；（iii）入侵、破坏和间谍行为的危险特征。墨菲大法官的结论是日裔美国人的集体特征与入侵、破坏和间谍行为的特征之间没有显示出相互的联系。军方将它们联系在一起的倾向是建立在“错误信息、半真半假的报道和含沙射影（insinuation）……的累积效应”之上的。[95] 墨菲大法官的分析明显是现代式的。他分析的是种族概况与种族归类之间的联系。他没有发现任何的联系，因此他谴责驱逐和拘禁日本人的行为。

布兰克大法官支持军方观点的对墨菲大法官的回应是与1944年的种族观念相一致的。布兰克强调“种族偏见”的含义。他使用了这个词两次，第二次将军方行动同偏见区分开来：“将本案归入种族偏见的范围内，而不考虑当时真正的军事危险，只会把问题搞糊涂。是松被驱逐出军事区域并不是因为对其的敌意或是其种族的缘故。”[96] 因而布兰克强烈地指出，对不忠的归

---

[88] *Korematsu v. United States*, 323 U. S. 214, 236 (1944)（墨菲大法官的反对意见）（引自 John L. Dewitt, *Final Report, Japanese Evacuation from the West Coast*, 1942）。

[89] 同上注，235页（墨菲大法官的反对意见）。

[90] 同上注，236页，n2。

[91] 同上注，235页。

[92] 同上注，235—236页。

[93] 同上注，236—237页。

[94] 同上注，239页。

[95] 同上注。

[96] 同上注，223页（布兰克大法官的判决意见）。

因和“种族偏见”的概念是不同的。他并没有就为什么不忠的归因与西海岸地区敌视日本人的历史无关做任何澄清。他的结论是应当遵从军方的决定。军方的行动及其关于“所有日裔公民”的归类和结论，不应当以“事后觉悟的冷静视角”来看待，因而觉得这是“不合理的”[97]。对于布兰克而言，种族偏见似乎意味着没有事实根据的种族归纳（racial generalization）。因为他不愿认为自己持有种族偏见，他假定他所持有的对日裔美国人（更不用说非洲裔美国人了）的成见是有充分事实依据的。

相反，3 位反对意见法官对于种族的使用更加谨慎。罗伯茨和杰克逊强调祖先和公民权。罗伯茨提到了“日本祖先”，但是集中讨论的是“强迫美国公民承受没有法律依据的拘禁是否合法”[98]。杰克逊大法官使用了“日本血统的公民”和“有日本祖先的公民”的用语。[99] 正如上面已经指出的，墨菲大法官的种族用语也是经过非常仔细斟酌的。

在审视布兰克大法官和墨菲大法官就军方对日裔美国人的行动是否是种族主义行径的辩论中所用的话语时，我们可以看到他们分析种族概念方式的变化。布兰克大法官似乎对传统的种族概念理解并没有感到不适。种族归类是直截了当和毫无问题的，种族主义主要是一个非理性仇恨意义上种族偏见的问题。墨菲大法官的分析似乎与我们当下的种族描述框架更加一致。他明确讨论了日裔美国公民的归类，而不是作出一个常识性的假设，即将日本人整体作为一个种族归类。在讨论日裔美国人的不忠问题上，墨菲拒绝军方建立在种族基础上的血统界线假设，而是要求提供不忠的证据。他要求的是这样的证据，即它能够适用于日裔美国公民的整体性种族归类，并能够使得对他们的大规模监禁合法化。

是松诉合众国案和批判性种族理论

是松诉合众国案是在这样的背景下进行辩论并作出判决的：美国南方的吉姆·克罗隔离制度，法律上的种族和性别歧视，种族间性行为和婚姻的普遍禁止，对亚洲移民归化的种族障碍，以及对那些被阻止成为公民的外侨设立不动产所有权壁垒的州土地法律。隔离的终结，民权运动的兴起，以及“其他非白人”人口的巨大增长，都意味着美国的种族实践和我们对那些种族实践的理解都要发生变化。平等保护理论、民权分析和批判性种族理论都促成了种族和种族化探索中一个相当不同的领域。

在批判性种族理论中一个正在发展的中心议题是审视影响亚裔美国人的不同法律条件。在讨论批判性种族理论传统下亚裔美国人的著作中，是松诉合众国案有两个相互交织的主题：模范少数族群（model minority）和外来性（foreignness）。模范少数族群的理念指的是亚裔是美国社会中成功的少数族群，并为其他少数族群树立了一个社会“模范”。外来性指的是每一个亚裔的移民身份以及其对美国不忠的可能性。尤其是自 1965 年以来，这两个理解已经适用于任何一个亚裔美国人。批判性理论的学者并没有声称这些概念总是存在的，但是认为它们至少是我们美国人创造和接受有关民族和社

---

[97] 同注[88]，223—224 页。

[98] 同上注，226、233 页（罗伯茨大法官的反对意见）。

[99] 同上注，245、246 页（杰克逊大法官的反对意见）。

区种族化理解的部分倾向。

模范少数族群

在是松诉合众国案的背景下，赔偿运动的故事已经演化为一个模范少数族群的故事。少数族群——日裔美国人——战胜了战时拘禁的不公和种族偏见，转而在美国社会占据了一个成功的位置，这为其他少数族群确立了一个榜样。关于赔偿运动的大部分书籍和评论都关注的是补偿正义（redemptive justice）这一宏大叙事：战时拘禁是“种族偏见，战争的歇斯底里和政治领导失败”的产物。[100] 错案补救案件和 1988 年公民自由法为这个美国对过去的不公进行集体补偿的故事画上了句号。对模范少数族群故事的批评是 1998 年在波士顿学院研讨会“是松诉合众国案的长期阴影”上一些发言的重要主题。[101] 如果极大地简化大量有细微差别的著述，我们就会发现批判性种族视角强调的是为何一个看似正面的描述如“模范少数族群”却存在着很大问题：它扼要地表述了亚裔美国人；它解不开地与另外一些不那么正面的描述联系在一起；它通过暗示仅仅靠职业道德（a work ethic）就足以解除世世代代的压迫，而开脱了广大社会应为种族不公承担的责任。

外来性

在法律期刊上，对作为种族观念出现的外来性理念第一次的探索是《美国法律史上的“其他非白种人”：对战时司法的审视》，这是一篇对皮特·艾伦斯专著的书评。[102] 这篇 1985 年的论文将是松诉合众国案的判决意见放在联邦最高法院一些影响亚裔美国人的标志性判例大背景中——明显包括很多排华判例和 20 世纪 20 年代支持对亚裔加入美国籍设置障碍的判例。在法律史上，外来性并不能仅仅被看作成见或是误解的产物。在 19 世纪末，外来性被确立为亚裔美国人种族身份的一部分。适用于中国人的外来性看法可以在联邦最高法院对国会为停止中国移民所采取措施的审查中看到。

在 1884 年，菲尔德（Field）大法官不同意联邦最高法院就审查华人限制法（Chinese Restriction Act）所做的第一个判决意见。[103] 菲尔德后来却在排华问题上发言支持法院多数派法官：

> （中国人）在我们当中依然保持着一个独立的民族身份，保留着他们原来服饰、规矩、习惯和生活方式的独特性，其外表和语言就是其外在表现。他们聚居生活；他们构成了一个独特的组织，带来了从中国的法律和习俗。在他们来到这个国家三十多年后，我们的制度并没有给他

---

[100] 战时重新安置和拘押平民问题委员会，前注[73]，18 页。

[101] 参见 Sumi Cho, *Redeeming Whiteness in the shadow of Interment: Earl Warren, Brown, and a Theory of Racial Redemption*, 19 B. C. Third World L. J. 73 (1998)；Chris K. Iijima, *Reparations and the "Model Minority" Ideology of Acquiescence: The Necessity to Refuse the Return to Original Humiliation*, 19 B. C. Third World L. J. 385 (1998)；还可见 Natsu Taylor Saito, *Symbolism Under Siege: Japanese American Redress and the "Racing" of Arab Americans as "Terrorists,"* 8 Asian L. J, 1 (2001)。关于模范少数族群的介绍，可见 Frank H. Wu, *Yellow: Race in America Beyond Black and White* (2002)。

[102] Neil Gotanda, "Other Non-Whites" in American Legal History: A Review of Justice at War, 85 Colum. L. Rev. 1186 (1985).

[103] *Chew Heong v. United States*, 112 U. S. 536 (1884).

> 们造成深刻影响。他们有自己的裁判机构，并且自愿服从其权威，他们寻求一种类似于在中国的生活方式。他们现在没有，将来也不会同化于我们；他们临死的愿望也是将他们的尸骨带回中国埋葬。[104]

亚裔美国人批判性种族理论家的观点是，外来性及其变体，包括不可同化性和不忠，不但作为对华人种族化理解的一部分出现过，还适用于日本人和其他亚裔美国人。这些观念在是松诉合众国案中至少内在地起了明显作用。

恢复名誉的是松诉合众国案

当代为是松诉合众国案恢复名誉的努力始于首席大法官伦奎斯特，他在《除一部以外的全部法律》这部书中对此做了讨论。[105] 伦奎斯特的辩护是含糊的，他对布兰克判决意见的分析也谈不上精准。但是在其书中第二部分讨论这些判决意见的两章，他集中关注公民和非公民的差别。他强烈地为政府对外侨的措施辩护，虽然他似乎为对日本侨民和对德国、意大利侨民之间的差别感到困扰。最后，他相信军方所声称的，接近和聚居在军事敏感地带的日本人构成了安全隐患。他得出结论："这些区别如果是在和平时期的话，并不足以将对待日本侨民和对待德国与意大利侨民之间如此鲜明的差别合法化。但是它们在战争时期确实足以在法律上支持对两组外侨予以区别对待。"[106]

伦奎斯特已经预见到了他的同事奥康纳大法官在哈姆迪案（Hamdi）中所持的多数派判决意见，在书中他更多的是对日裔美国公民受到的对待感到困扰。他批评军方作出的仓促判断，即第二代日裔美国人可能不忠。他写道：

> 手头的情报可能使将第二代日裔美国人从缺乏严格安检的飞机制造厂中排除出去的措施合理化，他们在这些工厂工作也是其他许多公民所反对的。但是要使仅仅因为他们祖先的缘故，就将数以千计的公民从家中赶走的措施合理化，这些情报就显得太过单薄，并严重缺乏合理性。军方提交的证据没有显示出其对第二代日裔美国人可能从事间谍和破坏活动做过特别的事实调查，只是泛泛地得出结论，说他们是与其他美国人"不同"的。但是军方在这一领域没有特别的技能，它本应该去寻找更加坚实的证据去证明这种区别对待的合理性，即使是在战争期间。[107]

接下来伦奎斯特是如何为布兰克撰写的多数派法官判决意见辩护的呢？他注意到当时宪法原则还未成熟，无论是关于第五修正案的平等保护考虑还

---

[104] 同注[103]，566—567 页（菲尔德大法官的反对意见）。菲尔德大法官对中国人的描述与随后的排华案件在精神上相似。

[105] Rehnquist，前注③。

[106] 同上注，211 页。

[107] 同上注，209 页。

是种族歧视问题本身。他指的是 1954 年布朗诉教育委员会案及其相关案例博林诉夏普案，它们是当下必须引证的先例。伦奎斯特得出结论，“如果这一原则早十年成为法律的话，联邦最高法院可能很容易就会得出与是松诉合众国案完全不同的结果。”[108]

首席大法官伦奎斯特含蓄地不赞同 3 位反对意见法官关于在 1944 年时推翻政府措施是否适当的意见。但是在他对这些措施的考察中，他至少同情日本人，无论是公民还是非公民。

波斯纳法官对是松诉合众国案的辩护就很少那样权衡利弊，而且讨论范围更加广泛。在波斯纳看来，是松诉合众国案的判决是正确的。他以其惯常的讲话方式，在 2001 年芝加哥论坛上发表了如下论述，这一论述后来发表在《哈伯杂志》上：

> 尽管由雨果·布兰克大法官撰写的多数派意见非常低劣，但是判决本身是可以成立的。法院本可以说：我们解释宪法以允许政府在有紧急原因的时候，对不同种族予以区别对待。如果军方在世界大战期间说我们必须这样做，那我们就会遵循其意见，因为宪法不是一部自杀协议。[109]

波斯纳法官的观点还曾经在《打破死结：2000 年大选，宪法和法院》一书中表述过。[110] 在该书中，波斯纳将这一问题与对支持正面行动（affirmative action）的“自由派”的反驳联系起来。但是，他的批评是辩论性的（polemical）而非分析性的，因此看不出他自己的审查标准究竟是什么。他在《哈伯杂志》中的语言暗示，紧急状态战争权力下的军事行动，即使构成了违反平等保护的种族歧视，对于法院来说合适的审查标准仍然是遵从军方。他的观点看起来与法兰克福特大法官在是松诉合众国案的赞同意见中表达的观点非常接近。

波斯纳轻蔑地称杰克逊大法官在是松诉合众国案中的反对意见是“雄辩但奇怪的意见”。波斯纳怀疑“因为法院无法确定军事命令的合理性，命令的合理性就不可能成为对种族歧视指控的辩护理由”[111]。对波斯纳来说，只要军方的行动是合理的，它们就是合宪的——即使危机已经平息也是如此，也不论案件涉及的是单纯战争权力的检验，还是涉及了第五修正案平等保护原则的特别运用。

伦奎斯特法官和波斯纳法官都不是为了回应 9.1 袭击而写的文章。他们的评论是对 20 世纪末美国面对的一系列广泛议题的回应。大规模的暴力在 20 世纪 90 年代已经出现在美国，它们以俄克拉何马市和第一次世界贸易中心爆炸案的形式出现。联邦最高法院在里诺诉美国—阿拉伯反歧视委员会案（*Reno v. American-Arab Anti-Discrimination Committee*）的判决中，裁定法院不具备判断驱逐 8 名非公民出境的选择性执法案件是否合法的司法管辖

---

[108] 同注[105]，108 页。

[109] Pamela Karlan &Richard Posner, *The Triumph of Experience*, Harper's Mag., May 2001, at 39.

[110] Richard A. Posner, *Breaking the Deadlock: The 2000 Election, The Constitution, and The Courts* 170 - 73 (2001).

[111] 同上注。

权，这些人是因为其与“国际恐怖分子和社会主义组织”有联系而被首先定为驱逐对象的。⑫ 因此，是松诉合众国案的判决意见再次出场作为战时公民自由的新司法审查基础并不令人惊讶。

如果说是松诉合众国案在9.1之前只是再一次与现实相关的话，那么在那个悲惨的日子之后其现实重要性更加突出了。相应地，让我们根据是松诉合众国案中最初辩论的三个议题来审查政府采取的反恐行动：这些行动是否是种族主义？行动中涉及的拘禁和关押是否违反了正当程序？以及法院在审查以国家安全为名采取的措施时应扮演何种角色？

“阿拉伯长相男子”的族群脸谱化（ethnic profiling）是种族主义吗？再度探讨雨果·布兰克的意见

大卫·科尔在其对反恐战争中政府措施的批评中讨论了使用“族群脸谱化”（指执法人员使用个人的种族或民族身份作为决定是否采取某类措施的依据——译者注）的问题。在9.11恐怖袭击之后，他报道了支持对“阿拉伯长相的男子”乘坐飞机加以更严密的安检的事件和意见调查。⑬ 要回答这是否是种族主义的做法需要我们再度探讨雨果·布兰克就驱逐日裔美国人所主张的观点。布兰克说：“是松并不是……因为对他或者他所属种族的敌意而被驱逐的。他被驱逐是因为我们正与日本帝国交战……”⑭ 将布兰克的主张放在当下的背景下就是这样一个说法，对阿拉伯裔美国人进行“族群脸谱化”不是一个种族偏见的问题——因此这不是种族主义——这样做是因为我们正和阿拉伯（或者更加准确地说，是伊斯兰激进主义）恐怖分子交战。

布兰克大法官关于日裔美国人不忠的主张获得了运用“外来性”假定的历史和现实的支持。今天，种族脸谱化并不是种族偏见的主张体现出这样一种理念：对阿拉伯裔美国人和穆斯林美国人适用更加严密的安全措施，只是对阿拉伯人和穆斯林更可能是不忠的恐怖分子这一看法常识性的运用。换句话说，外来性的假设被适用于阿拉伯人和穆斯林——他们更可能在战时不忠。接下来的推论就是我们应当遵从政府对紧急状态下族群脸谱化需要程度的评估。

如果我们把这一议题放在布兰克在是松诉合众国案判决意见的大背景下，我们继续要面对种族和种族主义的问题。我们必须将这些观念同时当做社会的和宪法的概念予以质疑。当批判性的种族理论家和亚裔美国人研究领域的学者认为基于外来性假定的行动构成了种族偏见时，这并不是一个普遍认同的结论。科尔文章中引用的意见调查强烈地表明，在大众层面，我们并没有在以下看法上达成普遍的共识：即认为不同的族群具有外来性——晚近最为突出的是阿拉伯裔美国人，（在较低程度上）还包括华裔美国人——构成真正的种族偏见，因而是种族主义。⑮

---

⑫ 525 U.S.471，473（1999）.

⑬ Cole，前注(78)，974页。

⑭ *Korematsu v. United States*，323 U.S.214，223（1944）.

⑮ 有关对阿拉伯裔美国人进行种族性描述的问题，可参见Satio，前注(101)。关于对华裔美国人进行种族描述的问题，可参见Neil Gotanda，*Comparative Racialization*：*Racial Profiling and the Case of Wen Ho Lee*，47 UCLA L.Rev.1689（2000）。

另外，即使我们确实得出结论，外来性的归因是一种形式的偏见，我们也可以将这类如更加彻底的机场安检等安全措施带来的“不便”仅仅看作是公民在战时必须要付出的代价。就如联邦最高法院在平林案中一致支持只对日裔美国人实施宵禁，我们也可能说为了安全目的对阿拉伯裔美国人的族群脸谱化是令人讨厌但可以接受的做法。

为了最清楚地阐明族群脸谱化的观点，我们必须承认，阿拉伯裔美国人中的特定个人打算造成灾难性损害的危险是非常小的，但是我们也必须考虑到，的确有很少的人打算造成此类损害，而这些人中不成比例地，或是压倒性地是阿拉伯人和穆斯林。如果这一事实性预测是对的，这是否能使得对阿拉伯人或是穆斯林使用族群脸谱化合法化呢？这一答案是否依赖于可能造成的损害大小呢？考虑到对损害的规模和风险量化的难度，我们还是否可能在冷静的成本收益分析和种族偏见中作出区分呢？

是松诉合众国案明显与此相关，但是并没有对这些问题提供明确的答案。在第二次世界大战期间，很多后来被认为是坚持民权的自由主义者在当时都相信军方对日裔美国人缺乏证据支持的假定。这些今天支持对阿拉伯人和穆斯林进行族群脸谱化的人无疑认为他们的判断是建立在事实而非偏见的基础上的，但是那些支持对日裔美国人实施宵禁、驱逐和拘押的人也是如此。种族脸谱化的支持者在二战时犯了错误的事实并不必然意味着今天这种做法的支持者也会被历史证明是错误的。但是，是松诉合众国案至少给我们揭示了冷静思考的必要。

政府对公民采取的措施违反正当程序吗

在首席大法官伦奎斯特的书中，他对公民和非公民作出了鲜明的区分，而波斯纳法官对是松诉合众国案判决的支持则不依赖于这一区别。[116] 联邦最高法院自己后来在哈姆迪案中作出裁决，一个公民不能仅仅因为总统说他危险就被拘押在军事监狱。[117] 正如奥康纳大法官写的那句值得铭记的话，“当涉及公民权利时，战争状态不是一张开给总统的空白支票。”[118] 苏特大法官撰写的哈姆迪案赞同意见（金斯伯格大法官加入）认为基于行政法规基础的拘禁是无效的，并且反复提到，美国的法律已经被修正了，其目的就是为了防止“另一起是松诉合众国案”[119]。即使是布什行政当局也承认公民与非公民的区别，虽然它也曾不成功地为将实体权力扩展到公民身上而辩护过。

联邦最高法院在审理哈姆迪案时使用了平衡检验（balancing test）来衡量公民的正当程序权利。[120] 涉及非公民的反恐战争案件肯定了法院在审查军事当局行为中的地位，尽管直到布什政府任期结束，法院仍然没有阐明被拘押者的实体权利。（本书第 15 章将对这些案件进行详细讨论。）奥巴马总统关闭关塔那摩湾拘禁设施的决定——对是松诉合众国案故事令人不舒服的重复——是否会使得实体权利问题变得没有实际意义还有待观察。

---

[116] 参见 Rehnquist，前注③，205 页；Posner，前注[110]，170—173 页。

[117] *Hamdi v. Rumsfeld*，542 U. S. 507（2004）.

[118] 同上注，536 页。

[119] 同上注，543 页（苏特大法官的赞同意见）。

[120] 同上注，532—533 页。

司法审查

自从是松诉合众国案以来，很少有人支持杰克逊大法官的建议，即法院不应试图停止合理的军事行动，但是在危机过去后应当适用宪法标准。的确，奥康纳大法官在哈姆迪案中撰写的多数派判决意见引用了墨菲大法官在是松诉合众国案中的反对意见，该意见主张联邦最高法院保留审查军事行动合理性的权力，即使是在战争时期。

相反，杰克逊主张的联邦最高法院的最高权威和适当运用宪法标准去反对“刑事程序中的种族歧视和（强制）迁移美国公民”已经扎下了根。[121] 他对另一种路径将会留下一个危险原则的比喻，“一件上了膛的武器（loaded weapon），可以为任何能提出貌似真实的紧急需要主张的政府当局所利用”[122]，常常被引用来作为对公民自由的辩护。

反恐战争已经制造出杰克逊构想不确定性的额外维度。反恐战争究竟是从何时开始的？2001 年 9 月 11 日，当恐怖袭击发生时吗？2001 年 9 月 14 日当国会授权总统使用武力对付那些参与或帮助袭击的人时吗？[123] 国会的声明对于启动对政府行为相对顺从的审查是必要的吗？如果是，国会发布了这样的声明或是与其效果相当的相应声明了吗？另外，什么将会标志着反恐战争的结束呢？

杰克逊大法官的评论是发表在战争通常是要宣战的年代，停火或是投降标志着战争的结束。我们现在是处在一个持续冲突和不断进行军事行动的年代。这是否意味着无限的顺从呢？尽管联邦最高法院已经明确其可以对军事行动行使司法审查，它几乎还没有开始具体说明其审查的内容是什么。是松诉合众国案的遗产仍然是不确定的。

---

[121] *Korematsu v. United States*, 323 U. S. 214，246 (1944)（杰克逊大法官的反对意见）。

[122] 同上注。

[123] 参见 *Authorization for Use of Military Forces*, H. J. Res. 64，107th Cong.（2001）。

贝克诉卡尔案的故事

斯蒂芬·安索拉伯赫　萨缪尔·以萨迦沃夫*
李志强　译

* 作者感谢麦克林·戴维斯、哈里森·吉尔伯特和约翰·赛根泰勒为本项目所花费的时间和提供的支持，同样感谢丹尼尔·苏莱曼的研究帮助。安索拉伯赫衷心感谢卡内基基金会对本研究的支持。

有时，在生活的各个方面，包括法律，总有一些突破性进展具有揭示真相的品质。这些理念不但具有压倒性的力量，而且在其运作的范围内改变了世界。在这些突破之后，人们很难想象之前存在的是什么。20 世纪 60 年代“选区重划革命”发生之前和之后美国宪政民主的观念就是如此。

尽管今天的选区划分也不是没有难解的问题，但是人们仍然很难想象在贝克诉卡尔案背景中，田纳西州议会席位分配的方式是如此的怪诞。田纳西州分配议会权力的方式，用克拉克（Clark）大法官的话说，就是“没有合理基础的疯狂拼接”①。的确，在贝克案之后将近半个世纪，由于我们民主中“一人一票”基本原则的确立，我们现在可能很难想象那时的宪法纷争究竟是为什么。但是贝克案的判决在当时有直接的效果，它标志着美国民主具有深远意义的转型。那位主持这一转型的人，首席大法官厄尔·沃伦（Earl Warren），将贝克案称为“他在联邦最高法院任期内最重要的案件”②。

可能了解这个问题最简单的方式就是去想象一下，在每十年一次的人口统计之后，面对重新划分选区命令的立法者这个角色。人口数量的变化意味着一州新的区域可能会崛起成为立法机关的主导力量。但是如果掌权者就是拒绝重新划分选区以遏制这股潮流，那么（法院）该怎么办？在全国层面曾经发生过这种情况。在 1920 年人口统计之后，国会意识到移民和产业工人的浪潮使得东北部和中西部人口猛增，但是它就是拒绝重新划分选区。还有，在 20 世纪的很长一段时间，州议会里面的农村利益集团意识到重新划分选区将使得其必须向城市和城郊的选民让渡权力，并将现任政客从他们悠闲如俱乐部一般的闲职上撤换下来。

在最初提起贝克案诉讼的 1959 年，田纳西州立法机关已经在近五十年的时间里拒绝调整州议会选区，虽然田纳西州宪法明确要求，每一个议会选区都应当有同样数量的合格选民。③ 结果，个体选民一票之间的分量存在着巨大的悬殊。例如，穆尔县中南部选区的 2 340 名选民在州立法机关中就有 1 名代表，而包括孟菲斯市在内的谢尔比县 312 345 名选民在州议会只有 7 个席位。④ “只占全州选民 40%的选区，就能选出众议院 99 名议员中的 63 名，而占 37%选民的地区可以选出参议院 33 名议员中的 22 名。”⑤

这种遍及全国的代表名额分配不当的情形，是由于 20 世纪期间美国人生活不断的城市化造成的。随着城市地区的增长，代表分配不当越发严重。在 1900 年到 1960 年之间，田纳西的选民数量从 487 380 增长到了 2 092 891。⑥ 伴随着这一增长的是该州大量的人口从农村地区流向孟菲斯、纳什维尔、诺克斯维尔和查塔努加这些城市。虽然田纳西州宪法规定议席分配应当根据每十年一次的人口统计进行调整，但是田纳西人民没有办法强制

① *Baker v. Carr*, 369 U. S. 186, 254 (1962)（克拉克大法官的赞同意见）。

② Earl Warren, *The Memoirs of Earl Warren* 306 (1977)，引自 Lucas A. Powe, Jr., *The Warren Court and American Politics* 200 (2000)。

③ 有关田纳西宪法的相关条款，参见 *Baker*, 369 U. S. at 188 – 89。

④ Powe，前注②，200 页。

⑤ 同上注。

⑥ Baker, 369 U. S. at 192.

立法机构重新分配议席。州法院对这一问题不予回应[7]，而田纳西州又没有任何全民公决或是公民创制程序。因为来自田纳西农村地区的议员，与在佐治亚、亚拉巴马、佛罗里达、加利福尼亚和其他许多州的议员一样，如果按照人口变化重新划分选区他们就会失去一切，所以他们立场坚定，数十年来一致抵制任何对州宪法的修正。“当向（城市）的迁徙开始，以及第二次世界大战之后城市化席卷全国的时候，政治权力躲在棉花场、山丘和山区农场背后。”[8] 对这一严重不平等的唯一补救掌握在那些政治生命依赖于其继续连任的特定议员的手中。简而言之，田纳西大多数的选民被“困在立法的拘束衣（strait jacket）里面”[9]。

但是直到 1962 年联邦最高法院在贝克案中宣称，对议会席位分配合宪性的挑战“并没有构成不可审查的‘政治问题（political question）’时”[10]，人们才最终找到对立法权力不成比例地集中于来自农村地区的议员这一问题的矫正手段。为什么议会席位不当分配的障碍如此难以克服呢？

贝克案之前

田纳西州并不是 20 世纪上半叶唯一一个不愿重新划分选区的州。[11] “农村地区对各州议会的控制是 20 世纪中叶生活中的政治事实”[12]，正如在联邦议会选区中选民之间的选票分量不同一样。其原因在很大程度上是因为在贝克案之前，联邦最高法院在这一问题上的主要判例宣布，联邦法院无权干预选区重划的争议。[13]

A. 科尔格罗弗诉格林案和法兰克福特的“政治荆棘丛”

科尔格罗弗诉格林案[14]的争议是因伊利诺伊州未能平等地划分州议会选区引起的。在 1901 年建立选区之后，伊利诺伊州立法机关拒绝根据反映在 1910 年、1920 年、1930 年和 1940 年人口统计资料中城市人口的巨大增长，来重新划分选区；这一不作为导致了各选区的选民数从 112 000 到 900 000 参差不齐。[15] 正如起诉书中所说的，“在有的选区，1 名投票者的选票分量与另一个选区的 8 名投票者的选票分量相当。”[16]

在科尔格罗弗案作出判决的时候，伊利诺伊州的不公正情形已经被广泛承认。地区法院在其驳回起诉的判决中将此种不公正情形称为“耻辱”[17]，判

---

⑦ 参见 *Kidd v. McCanless*, 292 S. W. 2d 40 (Tenn. 1956), *cert. denied*, 352 U. S. 920 (1956)。

⑧ Gene Graham, *One Man, One Vote: Baker v. Carr and the American Levellers* 15 (1972).

⑨ *Baker*, 369 U. S. 186, 259 (克拉克大法官的赞同意见)。

⑩ 同上注，209 页。

⑪ 有关根据 1958 年人口数据，国会选区划分不当的州的名单，参见 Anthony Lewis, *Legislative Apportionment and the Federal Courts*, 71 Harv. L. Rev. 1057, 1062 n. 26 (1958)。

⑫ Powe，前注②，200 页。

⑬ *Colegrove v. Green*, 328 U. S. 549 (1946).

⑭ 同上注。

⑮ 同上注，569 页（布兰克大法官的反对意见）。

⑯ *Colegrove v. Green*, 64 F. Supp. 632, 633 (N. D. Ⅲ. 1946) (per curiam).

⑰ 同上注，633 页。

决称，是联邦最高法院的先例“导致我们得出与我们本想作出的判决相反的结论”⑱。法院继续说：“我们是一个下级法院。即使我们不赞成该判决先例以及支持该判决的推理，我们也得受联邦最高法院的约束。”⑲（本案上诉到联邦最高法院后）布兰克（Black）大法官作为参与该判决的7位法官中3位少数派法官的代表，撰写了反对意见。他不同意联邦最高法院随后拒绝受理案件的判决。该起诉的理由是1901年伊利诺伊州选区划分法（Illinois Apportionment Act）违反了平等保护条款和宪法第一条。⑳ 即使拉特里奇（Rutledge）大法官在一份特别的赞同意见中投下了决定性的一票支持驳回起诉，他也同意“起诉书的理由是很有说服力的”㉑。

但是，法兰克福特（Frankfurter）大法官代表3名大法官（包括自己）撰写的判决意见采取了不同的视角，正是此一观点成为了接下来16年的主导性意见。尽管来自农村地区的议员在伊利诺伊州乃至全国都拒绝重新划分选区，法兰克福特还是相信联邦最高法院在解决这个问题上没有发挥作用的余地。首先，他相信联邦法院的介入将使司法机关进入一个保留给立法分支的领域，这样做会“深深地侵入国会的权限范围之内”㉒。其次，他对联邦最高法院在纠正选区划分不公方面的机构能力，以及在“联邦最高法院传统上回避的领域”㉓（采取行动）的决心有所顾虑。再次，法兰克福特认为联邦最高法院在提供救济方面作用并不大。“在最好的情况下，我们只能宣布现存的选举体制无效”㉔，他写道，“如果伊利诺伊州议会选择不作为，则结果是使得伊利诺伊州不存在选区划分，也就无法进行选举运作了。而不作为很可能是该州众议院全州范围多数议员的选择。这一最后结果比最初的状态还要糟糕。”㉕ 这种观点获得了拉特里奇法官的赞同，他投票驳回“寻求公平”的起诉，因为“寻求的治疗措施可能比疾病本身还糟糕”㉖。

最后，法兰克福特在其判决意见的核心部分表达了这样一个坚定信念，即司法权不应卷入议会席位重新分配这个“尤其具有政治性质”的战场：“对我们政府有效运转应有的注意已经揭示出，这一议题具有特定的政治性质，因而不适于司法裁决。”㉗ 这种所谓“政治问题”原则的运用，反映了法兰克福特和那些加入该意见的法官如里德（Reed）和伯顿（Burton），就联邦最高法院权限范围所持有的谨慎的观点。在本判决中可能最常被引用的一段话是，法兰克福特宣称“联邦最高法院不应当进入这种政治荆棘丛”㉘。

因此，他们没有受理该案。议会席位的重新分配被留给普通的政治过

---

⑱ 同注⑯，634页（作为判决基础的先例是 *wood v. Broom*，287 U.S.1，6（1932））。

⑲ 同上注。

⑳ *Colegrove*，328 U.S.569—70（布兰克大法官的反对意见）。

㉑ 同上注，565页（拉特里奇大法官的赞同意见）。

㉒ 同上注，556页（法兰克福特大法官的判决意见）。

㉓ 同上注，553页（法兰克福特大法官的判决意见）。

㉔ 同上注。

㉕ 同上注（法兰克福特大法官的判决意见）。

㉖ 同上注，565—566页（拉特里奇大法官的赞同意见）。

㉗ 同上注，552页（法兰克福特大法官的判决意见）。

㉘ 同上注，556页（法兰克福特大法官的判决意见）。

程，这事实上是一定会失败的。正如在1958年，安东尼·路易斯所承认的：

> 如果（法兰克福特的观点）不是对（议会席位不当分配）问题愤世嫉俗的解决方案的话——它当然不是打算如此——那么它的前提一定是立法分支有采取行动的合理可能。但是历史证据表明，这一前提缺乏起码的基础。
>
> 选区划分的立法公平性被植根于我们政治结构中的因素所抑制。一旦一个集团占据了主导地位——正如来自农村地区的议员通常所拥有的地位那样——它压倒性的利益就是保持这种地位。大多数议员个人的动机都是自私的。任何对选区的实质改变意味着议会成员必须面对新的选民，并处理不确定性——简而言之，承受那些很少有政客自愿接受的风险。在公平的选区划分基础上进行投票的法案在很多情形下意味着自己将落选。这对大多数政客都是不可接受的。结果，州立法机关并没有公平地重新划分选区，或者在更为常见的情形，压根没有进行选区重划。[29]

并不令人奇怪的是，在联邦最高法院就科尔格罗弗案作出判决之后，议会席位分配的不公依然是"生活中的一个政治事实"[30]。因为几乎没有动机去重新分配，也没有来自司法的威胁，农村地区的州议员可以继续无视州宪法的要求，接着拒绝城市居民在州议会和联邦国会中的获得充分代表的权利。这一结果对全国范围内人口迅速增长的城市来说是灾难性的。约翰·F·肯尼迪在他只是一名参议员的时候就在《纽约时代杂志》（New York Times Magazine）上的一篇文章中描述了这一问题，他将代表不充分的州立法机关称为"合众国的耻辱"：

> 居住在城市的大多数人在政治上是少数派，而居住在农村的少数人却在选举中占据主导地位。在所有对城市地区的歧视中，最根本和最露骨的就是政治性的歧视：州立法机关和（在较低程度上）国会代表名额的分配或许是被有意操纵，或许是被可耻地忽视，以至于否认了城市及其选民所应享有的在政府中充分和相称的发言权。我们的政府未能回应城市面临的问题反映了这一根本性的政治歧视。[31]

然而，正如联邦最高法院在科尔格罗弗案[32]之后的许多案件中所确认的，法院无权干预，或者只是不愿意去干预。

B. 石膏（plaster）上的裂缝——冈米林诉莱特富特案（Gomillion v. Lightfoot）

但是，1960年的冈米林诉莱特富特案[33]，给科尔格罗弗案的逻辑以沉重一击——尽管仍是法兰克福特大法官为冈米林案撰写（全体一致的）判决意见。

㉙ Lewis，前注⑪，1091—1092页（脚注省略）。

㉚ Powe，前注②，200页。

㉛ John F. Kennedy，'*The Shame of the States*'，N. Y. Times Mag.，May 18，1958，at 12，37.

㉜ 例如参见 *Kidd v. McCanless*，352 U.S. 920（1956）；*South v. Peters*，339 U.S. 276（1950）；MacDougall v. Green，335 U.S. 281（1948）。

㉝ 364 U.S. 339（1960）.

亚拉巴马州议会1957年通过的第140号地方法令重新划定了塔斯卡基市（Tuskegee）的边界，以这种方式将塔斯卡基市99%的黑人选民排除在该市范围之外，引发了冈米林案。

> 在第140号法令通过之前，塔斯卡基市的边界……是一个正方形。根据起诉书的说法……它包含了大约5 397名黑人，其中大约400名是塔斯卡基市具备资格的选民。它还包含了1 310名白人，其中大约600名是该市具备资格的合格选民。而根据第140号法令重新界定后的边界，塔斯卡基市的形状类似于一个“海龙”。该法的效果是将塔斯卡基市除四五个人之外全部具备资格的黑人选民划出去，却没有一个白人选民被排除在外。㉞

冈米林案的原告们是选区重划时在塔斯卡基市居住的亚拉巴马州黑人公民，他们声称重新划分市区形状的法律目的在于将他们排除出去，这构成了歧视，违反了第十四修正案的正当程序和平等保护条款，而且拒绝他们投票权的做法还违反了第十五修正案。㉟ 虽然地区法院和巡回法院支持被告驳回起诉的动议，但联邦最高法院却全体一致推翻了下级法院的判决。它裁定，“如果指控成立，这篇几何学和地理学的论文不可避免的实际效果就是剥夺有色公民，而且仅仅是有色公民享有的投票权”㊱，这违反了第十五修正案。

法兰克福特，这位科尔格罗弗案主要判决意见的作者，费了很大工夫去区分这两个案件。他认为因为亚拉巴马州立法机关仅仅对少数种族予以特别的歧视对待，这违反了第十五修正案，所以本案与科尔格罗弗案“完全不同”㊲：“除去别的”，他写道，“这些理由就已经将本案从所谓的‘政治性’场域中分离出来，从而进入了传统宪法诉讼的领域。”㊳

但是正如一位评论者注意到的：

> 塔斯卡基案将（法兰克福特）置于一个最令人痛苦的哲学窘境之中。作为一个涉及一州立法机关所做的选区划分案件，它碰巧遇到了那个……标志……这些案件是政治性的，且超出了司法救济的范围。但是在这种情形拒绝给予救济就等于允许露骨的种族歧视，而这是法兰克福特绝不愿意容忍的。㊴

虽然在冈米林案中亚拉巴马州议会拒绝给予原告投票权是基于种族基础，这里的第十五修正案诉求确实可以与科尔格罗弗案中的情形有效地区分开来。后者涉及的是城市选民投票权被稀释的问题。但是法兰克福特所持有的选区划分“尤其具有政治性”，因而被排除出司法领域的观点至少受到了怀疑。法兰克福特本人被迫在冈米林案中指出，将州当局“建立、摧毁或重新组织……其政治组成部分的政治权力……发挥到极致是误解了联邦最高法

㉞ *Gomillion v. Lightfoot*，167 F. Supp. 405，407（M. D. Ala. 1958）.

㉟ *Gomillion*，364 U. S. at 340 .

㊱ 同上注，347页。

㊲ 同上注，346页。

㊳ 同上注，346—347页。

㊴ Graham，前注⑧，223页。

院判决的效力范围和规则”[40]。他进一步评论道，“当一州完全在州利益的领域内行使权力时，它是隔绝于联邦司法审查的。但是这种隔绝并不适用于当州权力被用来作为规避联邦保护权利的工具的情形。”[41]

在冈米林案之后，科尔格罗弗案的逻辑，即对议会选区划分不公的救济完全在立法机关手中的观点，似乎明显不那么令人信服了；在不到两年之后，它就终结了。

宪法诉讼的政治

宪法传统上仅关注法院并将其作为唯一相关的主体，这忽略了宪法诉讼的动力学。特别是在重新分配政治权力的领域，宪法诉讼不可避免地被注入了很大剂量的政治斗争因素。通往贝克诉卡尔案的道路不但没能例外，而且几乎就是这一原则的体现。

随着第二次世界大战之后城市人口的持续增长，州立法机关的议席分配不当的问题只能更加恶化。[42] 结果，各州要求改变选区划分程序的政治压力日益加大。全国城市联盟、美国市长会议和其他利益在于增强城市立法代表的组织寻求通过投票、立法和法律诉讼改变州议会席位分配。[43] 有时，这些努力引发了具有重要意义的州法院案件，但是这些州法院，引用法兰克福特在科尔格罗弗案中的判决意见，选择不介入立法性程序。[44] 但是即使州法院愿意审理这些基于选举不公的诉讼，司法强制要求的（议席）重新分配也并不一定会有结果。同等人口代表制的实现还有其他障碍。

有证据证明，在 20 世纪 50 年代有三个政治障碍几乎是不可逾越的。首先，要消除（议会席位的）不当分配，大多数州需要进行宪法修正。在 1962 年，35 个州的宪法包含着不可避免会导致选区人口不平等的条款。[45] 这类要求最普遍的是保证每个县，在新英格兰各州是每个镇，都至少在议会中获得一个席位。1818 年颁布的康涅狄格州宪法保证每个市镇至少有一名代表，而最多则不能超过两名。除了召集宪法大会没有任何改变这一安排的途径。但是，召开宪法大会也不一定能够产生建立在同等人口之上的选区。在 1902 年，康涅狄格州召集了宪法大会，其中一项议题就是讨论代表的基础，但是在这个机构达成的妥协却无法为全体选民所接受。[46] 在其他州，事实上是更晚近的制宪大会创立了不平等的代表制，例如 1894 年的纽约和 1903 年的俄

---

[40] *Gomillion*, 364 U. S. at 342.

[41] 同上注，347 页。

[42] Paul T. David and Ralph Eisenberg, *Devaluation of the Urban and Suburban Vote: A Substantial Investigation of Long-Term Trends in State Legislature Representation* 7 - 16 (1961).

[43] Ward E. Y. Elliot, *The Rise of Guardian Democracy* 13 - 16 (1974).

[44] 参见 *Reynolds v. Sims*, 377 U. S. 533, 613 - 14 (1964)（哈兰大法官的反对意见）（提供了后科尔格罗弗案的诉讼史，包括联邦最高法院的即决确认）。

[45] Gordon E. Baker, *State Constitutions: Reapportionment* 1 - 23, 63 - 70 (1960); Robert B. McKay, *Reapportionment: The Law and Politics of Equal Representation* 459 - 75 (1965).

[46] 参见 Wesley W. Horton, *Connecticut Constitutional History*, 1776 - 1988, 22—24 页，载 *Connecticut's Four Constitutions* (1988)，可见于http://www.cslib.org/cts4ch.htm（2008 年 12 月 1 日最后修改）。

亥俄（制宪大会）。[47]

其次，在很多州，选民支持不公平的分配。在科尔格罗弗案和贝克案之间，至少有 10 个州就寻求改变议会席位分配或是要求立法机关遵守现行规定进行表决。[48] 在一些州，如加利福尼亚和佛罗里达，重新分配议席的方案在 1946—1962 年之间多次交由全民公决。除了华盛顿州之外，其他所有州的要求两院代表以人口为基础产生的提案都失败了。事实上，正是提案程序产生了最不公平的代表制。例如，加利福尼亚选民在 1926 年批准在州参议院实行"联邦式的方案"，给每县最多一名参议院的席位，以取代建立在人口基础上的参议院代表分配模式。[49]

再次，州立法机关常常不按人口进行重新分配，即使这是它们的宪法责任。在 1956 年，华盛顿州的选民批准了一项新的州立法选区划分提案，按照该提案将会创设以同等人口为基础的参议院代表制。州立法机关迅速修改了提案以使得选区边界实质上与提案之前的基本保持不变。[50] 在 1962 年，有 12 个州的立法机关存在着议席分配的巨大不公，原因仅仅是因为它们未能遵循或是拒绝遵守宪法要求的，按照每十年一次的人口统计平等划分选区人口的规定。[51]

田纳西州就是一例。1890 年田纳西州宪法要求两院的议席分配以人口为基础，但是从 1901 年到 1962 年，两院都未进行过重新分配。

A. 基德诉麦坎利斯案（*Kidd v. McCanless*）

田纳西州立法机关在 50 年里一直拒绝重新分配议席，这是影响所有州的广泛社会因素与该州特定因素共同导致的结果。正如其他州一样，19 世纪末田纳西州城市人口的迅速增长促使那些掌权者为了保住他们的职位而拒绝重新分配议席。[52]

荒谬的是，田纳西州的政治领域并非仅仅被农村地区主导着，而是同时还被一个人领导的强大城市机器（urban machine）所控制。从 1932 年到 1954 年，爱德华·赫尔·克伦普（Edward Hull Crump）通过对城市和县城工作机会的控制以及操纵非裔美国人的投票，控制了孟菲斯市相当规模的选票。他因而能够影响投票乃至控制全州范围内民主党预选中的份额。[53] 在立法机关里面，克伦普与东田纳西的共和党人以及农村地区的民主党人结成了

---

[47] 参见 McKay，前注[45]，380—390、397—401 页。

[48] 它们是阿肯色、加利福尼亚、科罗拉多、佛罗里达、伊利诺伊、密歇根、密苏里、俄勒冈、得克萨斯和华盛顿州。

[49] Stephen Ansolabehere et al.，*Why Did a Majority of Californians Choose to Limit Theire Own Power*?，提交给美国政治学年会的论文（1999 年 9 月）。

[50] McKay，前注[45]，380—390、444 页。

[51] 罗伯特·凯伊指出，亚拉巴马、印第安纳、堪萨斯、肯塔基、密歇根、明尼苏达、内布拉斯加、俄克拉何马、田纳西、华盛顿、威斯康星和怀俄明州，都未能按照州宪法的要求重新划分选区，同上注，460—475 页。明尼苏达在 1959 年根据法院的命令进行了细微的调整，但是并不足以创立平等人口的选区。

[52] 这种现象也发生在其他许多的民主国家，最明显的是英国。参见 Charles Seymour，*Electoral Reform in England and Wales*：*The Development and Operation of the Parliamentary Franchise*，1832 - 1885，at 489 - 518（1915）。关于加利福尼亚的情况，参见 Ansolabehere，前注[49]。

[53] 参见 V. O. Key，Jr.，*Southern Politics in State and Nation* 58 - 81（1949）。

同盟，阻挠来自其他城市如查塔努加、诺克斯维尔和特别是纳什维尔的竞争对手进入议会。让东田纳西的共和党人获得美国国会中保险的席位，以换取他们支持这一安排，而农村地区的民主党人则在州议会中获得了不成比例的权力。尽管并未获得充分代表，但是孟菲斯市通过这种方式能够在立法机关内上下其手（broker power）。

当孟菲斯机器在全州范围内的选举中遭遇了两次失利之后，政治改革者们开始进行动员，对不当分配议席的法律挑战随之发生。在 1948 年，伊斯特斯·基福弗（Estes Kefauver）击败了联邦参议员汤姆·斯图尔特；接着在 4 年之后，老阿尔伯特·戈尔击败了联邦参议员 K. D. 麦凯勒。尽管基福弗和戈尔无法控制该州政治，他们还是成为了该州民主党当权派的重要批评家。虽然克伦普组织依然在州内弄权，但现在它有了对公民权和政治权利持不同看法的重要竞争对手。不仅如此，基福弗和戈尔还成为了新一代改革者中鼓舞人心的旗手。随着 1954 年大佬克伦普的去世，以及州内政治联盟的瓦解，这一世代性的变化加速了。

重新分配议席的政治进程也在这一年出现了决定性的转折。在 1954 年秋天，海恩斯（Haynes）和梅恩·米勒（Mayne Miller），这两位在田纳西州约翰逊市（Johnson City）自己开律师事务所的兄弟兼合伙人，决定发起对州议会席位分配的法律挑战。梅恩·米勒当时刚从纳什维尔回到家中，在纳什维尔他曾被人雇用在州议会充当院外活动家（lobbyist）。梅恩将自己的目光投向联邦国会竞选，但是作为一名东田纳西州的民主党人，他发现通往国会山的道路被共和党人在东田纳西国会选举中的主导地位有效地阻挡了。[54]根据他兄弟的建议，海恩斯·米勒将州议会席位的再分配作为其法律业务的一个新“项目”，并同艾拉·V·罗斯，东田纳西州大学的女性学系（后来成为学院）主任结成了一个组织，以提起对州当局的诉讼。[55]

梅恩·米勒将汤姆·奥斯本也吸纳进来，他是米勒的一个私人朋友，也是纳什维尔的律师。奥斯本加入该案使得这个组织与纳什维尔市建立了牢固的纽带，而奥斯本同时也是一位很有天分的律师。米勒和奥斯本于 1948 年夏天在法学院相遇，并很快成为关系紧密的朋友。奥斯本是一名天才演说家，也是纳什维尔出庭律师中一颗冉冉升起的新星。[56] 在当了两年联邦助理检察官之后，奥尔森加入了由亚美斯特德、沃勒、戴维斯和兰斯登合伙组建的一个律所。这个律所与麦凯勒参议员有着密切联系，在那里奥斯本发展了与该州政治保守派的职业联系。尽管如此，他的下一个职位将使其发生转变。在 1953 年，奥斯本离开了亚美斯特德等人的律所，成为了纳什维尔市和该市新市长本·韦斯特的律师。

汤姆·奥斯本给他的合作伙伴米勒兄弟和罗斯带来了对议席不当分配效果精明实际（hard-nosed）的理解。这一理解不但塑造了当时的挑战，还极大地影响了随后在贝克诉卡尔案中的努力。在与吉恩·格雷厄姆（贝克案权威性历史的作者）的谈话中，奥斯本这样讲道：

---

[54] Graham，前注⑧，42 页。

[55] 同上注，44 页。

[56] 对哈里斯·吉尔伯特的采访（2002 年 4 月 29 日）［以下引自该采访］。

> 我在（担任市检察官）之前就知道问题的存在，但是我当时并没有任何实际的利益，直到我直接受到了立法机关划分税款方式的影响。我意识到分配存在不公，但这毫无意义。事实上，在进入市政厅之前，如果说我支持什么的话，我或多或少是一个主张维持现状的人。直到我进入市政厅，并实际看到市民们受制于财政权力的滥用，我才改变了自己对此的看法。[57]

有了奥斯本跟纳什维尔的纽带，这个组织现在扩展到东田纳西和中田纳西。但是，这个组织缺少真正全州范围的努力。孟菲斯市明显缺席。艾拉·罗斯和米勒寻求该州一位最显赫的政治领导人的支持，他就是孟菲斯市的国会议员、前市长沃尔特·钱德勒。他们邀请钱德勒在1955年2月提起诉讼。钱德勒婉拒了这一荣耀。[58]

在米勒兄弟开始发起他们的改革运动之前不久，另一位田纳西州政界新生代成员开始了他的政治生涯，并且在后来加入到重新分配议席的运动中来，但是这一次是在立法机关。小马克林·帕斯卡尔·戴维斯（Maclin Paschall Davis，Jr），一位纳什维尔显赫的法律家庭出身的年轻律师，他想要竞选戴维森县6个州议会席位中的1个。在当时，赢得民主党的初选就相当于赢得了选举。1954年8月，在民主党的36名候选人中，他得票排名第六。

1955年1月，作为新任议员，戴维斯收到了许多同事的建议，尤其是本党领袖的建议。比如他"要小心不摇晃任何一艘船"，以及首先"应当对民主党忠诚"[59]。但是这位从纳什维尔来的新人并没有仅仅受"跟着走"的本能驱使。戴维森县在州众议院应当有9个席位，而非6个，在州参议院应当有3个席位，而非2个：

> 尽管所有的建议（都告诉我要小心谨慎），但是我知道我的责任是代表戴维森县的人民，并尽我所能为他们争取在立法机关的平等代表，而这本身就是他们受宪法保障的权利。因而，我设计了一个计划，我认为它能增加未获充分代表的县的代表名额，并最终实现宪法所保障的平等代表。我的计划是引入一项法案，通过给代表最不充分的县增加大约1/3的席位的方式重新分配众议员席位，这将给这些县以平等的代表，并将众议员席位分配于99个新的议会选区。通过这样一种方式，如果那些来自代表名额将获得增加的选区和不会受影响的选区的议员都投票支持重新分配议席法案的话，该法案将获得众议院和参议院大约60%成员的支持。[60]

戴维斯对受影响地区政治自利性的信心被证明是不可靠的。不仅提议的重新分配方案落空，而且整个谢尔比县——当时议席分配制度下获益最多的县——的代表，全部都与其顽固的党内大佬们保持一致。在1955年3月，重新分配州立法机关席位的立法程序再度终止，没有按照州宪法的要求重划

---

57 Graham，前注⑧，48—49页。

58 同上注，51—53页。

59 马克林·戴维斯书信集3（2001年10月20日）[以下引自该信]。

60 同上注，4页。

选区。

尽管他的法案在立法机关未能通过，戴维斯发现他的努力在法院有了新的生命。汤姆·奥斯本，这位马克林·戴维斯自其在亚美斯特德、沃勒、戴维斯和兰斯登律师事务所时起就在一起的朋友，邀请戴维斯加入争取州议席重新分配的法律诉讼。戴维斯法案的失败证明了非常重要的一个法律要点——州立法机关拒绝遵守本州宪法。考虑到这一事实，对现在的立法机关采取法律措施就非常重要，但是在 1955 年 3 月，议会的会期就要结束了。

因为不能说服沃尔特·钱德勒参加诉讼，米勒兄弟选择由盖茨·基德，一位来自华盛顿县的汽车商人和他们组织的财经委员会主任，来领导一系列原告。[61] 他们在全州范围打击州保守势力。他们起诉州总检察长乔治·F·麦坎利斯、州务卿、州选举委员会的 3 位委员、共和党初选委员会的 36 位成员，以及华盛顿、卡特、戴维森县选举专员。在 1955 年 3 月 8 日，米勒兄弟在戴维森县大法官法庭提起了基德诉麦坎利斯案。[62]

一开始，本案似乎时运不济。首先，一位被告，共和党初选委员会的成员霍巴特·阿特金斯，劝说他的政党提起反诉，起诉州长法兰克·G·克莱蒙特和州立法机关。[63] 这为诉讼增加了一个明显的派性维度，并将州立法机关同时置于案件对立双方的位置。尽管如此，阿特金斯将被证明是基德案以及随后的贝克案中推动平等人口代议制事业的法律团队中极为有用的一员。其次，原告之所以选择资深的戴维森县大法官法庭作为审判地，是因为他们相信老托马斯·A·施赖弗（Thomas A. Shriver，Sr）可能是一个善于接受新思想的法官。但是该案开审之前 3 个月，施赖弗被提升去担任田纳西州上诉法院的法官。法兰克·克莱蒙特州长选择了 33 岁的托马斯·沃德洛·斯蒂尔（Thomas Wardlaw Steele）接任施赖弗的位置。不但克莱蒙特州长在提起本案诉讼之后选择了斯蒂尔，而且斯蒂尔还是田纳西州众议院 1949 年—1950 年间两个农业县蒂普顿和劳德戴尔忠实的代表。[64]

但是，令人吃惊的是，斯蒂尔法官作出了有利于原告的判决。在这份推理严密、53 页长的判决意见中，斯蒂尔不同意州总检察长的论断，即法院不能因为立法代表席位分配的法律违宪而宣布其无效。他驳回了法兰克福特在科尔格罗弗案中的判决意见于此案的适用性，认为其只是一份法庭的分裂意见，而非多数裁决。他挑战现行分配方式的正当性，并宣布未来任何根据现行分配方式进行的选举都将“没有任何法律效力”[65]。尽管如此，这一胜利是短暂的。在上诉中，田纳西州最高法院推翻了大法官法庭的判决，认定法院对议会席位的分配没有管辖权，而联邦最高法院则拒绝了调审令申请。[66]

在接下来的几个月，原告和他们的律师，以及该法律诉讼的支持者们考虑在联邦法院提起诉讼，但是最后得出结论，他们的胜利机会实在是渺茫。

---

[61] Graham，前注⑧，53—54 页。

[62] 同上注，54 页；戴维斯的信，前注59。

[63] Graham，前注⑧，57—58 页；戴维斯的信，前注59，5 页。

[64] Graham，前注⑧，60 页。

[65] 同上注，73—75 页。戴维斯的信，前注59，6 页。

[66] *Kidd v. McCanless*, 292 S. W. 2d 40 (Tenn. 1956)，调审令被拒，352 U. S. 920 (1956)。

作为强州权的鼓吹者，梅恩·米勒和马克林·戴维斯依照自己的信念，反对在州最高法院判决之后继续向联邦法院上诉。事实上，只有汤姆·奥斯本和霍巴特·阿特金斯继续就基德诉麦坎利斯案继续向联邦最高法院上诉。尽管他们在上诉程序中遭遇了失败，斯蒂尔的判决和米勒兄弟获得的经验还是为两年后一个几乎雷同，但是最终取得胜利的法律挑战——贝克诉卡尔案提供了基础。

B. 贝克诉卡尔案

考虑到田纳西州的政治史，贝克案发起自孟菲斯而非纳什维尔或东田纳西则意味深长。自 1954 年起，有两方面的情况发生了变化。首先，随着克伦普的死，他所建立的政治组织和联盟被彻底拆散了。这样，没有了它们，谢尔比县在州内的政治影响力下降了。孟菲斯市发现自己处于其竞争对手纳什维尔类似的政治地位，这也意味着孟菲斯市发现其现在也无法获得接近于其应有份额的州拨款。

其次，法兰克福特在科尔格罗弗案中的法律意见已经开始丧失其无敌的态势，并遭遇到了第一个失利，这一次是在联邦法院。丹·马格劳和弗兰克·法雷尔，明尼苏达州圣保罗市杂乱无序的第 42 住宅区的两位居民，在明尼苏达提起诉讼要求重新分配州立法机关中的席位。在马格劳诉多诺万一案中，原告用直接以第十四修正案为基础的一系列法律论据和由两位政治学专家发展出来的州立法机关人口统计学分析，对政治问题原则进行了攻击。在 1958 年 7 月 10 日，联邦法院作出裁决，认为法院确实对明尼苏达州议会席位分配拥有司法管辖权，“因为这里涉及的议题是联邦宪法问题”[67]。

大卫·哈施，谢尔比县选举委员会的主席，密切关注着明尼苏达的案件。他从里面看到的是改善孟菲斯市状况的前景。自布朗诉教育委员会案之后，联邦最高法院已经采纳了一种比在科尔格罗弗案中表述的对第十四修正案更为广义的解释，而明尼苏达的诉讼相当于对重新提起宪法挑战发出了邀请。尽管基德诉麦坎利斯案仅仅发生在两年前，再次挑战州议会席位分配的时机似乎已经成熟。

但是，最重要的变化主要还是政治性的而非法律性的。州政治领域发生变化的显著迹象是本州一位重要公民内心的变化，他就是沃尔特·钱德勒。当哈施在 1958 年较晚时候发起法律诉讼的时候，他聘请钱德勒在就州议会席位分配提起的诉讼中担任谢尔比县的代理人。在 1959 年 5 月，正是钱德勒提起了贝克诉卡尔案。

尽管贝克案的事实与基德案略微有点相似，但是法律策略却相当不同。该案从一开始，目标就是赢得联邦上诉的胜利。考虑到马格劳案和基德案的判决，沃尔特·钱德勒意识到任何下级法院的判决都将会产生与现存法律判决的冲突，这实际上就需要一个联邦上诉法院的判决，甚至可能是联邦最高法院的判决。[68] 钱德勒决定为贝克案组建一个与基德案几乎相同的团队。他邀请了米勒兄弟、马克林·戴维斯、汤姆·奥斯本和霍巴特·阿特金斯加入

---

[67] *Magraw v. Donovan*, 163 F. Supp. 184, 187（明尼苏达地区法院 1958 年判决），以争议过期、无实际意义为由撤销，177 F. Supp. 803（明尼苏达地区法院 1959 年判决）。

[68] 对哈里斯·吉尔伯特的采访，前注[56]。

本案。奥斯本、阿特金斯与钱德勒一起，开始根据托马斯·斯蒂尔在其判决意见中阐明的大致框架来构建这一宪法案件。

他们首先必须证明，州立法机关拒绝按照州宪法的要求划分选区。钱德勒劝说谢尔比县在州立法机关的代表提起一项议席分配法案，该法案令人吃惊地与马克林·戴维斯在1955年和1957年两度提起的相似。1959年这一法案和另外一项议席分配法案在参议院都未能通过；而众议院则压根儿就没花时间考虑它们。[69]

钱德勒为提起上诉还引进了一位具有法律专长的人士。他聘请著名律师查尔斯·莱恩协助办理本案，并在一旦本案打到联邦层面时就接手案件。选择莱恩也有其政治考量。莱恩是艾森豪威尔总统总检察长李·兰克林的密友。莱恩与行政当局关系密切，人们希望这将会有助于促使联邦总检察长站在原告一边。

法律团队也从明尼苏达州的案件中吸取了经验。马格劳和法雷尔获得了那两位政治学家的帮助，一位来自于明尼苏达大学，另一位来自北达科他州大学（后来去了农业学院），他们将协助提供有关选区人口差别的统计学和历史学数据。奥斯本还获得了纳什维尔市市长本·韦斯特的帮助，后者委托市审计员，同时也是一位年轻律师的哈里斯·吉尔伯特编制本州各选区人口差别的报告。[70] 审计比预想的进行得更深入。它记录了州当局对各县和地方政府拨款分配的相应差距，特别是在学校和公路领域。哈里斯·吉尔伯特还汇编了一份由本州历史学家所做的分析报告，该报告揭露了歧视的类型，同时还汇集了詹姆斯·卡明斯显示出歧视城市地区意图的言论。[71] 最后，韦斯特提供了基德案所缺乏的另一个资源：经费。应他的请求，市委员会为本法律诉讼拨款25 000美元，足以支付大多数的开支。有了这一保证，查塔努加和诺克斯维尔也加入到本案中来。

案件进展得很快。并不令人惊讶，在1959年12月，联邦地区法院就贝克诉卡尔案作出有利于被告的判决。向联邦最高法院的上诉开始了。尽管本案设计的法律策略在1959年就准备就绪，但是其面临的三个政治障碍破坏了原告所追求的目标。

第一，明尼苏达立法机关同意部分按照马格劳诉多诺万案的裁决重新划分选区。立法机关愿意重新划分选区似乎支持了法兰克福特的判断，即这些事务可以由立法机关处理。[72] 第二，布朗诉教育委员会案之后学校（种族）融合案件带来的困境也支持法兰克福特的观点，即法院不适合处理社会问题。遍及全国的学校（种族）融合案件要求法院广泛的干预和管理。这虽然不是政治性的荆棘丛，但毕竟还是一个荆棘丛。钱德勒的团队意识到了这一点，即他们的案件要想胜诉，就必须显示出同等人口代议制能够容易地获得解释和执行，而且造成法院疏忽的可能性很小。[73] 第三，理查德·尼克松在

---

[69] Graham，前注⑧，139页。

[70] 对哈里斯·吉尔伯特的采访，前注㊻。

[71] 同上注。

[72] 同上注。

[73] 同上注。

1960 年的总统选举中落败，这使得莱恩与总检察长之间的纽带失去了价值。此外，肯尼迪政府会如何看待这个案件尚不清楚，但是考虑到贝克案被广泛看作是一个州权事务，因而在原则上遭到民主党内很多人的反对，本案的前景看起来比较黯淡。

尽管如此，肯尼迪政府被证明是本案一个强有力的盟友。在 1960 年的运动中，田纳西州民主党改革派在总检察长罗伯特·F·肯尼迪的办公室里有两个重要的代言人——小约翰·J·胡克和约翰·赛根泰勒。赛根泰勒于 1957 年结识了罗伯特·肯尼迪。赛根泰勒当时一直在为他的报纸调查一系列针对卡车司机的暴力犯罪。他的这些调查引起了参议员约翰·迈克勒兰领导的一个下级委员会主任委员罗伯特·肯尼迪的注意。慢慢地这两个人建立了亲密和持久的友谊，在 1961 年，约翰·赛根泰勒离开了《纳什维尔田纳西人报》，成为了罗伯特·肯尼迪的行程安排人和新闻发言人。[74]

在 1961 年 2 月 3 日，汤姆·奥斯本、哈里斯·吉尔伯特和约翰·J·胡克来到司法部向行政当局说明案情，他们希望行政当局参加诉讼。赛根泰勒为罗伯特·肯尼迪安排了一场会面，并进一步安排田纳西的律师去见新任副总检察长阿奇博尔德·考克斯。考克斯在 1960 年总统竞选中出过力。尽管与总检察长的会面没有发生，但是与考克斯的会见被证明是关键性的。正如哈里斯·吉尔伯特后来回忆道："考克斯的确令我们感到惊奇。他否认其对本案发生前的情况有任何了解，但是他很快就开始直入这一事务核心的问题。"这一会晤持续到当天下午很晚，考克斯与奥斯本、吉尔伯特从很多角度对本案进行了探讨。在会面之后，律师们对行政当局是否会支持他们并不确信，但是他们对能获得机会充分地表达意见感到满意。[75] 在这次会面之后不久，考克斯就本案与罗伯特·肯尼迪进行了会面。考克斯这样回忆这次会面：

> 我在总检察长的办公室，告诉他他的朋友约翰·J·胡克曾经来过，并向他致意。总检察长问我，他想要什么。我告诉他，他想让我们在贝克诉卡尔案中起草一份案情摘要。总检察长问道，我们是否会这样做，我说，我想我会，除非我遇到一些强烈的反对意见。总检察长说，"呃，那你准备好赢得胜利了吗？"我说，"不，我并不这么认为，但是无论如何这都会很有趣。"[76]

C. 在联邦最高法院的庭审

根据惯例，联邦副总检察长每年都会为自己分配一个出庭案件。阿奇博尔德·考克斯选择了贝克案，并与州律师们一起分配了辩论时间。考克斯的角色是直接处理宪法问题，而查尔斯·莱恩和汤姆·奥斯本则接手有关州法和州立法机关行动的事务。这两个议题主导着法庭的辩论。

第一，很明显联邦最高法院不对科尔格罗弗案予以否定，就不可能作出对田纳西州原告有利的判决。因为科尔格罗弗是一个相对晚近的案件，而且

---

[74] 对约翰·赛根泰勒的采访（2002 年 4 月 30 日）[以下引自该采访]。

[75] 对吉尔伯特的采访，前注[56]。

[76] Graham，前注[8]，216—217 页。

判决意见的作者法兰克福特大法官还在联邦最高法院，这一点并非无足轻重的细节。作为一个机构，联邦最高法院对于推翻自己的判决比较敏感，考克斯也体验过（联邦最高法院）在布朗诉教育委员会案[77]中最终拒绝普莱西诉弗格森案[78]先例效力的极度痛苦。考克斯的方法是直面科尔格罗弗案在冈米林案之后是否继续有效的问题。虽然冈米林案小心地建立在第十五修正案的基础上，它却并未刺入政治问题原则的核心。正是政治问题原则明显地保护着所有政治安排不受司法审查。用法兰克福特自己在冈米林案中多数派判决意见中的话，就是联邦最高法院不能像在冈米林案中那样，在坚持对某一群体投票权价值予以宪法特别保护的同时，却拒绝对更为广大的群体，乃至全部人口的投票权提供同等保障。

第二，考克斯相信，正是冈米林案铺就了战胜可审判性问题障碍的道路，但是它却并不足以支持提供救济。联邦最高法院的构成自科尔格罗弗案之后发生了实质变化，但是科尔格罗弗案的重要鼓吹者依然在位，最明显的就是法兰克福特大法官和哈兰大法官。因为经历了学校（种族）融合的艰难，现在法院非常不情愿接受一个使其自身卷入选区划分程序细节的司法裁决。法律团队也没有就建议提供何种补救方案做好准备。律师们自己就在事务上分裂了。哈里斯·吉尔伯特，纳什维尔市的代理人，个人倾向于“联邦方案”，如同在加利福尼亚议会实行的那样。在该方案下，一院代表全体选民，一院则代表地区。[79] 即使是这个方案，原告的律师和考克斯认识到他们必须说服法官，有必要提供某种救济，而且这一救济也不会让法院卷入一场与去隔离化案件类似的政治斗争。

他们一开始的论证是城市获得的政府支出少于它们应得的份额，因为来自农村地区的代表在议会中占据了主导地位。城市的审计报告和新的1960年人口统计数字在辩论期间被提供给每一位法官——那时跟现在一样，都有极非同寻常的发展。法官们翻阅了辩论中提交的这些数据，但是并未将其作为证据。法兰克福特尖锐而激烈地批评这些数据对判决的影响。无疑，他认为原告们不是在论证法院必须保障平等的主张。考克斯巧妙地避开了这一点。他感觉到，他们已经到达了联邦最高法院可能接受的边界。考克斯没有将公共财政数据解释为需要平等主义补救措施的证据，而是将其解释为州立法机关为什么不提供缓解措施的证据。[80] 因为缺乏（公民）创制程序，当人们面对一个没有强烈动机去重新划分选区的立法机关和长期以来歧视城市地区的历史时，只有法院能够提供救济，不管是采取何种可能的救济。

法兰克福特和奥斯本在最终辩论中就同样的问题发生争执，法兰克福特向奥斯本发问：

> 你在告诉我们说，33%的田纳西选民选出了66名，也就是2/3的议员，我们认同你的立场，即通过某种方式——可能用一根魔术棒——我们应当想出一些补救方法。因此，法院将会同意一些减轻（不平衡）

---

[77] 347 U.S.483 (1954).

[78] 163 U.S.537 (1896).

[79] 对吉尔伯特的采访，前注[56]。

[80] 同上注；Graham，前注[8]，250—254页。

的措施。下一年，40%的选民将会选出60%的代表。你还会回到这里申诉不平等，是吗？[81]

奥斯本预感到将有事情发生。他以一种特有的幽默回答道："是的，先生。为了律师费。"[82]

因而，"一人一票"原则对于本案的成功至关重要，即使它还没有明确地表达出来。不同于"融合"，议会选区人口数量的平等是一个易于理解的理念，无论是作为抽象原则，还是作为实际行政事务。平等本身并没有在法庭辩论中过分强调。事实上，考克斯将论证集中于原告在本州缺乏任何救济机制的事实，因为州法院不愿介入这一议题，因为缺乏创制程序，因为立法机关没有采取行动的动机——这些理由在克拉克大法官的赞同意见中都将占有一席之地。但是"一人一票"原则就是潜藏在这一背景之下的。如果选区人口数量平等未能在实践中形成一个易于界定的概念，没有成为一个易于解释的抽象概念和术语，本案就不能算胜诉。[83]

联邦最高法院的判决

联邦最高法院在 1960 年 12 月暗示其对贝克案可能有司法权。在 1961 年 3 月口头辩论结束之后，法院内部还有很多不同意见。但是联邦最高法院采取了一项不同寻常的行动，要求在当年 10 月再进行一场辩论。之后，在一份 1962 年 3 月签署的 6：2 的判决中，联邦最高法院"震惊了整个国家"[84]，这份签署的判决可能是联邦最高法院历史上最深刻地打破稳定状态的判决。布仁南（Brennan）大法官撰写了多数派法官判决意见，还有 3 位协同大法官撰写了赞同意见，他们是道格拉斯大法官（Douglas）、克拉克大法官和斯图瓦特（Stewart）大法官。此外还有两份反对意见，分别来自法兰克福特大法官和哈兰（Harlan）大法官。对哈里斯·吉尔伯特来说，克拉克大法官是最大的惊喜。直到贝克案之前，他一直在类似问题上投票支持法兰克福特，但是其他法官都是按法律团队所预期的那样投的票。[85] 布仁南的意见冷静地打破了数十年来的先例，却几乎没有为下级法院应当提供何种救济给予指导，但是它坚定地支持法院进入政治荆棘丛，并铺就了"选区重划革命"的道路。[86]

斯图瓦特大法官在他的赞同意见中强调，联邦最高法院在贝克案中只判决了三点，"而且只有三点"：（1）联邦最高法院对这类事务拥有司法管辖权；（2）上诉人有挑战田纳西州选区划分法规的起诉资格；（3）阐明了可以

---

[81] Graham，前注⑧，254 页。

[82] 同上注。

[83] 对哈里斯·吉尔伯特的采访（2002 年 1 月 23 日）。

[84] Robert G. McCloskey, *The Supreme Court* 1961 *Term-Foreword*: *The Reapportionment Case*, 76 Harv. L. Rev. 54, 54 (1962).

[85] 对吉尔伯特的采访，前注㊻。

[86] 对"选区重划革命"的详细讨论，参见 Samuel Issacharoff et al., *The Law of Democracy*: *Legal Structure of the Political Process* 141-216（2002 年第 2 版）。

赋予救济的正当诉因。[87] 让我们逐一评论每一点。

A. 对本案事务的司法管辖权和起诉资格

在布仁南大法官判决意见的第一部分，他驳倒了联邦最高法院对本案事务没有司法管辖权，且原告缺乏起诉资格的指控。布仁南首先将本案事务司法管辖权的议题与其可审判性的议题区分开来，布仁南声称，根据宪法第三条第二节，“本案的诉因明显是‘引发自’联邦宪法”，而对于这类议题，地区法院“不应当驳回请求就这类事务加以审判的起诉”[88]。接着，他驳斥了被告所声称的观点，即科尔格罗弗案支持相反的立场，他的理由是科尔格罗弗案法庭中的多数派法官相信，（法院对）本案事务的司法管辖权要件是满足的。[89]

关于起诉资格的议题，法院的判决建立在先例的基础上，包括科尔格罗弗案，因为原告是“为了保护或是维护自己的利益和那些处境类似于自己的人的利益而寻求救济”，他们有资格起诉。[90]

B. 可审判性

多数派意见的核心和最具争议的部分，是关于可审判性，或是“政治问题”原则的那一段。因为科尔格罗弗案和许多法院随后的判决似乎排除了联邦最高法院裁决围绕着议会席位再分配问题展开的宪法争议的可能性，所以布仁南大法官在贝克案中一开始就区分了本案与那些案件之间的界线，而没有明确推翻任何先例。[91] 虽然多数派法官判决的效果当然是使得（早先）那些判决废弃不用，但是布仁南的方法是把它们当做并非确定性地反对就议席分配进行司法审查的案例。[92]

在这个环节，布仁南大法官采取了一种对政治问题原则[93]大规模地予以重新界定的方式。政治问题原则是从众多领域的司法审查中总结出来的一系列标准，在这些领域联邦最高法院传统上曾经拒绝介入：（a）对外关系；（b）敌对行动的日期或是持续时间；（c）制定行为（enactment）的有效性；（d）印第安人部族的地位；（e）以保障条款（Guaranty Clause）[94] 为理由的

---

[87] *Baker v. Carr*, 369 U. S. 186, 265 (1962)（斯图瓦特大法官的赞同意见）。

[88] *Baker*, 369 U. S. at 199.

[89] 同上注，202 页（“其中两份判决意见表达了四位多数派法官的观点，直接肯定了法院对本案事务有司法权。”）。

[90] 同上注，206—208 页。

[91] 布仁南写道：

我们理解地区法院将被引用的案例当做有说服力的结论，即因为上诉人寻求的是将（现行）议席分配法律判定为违宪，他们的诉讼提出了一个“政治问题”，因而是不能审判的。我们认为，这一对席位分配的挑战并没有提出不可审判的“政治问题”。被引用的案例并未作出与之相反的裁决。

同上注，209 页。

[92] 同上注，234 页（“我们的判决支持可审判性……对地区法院的结论，即本案中争议的事实构成了一个政治问题的观点不予支持。事实上，法院在科尔格罗弗案中拒绝提供救济只是出于平等（标准）欠缺的保守性看法。在科尔格罗弗案之后的那些法院判决中也没有找到任何与我们当下判决相反的东西。”）。

[93] 我们注意到所有布仁南在这一部分的判决意见中声称自己要做的是“考虑政治问题原则的轮廓”，这一点很重要，同上注，210 页，好像他最终得出的这些标准一直都存在似的。

[94] 美国宪法第四条第四节（“合众国应保证联邦境内所有各州都是共和政体，并应当保证它们免受外部入侵……”）。

起诉。布仁南在确立了政治问题是涉及权力分立基础而非联邦主义基础的争议[95]这一论点之后，在接下来的著名一段话中发表了对政治问题“检验”的看法：

> 任何被认为明显涉及政治问题的案例都可以在文本上找到对并列政治部门宪法议题的承诺；或是缺乏在司法上解决问题可发现和可操作的标准；或是不可能在没有一个明显非司法性裁量的初始政策判断的情况下作出裁决；或是法院在采取独立解决方式时不可能不表现出对并列政府分支应有尊重的缺乏；或是不同寻常地需要对已经作出的政治决定不加质疑的顺从；或是可能在一个问题上困窘于不同部门各式各样的声明。[96]

通过将众多的和各式各样的政治问题案件塑造为那些满足其中一个或者更多标准的案件，多数派法官摒弃了那个理念，即任何属于其中单独某一归类的案件都必然是不可审判的。[97] 在贝克案的背景下，这一结论在与保障条款相关的议题方面最有力量，特别是法兰克福特大法官在反对意见中认为，原告提起的第十四修正案诉求“事实上是一个伪装成别的名义的保障条款”[98]。历史上，联邦最高法院曾经拒绝审理以保障条款为基础的案件[99]，但是，根据多数派法官的理论，这些诉求不可审判的理由仅仅是它们“涉及那些被界定为‘政治问题’的因素”[100]。换句话说，“这些诉求的不可审判性与其触及到州政府性组织的事务之间没有任何关系。”[101]

过了这一步，多数派法官余下的行动就很少了，尽管争议并不比前面的少。布仁南将政治问题检验适用于贝克案的事实，然后得出结论，该案“没有任何一个”特征典型地与政治问题案件相关[102]，历史上保障条款诉求的不可审判性对原告所提起的第十四修正案诉讼没有效力。[103] 接下来，联邦最高法院援引了冈米林案支持其结论，“如果挑战与‘州事务管理和实施管理的官员’事项有关的州行为是建立在主张宪法权利遭到剥夺的基础上，且这种剥夺可以为司法救济所补救，那么联邦最高法院已经对主张的实体理由表达了看法”[104]。最后，联邦最高法院区别了科尔格罗弗案和随后的法院判决，并

---

[95] *Baker*，369 U. S. at 210（“正是司法机关与联邦政府其他并列分支之间的关系，而非联邦司法机关与各州的关系引发了‘政治问题’。”）；同注，（“政治问题的不可审判性主要是权力分立作用的结果。”）。

[96] 同上注，217 页。

[97] 例如，注意在每一个所谓“政治问题”归类的讨论中所作的限定性陈述。同上注，211—215、218—229 页。考虑了三个例子。关于对外关系：“但是假定每一个触及对外关系的案件或争议都超出了司法认识的范围是错误的。”同上注，211 页。关于制定行为的合法性：“但是并非法院永远不能探究［关于立法机关是否遵循了所有必需的正式手续的］立法记录……政治问题原则，一个维持政府秩序的工具，将不会如此适用，去仅仅促成无序。”同上注，214—215 页。关于印第安人部族的地位：“但是，这里也没有总括性的规则。”同上注，215 页。

[98] 同上注，297 页（法兰克福特大法官的反对意见）。

[99] 多数派法官和法兰克福特大法官同时提供的首要案例是 *Luther v. Borden*，48 U. S. （7 How.）1（1849）。

[100] *Baker*，369 U. S. at 218.

[101] 同上注。

[102] 同上注，226 页。

[103] 同上注，227 页。

[104] 同上注，229 页（引用了 *Boyd v. Nebraska ex rel. Thayer*，143 U. S. 135，183（1892））（菲尔德（Field）大法官的反对意见）。

得出结论“原告平等保护被拒的指控构成了一个可审判的宪法理由，原告有权获得审理和判决”[105]。

贝克案之后

法兰克福特大法官在反对意见中认为多数派法官在贝克诉卡尔案中的意见构成了“一种对我们整个过去经历的巨大决裂”[106]，他担心的问题之一是平等保护条款未能提供对议席分配方式进行司法审查的明确指引，结果是法院不能提供合理的救济。[107] 在某种程度上，这一忧虑也反映在多数派法官的判决意见上。这正是因为联邦最高法院没有给下级法院提供关于什么可能是适当救济的指导，而仅仅是得出结论“平等保护条款下的司法标准高度发达，并为人所熟悉”[108]，结果，“如果上诉人在审判中胜诉的话，现在考虑何为最适当的救济是不合适的”[109]。

姑且不论谁在这一点上的理由更为充分，对贝克案判决的直接反应使得一件事情变得非常清楚：在 1962 年，与过去议会席位不当分配的“巨大决裂”正当其时。在联邦最高法院审理本案的 9 个月中，在 34 个州都有针对州议会席位分配计划合宪性的法律挑战。[110] 本案判决发布之后短期内的反应可以这样形容——“绝对令人震惊”，罗伯特·麦克罗斯基在贝克案之后 6 个月于哈佛法律评论上写道：

> 这一判决似乎催化了一个新的政治性综合（synthesis），我们这样说吧，它当时正在用尽全力形成。不但是联邦法官，还包括州法官，都利用联邦最高法院给予的一点鼓励，得寸进尺地走得更远……
>
> 当一个判决未能在公众心中激起热烈反应时，（法院）的倾向是最好遵照最低强制的原则勉强地解释。由对议席重新分配判决的早期反应所揭示出来的倾向似乎与此非常不同，它可能使这样一个猜想显得合理，也就是联邦最高法院在这里歪打正着，恰好点到了公众意见学者所说的潜在共识。[111]

在这一共识的驱动下，联邦最高法院在贝克案之后的那些年里极大地扩展了这一判决的范围，第一次清楚地表述了预选投票[112]和联邦国会选举[113]背

---

[105] 同注[100]，237 页。

[106] 同上注，267 页（法兰克福特大法官的反对意见）。

[107] 同上注，269—270、323 页（法兰克福特大法官的反对意见）。

[108] 同上注，226 页。

[109] 同上注，198 页。

[110] *Reynolds v. Sims*, 377 U. S. 533，566 n. 30（1964）.

[111] McCloskey，前注[84]，57—59 页（脚注略去）。

[112] *Gray v. Sanders*, 372 U. S. 368，381（1963）（驳斥了佐治亚州“以县为单位”的计票制度，并裁决“从独立宣言到林肯的葛底斯堡演讲，再到第十五、第十七和第十九修正案中的理念、都只意味着一样东西——一人一票”）；同注，第 379 页（一旦选举代表的地理单位被划定，所有参与选举的人都只有同等的一票——无论他们的种族、性别、职业、收入和住所地）。

[113] *Wesberry v. Sanders*, 376 U. S. 1，7 - 8（1964）.（得出结论：“按照宪法第一条第二节的历史背景理解，该条的要求是，代表应当由‘各州人民’选出意味着应当按尽可能接近票票等值的方式选出国会议员”（注释略去））。

景下的“一人一票”原则，接着又设定了州议会席位重新分配的实际标准[114]，而这曾经是联邦最高法院在贝克案中所拒绝做的。

雷诺兹诉西姆斯案是后贝克案判决中最彻底的一个，其中的意见之一就是，“平等保护条款要求两院制州立法机关中每一院的席位都要以人口为基础予以分配”[115]，据此，联邦最高法院的意思是各州必须“采取诚实善意的努力，尽可能以同等人口（选区）为基础，组建其立法机关中的每一院”[116]。

法兰克福特所害怕的正是联邦最高法院正在贝克案中所做的，“在相互竞争的政治哲学理论中……作出选择”[117]，这似乎不可否认地就是雷诺兹案中所做的。“逻辑上”，沃伦首席大法官写道：

> 在一个表面上建立在代议制政府基础之上的社会，一州的多数人能够选出多数州议员，这似乎才是合理的……既然立法机关负责制定所有公民都要遵守的法律，他们应当是向公众意志集体负责的主体……
>
> 一个公民的投票权被贬损了多大程度，他作为一个公民就被贬低了多大程度。个人定居在何处的事实并不是加重或稀释其投票效力的一个正当的理由。社会和文明形势的变化，经常具有惊人的速度。一个曾经主要是农业性质的国家变成了城市化国家。曾经公正平等的代议制设计变得陈旧和过时。但是代议制政府的基本原则依然保持不变，而且必须保持不变——一个公民投票的分量不应当依赖于他的居住地。[118]

雷诺兹案和它的姊妹案件威斯伯利诉桑德斯案（*Wesberry v. Sanders*）[119]一样，都是震惊世人的判决，它们以联邦最高法院在贝克诉卡尔案中的判决为起点，但远比任何人预计的走得还远。[120] 威斯伯利案使得 90%的众议院选区卷入争议，而雷诺兹案则对各州议会几乎全部的上院议席和大多数的下院议席提出了质疑。[121] 虽然“重新分配议会席位革命”在雷诺兹案后进展顺利，但是该案判决很可能比任何贝克案之后改革者赢得的判决都要重要，尽管是贝克案发出了议席分配战斗开始的信号。雷诺兹案的判决与贝克案的相比不那么受欢迎，但是“因为各州迅速行动以与雷诺兹案判决的要求保持一致，因此既没有要求回到过去的公众呼声，也没有新当选的议员想要重返私人生活的愿望……雷诺兹案在 1964 年还是有争议的，到了 1968 年则变得无可置疑”[122]。

尾声

在基德案判决之后，梅恩·米勒和海恩斯·米勒兄弟就离开了田纳西。

---

[114] *Reynolds v. Sims*, 377 U. S. 533, 568, 577 (1964).

[115] 同上注，568 页。

[116] 同上注，577 页。

[117] *Baker v. Carr*, 369 U. S. 186, 300 (1962)（法兰克福特大法官的反对意见）。

[118] *Reynolds*, 377 U. S. at 565 - 567（脚注略去）。

[119] 376 U. S, 1 (1964).

[120] 关于雷诺兹案及其影响的说明，参见 Powe，前注②，245—255 页。

[121] 同上注，252 页。

[122] 同上注，255 页。

在 1955 年州联邦最高法院的判决之后，海恩斯开始了一个新的项目，为国务院在老挝的机构工作。他于 1967 年在巴黎死于交通事故，时年 41 岁。[123] 梅恩·米勒在 1958 年竞选东田纳西的国会议员席位。他在初选中轻松取胜，但是发现自己被本州的民主党人排斥。因为不能筹集到经费，他在 1958 年 11 月的大选中失利。不久之后，他就搬到了怀俄明州。[124]

汤姆·奥斯本于 1962 年返回纳什维尔时受到了英雄般的欢迎。他当时被广泛认为是本州最杰出的律师，因而对代理的案件也有所选择。他在卡车司机（Teamsters）的调查中为詹姆斯·霍法辩护，这一调查是与约翰·赛根泰勒为《纳什维尔田纳西人报》撰写的调查报告一并发起的。然而，随着审判的进行，奥斯本被发现试图操纵陪审团。他于 1963 年被定罪，并被处以 2 年有期徒刑。他在 1970 年 1 月中旬被永远禁止执业。因为事业被毁，他在两周后自杀。[125]

霍巴特·阿特金斯在基德案判决之后竞选州参议员，并发现自己卷入了选区重划的政治纷争。在 1958 年竞选州参议员失利之后，他于 1960 年竞选成功，并在 1961—1965 年期间担任诺克斯维尔在参议院中的议员。[126] 在贝克诉卡尔案之后，他致力于促使州立法机关遵守法律。1965 年，阿特金斯在其去世两周前，还和沃尔特·钱德勒提起了贝克诉克莱门特案（*Bake v. Clement*）——田纳西州一系列执行“一人一票”标准案件中的第一案。[127]

哈里斯·吉尔伯特代替了奥斯本和阿特金斯在贝克案中的角色，在田纳西一系列要求立法机关执行“一人一票”标准的案件中担任首席律师。然而在这些胜利之后，他离开了选举法和政治领域，在纳什维尔成立了自己的律师事务所，该所后来与怀亚特、塔兰特和库姆斯律师事务所合并。[128]

马克林·戴维斯在民主党内的抗争并未随着基德诉麦坎利斯案的结束而结束。最终在 1964 年，他与民主党彻底决裂，成了一名共和党人。从那时起，他代表共和党进行着法律斗争，试图在民主党主导的立法机关中获得一个公平的选区重划方案。[129]

---

[123] Graham，前注⑧，307—315 页。

[124] 同上注，303—306 页。

[125] 对赛根泰勒的采访，前注 74；Graham，前注⑧，322 页。

[126] Tenn. Dep't of State，*Tennessee Blue Book* 22 (1966)．

[127] Graham，前注⑧，326 页。

[128] 对吉尔伯特的采访，前注56。

[129] 对麦克林·戴维斯的采访（2002 年 8 月 15 日）。

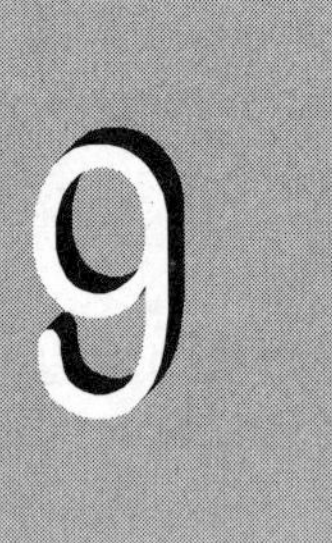

洛克纳诉纽约州案的故事：规制国家成长道路上的障碍

大卫·E·伯恩斯坦
李志强　译

在洛克纳诉纽约州（*Lochner v. New York*）① 一案中，联邦最高法院推翻了面包房10小时工作制的法律，开启了大约从1905年持续到1937年的所谓“洛克纳时代”。按照由进步党人和新政支持者所宣传的流传甚广的神话——洛克纳时代联邦最高法院的大法官们受到了非常有害的社会达尔文主义的影响，试图通过对第十四修正案正当程序条款倾向性的解释将其自由放任的观点强加到美国政体上。② 洛克纳时代的法官们，受到阶级偏见的感染，知道他们的判决有利于大公司，而有害于工人。③ 因为他们有着“适者生存”的心态，这正是他们想要的结果。④ 只有很少几位先知般的反对意见法官反对司法权的滥用，如著名的奥利弗·温德尔·霍姆斯（Holmes）和路易斯·布兰代斯（Brandeis）法官。这些无畏的法官的观点在英勇的富兰克林·罗斯福总统站出来挑战“九位老人”，并随着时间的流逝按照他的想法重构了联邦最高法院之后，最终获得了胜利。⑤

这一道德化的故事与真相之间只有些许联系。⑥ 尽管如此，它符合进步党人和新政时期宪法变革鼓吹者的需要，正是他们最初编造了这个故事。在某种已被证实的程度上，它还发挥着政治和意识形态偏见的作用，支持着二战后宪法学家所提倡的现代规制国家。这些学者利用洛克纳判决作为他们所鄙视的新政前联邦最高法院宪法理论一切的标志，特别是联邦最高法院介入经济性法规实体审查的积极意愿。

因而洛克纳案成为了“反原则（anti-canon）”的主要判例，反原则判例即错误裁判案例的集合，正是它们（从反面）帮助表达了何为宪法解释的适当原则。⑦ 事实上，在洛克纳案作出裁决一个世纪之后，“避免‘洛克纳案的错误’仍然是当代宪法的……核心困扰”⑧。联邦最高法院的大法官们费尽心

---

① 198 U.S. 45 (1905).

② 例如参见 Frank R. Strong, *Substantial Due Process of Law: A Dichotomy of Sense and Nonsense* 95 (1986)。（“[洛克纳法庭] 的法官们，浸淫于亚当·斯密的经济学和赫伯特·斯宾塞的社会学，毫无愧色地将他们的哲学注入宪法中。”）

③ 可见 James W. Ely, Jr., *Economic Due Process Revisited*, 44 Vand. L. Rev. 213, 213 (1991)（评论了 Paul Kens, *Judicial Power and Reform Politics: The Anatomy of* Lochner v. New York (1990)）。（“在许多的宪政史故事中，1880年到1937年间经济问题的描述类似于一部维多利亚情景剧。联邦最高法院被描绘成阻挠高尚的改革者寻求对大的商业公司施加福利管制的卑鄙角色。”）

④ 例如参见 Archibald Cox, *The Court and the Constitution* 135 (1987)（声称联邦最高法院是在“刻意保护财产和权力”）；Alfred H. Kelly & Winfred A. Harbison, *The American Constitution: Its Origins and Development* 498 (1970年第4版)（认为洛克纳时代的法官们“首先关注的是保护财产权和大公司的既得利益”，这反映在合同自由原则本身上）。

⑤ 例如参见 Melvin I. Ufofsky, *Myth and Reality: The Supreme Court and Protective Legislation in the Progressive Era*, 1983 Sup. Ct. Hist. Soc'y Y. B. 53, 58（声称霍姆斯大法官在洛克纳案中的反对意见“提出了忠实于宪法原文的精神，并让人们保有了一份对更美好的日子和一个更加关注当下现实的联邦最高法院的期待”）。

⑥ 参见 David E. Bernstein, *Lochner Era Revisionism, Revised:* Lochner *and the Origins of Fundamental Rights Constitutionalism*, 92 Geo. L. J. 1, 4 (2003) [下面引自该书]。

⑦ 参见 David E. Bernstein, *Lochner's Legacy's Legacy*, 82 Tex. L. Rev. 1, 63 (2003) [下面引自该书]。

⑧ Gary D. Rowe, Lochner *Revisionism Revisited*, 24 Law & Soc. Inquiry 221, 223 (1999)（评论了 Owen M. Fiss, *History of the Supreme Court of United States: Troubled Beginnings of the Modern State* (1993)，以及 Morton J. Horowitz, *The Transformation of American Law, 1870-1960: The Crisis of Legal Orthodoxy* (1992)）。

力否认他们宣布法律违宪的判决意见不是洛克纳式的判决[⑨]，而反对意见法官们则把洛克纳案当做绰号来批评他们的同事。[⑩] 洛克纳案同德雷克·斯科特诉桑福德案[⑪]和普莱西诉弗格森案[⑫]一样，成为了一直以来联邦最高法院最声名狼藉的案例。

但是，最近大约二十年，许多因素的结合激励着许多学者重新评估这一传统的洛克纳案道德故事。首先，与有关新政的争议时间上的距离允许学者们采取一种对洛克纳时代更加客观的视角。其次，尽管上一代宪法学者倾向于从事"法律办公室历史（law office history）"——试图支持一个预设理论的历史学术——最近几十年，宪法史已经成熟地进入到一个可以接受关于洛克纳案起源和效果复杂性和细微差别的合理（legitimate）学术领域。再次，自由主义经济学思想[⑬]不断增长的受欢迎程度和能见度已经使得洛克纳系列判决显得不那么邪恶和粗糙。对金融市场的宽松管制导致了 2008 年年末严重的经济衰退的看法是否会再一次复活古老的神话还有待观察。

当代研究洛克纳时代的历史学家关注的是洛克纳主义法学理论与自建国以来就对美国公共话语有影响的法律、政治哲学之间的连续性。事实上，没有一位就洛克纳时代进行研究的严肃学者仍然相信洛克纳法庭仅仅是试图施加自由放任主义或是受到了很多社会达尔文主义的影响。相反，当代的历史学家和法律学者已经注意到了联邦最高法院的洛克纳主义系列判决（包括洛克纳案本身）是建立在当时主流（而且长期存在的）法学理念之上的；除了一些反常的例外，洛克纳时代的联邦最高法院在整个 20 世纪 20 年代早期支持绝大多数被诉到该院的管制性立法，即使是在联邦最高法院最为活跃的时期，它也支持大多数被诉到该院的管制性立法；洛克纳时代联邦最高法院宣布无效的经济管制常常帮助的是那些在政治过程中缺乏力量保护自己的组织；洛克纳时代的联邦最高法院没有将严格审查仅仅局限于经济议题，而是还作出了一些公民自由判决，这些判决后来成为了现代宪法保护未列举（unenumerated）基本权利对抗敌对性政府行为的基础。

历史背景

对于这样一个重要的判决来说，洛克纳案有着不幸（inauspicious）的起源。洛克纳案的故事始于 19 世纪晚期，在纽约面包师工会的鼓动下，面包师们寻求将工作时间限制到一天 10 个小时，每周 60 小时。面包师之所以支持更短的工作时间，是因为他们想要更多的休闲时间，还因为他们的工资一

---

⑨ 例如参见 College Sav. *Bank v. Florida Prepaid Postsecondary Educ. Expense Bd.*, 527 U. S. 666, 690 (1999); *United States v. Lopez*, 514 U. S. 549, 601 n. 9 (1995)（托马斯大法官的赞同意见）; *TXO Prod. Corp. v. Alliance Res. Corp.*, 509 U. S. 443, 455 (1993)（多数派意见）（斯蒂文斯大法官）。

⑩ 例如参见 *Alden v. Maine*, 527 U. S. 706, 814 (1999)（苏特大法官的反对意见）; *Dolan. v. City of Tigard*, 512 U. S. 374, 406 - 09 (1994)（斯蒂文斯大法官的反对意见）; *Planned Parenthood of S. E. Pa. v. Casey*, 505 U. S. 833, 959 - 61 (1992)（伦奎斯特首席大法官部分赞同，部分反对意见）。

⑪ 60 U. S. (19 How.) 393 (1857).

⑫ 163 U. S. 537 (1896).

⑬ 它在法律学术领域的表现就是芝加哥学派法律经济学的巨大影响。

般是按天支付的。如果面包师们一天工作 12 个小时挣两美元，那么他们当然期望每天工作 10 小时同样挣两美元了（虽然雇主们很明显将试图转向小时工资方案）。好多面包师明显相信更短的工作时间最终将导致更高的工资，虽然并不清楚他们根据何种机制认为这种情况会发生。⑭ 面包师的 10 小时工作制要求在经济困难时期呼声更高，因为当时很多面包师找不到工作。人们相信，通过限制劳动时间，将有更多的面包师获得工作岗位，因而能够减少失业和贫困。⑮

面包师们争取更短工时的另一个原因是，许多人相信烤面包是一件不舒服和不健康的职业。面包师暴露于面粉扬尘、煤气烟雾、湿气和极端的冷热之中。然而另一方面，不同于其他许多工种，面包师几乎不用面对突然死亡或是灾难性伤害的危险。⑯ 面包师主要的健康抱怨是他们相信自己被置于"肺痨"发病不断增长的危险中，肺痨是一个不严谨的包含全部肺病的概念。⑰ 最常见的形式就是肺结核。尽管 19 世纪末科学家已经知道肺结核是由于传染性细菌而非由生活方式和环境引起的，但是许多面包师和他们改革主义的同盟还是坚持认为长时间地暴露在空气里的各种粉尘颗粒中导致了这种疾病。⑱

到了 1887 年，纽约市工会组织下的面包师们对通过谈判获得 10 小时标准工作制的努力感到失望，因而起草了一份法案提交给立法机关，试图将面包师的工作时间限制到每天 10 小时。该法案在州议会投票中被挫败，56 票比 45 票。⑲ 但是，自由的劳动力市场开始就工时问题发挥作用。由于经济的增长、生产力的进步，美国人生活标准日益提高。面包师的工作条件也得到了逐步改善。现代卫生高效的面包房增加了其市场份额，而传统小面包房则丧失了部分市场。大面包房的工人一般有工会组织，员工多是德国裔面包师，他们在面包房和糖果厂工人国际工会（简称"面包师工会"）中占据主导地位。⑳ 小的面包房雇用许多民族的人，主要是法国人、德国人、意大利人和犹太人。这些面包房通常是种族单一的，工人一般与雇主是同一民族。小面包房的雇员一般没有工会组织，特别是那些非德国裔工人。

到了 19 世纪 90 年代中期，大面包房的面包师已经很少每天工作超过 10 小时，每周超过 60 小时了。㉑ 但是，这些面包师担心他们已经获得改善的境遇会被小的、旧式面包房，尤其是那些雇用意大利、法国和犹太移民的面包

---

⑭ *Unconstitutional*, Bakers' J., May 6, 1905, at 1（"那些懂得经济学的人，和那些熟悉本州工资历史的人，明白较短的工作日最终会使得薪资上涨……"）。

⑮ *Now for the Ten-Hour Day*, Bakers' J., Apr. 20, 1895, at 1；还可见 Matthew S. Bewig, *Lochner v. The Journeymen Bakers of New York: The Journeymen Bakers, Their Hours of Labor, and the Constitution-A Case Study in Social History of Legal Thought*, 38 Ann. J. Leg. Hist. 413, 440 (1994)（声称这是面包师们为争取更短工时提出的"首要论据"）。

⑯ Paul Kens, *Judicial Power and Reform Politics: The Anatomy of* Lochner *v. New York* 9 (1980).

⑰ 同上注。

⑱ 同上注，9—11 页。

⑲ *The Demonstration of the Bakers of New York and Brooklyn*, Bakers' J., Apr. 27, 1895, at 1.

⑳ 考虑到面包师工会后来呼吁彻底禁止小的、不那么现代的地下室面包房，我们可以合理地推测，它的大多数成员并不在这类面包房工作。参见下文和相关注释㊿—㊶。

㉑ *Tenth Annual Report of the Factory Inspectors of the State of New York* 42 (1896)［下文引自该报告］。

房所危及。这些老式面包房常常位于房屋的地下室，以支付较低的房租，另一个原因是地下室的地板结实，足以承受面包炉沉重的重量。㉒ 不像许多倒班工作的现代“工厂化”面包房，地下室面包房常常要求工人 24 小时，随叫随到，面包师在停工期间就睡在面包房里，或者睡在附近。这类面包房的工人常常每天工作超过 10 个小时。㉓

来自地下室面包房工人的竞争还被认为拉低了其他面包师的工资。㉔ 一篇面包师工会周报——《面包师报》㉕ 上的文章，反映了工会组织中面包师的共同情感，它谴责“来自外国海岸的廉价绿手（Green Hand，新移民的委婉说法）”，以及漫长的工作时间和来自不付工资的学徒的竞争，它“已经将无数面包工人赶到了其他生活轨道，使得他们进了医院、济贫院、精神病院、诊所，并最终死于贫困和绝望”㉖。工会成员相信，10 小时工作制法律将不但会帮助那些有工会组织但尚未成功地要求缩短工时的面包师，还将帮助减轻那些来自未加入工会组织的工人的竞争。㉗

那些不属于已经建立的德国裔工会组织一部分的移民面包师们，特别是法国人，臭名昭著地难以工会化，而且很大程度上不在乎来自面包师工会的抗议。㉘ 很明显，其他面包师相信工会主要是服务于其德国裔竞争对手的。例如，面包师工会在 1893 年组织了一个犹太人分会，但是它吸引的几乎全部都是“说德语的犹太人，即使单独的犹太人分会不成立，他们也很可能会加入工会”㉙。说犹太语的犹太人在犹太人面包师中占据压倒性的多数，但他们对加入工会不感兴趣。即使是本土说英语的面包师，虽然曾经在与劳工骑

㉒ Kens，前注⑯，8 页；Paul，*The Formative Years of the Hebrew Bakers' Unions*，1881－1914，18 Yivo Ann. of Jewish Soc. Sci. 39，41（1893）。犹太人面包师并不与德国面包师直接竞争，因为犹太人面包房供应犹太教规定允许（Kosher）的市场，而德国面包师却不能供应这一市场。但是，遵守戒律的犹太人不能吃非犹太教允许的面包，而非犹太人却可以吃犹太教的面包，这就带来一个危险，即犹太人面包师可能会主导整个纽约的面包市场。参见 Brenner，同上注，55—56 页（“面对可能会将在工会中占据压倒性比例的德国裔会员彻底逐出纽约市劳动力市场的前景，工会有相当的动力通过提高犹太工人的条件去减轻现存的工资和工时不平等。”）。

㉓ Dennis Hanlon，*Inspection of Bake-Shops*，*In Ninth Annual Convention of the International Association of Factory Inspectors of North America* 1415（1895）（声称面包师常常就睡在面包房内，有时就在烘烤室）；Brenner，前注㉒，42 页（提到犹太面包师在安息日前一天“常常只有在生面团入炉的时候才能休息一会”，而且面包师“常常被要求和雇主住在一起”）；*Complains of Bakers*，N. Y. Times，Nov. 21，1895，at 9（“大多数男人和‘老板们’住在一起，并睡在面包店里。他们每天工作 15 个或 16 个小时……”（引自面包师工会的主管，查尔斯·依法兰德））。

㉔ *Factory Inspectors' Report*，前注㉑，42—43 页。

㉕ 面包师工会的主要出版物是德语版的 *Baecher-Zeitung*。英语版的《面包师报》是一个较小的用来组织说英语的面包师的宣传工具。Brenner，前注㉒，110 页 n. 65。

㉖ *Now for the Ten-Hour Day*，前注⑮。还可见 *For Abolition of Saturday-Night and Sunday Work*，Bakers' J.，Oct 15，1897，at 102（讨论了法国裔面包师不愿组织工会，以及由此给废除周六晚上和周日工作运动带来的负面影响）；*The Jewish Bakers' Strike in New York*，Bakers' J.，Sept. 23，1905，at 1（声称犹太人面包师是最缺乏组织的，但是却在 1905 年组织了一次罢工）；*Non-Union Bakeries*，Baker's J.，Aug. 19，1905，at 1（“我们还希望你们注意到这样一个事实，所有法国裔和意大利裔面包房都没有工会。你们所有试图组织工会的努力迄今为止都是徒劳，同时遭到了来自雇主和雇员最激烈的反对。”）。

对犹太人面包师工会化时断时续的问题的讨论，可参见 Brenner，前注㉒。工会直到 1909 年才对犹太人面包师建立起较强的控制。同注，97—101 页。

㉗ 参见 *Now for the Ten-Hour Day*，前注⑮。

㉘ *For Abolition of Saturday-Night and Sunday Work*，前注㉖。

㉙ Brenner，前注㉒，63 页。

士（Knights of Labor）有联系的前面包师工会中非常积极，也不愿意加入新的更加强大的、德国裔主导的面包房和糖果厂工人国际工会。㉚

面包师工会的政治资本在一位年轻时就来到美国的德国移民亨利·韦斯曼（Henry Weismann）的领导下获得了增长。他最初定居在加利福尼亚，在那里他在工会支持的加利福尼亚反苦力联盟中表现积极，这个组织激烈地反对中国工人在美国的存在。韦斯曼曾因为持有爆炸物被监禁过一段时间。他于 1890 年搬到了纽约，成为了《面包师报》的编辑。到了 1894 年，他已经是工会的非正式领导人和发言人，并在纽约领导了一场新的争取 10 小时工作制法律的运动。㉛

当面包师工会集中精力在议会游说以争取 10 小时工作制的法律时，其他一些人越来越关注地下室面包房的卫生条件，以及这一卫生条件可能会给公共健康和面包师的健康带来的影响。在 1894 年，一位垂死的犹太人面包师被从下东区（Low East Side）的一个地下室抬了出来。韦斯曼公布了这一事件，并要求对布鲁克林和曼哈顿地下室面包房的健康和卫生条件进行调查。㉜ 韦斯曼劝说纽约通讯社派出一个记者团队——跟工会里熟悉那些最糟糕面包房的面包师一起——调查这一事件。㉝ 结果，一位专门揭发丑闻的记者爱德华·马歇尔在一篇报道中详细描述了面包房不卫生的环境和恶劣的工作条件，并呼吁立法干预。㉞

随着阿普顿·辛克莱尔（Upton Sinclair）的《丛林》——一篇著名的揭露肉类加工业丑闻的作品的发表，公众对影响他们健康的卫生条件比对工作条件更感兴趣。马歇尔的故事包括墙上和面包烘烤设备上的蟑螂，面粉被混放在曾经洗过染病孩子衣服的盆里，以及介绍其他不卫生状况的插图说明。马歇尔报告的细节——或者至少他的发现在地下室面包房整体中具有何种程度的代表性——有一点可疑，因为他早就以其改良主义者的同情心而闻名，还因为他是在韦斯曼的敦促和配合之下写出调查文章的，而且这篇报道发表的时间正好和面包师工会争取 10 小时工作制法律的运动重合。㉟

尽管如此，马歇尔文章的要点获得了两年后发布的州工厂督察员报告的支持，该报告以 1895 年进行的检查为基础。㊱ 督察员们发现“漏水的管子，未密封的下水道，肮脏的橱柜和不装机关（untrapped）水槽”。他们命令从烘烤室和临近烘烤室的房间里搬走数以百计的抽水马桶，这些马桶常常非常肮脏。㊲ 他们所发现的对面包师来说条件最糟糕的是曼哈顿和布鲁克林憋气

㉚ 参见 *The English Speaking Bakers*, N. Y. Times, July 15, 1893, at 1.

㉛ Kens，前注⑯，47—48 页。

㉜ Brenner，前注㉒，64—65 页。

㉝ Edward Marshall, *Bread and Filth Cooked Together*, N. Y. Press, Sept. 30 1894, § 4, at 1.

㉞ Kens，前注⑯，50—51 页。

㉟ 工会的首要利益是限制工时，这一条款可以附在一部卫生法律中。但是工会同时还支持管制或关闭地下室面包房。参见 *The English Speaking Bakers*，前注㉚；*The Movement for Sanitary Bakeshops*, Bakers' J., Mar. 23, 1895, at 1。

㊱ 关于与正在进行的检查同期的报道，参见 *Inspecting Bakeries in the State*, *N.Y. Times*, July 25, 1895, at 6.

㊲ *Factory Inspectors' Report*，前注㉑，45 页。

而不通风的出租地下室面包房。[38] 此外，这些面包房的卫生条件还威胁到了公众的健康：

> 蟑螂和其他昆虫大量存在，其中一些只在肮脏的地下室才有，而很少在其他地方看到，而且这些东西还有可能成为销售的产品里的一部分。老鼠好像不害怕这些地下墓穴（catacombs）的人类居民，在成堆的面包和它们的洞穴之间跑来跑去。[39]

督察员们进一步说，住在面包房里的面包师们"几乎从不脱下他们的烘烤工装，因而他们的床褥也处于令人作呕的肮脏状态，完全不适合作为生产第一要素的员工生活"[40]。

马歇尔文章获得的关注引发了制定一部面包房改革法律的呼吁。一份包含了"饼干、面包和糕点厂"一系列卫生改革措施的法律建议案被引入立法机关，而且获得了很多重要改革者的支持，其中包括劳工联盟主席萨缪尔·冈珀斯（Samuel Gompers），慈善家、伦理文化学会的创建者菲利克斯·阿德勒（Felix Adler），显赫的主教牧师雷夫·威廉·雷斯福（Rev. William Rainsford），以及内战英雄、杰出的德裔美国人将军法兰茨·西格尔（Franz Sigel）。[41]

面包店法案，正如它后来为人所知的那样，是以英国 1863 年面包房管制法为样板的。[42] 这部纽约州法案建议稿中的卫生条款和英国法律中的相关条款类似，但是纽约州的法律建议案中包含着一个最高工时条款——在工会的敦促下添加进来——它将饼干、糕点和面包店的工时限制为每天 10 小时和每周 60 小时。[43] 工时条款得到了州健康专员居鲁士·艾德森的重要支持，他写道，"这一限制工人工作时间的条款从卫生的角度看特别好。现在有无可置疑的证据表明，那些（面包）工人超负荷工作，其结果就是他们体弱多病，不适于处理食物。"[44]

并不奇怪，面包店法案也获得了面包师工会的强烈支持。工会支持本法案的官方理由是，它是"纯粹的卫生措施"，因而"将经受得起宪法领域律师和法院仔细的审查"[45]。但是，工会也相信这部法案，特别是它的工时条款，将使其成员获得超出卫生条件改善的好处。《面包师报》上一篇同样主题的社论保证，10 小时工作制将解决（非工会组织）面包师面临的所有问题，包括"缺少工作、学徒数量的增加、廉价劳动力、雇主之间疯狂的竞争，以及 3 美分一条面包的时代"[46]。"一件及时和受欢迎的法律武器就要送到我们手上了"，这篇社论继续道，"纽约的熟练工（journeymen）面包师会

㊳ 同注㊲，46 页。

㊴ 同上注。

㊵ 同上注，56 页。

㊶ *The Bakers' Bill Progressing*, Bakers' J., Mar. 30, 1895.

㊷ 参见 *People v. Lochner*, 69 N.E. 373, 382 (N.Y. 1904)。

㊸ 同上注；还可见 Kens，前注⑯，44—59 页。

㊹ *The Bakers' Bill Progressing*，前注㊶。

㊺ *The Bakers' Bill to be signed by Governor Morton*, Bakers' J., Apr. 20, 1895, at 2.

㊻ *Now for the Ten-Hour Day*，前注⑮。

使用它吗?”[47]

提交给纽约州立法机关的时候，面包店法案第一部分包含着工时条款。接下来的三个部分包含着各种的卫生规则，例如禁止家禽家畜出现在面包房内和禁止工人睡在烘烤室。最后两个条款规定州工厂督察员执行本法。[48] 面包店法案在议会两院都全体一致通过。[49] 在最后一分钟，该法案被修正，只禁止雇员每天工作超过 10 小时；雇主可以想工作多久就工作多久。这一变化被用来帮助小面包店的店主，他们中的一些人是唯一所有人。这获得了面包师工会的支持，因为正如韦斯曼写道的，“我们的目标主要是保护雇员。”[50] 这一修改被两院一致批准，州长列维·P·莫顿于 1895 年 5 月 2 日签署法案使之生效。韦斯曼在《面包师报》上写道，今天“将成为美国面包师争取更好和更人道条件的伟大斗争中最值得纪念的日子之一”[51]。

在执行面包店法方面的进展是缓慢的。[52] 州工厂督察员发现许多小的出租地下室面包房无视本法的卫生条款和工时条款。督察员收到了很多关于地下室面包房工作时间的匿名投诉，但是很少有工人愿意签署证明其曾经被要求工作超过法律允许的时间的书面证词。因为面包房不仅仅是他们工作的地方，还是他们居住的地方，报复心驱使下的雇主不但可以开除掉他们，还可以将他们赶出去。[53] 督察员建议修改面包店法，彻底废止地下室面包房，因为这是该法所针对的恶习可以被终结的唯一办法。[54] 面包师工会也呼吁禁止地下室面包房。[55] 试图通过这样一项立法的努力失败了，因为一个面包店主、出租房屋业主和面粉交易商的联盟弱化了最初的法案。[56]

同时，面包师工会的执行委员会因为对韦斯曼的胜利感到欣慰，选举他担任了工会的最高职位——国际秘书。[57] 但是韦斯曼由于被指控收受《面包师报》印刷公司的回扣而在 1897 年辞职。韦斯曼很快开了自己的面包店，同时学习法律，通过了纽约州律师考试。他还在纽约面包店主协会（New York Association of Master Bakers）表现积极，这个协会是 10 小时工作制法律的仇敌。他后来写道，作为一位面包店主，他进行了“一场智识革命，发现自己曾经成功通过的法律对雇主是不公正的”[58]。

直到尤蒂卡面包店主约瑟夫·洛克纳在 1902 年 4 月第二周因为违反面包店法的工时条款被捕，事情才起了变化。他被指控要求其雇用的一名叫阿曼·施密特的工人每周工作超过 60 小时。洛克纳与面包师工会长期以来都

---

[47] 同注[46]。

[48] N. Y. Laws ch. 415 (1897) .

[49] Paul Kens, *Lochner v. New York: Rehabilitated and Revised, But Still Reviled*, 1995 J. Sup. Ct. Hist. 31, 34; 还可见 Kens, 前注[16], 59 页。

[50] *The Baker Bill to Be Signed by Governor Morton*, 前注[45]。

[51] Bakers' J., May 11, 1895, at 11.

[52] 参见 Brenner, 前注[22], 68 页（注意到 1896 年纽约全市只有 8 人被逮捕，尽管广泛存在着违反该法的现象）。

[53] *Factory Inspectors' Report*, 前注[21], 43—46 页。

[54] 同上注, 47 页。

[55] *Complains of the Bakers*, 前注[23]。

[56] Kens, 前注[16], 60—61 页。

[57] 同上注, 98 页。

[58] *Henry Weismann*, Bakers' J., May 27, 1905, at 1.

有纷争，似乎是工会劝说工厂督察员提起了对他的起诉。[59] 这是洛克纳因为违反 10 小时工作制法律第二次被捕。第一次时他被认定有罪，并被罚了 25 美元。[60] 大陪审团在 10 月对洛克纳提起控告。在预审中，他的律师，来自本地林德斯勒 & 美奇律师事务所的威廉 · S · 美奇，依据技术细节要求释放洛克纳，但没有成功。在 1903 年 2 月的审判中，洛克纳既不认罪也不辩称自己无辜，没有提出任何辩护。法院裁决洛克纳有罪，他被处以 50 美元的罚款，并入狱服刑 50 天。[61]

法律背景

洛克纳不做任何辩护的事实说明纽约州面包店主协会已经说服洛克纳接受这一指控，以形成一个关于面包店法的工时条款的检测性案例。该协会有一些理由期待获得一个正面的结果。纽约州上诉法院（The New York Court of Appeals，纽约州的最高法院）在通过宪法解释限缩政府管制权力范围的方面发挥了主导性的作用，特别是在管制劳动合同的权力方面。

州法院根据两个理论使得劳动立法无效。第一，法院仔细审查那些立法归类以保证它们是合理的，即它们必须有有效的公共目的。如果联邦最高法院发现某一归类是不合理的或是专断的，其所属的立法就构成了“阶级立法”，即不正当地有利于或不利于特定团体的立法。反对阶级立法当时已经成了美国政治领域中自杰克逊党人时代起一个不变的主题，有些人甚至认为自建国时就是。[62] 在内战之后，法院逐步得出结论，阶级立法是不合宪的，违反了第十四修正案的平等保护条款和各州平等原则。

仅仅适用于特定产业的管制性立法，如面包店法的工时条款，特别容易被指控为是阶级立法[63]，尽管对各种规章进行挑战的结果在很大程度上依赖于该挑战是在哪个司法系统中提起的。许多以构成阶级立法为由认定法律无效的州判决，使得专著作者恩斯特 · 弗洛因德在 1904 年得出结论，对不平等法律的禁止是“对警察权力（police power）行使最有效的限制之一”，警察权力是指以公共健康、安全和福利为由进行管制的州权力。[64] 这对劳工保护立法的影响特别明显——对阶级立法的禁止被看作是规制劳动力市场最大的宪法障碍。

还有一些州宪法案例法表明，任何对合同关系缺乏有效警察权力依据的管制都是专断和不合理的。免受专断或不合理管制的权利深深植根于英美自然权利的思想之中。唯一的问题是法官是否拥有宪法权力去实施这一权利。虽然对阶级立法的宪法性反对意见主要是根据第十四修正案的平等保护条款

---

[59] Kens，前注⑯，79 页。

[60] *Decision Given in Labor Case*, Utica Herald Dispatch, Apr. 17, 1905, at 2; Morris Hillquit, *The Decision of the United States Supreme Court on the Ten-Hour Law for Employee of Bakeries—The Passage and Provisions of the Law*, Bakers' J., May 13, 1905, at 1.

[61] Kens，前注⑯，80—81 页。

[62] 参见 Gillman，前注⑧。

[63] 参见 Bernstein, *Lochner Era Revisionism Revised*，前注⑥。

[64] Ernst Freund, *The Police Power: Public Policy and Constitutional Rights* § 682, at 705 (1904).

提出的，内战后的法官把免受专断或不合理管制这一更宽泛权利的源泉定位在第十四修正案的正当程序条款和州宪法上。法院在审查劳工规制立法时特别警觉，他们认为这些管制立法潜在地违反了“自由劳动”这一基本权利，而自由劳动权利是内战后意识形态的一个明确基础。一些法院一致拒绝接受州当局的辩解，即新的劳动管制立法拥有有效的警察权力目的，但是其他一些法院则更愿意遵从立法机关。

纽约州上诉法院曾经作出过一些重要判例，将许多法规，特别是法院认为干预了从事某一项职业的权利的法规宣布为无效。最著名的是 1885 年该法院宣布一项禁止在出租公寓内制造雪茄的法律违反了正当程序权利。[65] 对洛克纳更有利的一个判决是 1901 年法院宣布州承包商给其工人支付“现时工资（prevailing wage）”的要求无效。在该案中，上诉法院明确支持各种各样宣布各种“家长式”劳动管制法规无效的州法院判决，因为它们没有有效的健康或者安全理由。[66] 另一方面，州上诉法院也作出过一些支持管制的判决意见，包括劳工管制，并认为其处于纽约的警察权力之内。[67]

因为至少有一些有利于自己的关于阶级立法和正当程序的先例，洛克纳向纽约州上诉分院（New York Appellate Division Court）提起了上诉。该法院以 3∶2 作出支持（限制）工时法律的判决。[68] 约翰·M·戴维（John M. Davy）法官撰写了相当隐晦的一份多数判决意见。戴维声称，（限制）工时的法律是一项有效的警察权力措施，具有改善公共健康的目的。他认定该法不是阶级立法，因为它是“针对所有在面包业从业人员的”，而且“也没有授予任何特权，或是作出不公正的歧视”[69]。戴维补充道，（限制）工时的法律没有侵犯从事某项职业的基本权利，因为它不是禁止性的，而仅仅是规制性的。[70]

洛克纳就上诉分院的判决向纽约州上诉法院提起上诉。[71] 他又一次败诉了，这一次是 4∶3 的判决。首席法官埃尔顿·B·帕克（Alton B. Parker）撰写了多数派判决意见。帕克声称，公众对于面包房的卫生状况有着利害关系，这是“毫无疑问的”[72]。因而，立法机关有权规制商业行为，以制定法律保障人民的健康。帕克还补充道，面包店法从整体上看明显意在提升公众健康，工时条款是提高面包店卫生条件整个计划的一部分。帕克认为，毕竟一名工人如果不疲劳过度工作时，可能会更加仔细和干净。帕克继续说，即使在辩论过程中有人说这一法规并不是为了保护公众健康，该法也是为了保护面包师的健康，因而也在警察权力范围之内。[73]

---

[65] 见 *In re Jacobs*, 98 N. Y. 98 (1885)。

[66] People *ex rel. Rodgeers v. Coler*, 59 N. E. 716 (N. Y. 1901) .

[67] 参见 Felice Batlan, *A Reevaluation of the New York Court of Appeals: The Home, the Market, and Labor*, 1885 - 1905, 27 Law &Soc. Inquiry 489 (2002)。

[68] *People v. Lochner*, 76 N. Y. S. 396 (N. Y. A. D. 1902) .

[69] 同上注，401—402 页。

[70] 同上注，401 页。

[71] 参见 *People v. Lochner*, 69 N. E. 373 (N. Y. 1904)。

[72] 同上注，379 页。

[73] 同上注，379—381 页。

约翰·克林顿·格雷（John Clinton Grey）法官撰写了一份赞同意见。虽然格雷相信，如果将每周 60 小时的工作限制单独考虑的话，它可能因为侵犯了合同自由而无效，但是，当将该条与面包店法的其他部分联系在一起时，它与健康规制的相关性就显而易见了。格雷强调，支持该法唯一合适的理由就是它保护公众健康，而非仅仅保护面包师的健康。[74]

欧文·范恩（Irving Vann）法官也撰写了赞同意见。他声称，只要“从常识的角度”法院能够认定在面包房工作是不健康的，工时法律就可以获得支持。[75] 范恩声称，在解决这个事实性问题上，法院“可以求助于那些向立法机关开放的信息源”[76]。他接着引用了讨论面粉、糖粒和过高的温度对面包师负面效应的书和文章，据这些资料讲，这使得面包师易于患肺结核。他还引用统计数据表明，面包师比其他产业工人患不治之症的比率更高。范恩究竟是在哪里偶然发现这些数据的并不清楚；他引用的这些研究数据没有在任何一方的案情摘要中出现过。范恩认定，从这些证据“得出这样的结论，即面包师或者糖果制造工人的职业都是不利于健康的，易于导致呼吸器官的疾病”[77]。

丹尼斯·奥布莱恩（Denis O'Brien）法官撰写了反对意见。他认为工时条款是不适当的家长主义条款，因而不正当地侵犯了公民的自由和财产权。奥布莱恩还认为工时条款是阶级立法，歧视某些人而给予另一些人优待，因为它适用于面包师和糖果工人这一小阶层，而不适用于其他职业。[78] 奥布莱恩承认，如果工时条款是警察权力的合法运用的话，它仍然可能有效，但是他认为工时条款不能如此解释，因为“很难想出”它与生产卫生面包之间的联系。[79]

此外，奥布莱恩还声称，工时条款不能被辩解为一项目的在于保护面包师健康的措施。烤面包并不被人认为是一项不健康的工作，奥布莱恩写道，法律允许面包店主想干多少时间就干多少时间，就证明工时条款是一项“劳工立法”，而非健康法。[80] 奥布莱恩还指出，工时条款被放在纽约州法典劳工法部分，而非健康法部分。[81] 爱德华·巴特莱特（Edward Bartlett）赞同奥布莱恩的观点，即没有证据表明烘烤面包是不健康的。他认定，工时条款是“家长主义的”，并认为它应当被宣布为无效。[82]

工会的支持者对于胜诉感到满意，但是对如此接近的表决对比和案件的艰辛程度并不感到高兴。例如，《南达科塔哈罗德报》就说，“这是怎样的一个胜利啊！美国已经成为世界上最富裕的国家，而且我们也自称是最文明的国家。但是即使我们拥有财富，拥有文明，10 小时工作制现在仍然被劳动

[74] 同注[71]，381 页（格雷大法官的赞同意见）。

[75] 同上注，382 页（范恩大法官的赞同意见）。

[76] 同上注。

[77] 同上注，382—387 页（范恩大法官的赞同意见）。

[78] 同上注，385—387 页（奥布莱恩大法官的反对意见）。

[79] 同上注，387 页（奥布莱恩大法官的反对意见）。

[80] 同上注，388 页（奥布莱恩大法官的反对意见）。

[81] 同上注，387—389 页（奥布莱恩大法官的反对意见）。

[82] 同上注，389 页（巴特莱特大法官的反对意见）。

者赞扬为缩短了工作日。怎么会这样呢？这个国家有组织的工人早在 18 年前就致力于 8 小时工作日了。”[83]

同时，纽约面包店主协会在 1904 年 2 月开会，决定向每位会员征收一美元以向联邦最高法院提起上诉。[84] 出于某种原因，协会决定用布鲁克林地区著名律师法兰克·哈维·菲尔德和亨利·韦斯曼组成的律师团来接替美奇担任洛克纳的律师。[85] 韦斯曼告诉《纽约时报》，虽然他理解那种对要求面包师全天都随叫随到，却只按天支付工资的制度的反对意见，但是工时条款不合理地禁止了面包师在 10 小时标准工作日之外，再双倍支付工资的加班工作。[86]

相反，《面包师报》这样说：

> 每次面包店主上诉声称 10 小时工作制的法律违宪，他们都将自己是每一项工作条件改善最凶狠和最不肯妥协的敌人这一事实暴露在强光灯下。他们的行为显示出其是没有任何同情心的残酷剥削者，他们不关心其雇员家庭的幸福生活是否能够在这个大陆上存在。他们是一些宁愿牺牲数以千计工人的健康和生命，也绝不遵从工人最微小要求的人，这一点是已经明白无疑的。[87]

关于面包店主向联邦最高法院上诉一事，《面包师报》这样说：“我们在联邦最高法院的上诉最终结果出来之前完全没有理由兴奋。”该报社论指出，帕克法官的法律意见“提供了令人印象深刻的证据，即面包房行业现在的工作条件损害了面包店工人的健康，并耗尽了他们的脑力和体力”[88]。

联邦最高法院的审理

洛克纳上诉的前景看起来并不光明。联邦最高法院当时已经承认不正当的阶级立法违反第十四修正案的平等保护条款，但是对什么构成不正当的阶级立法给予了非常狭义的解释。[89] 虽然联邦最高法院不久前宣布一些法律是露骨的阶级立法，因而无效[90]，但是该法院一直以来都支持调控劳动关系的法律，最著名的是霍顿诉哈代案（*Holden v. Hardy*）。[91] 在那个案件中，联邦最高法院支持了仅适用于地下采矿工人的工时法律。在该案之后的几年里，联邦最高法院支持了另外三个被看作是阶级立法而受到挑战的法律，而且反对意见法官从来没有超过三人。[92]

---

[83] *Opinion of Others*, Baker' J., Feb. 27, 1904, at 1（引自《南达科塔哈罗德报》）。

[84] *Down With Ten-Hour-Law! Is the War - Cry of the Boss Bakers*, Bakers' J., Feb. 27, 1904, at 1.

[85] *Made the 10-Hour Law, Then Had it Unmade*, N. Y. Times, Apr, 19, 1905, at 1.

[86] *Master Bakers Keep Up Fight*, N. Y. Times, Feb. 27, 1904, at 5.

[87] *Boss Bakers Will Appeal Again*, Bakers' J., Feb. 20, 1904, at 1.

[88] 同上注。

[89] 参见 Bernstein, Lochner *Era Revisionism*, Revised，前注⑥。

[90] 例如 *Connolly v. Union Sewer Pipe Co.*, 184 U. S. 540 (1902)。

[91] 168 U. S. 366 (1898).

[92] *Atkin v. Kansas*, 191 U. S. 207 (1903); *Consolidated Coal Co. of St. Louis v. Illinois*, 185 U. S. 203, 207 (1902); *Knoxville Iron Co. v. Harbison*, 183 U. S. 13, 22 (1901).

因而阶级立法/平等保护的诉由是一个风险很大的赌注，另一个洛克纳上诉可能的理由——工时条款侵犯了洛克纳和其工人的“合同自由”——也是如此。联邦最高法院不久前在判决中承认合同自由是第十四修正案正当程序条款所保护的一项基本权利。[93] 但是，在洛克纳上诉之前，联邦最高法院一直都拒绝将声称旨在对劳动予以警察权力规制的法律以违反合同自由为由宣布无效。[94]

面对有限的和没有吸引力的选项，洛克纳的律师菲尔德和韦斯曼明显认定，他们最强有力的理由就是工时条款是不正当的阶级立法，他们在其案情摘要中也集中于这一点。首先，他们主张工时条款是阶级立法，因为它适用于一些面包师，而不适用于另一些。[95] 根据洛克纳的案情摘要，工时条款至少没有覆盖面包业 1/3 到 1/2 的人，因为他们并不在该法所包含的饼干、面包或蛋糕店范围之内，而是在馅饼烘烤房、宾馆、饭店、俱乐部、公寓或为私人家庭服务的机构里工作。这份案情摘要声称，这些面包师的工作条件事实上比那些在现代面包房里工作的更加不卫生和不利于健康。[96]

大多数未受法律规制的工人的共同点是他们的工作是季节性的，并经常需要在旺季长时间工作。立法机关豁免这些工人并不是因为他们的健康风险与其他面包师的健康风险相比更小，而是因为立法机关为了部分雇主的利益而选择豁免这一工人群体。[97] 此外，工时条款还允许面包店主想工作多少小时就工作多少小时。这意味着纽约市超过一半的面包店都未包括在该法的调整范围之内，因为它们都是个体或者家庭经营的。[98] 这份案情摘要认为，工时条款粗劣的和不一致的调整范围显示出该法是违宪的阶级立法。

案情摘要下一部分主张，工时法律并不在警察权力的调整范围之内，因为没有理由单独对面包店进行特别规制。这份案情摘要认为，不同于霍顿诉哈代案中的采矿，烘烤面包一般而言是一项无害健康的工作。允许将面包业置于警察权力之下“将不可避免最终意味着所有行业都将处于警察权力之下”[99]。这一案情摘要还包括一个附录，收集了面包业是相对无害于健康的进一步证据。[100]

在对相关先例进行了彻底的（但并非总是令人信服的）讨论之后，上诉方的案情摘要试图展示这样一点，即面包店法的工时条款并不在州警察权力之内，因为它不是一项健康措施。案情摘要提到了现在讨论的这部法律似乎

---

[93] *Northern Securities, Co. v. U. S.*, 193 U. S. 197, 351 (1904); *Patterson v. Bark Eudora*, 190 U. S. 169, 173-75 (1903); *United States v. Joint-Traffic Ass'n*, 171 U. S. 505, 572-73 (1898); *Allgeyer v. Louisiana*, 165 U. S. 578, 589 (1897).

[94] *Atkin*, 191 U. S. at 220-24; *Knoxville Iron Co.*, 183 U. S. at 18-22; *Holden v. Hardy*, 169 U. S. 366, 388-98 (1898).

[95] Brief for Plaintiff in Error at 78, *Lochner v. New York*, 198 U. S. 45 (1905) (No. 292)，再版于 14 *Landmark Briefs and Arguments of the Supreme Court of the United States: Constitutional Law* 653 (Philip B. Kurland Gerhard Casper 主编，1975)。

[96] 同上注，10—11 页。

[97] 同上注，10、12 页。

[98] 同上注，8、15 页。

[99] 同上注，37 页。

[100] 参见下文及注释[103]—[105]。

是以 1863 年英格兰面包店规制法为样板，但是英格兰的法律并未规制成人的工作时间。[101] 同时，面包师工会缩短工时的要求是独立于健康考虑的。这份案情摘要解释道，第一部适用于面包师的 10 小时法案是在 1887 年引入的，该法没有包含任何卫生条款。此外，在 1897 年，当纽约州立法机关将该州的法律编纂为不同的门类时，它将面包店工时条款放到了劳工法律类别，而将该法的其他部分放到了健康法律类别。[102]

这份案情摘要最有趣和最有影响力的部分是附录，被一位学者称为是"原始的'布兰代斯案情摘要'"[103]。可能是受到范恩法官判决意见指控面包烘烤工作不利于健康的刺激，附录提供了面包师健康状况的统计数据。根据来自英格兰的 1890 年到 1892 年死亡率数据，面包师的死亡率指数是 920，还略微低于所有职业平均死亡率指数，后者是 1 000。该附录接下来引用了来自各种医学杂志上的文章，它们建议改革卫生和通风措施，以促进面包师健康，但是却并没有鼓吹缩短工时。事实上，一篇英国医学杂志《柳叶刀》提到，缩短工时并没有解决根本问题。[104] 附录还引用了《医疗科学参考手册》的内容，声称在 21 种职业中，面包师的死亡率处在第 11 位，与家具工人、砖瓦匠、铁匠、文员和其他平凡的职业非常接近。还有，一位英国总部的专家发现面包师在 22 种职业中死亡率排名第 18，而且面包师的肺部疾病发病率最低。[105]

与洛克纳案情摘要的长篇大论和说理详尽相反，纽约州的案情摘要仅仅 19 页长，里面只有极少的引用和先例。可能是纽约州的总检察长认为洛克纳案是受霍顿案约束的一个简易案件，因而不值得在上面花费资源。或者他可能被更加紧迫的——在那时也更加具有争议性的——特许税案件（Franchise Tax Cases）分散了注意力。这一案件是该州总检察长当时正忙于处理的又一起上诉案，将会决定纽约州对电车线路、天然气工厂和其他公共设施所施加的特许税是否合宪。[106] 不管怎样，纽约州的案情摘要还是阐述了三点意见：首先，举证责任在洛克纳一方，他要证明法律是违宪的；其次，面包店法的目的是同时保障公共健康和面包师的健康；再次，该法处在警察权力之内，因为它是一部健康法。

联邦最高法院在 1905 年 2 月 23 日进行了庭审，然后在 1905 年 4 月 17 日作出了判决。令几乎每个人都感到吃惊的是，洛克纳胜诉了，判决表决是 5∶4。[107] 正如所预期的那样，大卫·布鲁尔（David Brewer）和鲁弗斯·派克海姆（Rufus Peckham），两位几乎从不把劳工立法看作是合宪法律的法官，投票支持洛克纳。首席大法官梅尔维尔·富勒（Melville Fuller）也支持洛克纳，虽然他在联邦最高法院最近大多数主要的劳工管制案件中都与布

---

[101] Brief for the Plaintiff in Error，前注[95]；还可见 *People v. Lochner*，69 N. E. 373，383 (N. Y. 1904)。

[102] Brief for the Plaintiff in Error，前注[95]，41 页。

[103] Stephen A. Siegel，Lochner *Era Jurisprudence and the American Constitutional Tradition*，70 N. C. L. Rev. 1，19 n. 77 (1991)．

[104] Brief for the Plaintiff in Error，前注[95]，57—58 页。

[105] 同上注，60 页。

[106] Kens，前注[16]，113 页。

[107] *Lochner v. New York*，198 U. S. 45 (1905)．

鲁尔和派克海姆意见相左。[108] 多数派法官还设法把亨利·布朗（Henry Brown）和约瑟夫·麦肯纳（Joseph McKenna）法官的票也拉了过来，这两位法官谁也没有在之前投票宣布州劳工法规因为侵犯第十四修正案的权利而无效。

洛克纳的胜利是一场险胜，因为有证据表明派克海姆大法官的多数派意见最初是当做反对意见来写的，而约翰·马歇尔·哈兰大法官的反对意见是联邦最高法院最初的判决意见。[109] 是否确实有一位法官在最后关头改变了投票，如果是的话又是出于什么原因，这至今都是一个谜。至于布朗和麦肯纳不寻常的投票，则最有可能要归因于洛克纳案情摘要的创造性，即其提交的这份满是统计数据的附录，显示出烘烤面包并不是一项特别不利于健康的职业。此外还有一项原因，那就是纽约州提交了一份格外无效的陈述。

还令人惊讶的是，考虑到洛克纳的案情摘要集中于阶级立法，派克海姆的多数派意见却无视这个问题，而是支持基本权利/正当程序分析。[110] 派克海姆一开始就认定面包店法的工时条款明显干预了合同自由，这是一项联邦最高法院在阿尔热耶诉路易斯安那州一案中就承认的权利，被当做第十四修正案正当程序条款所保障的自由的一部分。[111]

根据霍顿诉哈代案，为了保护贫困的工人，或是保障面包师或广大公众的健康，合同自由可以被限制。这一假定有利于合同自由。如果法律是一部“劳工法”，而且是对面包师合同协商能力的某些不足提供补救的需要，或者如果该法是一部“健康法”，则这一假定可以被压倒。无论是其中哪种情况，法律都将处在州警察权力范围之内。派克海姆拒绝了公共健康是制定该法的充分理由，他说，“卫生和有益健康的面包并不依赖于面包师是每天仅工作10小时或是每周只工作60小时。”[112]

派克海姆还得出结论说，面包师在协商合同时不需要来自州当局的特别帮助。派克海姆认为，不同于妇女、儿童和在某种程度上“贫困（necessitous）”的矿工，面包师“在任何意义上都不是州的被监护人”[113]。因而，除非是为了补救烘烤面包对健康的特别影响，“干预了（面包师）判断和行动独立性”的工时条款就因为侵犯正当程序条款保护的合同自由基本权利而违宪了。[114]

为了确定工时条款是否确实是健康法，派克海姆首先要确定烘烤面包是否被认为是不利于健康的职业。他得出结论，面包业是一个普通的行业，并

---

[108] 参见 *Atkin v. Kansas*，191 U.S. 207 (1903)。

[109] 参见 Charles Henry Butler，*A Century at the Bar of the Supreme Court of the United States* 172 (1942)（书中声称，约翰·梅纳德·哈兰，也就是哈兰大法官的儿子，说过他的父亲曾经告诉他，其父亲的意见最初是多数派意见）；John E. Semonche，Charting the Future：*The Supreme Court Responds to a Changing Society*，1890 - 1920，at 181 - 82 (1978)（认为反对意见的内部结构和风格可疑地显示出其原本是用来做多数派意见的）。

[110] 对这一点的进一步讨论，参见 Bernstein，Lochner *Era Revisionism*，*Revised*，前注⑥。

[111] Lochner，198 U.S. at 53（引用了 *Allgeyer v. Louisiana*，165 U.S. 578，589 (1897)）。

[112] 同上注。

[113] 同上注，57 页。

[114] 同上注。

未被公认为不利于健康的。[115] 接下来，派克海姆认定，现有的科学证据表明，烘烤面包并非一项特别不利于健康的职业。[116] 为了得出这一结论，他明显依赖——但是为了不损害其名声，而未明确引用——洛克纳案情摘要附录中讨论的研究成果，它们显示面包师与许多并未受到立法规制的普通职业有着相似的死亡率。[117] 考虑到这一点，在派克海姆看来，缺乏任何合理的理由相信最高工时的法律在事实上是健康法，它并非一项有效的警察权力措施，而“仅仅是对个人权利多管闲事的干预”[118]，而且是对合同自由的违宪侵犯。

派克海姆得出结论，“这部法律并不在健康法这一术语的正常含义之内，而是对个人权利不合法的干预，既是对雇主也是对雇员就劳动方面何种条件他们认为是最好的，或是他们可以接受的而缔结合同的权利的侵犯。”[119] 派克海姆提到，该法关于卫生事项的其他条款可能是有效的，而每周 60 小时的工时限制则是无效的。[120]

最后，派克海姆提到，在健康规制的面具掩盖下对工作场所进行立法干预的事例持续增多。在审查声称是健康法的法律时，“法律的目的必须按照它所使用的语言的自然效果和法律效果去确定；而且其是否与美国宪法相矛盾必须按照这些法律实施的自然效果，而非他们声称的目的去判断”[121]。

约翰·马歇尔·哈兰（John Marshall Harlan）法官撰写了主要的反对意见，爱德华·怀特（Edward White）和威廉姆·戴伊（William Day）法官加入其中。哈兰认为，州警察权力至少延伸到“保护生命、健康和公共安全不受任何公民伤害性权利行使影响”的领域，而且第十四修正案不是意图用来干预这种警察权力行使的。[122] 因而，哈兰说，虽然这里存在着一项明显的合同自由权利，但是它是从属于警察权力合法行使的。[123] 根据哈兰大法官的观点，联邦最高法院只有在那些声称是健康安全法的法律与“那些目标之间没有真实或实质联系，或是毫无疑义地、清楚明白地侵犯了基本法所保障的权利时”才应当宣布其无效。[124] 只要存在任何怀疑都应当作出对法律有利的裁决。

哈兰接着声称，面包店工时条款至少部分地保护了面包师的健康。哈兰引用医学著作和统计数据来支持面包师从事的工作不利于健康的观点。[125] 他在哪里见到的这些数据不是很清楚，因为它们没有出现在纽约州的案情摘要

---

[115] 同注[111]，58 页（“就普遍的理解来说，面包师行业从未被看作是一个不利于健康的职业。”）。

[116] 同上注（裁定“缺乏合理的依据认为该法是一部以保障公共健康或是面包师健康为目的的必要或者适当的健康法”）。

[117] 同上注，59—61 页（法官将面包师与范围广泛的一系列职业相比较，认为如果规制面包师的法律获得支持，那么其他一些在洛克纳的案情摘要中显示出的对健康具有类似影响程度的职业也需要规制。但是其从未提到任何对案情摘要中数据的依赖）。

[118] 同上注，61 页。

[119] 同上注。

[120] 同上注，61—62 页。

[121] 同上注，64 页。

[122] 同上注，65 页（哈兰大法官的反对意见）。

[123] 同上注，65—66 页（哈兰大法官的反对意见）。

[124] 同上注。

[125] 同上注，70—71 页（哈兰大法官的反对意见）。

中。哈兰认为纽约州的假定是合理的，即每天在面包房工作超过 10 个小时“可能会威胁到工人的健康，并缩短其寿命，因而削弱了他们服务国家，和供养那些依赖其为生的人的体力和脑力”[126]。因为法律并非与第十四修正案“明显清楚地”相冲突，所以它应当获得支持。[127]

小奥利弗·温德尔·霍姆斯大法官，撰写了一份单独的反对意见，这也是美国宪政史上一份最著名的反对意见。霍姆斯声称，多数派的判决意见建立在“一个这个国家的大部分人并不感到愉快的经济理论上”[128]。他声称，以不易与面包师工时法相区别的方式干预合同权利的州权力，包括那些反对高利贷和周日工作的古代法律，都是早就确立了的。[129] 霍姆斯写道，“宪法并没有被设想来体现特定的经济理论，不论是家长主义、公民与国家的有机联系还是自由放任主义。”[130] 他补充道，“第十四修正案并没有制订赫伯特·斯宾塞先生的《社会静力学》”（一本著名的支持自由放任的著作）。[131] 按照霍姆斯的看法，一旦“自由”一词“被用来阻止主流意见的自然结果”，它就被滥用了，除非每个人都能同意受挑战的法律“侵犯了我们人民和我们法律在传统上理解的基本原则”[132]。他认为，一个理智的人会认为工时条款是一项有效的健康措施，因而该法应当获得支持。

对洛克纳案的反应

《面包师报》对洛克纳案判决的最初反应是出奇的沉默。该报于 1905 年 4 月 22 日发表社论，声称这一判决仅仅表明“在当下的条件下，（面包师的）权利和他们的利益只有靠他们自己的组织和力量去保护和捍卫。”[133] 但是随着判决逐步被理解，该报的社论变得越来越严厉。1905 年 5 月 20 日，《面包师报》专栏文章说，洛克纳案是“这个国家的法院对有组织的劳工所给予的最沉重一击”[134]。一周之后，《面包师报》的编辑这样写道，“面包工人们像苍蝇一样死掉，死于肺病、风湿病和其他因违反自然规律而给身体带来的惩罚。但是那些‘博学’的法官尊重什么自然规律呢？只有资本家的法律对他们是神圣的！工资劳动者除了受剥削之外什么也没得到！”[135]

---

[126] 同注[111]，72 页（哈兰大法官的反对意见）。

[127] 同上注，73 页（哈兰大法官的反对意见）。

[128] 同上注（霍姆斯大法官的反对意见）。

[129] 同上注。

[130] 同上注。

[131] 同上注。霍姆斯所做的这一评论似乎是之后持续数十年之久的看法的基础，即洛克纳案的多数派法官被社会达尔文主义所鼓动。很多人认为斯宾塞是一位主要的社会达尔文主义者。但是，在上下文的语境中，很明显霍姆斯是以斯宾塞作为一个极端信仰自由放任主义的例子，而并不是指责多数派法官是社会达尔文主义者。霍姆斯之所以选择斯宾塞可能是因为霍姆斯是一个格言警句大师，而斯宾塞的《社会静力学》是一个令人难忘的头韵（alliteration）。

[132] 同上注，75—76 页。

[133] 《纽约州面包店法的工时规定，即在面包店工作每天不得超过 10 小时，每周不得超过 60 小时被联邦最高法院宣布为违宪》，载《面包师报》，1905 年 4 月 22 日，1 页。

[134] 《联邦最高法院就面包店雇员 10 小时工作制法律的判决——该法的段落和条款》，载《面包师报》，1905 年 5 月 20 日，1 页。

[135] 《联邦最高法院的判决》，载《面包师报》，1905 年 5 月 27 日，2 页。

但是，最终面包师工会是没有什么理由抱怨洛克纳案的判决的。自面包店法成为法律之后10年内，随着美国变得更加富裕，全国范围内的生产力和工作条件都得到了提高和改善。较短的工时成为了全国性的常态，包括面包业。到了1909年，全国范围内只有不到9%的面包工人每天工作超过10小时，而到了1919年97%的面包工人每天工作9个小时或者更少，只有3%的面包师工作每天超过10小时。[136] 洛克纳案对面包师工时的实际效果非常小。

当然，有兴趣的观察者会理解，洛克纳案判决所认可的远远超过面包师工时的议题，这一判决引发了各式评论者强烈的反应。当时的少数自由派期刊赞扬洛克纳案，将其看作是对工会专制的一击。《民族》（The Nation）的社论声称，该判决的主要效果"将是阻止工会主义者以保护公共健康为借口和托词，寻求限制非工会成员的竞争，以此建立对很多重要行业劳工的准垄断地位"[137]。《纽约时报》赞扬联邦最高法院拒绝实施"任何可能是由立法机关内煽动民心的政客和劳工领袖中无知之徒缔结的契约，挫败了他们的合伙阴谋"[138]。

相反，洛克纳的裁决遭遇到了进步党人和工会人士的直接谴责。根据历史学家的描述，"自从1895年（当时联邦最高法院宣布联邦所得税法无效）以来，从没有哪个案件在公共媒体和职业杂志上引起这么多的抗议。这里所讨论的议题不仅仅是本案中的法律，而且是全国性的利用政府纠正工业社会不平衡的运动。"[139] 进步党人和劳工积极分子许多年来一直批评宣布劳工立法无效的"反动"州法院判决，但是对联邦最高法院还感到欣慰，因为其一直投票支持劳工改革。可是现在，联邦最高法院也发布了第一个认定州劳工立法无效的判决，它似乎也走到了阴暗一面。[140]

进步主义法学家加入了谴责洛克纳案的大合唱。这些法学家如罗斯科·庞德（Roscoe Pound）、恩斯特·弗洛因德（Ernst Freund）和勒尼德·汉德（Learned Hand）不知何故忽略了洛克纳案情摘要的附录和派克海姆大法官直率的声明，即"在查阅各行各业的统计数据之后，他认为烘烤面包是相对健康的"[141]，他们指控洛克纳案的多数派法官采用的是一种"机械式法学理论"，或是抽象推理，而非依赖关于长时间从事面包师工作对健康影响的现代科学知识。[142] 对洛克纳案中所谓形式主义的敌视直接导致了所谓社会法学的发展。社会法学认为法律的目的是实现社会目标，而法律规则，包括宪法规则不能从最初的原则中推导出来。[143] 因而，抽象的权利理念不应当束缚法

---

[136] Hazel Kyrk Joseph Stancliffe Davis, *The American Baking Industry* 60 – 61, 108 (1925).

[137] Editorial, *A Check to Union Tyranny*, 80 Nation 346, 347 (1905).

[138] *Fussy Legislation*, Editorial, N. Y. Times, Apr. 19, 1905, at 10.

[139] Semonche，前注[109]，184页。

[140] Ernst Freund, *Limitation of Hours of Labor and the Federal Supreme Court*, 17 Green Bag 411, 413 (1905).

[141] *Lochner v. New York*, 198 U. S. 45, 58 (1905).

[142] 例如参见，Freund，前注[140]；Learned Hand, *Due Process of Law and the Eight-Hour Day*, 21 Harv. L. Rev, 495, 501 – 08 (1908); Roscoe Pound, *Mechanical Jurisprudence*, 8 Colum., L. Rev. 605 – 16 (1908)。

[143] 参见 Rescoe Pound, *Liberty of Contract*, 18 Yale L. J. 454, 464 (1908)。

官。[144] 相反，法官在解释宪法的时候应当考虑公共利益和现代社会条件或是“社会事实”。社会法学从那时起开始主导主要的法学院，并对 20 世纪法律思想最重要的创新——法律现实主义产生了巨大影响。

许多社会法学的信徒将律师、未来的联邦最高法院大法官路易斯·布兰代斯（Louis Brandeis）在 1908 年马勒诉俄勒冈州（*Muller v. Oregon*）[145] 一案中的案情摘要，看作是将原则付诸实践的一次成功尝试。这一陈述只包含了很短的法律论证，但是它向联邦最高法院提交了许多页社会学报告和数据，以支持（限定）妇女最高工时的法律。布兰代斯的案情摘要并非像它看起来的那般激进；他知道俄勒冈州当时正在提交一份关于本案的传统案情摘要，因而他不需要重复表述州的论据。此外，向联邦最高法院提交相关数据事实上并非布兰代斯首创，菲尔德和韦斯曼在洛克纳案中的附录就已经这样做了[146]，布兰代斯很可能是受到派克海姆在洛克纳案中所声称的，他曾经依赖那些显示出烘烤面包相对健康的统计数据（作出判断）这一事实的启发，才写出了“社会学”的案情摘要。但是，这一案情摘要在联邦最高法院支持争议法律有效性的判决意见中被提到了（尽管也有很多地方并没有提及，而只是加强了法官们所说的，他们已经通过“常识”知道的事实），因而所谓的“布兰代斯案情摘要”就成了有关进步主义改革宪法论证的一个标志。

洛克纳案的长期影响

尽管引起了这么多骚动，洛克纳案被证明既不是自由主义者的梦想，也不是进步主义者的噩梦；因为在几乎 20 年内，洛克纳案就都被证明是一个脱离常规的特殊案件。并不是说联邦最高法院经常支持受挑战的法规。实际上，它一些宣布州法无效的判决对美国人的生活产生了重大影响。在洛克纳案之后，联邦最高法院宣布禁止雇主阻止其雇员参加工会的法律由于其侵犯了第五和第十四修正案保护的自由权和财产权而无效。[147] 这些判决可能抑制了工会的发展。联邦最高法院还宣布路易斯维尔一部要求居住隔离的法律无效，这一判决帮助阻止了南非式种族隔离制度的蔓延，而且通过阻止严格的种族规划，允许数以十万计的非洲裔美国人离开贫困的农村种植园，来到城市追求更好的生活。[148]

但是，至少到 20 世纪 20 年代早期，联邦最高法院很少干预声称处在州警察权力范围之内的法规。在洛克纳案之后 10 年内，联邦最高法院支持几乎每一个诉到该院的州劳工改革法律，包括禁止童工的法律[149]，管制妇女工

---

[144] 参见 Louis D. Brandeis，*The Living Law*，10 Ill. L. Rev. 461，467（1916）。

[145] 208 U. S. 412（1908）.

[146] 参见上文和前注[103]。

[147] *Muller v. Oregon*，*Adair v. United States*，208 U. S. 161，180（1908）.

[148] *Buchanan v. Warley*，245 U. S. 60（1917）；参见 David E. Bernstein，*Philip Sober Controlling Philip Drunk*：*Buchanan v. Warley in Historical Perspective*，51 Vand. L. Rev. 797（1998）。关于非洲裔美国人从保护合同自由的洛克纳式判决中获得的更加微妙的好处，可见 David E. Bernstein，*Only One Place of Redress*：*African Americans*，*Labor Regulations*，*and the Courts from Reconstruction to the New Deal*（2001）。

[149] *Sturges & Burn Mfg. Co. v. Beauchamp*，231 U. S. 320，325－26（1913）.

时的法律[150]，使得矿业公司因其疏于向工人提供合理的安全工作场所承担责任的法律[151]，强制施行联邦工人或者联邦承包商雇员 8 小时工作制的法律[152]，以及其他许多法律。1914 年国会改变了联邦最高法院的管辖范围，允许该法院审查州法院以州法侵犯联邦宪法权利为由宣布其无效的判决。[153] 国会这样做是因为它看到联邦最高法院一直以来愿意支持改革主义的立法，因此将其看作对州法院持续宣布进步主义立法，特别是劳工立法无效的一项制约。

到了 1917 年，洛克纳案似乎已经永远死去并被埋葬了。在那一年联邦最高法院支持了四项非常有争议的劳工改革：关于工人赔偿的一批法律[154]，一部关于工时的联邦法律（该法不但将铁路工人的工作时间限定为 8 小时，而且确定了当工人加班工作时应获得的加班工资标准）[155]，设定妇女最低工资的法律[156]，以及为全国工业工人设定最高工时的法律。[157] 最后一项似乎直接与洛克纳案相冲突，因而默示地推翻了该案的特定判决。[158]

但是洛克纳案在 20 世纪 20 年代经历了一个令人惊讶的复兴，当时得到了沃伦·哈丁（Warren Harding）总统任命的四位法官的支持和鼓励。变得更加咄咄逼人的联邦最高法院洛克纳主义法官，牢牢地控制了该院。由于一个由首席大法官（还是前总统）威廉·霍华德·塔夫脱（Taft）领导的强大的洛克纳主义多数派法官的出现，联邦最高法院不但对经济法规的审查比以前更加强有力，而且将洛克纳主义法学理论运用到了经济领域之外。

联邦最高法院将各种对合同自由的原则性例外予以冻结和形式化，例如对政府调控“影响公共利益”的事务事实上的全权委托。在查尔斯·沃尔夫包装公司诉工业关系法庭（*Charles Wolff Packing Co. v. Court of Industrial Relations*）[159] 一案中，联邦最高法院一致认定各州不能要求工业纠纷必须由政府强加的强制仲裁加以解决。被诉的州声称，本案中争议的工业“具有公益性质”，这促使联邦最高法院在由首席大法官塔夫脱撰写的判决意见

---

[150] *Bosley v. McLaughlin*, 236 U. S. 385, 392 - 95 (1915); *Miller v. Willson*, 236 U. S. 373, 380 - 82 (1915); *Riley v. Massachusetts*, 232 U. S. 671, 679 - 81 (1914); *Muller v. Oregon*, 208 U. S. 412, 418 - 23 (1908).

[151] *Wilmington Star Mining Co. v. Fulton*, 205 U. S. 60, 70 - 74 (1907).

[152] *Ellis v. United States*, 206 U. S. 246, 254 - 56 (1907).

[153] Act of Dec. 23, 1914, Pub. L. No. 632 - 24, 38 Stat. 790 (1914).

[154] *Mountain Timber Co. v. Washington*, 243 U. S. 219 (1917); *Hawkins v. Bleakly*, 243 U. S. 210 (1917); *N. Y. Cent. R. R. v. White*, 243 U. S. 188 (1917).

[155] *Wilson v. New*, 243 U. S. 332 (1917).

[156] *Simpson v. O'Hara*, 243 U. S. 629 (1917). 这实际上是一个 4 : 4 的判决，布兰代斯大法官回避了本案，因为他在被任命为联邦最高法院法官之前曾经从事过该案的工作，但是如果他可以投票的话，他也明显会投下支持这些法律的第五票。

[157] *Bunting v. Oregon*, 243 U. S. 426 (1917).

[158] 例如参见，*Adkins v. Children's Hosp.*, 261 U. S. 525, 564 (1923)（塔夫脱（Taft）首席大法官的反对意见）（“对我来说，要将邦廷案（*Bunting*）和洛克纳案相调和是不可能的，因此我已经不时地假定洛克纳案被默示地推翻了。”）；Edward S. Corwin, Social Insurance and Constitutional Limitations, 26 Yales L. J. 431, 443 (1917)（得出洛克纳案的“宪法‘严格主义’已经走到尽头的结论”）。

[159] 262 U. S. 522 (1923).

中，阐明了影响公共利益行业的各种类别。[160] 通过这样做，塔夫脱确保了“影响公共利益”的原则仅仅被局限于那些类别，而不再被逐案扩展。

在阿德金斯诉儿童医院（*Atkins v. Children's Hospital*）一案中，一份联邦最高法院5：4的多数派判决意见明确复活了洛克纳案，宣布为妇女设定最低工资的法律无效。[161] 阿特金斯法庭宣布，“合同自由是……普遍规则，并约束例外，限缩该自由的立法权行使只有在存在特别情形时才能被正当化。”[162] 联邦最高法院承认，政府规制可以被用于传统警察权力目的。在此以外，联邦最高法院声称，先例已经将干预合同自由的例外限制在涉及下列议题的案件中：(1)“那些以公共利益行业为由要求固定费率和收费的法规”；(2)“涉及从事公共工作合同的法规”；(3)“规定工资支付的特征、方式和时间的法规”；和(4)以保证工人或是人民整体的健康和安全为目的，“固定工作时间的法规”[163]。因而，在塔夫脱法院时代，由以前联邦最高法院判决创立的合同自由的例外情形被保留下来，但是它们被归类并狭义适用，以避免联邦最高法院所认为的对个人自由的侵蚀。

只有在阿特金斯案之后，洛克纳案才不再是一个脱离常规的案例，而是联邦最高法院考虑对警察权力法规的合宪性挑战时的约束性先例。接下来的十年左右是联邦最高法院历史上不再对经济法规适用合宪性假定的唯一一段时间。即使如此，塔夫脱法院还是支持了大多数诉到该院的法律，包括那些宽泛的管制创新如排他性规划（exclusionary zoning）。同时，在进步党人眼中，洛克纳案变成了代表商业利益反对工人的保守司法能动主义越权的最恶劣标志。相反，洛克纳案的支持者们，虽然在20年代相对较少而且相对分散，却相信联邦最高法院妥当地保护了传统的美国自由主义价值观免受政府的侵蚀。

通常被联邦最高法院历史忽略的是，在20年代联邦最高法院不但复兴了洛克纳案对合同自由的保护，而且还开始保护现在我们所称的公民自由(civil liberty)。通过这样做，联邦最高法院解决了一直以来关于正当程序条款是否保护非经济权利的分歧。随着威尔逊行政当局和由本土主义（nativist）歇斯底里所主导的州政府在第一次世界大战期间及之后滥用职权行为的出现，包括帕默袭击（Palmer Raid，指1919年和1920年由联邦总检察长帕默领导的，对激进左翼人士的逮捕和驱逐——译者注），监禁反战反对意见

---

[160] 同注[159]，535页。联邦最高法院声称，以下行业是“影响到公共利益的”：

(1) 那些根据当局的公共授权许可运作的行业，明示或暗示地施加了必须向任何提出要求的公众成员提供公共服务的义务的行业。如铁路、其他公共交通工具和公共设施。(2) 从最初就获得承认，并且经历了议会或殖民地立法机关为了规制各行各业而制定仲裁法律的时期，被视为是特殊的和承载着公益的特定职业。这其中包括客栈、出租车和磨坊主。(3) 虽然一开始不是，但是现在可以公正地说已经具有了公共属性，因而变成了政府管制对象的行业。它们已经与公众建立起由（一系列案例）所附加的特定关系。用那些案件的语言来说，就是所有者通过将其事业投入公共用途，事实上给公众带来了利益，并将其自身在公共利益的范围内置于公共管制之下，尽管财产仍然是私有的，并且有权获得相应保护。

同上注（引注略去）。

[161] 261 U.S. 525 (1923).

[162] 同上注，546页。关于洛克纳案和妇女保护法律的更多内容，参见 David E. Bernstein, Lochner's *Feminist Legacy*, 101 Mich. L. Rev. 1960 (2003)（评论了 Julie Novkov, *Contituing Workers*, *Protecting Women* (2001)）。

[163] 同上注，546—548页。

人士和受3K党鼓动的关闭天主教学校的法律，联邦最高法院将正当程序保护的范围进行了广泛的扩展，从经济自由延伸到公民自由。

洛克纳主义正当程序法学理论对公民自由的扩展开始于梅耶诉内布拉斯加案（*Meyer v. Nebraska*）[164]，在该案中联邦最高法院宣布内布拉斯加一部禁止在私立学校或是通过私人教师教授德语的法律无效。主要的洛克纳主义法官詹姆斯·麦考雷纳德斯（James McReynolds）撰写了一份笼统的判决意见，裁定正当程序条款保护一系列广泛的自由，不仅包括“个人缔结合同的权利”和“从事任何生活中普通职业的权利”，还包括“获得有用知识、婚姻、建立家庭和抚养孩子，以及根据自己内心的信条崇拜上帝的权利”[165]，以及其他“长期以来在普通法上获得承认的对于自由人有序追求幸福至关重要的权益”[166]。

在纪特罗诉纽约州案（*Gitlow v. New York*）[167]之后两年，联邦最高法院推定，并在随后确认，第十四修正案保护表达自由免受各州侵犯。随后的判决宣布禁止私人学校的法律[168]，禁止私人日语学校的法律[169]，以及禁止展示共产主义旗帜的法律[170]无效。所有这些案件的判决理由都是它们涉及正当程序条款保护的自由。

但是，正如后来所揭示的，20年代和塔夫脱法院代表着经典自由原则在美国公共生活的最后一息。到了20年代末，自由主义观点，特别是在经济领域，已经在美国知识分子里边缘化了，但是它们仍然在法律精英圈子内维持着一个脆弱的据点，尽管遭到了社会法学和法律现实主义的猛攻。然而，洛克纳主义法学的经典自由基本原理在大萧条带来的变局中再也不能生存了。由于在知识分子阶层中几乎无人支持，由于失业和半失业工人大声要求政府干预，还由于遍及全球的，以法西斯主义、社会主义和社会民主主义形式出现的中央集权经济统制的涌现——这几个主义中的每一个都在美国有一部分赞赏者——联邦最高法院对有限政府的承诺似乎古怪地与大多数公众的意愿相左。联邦最高法院的洛克纳主义立场，即自由主义推定对于盎格鲁—美利坚人的自由是根本性的观点，在大萧条的苦难中已经站不住脚了，许多美国人指责早先几届政府所谓的自由放任政策要为持续的经济危机负责。

考虑到洛克纳主义缺乏知识分子和公众的支持，它的终结是不可避免的，但是这依然需要联邦最高法院人事的变化。胡佛总统，一位进步主义的共和党人，通过任命查尔斯·埃文斯·休斯（Charles Evans Hughes）、欧

---

[164] 262 U. S. 390 (1923).

[165] 同上注，399—400页（引注略去）。

[166] 同上注。

[167] 268 U. S. 652, 666 (1925)（“就当下目的而言，我们可以而且确实能够假定，言论自由和出版自由——由第一修正案保护免受国会限缩的权利——是受第十四修正案正当程序条款保护、免受各州侵犯的基本个人权利和‘自由’的一部分。”）；还可见 *Strongberg v. California*, 283 U. S. 359, 368 (1931)（“第十四修正案正当程序下的自由概念包含着言论自由的权利，这已经是无疑义的。”）。

[168] *Pierce v. Society of Sisters*, 268 U. S. 510 (1925).

[169] *Farrington v. Tokushige*, 273 U. S. 284 (1927).

[170] *Strongberg v. California*, 283 U. S. 359 (1931).

文·罗伯茨（Owen Roberts）和本杰明·卡多佐（Benjamin Cardozo）担任联邦最高法院法官，为洛克纳案的棺材钉上了第一颗钉子。这些法官都与在20年代主导联邦最高法院的保守派观点相左。到了1934年，一个愿意对“影响公共利益”原则进行广泛扩展，以至于将任何价格管制都合宪化的多数派形成了。[171] 在经历了对新政较极端的方面进行抵制的短暂时期之后，洛克纳时代的终结到来了。它的标志是1937年联邦最高法院推翻阿德金斯案，支持为妇女设定最低工资的法律。[172] 富兰克林·罗斯福总统通过任命一系列新政支持者和其他政治盟友到联邦最高法院任职，决定了洛克纳案的命运。

洛克纳案今天的意义

虽然如此，洛克纳主义的基本权利分析仍然存活至今。虽然联邦最高法院很大程度上抛弃了正当程序条款下对经济法规的审查，但是它逐渐将权利法案中的大多数权利结合进第十四修正案，因而继续实施针对国家的基本权利。这一结合原理通过将基本权利与权利法案的文本相联系，而非将基本权利仅仅建立在法官自己的理解之上的方式，对基本权利的范围既有限制又有扩展。[173]

后洛克纳的基本权利再生开始于1938年卡罗林产品案著名的第4脚注[174]，它表明联邦最高法院并不愿意彻底抛弃对所谓警察权力规制的司法审查。联邦最高法院指出，“当立法表面上看起来处在宪法的明确禁止范围，例如前十条修正案的禁止范围（它们被结合进第十四修正案时也同样被认为是明确的）之内时，合宪性假定的运作范围就可能会相对狭窄。”[175]

第4脚注还显示出，联邦最高法院愿意维持20年代和30年代洛克纳式的公民自由判决，方法是将其重新解释为保护“分散和孤立的少数群体”的判决。[176] 联邦最高法院在第4脚注中引用的案例，包括20年代的公民自由判决，都被予以重新解释，即这些被诉的（表面中立的）法律是因为其针对“特定宗教，或民族，或种族的少数群体”，因而无效。[177] 威胁这些群体的法律“可能相应地需要更加细致的司法审查”[178]。通过平等保护分析来保护分散和孤立的少数群体免受敌意立法侵害的做法，是早先禁止阶级立法的一个有限的、现代的自由主义版本，这个现代版本允许联邦最高法院在某些情形之下探求表面中立的法律的立法意图。[179]

---

[171] 参见 *Nebbia v. New York*，291 U. S. 502，533（1934）（将“受公共利益影响”界定为“受警察权力行使的约束”）。

[172] 参见 *West Coast Hotel Co. v. Parrish*，300 U. S. 379（1037）。

[173] 参见 Kurt T. Lash，*The Constitutional Convention of* 1937：*The Original Meaning of the New Jurisprudential Deal*，70 Fordham L. Rev. 459，459－66（2001）。

[174] *United States v. Carolene Prods Co.*，304 U. S. 144，152 n. 4（1938）.

[175] 同上注。

[176] 同上注。

[177] 同上注。

[178] 同上注。

[179] 参见 *Washington v. Davis*，426 U. S. 229，239（1976）。

正当程序条款下对非文本（non-textual）权利的保护在很大程度上消失了数十年。但是，在 60 年代，格瑞斯华尔德诉康涅狄格州案（*Griswold v. Connecticut*）部分地依赖 20 年代以来的洛克纳式公民自由判决，来支持正当程序条款保护未列举的（unenumerated）基本权利——隐私权的主张。[180] 通过复活正当程序保护未列举的基本权利这一洛克纳式的理念，格瑞斯华尔德法庭确保了过去 40 年来许多重大的宪法议题都可以作为正当程序案例加以裁判，而非以平等保护条款之下的平等概念为基础进行判决，或是留待政治分支加以解决。

批评家们经常指责沃伦（Warren）法院和伯格（Burger）法院是洛克纳式的司法能动主义。[181] 但是，因为当时法律职业领域的大多数人都是自由主义者，所以联邦最高法院和它的捍卫者们对这些批评不予理睬。到了 80 年代末，许多宪法学者对传统上对洛克纳案的批评感到不满。随着联邦最高法院保守派多数的逐渐形成，他们承认一些沃伦和伯格法院最珍视的判决——尤其是罗伊诉韦德案（*Roe v. Wade*）[182] ——理由非常薄弱，很容易被当做洛克纳式的判决而被推翻。[183]

例如，罗伯特·博斯特（Robert Post）的观点就反映了主流的自由派意见。他写道，洛克纳案之所以是一个问题，是“因为我们没有一个对标准令人信服的描述，只有通过这样一个描述，我们保护宪法权利的强烈愿望才可以与已经成为司法失败的典型例子相比较，然后相区别”[184]。对洛克纳案的传统批评的不满引发了对该案零敲碎打的重新解释。保守派认为现在联邦最高法院应当重新评估其对格瑞斯华尔德案、罗伊案和其他承认正当程序条款下默示基本权利的案件的支持，因为它们和洛克纳案属于同一个传统，而许多自由派宪法教授则对此表示反对。

一些学者认为，洛克纳案和罗伊案并非属于同一传统[185]，但是他们的主张并不具有说服力。事实上，承认洛克纳案和罗伊案属于同一基本权利传统已经使得其他一些当代自由主义学者重新评估他们对洛克纳案的理解。他们认为，洛克纳时代的联邦最高法院选择了联邦最高法院最适合的一个角色——基本权利最终的捍卫者——但只是选择性地强调了一些错误的权利；联邦最高法院致力于合同自由——一项已经变成现代工业经济时代错误的权利。相反，联邦最高法院应当致力于现代自由民主正常运作所必需的公民自由。[186] 这些自由主义学者认为联邦最高法院最终做对了，而洛克纳案可能应

---

[180] 381 U. S. 479 (1965).

[181] 参见 Fiss，前注⑧，10 页（“与洛克纳案的比较经常被用来批评沃伦法院。”）。

[182] 410 U. S. 113 (1973).

[183] 例如，Robert H. Bork，*The Tempting of America*：*The Political Seduction of the Law* 31 - 32 (1990)。

[184] Robert C. Post，*Defending the Lifeworld*：*Substantive Due Process in the Taft Court Era*，78 B. U. L. Rev. 1489，1494 (1998).

[185] 例如，Gillman，前注⑧，1—18 页（认为洛克纳案是反对阶级立法的案例）；Cass R. Sunstein，*Lochner's Legacy*，87 Colum. L. Rev. 873，873 - 75 (1987)（认为洛克纳案是联邦最高法院想要将普通法规则和权利宪法化）。对此的反驳，可见 Bernstein，*Lochner's Legacy's Legacy*，前注⑦，和 Bernstein，*Lochner Era Revisionism*，*Revised*，前注⑥。

[186] 这一观点的鼓吹者是阿克曼（Acherman）和费斯（Fiss）。参见 2 Bruce Ackerman，*We the People*：*Transformation* 255 - 78 (1998)；Fiss，前注⑧，9—21 页。

当被承认为是正确道路上踏错的一步，而非一个不可救药的错误。

洛克纳案已经获得了足够的正名，一些主要的法学家，除了自由主义少数派，都强烈认为格瑞斯华尔德案和洛克纳案的判决都是正确的[187]，而现代联邦最高法院的错误是它没有将洛克纳案的逻辑运用到经济领域，反而将重要的经济权利置于脆弱的地位，任由政府规制过头。[188] 但是即使洛克纳案似乎逐步丧失了其反原则（anti-canonical）的地位，洛克纳案在美国宪政主义辩论中的重要角色可能还会持续一些时候。

[187] 例如参见 Richard A. Epstein，*Liberty，Equality，and Privacy：Choosing a Legal Foundation for Gay Rights*，2002 U. Chi. Legal F. 73，84－93（"洛克纳案的传统框架支持格瑞斯华尔德案的结果，无须为了使自己绝望地远离洛克纳案而混乱地诉诸权利伴影理论。"）；还可见 Randy E. Barnett，*Justice Kennedy's Libertarian Revolution：Lawrence v. Texas*，2003 Cato Sup. Ct. Rev. 21（捍卫洛克纳案，并赞扬肯尼迪法官在劳伦斯诉得克萨斯州一案中对格瑞斯华尔德案的扩展，123 S. Ct. 2472 (2003)）。

[188] 例如参见，Hadley Arkes，*The Return of George Sutherland：Restoring a Jurisprudence of Natural Rights*（1995）；Alan J. Meese，*Will，Judgement，and Economic Liberty：Mr. Justice Souter and the Mistranslation of Due Process Clause*，41 Wm. Mary L. Rev. 3，3－11（1999）（主张联邦最高法院彻底摈弃洛克纳案是错误的）；Michael J. Philips，*Entry Restrictions in the Lochner Court*，4 Geo. Mason L. Rev. 405，40506（1996）（主张禁止垄断某一特定职业的洛克纳主义判决是正确的）；Roger Pilon，*How Constitutional Corruption Has Led to Ideological Litmus Tests for Judicial Nominees* 7 Cato Policy Analysis No. 446（Aug. 8，2002）；Note，*Resurrecting Economic Rights：The Doctrine of Economic Due Process Reconsidered*，103 Harv. L. Rev. 1363，1363－64（1990）（呼吁复兴洛克纳主义法学理论）；还可参见 James W. Ely，Jr.，*Melville W. Fuller Reconsidered*，1998 J. Sup. Ct. Hist. 35（捍卫洛克纳案和其他有争议的富勒法庭判决，认为它们具有前瞻性，并与当代公共意见、政治经济相一致）。大卫·斯特劳斯认为洛克纳法庭保护合同自由是对的，但是它将那个原则解释得太宽泛了。David A. Strauss，*Why Was* Lochner *Wrong?*，70 Chi. L. Rev. 373，375（2003）。

角逐的阵地：罗伊诉韦德的故事及其对美国社会的影响

露辛达·M·芬利
牟效波　译

序曲

莎拉·韦丁顿是1970年3月发起“罗伊诉韦德案”的律师。当时她刚刚从法学院毕业两年，一年半以后她就在美国联邦最高法院成功地为该案作了辩护。她写道，这个里程碑式的案件“始于一次宅前旧货甩卖，在那琐碎的废品中”①。1969年秋天，韦丁顿和来自得克萨斯州奥斯丁市妇女解放意识培育组织的一些朋友正在举办一次宅前旧货甩卖活动，为她们的各种诉讼导向的活动筹集资金。帮助韦丁顿举办甩卖活动的妇女中有两位——朱迪·史密斯和比伊·德顿——积极参加了一个地下堕胎中介服务组织，该组织在得克萨斯州和墨西哥为妇女提供熟练和安全的——尽管不合法——堕胎医生。由于担心按照得克萨斯州的一项法律她们可能作为共犯被指控——该法律将实施堕胎定为犯罪，史密斯和德顿就向她们的朋友、刚刚从得克萨斯大学法学院毕业的莎拉征求意见。虽然回答说她对堕胎法一无所知——在其法律教育期间当然没有接触过，但韦丁顿还是向其朋友保证她会为她们做一些法律研究工作。

使韦丁顿投身于堕胎合法化问题的信念源于她自己的意外怀孕，当时她仍然在法学院读书。她当时的男友也是后来的丈夫罗恩·韦丁顿当时也将进入法学院学习。他们觉得同时在学校读书和抚养小孩是不可能的。他们听说在墨西哥有一位乐于助人的医生，当她活着并且健康地摆脱了这个麻烦事后，她开始质疑为什么妇女还要被迫在墨西哥边境的城镇，冒着生命危险终止可能会永远毁掉她们的教育和经济前景的妊娠。

韦丁顿的法律研究工作发现了一些法律发展，她认为这些发展可以为挑战这项得克萨斯州法提供先例支持。当她与朱迪·史密斯分享她的发现时，史密斯认为她们应当提起一项诉讼。史密斯最后说服了韦丁顿，虽然她还年轻并且缺乏经验，但她就是应当做这件事的律师。

尽管韦丁顿像拉家常一样叙述了罗伊案几乎是偶然性的由来②，但这个案件只是20世纪60年代晚期和70年代早期无数法律努力中的一个，这些努力意图使那些将堕胎定为犯罪的州法自由化或者将它们推翻。包括罗伊案在内的所有这些努力的起源，正好可以安放在悲惨的个人经历、受挫的立法改革努力、开创性的法律判决、创新性的法律思想和妇女大胆的激进主义等这些其他情况中。这些具有影响力的情况包括：医院医生的个人经历——他们因看到数量日增的妇女死于自我堕胎或者草率且不卫生的非法堕胎而感到悲伤，因具备医疗技术安全实施堕胎手术从而避免这些不必要的死亡却不能这样做而感到失望，同时他们怀疑禁止他们这样做的法律的英明性；许多其他妇女的个人经历——她们像韦丁顿一样，忍受了非法堕胎的危险和屈辱，并且当自己成为幸运的幸存者后，发誓要不知疲倦地工作，以改变曾经逼迫她们陷入一种不可避免的生死境地的那些法律；新近成立的一些妇女解放运动意识培育组织——像得克萨斯奥斯丁市的这个组织一样——为妇女提供的机会，使她们能够彼此分享经历，并且开始散发传单、撰写书信和计划示威

① Sarah Weddington, *A Question of Choice* 35 (1992).

② 关于前述内容的一个更长版本，参见上注，at 35-38, 41-47。

游行；妇女权利激进分子和男性州立法者的个人经历，他们已经失去了实施过非法堕胎的朋友，并且有动力通过努力改变其州法来避免这种未来的悲剧；纽约大学法学院学生罗伊·卢卡斯（Roy Lucas）的个人经历——他帮助其女朋友到波多黎各实施了安全合法的堕胎手术，然后撰写了他的第三年论文，论文主题是当时刚刚判决的“格里斯伍德诉康涅狄格州案”（Griswold v. Connecticut）[③] 对于堕胎法的意义（该判决推翻了一项禁止夫妻使用避孕器具的法律），他一毕业就开始通过诉讼将他的理论投入到实践中去；一些堕胎改革倡导者对立法过程不可靠的失望，因为他们看到在一些州最初的成功遭遇到越来越强烈的反对，并且在其他州直接失败了；妇女权利激进分子对一些最初的堕胎改革法律的失望——因为这些法律虽然在60年代末的确通过了，但只是给予医生决定是否实施堕胎手术的更多控制权，而将妇女们搁在尴尬的境地，她们要么必须让医院的委员会信服如果她们不堕胎就会自杀，要么被这群陌生的男人告知她们必须维持不想要的妊娠；以及内科医生的失望——他们实施了自己认为合法的医学上需要的堕胎手术，却冒着招致检察官发怒的危险，后者对当地反堕胎情绪很敏感。所有这些因素合起来使堕胎非罪化的倡导者相信，宣布州堕胎法律违宪的联邦法律诉讼是将堕胎问题从州立法者和检察官的权限中拿走，并将其放到妇女、她们的家人以及医生手中的最有希望的手段。

“罗伊诉韦德案”远远不是出自意外，而是建立在这些经历基础上，并且是70年代早期提起的几个联邦诉讼之一，所有这些诉讼都希望能够到达联邦最高法院获得一项明确的具有全国约束力的判决。得克萨斯州的这起诉讼因诉讼时间巧合而成功到达最高法院。但是在妇女权利运动给予堕胎法律改革努力以重要推动力的情况下，这个赢得进军华盛顿胜利的案件发源于一个妇女解放组织，并且由两位年轻的女律师提起，这从历史的角度看也是适宜的。

为了充分理解当时的个人、社会和法律发展——这些发展引起了一次宅前旧货甩卖中关于堕胎的对话，该对话促使一位年轻的律师首先进入法律图书馆，最后在一个深刻改变了美国妇女生活和美国选举政治的案件中到达美国联邦最高法院——理解堕胎是一项犯罪的这一百年中的社会和法律背景是必要的。

美国堕胎调控的历史背景

1860年之前，堕胎手术普遍实施，并且大部分不受法律限制。虽然据估计五个怀孕中有一个堕胎[④]，但没有官方统计保留下来，堕胎只是孕妇与助产士之间的私人问题。在教皇皮尤斯九世于1869年谴责非治疗性堕胎之前[⑤]，只有纽约州有一项刑事法案禁止所有堕胎行为[⑥]，甚至天主教会

③ 381 U. S. 479 (1965).

④ David J. Garrow, *Liberty and Sexuality: The Right to Privacy and the Making of Roe v. Wade* 271 (1994).

⑤ Leslie J. Reagan, *When Abortion Was a Crime: Women, Medicine, and Law in the United States*, 1867 - 1973, at 7, (1997); Gerald N. Rosenberg, *The Hollow Hope: Can Courts Bring About Social Change?* 353 (1991).

⑥ 纽约州于1828年通过了一项法律，将任何妊娠阶段的堕胎定为一项重罪，尽管这项法律很少被执行。前注4。关于19世纪堕胎法律的完整历史，一般参见 James C. Mohr, *Abortion in America: The Origins and Evolution of National Policy*, 1800 - 1900 (1978)。

(Catholic Church) 都容忍了英国的以下普通法原则：在“胎动”——妇女第一次感到胎儿动弹的时间——之前，堕胎是可以接受的。在 19 世纪中期，一个不太可能的联盟把矛头对准了堕胎。“扫黄”(Anti-vice) 参与者与一些医生联合起来，前者责骂避孕和堕胎助长了男性的性淫乱行为、卖淫行为，并导致妇女作为祖先和孩子养育者的传统道德角色受到破坏，后者正在试图从职业上组织与巩固他们的形象和专长。作为其努力的一部分，医生们试图排挤掉助产士，不仅宣称只有内科医生才能安全地接生婴儿，而且主张堕胎是不安全且不道德的。⑦ 内科医生团体，包括刚刚成立的美国医学协会 (American Medical Association，AMA) 变得在政治上很积极，游说反对堕胎，并且当他们将健康和安全理由与关于妇女自然角色的主张结合起来时，在影响公共情绪和立法方面取得了最大的成功。内科医生主张，如果妇女使用避孕措施或堕胎以避免她们命中注定的母性角色，对她们的身体和精神健康都将有灾难性的后果，并将破坏社会道德。⑧

1860 年，康涅狄格州通过了一项反堕胎法律，摒弃了“胎动”原则，并将堕胎定为一项犯罪，无论对那些实施堕胎的人来说，还是对得到这项服务的妇女来说都是如此。⑨ 康涅狄格州的法律成为其他州的典范，到 1890 年代，每个州都屈服于医生的和扫黄组织的运动，通过了刑事堕胎法。大多数这样的法律将在妊娠任何阶段的堕胎定为犯罪，但如果一位妇女因怀孕有生命危险时，允许“治疗性的”合法堕胎。为了遵守这样的法律，医院建立了堕胎审查委员会，并授权它同意或不同意医生的治疗性堕胎请求。四个州——路易斯安那、马萨诸塞、新泽西和宾夕法尼亚的法律没有例外，因而即使挽救一位妇女的生命需要时可能也禁止堕胎。⑩ 这些 19 世纪的法律仍然有据可查，几乎没有变化，直到 20 世纪 60 年代反抗性的自由化立法改革努力开始。

在堕胎为非法的大约一百年的时间里，法律执行强度每隔十年就有变化，因而堕胎的可能性和安全性也是如此。为了回应公众对新近通过的刑法的关注，警察和公诉人对提供堕胎服务的人，特别是助产士的打击从 19 世纪 80 年代到 20 世纪 20 年代很强烈，特别是当一次非法的堕胎导致死亡或伤害时。警察在医院里与妇女搭讪，并以起诉威胁她们，除非她们泄露堕胎服务提供者的名字并同意针对她或他的法庭作证。这种集中针对助产士的法律执行为黑人妇女带来的麻烦最大，因为相对来说很少白人医生愿意为贫穷的少数种族的人口服务。⑪

20 世纪 20 年代，美国人对性的看法开始自由化，禁止避孕和堕胎的法律执行也相应放松了。1929 年股票市场崩溃，以及随之而来的 30 年代的经

---

⑦ 参见 Mohr，前注⑥，at 147 - 170；Reva Siegel，*Reasoning from the Body：A Historical Perspective on Abortion Regulation and Questions of Equal Protection*，44 Stan. L. Rev. 261，300 - 301 (1992)。

⑧ 参见 Siegel，前注⑦，at 294；Cyril C. Means Jr.，*The Law of New York Concerning Abortion and the Status of the Foetus，1664 - 1968：A Case of Cessation of Constitutionality*，14 N. Y. L. F. 441 (1968)。

⑨ Conn. Pub. Acts，c. 71，§ 1 (1860) .

⑩ 参见 Mohr，前注⑥，at 200 - 225；Roy Lucas，*Federal Constitutional Limitations on Enforcement and Administration of State Abortion Statutes*，46 N. C. L. Rev. 730，733 (1968)。

⑪ 参见 Reagan，前注⑤，at 90 - 112。

济萧条，戏剧性地影响了公众对堕胎的态度。大规模的失业、贫穷以及由此造成的许多家庭无力抚养他们现有的孩子，推动了公众对堕胎甚至已婚妇女堕胎的认同。城市和农村一样，警察常常故意忽视堕胎服务提供者，或者接受贿赂来保护他们。一些医生受到这种宽松的法律执行态度的鼓励并受到这个时代经济萧条的驱动，公然开办并宣传堕胎诊所。⑫ 研究堕胎趋势的专家们估计，在大萧条时期，每年大约有 60 万到 80 万非法堕胎。⑬ 因为更多的熟练医生愿意从事非法堕胎，接受非法堕胎的妇女的死亡与受伤率在 30 年代有所下降，尽管在许多医生看来仍然保持难以接受的高发率。据推测，这个时期每年死于非法堕胎的妇女在 8 000 人到 17 000 人之间。⑭

20 世纪 30 年代，堕胎的需求和数量日益增长，而且医生意识到他们拥有医疗技术，如果能够合法运用这些技术，能够迅速降低伤亡率。这引起了刑法改革的第一次呼声。1933 年，两本呼吁法律改革的医生的著作出版；到 40 年代初期，一些文章出现在医学杂志上，指出对堕胎定罪只是助长产生“杀人的庸医”，法律应当改革，给予熟练的医生更多的行动自由和机动性。⑮

公开宽容和非法堕胎相对安全的改善这段时期在 40 年代中期开始终结。当二战结束时，美国被一种鼓励生育的“婴儿潮”热情所支配。妇女被劝说离开她们在战争期间从事的工作岗位，在家中回到补充本物种的自然角色上。当公众情绪结合了妇女的自然与爱国义务就是结婚生子的观念时，执行禁止堕胎的法律的政治压力就增加了。警察现在会突然袭击诊所，而仅仅几年前，他们却把自己的妻子、女朋友、女儿或朋友领到这里。⑯ 当一种普遍的社会保守主义——尤其在性、家庭以及妇女的角色方面——支配着这个国家时，对堕胎的打击在 50 年代有所加强。当苏联在 50 年代中期将堕胎合法化时，对堕胎的支持与对共产主义的支持联系在了一起。⑰

重新得到加强的警察与检察官的行动集中在医生身上。例如，1950 年巴尔的摩警方突然搜捕了乔治·提玛纳斯医生的医疗办公室，非常引人注意。警察逮捕了这位医生、他的全体职员和正在手术台上的妇女。⑱ 提玛纳斯医生是一位非常受人尊重的内科医生，与该市在约翰·霍普金斯大学内的医疗机构有联系，而且他一直专门研究堕胎超过 25 年，接受来自整个东海岸内科医生的咨询建议。据人们说，他为病人提供了安全、技术纯熟的治疗，包括对病人的随访。⑲ 提玛纳斯医生力图使用他的刑事审判来提高公众关于改变堕胎法律的意识；他也主张他实施的那些堕胎手术在医疗上是必要的，要么对身体健康有益，要么对精神健康有益，而且这些手术都是基于内

---

⑫ 同注⑪，at 132 - 159。

⑬ 参见 Garrow，前注④，at 272 (800000)；Frederick J. Taussig，Abortion，Spontaneous and Induced，Medical and Social Aspects 338 (1936) (60 万，基于有问题的统计方法)。

⑭ 参见 Garrow，前注④，at 272 (更大的数字)；Taussig，前注⑬，at 361 (更小的数字)。

⑮ 参见 Garrow，前注④，at 273 - 274。

⑯ 参见 Reagan，前注⑤，at 160 - 164。

⑰ 同上注，at 172 - 173。

⑱ 同上注，at 181。

⑲ 同上注，at 158。

科医生的建议，因而是合法的。但他发现自己被同事遗弃了，后者不想因为在他的辩护中作证而危及自己的专业名望。这项起诉也成功辩称，这项法律中的治疗性例外仅适用于身体健康危险，不适用于损害妇女精神健康或总体的社会和经济福祉的怀孕。提玛纳斯被定罪，被处以重罚金，坐了四个半月的监狱，然后宣布了退休。[20]

对内科医生的指控和定罪驱使大部分熟练的医疗从业者不再从事堕胎手术，并且使医院的治疗审查委员会否定了更大比例的授权堕胎请求。然而，这没有对减少妇女的堕胎需求产生任何影响。事实上，随着更多的女性即使已婚也上大学并进入职场，50 年代和 60 年代，需求有所增加。尽管女性的教育和经济机会正在扩展，但在那个时代如果怀孕，她们仍然可能失去工作或者被学校开除。因为采取避孕措施仍然在很大程度上是非法的，或者对未婚女性来说无法获得，所以许多人把堕胎视为控制生育的一项重要方法。

妇女日益增长的需求与情愿的医生减少导致进入了“穷街陋巷”（back alley）的谚语时代。不熟练或声名狼藉的人填补了这个供给真空以满足这项需求。那些进入堕胎交易的人包括“摩托修理工、酒吧服务员和房屋经纪人，他们只知道妇女需要堕胎，为她们进行药物流产有利可图”[21]。作为法律压制的结果，50 年代和 60 年代的堕胎变得更危险、更昂贵并且更多在暗中进行。正如历史学家莱斯利·里根所说，正是到了这个时期，“非法堕胎历史中非常晚的时期，妇女们对非法堕胎的描述才包括了会见中介人，把眼睛蒙起来以及被拉到一个秘密且不为人所知的地方——在那里由看不见且不认识的人实施堕胎手术”[22]。在整个大萧条时期，堕胎的数量仍然保持在每年约一百万[23]，尽管抗生素、医疗技术和安全都有进步，但妇女死亡或严重受伤的数量有所增加。1930 年，堕胎并发症被列为 2 700 名美国妇女死亡的正式原因[24]，并且解释了大约 14%的孕妇死亡率。[25] 1950 年，据估计，堕胎解释了 25%的孕妇死亡率，到 1960 年攀升到约 45%。[26] 仅仅在纽约市，堕胎死亡的绝对数量以及与每 1 000 例安全出生相对应的堕胎死亡数量从 1951 年到 1962 年都翻了一倍。60 年代在纽约市医院工作的一位居民描绘了“星期一早晨的堕胎长队”：妇女使用她们星期五的薪水支票在周末接受非法堕胎，到星期一早晨她们就排起了队，担架一个接一个，在手术室外面，患有大出血或者感染休克症状。[27] 看看一家忙碌的市区医院的三张快照：芝加哥的库克县医院中，1950 年大约 1 600 件；到 1960 年与堕胎有关的死亡或严重伤害病例已经飙升到约 4 500 件。[28] 全国的医院报告了相似的情况。

---

⑳ 同注⑯，at 188。

㉑ 同上注，at 200。

㉒ 同上注，at 197。

㉓ Rosenberg，前注⑤，at 354。

㉔ 同上注，at 353。

㉕ 参见 Reagan，前注⑤，at 213－214 和表 7。

㉖ 同上注。

㉗ Carole Joffe, *Doctors of Conscience: The Struggle to Provide Abortion Before and After Roe v. Wade* 60（1995）.

㉘ 参见 Reagan，前注⑤，at 210 和表 4。

在这个法律压制的时代，阶层和种族差距也有所增强。富裕的白人女性更可能有能力旅行到其他国家或者找到愿意秘密实施堕胎手术的医生或医院，而贫穷和少数族裔女性没有别的选择，只有危险的穷街陋巷，并且不成比例地遭遇日益增长的致命后果。那些在穷街陋巷的堕胎中幸存下来的妇女叙说了被她们的堕胎者实施性虐待或性骚扰的情况，或者被浑身酒气的下流男人在肮脏的房间里被虐待的情况。法律让妇女在性亲密、职业和教育同生命、健康和尊严之间作出选择，而上述那些屈辱和危险的经历以及社会不公正，点燃了开始出现的妇女解放运动改变那些法律的激情。

医院急救室中增加的尸体也激励医生寻求法律变革。医生感到沮丧，因为虽然他们拥有医疗技能和改良的技术，这些技能和技术使堕胎变得远比分娩更安全，但法律却阻止他们使用他们得到的训练去帮助妇女。医生逐渐明白，没有法律能够阻止妇女堕胎；在他们看来，法律所做的一切只是强迫妇女接受不安全的堕胎。除了将这种法律现状看作一种可以很容易即可预防的公共健康滑稽表演，许多医生也意识到这个体制中的虚伪和不公平，并受到这种意识的驱使。医院的治疗性堕胎委员会在他们同意为医疗上必要因而合法的堕胎的数量上常常有不成文的限额，这是出于担心授权过多堕胎会引起检察官的审查。医生们注意到，同意常常取决于申请者的财富和关系而不是她的医疗需要。60 年代的一位住院医生说，“只要你是银行家的女儿、医生的女儿、高尔夫球友的女儿，你肯定会得到照顾”㉙。其他住院医生列举了公开谴责堕胎并投票反对任何堕胎请求、私下里却为其妻子或女儿安排堕胎的医生的例子。㉚ 那些把病例提交给委员会的医生憎恶那些质疑其医疗判断的同事们的敌视性盘问；他们在建议病人如何令人信服地声称假如她们不实施堕胎手术就会自杀时，感受到一种道德困境。虽然妇女们对自杀想法的虚假陈述很低劣，致使许多医院审查委员会例行公事地拒绝她们，但是一些妇女在她们的堕胎请求被驳回时事实上的确试图或实施了自杀。㉛

60 年代两起非常引人注意的事件进一步刺激了公众和医疗业对堕胎法律改革必要性的意识。1962 年，幸福地结婚并怀孕的谢莉·纷克宾得知萨利多胺（thalidomide）——她的丈夫从欧洲带来帮她入眠并减轻妊娠反应的药物——与胎儿先天畸形有密切关系。纷克宾是凤凰电视台全国流行儿童节目《儿童游戏室》的当地主持人，该节目是那个时代的《芝麻街》。纷克宾夫妇的医生劝他们做一个治疗性堕胎，并成功地推动该请求通过了医院的委员会。由于觉得媒体很方便，纷克宾联系了当地的通讯社公开她的境况，急切地警告可能使用过萨利多胺的其他妇女。全国性媒体采用了这个故事，纷克宾遂被带进了媒体的喧闹中，并被支持和反对的信件所淹没。《儿童游戏室》迅速解雇了她。由于害怕被曝光及可能引来地方检察官的兴趣，该医院取消了预先安排好的堕胎手术。因为他们有财力，纷克宾夫妇很快安排去了瑞典，在那里谢莉接受了安全、合法的堕胎，胎儿因过于畸形而未能成活。全国性报纸每天都报道他们的旅程，纷克宾夫妇一回来就召开了记者

㉙ Joffe，前注㉗，at 64。

㉚ 同上注。

㉛ Reagan，前注⑤，at 202。

招待会，辩称他们的痛苦决定是对那个畸形胎儿和他们的其他子女最好的决定。㉜

纷克宾的故事改变了媒体对堕胎的报道口径，从肮脏和罪恶的东西变成一个引人注目的人性化故事，这个故事影响到面临困难抉择的实实在在的家庭。它也增强了公众对改变这种法律的同情心。她从瑞典回来一个月后的一项民意调查结果显示，52%的调查对象说纷克宾做得对，32%的认为她的选择是错的。甚至有 1/3 的天主教徒愿意说她做了一件正确的事。㉝

大约在纷克宾争议增加了人们对堕胎的同情性关注的同时，风疹传染病或者说德国风疹席卷了全国。当时在医学上已经确定，感染风疹的怀孕妇女面临高风险的胎儿先天缺陷。1962 年到 1965 年间，美国大约有 15 000 个出生的婴儿具有与风疹有关的先天缺陷。㉞ 尽管大多数医生和医院的堕胎审查委员会支持感染了风疹的妇女堕胎，但 1966 年，加利福尼亚医学考试委员会的一名强烈反对堕胎的成员督促旧金山当局起诉九名杰出的产科医师，因为他们为患风疹的妇女实施了堕胎手术。㉟ 再一次，全国性媒体对这个故事给予了特别关注，并且激起了全国内科医生的反抗，包括超过一百所医学院的院长。这次关注强迫检察官放弃了这些指控，但是这个案件在提高公众和医学界对法律改革的支持方面发挥了重要作用。医生们越来越多地断定，尽管大多数州法允许“治疗性”或医学上必要的例外，但法律机制使他们的医学判断极易受到检察官的践踏。

最初的立法改革动议

法律改革的第一次重大动静发生在 1955 年，当时计划生育的全国医疗总监组织了一次研讨会，主题是“美国的堕胎”。这次研讨会的组织者感到他们不得不避免公开宣传，但他们仍然公布了会议日程，这吸引了耶鲁大学一些法学和医学教授们的注意，他们在一些科学杂志上发表了支持性评论。㊱仅仅四年后，1959 年，美国法律学会（American Law Institute）——一个由杰出律师、法官和法律教授组成、起草了一些模范法律（包括模范刑法典）的一个精英组织，举办了一次会议，并签署了一项提议，该提议认为刑法典的堕胎限制应当放宽。美国法律学会在很大程度上接受了在计划生育研讨会上内科医生提出的一些建议，阐明并扩展了可以接受的堕胎的合法治疗性理由，使其包括精神健康原因、胎儿缺陷或强奸和乱伦导致的怀孕。㊲

尽管美国法律学会研讨会的一些演讲者建议，无论何时一位妇女想要堕胎都应当被允许，但那项提议很快因为在政治上不可行而被拒绝。它也没有赞同在大部分内科医生看来现有刑法存在的问题——它们在合法的治疗性堕胎的构成要件问题上具有无法忍受的含糊性，因而使他们的医学判断受制于

㉜ 参见 Garrow，前注④，at 285 - 289；Joffe，前注㉗，at 32；Sherri Finkbine，*The Baby We Didn't have to Have*，*Redbook*，Jan. 1963，at 50，99 - 104。

㉝ 参见 Garrow，前注④，at 289。

㉞ 参见 Joffe，前注㉗，at 33。

㉟ 同上注。

㊱ 参见 Garrow，前注④，at 275 - 276。

㊲ 同上注，at 277。

检察官反复无常的判断。

美国法律学会签署放宽法律这一提议的行为上了报纸头版，使越来越多的全国性杂志文章同情性地描述接受非法堕胎的妇女的恐怖经历，并且激发出了一些支持性的法律评论和医学杂志文章，甚至一些支持法律改革的检察官在一些实务导向的律师杂志上发表的文章。[38] 它还促使一些州的立法者沿着美国法律学会提议的方针起草了改革议案。[39]

关于改革议案的第一次立法听证会于1962年末在加利福尼亚州举行，这个时间是纷克宾传奇事件的几个月之后。几名杰出内科医生从支持的角度提供了证言，提出该议案必须成文化从而使医生事实上正在做的事情合法化。一个妇女团体提交了一份具有数百个支持自由化签名的请愿书。这项议案也激起了反对意见，并且一位医院天主教会议（Catholic Conference of Hospitals）的代表作了反对性证言。虽然这项议案在1962年被否决，但是州议员且后来成为国会议员的贝仁森（Beilenson）在之后的每一届立法会期内都会重新提出来，他一直奋力争取，直到1967年该议案获得最后通过。支持者认为风疹流行和对未遂的旧金山指控的公开宣传是储存足够支持以最后通过议案的关键因素。[40] 但在1962年到1967年间也有一些持续的社会运动：杰出医生和律师发表了越来越多的支持自由化的演讲和文章；更多流行媒体的关注，对想要堕胎但因不合法而面临健康危险的妇女表示同情[41]；一些全国性的社团和委员会成立，以倡导堕胎法改革。[42] 甚至在19世纪极力推动制定刑事堕胎法的美国医学协会（AMA）也于1965年正式认可了美国法律学会的改革法。[43] 1968年，美国妇产科医生协会（American College of Obstetricians and Gynecologists）签署了非常自由的改革方案——社会和经济因素应当在法律上算是接受堕胎手术的充分理由，并且85%的产科医生、妇科医生和综合医生支持改革。[44] 主要的宗教团体，从美国浸礼会（American Baptist Convention）到神体一位论派（Unitarians）到美国犹太人委员会（American Jewish Committee）也开始认可改革。[45] 在60年代，堕胎从被视为肮脏的秘密话题变成一个医学、法学、媒体和政治严肃争论和关注的问题。

1967年到1969年间被证明是立法改革活动的高潮。模仿美国法律学会建议的改革议案被引入30多个州的立法机构。[46] 1967年春天，科罗拉多州

㊳ 同注㊱，at 280 - 281。

㊴ 同上注，at 282 - 283。

㊵ 同上注，at 301。

㊶ 同情性的媒体描述包括一部CBS的纪录片，以及*Redbook*、*Look Magazine*、*Time*和*the Sunday New York Times Magazine*等这些杂志中的文章。参见Garrow，前注④，at 299 - 301。

㊷ 在20世纪60年代中期，加利福尼亚州的激进分子帕特丽夏·麦吉尼斯（Patricia Maginnis）创建了"人道堕胎学会"（Society for Humane Abortion），提倡废除对堕胎的所有刑事限制；纽约州的记者拉里·雷德（Larry Lader）和杰出内科医生罗伯特·豪尔医生（Dr. Robert Hall）创建了"堕胎研究协会"（Association for the Study of Abortion）。参见Garrow，前注④，at 297 - 304。

㊸ 参见Rosenberg，前注⑤，at 184；Garrow，前注④，at 333。

㊹ Reagan，前注⑤，at 234。

㊺ 参见Garrow，前注④，at 291 - 292，333；Rosenberg，前注⑤，at 184。

㊻ 参见Rosenberg，前注⑤，at 262。对纽约州和加利福尼亚州立法活动的详细讨论，参见Lawrence Lader，*Abortion* Ⅱ：*Making the Revolution* 56 - 71 (1973)。

第一个通过改革；随后是北卡罗来纳州5月通过，加利福尼亚州6月通过。虽然在北卡罗来纳州几乎不存在公共关注或反对，但在加利福尼亚州和科罗拉多州——它们有多得多的天主教人口，而且在那里议案搁置时间更长——存在有组织的强烈反对力量。在科罗拉多州，由天主教律师协会（Catholic Lawyers Guild）组织的人群出席了一次参议院听证会，并且预示了标志着80年代和90年代反堕胎运动的一种策略，他们在惊恐的立法者脸上挥舞着瓶装的胎儿医学标本。在1968年至1969年间，七个州——阿肯色州、特拉华州、佐治亚州、堪萨斯州、马里兰州、新墨西哥州和俄勒冈州——通过了美国法律学会式的改革法，这些法律扩展并阐明了堕胎的合法治疗性理由。然而，其他州则拒绝通过改革法。反对的程度因州而异，常常取决于天主教堂在这些地区的组织性和积极程度，但每一次堕胎法改革的立法胜利都刺激堕胎反对者变得更积极并且更有组织性。㊼

与此同时，另外一种反对美国法律学会式改革立法的力量也在增长：他们觉得直接废除相关刑法，使堕胎决定成为妇女与其医疗服务人员之间的私人事务是适当的。一些激进分子批评改革立法太保守，因为它只将5%的妇女堕胎要求合法化，使太多的妇女仍然与潜在致命的穷街陋巷谈判。直接废止的倡议者也担心，美国法律学会式的改革议案将会减弱和耽搁更大变革的立法推动。当科罗拉多州、加利福尼亚州和佐治亚州——它们已经通过了改革法——的医院仍然保留配额时，那些对改革立法寄予厚望的激进分子也醒悟了；事实上，一些医院委员会在同意堕胎请求时甚至变得更加保守，因为他们考虑到更具体的立法标准和对堕胎关注的增强会引起检察官的更多审查。㊽ 一些最主要的废止论声音来自立法者，比如迪克·兰姆（Dick Lamm），他发起了科罗拉多州的改革议案，也来自医生，包括艾伦·古特马赫（Alan Guttmacher）和罗伯特·豪尔，前者曾是计划生育联盟（Planned Parenthood Federation）主席，后者参与共同创建了一个全国性组织“堕胎研究协会”（Associate for the Study of Abortion），该组织最初只提倡美国法律学会式改革。美国公共健康协会（American Public Health Association）也于1968年末签署了废止方案，发布了一项声明，指出妇女有选择堕胎的个人权利。㊾ 也是在1968年，一些最主要的专业废止论倡导者——内科医生如豪尔和芝加哥麻醉学家罗尼·迈尔斯（Lonnie Myers），以及记者拉里·雷德——建立了NARAL，（那时指）全国废止堕胎法协会（National Association for Repeal of Abortion Laws）。

但到目前为止，从温和的立法改革到彻底将堕胎非罪化的努力转变的最大推动力来自妇女权利激进分子。60年代晚期，妇女权利运动越来越强的声音和组织化程度在塑造堕胎法律和公共舆论的方向上是一项重要因素。帕特·麦吉尼斯1962年在加利福尼亚变得很激进，当时第一次改革议案刚刚引入。她一直通过她的组织“人道堕胎学会”呼吁废止堕胎法律。麦吉尼斯和她的组织认为，妇女不应该必须将她们的艰难个人境况在医院审查委员会

㊼ 一般参见Garrow，前注④，at 335－388；Lader，前注㊻，at 56－71。

㊽ Garrow，前注④，at 36，341－342。

㊾ 参见Garrow，前注④，at 357。

上向一群陌生男人暴露。该组织认为，终止一个妊娠的决定应当由“一个相关个人或家庭按照他们自己的宗教信仰、价值观、情感和境遇可能指示的方式自由地作出”㊿。妇女权利激进分子发现，整个堕胎调控体制贬低且不符合以下主张：妇女是平等的人类，完全有权利作出严重影响其健康、自由和生命的个人决定。随着越来越多的妇女通过小规模地方化的意识培育组织加入这场运动，并组织了关于堕胎的畅所欲言的场所，她们分享了堕胎的经历，并得知这个过程是多么普遍以及那么多妇女的经历是多么屈辱和令人恐惧。她们也通过抨击男性支配的社会、政治和健康体制而互相鼓励，认为这种体制让她们感到沮丧，缺乏控制自己生殖的权力。性自由与生殖控制成为女权主义者分析减轻妇女压制的必要条件的核心问题。妇女组织也激进地挑战医生团体的主要改革哲学；她们指出，妇女而不是医生应当被视为堕胎问题上的专家和最值得信任的决策者。

虽然媒体最初将妇女运动当做讽刺和嘲笑的对象，但到 1969 年，这些观点和组织受到认真对待。也是到 1969 年，“堕胎已经从一个忌讳的话题变为一个每日报纸的素材”[51]。主流的大众兴趣出版物，如《读者文摘》（*Reader's Digest*）、《红皮书》（*Redbook*）、《时代》（*Time*）以及《纽约时代杂志》（*New York Times Magazine*）对堕胎、妇女的经历和妇女的权利主张、改革法律的无效性以及日渐增强的彻底非罪化呼声，给予了显著而同情的关注。《时代》杂志报道了一项哈里斯民意测验调查（Harris poll），64%的美国人，包括 60%的天主教徒，现在也感到堕胎不应当是一个法律问题，而是一个家庭和医生之间的私人决定。[52]

废止论的倡导者首先指望州的立法机构，就像他们的前辈在改革问题上所做的那样。1969 年，废止草案在伊利诺伊州和密歇根州的参议院仅以几票领先获得通过。在纽约州，对废止草案的听证因为证人都是男性（一位天主教修女除外）被激进的女权主义团体打断，而获得媒体的广泛关注。[53]

1970 年废止运动获得了最大的立法成功。夏威夷州在 2 月废止了其堕胎刑法，而且草案得到了各种团体的支持，从州医学协会到工会到商会（Chamber of Commerce）。天主教会（Catholic Church）曾经积极游说反对废止堕胎法，并对天主教州长施加了很大的否决压力，这位州长使该议案在没有签署的情况下成为法律，同时发布了一项声明，指出他必须作出一个对州所有公民的健康最好的决定，而不是一项个人宗教决定。但夏威夷州的法律只限于州的居民，并要求所有堕胎应当在医院里进行。阿拉斯加州和华盛顿州的立法机构也通过了废止法律，并且华盛顿州的投票者在 11 月的一次全州范围的公民投票中批准了立法机构的决定。[54]

最引人注意和最戏剧化的斗争发生在纽约州。天主教会竭力游说，最初的投票结果似乎是废止措施在议会中因一票之差未获通过。然后，立法者乔

---

[50] Reagan，前注⑤，at 223 - 224。

[51] Judith Blake, *Abortion and Public Opinion in the* 1960 - 70 *Decade*, 171 Science 540 (1971) .

[52] Garrow，前注④，at 376；Time，June 6，1969，at 26 - 27。

[53] Garrow，前注④，at 367。

[54] 参见 Garrow，前注④，at 411 - 414，431 - 432，466。

治·麦克斯（George Michaels）声音颤抖着要求把他的选票改为“是”。他承认，由于受到他所在地区的教会影响，他可能因投票而结束他的政治生涯，但是他凭良心不能投票扼杀一项对妇女的健康那么重要的议案。[55] 虽然多数派领袖阅读了一个即将被流产的胎儿的可怕“自传”，但纽约州参议院第二天还是通过了草案，而且州长洛克菲勒在4月签署了这项法律。

纽约州法真正废止了对所有早于24个周的妊娠堕胎的所有刑事惩罚；它不限于本州居民，而且不包含必须在医院堕胎的要求。计划生育委员会立即设立了电话服务热线，接听来自全国的妇女寻求合法堕胎的电话，医生很快在一些主要城市设立了诊所。在纽约州废止其堕胎法律之后的几个月中，最初设立的那些诊所中的一位管理人员讲述了不得不在电话中扮演上帝的悲惨故事，因为她作出筛选分类，决定哪一位拼命哀求的妇女享受有限的预约。当职员每天早晨上班时，他们会看到来自其他州的妇女露宿在他们的门阶上，拒约离开，直到她们做完了堕胎手术。[56]

虽然1970年这四个州的废止运动获得了立法成功，但那一年废止草案在其他州被阻止了，而且几个州，尤其是马萨诸塞州，甚至拒绝了温和的改革草案。1971年，纽约州的立法性废止运动危机四伏，差点丧失其重大胜利。受到1970年废止法律的刺激，天主教会在政治上更加激进。它组织了多次规模巨大的反对堕胎集会，发布了一封总统尼克松写给红衣主教的强烈反对堕胎的信件，并且向立法者施加了重大压力，包括充满敌意的个人攻击。在一次会期上陈列着很多大口瓶，瓶子里装着一些胎儿。在这次会期上，几个立法者改变了他们的投票，一项撤销前一年废止法律的草案通过了参众两院，虽然多次民意调查始终显示出对最初废止法律60%的支持率。[57] 州长洛克菲勒否决了这项草案，因而最初的废止法律仍然有效。

尽管如此，这次在开明的纽约州的侥幸脱险，说服了许多改革堕胎法律的倡导者，他们不能仅依靠立法机构。借助立法机构改革法律的策略受到质疑，因为需要太长时间，需要大量人力和财政资源，并且充满脆弱的不确定性，因为任何事都可能重复提出，以至于一年的胜利可能会在下一年变为失败。它最多也只能在地域分布上取得零星的变化，使很多州的妇女仍然没有有效的途径接受安全、合法的堕胎。尽管16个州确实通过了自由化的堕胎法律，但在其他州，努力都遇到挫折，而且越来越多畅所欲言和组织良好的反对意见看上去已经阻止了立法过程。越来越多的激进分子意识到，如果他们的首要目标是使所有女性选择安全堕胎的可靠权利得到认可，无论她们居住在美国的什么地方，那么一个基于联邦宪法的具有全国约束力的法院判决是达到这一目标的最好途径。

从立法机构到法院

司布真·勒罗伊·卢卡斯（Spurgeon LeRoy Lucas）是早期倡导代表性

---

[55] Garrow，前注4，at 420。纪录片制作者桃乐茜·费德曼（Dorothy Faidman）的视频“从危险到尊严”（*From Danger to Dignity*）放映了立法争论和麦克斯演讲的真实镜头。Dorothy Faidman et al.，*From Danger to Dignity*：*The Fight for Safe Abortion*（Concentric Media 1995）。

[56] 对M.巴克哈姆（M. Buckham）的访谈。

[57] 参见Garrow，前注④，at 546。

法律诉讼的人，他认为代表性法律诉讼是改变这个国家的刑事堕胎法的最好策略。他以罗伊这个名字闻名。卢卡斯在南部长大并受到民权运动的鼓舞，于1963年秋天进入纽约大学法学院。在读二年级时，他的女朋友告诉他自己怀孕了。他向某些教员小心打听堕胎的事，这使他找到了阿兰·古特马赫医生，著名的计划生育堕胎改革倡导者。古特马赫医生向卢卡斯建议，他和他的女友需要“休假”到波多黎各，在那里古特马赫安排了他们与一位医生的约定。这次不得不偷偷摸摸旅行到一个陌生地方的经历刺激了卢卡斯对研究美国堕胎法的兴趣，并且他获准针对这个问题做他的第三年研究论文。联邦最高法院刚刚判决了格里斯伍德案（Griswold），推翻了康涅狄格州禁止已婚夫妇使用避孕措施的法律，因为这一法律违反了权利法案中几项条款的“伴影”中存在的隐私权。耶鲁法学教授汤姆·艾默生（Tom Emerson）——他为格里斯伍德案作了辩护，在一份法律期刊上发表的关于该案的专题论文中写道，这项判决可能支持对堕胎法律许多方面的挑战。[58] 被这个令人振奋的建议所激励，卢卡斯决定在他的论文中进一步阐述这个问题。

表现出比大多数法律学生更多的勇气，卢卡斯把他的论文初稿给计划生育联盟的法律顾问哈里特·皮勒佩勒（Harriet Pilpel）、全国废止堕胎法协会的共同创始人拉里·雷德和其他堕胎问题法律专家传阅。这些读者认为他阐述了一项有说服力的论证，而且他的指导老师给了他A＋的成绩，并鼓励他将这篇文章发表，他这样做了。[59] 雷德和皮勒佩勒开始与卢卡斯讨论用他的法律分析作为代表性诉讼的基础挑战各州堕胎法的想法。

卢卡斯的论文将堕胎权利放在与最高法院在格里斯伍德案中阐释的同样的宪法条款和原则中。[60] 通过分析联邦最高法院在其中发现在家庭或其他重要个人事务上的个人自由权利或者不受州法侵犯的隐私权利的案件，卢卡斯论证道，对一个妇女来说，决定是否终止妊娠更多地是一个重要的自由和隐私考虑，而不是任何之前的这些事务：

> 在怀孕之后不久终止妊娠的权利，对一位妇女来说似乎比将她的孩子们送到一所私立学校、与他人联合获得观点的支持或者在追求教育时免受种族歧视等这些权利更加基本，具有更大的日常重要性。当其采取避孕措施的基本权利行使不成功时，获得一次堕胎对她来说似乎是一个不经常但必要的一步。以下观点太荒唐了：一位妇女只要能够成功使用避孕措施就对其个人的生殖能力有绝对的控制权，而当避孕措施失败时却丧失这项权利。[61]

卢卡斯随后讨论了一个胎儿是一个合法的人并具有自己生命的正当程序权利这一主张，基于历史上法律、宗教和生物学在这个问题上的态度反驳了这一主张。他论证说，州在健康和安全上的合法利益可以为某些堕胎调控提供正当理由，比如只能由具有从业执照的医生实施，但这些健康和安全利益

---

[58] 参见 Thomas I. Emerson, *Nine Justices in Search of a Doctrine*, 64 Mich. L. Rev. 219 (1965)。

[59] 参见 Roy Lucas, *Federal Constitutional Limitations on the Enforcement and Administration of State Abortion Statutes*, 46 N. C. L. Rev. 730 (1968)。

[60] 同上注，at 755－756。

[61] 同上注，at 759。

实际上被刑事堕胎法律破坏了。最后他建议，只在对保护妇女的生命必要时才允许堕胎的州法可以受到挑战，因为它们太模糊以至于不能满足正当程序标准，而且导致医院审查委员会和检察官的任意与反复无常的决定。他在结论中呼吁宪法诉讼，提议“通过对美国联邦宪法修正案中人权保障的司法实施……对堕胎立法的前提作出正面攻击”[62]。

莎拉·韦丁顿在图书馆中为其朋友朱迪·史密斯作研究时遇到了这项呼吁，备受鼓舞。卢卡斯基于其文章准备了一份辩护状模板，而且他的研究和论证为所有后来的法律努力提供了蓝图。在这个意义上，他对“罗伊诉韦德案”所做贡献的重要性不可能被夸大。

虽然卢卡斯的文章雄辩地讨论了妇女的自由利益，但他更喜欢的诉讼策略是以医生的名义起诉，宣称堕胎法不受允许地干预了“医生—病人关于终止妊娠的决定”[63]。他认为，找到愿意承受公开其挑战堕胎法的行为的医生，比找到一位需要堕胎并愿意陷入刺眼的公开审查的妇女更容易。他还认为，与一位妇女的权利诉求相比，法院更容易接受基于医生行使医学判断权利的主张。其他律师认为，最好的试验案件策略是等待一位正面临实际控诉的医生，因为这将避免起诉资格与案件成熟性顾虑。[64]

这样的机会出现在 1967 年的加利福尼亚州，当时里昂·贝勒斯（Leon Belous）因把一位需要堕胎的病人介绍给一位在南加利福尼亚没有执照实施堕胎的墨西哥医生而被定罪。在加利福尼亚的立法改革中表现积极的律师为贝勒斯医生向加利福尼亚州最高法院的诉讼提供了服务，而且他们准备了一份非当事人意见陈述，提出了宪法辩护。许多全国著名的医生和医学院院长在这份陈述上签了名。加利福尼亚最高法院撤销了对贝勒斯医生的定罪，并宣布加利福尼亚改革法的先行法案违宪，因为其中的条款过于模糊——根据这些条款，当“保护生命”所“必需”时就允许堕胎。但在附带意见中，法院给了那些基于“格里斯伍德案”提出更广泛挑战的支持者很大希望。主要依赖医生们的那份非当事人意见陈述，法院认为，立法机构试图严格界定受到允许的挽救生命的堕胎将是徒劳的，因为“一个需要确定死亡的定义会对女性宪法权利造成不正当剥夺。当前案件涉及的权利是妇女的生命权和选择是否生孩子的权利”[65]。法院继续反驳州具有一项保护胎儿的迫切利益这一主张，指出法律中的所有场合都把胎儿与出生的孩子区别对待。而且，法院作出结论说，怀孕妇女在生活中的利益优于任何胎儿的利益。[66]

一个受人尊敬的州最高法院认可了以下观点：“格里斯伍德案”阐述的自由与隐私权适用于堕胎判决。这使卢卡斯和其他律师相信，宣布州堕胎法违宪的诉讼策略很可能会成功。卢卡斯这时已经在纽约市成立了一个公共利益法律学会，旨在挑战堕胎法律，与哈里特·皮勒佩勒、来自美国公民自由

---

[62] 同注[59]，at 777。

[63] Garrow，前注④，at 338。

[64] 那项顾虑是基于挑战康涅狄格州避孕法的经历。在“格里斯伍德案”受理之前，这种挑战在“坡诉鄂尔曼案”（*Poe v. Ullman*，367 U. S. 497 (1961)）中就基于这样的理由被驳回。

[65] *People v. Belous*，458 P. 2d 194，199 (1969)（尤其援引了“格里斯伍德案”）。

[66] 同上注，at 963。

联盟（ACLU）的梅尔·沃尔夫（Mel Wulf）和纽约大学法学教授诺曼·道森（Norman Dorsen）共事。卢卡斯在1969年秋天向联邦法院提起了一个案件，挑战纽约州的刑事堕胎法。挂名的原告是豪尔医生、古特马赫医生和其他著名妇科医生。卢卡斯已经为“豪尔诉莱夫维茨案”[67] 策划好了一份时间表，该时间表将使该案在1971年到达美国联邦最高法院。正是卢卡斯想成为该案律师的强烈雄心将该案带到联邦最高法院，在那里简述该案的基本情况，为该案说理并最终胜诉，宣称对堕胎的刑事禁止违宪。尽管他认为他的纽约案件会成为那种媒介，但卢卡斯和来自他的詹姆斯·麦迪逊学会的律师们也忙于与几个其他州的律师以及美国公民自由联盟的隶属机构共事，为挑战那些法律的案件打下基础。但是得克萨斯的这些年轻妇女没有参与到卢卡斯的网络中，她们正在独立工作。

就在纽约的控诉在“豪尔案”中提起后不久，另一份法院判决认可了将“格里斯伍德案”扩展到堕胎问题。一位华盛顿特区的医生米兰·武伊奇（Milan Vuitch）已经在马里兰州、弗吉尼亚州和哥伦比亚特区开展堕胎手术几年了，而且他经常被捕。虽然只有一个陪审团曾经愿意判他有罪，但当他在特区再次被捕时，他和他的律师通过挑战哥伦比亚特区堕胎法的合宪性申请法院驳回对他的控诉，即使该法是改革前这个国家最开明的法律之一，因为它允许因保护“健康”（和“生命”一样）所必需的堕胎。1969年11月，美国联邦地区法官格哈德·格塞尔（Gerhard Gesell）——他后来在水门事件和伊朗门事件中作出了重要判决，推翻了华盛顿特区的法律。[68] 和“贝勒斯案”的判决一样，“武伊奇案”的法院意见强调，“健康”和“生命”例外过于模糊，以至于无法让医生知道他们何时可以冒刑事惩罚的危险。但是，也像加利福尼亚州的法院一样，格塞尔写道：

> 在美国联邦最高法院的判决中已经有一种越来越明显的迹象，即作为一项世俗事务，妇女的自由与隐私权扩展至家庭、婚姻和性事务，而且可能包括至少在妊娠的早期阶段除掉一个不想要的孩子。[69]

然后，他预见了联邦最高法院在罗伊案中的判决意见，总结说隐私权是有限制的，国会可以调控堕胎实践，“如果在考虑了目前出现的医学、社会和宪法问题之后作出见多识广的立法调查，甚至可能在妊娠的不同阶段设立不同的标准”[70]。

联邦政府将该案诉至联邦最高法院。虽然卢卡斯成功跻身于武伊奇医生的法律团队，但内部分歧使他无法作出口头辩论。最高法院于是撤销了格塞尔法官的意见，判决哥伦比亚特区法的健康例外并非如此模糊以至于违反正当程序。[71] 多数意见认为该法是否违反格里斯伍德式隐私权的问题并不适合提交到最高法院，因为它并不是格塞尔法官判决的基础。[72] 然而，

---

[67] 305 F. Supp. 1030 (S. D. N. Y. 1969)（同意了由三位法官合议审理的请求，认为宪法问题很重要）。

[68] 参见 *United States v. Vuitch*，305 F. Supp. 1032 (D. D. C. 1969)。

[69] 同上注，at 1035（援引了“格里斯伍德案”和 *Loving v. Virginia*，388 U. S. 1 (1967)）。

[70] Vuitch，305 F. Supp. at 1035.

[71] 参见 *United States v. Vuitch*，402 U. S. 62 (1971)。

[72] 同上注，at 72 - 73。

两位异议者指出，他们倾向于认为隐私权和亲密的家庭和性关系包括堕胎权。(73)

在这个主要事件暂时受阻的同时，其他堕胎案件在下级法院继续进行着。当纽约州立法机构废止了该州的刑事堕胎法后，卢卡斯在纽约的“豪尔”诉讼就没有实际意义了。为了保证自己获得一次在最高法院辩论的机会，他在其他案件中仍然很积极。他针对新泽西州的堕胎法提出了一项宪法挑战，并且参与或者知道 1970 年或 1971 年在威斯康星州、俄亥俄州、加利福尼亚州、科罗拉多州、康涅狄格州、佐治亚州、肯塔基州、亚利桑那州、伊利诺伊州、印第安纳州、佛罗里达、密歇根州、明尼苏达州、密苏里州、路易斯安那州、南达科他州、堪萨斯州和得克萨斯州对堕胎法提出的挑战。(74)

但这些案件中的一些，尤其是康涅狄格州、佐治亚州和得克萨斯州的案件，是由妇女权利组织和女律师发起的，并且把妇女而不是医生作为他们的主要原告。这些案件更多地突出强调妇女的权利而不是医生不受政府干预而行医的权利。除这些策略和哲学方面的区别外，还有个人方面的不同。卢卡斯渐渐认识到，像得克萨斯的莎拉·韦丁顿和佐治亚的玛吉·哈姆斯这样的年轻女律师，在一个她们认为对妇女权利至关重要的案件中是不会屈居于一位男人之下的。

罗伊诉韦德——赢得进军联邦最高法院竞赛的案件

当莎拉·韦丁顿来到得克萨斯大学法律图书馆为她的朋友朱迪·史密斯做一些研究工作时，她发现了联邦最高法院在“格里斯伍德案”中的判决，以及罗伊·卢卡斯将它延伸到堕胎问题的令人信服的分析。她也发现了加利福尼亚州最高法院在“贝勒斯案”中的判决，以及格塞尔法官在“武伊奇案”中的判决，它们都对卢卡斯的法律评论观点表达了司法支持。她听说了在纽约州、伊利诺伊州和威斯康星州提起的诉讼。

当她把这些展示给史密斯和她的丈夫罗恩（法学院学生）时，对话很快转化为提起一项挑战得克萨斯州法的诉讼。朱迪表达了对得克萨斯州立法过程的愤怒，在那里温和的改革草案都被埋没了。韦丁顿记得史密斯主张并且问道：“在逐个州的立法过程中改变禁止堕胎的法律将会花无限长的时间。但是，如果我们能通过联邦法院推翻这些法律，那将适用于全国。那可能吗？”(75)

史密斯及其妇女解放组织中的其他成员强烈认为，一位女性律师应该提起这个案件，并最后游说韦丁顿说，虽然她缺乏经验，但她是这项工作的合适人选。韦丁顿自己认为，得克萨斯的法律努力将会补充已经在联邦法院待决的诉讼，并且可以依靠其他案件的势头。她赢得了法学院同学琳达·科菲的帮助，后者在达拉斯的一家律师事务所工作，并且法学院毕业后在达拉斯

(73) 同注(71)，at 78（道格拉斯大法官的反对意见）；同上注，at 96－97（斯图尔特大法官的反对意见）。

(74) 参见 YWCA of Princeton，*N. J. v. Kugler*，342 F. Supp. 1048（D. N. J. 1972）；Garrow，前注④，at 383，416，432－433，459－460，465－467，540－541。

(75) Weddington，前注①，at 45。

给其中一位女性联邦法官莎拉·休斯做过书记员，获得了非常宝贵的联邦诉讼经验。[76]

韦丁顿和科菲开始起草联邦法院诉状，但她们缺乏一位原告。被设计用来挑战和改变法律的试验案件诉讼常常源于团体倡导的努力和法律计划，没有受害者或受到影响的未来原告的直接参与和推动。试验案件诉讼的这个方面使它带有律师和诉讼导向的组织以及最终成为原告的个人之间冲突的种子。在短期内对个人可能最有利的事情对长期诉讼可能并不是最好的。这种张力在罗伊案中从一开始就存在。

韦丁顿和科菲最初认为她们可以将一个有组织的妇女团体或者史密斯的堕胎中介服务机构作为原告，但她们最终认为诉讼资格的法律和对中介服务公开的危险使这项策略太冒险。她们需要找到将会受到禁止堕胎法直接影响，而且愿意在一项诉讼中成为主要原告的妇女。她们可以给原告起假名以保护她们的隐私。

在琳达·科菲向达拉斯第一一神教堂（First Unitarian Church）的妇女联盟谈到计划中的法律诉讼时，这两位律师找到了她们的第一位原告玛莎·金。这个妇女联盟在得克萨斯堕胎法改革努力中就很积极。金对试图改变堕胎法很感兴趣，因为她和丈夫在墨西哥有过一次堕胎的创伤经历。当玛莎正因神经系统紊乱经历重大健康问题时，她怀孕了。她的医生劝她终止妊娠。但健康问题虽然令人严重衰弱，但并不威胁生命，因而按照得克萨斯州法她没有资格接受合法的治疗性堕胎。她在墨西哥城接受了堕胎手术，但手术非常痛苦，而且她在飞回家的路上几乎失去知觉，需要从乘务员那里要氧气。金的医生建议她健康改善之前不要怀孕，但他还建议因为她的神经系统失衡，她应当避免服用避孕药。认识到避孕套、避孕泡沫或避孕膜相对更高的失误率，玛莎和大卫·金感到，不能获得安全堕胎作为避孕备用措施，严重削弱了他们夫妇间的亲密关系。对他们作为已婚夫妇的这种伤害构成了以他们的名义起诉的基础。科菲和韦丁顿在法院诉状中称他们为约翰和玛丽·多伊（法律诉讼女方真名不详时对女当事人的假设称呼）。[77]

然而，金夫妇不是理想的原告，因为玛莎没有怀孕，因而也并不即刻需要堕胎。因此，法院可能发现金夫妇缺乏挑战这项法律的诉讼资格。为了避免这种可能的程序障碍，两位律师请求妇女团体和熟人帮她们找到一位怀孕且需要堕胎的女人。亨利·麦克拉斯基，一位处理收养问题的达拉斯律师，也是琳达·科菲的朋友，帮她们找到了第二个原告诺玛·麦科威，诉状中称她为简·罗伊。[78]

麦科威来到麦克拉斯基的办公室讨论为她正怀着但不想要的孩子安排收养的问题。她破产了，失业了，不幸有了近四个月的身孕并且想接受堕胎手术，但在得克萨斯州无法找到一个愿意提供堕胎的医生，也没有财力旅行到纽约或墨西哥接受相对昂贵的晚期流产。当她告诉麦克拉斯基她真正想要的是堕胎，而收养只是一个可怜的最后手段时，他向她讲了科菲和韦丁顿以及

---

[76] 同注[74]，at 48－49。

[77] 同上注，at 50；Garrow，前注④，at 400－401。

[78] Weddington，前注①，at 51－52；Garrow，前注④，at 402－404。

她们的法律诉讼。麦科威同意在达拉斯的一家比萨店和她们见面。[79]

虽然只有 22 岁，但诺玛·麦科威已经历过了漫长而艰苦的生活。她九年级就退学了，其父母在她 13 岁时就离了婚。她和母亲以及后来的继父的关系很糟。她常常反抗她的母亲，而她母亲则把她关在一所教养院中。16 岁时，她在达拉斯的一家供应外卖的汉堡餐车里做服务员，遇到了 24 岁的伍迪·麦科威，一位有魅力、流动的待业金属薄片工人，来自纽约布法罗市。他很快就引诱她，几个月之后他们就发生了性关系，诺玛告诉伍迪她想结婚。在她拒绝性事几天后，伍迪同意娶她，他们就举办了一场匆忙的法院仪式。[80]

然后伍迪夫妇迁徙到加利福尼亚，伍迪希望得到更好的工作机会。在那里他变成虐待狂，而且越来越长时间不在家。当诺玛告诉伍迪她怀孕时，他狠狠地打了她，以至于她决定离开他。她从一个朋友那里借了钱，回到了得克萨斯州的母亲家。诺玛生了一个女儿后，她的母亲取得了这个孩子的监护权。[81]

诺玛开始在同性恋酒吧中工作，吸毒并酗酒，并意识到她是一个女同性恋者。她搬来和一位女人一起住，似乎感到了生活的稳定。但她仍然偶尔和男人一起放纵。她在酒吧遇到了一位她称为卡尔[82]的男人，并开始陪他去撞球锦标赛。她只是视他为一个朋友，但随便与他发生性关系。在她的自传中，麦科威详细叙述了她是如何依旧对其身体和避孕基本无知的；她可怜地称自己为一个几次与男人发生性关系都怀孕的女同性恋者。在与卡尔分手几个月后，在一个季节性狂欢节工作时，麦科威意识到自己怀孕了。这个狂欢节很快就会结束，她到时就失业了。她的母亲拒绝接受她，于是她找到了她的父亲，她父亲让她睡沙发。为了设法除掉胎儿，她整日整夜地在酒吧里喝酒并滥用毒品。当她遇到的一位女人告诉她有一个方法可以除掉胎儿，尤其是如果她愿意声称她被强奸了时，她来到给她接生女儿的医生这里。尽管她作了必要的强奸辩解，但这位医生无论如何都不给她做堕胎手术，而是把她推荐到收养律师麦克拉斯基这里。[83]

当麦科威在那个比萨店遇到科菲和韦丁顿时，她们向她解释了被提议的法律诉讼，以及对她作为被告的要求。麦科威同意参加，也问到如果她是被强奸的是否对这个案件有所帮助，暗示她已经被强奸。两位律师说这没有任何影响，而且她们决定在诉状中省去任何提及麦科威是如何怀孕的内容。她们仅为强奸受害者赢得堕胎权不感兴趣。尽管如此，新闻对该案的描述说麦科威被强奸了。[84] 后来，当麦科威首次作为简·罗伊公开露面时，她告诉了媒体自己被强奸的详细故事。几年以后，她揭露了那个强奸故事是假的；媒体和反堕胎激进分子严厉批评了韦丁顿和主张人工流产为合法的团体，谴责

---

[79] Weddington，前注①，at 51－52；Gorrow，前注④，at 403－404；Norma McCorvey & Andy Meisler，*I Am Roe：My Life*，*Roe v. Wade*，*and Freedom of Choice* 112－115（1994）。

[80] 参见 McCorvey & Meisler，前注⑲，at 35－47。

[81] 同上注，at 51－56。

[82] 同上注，at 92。他的实际名字可能是比尔。参见 Garrow，前注④，at 403。

[83] 参见 McCorvey & Meisler，前注⑲，at 93－109。

[84] Weddington，前注①，at 52－53，256。

她们在联邦最高法院实施欺骗。当韦丁顿通过展示诉状和案情摘要没有强奸的主张而提出抗辩时，短暂的媒体爆发就缓和了。[85]

麦科威回忆道，当她遇到这两位律师时，她得到的印象是这项诉讼将会为她赢得堕胎，并且她一直向两位律师强调她真正想要的是堕胎。韦丁顿和科菲回忆说，她们解释了她可能离堕胎还有太远的距离，而且对于她堕胎来说这项诉讼不可能及时完成，但这项诉讼将会在未来帮助她和其他女人。很明显，两位律师从未考虑让麦科威与朱迪·史密斯的中介服务接触，因为她们确保诉讼资格所需要的是一位依然怀孕且不能获得堕胎手术的原告。韦丁顿坦率地承认，她们"优先考虑如果怀孕可以作出所有选择（包括合法堕胎）的所有女性，而把卷入这些案件中的个人视为这项优先考虑的辅助者"[86]。在她看来，罗伊和多伊夫妇只是提出更大问题的媒介。这种委托人和诉讼之间的冲突制造了委托人和律师之间的持续张力。麦科威几乎不积极参与她的案件。她不出席任何法庭听证，而且只是当她们与她联系通知她进展情况时偶尔与韦丁顿和科菲说话。当这个诉讼待决时，她生了一个男孩，立刻交出让别人收养。麦科威后来表达了被两位律师自私地利用的感受，她认为律师们更在意帮助其他女人而不是她。

韦丁顿和科菲更多地与金夫妇接触。很明显，与这位没有受过教育、女同性恋、落魄潦倒、滥用药物的麦科威相比，她们感到与这对受过教育、专业的中产阶级夫妇在一起更舒服。金夫妇出席法庭辩论，包括两次极为重要的最高法院辩论，并一直在堕胎权利诉讼中表现积极。[87] 然而，因为第一位出现在法庭标题上的名字是简·罗伊——诺玛·麦科威，所以金夫妇作为原告的角色在很大程度上被历史忽略了。

她们的原告确定后，韦丁顿和科菲完成了起诉状和辅助性书面陈述，以及寻求阻止得克萨斯州法执行的禁令申请书。她们的原告起诉理由遵循了卢卡斯从"格里斯伍德案"中总结出来的蓝图。她们声称，得克萨斯州法违反了联邦宪法第一、第四、第五、第八、第九和第十四修正案中存在的隐私权。她们还声称，得克萨斯州法因其模糊性违反了正当程序。具名的被告亨利·韦德是达拉斯县的联邦地区检察官。他是一位有 35 年执法经验的老手，并且因杰克·鲁比射杀了刺杀肯尼迪总统的被告李·哈维·奥斯瓦德而成功起诉杰克之后，成为全国著名的人物。

两位律师在位于达拉斯的联邦法院提起诉讼，怀着吸引莎拉·休斯法官的希望，科菲知道这位法官将赞成她们的法律论证。1970 年 3 月 3 日，科菲提交了诉状，并且自掏腰包交了起诉费。让她们高兴的是，她们的确吸引了休斯法官。

科菲和韦丁顿还提交了一份请求，要求把该案交给一个由地区和上诉法院的法官组成的特殊三人合议庭审理。那时和现在一样，大多数联邦法院的案件都由一位联邦地区法官审理，有权上诉至上诉法院的三名法官审查小

---

[85] 同注[84]，at 256 - 257。

[86] 同上注，at 61。

[87] McCorvey & Meisler，前注[79]，at 117 - 121，127 - 128，198 - 199；Garrow，前注[4]，at 515 - 517，523，572，601。

组，之后是联邦最高法院自由决定的审查。然而，当罗伊案发起时，联邦法律也授权在挑战法案合宪性和寻求禁止这些法案实施的案件中由三名法官审理首次听证；然后上诉直接到达联邦最高法院。

休斯同意了这项请求，地区法院法官威廉·泰勒和第五巡回上诉法院法官欧文·戈德堡也被选派到这个案件。韦丁顿和科菲认为这几乎是她们可能获得的最有利的审理小组了。戈德堡已经在民权问题上发布了几个勇敢与开拓性的判决，而且还被认为才华横溢，在法律上具有创新才能。泰勒因十分公正和思想开明而有一个好名声。[88]

对"罗伊诉韦德案"的听审在1970年5月22日举行。不是一次有证人证言的审理，这个案件在真实的书面陈述和律师的法律诉状基础上进行，有律师的法律辩论和法官的提问。除了来自麦科威和金夫妇的假名书面陈述外，韦丁顿和科菲还呈上一份由得克萨斯大学健康中心医疗主任所作的书面陈述，该陈述讨论了合法堕胎的安全性、妇女对堕胎的需求、妇女寻求堕胎的原因——包括避孕失败和健康危险以及教育、经济和社会因素——以及妇女试图获得堕胎手术时面临的困难和危险。

琳达·科菲负责了大部分支持原告的口头辩论。她把大量时间用在讨论程序问题。当她开始讨论所有可能支持隐私权的宪法修正案时，戈德堡法官要求她集中在第九修正案，该修正案规定："宪法中对某些权利的列举，不应被解释为剥夺或取消人民所保留的其他权利。"莎拉·韦丁顿随后提出了一个问题，州在限制堕胎问题上是否有任何迫切的利益。戈德堡要求她说出第九修正案中的一项权利，并集中在州仍然可以采取什么类型的调控，比如医院条件或要求由多名医生同意。韦丁顿和科菲从盘问的进程感觉到，法院一定要找到一项宪法权利，只是有兴趣探索该州受到约束的调控作用的范围。[89]

得克萨斯州司法部长办公室的杰伊·弗洛伊德为该法案作了辩护。他首先指出，多伊夫妇和罗伊缺乏诉讼资格，声称她们并没有面临指控，然后指出这个案件没有实际意义，因为罗伊已经生了孩子。在法律依据上，当法院要求他区分得克萨斯州法和"贝勒斯案"认为模糊的加利福尼亚州法的区别时，弗洛伊德很难回应。达拉斯联邦地方检察官办公室的约翰·托利也为该法作了辩护。他强烈声称，本州有保护胎儿生命的权利，而且胎儿的生命权高于妇女的隐私权。

不到一个月之后，法院公布了全体一致的法院判决，认为得克萨斯州的法案违宪。[90] 尽管没有法官作为第一作者签名，但休斯撰写了第一次草稿，并响应戈德堡的一份冗长备忘录对草稿作了几处修改。[91] 首先，该判决宣布该法案太模糊因而不能执行。[92] 但法院继续讨论了更广泛的问题，并发现

---

[88] 参见 Weddington，前注①，at 58。

[89] 参见 Weddington，前注①，at 62 - 67；Garrow，前注④，at 440 - 441。

[90] 参见 *Roe v. Wade*，314 F. Supp. 1217 (N. D. Tex. 1970)。

[91] 参见 Garrow，前注④，at 451 - 453。

[92] 314 F. Supp. at 1223.

"得克萨斯州的堕胎法侵犯了原告选择是否生孩子的基本权利"[93]。合议庭依靠了戈德堡大法官在"格里斯伍德案"案中的赞同意见——该意见阐述了第九修正案作为隐私权的基础，也援引了"贝勒斯案"、"武伊奇案"和推翻威斯康星州和南达科他州堕胎法案的法官判决。[94] 然而，法官们拒绝禁止得克萨斯州法的执行，因为她们认为联邦地方检察官出于真诚和善意不会提起控诉。[95] 没有发布一项禁令对原告的律师来说是件令人失望的事，因为大多数医生将不愿意拿他们的自由和生计冒险，完全依赖检察官的善意，但它也意味着这个案件可以直接到达联邦最高法院，绕开联邦第五巡回上诉法院。

这项判决成为得克萨斯州各处新闻的头条，而且在其他地区也收到一些短评，包括《纽约时报》。韦德立即宣布该州将上诉至联邦最高法院，并且他不会撤销任何对医生的待决指控，除非有法院的明确判决。金夫妇以多伊夫妇的身份接受了新闻采访，为该判决喝彩。甚至天主教达拉斯主教管区妇女组织（Catholic Women of the Dallas Diocese）主席告诉媒体，这是法院所能作出的唯一判决，因为她同意这项法律太模糊以至于不能支撑公诉。[96] 她表示希望立法机构会通过一项法律，更仔细地规定例外情况。达拉斯的主要医院和得克萨斯大学健康中心在与地方检察官办公室磋商后认为，这项判决不会导致它们政策上的变化，仍然只同意非常有限的挽救生命的治疗性堕胎，因为被起诉的危险仍然存在。由于对堕胎的可获得性没有任何明显变化感到失望，奥斯丁妇女解放组织——史密斯和德顿最初向韦丁顿的询问就发源于该组织——发布了一项声明，指出这项判决实际上"没有多大意义"[97]。

韦丁顿和科菲针对否决禁令这一点提出交叉上诉，因为她们认为没有对公诉的禁止，医生就不会视堕胎为完全合法。就在她们开始努力将诉愿提交到最高法院的时候，几个其他的堕胎案件也在向华盛顿行进。威斯康星州的"巴比兹诉麦卡恩案"[98] 最先到达，但联邦最高法院没有受理。[99] 在一个推翻伊利诺伊州法和一个推翻佐治亚州法的案件中，上诉被列入了备审案件目录表。等待新泽西州、明尼苏达州和其他州的下级法院作出判决的律师们也声称，判决一旦被登录于法院的诉讼卷册中*，他们就会提起上诉。[100] 明尼苏达州的"多伊诉兰德尔案"[101] 特别引人注目。主要原告南希·威德姆耶是一

---

* 将判决正式登录于法院的诉讼卷册中，是提起上诉或根据该判决采取任何行动的必要前提。参见薛波主编：《元照英美法词典》，475 页，北京，法律出版社，2003，"entering judgments"词条。——译者注

[93] 同注[92]，at 1222。

[94] 参见上注，at 1222（引用了 *Babbitz v. McCann*，310 F. Supp. 293（E. D Wis. 1970）；*State v. Munson*（S. D. Cir. Ct. Pennington Cty.，Apr. 6，1970））。

[95] 314 F. Supp. at 1224.

[96] Garrow，前注④，at 454 - 455。

[97] 同上注，at 454。

[98] 310 F. Supp. 293 (E. D. Wis. 1970) .

[99] 400 U. S. 1 (1970) .

[100] 参见 *Doe v. Scott*，321 F. Supp. 1385（N. D. Ill. 1971），撤销并发回重审，*Hanrahan v. Doe*，410 U. S. 950（1973）；*Doe v. Bolton*，319 F. Supp. 1048（N. D. Ga. 1970），说明了可能的管辖权，402 U. S. 941（1971），维持原判，410 U. S. 179（1973）；YWCA of Princeton，*N. J. v. Kugler*，342 F. Supp. 1048（D. N. J. 1972）。又见 Garrow，at 416，417（卢卡斯希望新泽西州的案件会成为他到达联邦最高法院的媒介）。

[101] 314 F. Supp. 32 (D. Minn. 1970) .

位有三个孩子的已婚母亲，在她第四次怀孕期间感染了风疹。她的医生是一位著名的堕胎改革倡导者简·霍奇森医生，提议她堕胎，并获得了其他几位医生的意见，这些意见都认为治疗性堕胎是合理的。因为明尼苏达州的法案允许的例外只能适用于挽救妇女生命，不能因为重大的胎儿缺陷，所以这个联邦案件被提起，寻求一项积极命令，允许立刻堕胎。地区法官认为，只有霍奇森首先试图实施堕胎并受到起诉，这个案件才可能成熟，所以霍奇森就按程序继续前进。她立即被捕并被定罪，成为美国历史上第一次医生因实施一项医院同意的治疗性堕胎而受到起诉。[102]

随着那么多基于隐私权挑战州法的堕胎案件很快向联邦最高法院涌来，大法官们似乎不可能再回避他们在“武伊奇案”的判决中回避的问题了。虽然批评者争论说联邦最高法院本来应该等待下级法院对这个问题的更多阐述，但至少有 20 个案件在联邦下级法院或州法院中进行着，在堕胎法律是否合宪的问题上，判决结果大概持平。[103] 是否存在一项选择堕胎的宪法权利已经成为如此有争议的法律问题，那么多相互冲突的法律判决和公诉机关持续的公然蔑视——如亨利·韦德表现出来的那样，还有那么多媒体和公众关注，以至于如果联邦最高法院拒绝回答这些案件提出的这个问题，它就是不负责任了。

韦丁顿、科菲和佐治亚案件中的主要律师玛吉·哈姆斯互相协助处理她们各自的上诉。佐治亚州的“多伊诉玻尔顿案”[104] 值得注意，因为它挑战改革法案的合宪性，该法案刚刚在 1968 年大张旗鼓的通过。它要求所有的堕胎必须在医院里进行，要求两名医生的同意，并限制了实施堕胎手术的理由。逐渐意识到这项改革策略局限性的倡导者争取使佐治亚州议会在 1969 年通过一项废止议案，但没有成功。但是“格里斯伍德案”的基本原则不仅可能用来使 19 世纪的“只有生命例外”的法律无效，而且使经过有限改革的法律无效，因为后一种类的法律也妨碍妇女基于她自己的境况和寻求堕胎的理由作出私人决定。因此，妇女运动的律师认为在法院挑战比持续的立法

---

[102] 同注[101]，at 35－37；Garrow，at 428－430，466－468。

[103] 除得克萨斯的“罗伊诉韦德案”外，推翻堕胎法的案件包括：*Babbitz v. McCann*，310 F. Supp. 293 (E. D. Wis. 1970)，上诉被驳回，400 U. S. 1 (1970)；*Doe v. Bolton*，319 F. Supp. 1048 (N. D. Ga. 1970)，说明了可能的管辖权，402 U. S. 941 (1971)；*Doe v. Scott*，321 F. Supp. 1385 (N. D. Ill. 1971)，上诉被列入备审案件目录表，*Hanrahan v. Doe*，410 U. S. 950 (1973)；YMCA of Princeton，*N. J. v. Kugler*，342 F. Supp. 1048 (D. N. J. 1972)；*People v. Belous*，458 P. 2d 194 (1969)，调卷令申请被驳回，397 U. S. 915 (1970)；*Abele v. Markle*，342 F. Supp. 800 (D. Conn. 1972)；*State v. Barquet*，262 So. 2d 431 (Fla. 1972)；*Poe v. Menghini*，339 F. Supp. 986 (D. Kan. 1972)；*State v. Nixon*，201 N. W. 2d 635 (Mich. 1972)。此外，在没有被编入案例汇编的针对医生的刑事案件中，南达科他州和宾夕法尼亚州的初审法院推翻了州法。参见 *Abele v. markle*，342 F. Supp. at 803，n. 14。亚利桑那州的一个下级法院推翻了本州的法律，但这个判决在以下案件中被推翻：*Nelson v. Planned Parenthood*，505 P. 2d 580 (Ariz. App. 1973)。

判决堕胎法律合宪的案件包括：*Steinberg v. Brown*，321 F. Supp. 741 (N. D. Ohio 1970)；*rosen v. La. St. Bd. Of Med. Exam'rs*，318 F. Supp. 1217 (E. D. La. 1970)；*Corkey v. Edwards*，322 F. Supp. 1248 (W. D. N. C. 1971)，撤销并发回重审，410 U. S. 950 (1973)；*Crossen v. Attorney General of Kentucky*，344 F. Supp. 587 (E. D. Ky. 1972)；*State v. Abodeely*，179 N. W. 2d 347 (Iowa 1970)；*Spears v. State*，257 So. 2d 876 (Miss. 1972)；*State v. Munson*，201 N. W. 2d 123 (S. D. 1972)；*Rogers v. Danforth*，486 S. W. 2d 258 (Mo. 1972)；*Cheaney v. State*，285 N. E. 2d 265 (Ind. 1972)；*Nelson v. Planned Parenthood*，505 P. 2d 580 (Ariz. App. 1973)。

[104] 319 F. Supp. 1048 (N. D. Ga. 1970).

斗争可能更富有成效。朱迪思·伯恩是一位激进分子，过去一直领导立法努力。她要求佐治亚州美国公民自由联盟的负责人帮忙找到一位女律师。她立即想到了玛吉·哈姆斯，后者已经离开了一家大律师事务所以抚养她的小孩，但仍然是亚特兰大市最富有经验和受到尊敬的女性诉讼律师之一。虽然她怀着第二个小孩已经八个月，但哈姆斯热心地接受了这个案件。[105] 来自法律援助组织和埃默里法律服务中心的年轻女律师们被请来帮忙，她们提交了诉状和由三名法官审理的请求，时间上大约与科菲提起罗伊案同时。几位杰出的医生、护士、牧师和社会工作者加入到原告的行列。尽管如此，哈姆斯认为，主要原告应当是在限额体制下——甚至在改革法通过之后医院仍然继续使用——被拒绝堕胎的一位女人。来自格雷迪纪念医院的协作医生和护士原告使这样一位女人桑德拉·本星联络上哈姆斯。起初哈姆斯和这些医生试图帮助本星在另外一家医院赢得同意，并为堕胎手术筹集了资金。然而，这时本星正试图与其虐待狂的丈夫和好，并且怀孕将近五个月了。当她感觉到胎动时，本星改变了堕胎的主意，但同意以简·多伊的名字成为主要原告。[106]

本星的生活经历与诺玛·麦科威非常相似。她也是九年级辍学，17 岁嫁给了一位来自俄克拉何马州的流浪汉，并很快生了两个孩子。她丈夫只是偶尔工作，并因虐待儿童被捕。因此，政府带走了孩子们并把他们安置在收养家庭中。当本星在 22 岁再次怀孕后，当时他们的婚姻正充斥着特别多的矛盾，她决定试图离开她丈夫，并寻求堕胎手术。像麦科威一样，她最终让别人收养了自己的孩子。[107]

当与哈姆斯一起准备她们各自提交给联邦最高法院的上诉文件时，韦丁顿收到了罗伊·卢卡斯的来信。这是他想加入得克萨斯案件的第一次努力。卢卡斯把自己扮成全国最重要的堕胎法律专家，并提议由他撰写管辖权声明来说服联邦最高法院接受这个案件。因为琳达·科菲忙于律师事务所的工作，而且莎拉和罗恩·韦丁顿正准备迁到沃思堡开始新的全职法律工作，于是韦丁顿接受了卢卡斯的提议。但她天真地没有界定并写下协议的条款，当卢卡斯试图从她这里夺走整个案件时，她开始为这个决定后悔了。

1971 年 5 月 21 日，联邦最高法院宣布它要听审“罗伊诉韦德案”和“多伊诉玻尔顿案”[108]，辩护状要在夏季结束前准备好，秋季法庭辩论。莎拉·韦丁顿的新老板、沃思堡市的地方检察官，拒绝同意她离开去做联邦最高法院的案件，于是她和罗恩作出了在经济上痛苦的决定，她辞去工作，将自己全职投入没有报酬的工作中，带着她的案件到联邦最高法院。卢卡斯在其曼哈顿的研究所中给她提供了兼职带薪工作，于是夏天她迁到纽约从事罗伊案辩护状的撰写。[109]

卢卡斯说过他会带头撰写辩护状，但他似乎总是忙于其他堕胎案件，包括霍奇森医生的明尼苏达州案件、北卡罗来纳州案件中向联邦最高法院的上

---

[105] 参见 Garrow，前注④，at 422 - 424。

[106] 同上注，at 425 - 428。

[107] 同上注，at 426 - 427，444 - 445，465。

[108] 参见 402 U. S. 941 (1971)（说明了可能的管辖权）。

[109] Weddington，前注①，at 83 - 84。

诉以及“多伊诉玻尔顿案”的非当事人意见陈述。当截止日期接近卢卡斯却没有拿出草稿时，韦丁顿决定虽然她经验不足，但她必须撰写辩护状。罗恩从得克萨斯来这里帮她，而且她也获得了一位在夏季为该研究所工作的法律学生的帮助。桑德拉和罗恩睡在一个炎热、狭小的房间里，地板上只铺了一个床垫，疯狂地研究和撰写。几位得克萨斯大学的法律学生也来帮忙，在各个要点上写出了很长的检索备忘录，而且医学院妇产系的主任也为这个团队收集了医学信息。[110]

他们撰写了一份 150 页的辩护状，直到第 91 页才讨论了宪法主张。该辩护状首先介绍了原告。它把简·罗伊描述了一个未婚怀孕妇女，她“因怀孕导致的经济困难和社会强加于生育私生子的耻辱”而寻求堕胎。她没有工作，也没有钱旅行到一个自己可以接受合法、安全堕胎的地区。[111] 对玛丽·多伊的介绍是，体现出“常见的情形，一位已婚妇女，她的健康而不是生命将会受到不想要的怀孕的严重影响”[112]。然后辩护状广泛引用了医学著作和期刊来描述妊娠的发育过程和导致自然流产或人工流产的数量，并介绍了医学上从 19 世纪堕胎的危险到 20 世纪可获得的安全堕胎技术的历史进步。它强调了合法与非法堕胎之间极其不同的安全记录，以及在现存法律体制下得到同意的极端有限的治疗性堕胎数量。辩护状的这部分意在说服最高法院，任何所宣称的州维持刑事堕胎法的健康理由往好处说是事与愿违，往坏处说是荒谬的欺骗。

辩护状接着调查了堕胎法的历史，包括立法改革的前进步伐。它还介绍了许多医学组织，包括得克萨斯医学学会和美国医学学会（AMA），它们现在支持合法堕胎。在这方面，辩护状试图使最高法院确信，它只是在跟随立法趋势和流行的专业标准，而不是开辟激进的新天地。辩护状还介绍了关于现有避孕方法失败和危险的信息，以消除寻求堕胎的妇女只是不负责的印象。[113]

在讨论了诸如诉讼资格和虚拟性这样的管辖问题之后，辩护状分步介绍了核心宪法论点：隐私权是一项基本的人权和宪法权利；为了整体幸福而寻求并获得医疗保健的权利，是美国和全世界法院认可的一项基本自由；联邦最高法院在许多判决中早就认可并在“格里斯伍德案”中达到顶峰的是，基本的隐私权包括婚姻和亲密的个人关系和家庭生活的重要方面；拥有和控制自己的肉身的权利也是隐私权和自由权的核心部分；一位妇女终止不想要的妊娠的权利是这些隐私和自由权利不可或缺的组成部分。[114]

辩护状接着论证了该州在限制堕胎问题上不存在迫切的利益。在贬低了任何所宣称的促进健康或管制性行为方面的利益后，辩护状大胆地宣称，该州假定的保护胎儿的利益与其在堕胎语境之外漠视胎儿利益相矛盾。它指出了得克萨斯州法和其他州的法律不承认胎儿为人的种种方式。例如，州法没有将杀死

---

[110] 同注[109]，at 85 - 95。

[111] 上诉人的辩护状，at 9，*Roe v. Wade*，410 U. S. 113 (1973) (No. 70 - 18)。

[112] 同上注，at 10。

[113] 同上注，at 34 - 37。

[114] 同上注，at 91 - 109。

胎儿视为杀人，包括当怀孕妇女被攻击时。类似地，侵权行为和财产权利按照婴儿安全出生来定。辩护状还声称，科学不能回答生命或潜在生命何时开始的问题，那是一个最终由个人道德决定的问题。韦丁顿论证说，"很明显，禁止堕胎的立法决定也摧毁可能的生命——怀孕妇女的生命——就像允许堕胎的立法决定摧毁可能的生命一样。这个问题于是就不再是一个摧毁或保护可能的生命的问题，而变为一个谁应当作出决定的问题"[115]。立法机构的决策过程已经导致了混乱和成千上万的妇女死亡。因此，该州必须让位于个体妇女的权利和选择。[116] 最后，只是想到万一联邦最高法院更倾向于采纳加利福尼亚州法院在"贝勒斯案"中采取的狭窄道路，该辩护状提出了模糊性主张。

得克萨斯州政府的辩护状主要由杰伊·弗洛伊德撰写，长度不足韦丁顿的辩护状的一半，只是附带提及了"格里斯伍德案"，声明说该案中发生性关系的婚姻隐私权没有受到限制堕胎的法案影响。[117] 在只有一页带着不多引证的篇幅中，该州论证说，隐私权是有限与相对的，并且可能总是受制于他人的健康和幸福，就像强制性接种疫苗一样。[118] 该辩护状 57 页中的 24 页用于说明胎儿的发育，配有许多放大的吮吸着拇指的胎儿照片，这些胎儿看上去非常成熟。正如该辩护状总结的那样，这项胎儿发育的调查必然产生以下结论：胎儿是从其最早期的发育阶段就是完整的人，而且该州有一项迫切利益来保护它。无论怀孕妇女可能拥有什么样有限的相对隐私权，都必须让位于未出生孩子的生命权。[119] 州政府的辩护状远没有韦丁顿的法律性强，似乎基于以下假定：胎儿的照片比千言万语有用。

玛吉·哈姆斯在"多伊诉玻尔顿案"中的辩护状也远比韦丁顿的短小而简单。她简洁地介绍了婚姻隐私与模糊性主张，并且将她的挑战集中在堕胎审查委员会决定的任意性，以及对待妇女的正当程序的缺乏，这些妇女被拒绝后得不到任何理由，也没有求助对象。她还论证说，在实践中更多的穷人和黑人妇女被拒绝，因而法案的策略侵犯了她们受到法律平等保护的权利。[120]

一些评论者批评了罗伊案和多伊案中的律师们，因为她们依赖隐私权而没有基于妇女的平等权辩护。这项批评与妇女运动组织争取堕胎权的一些主张产生共鸣，这些主张的前提是生育控制对一个女人成为平等、不受压迫的公民的能力来说是基本的。但一名律师必须在以下问题上作出深思熟虑的策略性判断：什么样的主张最有可能成功并有最有力的先例性支持。在概述罗伊案时，联邦最高法院已经拒绝了认为平等保护条款适用于性别歧视的所有主张。[121] 以平等为基础的主张远比以"格里斯伍德案"为基础的隐私权和自

---

[115] 同注[111]，at 123 - 124。

[116] 同上注，at 124。

[117] 被上诉人的辩护状，at 26，*Roe v. Wade*，410 U.S. 113 (1973) (No. 70 - 18)。

[118] 同上注，at 28。

[119] 同上注，at 55。

[120] 参见上诉人的辩护状，at 22 - 41，46 - 50，*Doe v. Bolton*，410 U.S. 179 (1973) (No. 70 - 40)。

[121] 联邦最高法院使用平等保护条款推翻一个州法案中性别归类的第一个案件，是在韦丁顿提交了她的罗伊案辩护状三个月之后判决的。参见 *Reed v. Reed*，404 U.S. 71 (1971)（推翻了在不动产管理者问题上对男性的偏袒）。由于里德（Reed）一案处理的是在法律利益上明显的性别偏袒，因此，从该案到堕胎案件与从"格里斯伍德案"的避孕权语境到堕胎案件相比是一个更大的先例性跳跃。

由权主张更激进，更加没有先例支持。

尽管如此，提交上来支持罗伊案原告的一些非当事人意见陈述，确实向联邦最高法院提出了一种性别平等主张，包括女权主义律师南希·斯特恩斯代表妇女权利组织准备的一份辩护状。[122] 大法官们听到平等主张但选择忽视它这一事实，似乎证明主要律师决定集中精力于隐私权/自由权主张是正确的。

当注意力转到口头辩论时，卢卡斯把自己扮成主要律师和辩护状的主要作者。在韦丁顿不知情的情况下，卢卡斯也写信给联邦最高法院书记办公室说，他将作口头辩论。卢卡斯寄给韦丁顿一封长信，主张他应当作口头辩论，宣称他有更丰富的经验和知识。他还诋毁玛吉·哈姆斯的能力，并卑鄙地说既然多伊案在远非出色的人手中，至少罗伊案应当由可能达到最佳效果的律师辩论。卢卡斯和哈姆斯的关系特别僵，因为她断然拒绝了他接管"多伊诉玻尔顿案"的企图。但韦丁顿也受到玛莎·金、琳达·科菲和妇女团体的游说，她们认为她应当作口头辩论，而且只有一位女性才能表达对妇女来说利益攸关的庄严问题。为了尝试和解，韦丁顿询问联邦最高法院，她和卢卡斯是否可以分享辩论。当这项请求被拒绝时，她决定自己必须强行解决这个问题。金夫妇更喜欢她；她问及另外一个委托人诺玛·麦科威——她已经有段时间没有和麦科威联系了，麦科威决定虽然她对科菲和韦丁顿的感觉不好，但她还是想让一位她认识的女人为她的案件辩护，而不是一位陌生的男人。在罗伊案的诉讼中，咨询委托人的事情更大程度上是关于应当由谁在联邦最高法院辩论的事，而不是任何其他问题。[123]

口头辩论发生在1971年12月13日，但由于尼克松总统在填补大法官职位空缺上有困难，联邦最高法院当时只有七位大法官。莎拉·韦丁顿和蔼地邀请了卢卡斯和她与琳达·科菲一起坐在律师席上，罗恩·韦丁顿坐在他们后面的一把椅子上。玛莎和大卫·金在场，但麦科威在得克萨斯州，几乎不知道口头辩论正在发生。亨利·韦德也选择不出席。哈姆斯和韦丁顿互相祝愿了好运，虽然哈姆斯努力回避卢卡斯。[124]

韦丁顿先开始，她得到的时间是30分钟。虽然她曾写到当时自己非常紧张，但在口头辩论的录音中，她的声音听起来强烈而有自信。[125] 很快，大法官们开始问及关于所有管辖权方面的问题，这些话题耗费了大部分口头辩论的时间，这无疑让听众感到失望。然而，韦丁顿却成功地对堕胎权利为什么对妇女的生命那么至关重要这一问题作了雄辩的阐释：她认为，怀孕可能是一个女人生命中最具有决定性的方面。"它干扰她的身体，干扰她的教育，打乱她的职业，并且常常打乱她的整个家庭生活。"[126] 她还略微谈到与合法堕

---

[122] 参见 Elizabeth M. Schneider, *The Synergy of Equality and Privacy in Women's Rights*, 2002 U. Chi. Legal F. 137, 139 - 140 & nn. 11 - 12 (2002)。

[123] 参见 Garrow, 前注④, at 462 - 464, 503 - 504, 515 - 517; Weddington, 前注①, at 100 - 102; McCorvey & Meisler, 前注⑲, at 148 - 149。

[124] 参见 Garrow, 前注④, at 523; Weddington, 前注①, at 113 - 114。

[125] 罗伊案的完整口头辩论与第二次辩论的音频在以下网址：http://www.oyez.org/cases/1970-1979/1971/1971_70_18。

[126] Weddington, 前注①, at 116。

胎的安全性相比分娩的健康危险，并宣称因为怀孕对一个女人的影响，“她应当被允许选择继续还是终止其妊娠”是多么基本的关心。[127]

然后韦丁顿被问到，隐私权应当以第九还是第十四修正案为依据，并且她被逼问到，她是否承认州在保护怀孕期间胎儿生命问题上存在任何利益。她坚持立场，认为出生应当是赋予法律权利的决定点。

为得克萨斯州辩护的杰伊·弗洛伊德以一个笨拙的性别歧视幽默开场。“当一个男人这样与两位漂亮的女士辩论，她们将说了算。”[128] 当没有出现所预料的笑声，而是无情的冷漠充斥房间，并且首席大法官伯格向他怒目而视时，他似乎有些气馁。弗洛伊德到处乱摸了一会儿。他主张妇女只在怀孕前可以选择，这促使斯图尔特大法官嘲讽说，“可能她应当在她决定居住在得克萨斯州时作出选择”[129]。弗洛伊德紧紧扣住其辩护状的立场，即胎儿从怀孕那一刻起就是有权得到法律保护的人，但在受到盘问时承认他不能提供科学数据来支持孕期中的哪一刻是生命的开始。[130]

之后哈姆斯在“多伊诉玻尔顿案”中作了辩护。她宣称，保护胎儿生命的任何政府利益正是由于该州决定允许某些堕胎但不允许其他堕胎而遭到致命破坏。正如她的辩护状那样，她将口头辩论集中于说明妇女为了使医院同意堕胎必须遵循的所有程序的繁琐、昂贵和武断的性质。有限改革法的实际效果是剥夺妇女的正当程序自由权，就像对堕胎的完全禁止一样。[131]

为佐治亚州辩护的多罗西·比斯利集中在胎儿上，其人的属性和生命权，以及州尊重与保护它的利益。她主张，当另一个人牵涉进来时，隐私权必须受到限制。[132]

几天后，大法官们聚集在秘密会议上考虑这个案件。首席大法官伯格不愿意判定得克萨斯州法有任何宪法缺陷，但道格拉斯、布伦南和斯图尔特几位大法官都争辩说这个法案违宪。斯图尔特和马歇尔表明了允许州在妊娠发育到更高阶段时采取更多调控措施的意愿，怀特大法官表达了强烈的观点，支持胎儿的生命，反对堕胎权利。布莱克蒙说，他认为妇女没有一种想用自己的身体做任何事的绝对权利，但妇女的确有一项被堕胎法影响的第十四修正案权利；他还认为这项法案侵犯了医生从医的权利。[133] 罗伊案的测试投票是 5：2，但在多伊案中没有明显的多数。

布莱克蒙大法官——当时是最高法院最年轻的成员，被指派撰写法院意见。但道格拉斯和布伦南也开始交换提议的草稿和长长的备忘录。当尼克松总统最新提名的威廉·伦奎斯特和利维斯·鲍威尔最后得到参议院同意时，首席大法官伯格询问他的同事们，他们认为哪些案件足够重要，以至于需要在全体九位大法官面前再次辩论。布莱克蒙大法官立即提名了罗伊案和多伊案。道格拉斯强烈反对，认为这些案件已经得到了彻底的研究，并有了一个

---

[127] 同注[126]；Garrow，前注④，at 524。

[128] Weddington，前注①，at 119；Garrow，前注④，at 525。

[129] Garrow，前注④，at 526。

[130] Weddington，前注①，at 120。

[131] Garrow，前注④，at 527。

[132] 同上注，at 527。

[133] 同上注，at 529－532。

稳固的多数。但票决否定了他的意见，并且在 1972 年 6 月，韦丁顿从最高法院那里收到了一份简洁通知，内容是这个案件被重新排入日程表中重新辩论。[134]

韦丁顿——当时正忙于竞选得克萨斯州立法机构中的一个席位——和科菲很快写了一份简短的补充性辩护状，指出韦德仍然在威胁起诉，得克萨斯州的医生仍然不敢实施堕胎手术，而且 1971 年超过 1 600 位得克萨斯州妇女不得不旅行到纽约州以获得安全、合法的堕胎。它也更新了一些重要的法律发展，包括更多的法院判决宣布州的堕胎法无效，以及联邦最高法院在 1972 年初对"艾森施塔特诉贝尔德案"[135] 所作的判决。该案中，一位避孕激进分子因向未婚大学生分发避孕工具而被起诉，最高法院维持了针对这项起诉的挑战。最高法院在艾森施塔特案中说，已婚和未婚者都有一项基本宪法权利决定是否"生育一个小孩"[136]。

卢卡斯给韦丁顿写了一份热情的书面请求，说他应当作这次重新辩论。他的信件在理由上反反复复，一会儿宣称他可以做得更好，一会儿又自怜说他是说服最高法院听审这个案件的人，并且他在这个问题上奉献了生命中四年的时间，不料却被不知感恩地推到旁边。韦丁顿没有回信表示尊重他的来信。[137]

重新辩论在 1972 年 10 月 11 日举行。怀特大法官很快向韦丁顿突然发问，她的案件是否以发现胎儿不是一个人为基础。她承认，如果胎儿是一个人，那么州就会有一项迫切利益保护它的生命，但我们仍然需要在那项利益与妇女的利益之间权衡。然而她重申，胎儿从未被视为一个法律意义上的人。罗伯特·弗劳尔斯，代替杰伊·弗洛伊德来自该州司法部办公室，论证说胎儿是一个人，但在斯图尔特大法官尖锐地问道这是一个医学问题、宗教问题还是一个法律问题时，他结结巴巴地不知如何作答。当弗劳尔斯回答这是一个法律问题时，他被迫承认韦丁顿在以下问题上是正确的：得克萨斯州法和第十四修正案在人的定义上都没有包括胎儿。[138]

重新辩论之后，韦丁顿回到得克萨斯完成她的竞选活动，并在 11 月以明显优势当选为得克萨斯州众议院议员。现在她感到，即使她输掉这个案件，她可能也能够帮助立法机构改变得克萨斯州的堕胎法。

联邦最高法院对罗伊案和多伊案的判决于 1973 年 1 月 22 日宣布。虽然它们意义重大，但它们还是被当天前总统林登·约翰逊去世的主要新闻标题掩盖。最高法院以 7∶2 的票决结果推翻了得克萨斯州法和佐治亚州的改革法，因为它们不合宪地侵犯了基本的隐私权。布莱克蒙大法官撰写了多数意见。最高法院判决，妇女决定是否终止妊娠的权利必须与州保护妇女健康、维持医学标准和保护潜在生命的利益达到平衡。最高法院将妊娠划分为几个三个月期间；在怀孕期的前三个月，妇女的利益超过任何州的利益；在第二

---

[134] 同注[131]，at 534－538，552－560。

[135] 405 U. S. 438（1972）.

[136] 同上注，at 454。

[137] Garrow，前注④，at 563－564。

[138] Garrow，前注④，at 568－570；Weddington，前注①，at 137－140。

个三月期，州可以采取合理的调控措施保护健康和医疗标准；直到妊娠的最后三月期，州保护潜在生命的利益才变得迫切，但即使在这个阶段，如果对保护妇女的健康或生命必要，州也必须允许堕胎。[139] 这个三月期的框架在所有这些辩护状中都没有提出来；它似乎是布莱克蒙大法官的创新。

韦丁顿从《纽约时报》一位记者的电话中得知了这个消息。在即时采访和祝贺电话中间，她成功地联系上玛莎和大卫·金、朱迪·史密斯和简·霍奇森医生，对他们的指控现在已经无效了。但韦丁顿和科菲无法找到诺玛·麦科威并告诉她这个消息。

麦科威后来写道，她从报纸上读到了这项判决，当时她的恋人康妮正在洗澡。当康尼出来后，诺玛告诉她联邦最高法院已经将堕胎合法化了，然后当她回答"太好了"时，诺玛问她是否想见到简·罗伊，接着，简·罗伊就从房间里出来了。[140]

妇女组织对最高法院判决看上去势不可当的性质感到吃惊，也感到欢欣鼓舞。这时，它们似乎基本上不担心判决中以下方面：把妊娠分成几个三月期，并怂恿了州对堕胎的各种调控，尤其是妊娠晚期。

除了《达拉斯晨报》这一显著例外，这个国家的报纸社论版的反应很大程度上是赞扬之声，认为该判决有同情心、人道、英明地确认了传统的隐私权，并且符合常识。[141] 天主教会和其他反堕胎团体的反应是灰心丧气。

虽然多伊案判决在罗伊案宣布一项基本权利的势不可当的形势下不为人所知，但在许多方面它被证明在这两个案件中具有更重要的实际重要性。也是因为妇女的基本权利受到侵犯而推翻 1968 年改革法时，最高法院说明了在罗伊案中宣布的权利如何限制立法机构可以利用的各种选择。最高法院认为佐治亚州要求堕胎必须在医院中实施对妇女和医生的权利造成过大侵犯，得不到充分健康利益的支持，因而推翻这项要求。这就为独立堕胎诊所的出现铺平了道路。妇女健康运动迅速奋力争取使堕胎诊所变成一种更加以女性为主、更便宜并且是更容易获得的选择，以克服许多医院仍然不愿实施堕胎手术的情况。

罗伊案的余波

1. 案中人

韦丁顿在得克萨斯立法机构三届任期中成为妇女权利的拥护者。她帮助通过了州宪中的平等权利修正案和一项关于平等信贷机会的州法。她成为全国废止堕胎法协会全国主席。该组织在其废止目标借助罗伊案得以实现之后，将名字改为全国堕胎权利行动联盟（National Abortion Rights Action League），并且她继续积极地在保护堕胎权利重要性问题上发表演讲，尤其是对大学校园中的年轻妇女，她们没有关于罗伊案之前那些日子的记忆。她的婚姻在罗伊案判决之后不久就破裂了，无法承受她的职业杰出性和繁忙的竞选和立法生活，但她和罗恩仍然一起从事律师行业，并且仍然是朋友。

---

[139] 410 U. S. 113，153－154，163－164.

[140] McCorvey & Meisler，前注⑲，at 150－151。

[141] Garrow，前注④，at 606。

1977年，卡特总统在其政府中为她提供了一项高级任命，作为关注妇女的特别助手。具有讽刺意味的是，她在得克萨斯立法机构中的最后举动是向她的众议院同事论证，他们应当阻挠一份在得克萨斯州内重新将大多数堕胎定罪的草案通过。她没有成功地说服足够多的同事，他们中的许多人可能已经投票支持重新罪刑化，作为用来安抚日益增强的反堕胎游说的“空姿态”，认为法院反正会推翻这项法律。韦丁顿在华盛顿的最初任务之一，是试图说服卡特总统放弃反对向贫穷妇女的堕胎手术提供公共医疗补助资金的立场。[142]韦丁顿目前担任得克萨斯大学奥斯丁分校政府系的兼职教授。

琳达·科菲从堕胎的聚光灯下撤出，集中精力于她在破产法领域的法律实践，许多人已经忘记了她在“罗伊诉韦德案”中的关键角色。罗伊·卢卡斯陷入与癌症病魔的痛苦较量中。他失踪了很长时间，后来重新露面一段时间，作为一名艺术家居住在蒙大拿州的一个农场上。他偶尔向堕胎医生提供法律服务，并联系堕胎权利组织，要求在联邦最高法院的案件中撰写非当事人意见陈述。然而，他的协助提议都有一个显著特征，即他倾向于宣称自己是真正理解涉及堕胎法问题的唯一合格的律师，同时诋毁其他律师的努力。[143]在卢卡斯于1998年基本消失后——很明显去接受更多的癌症治疗，有谣言说偶尔看到他在华盛顿联邦最高法院的图书馆里，在那里据说他正在写自传。他于2003年11月死于心脏病，当时他正在布拉格做研究工作，他的自传没有完成。[144]

玛吉·哈姆斯经历了很长且杰出的法律职业生涯，直到她晚年去世，在妇女权利案件中保持着积极性，包括帮助多伊案中的原告桑德拉·本星获得了探视其孩子的权利。她因其为公民自由所做的工作及其为保障堕胎权作出的重要贡献而获得了许多奖励。[145]

桑德拉·本星，现在以桑德拉·卡诺为人所知，成为一个重生的基督教徒，越来越为她在“多伊诉玻尔顿案”中的角色感到后悔，并且她在80年代晚期加入了激进的反堕胎组织“抢救行动”（Operation Rescue），宣称她在该案中的角色是一个巨大的错误，起因于精神不稳定，于是她提交了一份法律诉状，要求“多伊诉玻尔顿案”重新开庭，并判决它的结果无效。尽管撤销一个最终判决的努力被断然回绝，但本案引起的媒体关注帮助当时18岁、被她放弃让别人收养的“多伊”女孩找到了她。[146]卡诺仍然积极地参与一个反堕胎项目，该项目被称为“Operation Outcry”，由正义基金（Justice Foundation）成立。这个项目收集妇女的宣誓书——内容是宣称她们在精神

---

[142] Weddington，前注①，at 181-193。

[143] 例如，当美国联邦最高法院正在考虑 *Hill v. Colorado*，530 U.S. 703（2000）时——该案涉及一项限制反堕胎抗议地点的法案在第一修正案之下的有效性问题，卢卡斯给全国堕胎联盟（National Abortion Federation）写信，并提出撰写一份非当事人意见陈述，主张在以前的堕胎抗议案件中的律师，包括本章作者，都不理解这些问题。

[144] 参见 Ian Urbina，*Roy Lucas*，61，*Legal Theorist Who Helped Shape Roe Suit*，*Dies*，N.Y. Times，Nov. 7，2003，at C10。

[145] Garrow，前注④，at 602；本章的作者出席了一些这样的颁奖仪式。

[146] 同上注，at 603。卡诺在2003年又努力争取“多伊诉玻尔顿案”重新开庭，还是没有成功，在一次诉讼中宣称堕胎对妇女有害。*Cano v. Bolton*，205 WL 3881370（N.D. Ga. 2005）；Bill Rankin，*Unintentional Plaintiff Fights to Overturn Abortion Rulings*，*Hous. Chron.*，Oct. 5，2003，at A12。

和肉体上受到了堕胎的伤害，作为反堕胎激进分子的新一轮努力的组成部分。他们试图说服立法机构和法院，禁止堕胎对保护妇女是必要的。[147] 在这项工作的延续中，卡诺在“冈萨雷斯诉卡哈特案”中向联邦最高法院提交了一份非当事人意见陈述，引用了数以百计的宣誓书。2007 年对该案的判决支持了一项联邦法律，该法律禁止实施晚期堕胎的一种方法，该方法被冠名为“半生产堕胎术”（partial birth abortion）。[148]

诺玛·麦科威的生活也发生了奇怪的转变。在揭示了自己就是简·罗伊之后，麦科威引起了媒体关注，但对她的生活以及她是否被强奸提供了多种不同描述。将她的故事所有权卖给关于罗伊案的电视电影，使她获得了足够的钱，使她和康妮住得更舒服，并有能力购买了健康保险。她在达拉斯的一家堕胎诊所短暂工作了一段时间，然后在 1989 年一次规模巨大、提倡堕胎合法的前往华盛顿的游行中成为嘉宾，当时似乎联邦最高法院可能在待决的“韦伯斯特案”中推翻“罗伊诉韦德案”的判决。[149] 她开始为了堕胎权利从事公共演说，并在 1994 年出版了雇人代写的自传，其中她仍然强烈并理直气壮地主张人工流产是合法的。然而，到 1995 年，麦科威日趋感到没有受到堕胎合法运动组织的激赏，并受到他们的剥削。她像莎拉·卡诺一样，参与了“抢救行动”，并高调接受了该组织的达拉斯基地领袖弗利普·贝纳姆主持的“重生”洗礼，而之前当弗利普纠察她工作所在的堕胎诊所时，她曾对他大喊过。麦科威宣布，虽然她仍然认为妇女应当有权利在第一个三月期选择堕胎，但她认为更晚一些的堕胎是错误的。[150] 虽然当她的一些新朋友努力说服她女同性恋是有罪的，并劝她宣布与康妮断绝关系时，她与他们做了斗争，但她最后还是逐渐回到了他们的行列中。她偶尔作为一位反堕胎的演讲者出现，并且像卡诺一样，她在“罗伊诉韦德案”判决 30 周年之际努力使该案重新开庭，也没有成功。[151]

玛莎和大卫·金，罗伊案的其他原告，仍然强烈提倡堕胎合法，并继续着他们的社会激进主义立场。他们都成为律师，并最终在玛莎的健康改善之后拥有了两个健康的孩子。[152]

---

[147] 参见 Reva B. Siegel, *Dignity and the Politics of Protection: Abortion Restrictions Under Casey/Carhart*, 117 Yale L. J. 1694, 1727 (2008)；Reva B. Siegel, *The New Politics of Abortion: An Equality Analysis of Woman-Protective Abortion Restrictions*, 2007 U. Ill. L. Rev. 993, 1026 (2007)。

[148] 550 U. S. 124 (2007)；参见作为支持上诉者的法院之友（Amici Curiae）提交的为莎拉·卡诺和受到堕胎伤害的 180 位妇女的陈辩书，*Gonzales v. Carhart* (No. 05－380)。

[149] 最高法院对“韦伯斯特诉生育健康服务中心案”（*Webster v. Reproduction Health Services*, 492 U. S. 490 (1989)）的判决显示，有五位大法官准备推翻罗伊案，虽然当最高法院三年后在“计划生育联盟诉凯西案”（505 U. S. 833 (1992)）中得到那样的机会，但大法官们只是裁剪了罗伊案的判决，改变了评价州堕胎调控的法律标准，仍然保留了它的“核心判决”。同上注，at 846。

[150] 参见 *Jane Roe Joins Anti-Abortion Group*, N. Y. Times, Aug. 1, 1995, at A 12；Laurie Goodstein, '*Jane Roe' Renounces Abortion Movement*, Wash. Post, Aug. 11, 1995, at F1。

[151] 参见 *McCorvey v. Hill*, 2003 WL 21448388 (N. D. Tex. 2003)，后来判决得到维持，385 F. 3d 846 (5th Cir. 2004)；*New Challenge to Roe v. Wade: Ex-Plaintiff Tries to Topple Ruling*, N. Y. Newsday, June 18, 2003, at A2。

[152] Weddington，前注①，at 296。

2. 罗伊案对堕胎的影响

那些谴责罗伊案在美国引起堕胎悲剧的人在很大程度上是错误的："罗伊诉韦德案"没有创造堕胎需求，也没有导致堕胎的妇女数量极大增加。据估计，在罗伊案之前几年中非法堕胎的数量——尽管不可避免是不准确的，接近罗伊案之后堕胎数量更可靠的统计数字。[153] 合法堕胎的数量——既包括绝对数量也包括百分率，在罗伊案之前的两年内非常明显地上升，从1970年的193 500例上升到1972年的586 800例。[154] 这或许可以归因于1970年废止了其堕胎法的四个州以及涌向纽约和西雅图数以千计的妇女的深刻影响。关于怀孕率和出生率的统计没有显示罗伊案之后发生了显著变化，这说明罗伊案之前利用堕胎终止的妊娠数量与之后的数量相似。

罗伊案的主要实际结果是显著增加了堕胎的合法性。随着堕胎的合法化，医生和其他医疗服务人员能够公开接受训练并从事改良方法和安全性的研究，并且能够在医学研讨会上分享经验。在70年代早期流行的体内外科扩宫与刮宫方法——用锐利器具刮净子宫，现在已经被新方法取代。这些新方法使用更安全的柔和抽吸术或组织吸引技术实施早期流产，或者使用药物引流。堕胎很快从60年代产妇死亡的主要原因之一转变为最安全的医疗程序之一，包括并发症数量，尤其是在第一个三月期内，其安全性和拔牙相同。[155] 在这方面，可以说罗伊案每年防止了许多妇女死亡，而且这个因素本身使它成为重要社会变革的一个重大源泉。事实上，很难想到联邦最高法院的任何其他判决与此相似地防止那么多死亡和伤害。

堕胎从医院移向专门诊所被证明有好处也有坏处。虽然它使费用下降，并使堕胎对妇女来说更容易得到，但它也使独立的诊所更容易受到纠察和破坏。愿意封锁或轰炸一个综合医院的反堕胎激进分子要比愿意针对主要从事堕胎手术的诊所采取这类行动的反堕胎激进分子要少得多，而且警察更可能对任何试图破坏医院的行为反应积极。此外，堕胎转移到诊所导致它在医学中的边缘化。不是被大多数医生视为妇女健康保健的一种基本与不可分割的部分，许多医生和医院仍然持有罗伊案之前的观点：很高兴一些医生愿意并能够做这件事，因此他们可以私下把他们的病人推荐过去，而且很高兴他们不必涉入这项争议或危险攻击。[156]

法律上的变革也缩减了罗伊案最初的承诺——使任何想接受堕胎的妇女更容易得到费用低廉的堕胎照顾。罗伊案之后最初的四年，联邦最高法院开始支持各种立法限制，开始是限制使用资助贫穷妇女堕胎的医疗补助计划，然后是要求未成年人通知或得到其父母的同意，并且最严重的是法律要求诊

---

[153] Rosenberg，前注⑤，at 353－355。

[154] 同上注，at 180。

[155] 联邦疾病控制中心（Center for Disease Control）追踪了47个州加上哥伦比亚特区的堕胎统计（最近的数据包括除加利福尼亚、路易斯安那和新罕布什尔之外的所有州）。2005年，参加地区报告了820 151例堕胎，其中88%在第一个3月期内实施。2004年有7例产妇死于合法堕胎（这是可以得到死亡数的最后年份）。假设2004年堕胎总数大致与2005年相同，那么这表示死亡率少于十万（合法堕胎）分之一。1972年，有65例死亡与（合法加非法）堕胎有关，死亡率为十万分之四点一。参见Sonya B. Gamble et al.，CDC，*Abortion Surveillance—United States*，Morbidity and Mortallity Weekly Rep.，Nov. 28，2008。

[156] Joffe，前注㉗，at 2－6，27－52。

所在他们能够做手术的几天前向妇女提供某些在很大程度上是反堕胎的信息。[157] 结果，对许多妇女来说，尤其是贫穷、年轻和那些居住在乡村地区的妇女，2009 年找到并接受一次付得起的堕胎可能几乎与 1972 年的时候一样困难。但是，重要的区别仍然没有变，即当一名妇女能够克服障碍到达一个诊所时，她能够在一种有受过高度训练的职员和顾问的支持性氛围中接受一次安全、合法的堕胎过程。

除了它使堕胎变得安全的实际影响外，罗伊案有一个深刻的象征性影响。性和生殖在许多妇女的生活中极其重要，并且无法控制生殖可能是妇女处于社会和经济从属地位的一个主要原因。使妇女生活中的这项最重要的方面被视为一种宪法权利，标志着妇女成为有自决权的平等公民，这超过宪法历史上的任何其他发展。对许多妇女来说，如果一个法律体制容许在强迫保留妊娠和可能的死亡之间作出选择，那么在这个法律体制下，妇女就总是一个被压制的群体。事实上，联邦最高法院最终逐渐认可了罗伊案在保障妇女平等公民权利问题上的位置。在 1992 年的“计划生育联盟诉凯西案”[158] 中，由于堕胎权利的重大社会意义，大法官们克服了某些大法官在“再次肯定罗伊案的核心判决”问题上明显具有的“保留意见”。正如多数意见所解释的那样，“妇女平等参与这个国家的经济和社会生活的能力已经被她们控制其繁殖生活的能力向前推动”[159]。

然而，凯西案深刻地改变了罗伊案的法律框架。虽然它的基本隐私权原则在法律领域有了新的生命力，如同性恋权利的扩展[160]，但罗伊案几乎没有与堕胎调控存在着现代法律关联。尽管肯定了罗伊案的“精髓”，但凯西案彻底改变了它的原则。一位妇女选择实施存活前堕胎的权利不再是一种只能为了促进一项“迫切”政府利益而受到剥夺的基本权利。它现在只是一种不受政府“不适当干扰”的权利。如联邦最高法院在凯西案和之后的案件中所适用的那样，“不适当干扰”似乎相当于一种立法限制，这种限制实际上或在实际效果上禁止了使用大部分安全堕胎方法的权利。[161] 此外，凯西案加强并提升了州保护潜在胎儿生命的利益，适用于整个孕期，而不是罗伊案确立的存活后期间。这种政府利益不仅包括保护胎儿的潜在生命，而且扩展到政府对其偏爱分娩胜过堕胎以及对生命尊严的总体道德承诺的表达。[162] 与纯粹的罗伊案支持的立法限制相比，凯西案确立的法律框架导致了对更大范围的立法限制的司法赞同，比如州命令的“（病人的）知情同意”要求，该要求采纳了关于靠不住的科学有效性之反堕胎主张。[163]

联邦最高法院完全放弃罗伊案的原则框架在 2007 年的“冈萨雷斯诉卡

---

[157] 参见 *Maher v. Roe*，432 U. S. 464 (1977)；*Harris v. McRae*，448 U. S. 297 (1980)；*Hodgson v. Minnesota*，497 U. S. 417 (1990)；*Planned Parenthood v. Casey*，505 U. S. 833 (1992)。

[158] 505 U. S. 833 (1992) .

[159] 同上注，at 856。

[160] 例如参见 *Lawrence v. Texas*，539 U. S. 558，573 - 574 (2003)。

[161] 参见 Caitlin Borgmann，*Taking Stock of Abortion Rights After Casey and Carhart*，31 Fordham Urb. L. J. 675 (2004)。

[162] 参见 Siegel，Dignity and the Politics of Protection，前注[147]。

[163] 同上注，at 1719 - 1720。

哈特案”[164] 中变得很明显。该案涉及一项联邦法律，该法律禁止“半生产堕胎”，这种堕胎被定义为胎儿的大部分首先被完整地引送到产道然后被终止的堕胎程序。肯尼迪大法官曾经加入到凯西案的法院意见中，包括用煽情的修辞描述控制生殖能力对妇女平等和尊严的重要性的那一部分，现在转变立场，加入到长期激烈反对存在任何支持堕胎的宪法权利的大法官行列中。肯尼迪的转变在七年前一个判决的反对意见中就有了预兆，该判决推翻了一项立法限制，而这项立法限制与联邦最高法院现在所支持的是同一种类型。[165] 他的转变似乎是因为他本能地厌恶这种有争议的堕胎方法的细节，他总结说这种方法模糊了堕胎和杀死婴儿的界线。当联邦最高法院以 5∶4 的差额支持了一项对堕胎方法的完全禁止——该禁止没有设置任何例外，即使当医生认为受到禁止的程序对保护一位妇女的健康来说必要时也是如此——时，肯尼迪现在能够把他早期反对意见中的许多方面拿到“卡哈特案”的多数意见中。对医学判断的尊重贯穿在罗伊案中，现在被明确放弃了。[166] 作为替代，最高法院尊重了国会的医学发现，尽管这些发现是基于反堕胎专业人士的立法证词，而这些证词大都被初审法院认为在科学上是不可靠的。[167]

“卡哈特案”的法院意见也采取了反堕胎运动的其他话语。胎儿自始至终被称为“未出生的孩子”或“婴儿”，寻求堕胎的妇女被称为“妈妈”[168]。明显偏离了“凯西案”对妇女生育自治需要的认可，多数意见认为，“对人的生命的尊重在母亲对孩子的爱中找到了终极表达”[169]。最高法院然后引用了涉拉·卡诺的非当事人意见陈述作出结论，虽然没有可靠的数据支持任何假想的堕胎后心理困境，但“一些妇女逐渐后悔自己选择了终止她们曾经创造和维持的婴儿生命”[170]。很明显，这个意见忽视了相反的非当事人意见陈述，这些陈述是以另一类妇女的名义提交的，记载了她们成功的医疗和心理结果，这类妇女曾经面临的境况迫切需要争论中的程序。[171] 肯尼迪的意见也没有解释为什么一些妇女的反应可能从根本上与禁止一种堕胎方法有关。

反堕胎运动组织中的许多人受到“卡哈特案”的结果和话语的强烈鼓舞。对“半生产堕胎”的禁止是一项策略的顶点，这项策略是让公众不遗漏每一个细节地集中关注这种堕胎程序对胎儿究竟做了什么，希望削弱公众对堕胎的支持。[172] 如果一种方法可以因为它冒犯了人的尊严而受到禁止，那么其他更一般的方法也可以基于同样的理论基础而受到禁止。此外，从 90 年代开始，许多反堕胎激进分子转向提出反对堕胎是为了保护妇女的主张，如

---

[164] 550 U. S. 124 (2007).

[165] *Stenberg v. Carhart*, 530 U. S. 914 (2000). “斯坦伯格案”涉及几个州通过的“半生产”堕胎禁止，联邦最高法院推翻了它们，既因为对这些受禁止程序的定义太宽泛，因而实际上包括了所有实施第二个三月期堕胎的安全方法，也因为这些禁止缺乏保护妇女健康的例外规定。

[166] 550 U. S. at 163.

[167] 参见 Carhart, 550 U. S. at 174 - 179 (金斯伯格大法官的反对意见)。

[168] 同上注, at 134, 138 - 139, 143, 153, 158 - 160。

[169] 同上注, at 159。

[170] 同上注。

[171] *Siegel*, *Dignity and the Politics of Protection*, 前注[147], at 1732 n. 110。

[172] 同上注, at 1707 - 1708。

堕胎后心理伤害的见解，希望减弱堕胎权利支持者对他们的以下指责，即他们关心胎儿胜过关心妇女。[173]

肯尼迪大法官在态度上的明显转变以及他在“卡哈特案”中采纳的一些反堕胎运动的话语，是否意味着联邦最高法院放弃了罗伊案的虚弱但仍然残存的“精髓”？这一点还有待观察。然而，“卡哈特案”的判决将会激励持续的努力去说服一些州立法机关禁止大部分堕胎，并怀着希望创造一个试验性案件，恳求联邦最高法院推翻罗伊案的判决，即联邦宪法保护妇女决定是否实施堕胎的权利。这无疑将加强在以下问题上长期存在的争论：堕胎是否是一个可以通过立法机构和公民投票得到更好解决的问题，而不是法院。

3. 罗伊案对美国政治和社会的影响

正如一些人因堕胎现象责备罗伊案一样，其他人则严厉批评联邦最高法院的判决，认为这些判决使这个国家陷入政治混乱，并制造了生命权运动。批评者主张，联邦最高法院的行为出人意料地把这个问题从州立法机构那里拿走，远远超前于公共舆论，先例基础也不稳固；他们认为，如果堕胎调控当初留给州立法机构中的审慎政治过程，那么这个国家可能已经在堕胎问题上取得了共识。[174]

这些批评对州的立法过程存在不切实际的想法，并忽视了罗伊案和堕胎立法的历史的重要方面。尽管 70 年代早期的民意测验显示日益增加的多数支持由妇女决定是否堕胎，但立法改革努力在联邦最高法院的意见公布之前正在变得越来越有争议。每一个草案的引入，尤其是废止法律，都使反堕胎激进分子更加活跃，而且诸如胎儿展示和对废止法律支持者的威胁或纠察等策略在“罗伊案”之前也出现过。

堕胎是这样一个话题，人们对它有着强烈或深刻的内心冲突和身处其中的感觉；这在罗伊案之前是正确的，而且无论在联邦最高法院中发生了什么，这可能仍然正确。罗伊案当然没有创造反堕胎的激进主义；然而，它的确激励了它，塑造了它，引导了它，就像它使许多主张堕胎合法的激进分子洋洋自得一样，他们错误地认为自己的斗争结束了。无论对反对堕胎还是支持堕胎为合法的激进分子来说，罗伊案已经成为一个重要象征，但它不是引起两方激进主义的成因。在妇女角色和宗教问题上根深蒂固的世界观是远比联邦最高法院的一项判决更重要的激励因素。[175]

罗伊案也没有消除立法机构的堕胎调控。事实上，自罗伊案以来，在任何一年中，比罗伊案之前多得多的关于堕胎的草案引入到州和联邦立法机构中来。堕胎是立法机构关注的一个如此流行主题，以至于关于其他一些问题——从破产法改革，到联合国资助，到军事拨款——的草案在堕胎争论中

---

[173] 同上注，at 1714－1719。

[174] 参见 Ruth Bader Ginsburg，*Speaking in a Judicial Voice*，67 N. Y. U. L. Rev. 1185，1208（1992）；Mary Ann Glendon，*Abortion and Divorce in Western Law* 42－43（1987）；Elizabeth Mensch & Alan Freeman，*The Politics of Virtue：Is Abortion Debatable?* 126－127（1993）。

[175] 参见 Kristin Luker，*Abortion and the Politics of Motherhood* 158－191（1984）；Faye D. Ginsburg，*Contested Lives：The Abortion Debate in an American Community* 133－197（1989）。

都陷于停顿。[176] 罗伊案只是从桌面上移走了最具有限制性的立法选择。因此，罗伊案的立法影响就在于重新调整了反堕胎力量的方向，从努力禁止堕胎到提议将它管制到许多妇女实际上无法获得的地步。已经通过或提议的堕胎调控数量是巨大的。它包括：资助限制、未成年人的父母同意、强制要求一位妇女在接受堕胎之前经过等待期间的法律、禁止特殊堕胎方法的法律、指定诊所设施及其装备程度规格的法律、惩罚那些帮助未成年人跨越州界获得堕胎以避免父母同意的人的草案，以及对实施堕胎的公共或军事医院的限制。联邦最高法院正在与立法机构展开持续的对话，同意其中的一些限制并拒绝了其他限制。所有这些立法动静还几乎没有达成共识；相反，它使堕胎一直是一个使激进分子持续忙碌并能影响选举的敏感问题。如果罗伊案被推翻，甚至让刑事禁止回到立法机构，很可能这种争论将会升级，而不是减弱，因为主张堕胎为合法的运动将会重新活跃起来对抗已经受到激励的反堕胎运动。这一点为南达科他州最近的经历所证实，在那里堕胎禁止于 2006 年交付公民复决，2008 年再次这样做，但在主张堕胎合法的力量的深远影响下，都被比预料中大得多的差额击败。[177]

因美国社会中存在堕胎争议的最极端形式——暴力攻击诊所和堕胎手术提供者的倾向——而去责备联邦最高法院在罗伊案中的判决也是不公平和不准确的。在该判决之后的 11 年中，反堕胎的力量大部分时间都是平静的，如果说有时大吵大闹的话。直到 1984 年，诊所轰炸才开始，而且“抢救行动”组织的第一次大规模封锁直到 1988 年才发生。反堕胎运动中的这种暴力倾向更多是由带有直接行动神学思想的新教福音主义中一股激进力量的出现而激起的，而不是美国联邦最高法院的任何判决。[178] 即使联邦最高法院从来没有涉足堕胎争论，暴力活动也极有可能在将堕胎合法化的任何州发生。

只要堕胎问题在任何法律舞台上——无论司法舞台还是立法舞台——是一个公共争论的话题，在这个问题上的静止共识在美国社会就不太可能出现。即使在堕胎定罪化的那个世纪，在堕胎问题上也几乎不存在共识，尽管它被驱逐在地下状态，并在公共争论之外。当时仍然有大量妇女寻求堕胎；医生和其他人也冒着被起诉的危险提供服务；一些警察和检察官睁一只眼闭一只眼，或者保护堕胎主义者，尽管其他的警察和检察官采取取缔措施。堕胎法是书本上最不受重视的法律之一，常常给妇女造成致命后果。罗伊案的唯一持续性影响是——这一点可以自信地宣称——它通过给予妇女控制其自身生殖的宪法权利，终结了星期一早晨急诊室前的长队和无数妇女虚掷光阴

---

[176] 紧接着罗伊案之后的一段时期内，260 项与堕胎有关的草案被引入各州立法机构中，1974 年有 189 项草案被引入。立法活动到 70 年代末一直没有衰退。Rosenberg，前注 5，at 187。与堕胎相关的法案的增加持续到 21 世纪。在追踪被引入和通过的州和联邦立法的年度报告中，全国废止堕胎法协会报告说，2008 年有 502 项州的限制性堕胎草案获得考虑，24 项获得通过，同时指出，在乔治·W·布什的两届任期内，各州立法机构考虑了 4 200 多项限制堕胎的措施，并通过了其中的 317 项。NARAL Pro-Choice America，*who Decides? A State by State Review of Abortion and Reproductive Rights* 4 (18th ed. 2009)，http://www.prochoiceamerica.org/choice-action-center/in_your_state/who-decides/introduction/whodecides2009.pdf.。

[177] 参见 *Voting for Reproductive Freedom*，N. Y. Times，Nov. 12，2008，at WK8。

[178] 参见 James Risen & Judy L. Thomas，*Wrath of Angels*：*The American Abortion War* 57 - 66，121 - 130，138 - 139 (1998)。

的情形。

它还作为一个象征和战斗口号持久存在着：对妇女权利组织来说是完整宪法平等的基石，而对反堕胎组织来说是未出生的人和家庭结构的死亡丧钟。堕胎有争议性，因为使那些对此感觉强烈的人产生分歧的，是在妇女的性质和适当社会角色、性、信仰和家庭问题上根本不同的观念。[179] 正如 19 世纪的反堕胎主张和新的 21 世纪中在“卡哈特案”中开始立足的保护妇女的反堕胎主张所说明的那样，反堕胎立场基于一种观念，即妇女基本上注定会成为母亲，妇女如果真正理解它的含义就不能自由选择堕胎，因而堕胎就等于对未出生的孩子和妇女的身体和精神施加暴力。正如金斯伯格大法官在“卡哈特案”中充满激情的反对意见所说明的那样，主张堕胎合法的立场基于一种认识，即许多妇女可以十分理性的选择不做母亲，为了确保一位妇女可以基于“她自己关于其精神需要及社会位置的观念”[180] 塑造自己的命运，完整的生殖权利，包括不受限制的节育权和堕胎权，是必要的。因此，对许多人来说，撤销罗伊案的判决将标志着回到了妇女沦落到附属地位、成为二等公民的年代，联邦宪法也将对她们最核心的需要和关注冷漠无情。

妇女是堕胎争论最终角逐的阵地（contested ground）。

---

[179] 参见 Siegel，*Dignity and the Politics of Protection*，前注 147，at 1797 - 1798。

[180] 550 U. S. 185（金斯伯格大法官的反对意见）（引用了“凯西案”，505 U. S. at 852）（原有的引证评论略）。

11

惠特尼诉加利福尼亚州的故事：思想的力量

阿素托什·A·巴瓦
牟效波　译

路易斯·布兰代斯大法官在“惠特尼诉加利福尼亚案”[1] 中的意见，被不同的人描述为“可以说是法庭内外关于第一修正案含义的最重要文章”[2]，提供了“联邦最高法院自由言论司法的支配性理论基础”[3]，“可能是对第一修正案最有效的司法解释”[4]，“自治原理在第一修正案理论中首次令人难忘的出现”[5]，以及“两阶段宪法审查”（bifurcated constitutional review）的整个现代方案的源头。[6] 在公布八十余年后，“惠特尼案”仍然是诸多宪法案例书中的支柱，而且一直是引用最多的联邦最高法院判例之一。[7] 然而，当仔细考察这个判决时，我们就会发现它的声望令人不解。桑福德大法官的多数意见没有创造任何新法律，而是把这个案件视为对最高法院在更早的“吉特洛诉纽约案”中所作判决的很平常的适用，最高法院认为“吉洛特案”本身适用了已经确立的原则，即司法对立法决策的尊重，以便限制第一修正案诉求的范围。[8] 而且即使布兰代斯大法官的独立意见——实际上是一个赞同意见而不是反对意见——也没有声称提出新的法律标准，而是适用了（可能稍微澄清了）之前小奥利弗·温德尔·霍姆斯大法官在其撰写的第一修正案意见（既有法院意见也有反对意见）中阐述的“清楚与现在危险”标准。[9] 那么，如何解释这个案件的特殊且持续的影响力呢？

答案很简单，但令人惊奇。“惠特尼案”证明了思想（ideas）在宪法学以及一般法学中具有的持久影响力。“惠特尼案”的故事不是一个判例规则（doctrine）的故事；它是一个关于理论（theory）和基本原则（principles）的故事，展示了思想塑造法律发展方向的能力。在“惠特尼案”中，布兰代斯大法官明确地表达了自由言论和第一修正案的一种综合的、仔细校准过的并且真诚的理论。那个理论由于受到几代大法官们和学者们的信奉，已经对现代第一修正案法学产生了深刻影响。仅仅因为这个原因，“惠特尼案”很值得仔细考察。此外，“惠特尼案”判决背后的故事，包括本案被告安尼塔·惠特尼的生活，以及导致她遭到工团主义有罪指控的社会环境，精彩展现了美国的激进主义时代，以及一战期间与一战刚刚结束之后对激进主义的对抗性反应。当我们正经历另外一个时代，其中秩序主张严重压制了自由主张时，我们可以从 20 世纪早期的祖先的经验中得到一些教益。

---

① 274 U. S. 357 (1927)．

② Vincent Blasi，*The First Amendment and the Ideal of Civic Courage*：*The Brandeis Opinion in Whitney v.* Calofornia，29 Wm. And Mary L. Rev. 653，668 (1988)．

③ Bradley C. Bobertz，*The Brandeis Gambit*：*The Making of America's "First Freedom,"* 1909 - 1931，40 Wm. And Mary L. Rev. 557，645 (1999)（引用了 Gerald Gunther，*Individual Rights in Constitutional Law* 644 (4th ed. 1986)）。

④ David M. Rabban，*Free Speech in its Forgotten Years* 369 (1997)．

⑤ G. Edward White，*The First Amendment Comes of Age*：*The Emergence of Free Speech in Twentieth-Century America*，95 Mich. L. Rev. 299，325 (1996)．

⑥ 同上注，at 326。

⑦ Bobertz，前注 3，at 645 & n. 594。

⑧ 参见 Whitney，274 U. S. at 371（引用了 Gitlow v. New York，268 U. S. 652，666 - 668 (1925)）。

⑨ 例如参见 Schenck v. United States，249 U. S. 47，52 (1919)；*Abrams v. United States*，250 U. S. 616，627 - 628 (1919)（霍姆斯大法官的反对意见）；Gitlow，268 U. S. at 672 - 673（霍姆斯大法官的反对意见）。

案件如何到达联邦最高法院

夏洛特·安尼塔·惠特尼于1867年7月7日出生在加利福尼亚州的旧金山。五月花号船员中有五位是她的祖先，其中一位是马萨诸塞殖民地的早期总督，另外几位是革命战争的老兵。她的父亲是一位成功的律师，后来在加利福尼亚州做了州参议员。在她母亲这边，她的一位舅舅斯蒂芬·J·菲尔德，是美国联邦最高法院的大法官。惠特尼曾在威尔斯利学院读书，毕业于1889年，拿到了自然科学学士学位。毕业后，她花了六个月的时间在欧洲旅行，之后回到了她在加利福尼亚奥克兰的家乡。简言之，安尼塔·惠特尼简直是美国19世纪晚期文化和经济精英中的一员，似乎注定会过上那个阶层妇女的典型生活。[⑩] 然而结果证明，惠特尼的生活走向了一个完全不同的方向，在她作为刑事被告出现在美国联邦最高法院时到达顶峰。

惠特尼从上层特权生活向社会激进主义者的转变似乎在1893年的一次东海岸旅行中就开始了，当时她首先开始郑重从事慈善工作。一回到奥克兰，惠特尼就积极地参与到地方的慈善努力中，并于1901年被任命为阿兰米达县联合慈善机构的部长。1903年，她被任命为阿兰米达县的首任（无报酬的）青少年缓刑官员。紧随旧金山地震和火灾之后，1906年惠特尼在奥克兰参加了救难努力，帮助照顾从旧金山逃到奥克兰的数以千计的难民。在大地震引发的危机平息之后，惠特尼花了几年时间与波士顿和纽约市的慈善组织共事，直到1911年精疲力竭与大失所望之后，她再次回到奥克兰。

在之后的几年里，惠特尼的兴趣逐渐从社会工作过渡到政治。当时的新闻对其审判与定罪的叙述把惠特尼描述为一个“俱乐部女人”——那类上层中产阶级和受到教育的精英经常出入，而且那段时间正在向妇女参与政治的媒介转变的女性社会俱乐部的成员。[⑪] 惠特尼通过参加禁酒令运动以及之后的妇女选举权运动开始了自己的政治生涯。她作为一位领袖，在加利福尼亚努力将投票权扩展到妇女，并于1911年达到目标，然后成为加利福尼亚公民联盟（California Civic League）的首任主席（同时在俄勒冈州和内华达州协助选举权运动）。在这期间（1913年至1919年间的早期到中期），惠特尼第一次与美国的工人运动建立了联系。那个运动组织世界产业工人联合会（IWW）的成长壮大及其一部分遭受的攻击，对惠特尼自己正在形成中的激进主义产生了深刻影响。

世界产业工人联合会更以“Wobblies”之名为人所知，创建于1905年。[⑫] 这个组织所宣称的目标过去是、现在也是创建“一个巨大联盟”。这一目标存在至今，尽管现在具有更小的影响力。而且它在宣布其目的时，开始

---

⑩ 这里以及以后提供的关于安尼塔·惠特尼早期生活的细节引自 Al Richmond, *Native Daughter: The Story of Anita Whitney* 17－89 (1942)，这是正值惠特尼75岁生日之际出版的一本偶像传记。另外一份有价值的资料是 Lisa Rubens, *The Patrician Radical: Charlotte Anita Whitney*, 65 California History 158－171 (1986)。

⑪ 对19世纪女性社会俱乐部的发展以及它们在20世纪早期培育妇女政治激进主义方面的作用的讨论，参见 Jason Mazzone, *Freedom's Associations*, 77 Wash. L. Rev. 639, 642－644 (2002)。

⑫ 一些关于世界产业工人联合会的背景信息来自世界产业工人联合会的官方网站：http://www.iww.org。我还参考了 Blasi，前注②，at 653－656，以及 Bobertz，前注③，at 566－586。

就宣布“工人阶级和雇主阶级毫无共同之处”。Wobblies代表的激进主义形式在美国是新奇且不寻常的，而且世界产业工人联合会被指控（且不管对错）在罢工期间煽动了暴力活动。结果，世界产业工人联合会并不令人惊奇地遭遇了“雇主阶级”的强烈敌视。在Wobblies存在的第一个10年内，它们的组织者、领袖和成员受到政府当局不断的骚扰和暴力攻击，但也获得了工人们的实际支持，尤其是在美国西部。在政府当局对待世界产业工人联合会的问题上，公共舆论存在分歧。有趣的是（而且回想起来具有讽刺意义的是），在这期间，在一个真正的现代自由言论运动的发展中，该组织扮演了一个关键角色，尽管当时他们对自由言论的兴趣更多是将其当做为了工人事业而奋斗的工具，而不是一种一般权利。⑬

Wobblies在20世纪前20年的活动，尤其是他们的“自由言论斗争”及鼓动性地组织贫穷和社会弱势工人（移民工人也在其中）的行为，在进步分子中赢得了大量支持和钦佩，包括安尼塔·惠特尼。然而，随着美国在1917年春天参加第一次世界大战，舆论倾向开始决然反对世界产业工人联合会和其他左翼组织。世界产业工人联合会和其他左倾主义组织，如美国社会党，坚决反对美国卷入战争，他们认为战争是代表资本主义和殖民主义的利益发动的，以牺牲工人的利益为代价。然而，这种反对在1917到1919年高度爱国的气氛中被普遍视为叛国。此外，1917年11月的布尔什维克革命助长了美国和西欧对暴力工人革命的恐惧。战时恐慌和战后红色恐怖的直接后果是一系列法律的通过，这些法律从根本上将反对战争和支持暴力革命的行为定为非法。这些法律中最重要的是1917年的联邦《反间谍法》，该法案被用来掀起了一股指控战争反对者的高潮，包括最著名的对美国社会党领袖尤金·德布斯的指控和监禁。⑭ 此外，许多州采纳了“工团主义犯罪”法案，禁止提倡犯罪或暴力行动作为工业改革的一种方法。这些州的法案特别指向世界产业工人联合会，并被用来将许多世界产业工人联合会的领导人投入监狱。生效于1919年4月30日的加利福尼亚工团主义犯罪法案具有代表性，因为它被用来主要针对世界产业工人联合会。然而在1919年年末，该法案使一位很不寻常也出人意料的受害者掉入了陷阱，她就是安尼塔·惠特尼。

惠特尼在妇女选举权运动中出色工作之后的几年里，在工人权利运动中接触到一些激进分子。到1914年，惠特尼看到了世界产业工人联合会组织者遭受的残酷对待，并且越来越确信，要想在处理贫穷及与其有关的疾病问题上取得任何重要进展，工业组织中的变革是必要的。于是她加入了尤金·德布斯的社会党。⑮ 她的激进主义在接下来的几年中有所增强。这个过程在1919年夏天达到高潮，当时作为俄国布尔什维克革命的结果，社会党内部在它是否应当加入共产国际问题上产生分裂。在芝加哥的一次会议上，更激进的一群人（他们支持苏联）被开除出社会党，并建立了力量相当的共产主

---

⑬ 参见Rabban，前注④，at 77－128；Bobertz，前注③，at 566－572。

⑭ 参见*Debs v. United States*，249 U.S. 211 (1919)（霍姆斯大法官）（根据1917年的《反间谍法》维持了对德布斯的判决）。在坐牢期间，德布斯于1920年在社会党的候选人名单上竞选总统，并且赢得了一百多万张选票。他随后被哈丁总统赦免。

⑮ 15 Rubens，前注⑩，at 61－163。

义工人党（Communist Labor Party）。虽然当时惠特尼不在芝加哥，但一听到这次分裂，她就帮助组织了加利福尼亚共产主义工人党，带领社会党在奥克兰当地的分会加入了新组织的政党，并在共产主义工人党组织大会的资格审查和决议案草拟委员会中工作。在这次大会上，惠特尼个人支持相对温和的政治纲领，仅仅提倡一种选举策略；但她的主张被挫败了，而且加利福尼亚的政党采纳了全国政党的更激进政纲，尤其是明确认可了世界产业工人联合会的活动和“榜样”。惠特尼没有抗议这种结果，并且在该党中一直很积极，担任该党州执行委员会的成员。在同一时期，虽然她从来没有加入世界产业工人联合会，但惠特尼向世界产业工人联合会的防御委员会提供了大力支持，并利用其个人的大部分财富为被监禁的世界产业工人联合会成员提供保释金。惠特尼对世界产业工人联合会的支持，与其共产主义工人党的成员身份，使她受到刑事指控以及最终联邦最高法院在“惠特尼诉加利福尼亚案”中的判决。

1919 年 11 月末，安尼塔·惠特尼在奥克兰对加利福尼亚公民联盟发表了一次演讲，她是该组织的创建者之一。演讲的主题是“黑人问题”，大胆反对最近的私刑和种族暴乱。由于惠特尼的政治活动，这场演讲备受争议，但该组织的成员都主张继续进行。在她演讲的最后，惠特尼被奥克兰警察局的巡视员芬顿·汤普森逮捕，他是一位积极给别人扣“赤色帽子”以施加政治迫害的人。在逮捕惠特尼问题上，汤普森违背他的直接上司奥克兰警察局局长沃尔特·彼得森的意愿——沃尔特后来支持了对惠特尼的赦免，但得到其他更高级官员的支持。

三个月后，惠特尼的审判开始了。[16] 惠特尼在审判中由托马斯·H·奥康纳代理，后者是一位受人尊敬的刑事辩护律师。然而，奥康纳在审判前夜才参与到这个案件中来，而且在申请延期审理以便更好准备时被初审法官高级法院的詹姆斯·G·奎恩拒绝，尽管当时奥康纳的女儿正患流感。尽管辩护已经尽了最大努力，但惠特尼自己的信念和行动在审判期间几乎没有得到关注。在公诉者的观点（很受法官的欢迎）中，这些事务是不相关的，因为加利福尼亚工团主义犯罪法案不仅禁止工团主义本身（被定义为“倡导……实施犯罪、破坏活动……或者非法的武力和暴力行为或者非法的恐怖主义方法作为实现工业所有权变革的手段”），而且还禁止仅仅成为一些组织的成员，只要这些组织“聚集起来是为了提倡、训练或协助和教唆工团主义犯罪”[17]。因为这些扩展的违法定义，在与共产主义工人党（并延伸到共产国际和世界产业工人联合会）的信条与主张有关的问题上，公诉人能够把凭感觉的和有害的（有时是伪造的）证言纳入证据的范围。结果，惠特尼的审判在红色恐怖时期也发展成为旨在挫伤这些组织元气的更大规模全国性运动的组成部分，虽然现实情况是安尼塔·惠特尼自己从来没有从事，甚至没有直接提倡使用暴力。

审判开始两天后，奥康纳染上流感。然而奎恩法官再一次拒绝了延期审

⑯ 对这次审判的细节描述可参见 Woodrow C. Whitten, *The Trial of Charlotte Anita Whitney*, 15 Pacific Historical Review 286 (1946)。这里提供的描述主要来自那份资料。

⑰ Whitney, 274 U. S. at 359 - 360.

理，不顾奥康纳发烧，要求他继续工作。几天后，奥康纳的高烧导致他神志不清，不久就去世了。再一次，延期审理被拒绝，惠特尼不得不与新的、尚未准备好的律师（南森·C·考夫兰）继续处理这件事。又经过几星期的举证，惠特尼被判犯了一条工团主义罪行，并基于她在共产主义工人党中的成员资格，判决她在圣昆丁监狱服刑 1 到 14 年。

对惠特尼的定罪引发了各种各样的反应。可以预料有来自左翼的批评——比如，《国家》杂志（*The Nation*）对她的被捕和审判发表了一篇指责性描述⑱——但是根据各州工团主义法案提起的公诉在全国范围内持续发生，并得到广泛的公众支持。当惠特尼的保释请求被拒绝后，她似乎要被送进监狱了，而且事实上她的确在县立监狱服了几天刑，之后法官由于考虑到坐牢对她健康的影响，心软了并同意她被保释等候上诉（在她被定罪的时候，惠特尼已经 52 岁了）。惠特尼没有钱支付保释金，因为她的大部分财富都为被定罪的世界产业工人联合会成员提供了保释金；结果，朋友们以她的名义筹集了必要的资金，于是惠特尼依然是一个自由人。

惠特尼首先将她的判决上诉至加利福尼亚州地区上诉法院。1922 年 4 月 25 日，那家法院发布了一个非常简短的意见，直截了当地拒绝了惠特尼的请求。⑲ 惠特尼提交给这家上诉法院的最主要观点是，对她的指控源于一项技术性瑕疵，因为没有明确指明惠特尼所属的所谓工团主义组织，而且在初审中提交的证据不足以确定共产主义工人党在加利福尼亚工团主义法案禁止的范围之内。该上诉法院依靠加利福尼亚州最高法院最近在“人民诉泰勒案（People v. Taylor)”⑳ 中的判决，简单地拒绝了这两项主张。“人民诉泰勒案”恰好考虑并拒绝了那些主张。惠特尼主张证据没有证明她知道加利福尼亚共产主义工人党的相关活动，该上诉法院判决的语气可以通过拒绝该主张的那部分得到很好的说明：

> 被告说自己没有意识到她自己正沉溺于对国家不忠的组织和表达方式中，以及退一步说，作为情趣高雅且颇有教养的女人正利用她的存在及其名声和地位的影响力，支持一个目的和倾向表现出叛国性质的组织。这一点不仅令人难以置信，而且是一个与本院没有关系的事，因为我们法律的其中一个无争论余地的假定是，犯罪意图可以从考虑周到的实施非法行为这一点推测出来。㉑

很明显，惠特尼不会从加利福尼亚州上诉法院得到救济。

惠特尼于是到加利福尼亚最高法院寻求自由裁定的复审，但因两名大法官反对而被拒绝。最后，在穷尽了州内司法救济之后，惠特尼申请美国联邦最高法院审查她的定罪。

---

⑱ Clare Shipman, *The Conviction of Anita Whitney*, 110 The Nation No. 2855, march 20, 1920, at 365 - 367；又见 Anna Porter, *The Case of Anita Whitney*, The New Republic, July 6, 1921, at 165 - 166。

⑲ *People v. Whitney*, 57 Cal. App. 449, 207 P. 698 (1922)，判决得到维持，274 U. S. 357 (1927)。

⑳ 187 Cal. 378, 203 P. 85 (1921) .

㉑ Whitney, 57 Cal. App. at 452, 207 P. at 699.

联邦最高法院的判决

惠特尼为其在联邦最高法院的上诉找到了新的律师：沃尔特·H·波拉克和沃尔特奈利斯。文森特·布拉西教授说他们是"当代两位最有能力和最杰出的民权律师"㉒。在他们提交给联邦最高法院的辩护状中，惠特尼的律师提出了一系列宪法问题，包括第十四修正案的正当程序和平等保护条款据称受到了诸多违反，还基于第一修正案保护的言论和结社权利提出了少量主张。㉓ 有趣的是，至此该辩护状最大的焦点在于五项正当程序主张，占据了该辩护状论证部分的前 39 页（总共 58 页）。提出的最主要的正当程序主张是，对惠特尼的指控和工团主义法案本身未能就她被指控的犯罪向惠特尼提供适当的警告（也有对在各点上证据充分性的攻击，以及对认可某些种类证据的不利影响的攻击）。惠特尼的第一修正案诉求被压缩在辩护状的 14 页中，而且那些主张涉及一个广阔的领域，援引了从之前的克制学说（restraint doctrine）到结社权的一切观点。㉔ 关于第一修正案保护颠覆性言论的重要主张——这一点使该案后来被牢记，并且是布兰代斯大法官独立意见的主题——只在总共 84 页辩护状的 5 页中获得概述。阅读这个辩护状会明显感到，惠特尼的律师们没有把很多希望放在她的第一修正案主张上。

加利福尼亚州的辩护状㉕同样（而且不令人惊奇）将大量注意力集中在惠特尼的正当程序诉求上，用 28 页辩论中的 20 页专门讨论那些问题。事实上，该州只用了 3 页篇幅讨论自由言论问题；而且那些页面几乎全部是对之前州法院意见的冗长引述。它没有提及"清楚与现存危险"标准，没有认真讨论之前联邦最高法院的判决，而且事实上几乎没有理性分析。因此从他们的辩护状看得很明显，加州的律师没有将惠特尼的自由言论主张视为对其定罪的严重威胁。

为了避免让大家对双方当事人草率对待惠特尼定罪提出的第一修正案议题的做法感到奇怪，我们应当记住，在惠特尼案件最后于 1925 年末在联邦最高法院辩论时，联邦最高法院存在一个不间断的先例传统，从 1919 年"申克诉美国案（Schenck v. United States）"的判决㉖开始，持续到最近在"吉特洛诉纽约案（Gitlow v. New York）"中的判决㉗，完全拒绝了第一修正案对颠覆性言论的任何保护。这个判例脉络中的早期判决都具有一致意见，其中有些——尤其是德布斯案㉘——在比惠特尼被捕时更有疑点的情况下拒绝了第一修正案诉求。更晚近的一些判决（开始于 1919 年的艾布拉姆

㉒ Blasi，前注②，at 661。除了别的以外，沃尔特·波拉克是路易斯·波拉克的父亲，后者以后成为耶鲁大学和宾夕法尼亚大学法学院的院长，现在是一名联邦地区法院法官。

㉓ 惠特尼的辩护状重印于 25 Philip B. Kurland and Gerhard Casper，eds.，*Landmark Briefs and Arguments of the Supreme Court of the Untied States*：*Constitutional Law* 565－655（1975）。

㉔ 辩护状的最后 5 页专门论证了平等保护主张，认为工团主义法案不适当地歧视了不同观点。

㉕ Kurland & Casper，前注㉓，at 657－702。

㉖ 249 U. S. 47（1919）.

㉗ 268 U. S. 652（1925）.

㉘ *Debs v. United States*，249 U. S. 211（1919）；参见前注⑭及其对应的正文。

斯案件[29]）已经包含了霍姆斯和布兰代斯大法官有力的反对意见；但虽然我们今天——甚至与他们同时代的人——可能认为霍姆斯和布兰代斯是有眼光的人，但在惠特尼的律师们看来，他们只代表九票中的两票。

而且，不仅联邦最高法院在先前的案件中一致拒绝了自由言论主张，而且最晚近的"吉特洛案"也明确弱化了像惠特尼这样的境况可以利用的第一修正案保护，指出当一项法案专门针对颠覆性言论时，相关的宪法审查是极其顺从性的，只有当正在审查的法院认为一项法案"专横或不合理"时才允许这项法案被推翻[30]；霍姆斯的"清楚与现存危险"标准被限于以下情形：一部管制民众行为的法案在一个具体案件中正适用到言论上。[31] 因此，惠特尼的律师们有充分理由缺乏对其第一修正案主张的信任。

最后，在当时的历史背景下惠特尼在上诉中集中关注正当程序条款是有一些道理的。那毕竟是洛克纳时代，当时正当程序条款是王牌。事实上，就在惠特尼的上诉最后被联邦最高法院判决驳回的那一天，最高法院判决了"费斯克诉堪萨斯案"[32]，其中，最高法院第一次推翻了一项基于颠覆性言论的刑事判决。那个案件涉及对一名世界产业工人联合会成员的工团主义定罪，最高法院判决的文本基础是正当程序条款，而不是第一修正案。

惠特尼案的口头辩论在 1925 年 10 月 6 日举行。两个星期之后，联邦最高法院公布了一颗炸弹——它因缺乏管辖权而驳回了惠特尼的上诉，理由是该案中的联邦争议没有被下面的州法院适当提出并作出判决。[33] 她的法律途径似乎走到了尽头，对安尼塔·惠特尼来说监狱现在看上去不可避免了。新闻对该判决和正在逼近的惠特尼服刑期的描述大部分都是否定的，而且一次规模巨大、全国范围的运动被发起——除别的之外，受到小说家厄普顿·辛克莱尔、哥伦比亚大学法学院院长和卫斯理、史密斯、瓦萨和斯沃斯摩尔诸多学院校长们的支持——以争取州长赦免惠特尼。[34] 这些主流人物愿意支持惠特尼，说明红色恐怖的巅峰已经明显过去了。有趣的是，惠特尼自己并不特别支持这次运动，提出有大量男人因工团主义在监狱服刑的情况下，她不应当因性别或社会地位而得到任何特别恩宠。[35] 不管怎样，州长弗润德·W·理查德森拒绝同意赦免，（在写给厄普顿·辛克莱尔的一封公开信中）解释说他相信惠特尼已经因其财富和影响力避免了一次服刑，现在应该被迫去服刑了。[36]

之后，雷电再一次击打了联邦最高法院。1925 年 12 月 14 日，联邦最高法院同意了惠特尼的律师们于 11 月 27 日提交的复审申请。惠特尼的申请指

㉙ *Abrams v. United States*, 250 U. S. 616 (1919).

㉚ Gitlow, 268 U. S. at 668, 670. 需要注意的是，"吉特洛案"是在惠特尼上诉的最初辩护状完成之后判决的；但它的判决在"惠特尼案"的口头辩论之前，而且在"惠特尼案"重新听证的补充性辩护状提交之前（这一点将在下文讨论）。

㉛ 同上注，at 670 - 671。

㉜ 274 U. S. 380 (1927).

㉝ *Whitney v. California*, 269 U. S. 530 (1925).

㉞ 参见 Blasi，前注②，at 661 - 662。

㉟ 同上注，at 662 - 663。

㊱ *Pardon for Miss Whitney is Refused*, Oakland Tribune, November 2, 1925, at 1 - 2.

出，1924 年 12 月，在其判决作出两年多之后，在联邦最高法院提审这个案件之后，加利福尼亚上诉法院在当事人的要求下发布了一项命令，指出该上诉法院事实上已经涉及加利福尼亚工团主义法案的合宪性问题，尽管它在其正式意见中没有提及联邦宪法（该申请还引用了惠特尼提交给该上诉法院的辩护状的一些部分，显示了她已经提出了宪法主张）。在这个基础上，联邦最高法院同意了复审，并命令补充提交辩护状。补充辩护状很快提交上来，在依据上它们主要是重复了当事人最初的主张（尽管加州补充了对“吉特洛案”意见的引证——该案在“惠特尼案”最初辩护状提交后被判决，用于支持其关于第一修正案问题的主张）。最后，1926 年 3 月 18 日，该案举行重新口头辩论。

在重新辩论之后，惠特尼的上诉在联邦最高法院拖延了一年多，该案的法院意见直到 1927 年 5 月 16 日才公布。[37]“吉特洛案”判决的作者桑福德大法官撰写了“惠特尼案”的多数意见——对惠特尼来说这明显不是一个好兆头（尽管应当注意桑福德也撰写“费斯克案”的判决）。该意见以考虑管辖权问题开始，结论是加州上诉法院的批准性判决（stipulated judgment）（虽然“不会得到赞扬”）的确赋予了联邦最高法院管辖权。[38] 该意见接着继续讨论了实质依据，开始简要叙述了案件事实，然后转到正当程序议题。联邦最高法院简单地拒绝了惠特尼关于证据充分性问题的宣称，认为那些是陪审团的问题，也很容易拒绝了工团主义法案因模糊性问题而无效的主张。[39] 接下来联邦最高法院考虑了惠特尼的以下宣称：该法院违反了第十四修正案的平等保护条款，因为它在提倡使用暴力来改变工业和政治状况的人和那些提倡使用暴力来维持那些状况的人之间存在歧视（如果说这似乎是一个稀奇的主张，那么应该记住的是，这是一个反工会的雇主们因使用打手而声名狼藉的时代）。联邦最高法院拒绝了这项主张，理由是“工团主义法案不是归类立法；它影响所有处境相似的人”，而且没有理由相信，“那些渴望维持现有工业和政治状况的人提倡过或将要提倡”暴力。[40] 最后，联邦最高法院转向了围绕第一修正案的争议，很快断然拒绝了对惠特尼的指控违反了自由言论权利这一主张，引用了“吉特洛案”为以下主张辩护：“一州在其治安权力的行使中，可以惩罚那些通过发表对公共福利有害的言论——倾向于煽动犯罪、扰乱治安或危及有组织的政府的基础以及通过非法手段扬言颠覆政府——滥用这项言论自由的人。”[41] 事实上，联邦最高法院认为惠特尼的案件比吉特洛的案件更容易，因为惠特尼通过加入一个组织已经进入了一个犯罪阴谋集团，这与孤立的言论和个人的行为相比，“涉及对公共治安和安全的更大危险”[42]。于是，对惠特尼的定罪得到维持。

布兰代斯大法官提交了一份独立意见，霍姆斯大法官加入了该意见，正

---

[37] *Whitney v. California*，274 U. S. 357 (1927)．

[38] 同上注，at 361。

[39] 同上注，at 366 - 369。

[40] 同上注，at 370。

[41] 同上注，at 371 (引用了 Gitlow，268 U. S. at 666 - 668)。

[42] 同上注，at 372。

是这个意见使“惠特尼案”当然被人们牢记。这个意见被称为赞同意见，因为最后布兰代斯和法院意见一致，认为惠特尼的定罪应当维持；但他的推理与多数意见截然不同——他投票维持判决的基础是他认为惠特尼在下级法院中未能适当援引清楚与现存危险标准。㊸ 然而，不像多数意见那样，布兰代斯毫不怀疑那是正确的标准，而且对本案中的指控可能符合这一标准深表怀疑。㊹

布兰代斯的赞同意见一开始就指出，惠特尼被判的犯罪不同于传统的密谋犯罪，远比后者宽泛。该意见接着重申，在像该案这样的一个案件中，适当的宪法审查标准是，被告的行为是否“构成了导致实际灾难的清楚与现存危险”，并且法院在这个核心问题上不应该顺从立法机构的判断。这时布兰代斯很不自然地加了一个对“吉特洛案”的“比较”引证，可他未能承认，一个稳固的法院多数意见在这个问题上已经否定了他的观点。㊺

这里可以中断一下。应当指出的是，此刻，联邦最高法院最初关于《反间谍法》的判决作出8年后，“吉特洛案”判决作出两年后，霍姆斯和布兰代斯大法官一直拒绝默许多数意见关于第一修正案适当范围的观点，这简直就是离奇的事（尤其是在那个时代），甚至可能被认为目无法纪，或者至少是不敬。布兰代斯甚至未能承认他自己与多数意见之间的分歧，从而加深了那种无礼。我们怎样才能为这种司法行为辩护呢？这个问题没有清楚答案，可能只能指出，毕竟布兰代斯是正确的。

不管怎样，在重申了他对清楚与现存危险标准的恪守之后，该意见的核心部分就开始了。布兰代斯指出，迄今为止，联邦最高法院“还没有确定好”如何适用那项准则的“标准”（再次与真相违背），而且在解决那些问题时，“记住为什么一州通常无权禁止传播其绝大多数公民认为是错误的并充满恶果的社会、经济和政治学说的权力”是有用的。㊻ 然后是布兰代斯阐明其第一修正案理论的几个段落，这些段落是本章开始提到的那些激励性评论的基础。第一段以援引历史开始，意图在于阐明“那些赢得我们独立的人”的观点。按照布兰代斯的说法，那些信念的核心是，在政府中“深思熟虑的力量应当胜过任意的力量”，自由言论是政治自由的一个基本要素，“讨论能够提供通常足以防止有害学说传播的保护机制”，并且——可能是该意见中最令人难忘的一段——“对自由最大的威胁是迟钝的人民”，因而“公共讨论是一项政治义务”㊼。在这一段中，布兰代斯解释了在其关于第一修正案目的的见解背后的重要观念，这一观念是自由言论的宪法保障与民众参与民主政府的连接点。随后布兰代斯在这一段中也提到了自由言论在一个自由社会

㊸ 同注㊲，at 378－379（布兰代斯大法官的赞同意见）。

㊹ 布兰得利·鲍勃兹教授说，很明显布兰代斯在“惠特尼案”中的意见的核心，最初是作为另外一个案件的反对意见而准备的，该案涉及对一位重要的美国共产主义者查尔斯·卢森伯格的定罪。然而，卢森伯格的案件因其死亡而没有了实际意义，于是布兰代斯把他的反对意见放在了“惠特尼案”的意见中。Bobertz，前注③，at 640－641。任何认为布兰代斯在“惠特尼案”中选择赞同而不是反对是出于政治考虑的想法，很明显被这个背景驱散了，因为在“卢森伯格案”中持反对意见当然要比在“惠特尼案”中持反对意见更具争议性。

㊺ Whitney，274 U.S. at 374（布兰代斯大法官的赞同意见）。

㊻ Whitney，274 U.S. at 374（布兰代斯大法官的赞同意见）。

㊼ 同上注，at 375。

中的第二种相关功能，即安全阀门的功能，因为“压制产生仇恨，仇恨威胁稳定的政府”[48]。在这一段的结尾，布兰代斯的政治哲学的核心就很清晰了。

在下一段中，布兰代斯转向了更具体的问题。他开始指出，仅仅是恐惧不能为压制言论提供正当理由。“男人曾因害怕女巫而焚烧女人。”[49] 从这一点布兰代斯作出结论，要为限制言论提供正当理由，危险必须是严重的，并且迫在眉睫，而不仅仅是可能的。在这方面，布兰代斯似乎正在补充霍姆斯阐述的清楚与现存危险标准，尽管是以详细阐述而不是全面修正的方式。

布兰代斯然后返回到历史，但这次带着几分不同的关注。在他以前援引民主的地方，在这一段中他援引了公民的勇气：“那些通过革命赢得我们独立的人不是懦夫。他们不怕政治变革。他们没有以牺牲自由为代价稳定秩序。”[50] 结果，布兰代斯论证说，他们创造的联邦宪法不害怕言论，并且只在紧急状态下允许压制它。而且更进一步说，并非任何紧急状态（或“迫在眉睫的危险”）都能够这样；想要阻止的危险必须相当严重，否则州就可以利用微不足道的危害作为借口（宣扬违法是布兰代斯使用的例子——从后来的民权运动静坐示威来看，这是一项预言性评论）来压制言论。因此，布兰代斯以其对清楚与现存危险标准的严格解释，的确把他对第一修正案的历史与哲学观点联系起来了。

最后，布兰代斯在结论中将他的观点适用于惠特尼案的事实中。然而，就在这里布兰代斯的分析动摇了。他指出，围绕 1919 年末的加利福尼亚是否真正存在足够迫在眉睫且严重的危险这一问题，惠特尼本来可以提出一些严肃的质疑。但他也指出，惠特尼未能提出这些主张，因此联邦最高法院缺乏推翻其定罪的权力。于是像多数意见那样，他认为她的定罪必须被维持。

惠特尼诉加利福尼亚案的即刻影响

在法律意义上，联邦最高法院在“惠特尼诉加利福尼亚案”中的判决产生的即刻影响相对有限。正如上面的讨论表明的那样，“惠特尼案”中的多数意见没有创造新法律，而是把该案视为对“吉特洛案”宣布的原则的没有疑问的适用。即使是布兰代斯大法官的独立意见——当然不能改变法律——也只是重申了之前的反对意见宣布的清楚与现存危险标准中倾向于保护言论的版本，这些反对意见中最显著的是霍姆斯大法官在“艾布拉姆斯诉美国案”[51] 和“吉特洛诉纽约案”[52] 中撰写的意见。说布兰代斯的意见没有对霍姆斯提倡的原则补充任何东西也不完全公平。布兰代斯的意见澄清了几点：第一，在适用这个标准时，法院无须顺从立法判断；第二，清楚与现存危险必须迫在眉睫，达到了紧急状态的地步；以及第三，想要阻止的危险必须是严重的。但这些都是次要的解释，甚至可能隐含在霍姆斯之前的意见中；无论如何，它们并不是法律。

---

⑱ 同注㊻。

⑲ 同上注，at 376。

⑳ 同上注，at 377。

㉑ 250 U. S. 616，627 (1919)（霍姆斯大法官的反对意见）。

㉒ 268 U. S. 652，672 - 673 (1925)（霍姆斯大法官的反对意见）。

"惠特尼案"的确产生的即刻意义在于，它肯定了加利福尼亚工团主义法案的合宪性，并且意味着许多其他现有的各州工团主义法案是合宪的。此外，多数意见的宽泛语言在很大程度上甚至阻止了那些基于第一修正案提起的对工团主义定罪的适用性挑战（尽管如上所述，联邦最高法院在同一天的"费斯克诉堪萨斯案"中开启了基于正当程序挑战这类定罪的可能性）。因此，对加利福尼亚的几十个人以及全国的几百个人来说，"惠特尼案"在很大程度上使他们基于第一修正案成功提出宪法挑战的希望破灭了。

最后，对安尼塔·惠特尼本人来说，联邦最高法院的判决似乎终结了她七年的暂缓入狱生活。一听到联邦最高法院判决的消息，惠特尼宣布她不会请求州长的赦免，因为她"没有做任何可以获得赦免的事"，而且她已经准备好了服刑。[53] 然而，事情不会如此。惠特尼的定罪最后得到维持之后，她的律师们立即以她的名义向加利福尼亚的新州长 C. C. 杨提出了赦免申请，而且一场新的全州范围的大规模上书运动为她发起了，这场运动中成千上万的信件和电报寄到州长的办公室。这一阶段惠特尼的支持者包括著名的实业家、教士、那位最初起草加利福尼亚工团主义法案的立法者，以及奥克兰市的市长。[54] 6 月 20 日，杨州长发表了一份很长的声明，同意完全赦免惠特尼。这位州长解释道，工团主义法案从来没有意图适用于像惠特尼这样的人，而是主要针对狂暴的世界产业工人联合会成员，她的定罪是战后恐慌的产物，以及一次有严重缺陷的审判的结果，而且在这些条件下，将惠特尼送进监狱是"一种绝对不可思议的举动"[55]。于是，安尼塔·惠特尼自由地去从事更多的战斗了。

惠特尼诉加利福尼亚案在当今的重要性

如果说"惠特尼案"的判决在法律景观中所产生的即刻影响相对温和的话，它的长期影响则无法衡量。布兰代斯大法官在"惠特尼案"中的意见所产生的影响在两个非常不同的层面可以感受到——一个是直接的和学说性的，另一个是它对现代第一修正案法律体系的形式和结构所产生的影响。

布兰代斯大法官的意见对第一修正案法律体系的影响在"惠特尼案"判决四年（几乎一天也不差）之后——在最高法院对"斯托伯格诉加利福尼亚案"[56] 的判决意见中——就开始显示出来。"斯托伯格案"涉及一项对加利福尼亚法案的挑战，该法案禁止在某些情形下展示红旗。这项挑战是圣贝纳迪

---

[53] *Anita Whitney Must Go to Prison As U. S. Court Denied Her final Appeal: Syndicalism Act of State Held Valid*, Oakland Tribune, May 16, 1927, at 1. 维持惠特尼的定罪在奥克兰的报纸上得到一个头号大标题，而且她后来的赦免问题获得了全国关注，这显示出公众对其命运的持续关心。

[54] *Will C. Wood and Ray Benjamin Send Pleas to Young in Whitney Pardon*, *Oakland Post-Enquirer*, June 10, 1927; *Executive Clemency for Anita Whitney Asked By Dr. Lowther of First M. E.*, *Oakland Post-Enquirer*, June 13, 1927; *Syndicalism Act Raked in New Whitney Pardon Plea*, *San Francisco Chronicle*, June 13, 1927.

[55] *Miss Whitney Gets Pardon from Young*, *Oakland Tribune*, *June* 21, 1927; Gov. *Young Gives Liberty to S. F. bay Club Woman*, *San Francisco Chronicle*, June 21, 1927; *Gov. Young Grants Plea for Pardon*, *Oakland Post-Enquirer*, June 21, 1927; 又见 Blasi，前注②，at 696 - 697 & nn. 148 - 149（引用了 *The Pardon of Anita Whitney*, The New Republic, Aug. 10, 1927, at 310 - 312）。

[56] 283 U. S. 359 (1931).

诺山“共青组织”（Young Communist）青年营中的19岁营队辅导员提起的。联邦最高法院以7：2的票决结果判决该法案违反了第一修正案，因为它只因为一面红旗被展示“‘作为反对有组织的政府的标记、符号或象征’”[57]就准许提起公诉。这个意见很保守，想方设法重新肯定“吉特洛案”和“惠特尼案”中的多数判决，并指出即使依据那些判例，这项法案做得也太过火了。但这个意见中也有一些语言，讨论“自由政治讨论”在保证一个负责任的政府和维持我们的宪法体制上所具有的核心作用，这一点本来可以一字不差地从布兰代斯在“惠特尼案”中的意见中引用过来。布兰代斯思想的影响力开始显现。

比它的保守判决更重要的是，“斯托伯格案”代表了第一修正案法律体系革命的第一步。在“斯托伯格案”之后的10年内，联邦最高法院——其成员越来越多地由罗斯福任命的大法官组成——背弃了一战后那个时代倾向于限制言论的那些判决。在包括“尼耶诉明尼苏达案”[58]、“德·容格诉俄勒冈案”[59]、“赫恩登诉洛利案”[60]、“施耐德诉政府案”[61]，以及“坎特威尔诉康涅狄格案”[62]在内的一系列判决中，联邦最高法院扩展了第一修正案对不受欢迎的、持不同政见的以及颠覆性言论的实质性保护，越发明确地接近霍姆斯和布兰代斯一直拥护的一些原则。这个过程在1914年联邦最高法院对“布里奇斯诉加利福尼亚案”[63]的判决中达到顶峰。该案涉及对评论待决案件的演讲者的蔑视法庭罪指控。在“布里奇斯案”中，联邦最高法院的多数（在布莱克大法官撰写的意见中）明确表示，当言论因据说可能引发社会危害而受到压制时，适用清楚与现存危险审查作为适当的宪法标准。事实上，联邦最高法院提出清楚与现存危险长期以来一直是标准，然后继续引用了布兰代斯大法官在“惠特尼案”中的意见（包括它要求所担心的危害必须“严重”且“迫在眉睫”的用语），好像它是有约束力的先例一样。[64]“布里奇斯案”之后，霍姆斯/布兰代斯解释第一修正案的方式沿着原来的上坡路迅速前行。[65]

1954年，联邦最高法院最终在一个实际上涉及颠覆性言论指控的案件中——麦卡锡时代根据《史密斯法案》对共产党领导人提起了一些诉讼——明确面对了“吉特洛案”和“惠特尼案”中多数意见的持久生命力。在“丹尼斯诉美国案”[66]中，联邦最高法院的绝对多数认为，在这些案件中的适当标准是霍姆斯和布兰代斯确立的清楚与现存危险标准，而且在诸如“吉特洛

---

[57] 同注[56]，at 361（原著中为535，译者偶然查询了判例汇编中的原文后更改为当前页码。——译者注）（引用了Cal. Penal Code § 403 (a)）。

[58] 283 U. S. 697 (1931).

[59] 299 U. S. 353 (1937).

[60] 301 U. S. 242 (1937).

[61] 308 U. S. 147 (1939).

[62] 310 U. S. 296 (1940).

[63] 314 U. S. 252 (1941).

[64] 同上注，at 262-263。

[65] 例如参见 *Terminiello v. Chicago*, 337 U. S. 1 (1949); *Feiner v. New York*, 340 U. S. 315 (1951)。

[66] 341 U. S. 494 (1951).

案”和“惠特尼案”中的多数意见的解释方法已经被摒弃了。[67] 无可否认，联邦最高法院接下来维持了这些定罪，并且在这个过程中通过补充一种平衡因素几乎当然稀释了布兰代斯阐述的标准；但至少在形式上布兰代斯的教义学观点已经成为法律。

与文字相比，布兰代斯解释方法的精神被联邦最高法院在“勃兰登堡诉俄亥俄案”[68] 中采纳又用了15年的时间。“勃兰登堡案”涉及对一位三K党领导人的工团主义犯罪指控（当然与“惠特尼案”的事实形成了具有讽刺意味的对比）。在“勃兰登堡案”中，最高法院已经采纳了对颠覆性言论最具有保护倾向的标准，指出一州不能“禁止提倡使用武力或违反法律的言论，除非这些倡导行为的目标是煽动或制造即刻的非法行为，以及可能煽动或制造这类行动”[69]。在那样的判决中，联邦最高法院一劳永逸地推翻了“惠特尼案”中的多数意见。有趣的是，“勃兰登堡案”的多数意见实际上从来没有使用“清楚与现存危险”这一用语，而且事实上两个赞同意见明确否定了那种审查标准（或者至少否定了“丹尼斯案”多元意见采纳的被稀释的版本）。[70] 此外，大多数评论者同意，“勃兰登堡案”的标准——这个标准当然依旧是现存的支配着保护煽动非法行动的言论的宪法标准——事实上与霍姆斯/布兰代斯标准并非完全相同，而是更具有保护言论的倾向。因此，在某种意义上，“勃兰登堡案”标志着由霍姆斯和布兰代斯构建的宪法标准所拥有的支配地位开始终结。但事实上，尤其是在“丹尼斯案”曲解那个标准的情况下，似乎没有任何怀疑，“勃兰登堡案”标志着布兰代斯在“惠特尼案”中表达的观点获得了学说性的胜利。

然而就其所有的重要性而言，只关注清楚与现存危险标准的地位上升实际上没有充分说明布兰代斯在“惠特尼案”中的意见对第一修正案法律体系的影响——特别是因为清楚与现存危险标准毕竟主要是由霍姆斯大法官首创的，而不是布兰代斯。布兰代斯意见的影响可以被真实而独特地感受到的地方是在思想的王国中。在为什么言论有理由受到保护的问题上，布兰代斯在“惠特尼案”中的赞同意见代表着对一种全面的理论性理由的第一次司法阐释，这一理由几乎已经被普遍接受，并已经对现代第一修正案法理学的发展产生了深刻影响，事实上在更广泛的意义上也对宪法产生了深刻影响。

今天，以下说法成为宪法学的公理：霍姆斯和布兰代斯大法官在20世纪20年代的独立意见基本上创造了现代自由言论的法律体系。由于宪法学案例书一般都从霍姆斯和布兰代斯的意见开始研究第一修正案，上述公理已经成为天经地义的事。无论如何都没有理由怀疑霍姆斯和布兰代斯的巨大影响力。此外，霍姆斯/布兰代斯意见的影响在两个层面可被感觉到：首先，在学说层面清楚与现存危险标准的演变上；另一方面在自由言论的宪法保护原理——实际上是诸多原理——的阐释上（尤其这是在司法部门的第一次阐

---

[67] 同注[66]，at 507（多元意见）；同上注，at 527（法兰克福特大法官的赞同意见）；同上注，at 588（道格拉斯大法官的反对意见）。

[68] 395 U.S.444（1969）（基于法院名义的判决）。

[69] 同上注，at 447。

[70] 同上注，at 449-450（布莱克大法官的赞同意见）；同上注，at 454（道格拉斯大法官的赞同意见）。

释）。这些原理的陈述和接受对自由言论法律体系发展的影响，至少和清楚与现存危险标准同样大，甚至可能更大。而且在这个领域，布兰代斯的影响是巨大的，与霍姆斯的影响截然不同。

关于第一修正案的原理，第一次且到今天为止可能最著名的司法表述是由霍姆斯大法官在“艾布拉姆斯诉美国案”的反对意见中提出的，在那里他使用了“思想市场”的比喻。[71] 霍姆斯（以典型的雄辩式风格）论证说，由于政治真相内在的不确定性（“当时人们已经意识到，时间已经颠覆了许多好战的信念”），最明智的做法是允许所有的观点公开发表并谋求得到认可，因为“对真相的最好检验是思想让自己在市场竞争中获得接受的能力”。只有在最严重的紧急状态下，宪法才允许那种竞争过程受到言论压制的阻碍。在“艾布拉姆斯案”中，霍姆斯就“为什么我们应当保护言论不受政府的审查，因而联邦最高法院如果不能提供这种保护就违背了联邦宪法的精神”这个问题，按照上述理念提供了一项吸引人且似乎强有力的解释。

然而，一旦仔细考察，霍姆斯的自由言论理论被证明很成问题，并且不十分符合第一修正案法律体系的实际形态，或者不符合这方面的历史。首先，现在人们普遍承认，尽管第一修正案的语言很宽泛，但并不是所有言论都平等地受到宪法的严格保护，尤其是承认，政治言论应受到宪法的特别保护。然而，思想市场的概念似乎没有提供任何特别的理由说明为什么会这样——毕竟，对真相的探求几乎不是政治领域所特有的。相反，或许可以论证，政治思想特别不适合被划入一个竞争过程中。政治意识形态之间的竞争只是偶尔发生，而且大多数听众都带着充分的先入为主的偏见和情感依恋去接近政治言论，以至于仅仅接触到相异的思想不太可能改变他们的心智。因此，即使一个人相信一般来说（比如在科学舞台上）思想的公布和冲突可能最终揭示真相，但至于政治思想，他可能怀疑那项假设的有效性。实际上，我们可以质疑，政治“真理”的概念是否从任何角度来说都是一个有意义的概念。这种批评直指霍姆斯原理的核心。在霍姆斯所考虑的这些案件的核心问题上，相互冲突的意识形态——和平主义对爱国主义、社会主义对资本主义——似乎根本不适合用来确定“真理”。相反，它们似乎存在于信仰的领域中，而且还常常是准宗教的信仰。即使在后冷战时代，也很难断言资本主义就是“正确的”；我们只能说，历史已经显示，在确保繁荣的问题上它比共产主义更有效。因此，虽然霍姆斯的讨论可以解释为什么将宪法保护赋予科学性言论，可能还有商业性言论（尽管这种言论直到 70 年代才获得宪法保护），但它为政治言论的保护提供了很微弱的支持，而霍姆斯/布兰代斯传统正是在这个领域被打造出来的。

除了其内在瑕疵之外，一种最终的、可能很严重的对霍姆斯的批评来自以下事实：思想的市场没有清楚的历史依据。几乎没有证据证明，对探求真理的保护是那些起草和批准第一修正案的人的主要目标。诚然，制宪者们大概熟悉约翰·弥尔顿对新闻许可的批评，包括弥尔顿的以下主张：审查制度的作用“主要是阻止所有的学习，并且阻止真理，不仅通过在我们已知的领

---

[71] 250 U. S. 616, 630 (1919)（霍姆斯大法官的反对意见）。应当指出的是，霍姆斯自己从来没有使用“思想市场”的明确提法，但他在“艾布拉姆斯案”（Abrams）中表达的观点后来被（准确地）描述为认可了那个概念。

域使我们的能力得不到锻炼并且变得迟钝，而且通过阻止和削掉宗教和民间智慧中可能取得的进一步发现”⑫。然而，宪法中的自由言论条款和《权利法案》中的其他条款一样，在起草时被视为一条涉及政治权利的政治文件。因此，霍姆斯对竞争的关注只是他所在时空的反映。必须记住，霍姆斯是波士顿名流，出生于 1841 年，在内战期间服役于联邦军队。他这一代人深深地受到达尔文主义和进化论的影响，为那个时代具有支配地位的政治和经济哲学提供基础的社会达尔文主义就是例证。确实，霍姆斯很著名地驳斥了以下观点：联邦宪法“制订了赫伯特·斯宾塞先生的《社会静力学》”⑬，但尽管如此，他的思想，包括他的第一修正案理论，还是深深地并且不可避免地受到了他走向成年时的知识氛围的影响。⑭

正是在这儿，霍姆斯和布兰代斯之间的不同变得至关重要。虽然他们两人是联邦最高法院的同事和思想盟友，并且常常一起投票，但布兰代斯的理性根源和政治关怀与霍姆斯的非常不同，明显更现代，尽管他只比霍姆斯年轻 15 岁。布兰代斯是德国犹太移民的孩子，并且是联邦最高法院中第一位犹太族成员。作为进步运动中的一名主要律师和阐述后来被称为“布兰代斯辩护状”的一位拓荒者（以及威尔逊总统的亲密顾问），布兰代斯在政治上不像霍姆斯，他既积极又在很大程度上是一位激进主义者。实际上，霍姆斯和布兰代斯之间的对比可以表述为悲观的知识分子和乐观的信徒之间的对比。并不令人惊奇的是，霍姆斯和布兰代斯的第一修正案理论反映出这些不同。

正如上面所提到的，对布兰代斯来说，自由言论的重要性以民主和历史为中心。然而，它是这两者的一种理想化和浪漫化的版本。布兰代斯对民主的想象不是敌对的利益集团之间的斗争——这种看法支配着现代思想，也不是霍姆斯的犬儒主义。相反，他真诚地相信平民主义和公众参与政府的决策过程是通向自由和稳定社会的途径，并相信公众协商是那种参与的重要组成部分。此外，公众参与和协商的理由不仅仅是工具意义上的。它来自布兰代斯作为一名进步论者对以下观念的坚定性：人民，不是当选的政治家，在我们的政府体制中统治。（应当记住，进步论者拥护的政治改革包括以公民创制形式存在的直接民主和参议员的直选。）自由言论是布兰代斯想象中的基本成分：如果人民不能在他们中间开展有意义的协商，他们如何能够统治呢？简言之，在“惠特尼诉加利福尼亚案”中，布兰代斯重新将人民主权论引入宪法中⑮，150 年前美国革命已经使这个原则成为美国政治意识形态的核心。⑯ 对弥漫在布兰代斯的自由言论哲学中的人民主权论的坚定，是一种浪漫的坚定，与日常政治的肮脏细节相距甚远，但它是一种与现代精神深深共鸣的坚定，这是社会达尔文主义的冷漠理性所没有的。正是因为这个原

---

⑫ John Milton, *Aeropagitica* 48 (J. C. Suffolk ed., Univ. Tutorial Press, Ltd. 1968) (1644).

⑬ *Lochner v. New York*, 198 U. S. 45, 75 (1905)（霍姆斯大法官的反对意见）。

⑭ 一般参见 Louis Menand, The Metaphysical Club (2001); Rabban，前注④, at 356。

⑮ 参见 White，前注⑤, at 324 - 325（布兰代斯的“惠特尼案”意见标志着“自治原理在第一修正案理论中首次令人难忘的出现”）。

⑯ 一般参见 Gordon S. Wood, *The Creation of the American Republic*, 1776 - 1787 (1969)。

因，布兰代斯对“为什么自由言论重要而且值得特殊的宪法保护”这一问题的理解，在“惠特尼案”以来的几十年中已经被广泛接受，并且已经对宪法产生了如此深刻的影响。

像他的民主理论一样，布兰代斯在“惠特尼案”中表达的关于历史的观点，用罗伯特·伯克的话说，无疑“具有高度的浪漫化”[77]。然而必须理解的是，布兰代斯在“惠特尼案”的意见中并没有试图为第一修正案的任何具体的“制宪者意图”注入新的含义，事实上他也没有提出这样一种狭窄定义的意图（甚至它未必可以被识别出来）与宪法解释有关。相反，布兰代斯阐述着一种政治理论，并论证说这项理论既是革命一代的观点的产物，也是第一修正案现代法律体系的适当基石。伯克著名的对布兰代斯的持续攻击（以及更小程度上对霍姆斯的攻击）——其攻击的手段是一些选择性引用，包括明显地从布兰代斯意见中的引用部分排除了对迟钝人民的危险的讨论[78]——完全忽视了这一点。相反，伯克把理论误认为是“修辞夸张”，并且把一种与布兰代斯推理的民主核心几乎没有关系的自由言论理论归于布兰代斯。[79] 伯克然后批评布兰代斯采纳了通向第一修正案的一种路径，这种路径侵犯了选举产生的立法机构的专有权力。然而事实上，布兰代斯对人民主权论和参与式民主的信任，以及他描绘的这些观念与自由言论之间的联系，对为什么立法机构的多数——他们毕竟只是掌握主权的人民的代表——必须被剥夺控制民众谈论政府及其目的的权力这一问题提供了令人信服的解释。此外，伯克坚持主张，“吉特洛案”和“惠特尼案”的多数意见从第一修正案中排除提倡暴力推翻政府的权利是正确的。[80] 这一主张漏掉了这一点，即这恰恰是革命一代发表的言论的形式。事实上，发表这类言论的权利似乎必然从以下前提中推断出来：人民（不是建立的政府）享有最后的主权，而且所有政府形式只能从被治者持续的同意中获得正当性。否定这个真理是没有看到美国革命的全部含义。

正是因为伯克对布兰代斯的批评失败的这些原因，布兰代斯的观点才那么深刻地影响了现代第一修正案法律体系的发展。文森特·布拉西教授追踪了布兰代斯的思想对一些极其重要的第一修正案意见的影响：从道格拉斯大法官在“丹尼斯案”中的反对意见，到布伦南大法官在“纽约时报诉苏利文案”中的多数意见，到哈兰大法官在“科恩诉加利福尼亚案”中撰写的法院意见。[81] 尤其是在“苏利文案”和“科恩案”中，联邦最高法院在推翻政府对政治言论——这些言论要不然被认为具有社会危害性——的压制时（不管是通过创造民事责任还是通过刑事诉讼），明确利用了对自治的布兰代斯式信仰。布兰代斯的影响的其他例子大量存在，包括像“丹尼斯案”这样起源于麦卡锡时代的几个判决。例如，在“威尔金森诉美国案”中，布莱克大法

[77] Robert H. Bork, *Neutral Principles and Some First Amendment Problems*, 47 Ind. L. J. 1, 24 (1971).

[78] 同上注。

[79] 同上注，at 24 - 25（识别出据布兰代斯所说源于自由言论的四种好处，没有一个与自由言论对自治的贡献有关）。

[80] 同上注，at 29 - 32。

[81] Blasi，前注②，at 683（讨论了 Dennis; *New York Times v. Sullivan*, 376 U. S. 254 (1964); and *Cohen v. California*, 403 U. S. 15 (1971)）。

官不赞同另外一起对一个据称是共产主义者的指控，在论证以下观点时引用了布兰代斯的意见：在麦卡锡主义之下实施的这类政治迫害与民主自治相矛盾。[82] 此外，道格拉斯大法官在“吉布森诉佛罗里达立法调查委员会案”中的赞同意见，在解释为什么佛罗里达州（在民权运动时代）对共产主义者可能渗入全国有色人种协会（NAACP）的调查因侵扰公民结社和传播思想的权力而违反了第一修正案时，引用了布兰代斯的意见。[83]

在更晚近的时候，联邦最高法院在涉及竞选筹资立法的最主要案件“巴克利诉法雷奥案”中，引用了布兰代斯的意见来支持以下论点：第一修正案首先保护对政治问题的公共讨论，因而必须带着极其怀疑的眼光去看对政治候选人言论的限制。[84] 同样，联邦最高法院对“Nixon v. Shrink Missouri Government PAC”一案判决（最高法院支持了一项州法案，该法案限制向政治候选人提供竞选捐献的数额）的一项赞同意见和一项反对意见，都引用了布兰代斯在“惠特尼案”中的意见来支持以下观点：第一修正案为了保护和培育政治过程而保护言论——尽管在那种见解对于管制政治过程的含义上他们得出了极端相反的结论。[85]

“惠特尼案”的赞同意见也不是只在涉及直接政治利益的案件中被引用。例如，在“特纳广播系统诉联邦通讯委员会案”中——该案发生在电子大众媒体的现代背景下，布雷耶大法官为一项有线电视经营者管制措施作了辩护，该管制措施旨在提高在媒体上听到的声音的多元性。布雷耶为此辩护时再次引用了布兰代斯的意见说明以下论点：多元言论能够比自由放任主义管制哲学更好地提升支撑第一修正案的民主参与价值。自由放任主义管制哲学对媒体集中问题视而不见。[86] 在“巴特尼基诉沃珀案”中，斯蒂文斯大法官援引了布兰代斯和“惠特尼案”来支持一项判决，该判决指出，新闻不能因传播有关“公众关注”事务的信息而受到惩罚，即使那项信息是通过第三方非法获得的。[87] 在“摩尔斯诉弗雷德里克案”的反对意见中，斯蒂文斯大法官再次依靠“惠特尼案”反对多数意见的结论，该结论认为，州在阻止“支持毒品”的言论上有足够重大的利益，有理由惩戒一名公立高中的学生——该学生在学校庆祝奥运火炬传递活动中展开一条有点暧昧的标语横幅，上面写着“抽大麻，为耶稣（BONG HiTS 4 JESUS）”。斯蒂文斯大法官反对的理由是，这种行动的影响将会抑制公众对重要政治问题的争论。[88]

简言之，如果没有布兰代斯大法官在“惠特尼诉加利福尼亚案”中的赞同意见所表达的思想的影响，就无法想象现代第一修正案法律体系拥有它现在的确拥有的宽度和形态。对政治言论的现代关注作为第一修正案的核心组成部分，现代联邦最高法院对政治异议者言论的强烈保护，以及在这个国家中广泛保护言论的愿望几乎被普遍接受，所有这些都归功于首先由布兰代斯

---

[82] 365 U.S. 399, 421 - 423 & n. 11 (1961)（布莱克大法官的反对意见）。

[83] 372 U.S. 539, 575 - 576 & n. 12 (1963)（道格拉斯大法官的赞同意见）。

[84] 424 U.S. 1, 53 (1976).

[85] 528 U.S. 377, 401 (2000)（布雷耶大法官的赞同意见）；同上注，at 410 - 411（托马斯大法官的反对意见）。

[86] 520 U.S. 180, 226 - 227 (1997)（布雷耶大法官的赞同意见）。

[87] 532 U.S. 514, 535 (2001).

[88] 127 S. Ct. 2618, 2445 - 2446, 2651 (2007)（斯蒂文斯大法官的反对意见）。

确立的言论与民主之间的联系，这一点是思想市场原理所不能比拟的。这些发展的实际影响也是巨大的。比如，如果没有布兰代斯对现代第一修正案法理学的影响，民权运动和越南战争时代的自由言论案件很可能是另一番景象。比如，如果没有根植于民主自治理论中的自由言论法理学，“五角大楼文件案”⑱ 会达到现在的结果吗？同样，如果没有布兰代斯式第一修正案的保护，“爱德华诉南加利福尼亚案”⑲ 中的民权抗议者会逃脱指控吗？如果没有人民民主和自由言论之间的连接，像“安德森诉塞雷布里兹案”⑳ 这样的现代选票入口资格（ballot access）案件可能发生吗？这些问题当然不可能有确定性的回答，但我们可以猜想至少在很多情形下最合理的答案是“否”。如果是这样的话，那么布兰代斯大法官在“惠特尼案”中的意见就不仅仅重塑了第一修正案的法律体系；它帮助塑造了我们生活的这个社会。

余波：惠特尼与激进主义

安尼塔·惠特尼与加利福尼亚工团主义法案之间的碰撞，并没有终结她与法律之间的冲突或她的政治激进主义。在她被赦免之后的 10 年中，她经历了几次法律困境，包括 20 世纪 30 年代的一次定罪，原因据称是她在代表共产党的选举呈请书上伪造签名，这次她避免了监禁只是因为她的侄子愿意为她支付 600 美元的罚款。[92] 1934 年，惠特尼在共产党的候选人名单上竞选州财务部长，并且赢得了 10 万张选票——这个数字足以保证该党出现在选票上。[93] 1938 年，她又竞选了州审计官职位，之后又于 1940 年竞选了美国联邦参议院的席位。惠特尼还在 1936 年到 1944 年间担任共产党的州主席职务，并且在此期间的晚些年里还是该党全国委员会的成员。[94] 除了她的选举活动以外，从 20 年代晚期到 40 年代的整个期间内，惠特尼还支持了在反隔离/民权运动中表现积极的各种组织（包括著名的卧车列车员兄弟会），并在加利福尼亚中部为农场工人的利益而辛勤工作，这些工人中很多是少数种族——所有这些都发生在一个民权问题几乎被主流美国政治完全忽视的时代。[95] 惠特尼的生活直到最后，一直是布兰代斯大法官在带有她的名字的联邦最高法院案件中赞美的民主社会中那种积极的、参与性公民的典型。

当惠特尼在 1940 年竞选参议院席位时，她已经 73 岁了。然而所有消息都说在之后的许多年里，她在共产党中依旧非常积极，并且愿意通过诸如纠察行动、发放传单和公共演讲的方式为她的信念而奋斗。安尼塔·惠特尼最后于 1955 年 2 月逝世，享年 87 岁。[96] 到她去世的时候，美国正在经历另一个对共产主义者和其他激进分子迫害的时期，这个时期的迫害甚至更加剧

---

[89] *New York Times v. United States*, 403 U. S. 713 (1971).

[90] 372 U. S. 229 (1963).

[91] 460 U. S. 780 (1983).

[92] *Nephew Saves Anita Whitney from Jail Cell: Pays $ 600 Fine After She Elects to Serve* 300 - *Day Term*, *San Francisco Chronicle*, Dec. 6, 1935.

[93] 参见 Richmond，前注⑩，at 167 - 168。

[94] 同上注，at 171 - 172；又见 Rubens，前注⑩，at 166 - 167。

[95] Rubens，前注⑩，at 165 - 166，170；Richmond，前注⑩，at 142 - 145。

[96] Anita Whitney, *Socialite Red*, *Dead*, *San Francisco Chronicle*, February 5, 1955.

烈，这次是由麦卡锡主义发起的。对她来说，惠特尼可能只是因为她的高龄而逃脱了指控。像红色恐怖时期一样，联邦最高法院很明显未能执行第一修正案阻止这个潮流——最显著和具有讽刺意味的是“丹尼斯案”，该案中联邦最高法院据称推翻了“惠特尼诉加利福尼亚案”并采纳了布兰代斯赞同意见中的方法。[97] 当然，今天“丹尼斯案”的审判法庭对清楚与现存危险标准的“平衡”版本，已经被“勃兰登堡诉俄亥俄案”中更具保护言论倾向的规则代替。尽管如此，我们还是不知道安尼塔·惠特尼是否已经感觉到她和她的同道终于不再面临政治迫害的危险。

---

[97] 参见前注[66]—[67]及其对应的正文。

12

西弗吉尼亚州教育委员会诉巴内特的故事：效忠宣誓与思想自由

文森特·布拉西　西娜·V·谢弗林*
牟效波　译

* 作者感谢本杰明·P·刘和加布里埃尔·夏皮罗提供的不寻常的研究协助，也感谢罗伯特·安杜尔、芭芭拉·赫尔曼、肯尼思·喀斯特、苏巴·纳拉西姆汉和斯蒂文·谢弗里提供的优秀建议。

“这个案件变得困难，不是因为其判决的原则很模糊，而是因为牵涉的旗帜是我们自己的。”带着这种自信的声明，联邦最高法院在“西弗吉尼亚州教育委员会诉巴内特案”中判决，“没有官员（无论高级还是下级）”有权要求任何学生宣誓效忠于美国国旗。① 这项判决于 1943 年 6 月宣布，当时美国军队正在北非参与战斗。该判决推翻了联邦最高法院就在三年前作出的一项判决。“麦诺斯维尔学区诉戈比蒂斯案”已经判决，学生所具有的反对国旗崇拜的宗教顾忌不能提供一种宪法权利的基础，从而免除他们的效忠宣誓义务。②

联邦最高法院从“戈比蒂斯案”到“巴内特案”的冒险值得在几个层面上研究。在它的历史上，一项宪法争议很少能够引起最高法院内部如此严重的分歧、直接归因于一项司法判决的如此广泛的公民暴行、如此期待个体法官公开撤回声明、如此大胆的原理转变、在多数意见中如此令人难忘而锐利的文风，以及在判决的理由和限制上如此反复的不确定性。一个案件的结果很少像“巴内特案”的结果那样明显正确，却又如此难以论证。

历史

关于效忠宣誓的争议代表了规模相对不大但情绪激烈的两部分美国民众之间的冲突：耶和华见证会和一大群私人爱国组织，后者包括美国退伍军人协会、海外作战退伍军人协会和美国革命女儿会。关于国旗和效忠要求，他们各自信念的强度和热情引起了关于持久宪法意义的激烈争执。

效忠宣誓是 1892 年由弗朗西斯·贝拉米在两个小时内③写成的。弗朗西斯被各种评论描述为儿童作家、社会主义工团主义者、民族主义者、牧师、黑幕揭发者和小商人。④ 贝拉米为《青年之友》（*The Youth's Companion*）撰写此誓言是庆祝哥伦布航行四百周年的全国努力的一部分。在某种程度上，贝拉米希望唤起在内战中幸存下来的“不可分割”的统一国家的感觉。⑤ 规定在公立学校举行国旗敬礼仪式的第一个州法案是于 1898 年在纽约通过的，就在美西战争开始后的第二天。⑥ 第一次世界大战后，诸如美国退伍军人协会和海外作战退伍军人协会这样的新创立的退伍军人组织，发起了提升

---

① *West Va. State Bd. of Educ. v. Barnette*, 319 U.S. 624, 641 - 642 (1943).

② *Minersville Sch. Dist. v. Gobitis*, 310 U.S. 586 (1940).

③ Cecilia Elizabeth O'Leary, *To Die For: The Paradox of American Patriotism* 161 - 162 (1999).

④ 例如参见上注，at 157 - 158；John W. Baer, *The Pledge of Allegiance: A Centennial History*, 1892 - 1992 (1992)，可以在以下网址找到：http://history.vineyard.net/pledge.htm。最新的坦率描述来自其后代最近的说明，其后代宣称该宣誓是一场旨在提升国旗销售的扩展的广告宣传活动的一部分。参见 Michael Bellamy, *The Last Page*, Dissent, Summer 2002, at 112。

⑤ O'Leary，前注③，at 161。贝拉米没有认真考虑把提及平等和博爱的内容纳入该誓词中，而是认为这些观念对美国公众来说过于进步。“所有人的自由和正义”具有普遍的吸引力，而且可同时为社会主义者和个人主义者所用。同上注。又见 Baer，前注 4，多处都有提及。

在民权时代，有人尝试修改誓词，使之包含提及平等的内容。1959 年，来自密歇根的众议员查尔斯·狄格斯——一位美国退伍军人协会会员，并且是国会黑人同盟（Congressional Black Caucus）的创始人——引入了一份修改誓词的共同议案，试图把誓词最后的句子改为“所有人的自由、平等和正义”。参见 H. R. J. Res. 400, 86th Cong. (1959)；又见 H. R. J. Res. 351, 87th Cong. (1961)；H. R. J. Res. 386, 88th Cong. (1963)。来自宾夕法尼亚的众议员富尔顿引入了相似的议案。H. R. J. Res. 532, 86th Cong. (1959)；H. R. J. Res. 835, 87th Cong. (1962)；H. R. J. Res. 668, 88th Cong. (1963)（提议了以下语句：“法律之下所有人的自由、机会平等和平等正义。”）。

⑥ David R. Manwaring, *Render onto Caesar: The Flag Salute Controversy* 3 (1962).

尊重国旗的运动。⑦ 退伍军人协会为通过州法而游说，要求国旗在公共建筑上飘扬，包括学校，而且教师在每个教学日要花至少10分钟的时间从事爱国活动，以培育“百分百的美国精神”。它建立了一个“美国精神全国委员会”，该委员会于1923年起草了一个国旗法规，并将其分发给了全国的学龄儿童。⑧ 到1940年，就是“戈比蒂斯案”判决的那一年，9个州有了要求在公立学校举行国旗敬礼活动的法律，另外18个州有了教授有关国旗知识的法案条款。即使在没有具体国旗法的州，让学生向国旗宣誓效忠的实践活动也很普遍。⑨

尽管联邦官员早就鼓励诵读誓词，但联邦政府直到1942年才正式采纳了这种效忠宣誓，就在“巴内特案”诉讼进入程序之后。那一年的联邦法案本质上使美国退伍军人协会的国旗法规成为法律。该法律因故意省略了实施机制而显得很独特。⑩ 它的目的在于编纂并建立尊重国旗的全国性习惯。⑪ 没有联邦法律要求学生必须在学校里诵读这一效忠誓词，就此而言也没有任何联邦法律要求任何平民在任何其他地点诵读这段誓词。⑫ 在校儿童诵读誓言的法律要求全部来自州和地方法律。⑬

---

⑦ Peter Irons，*The Courage of Their Convictions* 16 (1988)．三K党也在尊重国旗运动中表现积极，在某种程度上利用其参与行为展示自己是一个主流组织。Manwaring，前注⑥，at 7。

⑧ 同上注，at 6。

⑨ 同上注，at 4－5。

⑩ 对这种特征的一个讨论，参见 *To Codify Rules on the Use of the Flag of the United States of America: Hearings on H. J. Res.* 288 *Before the Subcomm. Of the Comm. On the Judiciary* 77th Cong. 7－9 (1942)（众议员霍布斯、汉考克、麦克劳夫林和美国退伍军人协会全国立法委员会的执行主任弗朗西斯·苏利文的评论）。这些众议员强调，该法案是“建议性材料”，而且法规汇编通过为那些愿意以一个标准、惯常的方式表示尊重国旗的人提供一个明确的指南而为公民所用。这位退伍军人协会会员评论说，惩罚是不必要的，而这里的意图是，“如果普通人认为它是国会的一项法律，那么他将意识到这是一项正式规则，而且它应当获得遵守……”

⑪ 它还因为其字面条款授权总统（以其作为武装部队总司令的能力）在必要时单方并不经国会同意改变这一习惯的用词而显得不寻常。Joint Resolution of June 22，1942，Pub. L. No. 623，§8，56 Stat. 377，380（当前版本收录在4 U. S. C. § 10 (2000)）。

⑫ 要成为归化的公民，除其他事外，一个人必须发誓对美国的宪法和法律“带着真诚的信仰和忠诚”。8 U. S. C. § 1448 (a) (4)。在战争请愿案（In re Petition of Battle，379 F. Supp. 334 (E. D. N. Y. 1974)）中，一位耶和华见证人准备好了宣誓真诚的信仰和忠诚，但声明他不能投票、当陪审团成员和向国旗行礼。尽管如此，他还是被判决符合这项要求。其他判决已经指出（只有一个例外），在申请入籍时，基于道德原则拒绝行使选举权和履行陪审义务的耶和华见证人不能因此被拒绝。比较 In re Pisciattano，308 F. Supp. 818 (D. Conn. 1970)；In re Naturalization of Del Olmo，682 F. Supp. 489 (D. Or. 1988) 和 In re Petition for Naturalization of Matz，296 F. Supp. 927 (E. D. Cal. 1969)。

⑬ 几乎每州都在其法典汇编中有一条在教室开展爱国活动的规定，这种规定包括诵读效忠誓词的时机或要求。但是参见 Colo. Rev. Stat. § 22－1－106 (1989)（只是要求教师可以教学生在列队通过时如何向国旗敬礼、对国旗的适当尊重以及在装饰与展示中对国旗的适当使用）；Ohio Rev. Code Ann. § 3313. 602 (West 1997)（要求学校董事会采取一项政策，明确规定这种宣誓是否会成为学校课程的一部分）。一些州也有它们自己的——常常多彩的——对州旗的效忠宣誓。密歇根州的誓词是：“我宣誓效忠于密歇根州旗和它所代表的州，由一座钢桥连在一起的两个美国半岛，在这里所有人的平等机会和正义是我们的理想。”Mich. Comp. Laws § 2. 29 (1967)．南达科他州的誓词充满雄心：“我宣誓效忠并支持州旗和南达科他州，阳光照耀的土地，无限多样的土地。”S. D. Codified Laws § 1－6－4. 1 (Michie 1992)．新墨西哥州的誓词使用了官方两种语言：“Saludo La Bandera Del estado de Neuvo Mejico，el simbolo zia de amistad perfecta，entre culturas unidas”；“我向新墨西哥州的州旗敬礼，这个齐娅标志（Zia symbol）象征着多元文化之间的完美友谊”。N. M. Stat. Ann. §§ 12－3－7，12－3－3 (Michie 1978)．南卡罗来纳州的誓词要求的不仅仅是效忠：“我向南卡罗来纳州的州旗敬礼，并宣誓热爱、忠于且信仰这个棕榈之州。”S. C. Code Ann. § 1－1－670 (Law. Co-op. 1977)．其他的直接或间接提到上帝。例如参见肯塔基州的誓词：K. R. S. § 2. 035“我宣誓效忠肯塔基州旗，以及它所代表的这个主权州，一个共同体，受惠于上帝赐给的多样性、自然财富、美丽和恩典”；又见 Lousiana，LA. Rev. Stat. 49. 1 167；Mississippi，Miss. Code Ann. § 37－13－7。

"巴内特案"和"戈比蒂斯案"中受到争议的效忠誓言不同于该誓言的当前形式，因为它没有明确提到上帝。⑭ 尽管如此，戈比蒂斯们（Gobitases）⑮、巴内特们和耶和华见证人的主要气愤是诵读誓言的要求损害了他们的信教自由。他们抗议说，敬礼代表了对国旗的忠诚宣誓。在他们看来，如果他们作出这样的宣誓，即使在法律强制之下，他们也违反了《圣经》不允许遵从其他神或雕像的要求，并且违反他们最忠诚于上帝的义务。他们宁愿诵读宣称绝对忠诚于上帝、效忠于所有与《圣经》的律法一致的美国法律的效忠誓言，并将国旗尊奉为普遍自由和正义的象征。⑯

反对国旗敬礼要求的抗议者不是由耶和华见证人组织发起的。1916 年，在闻名于芝加哥的一次事件中，一位名叫休伯特·尹伍兹的 11 岁非洲裔美国学生拒绝向国旗敬礼，因为它与极端的歧视与私刑相联系。⑰ 其他教派的成员，从 1918 年的门诺派教徒开始，因宗教理由拒绝向国旗敬礼。⑱ 然而，只有当这项议题对耶和华见证人来说变得突出时，这种良心行为才演变成受到宪法诉讼支持的全面抗议运动。

耶和华见证人组织于 1870 年创建于宾夕法尼亚州。到 1938 年，这个教派在美国有了 2.8 万多名积极成员，世界上有 7.2 万名。接下来的五年间，国内人数增至三倍，国际人数翻了一番。见证人组织认为《圣经》预言了我们的世界即将在耶稣与撒旦之间的一场战斗中毁灭，在这次毁灭中，耶稣只会挽救那些真诚的、遵守律法的信徒。虽然他们不相信地狱，但他们的确相信，忠诚者将被挽救于毁灭，并将享受复活与"永生"。1914 年前后，见证人组织的领袖开始倡导每一位成员劝诱别人改宗，从罪人变成真正的信徒，为即将到来的世界末日的决战做好准备。所有耶和华见证人被视为被任命的牧师，有责任向每个人提供与上帝站在一起或者背叛他的选择机会。这项责任驱使这个教派的成员全体致力于喧闹的公共演说和执著地面对面、挨家挨户地传递他们的消息。在国旗敬礼争议期间，他们的教义包括以下观点：所有世俗组织，包括美国政府，都是撒旦的工具。⑲ 见证人被教导服从与他们的宗教义务不冲突的法律，但视政府为人类设计的一种暂时的、精神上腐败

---

⑭ 1942 年，效忠誓言的内容是"我宣誓效忠于美国国旗以及它所代表的这个共和国，一个不可分的国家，所有人享有自由和正义"。Joint Resolution of Dec. 22，1942，Pub. L. No. 829，§ 7，56 Stat. 1074，1077。1942 年的版本也区别于最初的措辞。最初的版本宣誓效忠于"我的国旗"（my flag）。由于担心外国人诵读这个措辞时产生歧义，这个措辞就被改为"美国国旗"。在"戈比蒂斯案"诉讼期间以及在"巴内特案"诉讼开始时，当诵读这项誓词时，人们开始把右手放在心口上，然后读到"我的国旗"时，伸出胳膊朝向国旗，手心朝上，读完剩余的誓词。这太像纳粹的行礼姿势，并于 1942 年 12 月被修改。比较 § 7，56 Stat. at 380 与 § 7，56 Stat. at 1077。直到 1954 年才在"一个国家"后面加上了"在上帝的庇护下"。参见下文注 153－162 对应的正文。

⑮ 由于一位法官助理的失误，虽然姓氏是 Gobitas，但该案中当事人的名字以"Gobitis"为人们所知。Shawn Francis Peters，*Judging Jehovah's Witnesses*：*Religious Persecution and the Dawn of the Rights Revolution* 38（2000）。很明显，巴内特（Barnett）的名字也因法官助理的失误使它在法院的文件中变为"Barnette"。Manwaring，前注 6，at 303 n. 14。

⑯ 被上诉人的辩护状，at 8－9，*West Va. State Bd. Of Educ. v. Barnette*，319 U. S. 624（1943）（No. 591）。

⑰ 尹伍兹被逮捕了，但审判时对他的指控被驳回了。O'Leary，前注 3，at 231。

⑱ 参见 Manwaring，前注 6，at 11－15。

⑲ Manwaring，前注⑥，at 29；M. James Penton，*Apocalypse Delayed*：*The Story of Jehovah's Witnesses* 138－139（2d ed. 1997）。

的实体。尽管见证人组织蔑视所有其他宗教组织，但他们的领袖把天主教堂描述为“上帝的头号可见敌人，因而是最大和最坏的人民公敌”⑳。这些不寻常的信念，伴随着他们的劝诱改宗行为，使这个小团体具有一种高傲而好争辩的姿态。

这个团体在1916年到1942年间的领袖是“法官”约瑟夫·卢瑟福，他已经从事法律职业16年了，包括为这个教派的创始人查尔斯·泰兹·拉塞尔做过辩护律师。卢瑟福是一个精力充沛并具有对抗性的领导者，他使见证人组织变成一个惯于持续且有时具侵扰性的群众劝诱改宗组织。在一战期间，因为批评美国加入战争并力劝所有见证人作为本着良心的反对者和被任命的牧师而宣称征兵豁免，根据《反间谍法案》，他被判入狱。㉑ 卢瑟福是使用无线电组织劝诱改宗和抗议活动的先驱。

耶和华见证人拒绝效忠宣誓的行为最早出现在草根阶层，可能受到对德国信奉同一宗教的人士所处困境的同情心的鼓舞，与他们信奉同一宗教的德国人正因拒绝纳粹宣誓而受到迫害。㉒ 1935年9月30日，在马萨诸塞的林恩市，卡尔顿·尼科尔斯，一位耶和华见证人，在其三年级的开学典礼上一直坐着，拒绝向国旗敬礼，并宣布说他不会“向魔鬼的象征”献殷勤。结果，他被学校开除了。㉓ 卢瑟福在其每周一次的电台讲话中表扬了这个男孩，并鼓励所有耶和华见证人都以尼科尔斯为榜样。作为反应，全国范围内的耶和华见证人组织开始拒绝向国旗行礼。在卢瑟福于1935年10月6日发表电台演讲之后的一年内，大约120名见证人因不参加国旗仪式而被学校开除。

戈比蒂斯案

卢瑟福电台演讲之后一周内，两名见证人——12岁的莉莲·戈比塔斯* 及其10岁大的弟弟威廉——停止向国旗行礼，导致他们被宾夕法尼亚麦诺斯维尔市的学校系统开除。在争取行政解决的努力无果之后，这两名学生和他们的父母在卢瑟福和美国公民自由联盟为其提供的律师的支持下，诉请制止地方教育委员会的行为。

在这期间，这两位戈比塔斯氏儿童接受了家庭教育。然而，他们得到警告，如果他们不参加了一个“合格的学校”，他们就将被送入少年管教所。见证人保罗和弗娜·琼斯拆掉其起居室和厨房之间的墙，在他们家里为这个地区面临相似困境的所有见证人的孩子们创建了一个狭小的教室。这些学生中的一些人到达他们的临时学校需要乘坐一个改装后的运货卡车，并有两个

---

* “Gobitas”是当事人姓氏的正确拼法，而“Gobitis”是印刷工人的误拼，但一直作为案例名称沿用下来。这里的“戈比塔斯”是对原文中“Gobitas”的音译。——译者注

⑳ Manwaring，前注⑥，at 24（引用了 Joseph F. Rutherford，*Enemies* 328（1937））。

㉑ 从一战一直到越南战争这一期间，成千上万的耶和华见证人因抵制征兵被监禁，并且在那些因抵制征兵被监禁的人中占了相当大的比例。

㉒ 参见后注㊼。

㉓ 尼科尔斯的父亲和朋友那天陪伴这个孩子去学校支持他的抗议，因扰乱公共集会而被逮捕。这位朋友是爱德华·H·詹姆斯，是小说家亨利·詹姆斯和哲学家威廉·詹姆斯的侄子。参见 Peters，前注15，at 165－166。

小时路程。[24] 联邦地区法院[25]禁止麦诺斯维尔学区开除这些学生或者要求他们参加升旗仪式，而且第三巡回上诉法院维持了这一判决。[26] 在美国退伍军人协会和其他爱国社团的财政支持下，该学区将该案件上诉至美国联邦最高法院。[27] 双方当事人辩论这个案件时都强调以下问题：国旗仪式是否具有宗教意义。该学区主张，“向国旗行礼的行为与一名学生对其造物主或他与其造物主的关系的想法无关……就像学习历史或公民课一样……这种行礼没有宗教含义”[28]。在这一点上，戈比塔斯的辩护状满怀热情地争论说：“一个发誓按上帝的旨意行事的人对任何世俗政府的国旗行礼的行为，就是一种形式的宗教，并构成邪神崇拜。”[29]

在当时刚刚被任命的费利克斯·法兰克福特大法官的意见中，联邦最高法院推翻了下级法院的判决，并撤销了这项禁令。在判决耶和华见证人可以被强制向国旗行礼，违者则被开除出学校时，多数意见拒绝决定向一种世俗符号宣誓效忠的义务是否相当于第一修正案意义上的宗教负担。法兰克福特大法官反而趁机将两项基本原则写入法律，远远超出直接的争议点。

第一个原则是，为世俗目的通过并平等实施的一般法律从来不因未能提供宗教豁免而违宪。法兰克福特不仅不承认需要使孩子免受学校要求与（其父母所理解的）他们的宗教义务之间的冲突之害，而且还指出，学校可以使用适当方法努力“唤醒儿童头脑中关于国旗意义的想法，与其父母灌输的想法相对”[30]。

作为“戈比蒂斯案”判决基础的第二个原则是，围绕宗教信仰自由或言论自由意义的争论，并没有为法院的以下义务提供例外：在宪法案件中维护法律和负政治责任的政府分支的实践活动，“除非宪法自由权受到的侵犯太明显”[31]。这项原则在法兰克福特大法官的意见中得到了最多的阐释。

法兰克福特大法官明确试图抛弃和反驳在涉及公民自由的案件中支持能动司法审查的观点，这一观点是在前一个开庭期由哈兰·费斯克·斯通大法官提出的，在如今著名的“美国诉卡罗琳产品公司案”多数意见的第四脚注中。[32] 在“戈比蒂斯案”中，美国律师协会权利法案委员会提交的一份非当

㉔ 参见Irons，前注⑦，at 27－28。

㉕ *Gobitis v. Minersville Sch. Dist.*，24 F. Supp. 271 (E. D. Pa. 1938)．

㉖ *Minersville Sch. Dist. v. Gobitis*，108 F. 2d 683 (3d. Cir. 1939)．

㉗ 参见Manwaring，前注⑥，at 116。两名戈比塔斯氏儿童的法律观点得到来自美国公民自由联盟（ACLU）和新成立的美国律师协会权利法案委员会提供的非当事人意见陈述的支持。Irving Dilliard，*The Flag-Salute Cases*，*in John A. Garraty*，*ed.*，*Quarrels that Have Shaped the Constitution* 285，291－293 (Rev. ed. 1987)。

㉘ *Minersville Sch. Dist. v. Gobitis*，310 U. S. 586，588 (1940)（上诉人的论辩）。

㉙ 同上注，at 590（被上诉人的论辩）。

㉚ Gobitis，310 U. S. at 599.

㉛ 同上注。

㉜ 304 U. S. 144，152 n. 4 (1938)．在那里，虽然阐明了服从立法判断的整体姿态，但斯通大法官提出了在下列情形中采取“一种更严格的司法审查”的适当性：“当立法表面看上去在联邦宪法明确禁止的范围内”，或者“限制了通常可以被指望用来消除不受欢迎的立法的政治过程”，或者涉及“对分散与孤立的少数群体的偏见”，致使那些群体参与矫正性政治过程的完整与公正权利受到质疑时。同上注。

事人意见陈述，敦促联邦最高法院将斯通大法官的“卡罗琳产品案”理论适用于当前的案件。[33] 值得注意的是，在几位撰写那份意见陈述的杰出律师中有哈佛大学法学教授小泽克利亚·切菲[34]，他是研究自由言论的传奇般的学者，以及路易斯·拉斯基，他后来成为哥伦比亚大学法学教授，曾在斯通大法官撰写其“卡罗琳产品案”意见的那一年做过他的助理。[35] 有趣的是，虽然杰出的切菲教授参与了这项提议[36]，但美国律师协会（ABA）的这项意见不包含以下论点：第一修正案中的言论自由条款为使见证人儿童豁免于诵读誓词的义务提供了基础。该意见仅提出了基于宗教信仰自由和实质性正当程序的主张。[37]

在与斯通大法官的私人通信中，法兰克福特大法官说“戈比蒂斯案”是悲剧性的。他认为，它代表了一种愚蠢的企图，想从宗教固执者那里榨取出对一个符号的尊重。但法兰克福特强调，纠正这种愚蠢行为的责任属于立法机构。他相信，支持这项要求的合宪性并将该议题留给州立法机构，将“真正的民主信念”付诸实践，该信念“不依靠联邦最高法院完成以下不可能的任务：确保一个朝气蓬勃、成熟、自我保护并且宽容的民主体制”[38]。

“戈比蒂斯案”判决非常显著的特征是联邦最高法院处理所提出的议题的笼统程度。多数意见几乎没有付出努力评估见证人的负担，也没有评估政府不提供豁免的效率利益。对法兰克福特大法官——12 岁从奥地利移民到美国，当时不会说英语——来说，这是个完全关于国家身份和爱国同化的案件，这些事务如此基本，超越了个别伤害或渐进功效的考虑：

> 一个自由社会的终极基础是凝聚情感的约束纽带。这样一种情感借助所有那些思想和精神手段得到培养，这些手段可以用来收集一个民族的传统，将它们一代一代传下去，并借此创造构成一种文明的珍贵的共同生活的那种持续性。“我们借助象征而生活。”国旗是我们国家共同体的象征，在联邦宪法的框架中胜过所有内部差异，无论这些差异多大。[39]

“戈比蒂斯案”的判决是由 8∶1 的结果决定的。布莱克大法官和道格拉

---

[33] 1940 WL 47062. 又见 Manwaring，前注⑥，at 128。Donald L. Smith，*Zechariah Chafee，Jr.：Defender of Liberty and Law* 203 - 204 (1986)。

[34] Smith，前注[33]，at 202 - 203。

[35] 同上注，at 202；Manwaring，前注⑥，at 126。

[36] Smith，前注[33]，at 202 - 204。

[37] Manwaring，前注⑥，at 126 - 131。但是，切菲教授的意见的确引用了一些自由言论判例，以支持该意见中的“卡罗琳产品案”理论，即因为使政治救济变得非常不可能的结构性障碍，为见证人的自由信教主张实施能动的司法审查就有了正当理由。1940 WL 47062 at *20（引用了 *Stromberg v. California*，283 U. S. 359，369 - 370 (1931) 和 *Lowell v. Griffin* 303 U. S. 444，452 (1938)）。

[38] Dilliard，前注[27]，at 295（引用了法兰克福特大法官给斯通大法官的信件（May 27，1940），in Alpheus Thomas Mason，*Security Through Freedom：American Political Thought And Practice* 217 (1955)）。

[39] 310 U. S. at 596.

斯大法官加入了法兰克福特的多数意见。㊵ 斯通大法官是唯一的异议者。㊶

斯通在前一年的"卡罗琳产品案"中努力划定一项宪法争议的范围，在其中独立的司法机构要扮演一种重要角色。斯通在"戈比蒂斯案"中的反对意见被最适当地理解为这种努力的延伸。斯通认为麦诺斯维尔学区绝对漠视耶和华见证人的宗教情感，并显然为此感到不安。"在政府职能……与特别宪法约束冲突时，必须……在它们之间有合理的调解，以维持两者的精髓……强迫小学生去赞同他不相信的东西"不是一种合理的调和，因为州拥有教育学的替代性方法来"激发爱国主义和对国家的热爱"㊷。"联邦宪法不仅仅表达了人民的以下信念：民主过程必须不惜任何代价受到保护。"㊸ 我们无法指望多数主义的制度总是尊重"思想和精神自由"㊹。而且与法兰克福特大法官相反，斯通宣布"决定这种调和是否合适是法院的职能"㊺。在当前案件中，"我们有一个如此小规模的真诚地享受着一种宗教信仰的少数群体——他们的行为如此偏离人们行为的正常举止，以至于大部分人倾向于带着很少的宽容或关心来看待他们。"㊻

联邦最高法院的判决于 1940 年 6 月 3 日公布，支持了地方教育委员会要求所有孩子（包括耶和华见证人）向国旗行礼的权力。当时英法军队正拼命从敦刻尔克撤退。许多美国人认为耶和华见证人拒绝诵读誓言的行为是不忠诚的证据，也是他们同情甚至与纳粹政体勾结的证据。㊼ 这时对"第五纵

㊵ 罗杰·K·纽曼是布莱克大法官最详细传记的作者，对布莱克令人惊奇的投票提供了如下解释：

斯通在讨论会（就是在这次讨论会上，法兰克福特的意见获得认可）前一天向大家传阅了一份强有力的反对意见。布莱克不知道斯通的计划。他后来说，最高法院的多数在阅读了斯通的反对意见后本来可能突然不支持法兰克福特的意见——开庭期末的匆促工作阻碍了大法官们考虑这项反对意见，直到判决意见公布之后——但布莱克、道格拉斯和墨菲发现法兰克福特的论证如此令人激动，以至于他们已经向他保证他们将支持他，不愿意食言。马上，1967 年布莱克告诉一位讣闻记者，"我们知道我们错了"，但"我们没有时间改变我们的意见。我们聚集在墨菲府邸的游泳池边，决定尽快来做这件事"。他们立刻通知斯通，他们一有机会就会站在他这一方。半个多世纪以后，布莱克的理由听上去仍然站不住脚……在他（和道格拉斯）的所有辩解中都没有提及的是讨论会上首席大法官休斯陈述的说服力，以及没有大法官愿意改变立场投票反对休斯。

Roger K. Newman, *Hugo Black: A Biography* 284 - 285 (1994).

㊶ 弗兰克·墨菲大法官起草了一份反对意见，但最后将它废弃并加入了多数意见。墨菲的主要传记作者总结说："似乎已经发生的事情是，一位只在最高法院工作仅几个月的无决断力的新手大法官与首席大法官休斯讨论了他所提出的反对意见，后者说服了他赞同最高法院的意见。" Sidney Fine, *Frank Murphy: The Washington Years* 185 - 186 (1984)。

㊷ 310 U.S. at 603 - 604（斯通大法官的反对意见）。

㊸ 同上注，at 606。

㊹ 同上注。

㊺ 同上注，at 603。

㊻ 同上注，at 606。

㊼ Manwaring，前注⑥，at 30。具有讽刺意味的是，耶和华见证人将这项强制宣誓视为引进了特别针对他们的纳粹压迫机制。尽管他们误解了这项宣誓的动力与历史起源，但耶和华见证人对纳粹的恐惧是有根据的。1933 年纳粹将该组织的活动定为非法，作为回应，耶和华见证人拒绝诵读纳粹的誓词。在德国大约有 1 万名耶和华见证人被送到集中营。同上；又见 J. S. Conway, *The Nazi Persecution of the Churches*, 1933 - 1945, at 196 (1968)（"在纳粹主义的反对者中处于首要地位的是耶和华见证人，与其他任何教会相比，他们中有更高的比例（97%）遭受了某种形式的迫害。作为他们拒绝顺从或妥协的结果，多达全部信徒的 1/3 将丧失生命。"）20 世纪 40 年代，见证人运动在加拿大和澳大利亚也曾受到短短几年的禁止。见证人在其他许多国家也遭受了各种形式的迫害，尤其是在西班牙、意大利、希腊、阿根廷、埃及和印度尼西亚。Penton，前注⑲，at 133，135。

队”的恐惧情绪高涨，该“纵队”在很大程度上是一个想象中的国内间谍和敌人网络。[48] 一些人怀疑耶和华见证人组织参与了这样的网络。当耶和华见证人甚至在“戈比蒂斯案”的判决公布之后仍然坚持拒绝诵读誓词时，这些被误导的猜疑只是得到了加强。[49]

在联邦最高法院公布判决之后的几周内，发生了数以百计的针对耶和华见证人及其财产的暴力袭击事件，许多都是由地方执法官员唆使的。[50] 在西弗吉尼亚的里奇坞市，一群美国退伍军人协会治安维持会成员在一名副行政司法长官的带领下，强迫几名见证人喝下大量蓖麻油，把他们绑在一起，然后将他们游街示众。超过 500 名看热闹的公民跟着这个队伍。这个队伍在一个地方停下来举行了一次临时的国旗行礼仪式，并诵读了美国退伍军人协会的章程。最后这些见证人被驱赶到城市边上，在那里他们发现他们的汽车被涂上了纳粹党徽和各种涂鸦，骂他们是“希特勒的间谍”和“第五纵队”[51]。怀俄明州罗林斯市的一群暴徒殴打了五名耶和华见证人，三名男性两名女性，并烧毁了他们的汽车；在怀俄明州的另一个社区，该教派一名成员的身体上被涂上了沥青并粘上了羽毛。[52]“戈比蒂斯案”判决两个月后，1940 年 8 月，在内布拉斯加州罗福市，一群治安维持会成员冒充同道的见证人把阿尔伯特·瓦尔肯霍斯特从家中引诱出来，并阉割了他。[53] 一个月后，在阿肯色州的小石城附近，一处耶和华见证人的会议场所受到从事联邦管线工程的一群工人袭击，他们以螺丝刀、管子和手枪当武器；两名见证人被枪杀，另外四名被送入医院治疗。[54]

虽然治安维持会成员袭击见证人的活动在最高法院的国旗行礼判决下达之后显著升级，但在那一年更早的时候发生了一些扰乱性事件。1940 年 4 月，沃尔特·查普林斯基，一位发表很多声音的耶和华见证人，正在新罕布什尔州的罗切斯特讲道，被一群人包围，他们带着蔑视的态度邀请他向国旗行礼。在一位老兵试图用拳头击打查普林斯基的同时，该市的一名执法官在旁观，警告这位见证人情况正在变坏，但拒绝逮捕这位攻击者。这位执法官离去后，这位攻击者拿着一面国旗回来，并试图将查普林斯基逼到旗杆上，最后把他固定在一辆汽车上，与此同时人群中的其他人开始打他。之后一位警察来了，没有拘留或驱散这群乌合之众，而是将查普林斯基押送到公安局。在途中，这名警察和参加押送的其他人向这位倒霉的见证人恶语相加。当查普林斯基以同样的方法回应，称那位重新露面的执法官为“该死的法西

---

[48] 对这种“很大程度上空想”的威胁“在珍珠港偷袭之前并持续到美国加入二战第一年这段时期内如何抓住了美国公众思想”的研究，参见 Francis MacDonnell，*Insidious Foes：The Axis Fifth Column and the American Home Front vii* (1995)。

[49] Peters，前注⑮，at 72－73。对“第五纵队”的恐惧也常常被用作强行监禁日本移民和来自西海岸的日裔美国公民的理由。参见 MacDonnell，前注㊽，at 82－90。

[50] Victor W. Rotnem and F. G. Folsom，Jr.，*Recent Restrictions Upon Religious Liberty*，36 Am. Pol. Sci. Rev. 1053，1061 (1942)。

[51] Peters，前注⑮，at 89－92。

[52] Manwaring，前注⑥，at 165。

[53] Peters，前注⑮，at 95。

[54] Manwaring，前注⑥，at 165－166。

斯分子和骗子”时，他因在公共场所使用冒犯性语言而被捕，并且后来因此而被定罪。[55]

美国公民自由联盟收集了关于这些攻击的报道。这些被转发到联邦司法部的记录显示，1940 年，在 44 个州 335 起单独事件中，将近 1 千五百名耶和华见证人受到攻击。[56] 在审查了这些文件之后，司法部检察官维克托·W·罗特奈姆和 F.G. 小福尔松评论说："可见，几乎没有例外，国旗和国旗行礼仪式是引起这些行为的雷管。"[57] 在伊利诺伊州里奇菲尔德市，治安维持会成员把见证人鲍伯·费舍尔从他的汽车中拖出来，把一面国旗盖在引擎盖上，要求费舍尔向国旗行礼。当费舍尔拒绝了他们的要求时，他们把他的头撞向引擎盖将近三十分钟。当时警察局长在旁观。一名参与者后来夸耀说，"为了让一个家伙亲吻国旗，我们几乎把他打死了"[58]。在印第安纳州康纳斯维尔市，在对见证人格雷斯·特伦特和露西·麦基因亵渎国旗、扰乱治安和暴乱密谋进行恶意审判之后，一群乌合之众继续实施了攻击行为。这些被告的律师、他的妻子和几位出席了庭审的其他见证人遭到殴打，并被驱逐到外地。激起这次指控与治安维持会成员愤怒的被告行为，包括分发反对强制效忠宣誓的宣传材料和拒绝向退伍军人协会会员的国旗胸牌行礼。[59]《波士顿环球报》报道，耶和华见证人组织在缅因州肯尼邦克市的天国大会堂（Kingdom Hall）被焚烧之后，"有人把一面小（美国）国旗贴在了被烧焦的会堂前面"[60]。记者比乌拉·艾米顿看到一群人"在南方腹地的一个不知名小村庄中"向一行七位耶和华见证人扔木头片和碎石块。当她问正在欣赏这一场景的当地执法官是什么引起了这场骚乱时，他解释说这些见证人正在被驱逐到外地："他们是叛国者——联邦最高法院这样说。你没听说过吗？"[61]

"戈比蒂斯案"对在校儿童的影响即使相对不那么可怕，也是广泛而严重的。在 1940 年年初，法院下达这项判决之前，学校开除耶和华见证人的现象已经发生了，或者在 15 个州正在发生着。[62] 根据见证人组织的记录，随着"戈比蒂斯案"判决的下达，超过 2 000 名持该信仰的儿童因拒绝宣誓效忠国旗而被学校开除，这些开除决定在 48 个州中都发生过。[63]

---

[55] Peters，前注⑮，at 211－215。这项定罪上诉到联邦最高法院后被一致意见维持。这一判决产生了"挑衅性言词"原则。该原则认为，言论本身如果造成他人伤害或可能立即破坏和睦，就不受第一修正案保护。*Chaplinsky v. New Hampshire*，315 U.S. 568，572（1942）。联邦最高法院的意见没有提及与国旗有关的插曲、群众对查普林斯基的攻击和市执法官员的默许。

[56] Peters，前注⑮，at 100。

[57] Rotnem and Folsom，前注㊿，at 1062。在一战期间，这个国家已经经受了一些类似的事件，"爱国的"维持治安行为和州因认为德裔美国人、德国人、非裔美国人、牧师、社会主义者、工会主义者以及和平运动活动家对国旗不够尊重而施加的迫害。O'Leary，前注③，at 234－235。

[58] Peters，前注⑮，at 85－87。

[59] 同上注，at 125，130－136。因这两项违法行为，这两名见证人被定罪，并被判决 2 年到 10 年监禁。特伦特和麦基最终在上诉中胜诉，但还是遭受了一年半的监禁，并且地方官员在此期间努力剥夺他们的法律请求权和使用法院记录的权利。同上注，at 130－138；Manwaring，前注⑥，at 166。

[60] Peters，前注⑮，at 79（引用了 Boston Globe，June 10，1940）。

[61] 同上注，at 83－84（引用了 Beulah Amidon，"*Can We Afford Martyrs?*"，Survey Graphic 457（Sept. 1940））。

[62] 参见 Manwaring，前注⑥，at 187。

[63] 同上注。

无可置疑，见证人激起的敌意在很大程度上源自他们良心上反对向国旗敬礼。他们拒绝服兵役也在一定程度上促成了他们所遭遇的敌对气氛和暴力活动。而且，整个30年代和40年代，该教派采取了独具挑衅性的大规模劝诱改宗策略。在那段时期，数以千计的见证人被捕都与他们经常在街头和公园里、在公共人行道上，以及在私人住所的门廊上讲道和评论时事有关。[64]在那些街头活动中，他们反复说到其领导人约瑟夫·卢瑟福对其他宗教尤其是罗马天主教会的轻蔑态度。在他们的宣传品中，他们嘲笑提倡国旗崇拜的退伍军人组织，把他们的主要对手说成是“非美国的退伍军人协会（un-American Legion）”[65]。“戈比蒂斯案”中支持见证人意见的共同作者[66]泽克利亚·切菲，在另一个场合把这个群体描述为“以巨大的宗教热情和惊人的骚扰能力著称的一个教派”[67]。

巴内特案

在这个背景下，1943年联邦最高法院决定在“西弗吉尼亚州教育委员会诉巴内特案”中重新考虑这些宪法问题。“戈比蒂斯案”以来的三年中发生了很多变化。这个国家完全介入了战争，而不仅仅是担心它即将到来。不过，对纳粹第五纵队的恐惧已经减轻。[68] 联邦最高法院的人事也有所变动，“戈比蒂斯案”多数意见中的两位大法官已经退休，他们是首席大法官查尔斯·埃文斯·休斯和大法官詹姆斯·麦克雷诺兹，由罗斯福任命的罗伯特·杰克逊和威利·拉特里奇代替。同等重要的是，从结果来看，“戈比蒂斯案”多数意见中的三名成员——布莱克、道格拉斯和墨菲大法官，在公立学校的强制性国旗仪式引出的一些宪法问题上改变了主意，并且在一个涉及不同的宗教自由议题的案件的反对意见中已经这样说了。[69] 这一信号鼓舞了见证人的律师海登·科文顿找寻一个案件，借以推翻“戈比蒂斯案”的判决。[70]

就在“戈比蒂斯案”的判决公布后不久，西弗吉尼亚州立法机构通过了一项法案，要求所有州内学校，无论公立还是私立，都要在历史和公民课中提供正式课程，“‘目的是传授、培育和保持美国传统（Americanism）的理想、原则和精神’”[71]。大约一年多以后，该州教育委员会采纳了一项决议，要求所有公立学校的教师和学生参加“崇拜国旗代表的这个国家的敬礼仪式”。这项决议包含从法兰克福特大法官的“戈比蒂斯案”多数意见中抽取出来的一字不差的段落，并且规定，“拒绝向国旗行礼将被视为违抗行为，

---

[64] 参见Peters，前注⑮，at 125。

[65] 同上注，at 73。

[66] 参见Smith，前注㉝，at 202－204。

[67] Zechariah Chafee, Jr., *Free Speech in the United States* 399（1941）.

[68] 参见MacDonnell，前注㊽，at 8：“在1942年秋天，对轴心国第五纵队的恐惧出乎意料地衰弱了。同盟国转守为攻，任何有效的国内间谍威胁未能出现，而且政府警告公众的强度锐减，所有这些都减轻了大后方的焦虑。”

[69] 参见*Jones v. Opelika*, 316 U.S. 584, 623－624（1942）（布莱克、道格拉斯和墨菲大法官们的反对意见）。

[70] Peters，前注⑮，at 245。

[71] *West Va. State Bd. of Educ. v. Barnette*, 319 U.S. 624, 625（1943）（引用了W. Va. Code § 1734（Supp. 1941））。

并将受到相应处理”[72]。该州的法律针对这种违抗行为列举的实施机制是开除出学校，“直到这些要求和规定得到遵守”，重新录取才不会被拒绝。[73] 缺席儿童的父母和法律监护人将受到指控；合法的惩罚包括监禁。

许多见证人儿童仍然拒绝诵读誓词，并被开除出西弗吉尼亚的学校。麦克卢尔一家、斯达尔一家和巴内特一家彼此有联系，他们还和另外一家有联系，该家庭的成员在里奇坞事件中已经遭受了伤害。他们的孩子都因未能背诵誓词而被开除，而且其中的两对父母因他们的孩子未能上学而被定罪（尽管该州后来在上诉中撤销了这些父母的案件）。耶和华见证人的律师们以他们以及处于类似境遇的其他人的名义提起了一项集体诉讼，请求禁止这种国旗行礼要求的实施。[74]

像“戈比蒂斯案”一样，他们在联邦地区法院胜诉。[75] 一个特别的三位法官合议庭的意见是由第四巡回上诉法院法官约翰·J·帕克撰写的。早在12年前，帕克法官就被胡佛总统提名到联邦最高法院任职，但以两票之差未通过参议院的批准，很明显因为他在劳工案件中的保守判决，也因为他在北卡罗来纳州竞选州长时发表的一场演说，在演说中他为剥夺黑人公民选举权辩护。[76] 法院这项支持见证人的判决，从最高法院最近作出的“戈比蒂斯案”先例的角度看是令人惊奇的。帕克法官越过了那个障碍，指出“参与了那项判决并且现在是联邦最高法院成员的七位大法官中，四位已经公开表达了那项判决是站不住脚的”[77]。这项判决意见认为，当要求持有原告的宗教观点的人向国旗行礼时，该仪式“违反了宗教自由权利”。该意见说，“我们感到，如果我们盲目追随联邦最高法院本身已经减弱其效力的一项判决作为权威，拒绝对我们认为属于宪法保护的那些最神圣的一些权利提供保护，我们将会违背我们作为法官的职责”[78]。于是，这个案件由该州直接上诉到美国联邦最高法院。

以6∶3的票决结果，联邦最高法院维持了地区法院的禁令，禁止强迫任何学生参与国旗仪式。罗伯特·杰克逊大法官的多数意见是整个美国判例汇编（U. S. Reports）中所能发现的最雄辩的判决之一。[79]

杰克逊大法官说，“我们所看到的这个问题不取决于一个人对特定宗教观点的持有，或者持有它们的真诚性”[80]。因为“如果我们没有首先找到使行礼仪式成为一项法律义务的权力，就不必探究不顺从一般公认信念的信仰是

---

[72] 同上注，at 626（引用了 W. Va. State Bd. of Educ.，Resolution (Jan. 9，1942)）。

[73] 同上注，at 629（引用了 W. Va. Code § 1851 (Supp. 1941)）。

[74] Manwaring，前注 6，at 210-211。三起独立的州诉讼被提起，请求禁止令救济，但都未经听审即被拒绝。同上注。

[75] *Barnette v. West Va. State Bd. of Educ.*，47 F. Supp. 251 (S. D. W. Va. 1942).

[76] 参见 Richard L. Watson，Jr.，*The Defeat of Judge Parker：A Study in Pressure Groups and Politics*，50 Miss. Valley Hist. Rev. 213 (1963)。

[77] 47 F. Supp. at 253.

[78] 同上注。

[79] 对“戈比蒂斯案”和“巴内特案”中各种意见的修辞质量的一项研究，参见 Robert A. Ferguson，*The Judicial Opinion as Literary Genre*，2 Yale J. L. & Humanities 201 (1990)。

[80] *West Va. State Bd. of Educ. v. Barnette*，319 U. S. 624，634 (1943).

否应当豁免于行礼义务"[81]。法兰克福特大法官在"戈比蒂斯案"的意见中毫无顾虑地跳过了这第一步。法兰克福特说，"国旗行礼对那些没有引起良心不安的人来说是学校计划中可获允许的一部分这一点，当然是无可争议的"[82]。然而三年后，杰克逊和"巴内特案"的多数认为，恰恰是这样一种争议是最基本的："我们检查而不是假定这项权力的存在，并且在本案中的议题得到了更宽泛界定的背景下，重新检验用于'戈比蒂斯案'判决的那些特定理由。"[83] 在质疑政府有强制参与国旗行礼仪式的普遍权力时，联邦最高法院将该案从一项关于特定宗教豁免的争议转变为一个涉及所有学生的言论自由的问题，包括那些拒绝参与行为源自道德或政治顾虑而不是宗教顾虑的学生。对争论的核心宪法议题重新设计主要来自联邦最高法院自己的创造。见证人的辩护状及其法院之友几乎仅仅集中于宗教信仰自由，就像"戈比蒂斯案"的辩护状一样。[84]

杰克逊大法官重新检验的其中一个"具体理由"，涉及联邦最高法院在"戈比蒂斯案"中讨论国旗行礼问题的高度笼统性。法兰克福特大法官在这场争论中察觉到"林肯以令人难忘的两难表达的问题：'出于需要而存在的政府必须对其人民的自由来说太过强大，还是太过弱小以至于不能维持它自己的存在？'"[85] 杰克逊大法官不同意这种夸张的说法："可以怀疑林肯先生是否认为政府维持其自身的力量可以因我们认可州从学校开除少量儿童的权力而得到明显的维护。"[86] 杰克逊向法兰克福特出了左刺拳后，紧接着使出了右钩拳，这一拳一定打痛了这位自封的司法技艺的守护者："这种过分简单化，在政治辩论中那么好用，但常常缺乏司法推理的要求所必需的精确性。"[87]

在"戈比蒂斯案"中，法兰克福特大法官表达了以下忧虑：为了见证人的利益实施的司法干预"在事实上将使我们成为这个国家的教育委员会"[88]。在"巴内特案"中，杰克逊大法官用一个理由回应了这一点。该理由可能直接来源于麦迪逊的《联邦党文集》第 10 篇。杰克逊说，教育委员会"当然有重要、细致以及高度自由裁量的职能，但没有任何超出权利法案的限制而行使的权力"。事实上，"小的地方权力当局可能有更少的对联邦宪法负责的意识，并且公共行政机构可能更不注意考虑到联邦宪法"。他比较了国会对少数群体内心忧虑的尊重，"使国旗仪式成为自愿参加的活动"，并且在"征兵这样的重大事情上"规定了良心上拒绝的理由。[89] 法兰克福特大法官在触及受到辱骂的少数群体的权利问题上对地方教育官员的信任，对杰克逊来

---

[81] 同上注，at 635。

[82] *Minersville Sch. Dist. v. Gobitis*，310 U. S. 586，599 (1940) .

[83] 319 U. S. at 636.

[84] 参见 Manwaring，前注 6，at 65，89 - 90，217 - 224。由见证人的律师海登·科温顿提交的辩护状包括了以下主张：强制向国旗行礼侵犯了言论自由权利，与"斯托伯格诉加利福尼亚案"(*Stromberg v. California*，283 U. S. 359 (1931)) 确立的权利类似，即不因展示与不受支持的观点或政体有关的旗帜而受到惩罚。但是，在科温顿的辩护状中，这一主张被基于宗教自由条款的一些主张盖过，显得很微弱。Manwaring，前注 6，at 217 - 220。

[85] 310 U. S. at 596 (引用了总统在特别会议上向国会提出的"咨文"(July 4，1861))。

[86] 319 U. S. at 636.

[87] 同上注。

[88] 310 U. S. at 598.

[89] 319 U. S. at 637 - 638.

说似乎完全放错了地方："有一些村庄暴君，也有一些村庄汉普登(Hampden)*，但任何在法律的名义下行为的人都不能超出联邦宪法的范围。"(90)

"戈比蒂斯案"中的多数意见提倡司法不仅尊重地方官员，而且尊重州的政治过程，后者可能为村庄暴君的越权行为提供一种补救。根据这一观点，见证人组织仍然可以"在公共舆论的论坛上以及立法集会之前自由地为立法权力的明智行使而战，而不是将这样的争论转到司法舞台上"(91)。在"巴内特案"中，杰克逊大法官为司法角色作了泰然自若的辩护，直接面对了这一论点：

> 《权利法案》的目的恰恰在于将某些事务从政治纷争的变化无常中抽出来，把它们放在多数人和官员够不到的地方，并将它们确立为法律原则，由法院加以适用。一个人的生命、自由和财产权，自由言论、自由出版权，信仰和集会自由以及其他基本权利，不能服从于投票；它们不依靠选举结果。(92)

法兰克福特大法官在"戈比蒂斯案"中声称，法院"没有明显的能力，当然也没有支配性的能力"(93) 解决国旗行礼争议。在回应法兰克福特的这一主张时，杰克逊大法官说："我们在这些事务上行为，不是借助我们能力的权威，而是借助我们职权的力量……历史证明当自由受到侵犯时联邦最高法院的功能是可信的。"(94)

最后，杰克逊大法官考虑了"戈比蒂斯案"多数意见中的扩展性主张。该主张认为，国家安全依靠一种形式的国家统一，而后者需要以统一的姿势向这个国家的首要象征宣誓效忠来得以体现。法兰克福特在"戈比蒂斯案"中说过："一个自由社会的终极基础是凝聚情感的约束纽带。"(95) 杰克逊没有置疑国家统一作为一个政府政策目标的正当性或重要性。他说，"问题是，在我们的联邦宪法之下，这里使用的强制是否是可允许的实现其目标的手段"(96)。他的结论是否定的。

政府说服与强制的各自作用问题在杰克逊的头脑中激活了一个主题，在之后涉及第一修正案解释的案件中他将会回答：如何最好地维护麦迪逊所说的稳定政府所依靠的"那种温和与和谐"，尤其在一个民主国家。(97) 杰克逊评

---

* 这里可能用政治家汉普登的名字指代村庄中不堪压迫而起义的人，与暴君相对。汉普登·约翰（1594—1643）是英国的一位政治家，反对查理一世的国会领导者。他为国会召集了一支军队，后来在英国内战中被杀死。

(90) 同上注，at 638。

(91) 310 U.S. at 600.

(92) 319 U.S. at 638.

(93) 310 U.S. at 597-598.

(94) 319 U.S. at 640.

(95) 310 U.S. at 596.

(96) 319 U.S. at 640.

(97) James Madison, *A Memorial and Remonstrance Against Religious Assessments*，第 11 段，重印在 Writings 29 (Jack N. Rakove ed., 1999)。杰克逊大法官在后来的一些案件中探究了在一个言论自由的政体中维持温和精神的艰巨任务，这些案件包括 *Beauharnais v. Illinois*, 343 U.S. 250, 287 (1952)（杰克逊大法官的反对意见）；*Terminiello v. City of Chicago*, 337 U.S. 1, 13 (1949)（同上）；以及 *Kunz v. New York*, 340 U.S. 290, 295 (1951)（同上）。

论说，“强制情感统一的努力”有一个丰富的历史传统。“国家主义是一个相对晚近的现象，但在其他时间和地点，这些目标一直是种族或领土安全、维持一个王朝或政权以及一些拯救灵魂的特殊计划。”[98] 无论目标是什么，毁灭性的机制是相同的：

> 当达到统一的最初与温和方法失败时，那些致力于其实现的人必须诉诸不断增强的严厉手段。当政府统一压力越来越大时，围绕“它应当是谁的统一”这个问题，冲突就会变得更激烈。认为有必要选择什么信条与谁的计划，并由公共教育官员强迫青年人统一信奉，可能比任何挑衅导致的人民之间的分歧都深重。[99]

这个意见彻底检查了各个时代强制统一的各种计划，从罗马镇压基督教徒的努力，到宗教法庭对宗教异议者的迫害，到俄国对西伯利亚流亡者的灭绝，到“我们当前极权主义敌人即将失败的努力”[100]。

不得不说，这些可怕的故事看上去远比正在审理的这个案件中明确争议的中止上学和开除学籍严重得多。我们本来期待杰克逊大法官提到治安维持会响应“戈比蒂斯案”判决而制造的暴力活动，以及州默许这种变态的爱国热情的程度，但他在首席大法官斯通的建议下克制住了，后者希望预先防止以下感觉：推翻“戈比蒂斯案”的判决源自政治或人道主义考虑，而不是严格的法律考虑。[101] 作为替代，杰克逊诉诸滑坡理论：“我们联邦宪法第一修正案的意图在于通过避免这些开端来避免这些结果。”[102]

法兰克福特大法官在“戈比蒂斯案”的论证中的关键一步是，国家统一的政府利益是另一回事，比通常的宪法争议涉及的利益更基本。在“巴内特案”中，杰克逊拒绝了这种暗示的含义，即任何这类国家利益的丧失会导致自由的缩减：“持有异议的自由不局限于那些不重要的事。那将是仅仅一点自由。对其实质的检验是在那些触及现存秩序核心的事情上持有异议的权力。”[103] 杰克逊大法官表示，事实上，如果将这个问题与宪法的基本原则连接起来，正是这些见证人一定获胜：

> 如果在我们的宪法星座中有任何恒星的话，那就是，没有官员——无论高级官员还是下级官员——能够在政治、国家主义、宗教或其他观点问题上规定什么是正统的，或者强迫公民通过言词或行为供认他们的信仰。如果有任何条件允许一项例外，我们现在还没有想到。[104]

在一段华丽的结束语中，“巴内特案”的多数意见明确推翻了“戈比蒂斯案”的判决。

布莱克与道格拉斯大法官在“巴内特案”中撰写了共同的赞同意见，以

---

[98] 319 U. S. at 640.

[99] 同上注，at 640 - 641。

[100] 同上注，at 641。

[101] 当判决意见草稿在联邦最高法院内部传阅时，首席大法官斯通反复劝说布莱克大法官删去提及针对见证人的暴力行为的内容。参见 Peters，前注⑮，at 251。

[102] 319 U. S. at 641.

[103] 同上注，at 642。

[104] 同上注。

解释为什么他们投票推翻了一个他们曾经加入过的判决。他们的赞同意见为法院判决增加了一个补充性原理。虽然布莱克和道格拉斯加入了杰克逊大法官的多数意见，并且不仅是它的结果[105]，但他们为其改变“戈比蒂斯案”中的立场提供的理由听起来好像专门在于宗教自由，而不是杰克逊大法官援引的言论自由。一个严格的宗教原理范围更窄，因为一个自由言论原理适用于所有学生，甚至那些不是基于宗教原因的反对者。布莱克与道格拉斯大法官将西弗吉尼亚州的这项要求描述为“一种测验宣誓（test oath）”，这种宣誓像所有这类忠诚宣誓一样，最终在鼓励不真诚的宣誓中自我拆台。[106] 就这一点而论，这种强迫的诵读不会提供真正的国家利益。相反，“这种仪式如果针对发自良心的反对者执行，更可能破坏而不是服务于其崇高目的，因而是变相宗教迫害的便利工具”[107]。他们的结论是，国旗行礼仪式的强制特征并不能提供正当的国家利益。这可能解释了布莱克和道格拉斯为什么加入到杰克逊大法官撰写的多数意见中，后者完全依靠言论自由，正如他们仅仅从宗教迫害的意义上阐述这个问题一样。[108]

里德与罗伯特大法官也曾经是“戈比蒂斯案”的多数成员，这次重申，他们坚持“最高法院在那项判决中表达的观点”，并且坚持认为教育委员会可以要求所有学生向国旗行礼。他们的一句话反对意见，没有讨论杰克逊大法官阐述的新的自由言论原理。[109]

法兰克福特大法官提交了一份反对意见，该意见读起来像一位受到其最高法院同事们的法学异端邪说伤害的宪法预言家发出的悲叹与哀悼。[110] 开首句显示他是多么彻底地将问题个人化了：“属于历史上最受诋毁和迫害的少数群体的一个人不可能对我们的宪法保障的自由麻木不仁。”[111]

随后整整 25 页的篇幅真心实意地提倡他的标志性司法哲学，即在所有

---

[105] 我们得知此点是因为杰克逊的意见在判例汇编中被称为“法院意见”(Opinion of the Court)。如果没有布莱克与道格拉斯，就不会有这样的最高法院多数意见，而只是一个多元意见。

[106] 319 U. S. at 643 - 644（布莱克与道格拉斯大法官的赞同意见）。

[107] 同上注。

[108] 墨菲大法官撰写了一份独立的赞同意见，解释其自“戈比蒂斯案”以来观点的改变。他通过将争议中的权利界定为“个人按照他的良心或个人爱好说话或保持沉默的自由”，回避了表达自由或者尤其是宗教信仰自由是否是争议中的问题这个议题。同上注，at 646（墨菲大法官的赞同意见）。

[109] 319 U. S. at 642.

[110] 他的一位传记作者发现，“巴内特案”判决是法兰克福特大法官的司法生涯中的重要时刻：

从心理上说，以“巴内特案”和 1942 年开庭期末为界的这段期间使法兰克福特产生了一种被围困的感觉。出乎意料的是，他认为自己处于一种反对派的立场上；他的领导地位被否定了。他将会作出反应，反应的方式已经成为这种心理结构的紧密部分。这种反应将会特别痛苦，因为这次他的敌手是之前的盟友；这项挑战是在一个他完全有理由期待彻底胜利的领域；并且他没有选择，只有待在他所在的地方，并据理力争。

H. N. Hirsch, *The Enigma of Felix Frankfurter* 176 (1981) . 又见 James F. Simon, *The Antagonists: Hugo Black, Felix Frankfurter and Civil Liberties in Modern America* 118 - 119 (1989)。

[111] 319 U. S. at 646（法兰克福特大法官的反对意见）。很明显，杰克逊和法兰克福特大法官在爱国主义和战争准备问题上（包括国旗行礼问题）有完全不同的个人历史。内政部长哈罗德·伊克斯在其日记中说，在“戈比蒂斯案”判决公布的前夜，杰克逊（当时是总检察长）与法兰克福特长时间争论直到深夜，围绕“欧洲境况”争吵起来。3 *The Secret Diary of Harold L. Ickes: The Lowering Clouds*, 1939 - 1947. at 199 (1954)。十天后，“鲍伯·杰克逊在一次内阁会议上谈到了席卷全国的反对外国人和第五纵队队员的歇斯底里症。他对联邦最高法院最近公布的这个耶和华见证人案件的判决感到特别愤怒”。同上注，at 211。

案件中尊重选举产生的、向民众负责的政府机构对宪法的理解和责任，不排除那些涉及人数少、不受欢迎——以及有人说的政治上弱势的——少数群体的案件。法兰克福特劝诫他的同事们，“当一个人在法官职位上行使其职责时，应当完全排除他自己关于一项法律明智或邪恶的看法”[112]。在第一修正案下识别一项法律违宪与否时，他偏爱的标准与依据正当程序条款受到挑战的经济调控的案件中多数意见奉行的顺从标准没什么不同：“立法者是否合乎情理地通过了这样的法律。”[113]

法兰克福特大法官不仅对多数意见在触及个人良心的案件中扩展司法角色范围的做法感到生气，而且对滥用历史的做法也感到愤怒：

> 国旗行礼仪式与历史上那么可恶的宣誓测验没有任何关系。因为宣誓测验是压迫异端信仰的一种工具。向国旗行礼没有压制信仰，也没有抑制信仰。儿童和他们的父母可以相信他们喜欢的东西，公开声明他们的信仰并参加宗教仪式。甚至一点也没有显示，向国旗行礼的要求涉及哪怕是一点对儿童及其父母的限制，使他们没有完整的机会以他们选择的公开程度否定其他人赋予行礼姿势的意义。所有正面自由表达的渠道对儿童和父母来说都是开放的。[114]

就这样，法兰克福特大法官直截了当的否定了法院多数在为其判决辩护时设想的这种不协调。杰克逊大法官曾说：“为了维持这种强制性的国旗行礼仪式，我们必须说，保护个人表达其个人想法的权利法案……仍然允许公共机构强迫他表达并非他内心的想法。”[115]

为判决辩护

这种解释“巴内特案”及判决意见中最雄辩段落的更直觉的方式本身，不能为联邦最高法院的判决提供一种坚实的基础。事实上，结果证明“巴内特案”的判决辩护起来出人意料地困难。拿杰克逊大法官以下具有煽动性的宣称为例：政府不能在政治、国家主义或宗教方面规定正统的言论或行为。虽然这段话鼓舞人心，并在许多著名的判决意见中被引用[116]，但是最高法院的这句格言过于宽泛了。至少它未能在自己的限度上提供指引。

如果这项主张是政府本身不能在政治和国家主义这样的事务上采取坚定

---

[112] 319 U. S. at 647.

[113] 同上注。

[114] 同上注，at 663－664。

[115] 319 U. S. at 634.

[116] 例如参见 *Texas v. Johnson*, 491 U. S. 397, 415 (1989)；*Wallace v. Jaffree*, 472 U. S. 38, 55 (1985)；*Board of Educ. v. Pico*, 457 U. S. 853, 870 (1982)；*Branti v. Finkel*, 445 U. S. 507, 513 n. 9 (1980)；*Abood v. Detroit Bd. Of Educ.*, 431 U. S. 209, 232 n. 28, 235 (1977)；*Elrod v. Burns*, 427 U. S. 347, 356 (1976)（布伦南大法官的多元意见）；*Street v. New York*, 394 U. S. 576, 593 (1969)；*Schware v. Bd. Of Bar Exam.*, 353 U. S. 232, 244 n. 15 (1957)；比如又见 *Webster v. Reproductive Health Services*, 492 U. S. 490, 572 n. 17 (1989)（斯蒂文斯大法官的部分赞同意见与部分反对意见）；*Connell v. Higginbotham*, 403 U. S. 207, 209－210 (1971)（马歇尔大法官在结果上的赞同意见）；*Scale v. United States*, 367 U. S. 203, 267－268 (1961)（道格拉斯大法官的反对意见）；*Barenblatt v. U. S.* 109, 148 (1935)（布莱克大法官的反对意见）；*First Unitarian Church of L. A. v. County of Los Angeles*, 357 U. S. 545, 548 (1958)（道格拉斯大法官的赞同意见）。

的甚至明确的立场，那么它似乎是不成立的。[117] 政府当然可以设计并执行一种课程，该课程具有如下这些坚定的立场：民主体制是比专制或贵族制优秀的政府形式；联邦宪法是正当的并且值得效忠；以及公共机构或私人的种族、宗教和性别歧视是错误的。政府要求学生参加让他们了解政府在这些事务上所持立场的课程似乎完全合适。

虽然宣称当涉及宗教问题时政府必须保持中立看似更有道理，但这项义务也没有为"巴内特案"的判决提供一个稳定的基础。"巴内特案"中争论的誓词没有任何地方提及上帝，也没有在任何宗教问题上采取明确的立场。而且杰克逊大法官的意见也表示其本身基于第一修正案的自由言论条款，而不是信教条款。如果可以用"无正统宗教"原则证成"巴内特案"的结果，那么这项判决就必须被解释为允许个体公民界定对他们来说什么算是不正当的立教行为或对宗教信仰自由的干预。虽然"巴内特案"的判决可以基于立教或自由信仰的理由得以证成，但这里的原则也不可能是，任何公民只要认为一项法律是一种立教行为或对其信仰自由权利的不适当干预，那么他在事实上就是正确的。否则，这样的观点就会为那些宣称在有效法律之下获得宗教豁免的人创造了无限的例外。

那么，究竟是什么东西使这种强迫言说的情形区别于课程要求呢？有人或许非常想说那种强迫言说侵犯了一项基本权利，这项权利是不仅可以说，而且可以选择是否说。按照这一观点，如果言论自由权利要是有意义的话，一个人必须能够保护沉默。然而，以下说法当然并不总是正确：如果获得特定待遇或从事一项特定活动的权利有意义的话，一个人必须有选择权去选择不同的待遇或拒绝那样行为。比如，即使在一个人们没有机会放弃免受酷刑的环境中，免受酷刑的权利也仍然有价值。即使没有相对应的死亡权利，生命权也可以有很大的重要性。

但说话的权利使不说话的权利成为必要这一观念，与一般性地宣称获得特定待遇或从事一项特定活动的权利暗含着拒绝那项待遇或那项活动的权利相比，有更多意义。要使自由言论权利完全有意义，真诚与审慎交流的条件应当得到满足。人们应当有机会在他认为合适的时间、地点和论证的关键时刻表达他们的意思。必须过早的表达可能妨碍一个人的深思过程，并且强迫他在其思想没有完全确定之前就说话，或者它（在适当的时机表达想法）可以防止策略性地定时干预的情况发生。不说话的权利也保护个人在控制他们如何向他人展示和表达自己时所拥有的第一修正案利益和隐私利益。更进一步说，在一种不友善的气氛中，沉默或匿名的权利可以为异议者提供社会庇护。

不过，虽然这种对不说话权利的论证在一些背景下具有很强的适用性，但它并不明显与"巴内特案"中受到争议的权利有关。因为强制诵读誓词并不要求任何个人说出她的想法，或者作出任何看上去能够代表其个人思想的陈述。恰恰相反！如果一名学生参加了这样的强制宣誓，了解这种仪式的观察者不会推断这种诵读代表发言者的观点。如果一个人对保持沉默或匿名感兴趣，从功能主义的角度讲，那么这个人就会参加。正是回避或免除这种活动，而不是参加这种活动，会导致自我暴露。

---

[117] 参见 Steven Shiffrin, *Government Speech*, 27 U. C. L. A. L. Rev. 565, 567 - 568 (1980)。

在回答强制宣誓干涉向别人表达自我的权利这一主张时，同样也可以这样说。一名参与者实际上并不面临多大风险被理解或误解为，她在表达个人的爱国主义或其真诚的效忠宣誓。一位理性的观察者根本不会认为她正在表达自我。或者更确切地说，一位理性的观察者会认为任何表达都源自政府。

有些人宣称，强迫发表这种言论的问题在于政府在强迫虚伪的、不真诚的或误导性的表达。这些人一定也会极力反对法兰克福特大法官的以下说法：没有惩罚规定附着在之后否认宣誓内容的行为上。[118] 那些谴责誓词内容或宣誓义务的人，可以就诵读的强迫性澄清他们的立场。就此而言，那些真诚认可宣誓活动的人总是能够澄清他们宣誓时的真诚性。虽然当强制言论的要求不为听众所知或者言说者被禁止澄清自己的立场时，错误传达的危险可能出现，但在“巴内特案”中并不存在这些情况。

如果诉诸中立、匿名以及表达不受限制与歪曲的宪法利益等理由站不住脚，那么如何解释“巴内特案”的判决呢？如我们所说，集中于诵读义务对宣誓者—听众关系的直接影响来解释“巴内特案”的努力充其量有些牵强附会。言说者并不真正面临被误解或非自愿暴露的危险。宪法关注的焦点应当向内转向言说者，而不是向外转向他们的听众。我们提出，支撑“巴内特案”判决的是第一修正案中言说者的思想自由和良心自由的利益。强制宣誓的主要宪法缺陷在于诵读要求向言说者传达的姿态和信息，以及这种要求将对言说者的思想自由产生不适当影响的危险。

这些主题在杰克逊大法官的意见中很明显，但在之后重新解释“巴内特案”的意义时常常被埋没或得不到应有的强调。指出在美国“我们基于被治者的同意建立了政府”这一点之后，该意见宣称，“《权利法案》剥夺了那些当权者所有合法机会去强迫那种同意”[119]。而且杰克逊在该多数意见的结论中宣称，强制的国旗行礼仪式“侵入了思想和精神领域，而保护这一领域不受所有官员控制正是我们的宪法第一修正案的目的所在”[120]。“巴内特案”与“戈比蒂斯案”中受到争议的强制宣誓在宪法上令人愤怒的地方，不是政府在服从法律和美国意义的问题上有一个实质性观点。相反，错误的是努力得到公众的同意所使用的手段。

我们认为，在两种行为之间存在根本不同。一种是政府表达以下观点，即爱国的人们会向国旗宣誓效忠，并且会认为这个国旗和国家代表着自由与正义；另一种是政府要求个人宣誓，并且用他们自己的声音表达这个观点，无论多么不真诚。要求内心不真诚的诵读，特别是死记硬背以及定期诵读，造成了一些宪法问题，因为它利用了不尊重人的交流与说服方法。这些方法构成了强行灌输而不是通过直接、透明的论证、理由，或者甚至直接、透明的情感呼吁来说服。通过使用这些不尊重人的方法，政府违反了第一修正案背后的道德性质假设。

强制诵读实质性观点的做法存在两个基本难题。第一，这些方法明确表明

---

[118] 伦奎斯特大法官在其“伍雷诉梅纳德案”的反对意见中重复了这一点。*Wooley v. Maynard*, 430 U. S. 705, 722 (1977)（伦奎斯特大法官的反对意见）。

[119] 319 U. S. at 624.

[120] 同上注，at 642。

对被迫言说者的实际思想和判断漠不关心。言说者同意与否、真诚与否并不重要。隐含在这种要求中的态度，已经违背了一种根本的宪法尊重，即对个人形成、表达和运用独立意见和承诺的第一修正案权利的尊重。很难说出一种理论能够解释与尊重真诚陈述与独立判断的态度相一致的强制诵读行为。

正如我们前面讨论的那样，假如这种诵读行为不应被听众看作诵读者信仰和态度的真诚表达，那么这一要求的目的究竟是什么呢？可能诵读者正在被用作一种广播政府信息的工具。或者目的可能是，正如一些强制宣誓的拥护者坦率宣扬的那样，向不情愿的学生"灌输"政府关于爱国主义的观点——通过要求重复的、可能不真诚的诵读产生真诚的信念。

仅仅将言说者用作一种手段在周围环境中散发与灌输政府的广告词，这种做法未能显示对个体尊严和精神独立的尊重。强迫言论显著不同于教导或说服学生接受宣誓内容、对美国的看法以及值得效忠等这类东西的正当努力。向学生介绍信息、理想、看法、理由以及对它们的价值、深思熟虑性和评价的论证，显示出观点的支持者（政府）与预期的听众（学生）之间的清晰界线。这种分立本质上认可了听众的独特性，而这种方式是强迫言论要求所不具备的。后者实际上合并了言说者和预期听众，没有明确识别他们之间的分立。

此外，适合于说服的教育努力走得更远，并显示出对学生信念的更细致入微的关注。一位运用说服教育的老师紧密关注学生的问题与疑惑。这样的老师积极地培养学生的评价与深入思考的能力，帮助他们得出真正属于自己的结论。这种互动显示了对学生的判断与态度的尊重，与诵读要求中明显的冷漠形成对比。

最后，将学生当做听众而不是强迫他们说话的做法承认一种美德，这种美德在很广泛的意义上有助于言论自由所服务的各种目的的实现。第一修正案的许多不同价值依赖个体公民的真诚，或者因这种真诚而得以提升。当杰克逊大法官苛刻地说这种强制国旗行礼活动是被设计用来制造"不情愿的改变信仰"或"用没有信念的言词和缺乏意义的手势假装的同意"时，援引了真诚的重要性。[121] 如果第一修正案的一部分价值和存在的理由在于接近与鉴别真理，那么那些说出他们真正认为有价值（或者可能有价值，或者至少值得反驳）的东西的人会极大促进这个过程。谈到真诚与言论自由的另一种见解之间的关系时，同样也可以这样说。这种见解强调说话者表达自我的重要性。一种真诚相信个人表达真实性的道德体系，有助于将人民的集体注意力集中在那些最有希望满足人类各种需要的观点上，无论这种需要是实际的还是精神上的。真诚信任的道德体系也会将公民的兴趣和注意力集中在真理上，而宣扬漠视真诚的政府措施会鼓励犬儒主义和关于真理价值的矛盾心理。

在关于自由言论的另一种主张上，同样也可以说真诚很重要，而且可能更有说服力。这种主张强调言论自由在促进公民间相互理解中的作用——这些公民关注彼此的需要和顾虑，在这种关注的基础上努力打造政治和解。真诚的理解与和解依赖公民真诚表达他们的需要，尽可能地避免哗众取宠、欺

---

[121] 319 U. S. at 633.

骗性控制以及其他形式的犬儒行为。[122] 实质性诵读要求的一个严重缺陷是，往好处说，它们显示出对一种美德的冷漠，而如果第一修正案的价值要想得到很好的实现，这种美德应当受到鼓励。

一种相关且可能更重要的考虑是，一项诵读要求将一个努力保持真诚但不相信诵读内容的人放在了一种两难境地：要么不遵守法律，要么不能实践美德。如果一些公民宣读了这一誓言，这一誓言又声称这个国家事实上为所有人提供自由和正义，而这些公民却怀疑这一宣称不真实，那么这些公民一定无法同时满足服从义务与保持真诚的义务。一个自由共和国的运转依靠对这两种义务的普遍尊重。

我们不是说仅仅因为我们识别出的那些美德本质上是值得提升的，就应当在解释第一修正案时注意提升它们。我们也没有说第一修正案假设了一种美德，之后司法解释应当努力提升这种美德，作为接近或靠近一个理想社会的努力的一部分。相反，我们的观点是，一种持续的、稳定的言论自由文化在我们这个现实的、非理想的社会中成功地运转着，是因为我们假定，总的说来公民很在乎真理、真诚和最低限度的精神独立，并实践着这种心理。既然第一修正案代表了这种信念，那么政府执行破坏这些品质特征的法律就违背了第一修正案。同样，政府对这种必不可少的品质特征显示出极大的不尊重，或者相反，政府深深地怀疑自己保护至关重要的言论自由文化成功运转所必需的条件的责任，都是与第一修正案相悖的。[123]

这些关于品质的问题与"巴内特案"中备受争议的这种强迫言论要求存

---

[122] 梅尔·丹·科恩很有启发性地讨论了不期待言说者真诚的场景。如果雇主要求电话接线员谢谢我们使用那个公司的服务，我们不会感到不便，尽管那种感激从雇员的角度来说不可能是一种真诚的、发自内心的表达；如果他真的在意，我们可能会感到不安和惊慌失措（虽然工作场所那样鼓舞人心可能是一种值得追求的目标）。Meir Dan-Cohen，*Harmful Thoughts*：*Essays on Law*，*Self*，*and Morality* 246－249（2002）。丹·科恩在一定程度上认为，在一些场景中，一个人被要求扮演一种角色，但她并不等同于这种角色，这时她为了适合这个角色而发表言论。这些场景需要这样的言论是平常且合理的。同上注。不真诚的表达在学校甚至也会发生。比如在语言教学课程中，这种言论就会合乎情理地产生。我们可以要求约翰尼宣布他想学习萨尔萨舞曲的意向，以便教他如何读相关的歌词。我们不需要置疑这一点。因为至少作为公民表达时，不是一个可以有理由期待不真诚的场景，也不是一个明显存在身份与角色错位的场景。宣誓者的身份没有一个可以与上述雇员和语言学习者相比的有清楚、独立边界的定义明确的角色，因而不能为这种漠视真诚的行为提供正当理由。政府为其行为所作的辩护不能依赖以下想法：期待真正的公民身份与公民角色分离是合理的。

[123] 关于"对品质的关注构成言论自由存在的一个主要理由"这一主张的两种十分不同的阐述，参见 Vincent Blasi，*Free Speech and Good Character*：*From Milton to Brandeis to the Present*，*in Eternally Vigilant*：*Free Speech in the Modern Era* 61（Lee C. Bollinger & Geoffrey R. Stone eds.，2002），以及 Lee C. Bollinger，*The Tolerant Society*：*Freedom of Speech and Extremist Speech in America*（1986）。一篇非常有趣的文章讨论了许多我们讨论的问题。在这篇文章中，艾伯纳·S·格林主张，免除爱国宣誓义务的权利不能从言论自由权衍生出来，而是必须依靠未被列举的推断出的自治权。他认为这种自治权是有宪法传统的。参见 Abner S. Greene，*The Pledge of Allegiance Problem*，64 Fordham L. Rev，451，473－475，480－482（1995）。我们认为，我们从品质角度的论证适当地将免受强迫宣誓的自由与言论自由联系起来，并借此为"巴内特案"的多数意见对第一修正案的援引提供了一种理论基础。

这种强调品质的其中一个含义是，"巴内特案"判决的原则没有延伸到法人实体主张免受强迫言论或论坛入场资格要求约束的权利。例如参见 *Pacific Gas & Electric Co. v. Public Utilities Comm'n*，475 U.S. 1（1986）；*PruneYard Shopping Center v. Robins*，447 U.S. 74（1980）；*Glickman v. Wileman Bros. & Elliott*，*Inc.*，521 U.S. 457（1997）。基于品质的原理仅适用于自然人。在某些场合下，可能有工具性理由，或者源于机构自治观念的理由，保护非自然人免受某些强迫言论要求的约束。例如参见 *Miami Herald Publishing Co. v. Tornillo*，418 U.S. 241（1974）。然而，按照我们对这项判决的理解，这些理由没有得到"巴内特案"判决的支持。

在的第二个主要问题相连。诵读要求可能干涉思想自由。它们可能反映了影响说话者思想的不正当企图，影响的方式隐蔽而不透明，用狡诈的策略阻止批判性思考，并利用说话者的美德。

正如我们所说，在保护思想和言论产生的完整过程上存在一种核心的第一修正案利益。说话者以及她所在的共同体，在真诚与真实地思考和推理问题上有一种利益。强迫言论可能会干涉这种利益的实现。出于与诵读内容是否已经激发了她的肯定或同意这一问题不相关的原因，不得不反反复复重复一种词句可能影响一个人思考的内容和方式。一个人发现她自己有规律做和说的事将会对她思考的问题产生可以理解的影响：可以预料，它们有规律的出现可能对何种话题似乎很突出这一点产生影响。这种词句对她来说会变得很熟悉。它的规律性可能成为考虑问题的一种帮助和一种内在的权威来源。最常听到的观点可以变成令人愉快的观点。最常说的观点与自我的关系可能更紧密，并且可能对一个人的思想产生更大的影响。

这种担心很容易受到一种明显的反驳。因为说话者（以及她的听众）知道这种言论受到强迫，难道这种情况在"她被迫宣誓对她的思考内容产生多大影响"的问题上不会有影响吗？与缺乏被强迫宣誓的情形相比，这些被表达的言词成为一种直觉依赖的可能性不是更小吗？被诵读的观点难道不会因为有一种被迫的特殊起源而被隔离在说话者思想之外吗？

对这种反驳的简短回答是，假定说话者愿意避免信仰与行为态度不一致时的心理冲突似乎是合理的。他们愿意避免可能被称为表里不一的心理冲突（performative dissonance）：一个人说的或好像要说的内容与他想的内容之间的冲突或紧张状态。说话者对有机会在思想和主张上培养直率的活动、习惯与品格特质有兴趣。特别是那些努力保持真诚的人，志在培养一种习惯，说他认为是真实的内容，尤其是关于重要的话题；他们努力避免那种表里不一的心理冲突。这种意愿提供了一些微妙的内心压力，使她们的思想与言语相一致，反之亦然。在言语不能改变时——因为它们是被迫的，避免表里不一的心理冲突的冲动就会产生微妙、可能无意识的压力，使一个人改变其思想以符合她的言语所表达的内容。[124] 为了——如许多支持宣誓者宣传的那样——"灌输"爱国情感，这种影响利用了说话者保持真诚的努力和冲动。

---

[124] 认知心理研究的一些结果可以提供支持。例如参见 Robert W. Levenson et al., *Voluntary Facial Action Generates Emotion-Specific Autonomic Nervous System Activity*, 27 Psychophysiology 363, 364, 368, 376, 382 (1990)（让演员和非演员表演一种脸形好像她们正在体验情感的那些训练，以及让实验对象重新体验过去的情感经历的那些训练，极大地影响着实验对象当前的精神和情感状态）；Paul Ekman and Richard J. Davidson, *Voluntary Smiling Changes Regional Brain Activity*, 4 Psychological Science 342, 345 (1993)（区分了自愿微笑与非自愿微笑的外表，但发现故意制造的微笑产生一些与积极情感有关的大脑活动）；Robin Damrad-Frye and James D. Laird, *The Experience of Boredom: The Role of the Self-Perception of Attention*, 57 J. Personality and Social Psychology 315, 315 (July-Dec. 1989)（报告的"许多研究成果"表明，"一些人被引诱作出某种行为，好像他们拥有某些特定的感情、态度、动机或信念"，这些人后来报告说具有这些精神状态）。这些研究倾向于证实以下观点：行为可以影响意识和信念，不仅仅反映它们。其中的一些研究将更多的行为主义心理学观点（相关的精神状态与一系列活动是一致的）和认识论观点（通过观察一个人的行为便知一个人的精神状态）融合在我们感兴趣的原因命题中（相关的精神状态可以由相关的行为引起，而不仅仅是相关行为的原因）。例如参见上注。在人们没有就其背后的形成机制取得一致意见并且不同意自我认知理论的其中一种学说（行为人从他们的行为中推断他们的精神状态，这些推断或者构成他们的精神状态，或者引发这些精神状态）的情况下，可能相信这个原因命题。

这是一种阴险的方式，向公众灌输一种信息或态度。虽然政府采取一种实质性立场并试图使公民相信它的优点常常可能是十分正当的，但通过忽视他们的批判能力并试图利用一种真诚的美德来这样做就是不正当的。真诚是自由表达价值不可缺少的美德。

基于以下理由为诵读要求辩护可能对说话者的要求太过分了：在这种场景下，说话者能够避免使自己内心处于真诚状态。这要求他们在谈论公共事务时有时表现出真诚，在其他时间采取假装的姿态。说话者拒绝培养这种灵活性将是合理的。这种区分可能在心理上代价很高，而且很难如愿以偿。某些种类的表达对说话者来说自然有特殊的严肃性：比如誓言、诺言、证词——甚至临时不正式但庄严的陈述。如果这些言论得到不真诚的表达，或者如果习惯变成这样以至于它们的语境不能明确传达说话者的意图，那么它们对说话者和听众的重要性可能会减弱。比如，对一些信仰宗教的人来说，不"妄称上帝的名"很重要，即使一种宣誓被说话者和听众认为不那么严肃时。[125] 如果人民不真诚地或者假装表达，重要公民行为的意义就可能降低。

孩子们与第一修正案

我们或许应该反对以下事实，即涉及孩子的宣誓要求为这里对"巴内特案"的分析提出了一个问题。可能成年人不应该被迫肯定他们可能不相信的信息。但那种禁止的最好理由并不适用于孩子，至少不是明显适用于他们。成年人已达到了成年的年龄，并且越过了知识独立的门槛，这样他们的判断和偏好值得尊重。然而，只有孩子成熟了、获得了经验并具备了最低限度的知识，我们才能说他们具有了有意义的精神独立所必需的完整的认知和情感资源。我们不必像他们已经达到了那个阶段那样对待他们。相反，我们有责任尽可能好地教育他们。证据仍然显示死记硬背的学习可能是非常有效的。[126] 因此，或许可以说，孩子是强制公民教育和强制培养爱国主义的合法对象。[127]

---

[125] 类似地，可能有一些活动，不去假装从事它们很重要。一些家长反对他们的孩子玩耍玩具枪，因为他们认为对我们抵制杀人来说，不假装杀人可能很重要。就在把"在上帝的庇护下"纳入效忠宣誓的誓词之后，一篇社论写到，一位虔诚的基督教学者表达了他的观点，他总体上反对利用公众压力强迫个人为宗教信仰作证。他指出，"唯一值得尊重的公开宣称信奉一种宗教的理由是确信那是正确的"。他表达了以下顾虑：通过"非精神压力"灌输宗教习俗或信仰的企图削弱了宗教和宗教信仰，或者对宗教或宗教信仰有腐蚀性影响。Hoxie N. Fairchild, *Religious Faith and Loyalty*, The New Republic, October 11, 1954, at 11, 12。

[126] 例如参见 Carol Muske-Dukes, *A Lost Eloquence*, 27 Am. Educ. 42, 42 - 43 (2003)（讨论了死记硬背诗歌的优点）；Florence Myles et al., *Rote or Rule? Exploring the Role of Formulaic Language in Classroom Foreign Language Learning*, 48 Language Learning 323, 359 (1998)（研究显示死记硬背的学习方式有助于早期阶段的外语学习）；Marilee Rist, *Learning by Heart*, 14 Exec. Educ. 12, 12 - 19 (1992)（讨论了关于死记硬背方法的争议和这种方法的成功率）。

[127] 对这种观点的强烈表达，参见 Joseph Tussman, *Government and the Mind* 51 - 85 (1977)：

没有任何社会不借助转变时——从一种境况转到另一种境况——的某种权利来识别一种区分或标志，即我们所说的达到同意的年龄。没有单一的原则体系足以能够同时统治未成年人和成年人；我们既需要幼虫原则也需要蝴蝶原则。《共和国》讨论的是儿童的培养；《论自由》讨论的是对成年人的统治。它们是关于不同世代的人的互补性著作。如果将《论自由》的原则适用于孩子，约翰·斯图尔特·密尔会感到恐惧……

自我保护的自然权利不仅支撑传统上所宣称的战争或防御的权力，而且还支撑普遍宣称的共同体塑造其孩子的权利。甚至比战争权力更基本和不可剥夺的权力是政府的监护权，或者如我所称的教导权。

同上注，at 53 - 54。

作为对这一论辩的回答，我们主张，在强制教育和强制灌输之间应当划一条重要的宪法界线。教育的方法向孩子传达信息、主张、观点和意见，常常借助必需的训练手段。但这样做的方式明确或隐含地把孩子视为一种个别、独立的思想个体，目标在于他真正理解所接受的内容。孩子的同意可以去寻求，并且通常确实会随之而来，但在最完整的意义上具有教育性质的方法是通过培养理解力和赢得赞同而获得同意的。按我们的考虑，教育的方法通常要求学生理解甚至掌握一种观点。但它们不要求她同意这种观点或声称自己真诚地信奉它。此外，教育的方法并不试图通过忽视学生的批判理解力来制造同意。要接受教育和强制灌输之间的这种区分，一个人不需要谴责死记硬背的学习方式本身。但是死记硬背地学习规范性判断或信念确实是有问题的，尤其是当学生宣称自己的信仰或主张时。[128]

而且，通过灌输而不是教育改变公民的核心理想可能会事与愿违。灌输产生的服从与爱国主义可能是僵硬和脆弱的，除非它们是在理解与耐心说服的基础上受到激发而产生的。[129] 灌输产生的观点能够退化为反身自我（reflexive）反应。当这种情况发生时，这些观点就逃脱了持续的审视，而正是这种审视产生深刻而强烈的真诚陈述。正如布莱克与道格拉斯大法官在“巴内特案”中所说，“强制状态下表达的言词是只忠诚于利己主义的证词。对国家的热爱必须源于自愿的心灵和自由的思想……”[130]

但是这种观点——公民教育在宪法上是被允许的但公民灌输则不被允许——是不恰当地将成人的能力归于孩子们身上了吗？我们认为没有。忠诚必须是一种教育的结果这一要求并不假设孩子们有成人公民所具有的全套能力和美德。回想，我们对“巴内特案”的解释和辩护并不是从自治角度提出的一项传统观点。相反，它源于以下假定：一个人的青年时期和学校教育是道德品质、公民美德与智力形成的主要时期和场合，这些德行对一个民主社会的运转必不可少。真诚、真实、宽容、为其信念负责以及精神独立在灌输的环境中无法出现和成长，而且在生命的后期阶段不容易或不一定能获得。

---

[128] 这些主张意味着强制训练演唱“星条旗永不落”（The Star-Spangled Banner）在宪法上容易受到批评吗？这似乎是一种处于边界的情形。我们认为，对以下事实值得保持敏感：那首歌，就像许多其他爱国歌曲一样，对这个国家的成就和真正志向作出了一些模糊的规范性主张，对于这些主张，有人可能发自内心的怀疑，比如怀疑这个国家真的是一片自由的土地，或者是真诚渴求自由的土地。乐曲还可用作强有力的记忆工具，因而可以深深地嵌入歌唱者的头脑中。但是歌曲代表着一种比诵读更复杂的情形，因为人们很少从歌曲中冲出来传达他们自己的观点和思想，除了在迷人的音乐小说中。人们通常“在角色中”唱歌，这不同于标准的论证性交流形式。参见前注 122。从这个意义上说，在这种情形中，对保持自我独立的困难性与脆弱性的顾虑可能更加微弱。

为了学习效忠宣誓的诗歌韵律而通过死记硬背的方式教授该誓言会如何呢？我们认为，死记硬背式学习发生的背景和目的非常关键，并且在是否涉及与真诚有关的品质这一问题上产生影响。不过在这里，效忠誓言值得我们学习它的诗歌方面的成就似乎极其不可能。这样的主张应当被非常仔细地审查，因为非常可能是借口。要求学生记住林肯的“葛底斯堡演说”将是一个十分不同的问题。

[129] 一项国际研究发现了在教室里“大量”使用爱国仪式与强烈支持政府的态度之间存在牢固的关系，有高度的公民参与性，但对民主价值的支持不足。美国是一个例子，它的学生倾向于符合这种模型，比许多其他的工业化民主国家更加符合。Judith V. Torney et al.，*Civic Education in Ten Countries* 230－233 (1975)。

[130] *West Va. State Bd. of Educ. v. Barnette*，319 U.S. 624，644 (1943)（布莱克与道格拉斯大法官的赞同意见）。

因此，形成期对于维持和赞美言论自由的文化之实现很重要。[131]

巴内特案的扩展

因为学校设置对公民和个人品性的形成如此重要，老师们在培养第一修正案美德的过程中扮演着非常特殊的角色。因此，老师们作为榜样并实践他们打算通过教育手段培养的行为很重要。这是为什么我们认为“巴内特案”的判决如果正确适用也保护教师免受强迫领读或诵读誓词的原因之一。“巴内特案”之后，几个下级法院已经考虑了公立学校的教师是否能够被要求带领他的学生们宣誓效忠于国旗。大多数法院已经认可了教师在这个问题上不能作为受雇条件而受到强迫的权利，至少当学校有替代性方法为自愿的学生举行这种仪式时。[132] 这种教学态度——这样的职责所需要的不真诚宣读——与弥漫在“巴内特案”判决中的品质理想格格不入。

当然，成年人一般比孩子们更不容易受到影响。但是这并不使得成年人的被迫宣誓完全无害。虽然他们有更多的才智抵制那些忽视其深思能力的企图，但成年人无法避免潜意识的影响以及与我们所称的表里不一的心理冲突有关的认知压力。公共宣誓的义务，加上一份令人渴望但去留不定的工作，要求教师经过内心挣扎才能表现出一种成功的自由言论文化所必需的美德。在凭良心拒绝服从的真正容忍度上，执行这样的职责也向孩子们释放一种令人迷惑的信号。可能充满分歧或存在问题的强制宣誓，会破坏第一修正案的品质理想。因为它令人怀疑政府事实上是否尊重真诚和独立。

这些顾虑不因以下事实而有所缓解：良心上反对诵读效忠誓词的人不是必须接受公立学校教师的工作职位。即使公共聘任不是一项权利，在没有某种理由认为宣称自由言论特权与工作需求对立起来时，它也不能以放弃言论自由机会或豁免权为录用条件。发现在教师不情愿地领读国旗行礼仪式时存在这样的冲突过去可能意味着内心不安的异议者不是适合角色的示范，而是政治上有问题的人，不能胜任教导孩子们的重要职位。“巴内特案”的判决排除了这种粗鲁与残酷的定性说法。行政效率的需要也不能为所有教师宣誓效忠于国旗的要求提供正当理由。即使因良心的原因没有正式教师带领国旗

---

[131] 路易斯·迈克尔·塞德曼批评了我们的主张，理由是我们的主张似乎不合情理地假定，如果孩子们不受强制诵读施加的压力影响，他们就会理性地接受那些支持该誓言显示和隐含的主张和态度的论证。相反，塞德曼主张，孩子们受制于试图避开其理性过程的所有形式的社会和父母压力，并对这些压力很敏感；这种宣誓是一种正当形式的反压力（counter-pressure）。Louis Michael Seidman，*Silence and Freedom* 158－159（2007）。虽然塞德曼的以下看法当然是正确的，即强调政府不是唯一试图通过包围并影响其判断的手段影响孩子们的机构，但我们还不清楚，在政府具有巨大权力并致力于那些推动第一修正案的价值实现的前提下，那种看法能够为政府采取“类似策略”提供理由。联邦宪法可能要求政府在创造支持自由言论的条件和鼓励支持自由言论的品质方面作为表率，即使许多公民不这样做。

[132] 参见 *Russo v. Gentral Sch. Dist.*，469 F. 2d 623（2d Cir. 1972）；*Hanover v. Northrup*，325 F. Supp. 170（D. Conn. 1970）；*State v. Lundquist*，278 A. 2d 263（Md. 1971）；Opinion of the Justices to the Governor，363 N. E. 2d 251（Mass. 1977）。在罗索案（Russo）中，法院指出原告是一位试用期教师，他与一位正式教师共同教一个班，后者不反对领读誓言。469 F. 2d at 625。在帕默诉教育委员会案（*Palmer v. Board of Education*，630 F. 2d 1271（7th Cir. 1979））中，法院支持了对一名幼儿园教师的解雇行为，解雇的原因是该教师拒绝领读誓词和其他爱国主义行为，以及教授爱国主义课程，包括为什么庆祝林肯的生日。在之后的一份法院附带意见中，第七巡回上诉法院说“帕默案”的判决支持以下观点：总体而言，教师可以被要求领读该誓词。参见 *Sherman v. Community Consol. Dist.* 21，980 F. 2d 437，439（7th Cir. 1992）（伊斯特布鲁克法官）。

行礼仪式，也能找到办法帮助举行这种仪式。

作为一个可能不合理地扩展了“巴内特案”判决而令一些评论者忧虑的案件是“伍雷诉梅纳德案”[133]。新罕布什尔州颁发的汽车牌照的边沿上刻着该州的格言：“不自由，毋宁死。”梅纳德夫妇也是耶和华见证人，反对必须展示这个标语，因为他们对生命价值的宗教理解要广泛得多。梅纳德先生用胶带盖住了这个标语，被课以罚款，之后因未能缴纳罚款被监禁。在诉讼中，梅纳德夫妇主张了一项不说话的权利，而州主张了一项通过其自己的财产表达它自己的信念的权利。梅纳德夫妇胜诉了，理由是“巴内特案”的判决保证了他们不说话的宪法权利。

基于我们所阐释的“巴内特案”原理，这个结果有道理吗？一个汽车牌照毕竟没有像“巴内特案”中那样要求司机诵读这个标语。司机从来不需要表达这个格言中的词语，更不用死记硬背这些话。我们同意，这些差异使“伍雷案”成为一个更复杂的疑难案件。但“巴内特案”的原理在这里仍然有实质性的说服力。

和“巴内特案”中的情况一样，州强加的言论和强行与个人联系起来的做法暴露了对一些人的态度和信念的漠视，州政府使这些人成为其意识形态的通讯员。驾车人被用作传达该州理想的手段，而州对其送信人是否同意这种理想明显漠不关心。在“伍雷案”中，联邦最高法院解释道：

> 这里，和在“巴内特案”中一样，我们面临着一州的措施，该措施强迫个人在一部分日常生活中——事实上当他的汽车在公共视野中时总是如此——成为一种工具，促进公众对一种意识形态观点的坚持，而他却认为这种观点不可接受。在这样做的时候，该州“侵入了思想和精神领域，而保护这一领域不受所有官员控制正是我们的宪法第一修正案的目的所在”[134]。

的确，新罕布什尔州的司机并没有被要求表达该格言中的词语。但正如最高法院指出的，他们被迫在通常被视为他们的个人财产上展示那些词语，这一点区别于纸币和硬币。后者是用于交换的东西，与个人没有关系，而一个人的言语、衣服和汽车通常与个人有关。[135] 与朗诵相比，这种联系可能对个人信念没有同样的因果影响，但仍然有理由担心，一些人将不知不觉地使他们的信念适合那些公众认为他们认同的观点，虽然公众的这种认识是由法律上的强制造成的。如果一州或市要求其所有公民佩戴一枚画着美国国旗的徽章，这种做法无疑违背了“巴内特案”判决所依据的原理。

在“伍雷案”中，还有一种考虑起作用。在我们的文化中，一般人通常在不多的几个地方向普通公众表达一些言论。与T恤衫一起，个人汽车的后

---

[133] 430 U. S. 705 (1977).

[134] 同上注，at 715 (引用了“巴内特案”，319 U. S. at 642)。

[135] 在一个关于牵涉身份的所有权形式的有趣讨论中，梅尔·丹·科恩引用了与个人汽车的关系作为例证。Dan-Cohen，前注[122]，at 268－271。关于个人和他的汽车之间的联系和认同有多重要，我们之间稍微有些不同。我们中的一位是洛杉矶人，另一位住在曼哈顿。

面就是这不多的几个地方之一。[136] 车牌照格言所处的位置不仅对许多人来说是其政治主张的主要论坛，而且不像在“巴内特案”中那样，州强制表达的言论和个人的实际言论始终且同时相互伴随着留在汽车上。因此，它可能搅乱、冲淡并且甚至可能抵触司机自己的真诚言论，朗诵要求通常不会这样。想象一下新罕布什尔州一位汽车司机的混合信息，在最高法院的“伍雷案”判决之前，他在其保险杠上展示着一种和平符号，同时在其牌照上展示着州的强制性格言。

余波

与“戈比蒂斯案”之后证据充分的猖獗暴力活动形成对比，“巴内特案”判决对治安维持会针对耶和华见证会的暴力活动的影响不容易评估。从数量上看，到 1942 年年末，在最高法院的这一判决下达几个月前，暴力活动有了很大程度的平息，部分归因于第五纵队焦虑的减弱。[137] 然而，耶和华见证人绝没有得到平静享受其第一修正案权利的自由。研究国旗行礼争议最详细的作者大卫·R·曼沃林在 1962 年评论道，虽然“1943 年似乎已经看到了集中迫害的尽头”，但断断续续的身体暴力仍然构成见证人劝诱改宗活动的背景。[138] 劝诱改宗活动本身似乎相当有效。据估计，在美国，耶和华见证会中的积极成员从 1943 年的 7.2 万多名增加到 1955 年的 18.7 万多名[139]，到 1996 年达到 500 万名。[140]

野蛮攻击耶和华见证人的严重事件和“巴内特案”判决对诵读争议的解决，都没有抑制官方或文化上对国旗的热情。[141] 具有讽刺意味的是，自“巴内特案”以来的几年里，国旗法规引入了更多正统做法。比如，1942 年的联邦法案明确宣布，即使公民在他人诵读誓词时不读誓词而是默默地站着，

---

[136] James W. Endersby & Michael J. Towle, *Tailgate Partisanship: Political and Social Expression Through Bumper Stickers*, 33 The Social Science Journal 308, 308 (1996)（讨论了保险杠标签作为个人政治表达的普遍形式）；又见 John E. Newhagen & Michael Ancell, *The Expression of Emotion and Social Status in the Language of Bumper Stickers*, 14 Journal of Language and Social Psychology 312 (1995)。

[137] 参见 Manwaring，前注⑥，at 169－173；MacDonnell，前注㊽，at 8。

[138] Manwaring，前注⑥，at 240。管制与限制他们劝诱改宗方法的企图以及作为回应的诉讼活动一直持续到今天。例如参见 *Watchtower Bible and Tract Soc'y of N.Y., v. Village of Stratton*, 536 U.S. 150 (2002)（根据第一修正案宣布了一项要求无效，该要求规定，在从事挨户宣传活动之前应当获得许可）。

[139] Manwaring，前注⑥，at 20。国际上的统计数字估计他们的数量在 1957 年超过 70 万，1977 年大大超过 200 万。Penton，前注⑲，at 84。

[140] Jerry Bergman, *Jehovah's Witness: A Comprehensive and Selectively Annotated Bibliography* 1 (1999).

[141] 最近，9.11 事件之后，一些阿拉伯裔美国人感到了压力，展示国旗作为自我保护的措施。例如参见 Nahal Toosi, *Civic Duty, Civil Rights*, *Milwaukee Journal Sentinel*, Dec. 2, 2001, at 1A（阿拉伯人和阿拉伯裔美国人拥有的工厂悬挂了国旗来表达爱国主义并避开攻击）；Michael Luo, *For One Arab-American Family, the Flag is Both a Symbol and a Shield*, *Associated Press*, Oct. 7, 2001，在 DIALOG, File no. 258 上能找到；*Behind the Flags, Feelings of All Stripes*, Portland Press Herald (Me.), Oct. 1, 2001, at 1A（报道了底特律的一个事件，在这个事件中，一群白人居民遇到了一些阿拉伯裔美国人，并命令他们“回家”，同时挥动着国旗，而这些阿拉伯裔美国人也挥舞着国旗作为回应）；Elizabeth W. Crowley, *Shafts of Hate Strike Aimlessly on South Shore*, The Patriot Ledger (Quincy, Mass.), Sept. 19, 2001, at 9（报道了针对阿拉伯裔美国人的暴力和抵制活动，以及运用展示国旗的办法作为防御性保护措施）。又见 Robert Snell, *We the People*, *Lansing State Journal*, July 4, 2002, at 1A（中国裔美国人和中国移民被劝告挂上国旗以消除怀疑并提高他们的形象）。

也可以显示对国旗的足够尊重。[142] 1976 年，这项宣告——站立表明了足够尊重——未经讨论或解释就从国旗法案中被取消了。[143] 这项法案那一年还经过修改引入了令人惊讶的宣告："国旗代表了一个有生命力的国家，本身也被视为一种有生命的东西。"[144] 一个人本来以为这种宣称——国旗本身是一种有生命的生物——会引起一些犹豫，既出于一些理论上的原因，也出于一种显著的顾虑，即一些信仰宗教的人在向一种生物而不是上帝宣誓效忠的问题上可能持有一些保留意见。奇怪的是，在参议院专门讨论这些被提议的修正案的听证会上，这一条款竟然没有引起评论或解释。[145]

围绕效忠国旗的争议在全国政治和联邦最高法院的司法工作中一直占有显著地位。这个问题在 1988 年的总统选举中突显出来，当时候选人迈克尔·杜卡基斯受到批评，因为他担任马萨诸塞州州长时否决了一项议案，该议案要求教师领读誓词。在其辩护中，他引用了马萨诸塞州最高法院的一项咨询意见，该意见认为，向学校教师施加那项义务的州法案将违反第一修正案。[146] 但杜卡基斯的成功对手乔治·H·W·布什在竞选游说活动中充分利用了这一议题，直接带领其听众集体朗诵效忠誓词。谈到杜卡基斯时，布什问道，"究竟美国国旗的哪一方面让这个人心烦意乱?"[147] 20 年后，巴拉克·奥巴马证明自己更聪明。奥巴马以前选择不佩戴国旗领章，因为他认为这种姿态将用空洞的象征取代真正的爱国主义。在那个选择成为一个竞选议题后，他戴上了徽章。[148]

---

[142] 在 20 世纪 70 年代，学生能否被要求在同学们诵读誓词时沉默立正这个问题被诉讼到三家联邦巡回上诉法院。三家法院都判决，根据"巴内特案"，反对的学生不能被要求站立，甚至不能被要求在站立或离开房间之间作出选择，只要当她在教室中时其行为没有引起混乱。参见 *Goetz v. Ansell*，477 F. 2d 636 (2d Cir. 1973)；*Lipp v. Morris*，579 F. 2d 834 (3d Cir. 1978)；*Banks v. Bd. of Pub. Instruction*，314 F. Supp. 285 (S. D. Fla. 1970)，判决得到维持，450 F. 2d 1103 (5th Cir. 1971)。

[143] 比较 Joint Resolution of Dec. 22，1942，Pub. L. No. 829，§7，56 Stat. 1074，1077 ("在宣誓仪式上仅仅保持立正姿势，公民就表示了对国旗的充分尊重") 和 4 U. S. C. A. §4 (2000)。

[144] Joint Resolution of July 7，1976，Pub L. No. 94-344，90 Stat. 810，812 (当前版本在 4 U. S. C. § 8 (2000))。更古怪的是，这一本体论意义上的宣告被默默放在了另一段中，该段讨论了将国旗图案用作衣服或用来装饰衣服的行为。又见 *Smith v. Goguen*，415 U. S. 566，603 (1974) (伦奎斯特大法官的反对意见) (指出国旗是一种独特的物体，"它不只是另一种'东西'，而且它不只是另一种'观点'")。

[145] 然而，听证记录集中在该法案的下一句，这一句涉及在西服翻领上佩戴国旗徽章的问题。听证记录还讨论了是否可以在左领外的其他地方恭敬地佩戴领章，比如领带上。参见 *Flag Code Revision：Hearing Before the Subcomm. On Fed. Charters，Holidays，and Celebrations of the Comm. On the Judiciary*，93th Cong. 17-18 (June 7，1974) (美国国旗基金会执行秘书长艾伦·W·冯格 (Allen W. Finger) 和美国爱国社团联合会 (Am. Coalition of Patriotic Soc.，Inc.) 名誉副主席威廉·D·里奇先生 (William D. Leetch) 的证词)。

国旗本身是有生命的这种古怪陈述可能源自国旗狂热者、国旗法规委员会前主席以及美国国旗基金的创始人格里德利·亚当斯 (Gridley Adams) 的一次典型的夸张性评论。他宣称，"国旗代表着这个有生命的国家，并且本身被认为是一种有生命的东西……每颗星都是一张嘴，每根条纹都会说话"。E. J. Kahn，Jr.，*Profiles：Three Cheers for the Blue，White and Red*，*The New Yorker*，July 5，1952，at 29 (引述了亚当斯的一份未指明的出版物) (省略号为原文所有)。

[146] 参见 *Opinion of The Justices to the Governor*，363 N. E. 2d 251 (Mass. 1977)；Robert Justin Goldstein，Flag *Burning & Free Speech：The Case of* Texas v. Johnson 88-89 (2000)。

[147] Goldstein，前注[146]，at 88-89。

[148] 参见 Jim Rutenberg & Jeff Zeleny，*The Politics of the Lapel*，*When it Comes to Obama*，N. Y. Times，May 15，2008，at A27。

1989 年，在一个 5∶4 的判决中，大法官们产生了极其不寻常的分歧，联邦最高法院支持了格雷戈里·李·约翰逊的第一修正案权利。该案中，格雷戈里焚烧了一面国旗，作为其针对 1984 年共和党全国委员会的政治抗议的一部分。[149] 布伦南大法官的多数意见频繁引用了“巴内特案”。他的最煽动人心的字句堪与杰克逊大法官关于宪法天文学（constitutional astronomy）的著名评论的修辞结构媲美，宣称“如果在第一修正案背后有一个基础性原则的话，那就是政府不可以仅仅因为社会认为一种观点本身是令人讨厌或令人不快而禁止这种观点的表达。我们还没有看到这项原则存在例外，即使在涉及我们的国旗时”[150]。这项判决激起了一场抗议风暴和国会行动。出于对最高法院判决的回应，国会迅速通过了一项联邦法案，保护国旗免受故意损毁或乱涂。第二年，一个分裂的最高法院宣布那项法案无效。大法官们再次就以下两个问题产生分歧：政府是否在保护国旗的象征价值上存在正当利益，以及那项利益是否能够超过那些出于表达目的乱涂国旗的人的自由言论利益。[151] 虽然“美国诉艾斯曼案”决定性地解决了保护国旗免受表达性损毁的企图是否合宪的问题，但它仍然没有解决这个政治性议题。提议的宪法修正案再三被提出，这些修正案如果被批准将授予国会禁止亵渎国旗的权力。众议院已经先后四次以必要的 2/3 绝对多数同意了这些提议，但该修正案从未通过参议院。[152]

自“巴内特案”以来的这些年里，在国旗行礼争议中可能最重要的发展是 1954 年把“在上帝的庇护下”插入到效忠誓词中。天主教联谊组织哥伦布骑士会（The Knights of Columbus）仅仅争取了两年就达到了目的，把这一提及神的内容添加进去。在国会听证中，关于这一变化的讨论再一次令人惊奇地简短。“在上帝的庇护下”这一措辞的纳入被认为对于区分美国的政府体制与共产主义是必要的，对于强调效忠于上帝保障的不可剥夺的个人权利也是必要的。[153]

对誓词的这种修改为以下问题增加了一个理论上的复杂化因素：学区免除异议学生宣誓效忠的义务，但继续为那些宁愿参加或选择不声称豁免权的学生举行国旗仪式，这样做是否足够？因为“在上帝的庇护下”这一用语的添加提出了一个立教条款（Establishment Clause）的问题，尤其是在联邦最高法院作出里程碑式的学校祈祷判决之后，该判决发生在这次誓词修改 8 年后。在“恩格尔诉维塔莱案”[154] 中，大法官们判决（只有一个反对票），即使反对的学生被免除了参加义务，公立学校也不能每日在教室举行诵读政府编写的祈祷词的仪式。

---

[149] *Texas v. Jonhson*, 491 U. S. 397 (1989). 布伦南大法官为最高法院撰写的意见得到马歇尔、布莱克蒙、斯卡利亚和肯尼迪大法官的加入。首席大法官伦奎斯特和大法官怀特、奥康纳和斯蒂文斯持反对意见。

[150] 同上注，at 414（引证略）。

[151] 参见 *United States v. Eichman*, 496 U. S. 310 (1990)。

[152] *Flag-Burning Debate Again Raises Hackles on the Hill*, Chicago Tribune, July 18, 2001, at 15.

[153] *H. J. Res.* 243 *and Other Bills on Pledge of Allegiance*: *Hearing Before the Subcomm. No.* 5 *of the Comm. On the Judiciary*, 83rd Cong. 7, 13, 37 (1954)（众议员路易斯·C·拉博、查尔斯·G·奥克曼、彼德·W·罗迪诺的陈述）。又见对杜赫迪牧师在这个问题上很有影响力的训诫的摘录，at 99 Cong. Rec. 7763 (1954)。

[154] 370 U. S. 421 (1962).

关于后“巴内特案”时代宣誓的宪法地位，“恩格尔案”这一判例提出两个问题。第一，由于“在上帝的庇护下”现在成为誓词的一部分，“恩格尔案”的判决可能支持“巴内特”原则的一种转变吗？即从学生的豁免权转变为否定公立学校为那些不反对参加的学生举行效忠宣誓仪式的权力。联邦最高法院在“恩格尔案”中竭力否定那种含义：“爱国或典礼场合与这里的纽约州发起的千真万确的宗教活动没有相似之处。”虽然布莱克大法官的多数意见没有明确提到国旗仪式，但的确评论说：“在我们的公共生活中，有许多信任上帝的表现形式”，依据立教条款，这些形式并不都有问题。[155] 后来对公立学校宣誓仪式——这些仪式豁免了反对的学生，但仍然使用了1954年后包含“在上帝的庇护下”的誓词版本——的挑战，造成了联邦巡回上诉法院判决之间的差异，并且在2002年激起一股爱国义愤。[156]

杰克逊大法官在“巴内特案”中的多数意见不能帮助我们决定以下问题：纳入顺带提及神的内容，在宪法禁止确立国教的意义上是否赋予了宣誓仪式神学含义。“巴内特案”教义学意义上的重要性很大一部分在于，联邦最高法院将其判决的基础放在第一修正案的言论自由条款而不是宗教条款上。在我们看来，最高法院在“巴内特案”中的判决和意见没有（也不想）为以下问题提供指导：何种提及宗教的内容会产生不适当认可的问题。对品质的强调——我们认为这一点是杰克逊大法官的理论核心——与通往“仪式性自然神论”（ceremonial deism）的随和进路一致，与以下相反的观点也不矛盾：只要这个国家的官方话语支持一种特定的宗教理解就构成不被允许的认可，即使那种理解被广泛分享并且以所谓普世性术语表达出来也是如此。

第二，不论誓词是否提到上帝，“恩格尔案”的方法可能更合理吗？即使没有强制参加，让处在一个命令式学校氛围中的学生暴露在一种仪式中，而这种仪式想不借助他们的判断力而争取他们的心灵，这是否可能违反第一修正案的品质理想呢？在这个问题上，我们已经识别出来的“巴内特案”的判决理由能够提供一些启示。

一个人可能不同意所有形式的死记硬背式爱国宣誓，至少不同意在教育环境中每天举行这种仪式，理由是这种仪式破坏了第一修正案所基于的公民惯于独立判断这一品质特征，尤其在政治忠诚和同意这样的事务上。根据这一观点，异议学生不必参加这一点不能完全处理这个问题。因为自愿日复一日宣誓效忠国旗的学生的政治独立，与那些宣称豁免权的学生的政治独立同样重要，并且可能更处在危险中。此外，我们应当担心，一些反对参加学校

---

[155] 同注[154]，at 435 n. 21。

[156] 比较 *Sherman v. Community Consol. Dist.* 21，980 F. 2d 437（7th Cir. 1992）和 *Newdow v. United States Congress*，292 F. 3d 597，608（9th Cir. 2002）。“纽道案”（Newdow）的判决——当代誓词中的“在上帝的庇护下”一语违反了立教条款——被推翻了，理由是以其女儿的名义提起这个案件的纽道不是孩子的监护人，缺乏诉讼资格。*Elk Grove Unified School Dist. v. Newdow*，542 U. S. 1（2004）。围绕“纽道案”的争议促使许多议案被引入国会，所有这些议案的目的都在于再次肯定将“在上帝的庇护下”一语引入誓词。2002年11月13日，一项这样的议案被签署成为法律。除别的方面外，该法案包含了对“纽道案”的一项批评，还包含了一项保证，即这个国家的格言仍然是“我们信仰上帝”（In God We Trust）。Reaffirmation—Reference to One Nation Under God in the Pledge of Allegiance，Pub. L. No. 107－293，§ § 1，3，116 Stat 2057，2060（2002）。

发起的集体国旗行礼仪式的学生，将无法宣称其宪法上的豁免权，因为担心引起老师和同学们的不满或更坏的反应。[157]

这些顾虑并非不重要。一种仪式让人感到深深的忧虑，这种仪式（特别是在低年级举行时）的目的或效果是让易受影响的孩子们具备——如果不是一系列特定信念的话——至少一系列特定的对待其国家的态度。[158] 学生们在完全理解效忠的含义之前集体说出他们的效忠，这种行为只能增加以下危险：爱国情感将变成默认的（default）——并最终变成肤浅的——情感，这种情感在被理解、领会和自由地接受之前就被记住了。这种形式的灌输与使用死记硬背或训练来灌输乘法表的知识或提供永久欣赏一首诗的基础完全不同。

我们质疑为非常年幼者举行日常的、表面上看起来自愿的宣誓活动的合宪性。然而，关于为那些已经具备最低限度的必要能力以理解誓词及其不参与权利的学生举行的国旗典礼，我们的忧虑远非那么强烈。我们认为，对“巴内特案”的更好解释是，它保护这种学生免于被要求参加国旗行礼仪式，但无法使他们摆脱一种负担，这种负担因他们必须以这样或那样的方式选择退出这样的仪式而产生。当法律强制的因素被消除，并且宪政体制将本着良心的反对合法化时，在爱国仪式中固有的对民主性格的威胁会大大减弱。只要学校当局怀着尊重小心对待持有异议的学生，并且强调同学们都这样做，伴随选择退出典礼而产生的隐私丧失与孤立感觉，就会被看成人为设计的爱争论的政治文化中不同意见所面临的自然的、不是完全不健康的小事。人们甚至可以认为持异议者公开宣称其免于这些爱国信条的权利的行为是嵌固在第一修正案价值中的性格，既是持异议者本身的性格，也是在活动中目睹良心性异议的其他学生的性格。

那么这些理由是否表明“恩格尔案”的判决是一个过于激进的转变呢？

---

[157] 这种同伴压力是联邦最高法院在一项判决中主要考虑的问题，该判决指出在毕业典礼上包含宗教祈祷违反立教条款。参见 *Lee v. Weisman*，505 U. S. 577，592 - 594 (1992)。事实上，在一项对“巴内特案”的探查性讨论中，路易斯·迈克尔·塞德曼评论道，“巴内特案”的保护可能扰乱个体学生的隐私及其保持沉默的自由。一旦这种保护就位，观察者推断那些诵读誓词的学生同意该誓词就是合理的，因为反对者会拒绝参与。反之，强制宣誓阻止观察者得到关于学生信仰的合理推断，因而为不想被识别出来的异议者创造掩护，如果“巴内特案”的保护到位，异议者必须要么暴露自己，要么冒被误解的危险。Seidman，前注[131]，at 155 - 157。

塞德曼的主张从表面价值看并不是提出不诵读誓词的权利扰乱个人自由。相反，它对“巴内特案”的妥协提出质疑。该妥协是指，只要宣誓要求有一项选择退出的规定，那么要求宣誓就是合宪的。他的这项主张与“李案”(Lee)中的论证极其相似，后者不允许学校举行祷告仪式，尽管已经作了选择退出规定；正如“选择退出”制度存在的瑕疵本身不能为“强制祷告是合宪的”这一主张提供支持一样，这项主张最多说明“巴内特案”的保护作用可能无法涵盖足够远的范围。这就联系到进一步的回应：塞德曼这一主张的尖锐以及它所唤起的对持异议者的关注指向了一个事实，即带有“选择退出”规定的宣誓要求仍然对所有参与的学生造成实质性压力。面对誓词的内容，面临与宣誓要求有关的官方和社会压力，如果一些学生选择退出，他们很可能感到如此暴露和易受伤害，以至于那种假装或不真诚的诵读活动似乎成为更小的痛苦。这些压力可能令人对以下主张产生怀疑：观察诵读誓言的学生的评论者有理由认为这些学生赞同誓词的内容。

[158] 例如参见 Robert Hess and Judith Torney，*The Development of Political Attitudes in Children*，16，26，29 - 30，105 - 108 (1967)（虽然国旗提供一种促进国家认同的象征，但一二年级的年幼孩子们不会那么深刻地理解宣誓的这种意义，像领会一种“敬畏政府的基调”那样；他们也不那么了解成年人很重视这种意义。这种国旗典礼作为一种“灌输活动”而开展，“这种活动植入并加强忠诚意识”以及“毫不犹疑的爱国主义”。它们“确立对国家和国旗的情感定位，尽管对这些话语和行动的含义的理解还没有被阐明”。）

为什么誓词应当与祷告词得到不同的对待？对于这个问题，在我们看来，有一个现成的答案。联邦最高法院关于学校祈祷的观点认为，根据立教条款，被豁免的权利不充分。这其中的关键是以下基本论点："政府不能创作官方祷告词。"[159] 如上面解释的那样，我们不能说政府不能试图培养一种广泛分享的、集体表达的（即使不是普遍信奉的）国家认同感。

正是"认为这种国家认同可以不通过强制而获得"的这种自信，而不是对"这种认同能否获得"这个问题的漠不关心，让联邦最高法院在"巴内特案"的判决中说：

> 我们适用联邦宪法的限制，并不担心思想和精神多元甚至对立的自由会瓦解社会组织。认为"如果爱国典礼是自愿的和自发的而不是强制性例行活动，爱国主义就不会兴旺"的观点，是对我们的制度诉诸自由心灵的做法作了悲观的判断。[160]

一种主张认为，对国家的热爱与思想自由是互补的，"甚至当一个国家在战争中"[161] 也是如此。这种主张可能证明是"巴内特案"最重要的遗产。这个观点几乎不新奇。它的根源至少可以一直追溯到公元前431年的伯里克利的《葬礼演说》。[162] 然而，虽然它很有感染力，但这一宣称注定一直备受争议，尤其是在每一次新的军事动员时期。合理但很费神的观点要想生存下来，要依靠清楚明白的重申。杰克逊大法官在"西弗吉尼亚州教育委员会诉巴内特案"中为最高法院撰写的意见，最好不被解读为一种学说突破或一种辩护绝技，而是对古代真理的一种适时而显著的重申。这一点更令人佩服。

---

[159] *Engel v. Vitale*, 370 U. S. 421, 425 (1962) .

[160] *West Va. State Bd. of Educ. v. Barnette*, 319 U. S. 624, 641 (1943) .

[161] 参见 Harry Kalven, Jr. , *Foreword: Even When a Nation Is at War*, 85 Harv. L. Rev. 3 (1971)。

[162] 参见 Thucydides, *History of the Peloponnesian War* 146 - 150 (Rex Warner Tr. , M. I. Finley, ed. , 1954); W. Robert Connor, Thucydides 70 - 71 (1984)。

13

阿尔·史密斯的故事：当第一修正案遇上始祖佩奥特掌

加勒特·埃普斯
牟效波　译

美国人以居住在宗教自由的土地上感到自豪，在那里恪守良知的权利得到尊重。但第一修正案对宗教"自由活动"的保障何时阻止多数人向少数人的信仰活动施压，甚至统统宣布它们为非法？联邦宪法何时要求政府允许教徒豁免于它的法律？

多年来，最高法院对这些问题的回答不清楚，尽管沃伦和伯格法院的判决意见使用的语言表明联邦宪法要求政府证明存在一种"迫切利益"。然而，1990年，伦奎斯特法院出人意料地宣布了一项新规则：如果管制措施——甚至可能的监禁——的依据是"中立、普遍适用的"法律，那么"自由活动条款"根本不为那些面临这些管制措施的教徒提供保护。

"就业处诉史密斯案"① 是一个偏离常规并令人惊奇的判决，是最早的迹象之一，表明伦奎斯特法院中的一个多数法官群体准备改写——不仅仅是缩窄或精练——沃伦和伯格法院对公民自由提供的宽泛保护。在"史密斯案"中，最高法院的多数意见判决，因遵守其信仰而面临刑事指控的教徒在第一修正案的自由活动条款下得不到保护②——只要给他们的信仰带来负担的法律不是出于惩罚宗教的目的而制定的。③ 这个案件在全国范围内激起了政治和神学界宗教团体的强烈抗议，并刺激国会寻求推翻这项判决，不是一次而是两次。"史密斯案"的判决下达近二十年后，这个案件仍然备受争议，而且最高法院和国会都继续在一个民主、多元的国家中应对着少数派宗教问题。在许多美国人看来，他们的国家是一片宽容与宗教自由的土地，而最高法院的"史密斯案"判决对这种观念提出了深刻的挑战。

但在最高法院审查"史密斯案"的时候，这个案件并没有被看作一个里程碑式的案件。对评论者和当事人本身来说，最高法院偏离常规的判决让他们感到惊奇。双方当事人在诉讼中都没有请求最高法院重塑宗教自由体系。而且这项争议本身产生于一个最不引人注目的境遇中：对一项决定的行政诉讼（administrative challenge），该决定拒绝向酒精与药物滥用顾问发放失业救济。两位不寻常的人的倔强和坚毅在很大程度上推动了这个案件。这两个人在美国原住民教会（Native American Church）的宪法地位问题上持有截然相反的立场。该教会是一支传统的美国原住民教派，敬拜佩奥特掌作为造物主（Creator）的信使和化身。这两个人都相信各自的立场是正确的；都认为这个案件中涉及的问题生死攸关。两位对手中的一方是俄勒冈州的总检察长戴夫·弗龙迈耶；另一方是鲜为人知的美洲原住民阿尔弗雷德·利奥·小史密斯。最后，"史密斯案"的判决将他的名字写进了宪法历史中。通过输掉案件，阿尔·史密斯反而成了优胜者。

争议的背景

佩奥特掌是一种小的无刺仙人掌，生长于墨西哥北部和得克萨斯南部的

① 494 U.S. 872 (1990).

② U.S. Const. amend. I.

③ Smith, 494 U.S. at 878 - 879.

干旱地区。[④] 其“纽扣”形块茎包含一种能够自然产生迷幻剂的强效混合物。但它们的味道很苦，并常常令人恶心，这一点限制了佩奥特掌作为游戏性毒品的流行性。在墨西哥的西班牙探险家报告说，看到了佩奥特掌敬拜者欣喜若狂地跳舞并拿着刀子和钩子乱舞以祭神。1620 年，宗教裁判所禁止了这种“异教徒的”仪式。但佩奥特掌崇拜幸存下来，并在 19 世纪的某个时间越过了格兰德河传到了当时的印第安人保留地（现在的俄克拉何马州）。到 1890 年，一种新的仪式发展起来，这种仪式将基督教仪式和神学的一些方面同西南部部落中的音乐和仪式掺杂在一起。

佩奥特掌仪式通常在平原风格的圆锥形帐篷中举行，并由一位佩奥特掌司祭或“路人”（Road man）指导。参加者在日落时分集合，整个晚上坐在帐篷里，围着一个用于礼仪的火堆。参加者一晚上会得到几次吃佩奥特掌茎（或喝圣茶）的机会。其他仪式包括唱歌、祈祷和默念。佩奥特掌能够提高注意力，它也会使参加者忽视以盘腿没有后撑的姿势坐 12 到 15 个小时导致的不适。实际的幻觉或幻象相对很少出现。一旦太阳升起，参加者就离开帐篷，一起吃早饭，然后解散。

佩奥特掌敬拜者被要求对他们的配偶忠诚、自立并照顾他们的家庭。佩奥特掌本身只用在宗教仪式场合，而且任何形式的酒或任何种类的非法毒品（除佩奥特掌本身）被严格禁止使用。到 1970 年，一份重要的科学文献出现，指出佩奥特掌宗教在帮助其信徒保持克制和禁绝使用毒品方面是一种强大的力量。

部分由于教会的谨慎，对大多数美国人来说，佩奥特教在今天仍然是一种不引人注意的信仰，可能与 20 世纪 60 年代反传统文化的迷幻试验有关，尽管这一点并不确切。这个议题越过教会领导人本身的强烈反对而到达联邦最高法院；这要归因于阿尔·史密斯的一项坚决主张。他主张原住民的传统有权得到与像新教基督教这样的“主流”信仰同等程度的尊重。

阿尔弗雷德·利奥·小史密斯生于 1920 年，是一位纯血统的美洲原住民，并且是俄勒冈西南部克拉马斯部落的一位在册成员。克拉马斯人已经在巨大的克拉马斯湖（Upper Klamath Lake）周围的沼泽区域生活了将近一万年，这个湖是一个巨大的浅水域，是海拔更低的其他 48 个州中的最大候鸟群的家乡。克拉马斯人世世代代收获这个地区的河中盛产的亚口鱼，以及在湖周围生长的浆果、水果和萍蓬草种子。[⑤]

但整个 20 世纪，克拉马斯人的生活方式面临来自白人文化的持续压力，后者反对它的传统方式，认为它们原始且属于异教，并且觊觎生长在这个部落保留地上的珍贵木材。联邦政府在印第安人居住地区的代表强制克拉马斯部落的父母将他们的孩子送到寄宿学校学习成为“美国人”。所以，当阿尔只有 7 岁时，他母亲迪莉娅就把他送到了圣玛丽学校（St. Mary's Academy），这是克拉马斯瀑布附近的一个天主教寄宿学校。在寄宿学校，史密斯

④ 对佩奥特掌的历史和药效的详细介绍，一般参见 Omer Stewart，*Peyote Religion：A History*（1987）；Weston La Barre，*The Peyote Cult*（5th ed. 1989）；以及 Edward Anderson，*Peyote：The Divine Cactus*（2d ed. 1996）。

⑤ 关于克拉马斯人的总体人种学和历史，参见 Theodore Stern，*The Klamath Tribe：A People and Their Reservation*（1965）。

很快显示出他的倔强和独立性格，这些性格将成为他一生的特征。他向修女们撒谎说他已经洗礼了，因而逃过了这一基督教仪式。但他在那里受到的宗教教育——他认为这些教育让自己没有感觉并且带有偏见——激起了他一生对白人基督教和他认为是白人的上帝的反感。

阿尔抵制教堂传教，并且屡次从他的天主教老师那里逃离。最后，一位牧师执行了一次鞭打作为惩罚；感到义愤的史密斯再次逃跑，并说服了他的母亲把他送到了斯图尔特学校，这是一所政府为印第安学生开办的寄宿学校，在内华达州。他在那里和俄勒冈塞勒姆附近的凯马华印第安学校（Chemawa Indian School）完成了他的教育。虽然他曾是一个优秀学生，并且是一位明星运动员，但阿尔没有毕业就离开了学校，并很快露宿街头，靠轻微犯罪生存，并在酒精中寻求安慰。他的喝酒行为很快失去控制，并在二战期间被征入伍后，被发现在值勤时喝酒，因此被判进入联邦监狱。他一被释放就恢复了酒鬼生活，直到 1957 年的一天，他达到酗酒顾问所称的最坏程度——在这种境地，他意识到仅有的两种选择是戒酒或死亡。他选择了戒酒。⑥

然而，那一选择需要成为匿名戒酒会（Alcoholics Anonymous）的成员，这在当时和现在一样几乎是唯一重要的治疗选择，这种方法提供一种长期成功的可能性。要经过匿名戒酒会的“十二步治疗方案”，史密斯必须接受“神灵”（Higher Power），它将会为他提供面对生活的力量，无须向酒精寻求慰藉。但阿尔后来回忆说，他花了一辈子的时间逃离白人的上帝观，并且对向着他的灵魂及其美洲原住民传统说话的神一无所知。然后他想起了他的祖母，她有一个习惯，每天晚上在床前用她的克拉马斯语祷告。阿尔不懂克拉马斯语，因而不知道祷词的含义。但他决定接受她的上帝，无论他是谁——“一个我甚至没有听说过的上帝”⑦。

在他发生转折 1/4 个世纪之后，阿尔·史密斯重建了他的生活。他学着拥有一份工作，并成为匿名戒酒会集会上很受欢迎的演说者。20 世纪 70 年代，酗酒专家的意见成为值钱的东西，于是史密斯找了一份全职工作，作为专业的酒精和药物滥用顾问，最初在波特兰的酗酒咨询与恢复项目（Alcohol Counseling and Recovery Program），后来在科罗拉多州丹佛市的美国酒精与酒精滥用印第安委员会（American Indian Council on Alcohol and Alcohol Abuse），在那里他在印第安乡村中赢得了声望，因为他与部落政府和健康机构共事，打击让原住民痛苦的酗酒和药物滥用行为的泛滥。⑧ 在他这样做的时候，他开始了解到他访问过的许多部落的一些精神传统，并清楚地将印第安人的上帝概念吸收到自己的精神生活中——许多原住民称上帝为造物主（Creator）。

在 20 世纪 70 年代，原住民正经历一场精神觉醒，因为多元的部落成员互相分享他们的惯例和传统。一种“泛印第安”（pan-Indian）宗教从那些古

---

⑥ Garrett Epps, *To an Unknown God: The Hidden History of Employment Division v. Smith*, 30 Ariz. St. L. J. 953, 961 (1998) [下文称 Hidden History]。

⑦ 同上注，at 955。

⑧ Garrett Epps, *To an Unknown God: Religious Freedom on Trial* 42 - 43 (2001) [下文称 *Unknown God*]。

老的各部落独特的宗教中产生出来。它的主要因素是“蒸汗屋”（Sweat Lodge）和“太阳舞”（Sun Dance）。前者是指敬拜者通过祈祷和在用大树枝制作的桑拿浴中发汗来净化他们自己，后者是一种非常庄严的仪式，能够持续几天或几周。另一种因素开始从其在西南部的根据地传播开来，即美国原住民教会的帐篷仪式。

当他在“蒸汗屋”工作时，阿尔·史密斯第一次听说了这种仪式。这种仪式是一种为具有毒品和酒精问题的美国原住民提供的住院治疗设施。当他得到一次机会参加时，他的反应和大多数改正后的酒鬼一样。他已经听说过佩奥特掌是一种毒品；在任何条件下变得“麻醉兴奋”都会威胁他来之不易的成功戒酒。但与一位佩奥特司祭或“路人”谈过之后，史密斯意识到佩奥特教不是披着宗教外衣的毒品滥用，而且许多教会成员认为帐篷仪式对他们戒除毒品是一种很大的帮助。他参加之后发现自己对此表示赞同——虽然他后来说他从未认为自己是这个教会的“成员”。

1981 年 4 月，史密斯离开了“蒸汗屋”⑨。他再次结婚，并且在 1982 年与妻子简·法雷尔·史密斯生了一个小孩凯拉。为了支撑家庭，史密斯找到了一份工作，在道格拉斯县酒精与毒品防治委员会（Alcohol and Drug Abuse Prevention and Treatment，ADAPT）做门诊咨询顾问，这是一家私立康复机构，在俄勒冈的罗斯堡市。酒精与毒品防治委员会不像“蒸汗屋”，不具有原住民倾向，而且它对酒精或毒品使用的“故伎重演”行为抱有一种强烈的传统立场——“正在康复的”职员哪怕是一杯酒、一次非法使用毒品都构成被解雇的理由。但酒精与毒品防治委员会鼓励阿尔·史密斯提供传统的原住民“蒸汗屋”服务，并向顾客介绍原住民的其他精神活动。

一位热心的改教者加伦·W·布莱克——一位白人，是一个最近刚刚改正的酒鬼——被酒精与毒品防治委员会雇用在其住院部工作。布莱克当时 34 岁，在堪萨斯长大，在海军中服过役，之后作为流动汽车修理工竭力维持生计，当时酒精占据了他越来越多的时间和精力。不像阿尔·史密斯，布莱克没有花费几年时间去改正。他参加戒酒、匿名戒酒会和十二步疗法是最近的事，而且他对传统的改教充满热情。对布莱克来说，“蒸汗屋”似乎打开了一个全新精神世界的门，没有被他自己的新教教养所携带的包袱玷污。他开始阅读关于美国原住民宗教的书籍，并开始参加印第安人的仪式和集会。⑩

在这个过程中的某个时刻，布莱克听说了美国原住民教会。他认为，佩奥特教既可以提供精神安慰，又能将他作为一名康复顾问的新职业向前推进。政府当局似乎同意，这个教会为原住民酒鬼和吸毒者提供了强有力的正面帮助。如果它可以被纳入酒精与毒品防治委员会的治疗体系，它可能有助于扩大该项目的吸引力。

布莱克找到阿尔·史密斯，并询问他关于佩奥特掌的事。但史密斯当时有点不太了解这位白人热心者是谁。他认为加伦是一位改正后的顾客，来寻求精神方面的建议，而不是一位来商量治疗方法的同事。史密斯后来说，他从自己来酒精与毒品防治委员会工作的时候得知，他的白人上司会把佩奥特

---

⑨ *Hidden History*，前注⑥，at 963。

⑩ Unknown God，前注⑧，at 98 - 99。

掌视为一种毒品。但当一位顾客问及他这个教会的事时，他不能撒谎说它是有害的。加伦问，我应当试试吗？史密斯回答，那由你决定。

1983 年 9 月，加伦在俄勒冈州的塞勒姆出席了一个帐篷仪式，并且吃了一些祭祀用的佩奥特掌。⑪ 他发现那种体验很强烈，并且回来后告诉其中一位同事他发现的这种可能很重要的治疗方法。但在康复中心狂热的反毒品氛围中，这个消息像闪电一样传到了他的老板们那里。他们召来布莱克，并命令他向一个治疗部门报到接受新一轮康复治疗。他们说，他摄取佩奥特掌是使用毒品行为，而使用毒品构成"故态复发"。当布莱克拒绝重新治疗时，他们解雇了他。

酒精与毒品防治委员会的主管也召来阿尔·史密斯，并用非常确定的语气警告他，如果他再使用佩奥特掌，他自己的工作也处于危险中。史密斯自从加入酒精与毒品防治委员会就没有参加过那种仪式；但现在他感到，这个机构的态度显示出对他——一位戒酒时间达 1/4 个世纪的人——和原住民宗教的不尊重。经过长时间的认真考虑之后，他于 1984 年去参加了一场宗教仪式并吃了圣餐。下周一，他告诉了他的老板自己所做的事，于是他被解雇了。⑫

至此，争议的内容是治疗哲学和改良的酒鬼"戒酒"的含义。但现在俄勒冈州卷了进来。当史密斯和布莱克申请失业救济金时，该州的失业委员会在酒精与毒品防治委员会管理人员的劝说下拒绝了他们的请求。该州宣称，他们是因为"行为不端"而被解雇的。此刻，对阿尔·史密斯来说，这一战斗成为他个人的事了。他记得当时想，"你想去抗争吗?""是的。"

在俄勒冈州法院的诉讼

俄勒冈州的毒品法不像大多数西部各州的一样，没有为宗教性质的使用佩奥特掌设置例外。这种遗漏在实践中没有造成太大差别：没有许多俄勒冈人——不管是不是原住民——参加了美国原住民教会，而且州政府当局几乎没有努力执行针对宗教性佩奥特掌使用者的法律。1973 年，一位原住民佩奥特教徒被判决占有佩奥特掌的罪行，当时一位警察在一次例行的停车临检时看到了一个佩奥特掌的茎悬挂在他的后视镜上。俄勒冈的法院拒绝了这个人的辩护——州宪要求政府保持宗教"中立"。他们认为，"中立"意味着依据法律不能给予任何宗教以特殊对待。⑬

现在该州担心，人力资源部可能在"行为不端"规则之下为佩奥特掌的宗教使用者设置一项例外。那今后可能成为一个问题——如果宗教间的"中立"是这样的规则，那么其他人可能要求为其他毒品的使用设置宗教性例外，尤其是大麻。世界上一些最强效的大麻生长于俄勒冈南部，而且至少一个宗教团体——以"新世界圣灵的万能工业教会"这个多彩的名字为人所知——最近转变了它的信仰制度，从敬拜飞碟变为宗教性质的使用

---

⑪ *Hidden History*，前注⑥，at 100 - 101。

⑫ 同上注，at 109。

⑬ *State v. Soto*，537 P. 2d 142 (Or. App. 1975).

大麻。[14]

酒精与毒品防治委员会希望州基于以下理由反驳史密斯和布莱克的主张：哪怕是偶尔宗教性地使用佩奥特掌也违反了该机构的“彻底戒除”哲学。但该州也选择论证，布莱克和史密斯是因违反法律而被解雇的。即使两个人都没有被指控（该州没有采取行动调查他们的犯罪目的），但该州还是主张，这使他们的案件不同于以前的案件，在那些案件中，联邦法院要求相关州向个人支付失业救济金，这些人是因其宗教活动而失业的。

最主要的联邦最高法院判例是“谢伯特诉弗纳案”[15]。在“谢伯特案”中，南卡罗来纳州拒绝向一位基督复活安息日会的教徒发放失业救济金，这位教徒无法找到一份允许她星期六待在家里的工作，星期六是基督复临派成员的安息日。在布伦南大法官的一份著名意见中，联邦最高法院命令该州无论如何向她支付救济金。该州的制度允许向那些因“正当理由”拒绝接受工作的人支付补助。因此，最高法院推理说，该州在决定什么构成理由时不能歧视宗教理由。在判决这个案件时，最高法院确定了一项规则，后来被称为“谢伯特规则”，或“迫切利益标准”。法院说，政府不能给一个公民的宗教信仰和活动施加负担——至少不能扣留应付的救济金——除非那样做有一种“迫切利益”，而且拒绝支付的情形又被进一步“严格裁剪”到促进那项利益，这实际上几乎意味着对于促进那项利益绝对必要。

因为那个理由，俄勒冈州的行政法官判决，第一修正案要求向史密斯和布莱克支付补助。一个上诉委员会推翻了他的决定；从那里这个案件到达俄勒冈州上诉法院，然后是俄勒冈州最高法院。在这两个法院中，州政府（现在独自负责这个案件）主张这个案件不同于“谢伯特案”。它指出，没有刑事法律禁止遵守星期六为安息日。但有一个有效的刑事法案禁止佩奥特掌的占有。第一修正案没有要求该州补助它已经定为非法的行为——尤其是当该州自己的宪法可能要求与许多其他非法毒品使用者分享这项补助时。

该州的法院同意该州宪法要求“中立”。但按照“谢伯特案”的解释，联邦宪法第一修正案走得更远，俄勒冈州的法官说。联邦先例施加了“迫切利益”标准。该州认为，它满足了那项标准——州法的意图在于处理毒品使用的蔓延，这些法律对公共健康和安全是极其重要的。但俄勒冈州的法院拒绝了那项主张。该州的失业救济法案本身没有提到关于实施刑法或防止毒品滥用的内容，并且根据他们对“谢伯特案”的理解，这种“迫切利益”必须在法律本身中得到表述。俄勒冈州法院在这项法律中能够发现的唯一利益是保护州财政不受虚假失业宣称的破坏，而且这些法院发现这种利益没有上升到“谢伯特案”要求的程度。[16]

这时候，该州有一项选择。它可以支付给史密斯和布莱克失业补助金，并忘掉这个问题，或者它可以寻求美国联邦最高法院的审查——唯一可以审查一个州的最高法院的民事判决的联邦法院。并且正像阿尔·史密斯的倔强

---

⑭ 参见 *State v. Venet*, 797 P. 2d 1055 (Or. App. 1990)。

⑮ 374 U. S. 398 (1963) .

⑯ *Black v. Employment Div.*, 721 P. 2d 451 (Or. 1986)，判决得到维持，707 P. 2d 1274 (Or. App. 1985)；*Smith v. Employment Div.*, 721 P. 2d 445 (Or. 1986)，判决得到维持，709 P. 2d 246 (Or. App. 1985)。

推动着这项争议到了这个地步一样，此刻戴夫·弗龙迈耶自己的倔强开始发挥作用。

弗龙迈耶是一位俄勒冈本地人，生于 1940 年。从俄勒冈梅德福市的高中毕业后，他就读于哈佛大学，在那里他赢得了去牛津大学的罗兹奖学金，之后在加州大学伯克利分校布尔特·豪法学院学习法律。在尼克松政府中做特别助理不长时间之后，他回到了俄勒冈在俄勒冈大学任法学教授。从那里他被选入州的立法机构，然后于 1980 年当上了俄勒冈州的总检察长。到史密斯和布莱克的案件经过他的办公桌时，他的名字正在作为未来州长或该州在联邦政府的参议员而被提及。

在他担任总检察长的岁月里，弗龙迈耶受到两种经历的影响，一个是职业上的，另一个是个人的。第一种经历是奥勒岗社区（Rajneeshpuram）的兴起与衰落。这是一个宗教公社，于 1981 年在俄勒冈东部的沙漠中建立。* 1985 年它瓦解时，制造了一场全州范围的危机。奥勒岗社区由巴关·斯利·拉杰尼希（Bhagwan Shree Rajneesh，圣拉吉尼西尊者）建立，他是一位变节的印度教神职人员，几乎是被逐出了他在印度普纳市的修行地，因为他嘲笑其同道的印度教徒——也因为他允许在其多半是美国和欧洲人的信徒之间的偏离常规的性自由，他称这些信徒为“桑雅森”（sanyassins）。因为他的追随者大部分都受过教育并且富有，这位宗教老师聚积了很多财富（在该组织的鼎盛时期他拥有将近一百辆劳斯莱斯汽车），他用一些财富购买了大泥河农场（Big Muddy Ranch），一片 6.4 万英亩大的干旱牧场，位于俄勒冈东部约翰·戴河沿岸的沙漠中，离安静的安提诺普部落（hamlet of Antelope）不远。这位宗教老师打算在这里建一座新的耶路撒冷城，配备有宾馆、商场、饭店、会议中心和一座现代城市中的其他设施。⑰

但是巴关没有预料到俄勒冈州严格的土地使用法，这些法律禁止在一个已建立的城市之外从事这种建设活动。虽然他的计划遭到反对，他还是首先派信徒们住进了安提诺谱城，在那里他们很快接管了市政府，并将该地的名字改为拉杰尼希（Rajneesh）。他还从县政府当局得到许可，将那个农场吸收进来作为该县自己的一个城市，命名为奥勒岗社区（Rajneeshpuram）。这种法律策略使他在两个社区都具有了土地使用决定的控制权——而且除了别的之外，他还使自己的私人保安部队有权使用州的执法信息和资源，此时该部队成了两个城市的警察机关。

但是邻地的人们反对在脆弱的沙漠环境中继续实施这种宏伟计划。他们说服了一位立法者去要求弗龙迈耶的办公室检查奥勒岗社区合并的合法性。1983 年，这位检察总长发布了一项意见，认为该市本身违反了本州和联邦的宪法。因为在奥勒岗社区内的全部土地原来由一个宗教公社拉杰尼希·新桑雅斯国际基金会（Rajneesh Neo-Sannyas International Foundation）所有，这个城市的合并相当于把政府权力授予一个宗教团体。弗龙迈耶写道，“联

---

* 俄勒冈州沃斯科县内的一个基于共同目的组成的社区，1980 年暂时被合并为一个城市，人口主要是精神导师奥修（Osho）的追随着，奥修当时作为圣拉吉尼西尊者（Bhagwan Shree Rajneesh）为人们所知。参见维基自由百科全书，http://en.wikipedia.org/wiki/Rajneeshpuram。“奥勒岗社区”是网络上常用的译法。——译者注

⑰ *Unknown God*，前注⑧，at 66 - 89。

邦和州的宪法不允许通往大马士革的道路用公共资金铺就”⑱。发表这份意见之后，弗龙迈耶的办公室开始了解散奥勒岗社区的法律程序。

这一行动使这位检察总长成为这个集团的头号公敌。拉杰尼希的日报开始称他为“弗龙迈耶总长先生”（Herr General Frohnmayer），以嘲笑其父亲的德国血统。他们谴责他是一位抱有偏见的人，一位信奉正统派基督教的人，一位宗教信仰自由的敌人，迫害着一群无害的寻求救赎的朝圣者。还有一些更多的恶意损害行为出现：神秘的深夜电话；假装送信的陌生造访者；以及拉杰尼希传单包裹着动物的内脏并放在某个地方让弗龙迈耶的孩子们发现。最后，当这种冲突升级时，农场中的部队派几组刺客去计划谋杀一位联邦检察官、一位顶级调查记者和戴夫·弗龙迈耶。

事实上，这还不是普遍为人所知，但州的反对和拉杰尼希组织的内部矛盾使这个集团急速转入疯狂状态。巴关的追随者正在积聚攻击性武器，而且农场上的一个秘密实验室正在研究细菌和生物武器，包括试图培养艾滋病毒作为备用武器。事实上，1984 年秋天，拉杰尼希的追随者在美国土地上实施了第一次生物恐怖主义的现代尝试。⑲

他们的目的是通过在选举日用沙门氏菌让投票者残废的手段接管沃斯科县，该县包括这个农场的一部分。大范围的疾病将会降低普通投票人的投票率，允许拉杰尼希的追随者——他们在选举前已经把大约三千名来自全国的无家可归的人引入农场——把他们自己另外提名的候选人选入该县的行政委员会。1984 年 9 月 9 日，在一次演习中，几十名信徒在该县范围内散开，把沙门氏菌放入当地餐馆的自助色拉柜里。结果，将近七百名公民中毒，有一些人很严重，于是州的执法当局开始怀疑。俄勒冈的州政府秘书长介入监督选民登记，阻止了登记无家可归者，于是这个阴谋破灭了。⑳

这次阴谋失败之后，奥勒岗社区内部的矛盾爆发了。巴关的首席门徒玛·阿南德·希拉带着她的核心智囊团逃离了农场，而且巴关谴责她密谋毒害他。州的警察云集在这个农场，发现了细菌实验室、武器以及大规模移民诈骗的证据，该骗局意图通过让非公民身份的拉杰尼希信徒与美国人信徒假结婚来实现。巴关试图逃离这个国家，但政府当局在北卡罗来纳北部逮捕了他，当时他的飞机满载着现金和珠宝，停下来在那里加油。这位宗教领袖同意离开美国；希拉和其他人面对移民诈骗和谋杀未遂的指控认了罪。㉑

拉杰尼希的这场经历使该州感到震惊。它使戴夫·弗龙迈耶尤其怀疑法律的宗教豁免主张。

在这场戏剧性事件展开的同时，弗龙迈耶的个人生活发生了悲剧性转折。他和妻子林恩发现，在他们的五个孩子中，有三个都患了范可尼贫血症，一种罕见的致命遗传病。这三个孩子分别是他们的女儿柯尔斯顿、凯蒂和艾米。这种基因由父母双方传给他们，虽然因为这种病很罕见，父母双方的家庭之前都没有出现过一个病例。这些女孩们的唯一希望是骨髓移植。弗

⑱ 44 Or. Op. Att'y Gen. 20（1983）.

⑲ 参见 Stephen Engelberg & Judith Miller, *Germs: Biological Weapons and America's Secret War*（2001）。

⑳ Unknown God，前注⑧，at 83。

㉑ 同上注，at 84 - 89。

龙迈耶一家在一般层面上积极地参与到努力促进对这种疾病和骨髓移植的研究工作中。他们发起了一项基金以资助科学努力，并且开始了个人的追寻，以期找到一位其骨髓能够与这些女孩匹配的远亲。虽然基金会资助的研究在治疗这种疾病上取得了进步，但还没有发现治疗方法，并且对捐献者的搜寻也没有结果。最终两个女孩凯蒂和柯尔斯顿就要死了。

弗龙迈耶对悲剧的反应是强烈地、一心一意地与这种疾病作斗争。对一位律师通常的顽强来说——任何一位好律师都不愿意失败——他此时产生了一种不寻常的决心储备。㉒

可能这些经历使这位检察总长决定寻求美国联邦最高法院对史密斯和布莱克案件的审查。然而，当复审请求得到许可时，许多法院观察者还是感到惊奇。这个议题几乎不具有全国重要性——几乎每一个具有大量原住民的州都将佩奥特教豁免于它的毒品法，而且即使在俄勒冈州，这个议题之前只被提出过一次。弗龙迈耶咨询了一位全国专家——伯克利的杰西·绍波教授，他警告这位检察总长，最高法院坚定地坚持"谢伯特案"的判决，而且俄勒冈州应当从迫切利益标准方面表达它的所有论证。㉓

联邦最高法院的两个史密斯判决

联邦最高法院对"史密斯案"的第一次考虑几乎没有解释清楚。1987年12月8日联邦最高法院的辩论主要集中在俄勒冈州毒品法的含义上。史密斯和布莱克的法律援助律师（他们从未在任何联邦法院处理过上诉案件）提交了一份辩护状，认为俄勒冈的毒品滥用法律如果得到合理解释就没有禁止佩奥特掌的消费，而只是禁止私藏。她强调，因为这两个人没有拥有佩奥特掌，所以该法案不能适用到他们身上。而且即使它可以适用到他们身上，俄勒冈州的失业法案也不允许该州使用雇员行为的非法性作为拒绝救济请求的基础。㉔

这是一个明智的主张，但这位律师迟迟没有提出来。美国联邦最高法院的规则要求，提出这种主张的律师最迟要在他们反对签发复审令的辩护状中提出来。㉕ 但是，史密斯和布莱克的律师只是基于联邦宪法上的理由反对复审令，引用了"谢伯特案"和随后基于迫切利益标准的案件。只是在关于案件实体问题的答辩状中，这位律师才提出了这项法案方面的论证。

在口头辩论中，大法官们严厉批评了这位律师的疏忽，并指出这项辩护被放弃了。然而大法官们在讨论中提出，他们或许应当仅仅将该案发回俄勒冈州的法院，让他们就法案方面的问题作出判决。俄勒冈州坚持认为，根据俄勒冈州法，佩奥特掌的占有和使用是非法的，而且在失业救济金的发放问题上，州有权利考虑这一点。因此，宗教信仰自由议题就被州法引起的疑惑遮盖了——联邦最高法院既没有资格也不想去解决这个疑惑。

1988年4月20日，联邦最高法院发布了"就业处诉史密斯案"的第一

㉒ 同注⑳，at 20-41。

㉓ 同上注，at 149-150。

㉔ 同上注，at 174-175。

㉕ Sup. Ct. R. 15 (2) .

次判决[26]，这项判决后来被称为“史密斯第一案”（Smith I）。联邦最高法院将该案件发回俄勒冈州最高法院，让后者澄清州法的含义。在斯蒂文斯大法官撰写的多数意见中，联邦最高法院说：

> 俄勒冈州最高法院和本院都尚未面临以下问题：出于真诚持有的宗教理由而摄取佩奥特掌是否是一种受到联邦宪法保护不受州的刑法影响的行为。最后可能有必要在这个案件中回答那个联邦问题，但在这种行为的地位作为俄勒冈州法的一个问题没有事先获得进一步澄清之前，那样做是不适当的。许多辖区将在宗教仪式中使用佩奥特掌的行为豁免于对使用和占有受控药物的立法性禁止。如果俄勒冈州是那些州的其中之一，被上诉人的行为很可能有权得到宪法保护。另一方面，如果俄勒冈州确实禁止佩奥特掌的宗教使用，而且如果那项禁止不违背联邦宪法，那么在俄勒冈州就没有从事那种行为的联邦权利。如果事实如此，该州就可以自由决定不向被上诉人发放失业救济，因为他们从事与工作有关的不端行为，不管其宗教动机如何。因此，尽管它乍看上去是矛盾的，但依据州法对他们行为的合法性的理解，是正确评价被上诉人的联邦主张的必要依据。[27]

布伦南大法官撰写了一份反对意见，马歇尔和布莱克蒙大法官加入。布伦南认为，俄勒冈州最高法院的判决甚至没有提出在州法之下不合法的问题，因而暗中已经认为合法性问题与其第一修正案结论无关。他认为发回重审是浪费时间，之后他毫不掩饰地示意俄勒冈州法院，一份严密表达的判决将使“史密斯案”的结果隔绝于联邦最高法院的进一步审查：

> 本院认为州法院在被上诉人的行为是否构成犯罪问题上的声明是分析这个案件的“必要依据”，之后仅仅将该案发回俄勒冈州最高法院进一步审查。在我看来，州法院在重审中不讨论那个议题就能很容易解决这些案件。本院没有表达偏离以下一贯规则的意图：在严格审查州对基本权利施加的负担时，法院不能站在州的立场上宣称该州根本不存在的利益。因此，我可以认为本院默认让俄勒冈州最高法院选择仅仅重申其原始判决并附上“我们真的就是这个意思”或表示类似意思的话来处理这些案件。[28]

然而，俄勒冈最高法院没有接受布伦南大法官的引诱。在80年代，俄勒冈州最高法院以其独立性并坚持认为州法院必须在讨论任何联邦宪法议题之前解释俄勒冈州的宪法而在全国出名。在汉斯·林德大法官——一位前法学教授——的领导下，俄勒冈州最高法院处于州宪变革的最前沿，这种变革已经远远蔓延到该州境外。在林德看来，沃伦和伯格法院经常使用将州的“利益”与个人权利对立起来的模糊的“平衡”标准因而摇摆不定，而州法院在这种摇摆中陷得太深。林德主张，州法院不是联邦司法机构的下级分支，而且每个州自己的历史和法律要求其法院独立考虑其自身宪法的条文和

---

[26] 485 U.S. 660 (1988)［下文称 *Smith I*］。

[27] 同上注，at 672（脚注略）。

[28] 同上注，at 678-679（布伦南大法官的反对意见）。

历史。[29]

通常，州的宪法比联邦宪章更能为个人权利提供保护。因此，在俄勒冈州，法院认为州在保证公民不受搜查与充公方面的保障比联邦宪法第四修正案提供的保障宽泛[30]，而且该州的自由言论条款还为一些言论提供保护，而这些言论在联邦宪法第一修正案之下可能被定为淫秽言论而不受保护。[31]

然而，说到俄勒冈州的宗教自由条款，事实就不是这样了。该条款的语言与联邦第一修正案截然不同。美国联邦宪法规定，"国会不得制订涉及宗教信仰或禁止宗教自由活动的法律"[32]。俄勒冈州的宪法是在70年后由一帮不信任有组织的宗教的拓荒者制订的，规定：

> 所有人都有自然权利根据其自身良心的指引崇拜全能的上帝，在任何情形下，法律不得控制信仰自由和对宗教观点的享有，或者干预恪守良知的权利。[33]

俄勒冈州最高法院之前已经判决，这一用语的意思是，州必须在所有宗教和教派问题中保持中立——即使当中立要求意味着州不能提供本来与联邦法律相容的宗教豁免时。[34] 这表明，该州宪法将不保护史密斯和布莱克。

但俄勒冈州最高法院的独立倾向还有别的含义：美国联邦最高法院相当盛气凌人地命令它决定俄勒冈的法律和宪法是否保护佩奥特掌免受基于州法的刑事指控。但该州当时并没有起诉阿尔·史密斯和加伦·布莱克。所以任何这类判决将是假设性的，是一份对事实上没有发生的问题发表的"咨询性"意见。联邦法院坚持认为立法者和诉讼当事人不能仅仅为了得到建议而使用联邦诉讼。法院只有在实际"案件或争议"中被要求对美国联邦宪法作出权威解释时才会这样做。[35] 许多州法院的做法不同，可以就一项法案的潜在合宪性问题提前向立法机构提供建议。[36] 但俄勒冈州不是这些州中的一个。俄勒冈州的法院奉行"案件或争议"规则的严格程度和联邦法院一样。[37] 而且俄勒冈州最高法院是该州体系中的最高级法院，独立于联邦司法机构。这些大法官们不会为他们自己州的立法机构所做的事，他们也不会为华盛顿的这九位圣人去做，无论美国联邦最高法院多么坚定地命令他们。

因此，在重审中，俄勒冈州最高法院发布了一份言词刻毒的法院意见。它再次声明，它自己对联邦判例法的理解——以及在联邦毒品法案的立法历史中得到表达的国会的意图产生了以下结论：联邦第一修正案保护对佩奥特掌的宗教使用不受刑事指控。它进一步坚称，正如所写的那样，俄勒冈的法案没有从刑事禁止中排除对佩奥特掌的宗教使用。按照俄勒冈的宪法，那可

㉙ 例如参见 Hans A. Linde, *First Things First: Rediscovering the States' Bill of Rights*, 9 U. Balt. L. Rev 379 (1980)。

㉚ *State v. Caraher*, 653 P. 2d 942 (Or. 1982).

㉛ *State v. Robertson*, 649 P. 2d 569 (Or. 1982).

㉜ U. S. Const. Amend I.

㉝ Oregon Const. Art, I §§ 2-3.

㉞ Salem Coll. & Acad., *Inc. v. employment Div.*, 695 P. 2d 25 (Or. 1985).

㉟ *Flast v. Cohen*, 392 U. S 83, 107 (1968).

㊱ 参见 Erwin Chemerinsky, *Constitutional Law* § 2.4 at 53 n. 1 (3rd ed. 2006)。

㊲ In re Ballot Title, 431 P. 2d 1 (Or. 1967).

能意味着州可以监禁佩奥特掌敬拜者——或者它没有这种意味：

> 如果无资格享受失业救济取决于一项未经指控并未经判决的罪行的有罪或无罪，那么这就会提出可适用的精神状态和改变举证责任的问题，而救济金的发放程序既没有如此设计，也不能胜任这项工作。因为没有刑事案件提交到我们面前，所以关于在什么条件下根据州法指控美国原住民教会的成员在圣典上使用佩奥特掌的行为将违反俄勒冈宪法的问题，我们不会给出一项咨询性意见。[38]

美国联邦最高法院本来试图把这个案件回传给俄勒冈的法院。但俄勒冈的大法官们拒绝玩耍。“谢伯特案”及其标准是联邦法律，他们将按照自己最好的理解适用之。在“迫切利益”标准之下，史密斯和布莱克将会胜诉。

但戴夫·弗龙迈耶不能接受那种结果。他后来说，“如果我们未能把那个案件从书上拿掉，我们就会处在一个有害的世界中”[39]。许多外部观察者不同意那项提议——该州中的报纸和宗教领袖力劝这位检察总长不要再寻求调卷令了。但弗龙迈耶决心已定。他认为俄勒冈州最高法院错了；他认为，为一个教会或一种信仰制造一种法律的豁免违反了立教条款，这样做与为巴关创造一个城市如出一辙。但除此之外，他还有一个实际忧虑。如果佩奥特掌的宗教使用豁免于州法，多长时间之后就会有人要求对大麻的宗教使用提供同样的豁免呢?

这个想法不是想象出来的。到俄勒冈州最高法院的第二次判决时，在俄勒冈的法院中有一个实际案件涉及那个问题。该案被告是艾伦·维纳特，一位来自新泽西州的沉着、说话文雅的前嬉皮士，已经在俄勒冈州格兰茨帕斯附近的一个农场上定居下来。维纳特是前面提到的“新世界圣灵的万能工业教会”的一名任命牧师或“Boo-hoo”。该教会是 40 年代末由其中一位最先说被 UFO 上的外星人劫持的美国人创立的。但至少维纳特的这个分支演变成敬拜大麻。维纳特已经因在其农场上种植大麻而被捕，而且在审判中主张第一修正案保护他的敬拜行为。[40] 一项支持阿尔·史密斯和加伦·布莱克的判决未必意味着维纳特会胜诉。但那将使对维纳特的指控更加复杂，并可能鼓励其他被告提出同样的辩护。而且虽然佩奥特掌在俄勒冈州不是一个难题，但弗龙迈耶的确相信大麻的使用是一个问题。在其复审申请中，弗龙迈耶提出，现在的问题是“联邦宪法是否保护危险药品的宗教使用”。事实上，该申请建议联邦最高法院应当判决联邦政府为美国原住民教会提供的豁免本身是违宪的。

当联邦最高法院于 1989 年 3 月 20 日批准了复审令时，警钟响彻印第安部落。以前，待决问题是失业救济，并且史密斯和布莱克败诉的影响本来可能局限于俄勒冈州。现在，待决问题是佩奥特教徒的牢狱之灾。此时此刻俄勒冈州的胜利可能意味着，其他州将决定放弃它们自己对该教会的保护，甚至可能在俄克拉何马或亚利桑那等这些具有大量原住民人口的地方掀起一股

---

[38] *Smith v. Employment Div.*, 763 P. 2d 146 (Or. 1988) (法院意见)。

[39] *Hidden History*，前注⑥，at 1003。

[40] 同上注，at 995。

迫害高潮。

而且，复审令的批准不是一个好兆头。自从威廉·伦奎斯特于 1986 年升任首席大法官以来，联邦最高法院已经变得明显更加保守。在沃伦法院和（在更小程度上）伯格法院体恤印第安人特殊的文化和部落权利问题的地方，新的保守派多数意见对原住民的要求明显不耐烦。就在前一年，即 1988 年，联邦最高法院的多数简单地驳回了加利福尼亚一个印第安群体的一项挑战，该挑战针对美国林务局在一片国家森林中的宗教圣地附近建造一条伐木公路的计划。该林务局自己的人类学顾问认为，这条伐木公路将摧毁原住民的传统宗教。但在桑德拉·戴·奥康纳大法官撰写的意见中，多数法官甚至拒绝在印第安人遭受的损害和政府获得的收益之间作出平衡。政府可以用“毕竟是它的土地”[41] 做它喜欢的任何事。这块土地在美国占领之前属于印第安人长达数千年这一点完全不重要；对传统文化和宗教信仰自由的影响也不重要。

这里美国原住民教会正面临同样的命运。有组织的佩奥特宗教的领袖们第一次卷入了这个案件。在 20 世纪的大部分时间内，该教会一直避免可能的冲突，并在必要时致力于达成非正式和解或立法调和。该教会中的许多年长者不想与州和联邦的反毒品法规展开生死决斗。北美美国原住民教会是更大的佩奥特宗教运动组织中最大的有组织性教派之一，现在认为是时候终结史密斯和布莱克的挑战了。

北美美国原住民教会由美国原住民权利基金会代理，该基金会可能是在法庭上代表美国原住民利益的许多公共利益团体中最强大的。美国原住民权利基金会由约翰·厄科霍克创建于 70 年代早期，约翰是一位波尼族印第安人，也是毕业于新墨西哥大学法学院的第一位美国原住民。[42] 美国原住民权利基金会已经从事与西部各州政府的谈判和诉讼达数年之久，谈判和诉讼的主题是其委托人各部落政府的利益。在这些年中，厄科霍克已经成为弗龙迈耶的朋友。

现在，厄科霍克来到俄勒冈州，寻求避免即将到来的决战的办法。他请求阿尔·史密斯同意尝试与该州谈判解决问题，史密斯同意让他试试。厄科霍克于是向弗龙迈耶求助，恳求他用某种方法使这个案件从联邦最高法院的待审案件表上消失，因为该案对一个印第安人的古老信仰来说具有致命的危险。

弗龙迈耶同意谈谈。他几乎没有动机和解；大多数联邦最高法院的观察者尽管在争议焦点上持正反两种观点，但都认为大法官们已经批准了复审令，目的是推翻俄勒冈州最高法院的判决。当和解谈话于 1989 年 10 月 24 日开始时，这位检察总长处于有利地位。他不想起诉教会成员；但他坚信，如果俄勒冈州要避免围绕毒品使用豁免的宗教要求产生不断诉讼的危险，史密斯案的先例必须从书本上拿掉。在彻夜的谈判中，伴随着比萨和咖啡，州的律师、美国原住民权利基金会的律师和阿尔·史密斯的法律援助律师克雷格·朵赛达成了一项协议。根据协议条款，俄勒冈州将通知联邦最高法院它

㊶ *Lyng v. Northwest Indian Cemetery Protective Ass'n*，485 U.S. 439，453 (1988)．

㊷ Hidden History，前注⑥，at 1004。

要撤回复审请求（这是一项异常且有点令人为难的步骤，因为这项请求已经获得批准，并且离口头辩论只有几个星期了）。作为交换，史密斯和布莱克将请求俄勒冈州最高法院撤销对他们有利的判决。这两个人也将偿还他们按照俄勒冈州法院最初的判决已经获得的失业救济。㊸

这项协议令该教会满意，将阻止致命的危险。它令该州满意，会抹掉一个在它看来很危险的先例。但它没有为阿尔·史密斯带来多少实惠。偿还救济金不会从他的口袋里出——美国原住民权利基金会和教会官员向他保证，富有的捐献者会很高兴地开出支票——但这是一种投降，一种屈辱，并且承认了他犯了错，而白人文化自始至终都是正确的。美国原住民权利基金会的代理人直截了当地告诉他，接受这项协议是他的责任，无论喜欢与否。而且史密斯开始收到来自国内其他地方的该教会领袖的信息和电话，恳求他不要"剥夺我们的魔药"。

但这种压力最终引发逆火。阿尔·史密斯从来就不服从任何人的指挥，不论青红皂白。而且史密斯和他的家人感到，教会领袖在处理问题的方式上很无礼。最后，史密斯只剩下几个提供建议者：他的妻子简·法雷尔·史密斯和一位向其介绍佩奥特教的路人斯坦利·斯玛特。斯玛特尤其劝告史密斯坚持到底。斯玛特说，始祖佩奥特掌活在法律边缘的时间够长了。可能是该弄清白人的第一修正案是否足以包容印第安人的这项传统的时候了。而且现在已经将近七十岁的史密斯因以下消息而感到焦虑：这项协议将要寄给他的孩子们，其中两个还在读小学。某一天，他将会离去，可能这是他们能够记住的所有东西——他们的父亲已经不知所措，从最后的战斗中逃走了。他后来记得当时在想，"我不能让我的孩子们有那种想法"。"于是我睡了几个小时。我［给克雷格·朵赛］打了电话并告诉他，'好吧，让咱们去法庭。'"㊹

联邦最高法院的第二次判决

联邦最高法院于 1989 年 11 月 6 日在后来所称的"史密斯第二案"（Smith Ⅱ）中听审了口头辩论。弗龙迈耶自己为该州作出辩护，他是一位曾经参加过六次联邦最高法院听证的老手。㊺ 他主张，为佩奥特教提供豁免将为无数要求为其他毒品提供豁免的宗教要求打开大门。他承认教会成员对佩奥特掌的使用迄今为止是安全且负责的。但是将来呢？"教派习惯甚至个人信徒在长久存在的宗教中能够并确实会改变……如果教派或教会的控制减弱或改变，对那种宗教习惯的永久性豁免将仍然铭刻在权利法案中。"㊻

克雷格·朵赛为史密斯和布莱克辩护。他发现大法官们怀疑他的论点，即本案与根据"谢伯特"标准判决的其他案件没有区别。"里昂案"（Lyng）判决的作者奥康纳大法官问他，一项支持史密斯和布莱克的判决是否要求对大麻也提供宗教豁免。朵赛开始说，"我不想沿那条路走得太远"。奥康纳嘲讽说，"我敢打赌你不会"。这引来了大法官们和听众的笑声。斯卡利亚大法

㊸ 同注㊷，at 1007－1008。

㊹ 同上注，at 1010（方括号略）。

㊺ 同上注，at 967 n. 58。

㊻ Transcript of Oral Argument at 24－25，Smith Ⅱ，494 U. S. 872（1990）.

官问道，如果阿兹特克人（Aztecs）想从事活人献祭，他们是否也将有权利豁免于禁止谋杀的法律。朵赛控制住自己对这个问题的愤怒，它似乎把该教会等同于谋杀。[47]

足够有趣的是，在整个辩论（记载于当事人和法院临时顾问对该案所作的摘要中）中，双方没有人，也没有大法官提出该案应该根据“谢伯特案”之外的任何其他标准作出判决。俄勒冈州论证说，它有一种迫切利益，使豁免成为不可能；史密斯和布莱克论证说，该教会没有危害毒品法的完整性，可以得到豁免。

然而，当联邦最高法院于1990年4月17日宣布判决时，当事人——以及国内的许多宗教团体——震惊地发现，五位大法官已经决定利用这个机会实际上废除迫切利益标准。斯卡利亚写道，“近年来，我们已经完全放弃了适用‘谢伯特’标准（在失业救济领域之外）”[48]。那似乎倾向于支持史密斯和布莱克；他们的要求是获得失业救济。但联邦最高法院决定将他们的要求视为请求豁免于刑事指控——这是一个在联邦最高法院的要求下才获得辩论的问题。多数意见现在说，在涉及“对一种特定行为施加全面刑事禁止”的情形中，“谢伯特案”并不适用。[49] 更好的规则是，“信仰自由权利并不‘因为法律禁止（或规定）其宗教规定（或禁止）的行为’就解除个人遵守‘普遍适用的有效且中立的法律’的义务”[50]。

的确，宗教权利要求者已经在其他案件中胜诉——但斯卡利亚现在解释说，那些胜利不仅仅基于自由信教权利，而且是处于所谓的“混合案件”类型中（史密斯案之前闻所闻未），这类案件“不仅涉及自由活动条款，而是自由活动条款连同其他的宪法保护，譬如言论和新闻自由……或者父母管理他们孩子的教育的权利”[51]。

这项新规则似乎将宗教自由活动权利降低到宪法价值中的二等地位上。斯卡利亚大法官认为，法院不应当评价个人的宗教要求。美国是一片具有许多信仰之地，他解释说，而且“恰恰因为我们重视并保护那种宗教差异，当适用于宗教异议者时，我们无法奢侈地认为针对并不保护最高秩序利益的行为的所有调控‘假定无效’”[52]。

那种语言让许多非法学家震惊，他们认为这意味着备受珍视的所有信仰平等且被尊重的美国理想现在被认为是政府不必遵守的东西。对法学家来说，这个意见的其他方面几乎同样令人震惊[53]：斯卡利亚似乎相当傲慢地歪曲先例以使它们适合他的分析。例如，他大量援引“麦诺斯维尔学区诉戈比

---

[47] 同注[46]，at 42-45。

[48] 494 U. S. at 883.

[49] 同上注，at 884。

[50] 同上注，at 879（引用了 *United States v. Lee*，455 U. S. 252，263，n. 3（1982）（斯蒂文斯大法官的赞同意见））。

[51] 同上注，at 881（引证略）。

[52] 同上注，at 888。

[53] 例如参见 Michael W. McConnell，*Free Exercise Revisionism and the Smith Decision*，57 U. Chi. L. Rev. 1109，1125（1990）。麦康奈尔的批评尤其引人注意，因为他是一位坚定的法律保守主义者，后来被乔治·W·布什总统任命为上诉法院法官。（他也是本书第一章的作者。）

蒂斯案”[54]。这是1940年的一个案件，其中联邦最高法院判决，自由活动条款并不免除公立学校中的耶和华见证人儿童向国旗行礼并诵读效忠誓词的义务，尽管按照他们的宗教信仰，这种向一个“偶像”行礼的行为是应该受到永恒诅咒惩罚的邪神崇拜。可是，“戈比蒂斯案”并不是一项良法——三年后联邦最高法院在“西弗吉尼亚州教育委员会诉巴内特案”[55]（第十二章讨论了该案）中明确推翻了它。斯卡利亚在该意见的其他地方以简单的一连串引用的方式承认了“巴内特案”的权威。因为在“巴内特案”中联邦最高法院依靠自由言论条款判决学校当局不能要求任何儿童（不管他/她的宗教信仰为何）诵读他/她不信仰的言词，斯卡利亚表示“巴内特案”是一个“混合”案件，这就使“戈比蒂斯案”成为一个有效的先例，尽管它的结果已经被清除了。即使专攻宗教自由的法学家也不得不反复研读这两个案件以理解斯卡利亚意见。

奥康纳大法官对结果表示赞同，尽管她的单独意见读上去像一个反对意见。她批评“中立、普适”的标准在联邦最高法院的先例中没有基础。“我们的宗教自由活动判例都涉及普适的法律，这些法律对宗教习惯施加了显著负担。如果第一修正案要有任何生命力的话，它不应当被解释为只包括极端和假设的情形，即一州直接以一种宗教习俗为打击目标。”[56]

奥康纳大法官强调，维持迫切利益标准对于持续保护宗教自由活动权利是必要的：

> 在我看来……宗教自由活动主张的本质是免除政府施加于宗教习惯或信仰的负担，无论这项负担是通过禁止或强迫特定宗教习惯的法律直接施加的，还是通过在效果上使放弃自己的宗教信仰或符合他人的宗教信仰成为在这个文明共同体中获得平等地位的代价的法律间接施加的。[57]

奥康纳以毫不含混的语气为该标准作了辩护，引用了“巴内特案”中罗伯特·杰克逊大法官对权利法案含义的解释（她尖锐地指出该案已经推翻了“戈比蒂斯案”）：

> 一部权利法案的目的恰恰在于把某些事务从政治争议的变化无常中撤出来，将它们放在多数派和官员们的权力所及范围之外，并将它们确立为由法院适用的法律原则。一个人的生命、自由和财产权、言论自由、新闻自由权、拜神和集会自由以及其他基本权利，不应该服从于投票；它们不依赖选举的结果。[58]

奥康纳大法官毫不含混的语气为她赢得了来自许多评论员的喝彩，他们几乎好像没有注意到在她看来，结果仍然应当是阿尔·史密斯和加伦·布莱克失败。奥康纳大法官在刑事司法上是一位强硬派，而且她是“里昂案”判决意见的撰写人，该意见驳回了原住民宗教的要求，认为这些要求过多地干

---

[54] 310 U.S. 586 (1940).

[55] 319 U.S. 624 (1943).

[56] Smith Ⅱ, 494 U.S. at 894（奥康纳大法官的赞同意见）。

[57] 同上注，at 897。

[58] 同上注，at 903（引用了“巴内特案”，319 U.S., at 638)。

涉了政府的特权。现在她指出，保护美国原住民教会需要妨碍俄勒冈州的判断，即佩奥特掌是一种毒品，并且在其毒品滥用法中不应该设置任何例外。“我相信，在本案中赋予一种选择性豁免将严重损害俄勒冈州禁止其公民占有佩奥特掌这一迫切利益。在这些情形下，自由活动条款并不要求该州必须容纳被上诉人受宗教动机驱使的行为。”[59]

布莱克蒙大法官（布伦南和马歇尔大法官加入）撰写了一份充满激情的反对意见，认为多数意见“不加选择地推翻了涉及我们宪法中宗教条款的已定法律。人们希望联邦最高法院意识到所带来的后果，并且其结果并不是对这个国家的毒品危机引发的严重问题的过度反应”[60]。

史密斯案的余波

如果说多数法官不知道判决将要带来的后果，这也没有持续很久。“史密斯第二案”的判决意见触发了一股国内新闻界的恶评大潮。[61] 主流宗教的领袖也愤怒地对此意见作出反应——该意见似乎使宗教自由降到本国个人权利的二等地位。一个宗教领袖联盟立即向联邦最高法院提交了一份请愿书，要求大法官们撤销“史密斯第二案”的判决，并重新听取辩论，在需要考虑的问题中，这次明确考虑“迫切利益”标准问题。[62] 联邦最高法院在最初的判决下达几个月后发布了一份一句话命令，驳回了这项请求。[63]

一旦动员起来，这个联盟开始游说议员通过立法推翻这项判决。支持立法的团体异常广泛，从左翼的美国公民自由联盟和美国方式人民协会（People for the American Way）一直到一些宗教权利的坚定组织，譬如帕特·罗伯森发起的美国法律与司法中心和全国家庭学校辩护协会。然而，它并没有足够广泛，以将美国原住民教会包括进来。联盟领袖们告诉该教会，佩奥特掌具有争议性，可能应在其他时间讨论。立法史显示国会未必想推翻“史密斯第二案”的“判决结果”。在与立法领导人的协调中，他们并没有反对这一历史。佩奥特掌在迫切利益标准之下可能仍然是非法的，正如奥康纳大法官的赞同意见所显示的那样。[64] 在起草所提议的补救立法时，美国原住民教会被排挤在一边，教会领袖及其律师们对此很生气。[65]

---

[59] 同注[56]，at 906。

[60] 同上注，at 908（布莱克蒙大法官的反对意见）。

[61] 例如参见 Nat Hentoff, *Justice Scalia vs. the Free Exercise of Religion*, *Wash. Post*, *May* 19, 1990, at A25（概括地指出“史密斯案”的判决给 200 年的权利法案蒙上了一层阴影）；*Indian Religion: Must Say No*, Economist, Oct. 6, 1990, at 25 (U. K. ed. p. 51)（判决“令教会领袖们震惊，无论基督教还是犹太教”）；Samuel Rabinove, *The Supreme Court and Religious Freedom*, Christian Sci. Monitor, June 25, 1990, at 19（回忆了麦迪逊的警告：“对第一次拿我们的自由所做的实验感到惊恐是对的。”）；Edwin Yoder, *A Confusing Court Ban on Peyote's Ritual Use*, St. Louis Post-Dispatch, Apr. 23, 1990, at 3C（“理论上，所有宗教在第一修正案之下是平等的；但在法院的眼里，某些宗教明显比其他宗教高一等。”）。

[62] Douglas Laycock, *The Supreme Court's Assault on Free Exercise, and the Amicus Brief That Was Never Filed*, 8 J. L. & Religion 99 (1990).

[63] 496 U. S. 913 (1990).

[64] 例如参见 H. R. 103-188, “Religious Freedom Restoration Act of 1993” (May 11, 1993)（指出《宗教自由恢复法案》“不会命令所有州允许在仪式上使用佩奥特掌”）。

[65] Unknown God，前注 8，at 230-231。

努力游说的结果后来被称为《宗教自由恢复法案》(Religious Freedom Restoration Act)，而且它是由国会于 1993 年几乎全体一致通过的。[66] 这项法案是基于国会根据第十四修正案第五款[67]所拥有的执行平等保护和正当法律程序等这些全国宪法价值的权力。它指示法院适用迫切利益标准，只要中立的法律给个人的"宗教自由活动"权利造成负担，也不管这项负担是源自联邦或州法，还是来自联邦或州的行政行为。[68] 克林顿总统热心支持并于 1993 年 11 月签署了这项法律，并说道："让我们尊重彼此的信仰，誓死保护每一个美国人践行其信念的权利，把我们的价值观拿回到美国人的话语表中，以治愈我们这片受到困扰的土地。"[69]

与此同时，美国原住民教会也在别处寻求救济。参议员丹尼尔·帕特里克·伊诺耶是一位被授过勋章的二战老兵，看到把佩奥特教与犯罪性毒品使用混在一起，对这种偏执感到很气愤。他的法案在《宗教自由恢复法案》颁布一年后获得通过，被称为《美国印第安宗教自由法案 1994 年修正案》(American Indian Religious Freedom Act Amendments of 1994)。[70] 该法案规定，州或联邦政府不能基于"与传统印第安宗教习惯有关的使用、占有或运输"佩奥特掌而处罚或歧视属于印第安部落成员的佩奥特教徒。特别是，政府不能通过"剥夺在公共援助计划之下本来可以提供的救济金"[71] 来惩罚佩奥特教徒。该法案第一次将该教会以及普遍的佩奥特宗教放在了牢固的合法基础之上。但一些观察家指出，这项法律的保护只局限于那些登记在册的印第安部落成员。按照它的规定，阿尔·史密斯本应获得他的失业补助；加伦·布莱克则不会获得保护。

与整个国家的公众反应相比，俄勒冈州的公众对"史密斯第二案"的负面反应更加强烈。在努力为该州控制其自身毒品法的权利辩护之后，戴夫·弗龙迈耶现在发现自己被他自己的立法机构抛弃。"史密斯第二案"判决之后只有几个月的时间，俄勒冈州立法机构就修正了该州的《受控药品法案》(Controlled Substance Act)，规定刑事指控不能针对因"真诚的宗教信仰习惯"而占有佩奥特掌的被告。[72] 检察总长办公室已经表达过一种担心，即在俄勒冈州宪法之下提供一种豁免的可能含义，这次没有发表支持或反对立法的意见。

《宗教自由恢复法案》是 90 年代国会通过的最具争议的法律之一。国会试图推翻联邦最高法院的一项宪法判决很不寻常。在首席大法官伦奎斯特的领导下，联邦最高法院在审查国会行动上变得咄咄逼人，在任何开庭期内宣布无效的联邦法案比之前大多数联邦最高法院在一个 10 年期内推翻的联邦法案还要多。1997 年，它对国会的挑战反应强烈。在"波尔尼市诉弗洛雷

---

[66] 同注[65]，at 233。

[67] U. S. Const. amend. XIV，§ 5（授予国会"通过适当立法执行该修正案各条款"的权力）。

[68] 42 U. S. C. § 200bb (1993)．

[69] Unknown God，前注 8，at 233－234。

[70] Pub. L. No. 103－344 § 2，108 Stat. 3125（作为修正条款汇编为 42 U. S. C. § 1996a (2000)）。

[71] 同上注。

[72] Or. Rev. Stat. § 475. 992 (5) (2001)．

斯案”（*City of Boerne v. Flores*）中[73]（在第十四章中详细讨论），联邦最高法院判决，国会在第十四修正案之下没有比联邦最高法院认为宪法所要求的更大的权力保护宗教自由。安东尼·肯尼迪大法官为法院多数意见写道，“《宗教自由恢复法案》是为了控制案件和争议，但由于联邦法案的规定超越了国会的权力范围，正是本院的先例而不是《宗教自由恢复法案》必须起支配作用”[74]。

但“波尔尼”案更多的是为州的权利辩护，而不是为“史密斯第二案”的判决辩护。联邦最高法院似乎对“史密斯案”裁决很不安，大法官奥康纳和苏特（本案判决时还没有到联邦最高法院任职）呼吁重新审查这项判决。[75]在“动物祭祀案”（*Church of the Lukumi Babalu Aye v. City of Hialeah*）中[76]，联邦最高法院的多数意见已经表示，“史密斯第二案”的“中立、普适”要求产生的影响比判决下达时想象的要大得多。

“动物祭祀案”涉及佛罗里达州海尔勒阿市通过的一项“虐待动物”法令。该法受到一群“圣徒之路”信徒（Santerists）的挑战。“圣徒之路”是一个古老的古巴黑人宗教，礼拜时要供奉山羊和小鸡等这类小动物。由于这项法律，“圣徒之路”的信徒被迫放弃了在海尔勒阿市的一个原汽车经销区建造一座新寺庙的计划。在“史密斯案”中，斯卡利亚大法官引用了这个事例，后来下级联邦法院也引用了这个事例，作为应当豁免于自由活动条款审查的一项法律的例证。[77]但当这个案例到达联邦最高法院时，大法官们判决该法令根本不是中立的，也不是普遍适用的。

这项判决异常彻底。这一点令人惊奇，因为海尔勒阿市的法令（尽管斯卡利亚大法官可能写得太匆忙，没有注意到这一点）明显在表面上就不是中立的。它没有普遍禁止虐待动物，而是只禁止对动物的“仪式性屠杀”——因而表面上就单独挑出了宗教。联邦最高法院本来可以只依靠这种表面上的非中立性。但多数意见非常系统地检查了该法的结构，指出它的制定是为了挑出一种宗教习惯（因而违反了“中立性”要求），而且它谨慎地豁免了科学研究、害虫防治、狩猎运动甚至为犹太教食物而从事的动物屠杀行为（因而也不是“普适的”）。[78]

这样，联邦最高法院拐弯抹角地放弃了“史密斯第二案”裁决不加区别的性质。某些州法和联邦法律给宗教少数派造成负担，而“动物祭祀案”为力图挑战这些法律的诉讼者提供了一个路线图。“史密斯第二案”判决的撰写人斯卡利亚大法官反对审查“动物祭祀案”的联邦最高法院仔细审查该法律的结构。他解释了自己的观点，即给予各州立法机构广泛的自由裁量权为宗教少数派提供豁免，或者拒绝这种通融。但在“动物祭祀案”之后，联邦最高法院在宗教自由活动事务上回到从前，而且任何未能满足“动物祭祀

---

[73] 521 U. S. 507 (1997).

[74] 同上注，at 536。

[75] 参见 Boerne, 521 U. S. at 544－545（奥康纳大法官的反对意见）；同上注，at 565（苏特大法官的反对意见）。

[76] 508 U. S. 520 (1993).

[77] Smith Ⅱ, 494 U. S. 872, 889 (1990).

[78] 508 U. S. at 532－546.

案”的严厉标准的法律都将根据迫切利益标准来判断，而迫切利益标准现在被认为可以适用于失业救济之外的许多领域。[79]

如果说“动物祭祀案”表明“史密斯案”的影响范围是有限度的，那么2006年的一个案件表明“波尔尼案”也有其限度。联邦最高法院已经判决国会没有权力将迫切利益标准强加于各州，但《宗教自由恢复法案》作为对联邦政府的限制仍然有效。因此，在 *Gonzales v. O Centro Espirita Beneficente Uniao Do Vegetal* 案中[80]，联邦最高法院将《宗教自由恢复法案》适用于与“史密斯案”相似的事实上。在首席大法官罗伯茨撰写的一致意见中，联邦最高法院判决，迫切利益标准要求联邦政府为一个总部位于巴西的基督教招魂术教派提供豁免，不受一项中立的联邦药物法的限制，该法律本来是禁止使用 Hoasca（一种致幻茶叶）。联邦政府主张联邦的执行政策不能允许任何豁免，但在一种具有讽刺意味的转变中，联邦最高法院发现，对在仪式上使用佩奥特掌的豁免证明这一论点是虚假的。[81]

与此同时，2000年国会通过了《宗教性土地使用和被收容人员法案》(Religious Land Use and Institutionalized Persons Act)[82]，部分填补了《宗教自由恢复法案》的无效所遗留的空隙。《宗教性土地使用和被收容人员法案》在两个特定背景下将迫切利益标准适用于州和联邦行为——区域规划决定（zoning decisions）（如在“波尔尼案”中那项利害攸关的决定）和囚犯参加宗教礼拜的权利。虽然输掉了“史密斯案”和《宗教自由恢复法案》的较量，但宗教自由活动权利的提倡者们赢得了其他的重要胜利。围绕宗教自由活动的长期斗争仍在继续。

当事人的后续人生

虽然在解决问题的关键时刻阿尔·史密斯遭到北美美国原住民教会官员的鄙视，但史密斯现在被许多美国原住民看作一位英雄，坚持不懈、孤单而紧张地力求为佩奥特教赢得保护。他和妻子简·法雷尔·史密斯退隐于俄勒冈州的尤金市。2000年，他在俄勒冈大学的长屋（Long House）（美国原住民学生活动中心）举办了盛大的印第安宴会，庆祝他的八十寿辰。之后不久，他还作为贵宾出席了一次美国原住民教会的帐篷仪式。

戴夫·弗龙迈耶于1990年竞选俄勒冈州州长。虽然他作为最受喜爱的人参与了选举，但由于他赞成堕胎和总体上温和的立场，一组脱离组织的保守共和党人拒绝支持他。他们推举了一位独立候选人，在11月份夺走了刚刚足够的选票，使选举优势摆向了弗龙迈耶的民主党对手芭芭拉·罗伯茨。选举结束后不久，1991年9月12日，凯蒂·弗龙迈耶死于范可尼贫血并发症。1992年，弗龙迈耶离开政坛，成为俄勒冈大学法学院院长，担任这一职位直到2008　2009学年结束。经过长期而勇敢的抗争之后，柯尔斯顿·弗龙迈耶也于1997年6月20日死于范可尼贫血症。

---

[79] 同注[78]，at 546。

[80] 546 U.S. 418 (2006).

[81] 参见上注，at 433。

[82] P.L. 106-274，114 Stat. 803（汇编为 42 U.S.C. § 2000cc (2000)）。

14

波尔尼市诉弗洛雷斯的故事：联邦主义、权利与司法至上

马克·图施耐特
车效波　译

引言

联邦最高法院在“就业处诉史密斯案”[①] 中的判决（第十三章）遭遇到来自范围广泛的宗教和公民自由组织的抗议风暴。他们召集了一个联盟来推动制定一部联邦法案，该法案如果获得通过将指示法院在“史密斯案”判决前盛行的“迫切利益”标准适用于给宗教信仰造成负担的州法和联邦法律。作为回应，国会通过了 1993 年《宗教自由恢复法案》（Religious Freedom Restoration Act）。[②]

《宗教自由恢复法案》联盟包括五十多个利益集团，从教会游说实体到美国公民自由联盟和美国方式人民协会，后两个组织常常反对各宗教利益团体支持的提案（initiatives）。这个联盟指向了它认为不适当干预了宗教自由的州和地方行为。例证从划区决定（在这些决定中，各城市拒绝允许在最适宜的地点集会），到剥夺囚犯获得宗教材料的权利，再到以下情形：一些人的宗教信仰认为解剖是对身体的亵渎，而政府却要求对这些人实施似乎不必要的解剖。

州和地方政府官员发现在政治上很难反对《宗教自由恢复法案》，众议院于 1993 年 5 月口头通过了该法案，没有反对记录。州的惩教官员的确动员起来，为他们的工作寻求豁免。然而，该联盟采取非此即彼的立场，因为它的组织者信奉该法案的普遍原则，并且认为如果该法案的某些部分受到损害，对这项提案的政治支持就会被削弱。参议院以 58 票对 41 票否定了为监狱设置豁免的提议，而且克林顿总统于 1993 年 11 月 16 日签署了该法案，使之成为法律。

《宗教自由恢复法案》从一系列“发现”开始，但它们不是通常的事实发现。相反，该法案列举说，国会“发现”，“宪法的制定者将宗教自由活动视为不可剥夺的权利，在第一修正案中确保该权利受到保护”；但中立性法律可能会给宗教造成负担；“如果没有迫切的正当理由，政府不应为宗教活动施加实质负担”；“史密斯案”“实际上废除了”这种要求；以及“之前联邦法院的判决所阐明的迫切利益标准是明智地权衡宗教自由和与之相对的优先政府利益之间关系的一项切实可行的标准”[③]。

《宗教自由恢复法案》还声称，它的目标是“恢复”联邦最高法院在“史密斯案”之前的案件中“阐明的迫切利益标准”。它规定，政府（被界定为包括联邦、州和地方机构）不得对一个人的宗教活动施加实质负担，即使通过执行普适的中立法律也不能这样做，除非政府证明“负担的施加”提升了“一项迫切的政府利益”，并且是实现该目标的“最小限制性手段”[④]。

---

① 494 U.S. 872 (1990).

② 42 U.S.C. § 2000bb et seq. (2000).

③ 同上注，§ 2000bb (a)。

④ 同上注，§ 2000bb-1。

国会以其在第十四修正案第五款之下的权力作为制定《宗教自由恢复法案》的基础。第十四修正案第一款规定，“未经法律正当程序，任何州不得剥夺任何人的生命、自由和财产”。第五款规定，“国会有权通过适当立法执行本条的规定”⑤。“波尔尼市诉弗洛雷斯案”⑥ 提出的问题是，第五款是否授予国会通过《宗教自由恢复法案》的权力。(该市的名字读作“Bernie”。)

这个问题处在宪法的结构性规定及其个人权利规定的交叉点上。联邦主义的各项原则要求国会只有联邦宪法列举的那些权利。如果国会不能依赖一项列举权力作为《宗教自由恢复法案》的基础，如第五款，那么这项法案就是违宪的，就是在一个联邦宪法没有委托给国会的领域中立法。因此，这个问题在“波尔尼案”中就变成：“什么是执行第十四修正案第一款的适当立法?”

反过来，第一款宣称，未经正当程序各州不得剥夺个人（包括联邦最高法院的先例认可的法人）的自由。然而，“史密斯案”判决，一项普适的中立法律没有剥夺任何人的宗教自由活动的权利。《宗教自由恢复法案》的目的在于要求中央政府以及更重要的是州和地方政府只有存在迫切的理由时才能向宗教自由活动施加负担——即使“史密斯案”判决第一款没有要求它们必须具备这种理由。那么怎样才能把《宗教自由恢复法案》说成是一项“执行”第一款保护的权利的法案呢?

《宗教自由恢复法案》直接提出了一个联邦主义问题。间接地，它还提出了两个权力分立的问题。国会意图指示法院适用一项联邦最高法院本身否定了的标准。联邦最高法院之所以否定这项标准，至少部分因为它认为在这一点上实施“迫切利益”标准超出了司法部门的能力。国会能够指示法院去实施一项法院自己说它们缺乏实施能力的标准吗? 而且更重要的是，即使联邦最高法院不同意，国会能够详细指明什么权利受到第十四修正案第一款的保护吗?

案件事实

得克萨斯州的波尔尼市是一个城郊住宿区，在圣安东尼奥市西北方向 30 英里处。1992 年该市创建了一个历史文化保护区，希望吸引游客并为当地古董商提供良好氛围。圣彼得天主教堂位于历史文化保护区内。该教堂于 1923 年建成，模仿了圣安东尼奥市内的一座西班牙教堂。驾车者接近波尔尼时，可以明显看到该教堂坐落在山坡上。该市历史地标委员会主席菲利普·贝尔称这座教堂为“整个城市的招牌”⑦。

随着圣安东尼奥市人口的增长，它的郊区也在扩展，而且更重要的是，圣彼得教堂的会众也在增长。该教堂容纳约 230 人，但到 20 世纪 90 年代初，另外的 40 到 60 人定期来做弥撒。这是圣安东尼奥的大主教弗洛雷斯（P. E. Flores）预计只会增加的数量。大主教弗洛雷斯授权教区扩建该教堂。1993 年年底，该教堂申请了建筑许可。按照教会的提议，教堂的正面将予

⑤ U. S. Const. amend. XIV.

⑥ 521 U. S. 507 (1997) .

⑦ Thaddeus Herrick, *Preservation Law Pits Church Versus State*, Hous. Chron. , Aug. 27, 1995, at 1.

以保留，但门面之后80%的结构将被拆除，并为会众增加700个座位。经过一次公共听证之后，该市的历史地标委员会拒绝同意这些计划，并且市议会也投票否决了这项申请。贝尔说，“我们宁愿你们建一座新教堂，但不能动旧教堂一块石头”[⑧]。教堂的建筑师估计，遵循那项方案将使项目成本增加50万美元。

申请这项建筑许可的大主教将该市诉至联邦法院。这项诉讼提出了大量宪法性主张（包括拒绝建筑许可是“征收”教堂的财产），但其主要焦点在于《宗教自由恢复法案》。大主教认为，拒绝许可违反了《宗教自由恢复法案》，因为它向教会施加了一项实质性负担，而且不能被任何迫切利益证明有正当理由。该市答辩说《宗教自由恢复法案》是违宪的。仅仅在《宗教自由恢复法案》问题上，联邦地区法院判决该法案违宪。[⑨] 该市将案件上诉至联邦第五巡回上诉法院[*]，该法院推翻了地区法院的判决，支持了该法案。[⑩]

先例

联邦最高法院界定国会在第五款之下所拥有的权力范围的判决意见很罕见。原因是：南方重建结束后的几十年来，国会对执行宪法权利问题不感兴趣。20世纪60年代的民权运动促使国会开始行动。但国会所做的大部分决定都指向私人当事人——譬如制定了禁止在就业、住房和公共住宿场所方面实施歧视的联邦法律。[⑪] 考虑到1883年的“民权系列案”[⑫] 禁止了国会行使其在第五款之下的权力对付这类当事人，国会就依赖了其调控州际贸易的权力。联邦最高法院在那个基础上支持了这种立法，避免了第五款问题。[⑬] 民权运动也挑战了投票权方面的歧视，在这一点上，国会在第十四修正案第五款之下的权力明显可以适用。同样，国会在并列的第十四修正案第二款之下有权执行那项修正案关于禁止基于种族剥夺投票权的规定。

1965年《投票权法案》[⑭] 给了现代的联邦最高法院首次机会，去审查国会执行重建修正案的权力范围。民权激进分子挑战了美国南部普遍禁止非洲裔美国人投票的做法。他们攻击的首要目标之一是利用文化水平测试取消非洲裔美国人投票资格的做法。在1959年“拉斯特诉北安普敦县选举委员会案”[⑮] 的判决中，联邦最高法院驳回了以下主张：为投票举行的文化水平测试一律违宪。但民权激进分子说，南方的选举官员以歧视的方式实施文化水平测试；向非洲裔投票者提出的问题不会向白人投票者提出，投票登记官员

---

* 这里的上诉人是“弗洛雷斯”而不是“波尔尼市”。——译者注

⑧ Zeke MacCormack, *Church Versus State*, San Antonio Express-News, Feb. 16, 1997, at 1.

⑨ 877 F. Supp. 355, 357 - 358 (W. D. Tex. 1995).

⑩ 73 F. 3d 1352, 1364 (5th Cir. 1996).

⑪ 参见Civil Rights Act of 1964, 42 U. S. C. §§ 2000a - 2000h - 6 (2000); Fair Housing Act of 1968, 同上注，§§ 3601 - 3619, 3631。

⑫ 109 U. S. 3 (1883).

⑬ 参见*Katzenbach v. McClung*, 379 U. S. 294 (1964); Heart of Atlanta Motel v. United States, 379 U. S. 241 (1964)。道格拉斯大法官其实基于第五款支持了这项国会行动。参见Heart of Atlanta Motel, 379 U. S. at 279 (道格拉斯大法官的部分赞同意见和部分反对意见)。

⑭ 42 U. S. C. §§ 1971 - 1974 (2000).

⑮ 360 U. S. 45 (1959).

接受白人申请者的答案，却拒绝非洲裔申请者的同样答案。根据原有先例“*Yick Wo v. Hopkins* 案”⑯，带有歧视性地实施一项法案——这项法案在得到公正实施时是合宪的——是违宪的。

民权激进分子和国会面临的问题是，在任何个案中都很难证明一名选举官员歧视了非洲裔申请者，甚至更难证明选举官员在足够多的情形中歧视了非洲裔申请者，以至于对南部非洲裔美国人的登记产生了实质影响。逐案诉讼需要投入大量时间——联邦最高法院举了一个例子，其中仔细检查登记记录以准备一项挑战需要花费 6 000 个工时。因此，这样的诉讼进展很慢，尤其是因为南部的选举官员不合作。还有，成功挑战一州的策略需要创造性地阐明某些新的要求，从而陷入同样漫长的诉讼过程。

《投票权法案》处理了文化水平测试和其他测试的歧视性实施问题，没有完全禁止这种测试，而是当存在某种理由认为它们已经被用于歧视时才加以禁止。实施机制是这样的：联邦官员将检查投票率和法规汇编。如果他们发现某些辖区使用了文化水平测试，而该辖区内少于 50%的投票适龄人口登记投票或已经投票，那么这些测试的使用就必须中止。另外，如果没有将新的标准提交美国司法部长，并受到司法部长批准（认为这些新标准不具有种族歧视目的且不具有种族歧视效果），受到该法案限制的州就不能施加新的标准或程序。

南卡罗来纳州根据联邦宪法第三章授予联邦最高法院在“一州作为一方当事人”的案件中具有初始管辖权的规定，直接在联邦最高法院提起了一项初审诉讼，挑战上述法案中的那些规定。（三位大法官投票反对受理这个案件；他们更倾向于首先让下级法院考虑这项宪法挑战。）联邦最高法院在这类案件中通常会任命一位特别助理（special master），但这次立即听审了该案件。它还邀请了所有州参与这项诉讼。5 个南方州提交了非当事人意见陈述，支持南卡罗来纳州的挑战。21 个州提交了支持《投票权法案》合宪性的意见。

联邦最高法院在首席大法官厄尔·沃伦撰写的意见中支持了《投票权法案》。⑰（胡果·布莱克大法官只在“事前批准”要求方面持反对意见，他认为这项要求与以下原则相抵触：各州不能被要求“乞求联邦政府同意它们的政策”。这项主张预见了联邦最高法院的一些更晚近判决，这些判决认为征用各州立法机构或行政官员的联邦法案违宪。⑱）

首席大法官沃伦撰写的法院意见开头就说，“国会制定这项法案的目的在于消除种族歧视对投票活动的破坏”，并且宣称该法案“在投票歧视普遍存续的地方创造了新的紧急补救措施”。正如他的分析所阐明的，问题的普遍性证明了这些补救措施的紧迫性。该判决意见检查了国会在采纳该法案之前举行的广泛听证，并发现“国会感觉自己遭遇了一种暗中为害且普遍存在的弊病，该弊病一直长期存在于我们国家的某些地区，持续且巧妙地藐视联邦宪法”。然后“它作出结论，过去开出的不成功的补救处方必须被更严厉

---

⑯ 118 U. S. 356 (1836) .

⑰ 参见 *South Carolina v. Katzenbach*，383 U. S. 301，308 (1996)。

⑱ 参见 *Printz v. United States*，521 U. S. 898 (1997)；*New York v. United States*，505 U. S. 144 (1992)。

且更精密的措施代替，以满足第十五修正案的明确要求”⑲。

该意见详述了投票权诉讼的历史。它注意到，排除非洲裔投票者通过歧视性地实施文化水平测试而发生，而且逐案诉讼十分困难。该意见指出，国会试图在之前的 1957 年和 1960 年《公民权利法案》中使这种诉讼更加便利，但那些法案“对纠正选举歧视问题没有起到多大作用”⑳。正如首席大法官在与同事们讨论该案时向他们提出的，“国会知道问题是什么。它知道逐案解决的方法无效，因此它改变了策略，使用了严厉手段”㉑。

按首席大法官沃伦所说，判决这个案件的“基本规则是明确的”㉒。当他与其他大法官讨论该案时，其干净利落的陈述记录了他的立场：“只要该法案的目的在于消除歧视，国会就能够以其选择的任何方式立法。”㉓ 他的书面判决意见更有条理。他说，作为一个“基本原则”问题，国会能够“利用任何理性手段实现宪法对投票中种族歧视的禁止”㉔。联邦最高法院采纳了“麦考洛克诉马里兰州案”（第二章）中的著名准则：“假设目标是合法的，假设它在宪法的范围之内，而且所有的手段都是适当的，明显有助于目标的实现，并且不受禁止，而是与宪法的文字和精神一致，那么这些手段就是合宪的。”㉕ 实际上，对联邦最高法院来说，重建修正案的制定者“指出，国会将是贯彻第十五修正案第一款创造的权利的主要负责者”。国会对它发现的这些问题的“创造性”回应“很明显是合法的”㉖。

“南卡罗来纳州诉卡森巴旗案”可以从广义或狭义方面来理解。广义的理解是，第十五修正案第二款（类推至第十四修正案第五款）授予国会借助它（和法院）认为理性的任何手段“执行”投票权（再次类推至其他宪法权利）的权力。狭义的理解是，第二款和第五款授予国会在它发现一种普遍问题时开发综合补救措施的权力。在考虑 1965 年《投票权法案》的另一项规定时，联邦最高法院阐述了关于国会权力的两种额外解释——预防性解释和实质性解释。

《投票权法案》的第 4（e）条是在议员席上正式讨论该法案时补加的。这项补加是由来自纽约州的参议员和来自纽约州的两名众议员发起的。该条款规定，在波多黎各的一所学校受过六年级教育的任何人都不得因他不懂英语而被剥夺投票权。该法案的目标在于保证从波多黎各迁移到纽约州的几十万美国公民可以投票，虽然纽约州的法案将懂英语作为投票的一项前提条件。按照“拉斯特案”，纽约州的法案很明显合宪。而且，不像联邦最高法院在“南卡罗来纳州诉卡森巴旗案”中支持的对南卡罗来纳州和其他南方州的文化水平测试的禁止一样，没有迹象显示纽约州的投票登记员不公正地实

⑲ 参见 383 U. S. at 309。

⑳ 同上注，at 313。

㉑ *The Supreme Court in Conference* (1940－1985)：The Private Discussions Behind Nearly 300 Supreme Court Decisions，at 831 (Del Dickson ed.，2001)［下文称 *Court in Conference*］。

㉒ 383 U. S. at 324.

㉓ Court in Conference，前注 21，at 831。

㉔ 383 U. S. at 324.

㉕ 17 U. S. (4 Wheat.) 316，421 (1819).

㉖ 383 U. S. at 326－327.

施了关于英语水平的规定，或者基于种族身份只禁止了在波多黎各的学校中接受了教育的人投票。（那就尤其意味着，第十五修正案就不相关了；联邦最高法院也就只考虑国会在第十四修正案第五款之下的权力，以及第 4（e）条是否是执行第一款中平等保护条款的适当立法。）

威廉·布伦南大法官在“卡森巴旗诉摩根案”㉗ 中为法院撰写了判决意见，首先否定了以下主张：国会在第五款之下的权力只有在法院自己（可能“在国会判断的指导下”）判决英语水平要求违反了平等保护条款时才开始起作用。在布伦南大法官看来，那种看法只能授予国会“无关紧要的角色，只能废除那些”法院自己一旦有时间考虑就能发现不合宪的“州法”。他认为，这样的小角色与第十四修正案的起草者们对国会的设想是不一致的，在他们看来，这个国会应该得到了新修正案的实质性授权。㉘

像在“南卡罗来纳州诉卡森巴旗案”中一样，联邦最高法院适用了“麦考洛克诉马里兰州案”的准则。为什么第 4（e）条是“适当的”且“明显有助于”实现其目标，即保护第十四修正案第一款保证的权利？布伦南大法官说，首先，第 4（e）条可以促进公共服务一视同仁地提供给那些从波多黎各迁移到纽约州的人——包括公共住房、公立学校和法律执行。（将此称为对第五款的预防性解释。）言下之意是，如果没有这项联邦立法，那个共同体的成员将不能在纽约州投票，而且将不能影响立法者在向他们提供公共服务时将他们与投票者一视同仁。正如布伦南大法官所说，“这种加强的政治权力将有助于使整个波多黎各共同体在公共服务分配上得到公平对待”㉙。当然，有人可能怀疑以下主张：这个共同体因为缺乏投票权力在事实上的确受到了歧视性对待。但是，布伦南写道，“评估和权衡各种相互冲突的考虑——政府服务分配中存在歧视的危险或普遍性，以及消除州对投票权的限制作为解决这种弊病的手段的有效性——是国会的事情”㉚。

布伦南大法官继续清楚表达了另一种理由，该理由后来被称为对国会第五款权力的实质性解释。这里的问题是，国会是否可以决定英语水平要求违反了平等保护条款。布伦南大法官从描述纽约提供学习英语的激励和保护投票者获得充分信息的利益出发，开始了他对该问题的分析。但他写道，“国会可能已经质疑……这些是不是真正得到促进的利益”㉛。而且，“国会可能也已经质疑，剥夺在我们的社会中被认为如此珍贵和基本的权利，是否是鼓励人们学习英语或促进明智行使选举权这一目标的必要或适当手段”㉜。再次，“国会可能已经得出结论，作为促进明智行使选举权的一种手段，对那些可以利用西班牙语报纸和电台电视节目得知选举议题和政府事务的人来说，阅读或理解西班牙语的能力与阅读英语的能力同样有效”㉝。

这种猜想性陈述表明，联邦最高法院愿意接受国会的结论，这些结论反

㉗ 384 U. S. 641 (1966).

㉘ 同上注，at 648 - 649。

㉙ 同上注，at 652。

㉚ 同上注，at 653。

㉛ 同上注，at 654 (强调为后加)。

㉜ 同上 (强调为后加)。

㉝ 同上注，at 654 - 655 (强调为后加)。

映着国会自己对平等保护的独立分析。也就是说，如果最高法院认为所宣称的利益不是实际得到促进的利益，剥夺选举权是不必要的，以及西班牙语水平和英语水平同样有效，它自己就有可能认为英语水平要求是违宪的。最高法院的猜想性语言风格显示，即使最高法院可能不作出导致违宪裁决的判断，第五款也授予国会作出这种判断和认为这项要求违宪的权力。

在哈兰大法官撰写的意见中，波特·斯图尔特大法官和约翰·马歇尔·哈兰大法官持反对意见。按哈兰的说法，法院的判决“牺牲了美国宪政体制中的基本原则——立法与司法职能的分立和联邦政治机构和州政治机构之间的分界”㉞。在哈兰大法官看来，联邦最高法院的分析“混淆了国会在第五款之下拥有多少执行权力这一问题和以下两个具体问题，即什么问题适合国会决定以及什么问题本质上是司法性的”㉟。

对哈兰大法官来说，应当给予第五款一种纯粹补救性解释。国会可以为公认的各州违宪行为制订“适当的补救机制”——可能包括那些法院自己无法或不愿开发的补救措施（因为如果不这样，第五款就一点也没有授予国会有意义的权力）。但他说，“国会这样力求处理的情况是否真正违反联邦宪法是一个司法问题，这是使第五款权力完全发挥作用的必要前提”㊱。

正如哈兰大法官所看到的，法院定义了第一款保护的权利。因此，国会可以干预，为权利侵犯提供补救。哈兰大法官也承认国会具有多多少少更重要的作用。它或许能够调查并作出与法院自己对宪法含义的判断相对应的事实决定。比如，如果联邦最高法院在其猜测性措辞（关于国会“可能认为”的事情）后加上诸如“我们也同意”等这类语言，哈兰大法官可能就没有异议。他评论说，但国会没有作出这种关于公民在波多黎各的学校中受教育情况的事实决定。在哈兰大法官看来，国会所做的所有事情，是宣称根据国会自己的判断，纽约州的法案违宪。他坚持认为，联邦最高法院应当“最恭敬地考虑”那项宣称，但国会的观点不能免除联邦最高法院就纽约州的法案是否剥夺了法律的平等保护权这一问题作出自身决定的义务。㊲

哈兰大法官最有力的异议之一后来被称为“棘轮”难题（ratchet problem）。他说，试想国会的确有一种实质性权力定义违宪行为，而又与法院的定义不一致。那么他不解的是，为什么国会不可能以阐明联邦宪法的含义而不顾法院判决的形式削弱法院提供的保护呢？也就是说，如果国会能够加强（ratchet up）宪法保护（在法院所说的方面），那么为什么它不能同样阻碍（ratchet down）这些保护呢？布伦南大法官在一个脚注中回应了这个担心，该脚注区分了“执行”权利与“限制”或“削弱”权利。㊳ 另一个比喻是，司法判决为宪法权利提供了一个底线，国会能够高于但不能低于这个底线行事。正如我们将要看到的，这种区分可能是有道理的，尽管所需要的辩护比布伦南大法官提供的要多。

㉞ 同注㉗，at 659（哈兰大法官的反对意见）。

㉟ 同上注，at 666。

㊱ 同上注。

㊲ 同上注，at 670。

㊳ 同上注，at 651 n. 10。

在“卡森巴旗诉摩根案”对国会权力的实质性解释背后潜藏着“马伯里诉麦迪逊案”[39]（第一章）的阴影。在那个案件中，首席大法官约翰·马歇尔声称，“确定法律的含义明显是司法部门的职权和义务”[40]。“卡森巴旗诉摩根案”中的实质性解释似乎意味着国会有权力确定法律——这里指宪法——的含义是什么。在国会和联邦最高法院意见一致时当然没有问题。但当联邦最高法院说宪法是一种意思，而国会说它是另一种意思时又如何呢？在某种意义上，“马伯里案”本身提出了那个问题：国会宣布联邦宪法授予它扩展联邦最高法院初始管辖权的权力，而联邦最高法院宣布联邦宪法没有授予国会那项权力，最后联邦最高法院的观点胜出。如此说来，“波尔尼市诉弗洛雷斯案”[41] 向联邦最高法院提出了一个现代版的“马伯里案”。

联邦最高法院的判决意见

联邦最高法院判决，《宗教自由恢复法案》不是国会根据第五款权力执行第一款权利的合宪行使。安东尼·肯尼迪大法官为法院撰写的判决意见一开始强调，“联邦政府是一个拥有被列举权力的政府”[42]。在总结当事人的主张之后，该意见依靠“南卡罗来纳州诉卡森巴旗案”，认可了第五款的补救性和预防性解释：“阻止或补救违宪行为的立法在国会的执行权力范围之内，即使在这个过程中它所禁止的行为本身并不违宪。”[43] 但这项执行权力并不是无限的。

最高法院开始在第五款的文字中寻找这些界限。第五款很明显意味着国会可以执行宗教自由活动权利。但最高法院强调，国会只能执行第一款的权利，而不是界定它们。执行与界定之间的界线可能很难定位，而且“国会在确定界线位置时必须具有广泛的行动自由”，但这个界线必须得到遵守。按照最高法院的说法，这个界线要借助相称性原则和比例原则来确定。由于国会的法案必须是补救性或预防性的，它们必须识别一种违宪行为，然后提供一种与该违宪行为相称的补救措施，否则这项法案就“在操作和效果上变得具有实质性”[44]。

肯尼迪大法官向第十四修正案的起草历史寻求支持。（安东尼·斯卡利亚大法官一向反对利用起草历史作为解释法案和联邦宪法的基础，因而没有加入最高法院判决的这一部分。）众议员约翰·宾厄姆最初的提议是这样的：“国会应当有权力制定所有必要与合适的法律，以保证每州的公民享有各州内的公民所享有的优惠与豁免权，保证各州内的所有人在生命权、自由权和财产权上受到平等保护。”[45] 按照肯尼迪大法官所说，这项提议遭遇了“立即反对”，这些反对声音发表了一个“常见主题”：这项提议“授予国会太多立法权，牺牲了现有的宪政结构”。几个月之后，国会再次提出这个问题，这

㊴ 5 U.S. (1 Cranch) 137 (1803).

㊵ 同上注，at 177（强调为后加）。

㊶ 521 U.S. 507 (1997).

㊷ 同上注，at 516。

㊸ 同上注，at 518。

㊹ 同上注，at 520。

㊺ 同上注，at 520。

次附着一份草案，在一部分中列出了“自动生效的对各州的限制”，在另一部分中列出了国会的执行权力。肯尼迪大法官说这项提议使国会的权力“不再是无限的，而是补救性的”[46]。

按照肯尼迪大法官所说，这种设计“已经证明在维持国会与司法部门之间传统的权力分立方面也是重要的”[47]。《权利法案》“宣布了自动生效的禁令”，联邦最高法院“具有解释这些禁令的首要权威”[48]。反对众议员宾厄姆提议的人认为，该提议“授予国会通过立法解释和阐述新修正案含义的首要权威，偏离了那个传统”[49]。肯尼迪大法官然后研究了联邦最高法院之前的案件，从中汇集了一些表达以下观点的语录：第五款权力是补救性和预防性而不是实质性的。他承认，“在我们的‘卡森巴旗诉摩根案’判决中有一些措辞，可以被解释用来”支持对第五款的实质性解释[50]。但是，肯尼迪大法官继续说，“这不是一种必然解释……甚至不是最好的解释”[51]。他解释说，这不是最好的解释是因为（引用了“马伯里案”）“如果国会能够通过改变第十四修正案的意思界定它自己的权力，那么联邦宪法就不再是‘通过普通手段无法改变的上位最重要的法律’。它将‘与普通立法处在同等地位，并且像其他法案一样……当立法机构愿意改变它时就可以改变它’……变动中的立法多数可能改变联邦宪法，并有效地避开第五条中包含的困难而详细的修正程序”[52]。

于是问题就成为，《宗教自由恢复法案》是否可以作为补救性立法而得到正当性辩护。该法案的拥护者坚持认为它是补救性立法。他们看到宗教自由活动原则存在一个问题，这个问题与针对投票歧视的逐案诉讼相关的问题类似。即使在“史密斯案”之后，宗教自由活动条款也禁止了“打击宗教信仰和活动”的法案。[53] 但是，该法案的拥护者认为，证明违宪动机是十分困难的，而《宗教自由恢复法案》中规定的广泛禁止是一种明智的手段，确保没有打击宗教的法律获得实施，尽管它也阻止了一些甚至许多合宪的法律获得执行。

联邦最高法院以适用其相称性原则和比例原则作为回应。联邦最高法院引用了“南卡罗来纳州诉卡森巴旗案”说道，“补救性措施的适当性必须根据呈现出来的弊病来考虑。适合处理一种危害的强烈措施对另一种更轻微的危害来说可能是不适当的回应。”[54] 肯尼迪大法官然后比较了《宗教自由恢复法案》与《投票权法案》，在后者的情形中，国会有一个真实的违宪证据。相反，他写道，“《宗教自由恢复法案》的立法记录中缺乏一些出于宗教偏见

[46] 同注㊶，at 522。

[47] 同上注，at 523-524。

[48] 同上注，at 524。

[49] 同上注。

[50] 同上注，at 527。

[51] 同上注，at 528。

[52] 同上注，at 529。

[53] 同上注。

[54] 同上注，at 530。

而通过普适法律的现代例证”[55]。该法案提及了施加负担的普遍法律——没有明确表示这样的法律旨在打击宗教活动——以及一些关于尸体解剖、规划管制和历史文化保护法律的“轶事证据”(anecdotal evidence)。按联邦最高法院所说，这些不是“因对宗教的敌意或敌视而通过或执行的立法的例子”。“国会担心的是所施加的伴随负担，而不是立法的目标或目的。”[56]、

然而，联邦最高法院没有完全依靠立法记录中有或没有什么。这在某种程度上是因为它担心那样做将作为一个宪法问题向国会施加某些程序要求。最高法院担心这样的过程可能不够尊重国会的特权，并且可能责成最高法院支持那些遵循了程序通过的法案，而不考虑这些法案的实体问题。这可能是最高法院不想做的。

相反，肯尼迪大法官强调了《宗教自由恢复法案》的影响宽度。它“与想象中的补救性或预防性目标如此不相称，以至于它不能被理解成是应对或用来防止违宪行为的”[57]。如果一项宽泛的法令处理许多违宪法案，而只有少数宪法允许的法案被附带卷了进来，那么这项宽泛的法令可能是补救性的。但是，如果看上去只有少数违宪法案，那么一项宽泛的禁令就与其针对的问题不相称且不成比例。“按照‘史密斯案’的判决而有效的法律将受到《宗教自由恢复法案》的控制，不管它们的目标是不是抑制或惩罚宗教自由活动。”[58] 肯尼迪大法官强调了“《宗教自由恢复法案》需要的巨大成本”，该成本“远远超过了任何形式的”违宪行为。简言之，它与潜在的问题不成比例。[59]

这部分判决意见的许多内容实际上是说该法案具有过度的杀伤力。没有人能够理性地认为《宗教自由恢复法案》本质上只适合于消除具有违宪动机的法案，并且仅仅是偶然包括了大量其他并非故意向宗教活动施加负担的法案。肯尼迪大法官准确地说，“在大多数情形中，《宗教自由恢复法案》适用于的那些州法并不是受到宗教偏见驱动而制定的”[60]。国会采纳了《宗教自由恢复法案》，认为它在第五款之下具有实质性权力。辩解说该权力只是补救性的这种努力是一种诉讼策略，这种策略的出现是鉴于联邦最高法院新发现的对联邦主义的兴趣，而且可能显示出一种努力，即在联邦最高法院的法庭上转移各方对国会咄咄逼人否定“史密斯案”判决这一做法的关注。

肯尼迪大法官比较了《宗教自由恢复法案》和《投票权法案》。前者适用于几乎所有法律，并且在全国所有层级的政府中适用；后者至少在最初通过时限于那些对投票权的违宪限制问题“非常明目张胆的”的地方，并且限于“个别种类的州法”[61]。涉及文化水平测试的条款处理了“一种特定类型的投票资格规定，该规定长期”受到滥用。[62] 可能是为了处理以下顾虑，即按

---

[55] 同注㊶。

[56] 同上注，at 531。

[57] 同上注，at 509。

[58] 同上注，at 534。

[59] 同上注，at 534。

[60] 同上注，at 535。

[61] 同上注，at 533。

[62] 同上注。

照以上分析，《投票权法案》的重新制定（扩展了其地理范围并删除了法案的终止日期）可能已经使该法案违宪，肯尼迪大法官补充道，第五款之下的立法无须“终止日期、地理限制或极端恶劣的处理对象”[63]。他说，但是这种限制能够显示该立法使用了与第五款授予的补救性和预防性目标相称的手段。[64]

肯尼迪大法官用三个说明司法审查意义的段落结束了最高法院的判决意见。第一段声称，“当国会在其权力和责任范围内行为时，它不仅具有权利而且还有义务基于联邦宪法的含义和效力作出自己的明智判断”[65]。那项义务导致了法院给予国会法律的有效性推定。但就是“波尔尼案”的判决显示了为什么这项义务可能没有什么意义。根据“波尔尼案”的判决，决定国会“权力和责任范围”的边界由法院负责。如果它们认为国会在那个范围之外行为，那么国会的行为就是违宪的——即不值得尊重。但是，如果国会在法院界定的国会自身权力范围之内行为，那么尊重就无关要旨了，因为法院自己承认，国会没有做任何违宪的事。

该意见的倒数第二段回到了权力分立的主题上。“我们国家的经验告诉我们，当政府的每一部分既尊重联邦宪法，也尊重其他分支的适当行为和决定时，联邦宪法才能受到维持。”[66] 提及但没有引用“史密斯案”，肯尼迪大法官说，政治分支常常“违背司法部门已经发布的对联邦宪法的解释而行为”，而且当它们这样做时，政治分支应当预料到“联邦最高法院将在既定原则（包括遵循先例原则）之下带着对它们应有的尊重对待它的那些先例……”[67] 这一论述回应了一些关于《宗教自由恢复法案》的评论中提出的一项建议，即联邦最高法院应当把这项法案的通过作为推翻“史密斯案”判决的机会，但它没有讨论支持对第五款作出实质性解释的那些观点。

该意见的最后一段强调，国会没有无限的自由去决定何种立法对于保护第十四修正案中的权利是必要的。相反，最高法院说，“法院保持着自‘马伯里诉麦迪逊案’开始就具有的权力，即决定国会是否超越了其在联邦宪法之下的权限”[68]。由于发现国会在通过《宗教自由恢复法案》时已经超越其权限，最高法院推翻了上诉法院的判决，并判决《宗教自由恢复法案》违宪。

斯蒂文斯大法官持赞同意见，说道，《宗教自由恢复法案》是一种违宪的立教行为，因为“该法案向教会提供了一种无神论者或不可知论者无法获得的法律武器”[69]。他说，政府对宗教的这种偏爱受到第一修正案的禁止。[70]

桑德拉·戴·奥康纳、斯蒂芬·布雷耶和大卫·苏特等几位大法官持反对意见，但他们的反对意见集中在他们不同意“史密斯案”的判决（斯卡利亚大法官在斯蒂文斯大法官加入的一份赞同意见中对史密斯案作了辩护，并

---

[63] 同注[41]。
[64] 同上注，at 533。
[65] 同上注，at 535。
[66] 同上注，at 535 - 536。
[67] 同上注，at 536。
[68] 同上注。
[69] 同上注，at 537（斯蒂文斯大法官的赞同意见）。
[70] 同上注。

以此作为回应）。只有布雷耶大法官简短地提出了一些关于最高法院对待国会在第五款之下所拥有权力的基本问题的担忧，但没有在细节上阐述这些担忧。因此，肯尼迪大法官对第五款权力范围的讨论基本上没有受到来自最高法院内部的挑战。

历史的视角有助于理解最高法院在民权时代关于国会权力的设想和它在“波尔尼案”中明确提出的这种设想之间的区别。60 年代，最高法院认为自己与国会合作，阐明一套将永久指导美国社会的基本原则。有时国会向前推球，然后最高法院同意，譬如它判决贸易条款授权国会通过 1964 年《公民权利法案》。在其他时候，国会积极寻求最高法院的协助，譬如当国会指示总统提起一项诉讼，挑战人头税的合宪性时（司法部长插手了一个待决案件“哈伯诉弗吉尼亚州选举委员会案”[71]，支持最终胜诉的原告）。有时相反，最高法院创造性地依靠国会的行为帮助自己脱离困境，譬如最高法院援引了 1964 年《公民权利法案》中的一项模糊条款来推翻大量静坐抗议案件中的定罪[72]，因而避开了政府行为理论提出的难题，即政府执行私人歧视是否违宪。“南卡罗来纳州诉卡森巴旗案”乃至“卡森巴旗诉摩根案”反映出这种合作的努力。国会当时正在建构一套新的宪法安排，总体上与最高法院自己的建构一致，尽管可能正在移向一个最高法院自己尚未准备达到的程度。

相比而言，“波尔尼案”出现于一种背景之下，即国会将最高法院视为它的敌手，并且最高法院具有同样的感觉。背景方面的差异基本上是政治性的。60 年代，主张改革的最高法院的中心——政治科学家们将其称为“中间派大法官”——与主张改革的国会的中心相距不远。90 年代，国会和最高法院都变得更加保守，但最高法院的中间派大法官比国会中的中间派议员更加保守。虽然《宗教自由恢复法案》本身通过时得到政治两翼的支持，但伦奎斯特法官的中间派在克林顿时期总体上倾向于用怀疑的眼光看待国会的立法，而且“波尔尼案”连同在联邦权力范围问题上的其他碰撞，仅仅是为最高法院的怀疑态度提供了一个排泄口。如果奥巴马总统没有机会任命一位大法官，接替五位保守大法官中的一位，那么在创造新的宪法安排中实现共同合作就是不可能的。（更一般地说，联邦最高法院出现职位空缺的时间无法预测，这使得最高法院和国会将来只会有时视彼此为同盟者。）

分析与批评

在一个重要段落中（总结了最高法院对第五款含义的分析），肯尼迪大法官写道：

> 改变宗教自由活动条款含义的立法不能被说成是执行该条款。国会如果更改一项宪法权利的性质就不是在执行这项权利。它被授予“执行”的权力而不是决定什么行为构成违宪的权力。如果不是如此，国会将要执行的，在任何有意义的程度上，就不再是“第十四修正案的

[71] 783 U. S. 663 (1966)．

[72] 例如参见 *Hamm v. City of Rock Hill*，379 U. S. 306 (1964)。

条款”[73]。

这段话使用的一些言词，为更深刻地理解什么是本案中的关键问题打开了思路。肯尼迪大法官说，《宗教自由恢复法案》更改了（alters）宗教自由活动条款的含义；这种措辞认为最高法院在“史密斯案”中的判决确定了那项条款的意思。他说，国会改变了（changed）宗教自由活动权利；这种措辞认为最高法院在“史密斯案”中的判决是不可更改的，只有最高法院本身（或者费力的宪法修正程序）能够更改它。“波尔尼案”中最深刻的议题涉及最高法院和国会在确定联邦宪法含义问题上的关系。如上所说，在这方面，本案是现代版的“马伯里诉麦迪逊”。

肯尼迪大法官一开始就使用了“改变”和“更改”等词语，认为联邦宪法文字的含义必须由最高法院说了算，而不是国会说了算。可是，想想“马伯里案”中受到争议的宪法语言。在那里，最高法院判决，联邦宪法对联邦最高法院具有初始管辖权的事务的列举，排除了国会向那项管辖权限补充其他事务的权力。然而，作为一个简单的文本解释问题，联邦宪法的文字允许其他的解读：最高法院必须具有对被列举事项的初始管辖权，但国会可以补充一些事项，行使它为最高法院的上诉管辖权设置例外的权力。许多评论者认为后一种解读比约翰·马歇尔的解读更好，但无论如何，很明显这两种解读都是合理的。

真正的问题是这样的：假定联邦宪法的文字具有可供选择的合理解释，那么最高法院的解释是否应当胜过国会的解释？马歇尔在“马伯里案”中通过提出一些假设捞到一些好处，在这些假设中，国会的解读明显不合理。比如他让我们设想，国会通过的一项法案使得在公开法庭中一名证人的证言就足以用来确定叛国罪，不顾联邦宪法的明确要求，即只有基于两名证人的证言才能定罪。这是在分散注意力，是一个“稻草人”：国会通过的明显违宪的立法并不多于联邦最高法院发布的明显违宪的判决。

“波尔尼案”提出了这个常常出现的问题。《宗教自由恢复法案》制定了一种关于宗教自由活动条款含义的解释。我们知道这项解释是合理的，因为这是联邦最高法院自己阐释并适用了20年的一种解释。的确，最高法院今天认为这项过去最高法院的解释——以及国会的解释——不是最好的。但问题还是为什么最高法院的解释应当胜出？

一种理论基础是，作为一种纯粹的实践问题，最高法院具有最终发言权。在诉讼当事人能够求助于司法权力解决其争端的情形中（比如《宗教自由恢复法案》），如果最高法院不同意国会的解释，那么它（最后）所说的就算数了。然而，这种回答还不足够。因为最高法院可以说：“如果我们在联邦宪法的含义上运用我们的独立判断，我们就会说宗教自由活动条款不要求各州必须将宗教活动豁免于其中立的普适法律，但我们认为尊重国会的不同合理判断是适当的。”的确，最高法院最后拍板。但在最后拍板的时候，最高法院完全可以决定默许国会的决定。

一种相关的可能是，法律的稳定性要求某个人有最终发言权，但将这项

---

[73] 521 U.S. at 519.

权力赋予最高法院，与赋予国会相比，会带给我们更大的稳定性。正如马歇尔在“马伯里案”中所说，给国会解释联邦宪法的空间，将会使联邦宪法变成普通法律，会被临时多数任意更改。这项观点似乎是：如果国会最终说了算，那么它所说的将只是临时的。不喜欢国会解释的人将试图选举新的代表，积极地游说，并去做改变法律通常需要做的事情。相反，当最高法院解释联邦宪法时，不喜欢这种解释的人就没有很多求助对象。的确，最高法院可能改变它的想法——正如“史密斯案”本身表明的那样——但与国会改变想法（当控制权从一个政党转到另一政党时就会发生）相比，最高法院这样做的频率更小。

当然，最高法院可能改变其想法这一事实表明，这里我们关注的是比较两种情形：一是当国会有最终发言权并能够借助普通的政治运作改变其想法时，我们获得的稳定性；二是当最高法院有最终发言权并能够借助普通的诉讼改变其想法时，我们获得的稳定性。没有人做过这种严肃的比较。但要警惕：这里我们关注的不是国会在考虑预算或为穷人提供医疗保障时的所作所为，而是它在考虑宪法解释的基本问题时的所作所为，或将会做的事。第一类政策可能会在短时间内发生戏剧性变化这一事实（如果是事实的话），并不必然意味着关于联邦宪法含义的决定也会发生同样的戏剧性变化。

第三种可能性是，最高法院可能比国会更擅长解释联邦宪法。国会议员毕竟是政客，其中只有一些是法学家。政客对宪法的解释几乎必然会受到纯粹党派顾虑的影响。相反，现代联邦最高法院的大法官们都是法学家，而且终身任职使他们比国会议员更有可能（尽管当然不能保证）以更长远眼光考虑什么是好的宪法解释。

大法官们的无偏见特征的确使他们在宪法解释上有一些优点，但这也有一些代价。尤其是，大法官们不能像国会议员那样更加准确地得知法律规则在真实世界中是如何运作的。国会议员总是从选民那里得到信息，而且他们可能察觉联邦宪法有一种而不是另一种解释对真实的人来说意味着什么。大法官们的冷静意味着他们对联邦宪法的理解更遥远和抽象。总的说来，最高法院中有偏见与无偏见的混合是否会比国会中不同的混合产生更好的宪法解释这一点并不明显。

到目前为止，我们已经考虑了以下问题：联邦最高法院的解释为什么应当是最终的？我们可以把这个问题反过来问：国会的宪法解释为什么应当是最终的？这里，答案是直截了当的。使国会的宪法解释成为最终解释促进民主自治。当然，说国会是美国人民以民主方式表达的意愿的完美代表可能有问题。但正如约翰·哈特·伊利嘲讽的那样，不管国会作为人民的代表存在什么问题，我们都很难看出联邦最高法院如何成为一个更好的代表。[74] 因此，将解释联邦宪法的最终权威从联邦最高法院转移到国会将增加宪法解释中的民主含量。而且，基于到处存在的国会的解释是合理的这种假定，赋予国会最终发言权并不会削弱联邦宪法表达的任何明确承诺。

那么，假设我们否定了“波尔尼案”采纳的司法至上的立场，我们可以

---

[74] John Hart Ely, *Democracy and Distrust: A Theory of Judicial Review* 67 (1980)（“我们可以坚持认为立法机构并不是完全民主的，直到面红耳赤，但那并不会使法院比立法机构更民主。”）。

怎样设计我们的制度，以使国会在解释联邦宪法中扮演重要角色呢？赋予联邦最高法院解释宪法的最终发言权这一传统，深深地确立于美国宪法中。在那项传统中根本不可能发生任何改变。尽管如此，考虑其他的制度选择能帮助我们考虑宪法中的最基本问题。

布伦南大法官的棘轮理论所构想的，可能是国会可以拥有的最有限的独立角色。根据这种理论，最高法院保留着解释法律的最终权力，因为最高法院将宣告意在执行第一款权利但在最高法院看来实际上削弱这些权利的国会立法无效。

棘轮理论存在一个明显的困难，尽管它不如一些批评家指出的那样重大。有时扩展一个人的权利的法案同时会缩减另外一个人的权利。适用《宗教自由恢复法案》的某些情形可以提供例证。例如，试想一项市政府法令禁止市内所有雇主基于宗教信仰（除别的因素外）实施歧视行为。一些雇主因其所信仰宗教的原因，可能认为他们应该只雇用信奉同一宗教的人，即使那些职位与宣扬和散布这些雇主的宗教观点无关。《宗教自由恢复法案》可能已经被解释为优占该市适用于这些雇主的非歧视法令。但是，以下主张似乎是合理的：向雇主提供一项豁免，使其不受这项非歧视法令的约束，违反了雇主所歧视的那些个人的宪法权利。（这项主张基于“罗默诉埃文斯案”[75]，绝不是铁律。）

不过更常见的是，扩展一个人的权利缩减的不是另一个人的宪法权利，而是他基于法律的利益或其他利益。试想一项市的法令，禁止在雇用中基于婚姻状况实施歧视，该法令适用于一位雇主，该雇主基于宗教原因认为带着孩子的已婚妇女不应当在家外受到雇用。同样，《宗教自由恢复法案》可能被解释为要求这位雇主必须被豁免于这项法令的适用。这样做会明显损害这位已婚妇女的利益，并将剥夺她基于这项法令的权利。但——除非我们提出一种非常奇特的主张——这项豁免不会违反这位妇女的宪法权利。应该没有疑问，国会有权扩展某个人的权利并反向影响另一个人的利益；实际上，那恰恰与国会一直在非宪法权利方面所做的事类似，这时它通过一项法案，赋予工人们一些利益，并要求雇主为此埋单。

针对棘轮理论的常见指责对比了国会否决最高法院其他判决的行为。批评棘轮理论的人说，试想国会否定了“米兰达诉亚利桑那州案”[76]，强调它这样做是在扩展犯罪受害者的权利。当然，在扩展那些权利时，它缩减了刑事被告的权利，但那又如何区别于布伦南大法官认可的单向棘轮呢？答案是，国会对“米兰达案”的否定将会提升犯罪受害者的利益，但不是他们的宪法权利。按照传统理解，犯罪受害者在第一款之下没有任何权利，因为政府没有做任何事去剥夺他们的生命、自由或财产——罪犯这样做了。因此，从这一观点来看，国会的行为阻碍了刑事被告的宪法权利，没有加强任何其他人的宪法权利，因而不能通过布伦南大法官的检验标准。

作为回应，我们可以论辩说国会可以提出以下对第一款的解释：第一款禁止各州未经正当程序即剥夺人民的生命、自由和财产。没有完善执法体系

---

[75] 517 U. S. 620 (1996).

[76] 384 U. S. 436 (1966).

的州因此正在剥夺刑事受害者的生命、自由和财产。那样解释的话，否定“米兰达案”的判决就通过加强各州执法体系的有效性而执行了第一款。

原则上，这种回应是完全充分的，并且的确会支持以下主张：国会对“米兰达案”的否定可以被视为执行第一款权利。但要注意，这种回应如何与执行第一款权利的司法角色相互作用。支持国会这一行动的法庭将不得不接受以下论点：国会可以合理地认为不完善的执法体系侵犯了第一款权利。接受这个论点后，该法庭能够自己采取行动，确保各州具有完善的执法体系——这可能需要更大程度的干预（与“米兰达案”表现出的干预相比）。（基于这里阐述的理论接受国会否定“米兰达案”的法院可以使用其自身的权力执行第一款权利，但它不是必须那样做。法院认可国会行为的决定可能显示，虽然国会的结论——认为第一款保障完善的执法体系——是合理的，但法院没有得出同样的结论，因而不会通过试图完善州法的执行体系来执行第一款权利。）

按照棘轮理论，联邦最高法院继续在约束国会行为上（超过了以下要求所施加的约束，即国会的宪法解释必须是合理的）发挥作用。其他的制度设计将使国会发挥更大的作用。

这些设计将赋予国会最终发言权，但在最终发言之前将施加各种各样的程序要求。最简单的要求可能是最明显的：法院可以独自解释联邦宪法，除非国会明确表示了它在宪法的含义上持不同观点。法院不会从一项法案的简单通过就推断国会认为它是合宪的。因此，法院可以基于其独立的宪法分析认为一项法案违宪，虽然按照不同于法院解释的一种合理宪法解释，该法案可能合宪。既然国会有最终发言权，它至少必须在它认为的联邦宪法的含义上表态。

一些评论者已经将注意力转向了加拿大《权利宪章》的一项独创性规定，将其作为一种示范，同时赋予立法机构和法院在宪法解释上的重要角色。该宪章的第 33 条授予加拿大中央和各省议会通过制定带有定时废止日期的法案（这个日期确保该法案在下届议会选举中有机会成为一个议题）压倒一系列具体宪法权利的权力——但不是投票权、平等权或迁徙权。这项所谓的“尽管”（notwithstanding）条款可以用作加拿大的法院及其立法机构之间对话的一部分：立法机构通过一项法案，其合宪性受到挑战，法院宣布该法案无效，然后立法机构考虑它是否想重新制定该法案，尽管法院的解释是它违反了宪法。

在这项“尽管条款”实际上是否促进了这种部门间的对话问题上，研究加拿大宪法的学者意见不一。加拿大最高法院已经允许立法机构可以在法院对一项特定法案发表任何态度之前事先求助于第 33 条，这使对话在开始之前就被制止了。（罗伯特·博克法官提议，国会应被允许通过多数决推翻最高法院的宪法判决，这解决了对话开始前就被制止的问题，因为按照他的提议，国会只能在最高法院表态之后行为。博克的提议不包括类似于加拿大的定期废止规定。[77]）加拿大的立法机构一直非常不愿使用这项超越性权力，部分因为支持其使用的最著名判例涉及与魁北克分离主义密切相关的问题，在

---

[77] 参见 Robert H. Bork, *Slouching Towards Gomorrah: Modern Liberalism and American Decline* 117 (1996)。

魁北克之外的许多加拿大人看来，这就玷污了“尽管条款”。然而，被视为制度设计的一种模式，这项“尽管条款”十分有趣。

更简单的权力分立问题

《宗教自由恢复法案》提出了另一个权力分立问题。很奇怪，该问题在诉讼过程中几乎没有被注意。“史密斯案”判决，宗教自由活动条款并不要求政府将宗教习惯豁免于其普适的中立法律。最高法院给出的一个理由是司法能力问题。斯卡利亚大法官认为，任何其他规则，譬如“史密斯案”否定的迫切利益规则或最小限制手段规则，必然要求法院评估一种习俗对于宗教信徒的重要性，然后平衡那种重要性与中立法律促进的公共利益的重要性。最高法院表示，这种平衡超出了法院的能力。这需要侵入性地调查宗教信仰的细节，并要求法院平衡无法比较的价值。

可以将此说成是一种暗示，即“史密斯案”之前适用的规则要求法官从事非司法性质的任务——作为政策制定者而不是法官而行为。无论人们认为这种观点的说服力如何，和适用于最高法院否定的“史密斯案”之前的规则一样，它同样适用于《宗教自由恢复法案》施加于法官的法律义务。而且，有人可能会说，国会不能指示法院从事非司法性质的任务，这是权力分立法律的基本知识。

即使在“波尔尼案”之后，这个权力分立问题仍然很重要。原因是，“波尔尼案”依赖于分析国会在第五款之下执行第一款的权力。从这个角度讲，它主要是一项关于联邦主义的判决。但是，《宗教自由恢复法案》也适用于联邦法律。尚未解决的问题是，“波尔尼案”是否意味着，当适用于联邦法律时，《宗教自由恢复法案》是违宪的。例如，《宗教自由恢复法案》意味着，对美国原住民的宗教活动带来实质性负担的联邦土地管理项目，必须满足迫切利益或最小限制手段标准吗？联邦破产法必须顾及其中的一些规定对破产前一年向宗教机构提供的慈善捐款的影响吗？

联邦最高法院在 *Gonzales v. O Centro Espirita Beneficente Uniao Do Vegetal*（UDV）一案中将《宗教自由恢复法案》适用于一项联邦法案，但仅仅拐弯抹角地提到了权力分立这种担心。[78] UDV 是起源于巴西的一个宗教团体。像“史密斯案”中的美国原住民教会一样，该教派在其宗教圣礼中以喝一种茶（hoasca）的形式使用一种精神致幻药物。而且，像佩奥特掌一样，按照联邦法律，致幻茶中的这种致幻成分是受控药品，联邦法律规定它们的进口和使用都是非法的。UDV 援引了《宗教自由恢复法案》申请一项禁令，要求停止执行禁止使用致幻茶的联邦药物法律。政府争辩说，这项禁止与《宗教自由恢复法案》一致，因为它具有迫切的理由去拒绝为致幻茶提供豁免，使其不受管制受控药物的普遍法律的限制。最高法院在首席大法官约翰·罗伯茨撰写的一致意见中判决，政府未能说明彻底禁止是控制使用致幻茶中所含药物的最小限制手段。政府最有力的主张是，彻底禁止是确保精神致幻成分不会延伸到更大市场上的唯一途径。但是，最高法院说，联邦法

---

[78] 546 U. S. 418 (2006).

律为在圣餐上使用佩奥特掌提供豁免这一事实“致命地破坏了”那项主张。[79]用首席大法官罗伯茨的话说，“政府的主张重复了有史以来官僚们的经典答复：如果我为你提供例外，我就不得不为所有人提供例外，因此不能有例外。”[80] 为佩奥特掌设置的豁免说明，逐个药物放行的途径是可能的，因而政府的论证不成立。

就目前情况而言，UDV 案的判决似乎足够明智。作为权力问题，似乎很清楚的是，国会一开始就可以基于其法案影响教徒的政策性考虑（不是一个必然受到宗教自由活动条款的一种解释所强迫的考虑），限制其土地管理、破产和药物法案的适用范围。因此，看来国会可以借助《宗教自由恢复法案》这样的一般法案向所有现有法案实施这类限制。最后，制定这种法案似乎提供了一个好理由，将后来制定的法案解释为吸收了同样的限制，除非国会明确指出它不想将那些限制施加于某些特定的新法案。

至此的分析已经解决了国会的权力问题，但没有解决“史密斯案”提出的更基本的权力分立问题。《宗教自由恢复法案》可能处于国会制定法案以处理毒品、土地管理和在其列举权力之内的任何其他事务的权力范围之内。然而，在它意在要求联邦法院从事非司法性的任务方面，《宗教自由恢复法案》可能违反了权力分立原则。UDV 判决只是讨论了法案的解释问题，但在其结论中，首席大法官罗伯茨评论道，“我们没有理由佯称国会指派给法院的这项任务很容易”[81]。最高法院过去没有机会考虑这项任务是否如此困难，以至于超越了司法的能力，因为这项议题从未提出过，但这项判决的语气强烈抨击了权力分立方面的异议。

然而，最高法院在“波尔尼案”中没有更多地单独依赖“史密斯案”这一点，比不上看上去的情形那样令人惊讶。只有布雷耶大法官拒绝认可最高法院对司法至上的解释。在大法官中间，宣布《宗教自由恢复法案》与“史密斯案”对司法角色的解释不一致因而无效，可能更具争议性。值得一提的是，肯尼迪大法官对《宗教自由恢复法案》与“史密斯案”之间关系的讨论包含以下措辞，“我们作出这些评论不是为了重新论证‘史密斯案”中多数意见的立场”[82]，这显示出更直接地依赖“史密斯案”可能会使他失去一些票数。

立教条款

斯蒂文斯大法官论证说《宗教自由恢复法案》违反了立教条款，因为它赋予各种教会一种好处，即迫切利益/最小限制手段标准的适用，而按他的说法，“无神论者或不可知论者却无法得到”这种利益。[83]《宗教自由恢复法案》属于一种宗教通融。这类法案体现着一种立法选择，即为宗教活动解除普适的中立法律可能施加的负担。这一种类具有两个组成部分。首先，存在

[79] 同上注，at 421。
[80] 同上注，at 436。
[81] 546 U. S. at 439.
[82] 521 U. S. at 534.
[83] 同上注，at 537（斯蒂文斯大法官的赞同意见）。

宪法上必需的（compelled）通融。“史密斯案”实质性地缩减了这个种类的范围。然而，不管“史密斯案”如何，大多数学者认为，一些通融在宪法上仍然是必需的。他们提供的主要例证是反歧视法律对牧师的豁免：联邦反歧视法律明确将牧师豁免于它的效力范围，而且没有受尊敬的宪法学者认为这种豁免是一种不合宪的立教行为。盛行的观点恰恰相反，即认为天主教会应对拒绝雇用女性作为神父的行为负责才违反了宗教自由活动条款。[84]

“史密斯案”承认，立法机构自身可以将宗教机构和信徒豁免于一些普适性要求。最高法院指出，其判决丝毫没有妨碍俄勒冈州将在宗教习俗中使用佩奥特掌的行为豁免于其毒品滥用法律。这类豁免构成了上述宗教通融的第二种要素。这些是受到允许的（permissible）通融。斯蒂文斯大法官在“波尔尼案”中的意见提出了这个问题：这类通融为何没有违反立教条款？正如他所指出的，这些通融为宗教活动提供了一种利益，理由是这种活动是宗教活动，这似乎恰恰是立教条款所禁止的。

联邦最高法院的判决意见没有为斯蒂文斯大法官提出的这个问题提供令人完全满意的答案。他们确实明确承认——斯蒂文斯大法官可能不承认——一些宗教通融虽然在宪法上不是迫不得已的，但在宪法上是受到允许的。

一个原因可能是最高法院的一项认识，即在现代得到扩展的政府角色对宗教活动制造了比过去多得多的负担。一项宪法判决如果禁止立法机构调整其管制法案，以考虑这些负担，却允许它划出各种其他界线（比如使小本生意豁免于禁止雇用歧视的法律），那么实际上就是敌视宗教。

另一种理论基础（最高法院有时提到）根据立教条款的目的和同时代的政治状况考虑对立教行为的禁止。立教条款回应一种历史顾虑，即当宗教信徒们围绕谁得到政府的支持问题互相争吵时，允许政府支持宗教对政治具有不良影响（并且对宗教也有不良影响——即使这一点现在已经不是那么重要了——因为宗教的生命力变得依赖政府而不是上帝或信徒）。然而，禁止立法机构为宗教提供方便未必能解决这项顾虑。事实上，它可能疏远教徒，从而制造社会动乱，这些动乱正是基于立教条款意图削弱的宗教信仰。而且，在一个真正宗教多元的世界中，宗教通融转化为宗教支配政府的局面的风险不大。

为佩奥特掌的宗教性使用提供豁免和《宗教自由恢复法案》说明了这种论点的两个主要方面。那些在宗教活动中使用佩奥特掌的人在今天的社会中当然是一个微小的少数群体。他们或许能够为争取其宗教信仰获得通融而召集到政治支持，但他们一定无法为任何将其宗教与多数派宗教区别开来的其他习俗召集到政治支持。相反，《宗教自由恢复法案》联盟的确横跨宗教界线。但是，恰恰因为它如此，所以它所支持的可能只是惠及所有宗教的通融。也就是说，一种充分广泛的豁免不会造成各宗派竞争政府宠爱的威胁。

基于这里提出的与立教条款的忧虑有关的政治观点，两种宗教通融应当受到允许：一种是十分狭窄地针对一个微小的少数宗教的宗教习俗，一种是广泛地针对各种宗教所共有的宗教习俗。联邦最高法院还没有发展出一种受

---

[84] 但是参见 Caroline Mala Corbin, *Above the Law? The Constitutionality of the Ministerial Exemption from Antidiscrimination Law*, 75 Fordham L. Rev. 1965 (2007)（质疑了盛行的智慧）。

到允许的通融理论，但这里提出的观点涵盖了大量最高法院的所做所言。（然而，它没有解释一个普遍持有的直觉：在酒精消费被禁止的时期，政府为在圣礼上饮酒提供豁免在宪法上受到允许。）

余波

在诉讼正在进行时，圣彼得天主教堂在附近的一个体育馆举行弥撒。一些该市居民说这项诉讼离间了这个城市，使"朋友之间、亲戚之间"互相争斗。[85] 谈判结果产生了一项提议，该提议将允许教堂扩建，留下75%的建筑保持不变。在联邦最高法院作出有利于该市的判决后，当事人之间同意了一项计划，该计划保留教堂建筑的80%，但允许将座位数量扩大到800个。

支持《宗教自由恢复法案》的联盟再次集会，回应"波尔尼案"。2000年，国会通过了《宗教性土地使用和被收容人员法案》（Religious Land Use and Institutionalized Persons Act，RLUIPA）。[86]《宗教性土地使用和被收容人员法案》像《宗教自由恢复法案》一样，要求法院将"迫切利益"和"最小限制手段"标准适用于对宗教习俗造成实质负担的法案，但它将自己局限于土地使用和监禁领域。联盟成员发现，这些领域存在他们认为不适当的政府行为的最广泛的例证。《宗教性土地使用和被收容人员法案》将其效力范围限制在以下情形中：负担的施加是"在获得联邦资助的项目或活动中"，负担或其消除影响州际贸易，或者负担的出现与一项土地使用项目有关，并且在这个项目中，政府建立了对提议的土地使用进行"个别评估"的制度。这些管辖权的设置旨在绕开最高法院在《宗教自由恢复法案》中发现的联邦主义难题。另外，《宗教性土地使用和被收容人员法案》还规定，"政府不得以下列方式施加或执行一项土地使用调控措施：使宗教集会或机构得不到与非宗教集会或机构同样的待遇"。

"卡特尔诉威尔金森案"的判决支持了《宗教性土地使用和被收容人员法案》，驳回了一项表面宪法挑战（facial constitutional challenge）。[87] 几位俄亥俄州的囚犯宣称，该州的监狱没有按照《宗教性土地使用和被收容人员法案》的要求为他们的宗教信仰提供方便。上诉法院判决该法案表面违宪，但没有考虑监狱是否可以在没有过多困难的情况下为同狱犯人的宗教信仰提供方便。联邦最高法院在由金斯伯格大法官撰写的一致意见中推翻了那项判决。该法案合宪，因为它"减轻了政府对私人宗教活动制造的特别负担"——这些负担来自监禁事实本身。[88] 金斯伯格大法官的意见依靠"史密斯案"之前的法律评论道，《宗教性土地使用和被收容人员法案》应当谨慎地适用，要顾及通融措施可能给他人造成的负担，特别是在监狱中不可避免的安全考虑。如果该法案要求的通融措施将"危及一个收容所的有效运转"，那么它可能服从于具体应用的个案审查（as-applied challenge）。[89]

---

[85] MacCormack，前注8。
[86] 42 U. S. C. § 2000cc (2003).
[87] 544 U. S. 709 (2005).
[88] 同上注，at 709。
[89] 同上注，at 711。

“波尔尼案”的原则在其他情形中产生了重大影响。基于它的要求——如果州的行为与法院所解释的联邦宪法不一致，按照第五款所立之法的影响必须与州的行为相称并且成比例——联邦最高法院判决国会不能根据《美国残疾人法案》和《反就业年龄歧视法案》使用第五款权力对各州政府施加财政责任（与第十一修正案矛盾）。[90] 两个案件都涉及针对一些群体成员的歧视，这些歧视只能受到“合理性”审查，而且最高法院判决，这些法案在几乎没有证据证明不合理歧视普遍存在的情况下施加了责任。相反，最高法院支持了一项基于《家庭与医疗休假法案》施加的类似责任，它认为这项责任施加应对一种足够普遍的歧视，即基于妇女作为主妇和管家的传统角色而歧视她们。[91] 在这些案件中，关于各州是否有义务遵守联邦法案的实质性要求的问题没有出现，因为所有案件涉及的活动都是国会根据贸易条款可以调控的。对各州具有更鲜明主权的活动来说，“波尔尼”原则的含义还不明确。最高法院支持了将通融要求适用于“田纳西州诉莱恩案”[92] 和“美国诉佐治亚州案”[93] 的事实上。前案涉及对法庭使用权的一些所谓的限制；在最高法院看来，这些所谓的限制违反了第六修正案。后案中，未能向残疾囚犯提供便利被认为违反了第八修正案对残酷与非常惩罚的禁止。这些判决与对第五款的最狭窄的解释一致——它授权国会为侵犯第一款权利（按照法院界定的含义）的情形创造补救办法。未决诉讼涉及更宽泛的解释。[94]

---

[90] *Board of Trustees of University of Alabama v. Garrett*, 531 U. S. 356 (2001); *Kimel v. Florida Board of Regents*, 528 U. S. 62 (2000).

[91] *Nevada Department of Human Resources v. Hibbs*, 538 U. S. 721 (2003).

[92] 541 U. S. 509 (2004).

[93] 546 U. S. 151 (2006).

[94] 例如，按照《美国残疾人法案》，各州向获得“残疾人”标签的司机收取特别费用是否不合法？如果不合法，国会在第五款之下是否有权限制各州设定这种费用的权力？

15

关塔那摩系列案的故事：人身保护令、法院权限和反恐战争

本杰明·惠斯　汉娜·尼普拉施
牟效波　译

派遣到阿富汗的美国军队在 2001 年秋天面临一项任务，这个任务不像以往任何军队碰到的任务：在未来不特定的时间、地点防止不特定的人制造的不特定灾祸。为了完成这项任务，他们除掉了这个国家实际存在的政府，并组建了一个新政府。他们轰炸目标，袭击塔利班的军事设施，武装并支持北方联盟的军队。他们还开始俘获人民——而且更大数量地监禁被盟军和巴基斯坦军队俘获的人民。被怀疑为塔利班战士的人、被怀疑与基地组织和塔利班有联系的阿拉伯外国人，以及逃离这个国家的其他外国人全部落入美国人的手中。不像更传统冲突中的在押者，没有制服将这些战士同许多在押者所宣称的无辜平民区分开来。为获赏金而捕人的人抓到一些，然后转交给美国军队。结果，9.11 袭击之后的几周里，从战场上的士兵到美国总统的每一个人都面临重大决定，对美国人民的安全和被监禁者的自由来说具有令人痛苦的结果。这些在押者是谁？他们处于什么样的法律地位？他们是犯罪嫌疑人还是战争中的俘虏？如果是前者，他们应当根据什么规则、在什么法庭上以及在哪里受到审判？如果是后者，应如何处理那些根本否定自己是士兵的人？

这些问题需要立即回答，而且全球反恐战争开始的最早几个月中——世贸中心的废墟还在燃烧，愤怒正在高涨，并且恐惧日益加剧——布什政府作出了涉及它们的一系列重大决定。到布什总统的第二届任期结束时，这些决定已经导致无休止的政治争议、七年的持续诉讼以及四个重大的联邦最高法院案件。① 首先，总统决定，战犯审判不在美国联邦法院进行，而是在特别军事法庭——军队从二战后就一直没有召集的一种特别法庭。2001 年 11 月 13 日，他发布了一道命令，授权这些特别法庭审判任何“从事、援助或煽动或者谋划针对美国、美国公民、国家安全、外交政策或经济的国际恐怖主义活动”的非美国公民。② 这些法庭缺少美国国内刑事审判或军队用来审判被指控犯罪的美国士兵的军事法庭所具有的一些保护措施。至少在理论上，它们可以认可道听途说的证据以及靠逼供得来的证据；它们可以使用秘密证据；而且它们的裁决不能上诉到任何民事法庭（civilian courts）。

其次，布什总统决定在古巴的关塔那摩湾海军基地关押特别重要的囚犯，故意创造一个操作上安全、位于敌对区之外但不受美国法院管辖的羁押场所。关塔那摩由古巴永久租赁给美国，美国具有排他性的管辖和控制权，但受制于古巴的最终主权。选择该地的目的是防止羁押的法律正当性及其背后的事实判断受到司法审查。

最后，布什总统决定关押这些在押人员，既不作为战犯，也不作为犯罪嫌疑人，而是作为“非法敌国战士”。敌军受监禁者的这种身份可以不经刑事程序而被扣押，也无权得到按照《日内瓦协定》战犯可以得到的相当多的利益。政府当局还认为，《日内瓦协定》的公共条款三（规定了人道地对待该协定的其他条款没有涵盖的在押者的底线）也不适用于这种冲突，因为按

---

① 本章只讲述其中的三个判决，涉及被关押在关塔那摩湾海军基地的在押者。这里不包括与联邦最高法院在“哈姆迪诉拉姆斯菲尔德案”（*Hamdi v. Rumsfeld*，542 U.S.507（2004））中的判决有关的故事。

② Military Order of Nov. 13，2001：Detention，Treatment，and Trial of Certain Non-Citizens in the War Against Terrorism，66 Fed. Reg. 57833（2001），重印于 10 U.S.C. § 801（2006）。

照其措辞，该条款仅适用于“不具有国际特征”的冲突，而且这种语言仅提到内战，没有提到像反恐战争这样的全球冲突。

政府当局主张，这些决定中的每一个在美国的法律和实践中都有丰富的先例，并且至少一开始都获得广泛的政治支持。事实上，关于它们的争论的轮廓慢慢形成。比如，设立特别军事法庭的总统命令一开始引起了一些忧虑，但就在它下达后的第二天，只有其中一家主要报纸把这个故事用作头条新闻。其他事件占据了那天的新闻。在得克萨斯州的克劳福德镇，俄罗斯总统弗拉基米尔·普京和布什总统已经达成一致，削减2/3的核储备。塔利班从阿富汗的城市中撤退以及北方联盟到达喀布尔似乎即将发生。几位美国人即将死于炭疽热，这个消息刚刚出现在政府的收发室和新闻机构中。事实上，在这个美国突然发现自己所处的新世界中，特别军事法庭甚至没有支配关于自由和安全的争论。公民自由论者关于政府行为的忧虑却倾向于集中在刚刚通过的《美国爱国者法案》。③

同样，当军队在恐怖袭击之后的那个冬天打开关塔那摩的设施时，人权组织只是提出了相对温和的批评。他们也看到了战争法及其羁押许可标准方面的冲突，仅仅讨论与监禁条件、塔利班战士的地位以及在剥夺任何战士的战俘待遇之前举行仓促裁决的必要性有关的狭窄范围的一些问题。比如，人权观察组织没有置疑军队将在押者作为非法敌国战士关押的权威，而只是主张它不应将他们关押在钢丝笼中，塔利班的战士原则上可能被赋予战俘身份，以及根据国际法，政府必须以个人而不是全体为基础作出这类身份决定。④

但是政府当局坚持一种纯粹的战争模式，其中执行机构可以独自行动，监禁和审判疑似敌方人员，法院和国会则置身事外。这就引起了美国政府各分支之间的冲突。即使在七年后，以及在“拉苏尔诉布什案”⑤、“哈姆丹诉拉姆斯菲尔德案”⑥ 以及“布迈丁诉布什案”⑦ 这些里程碑式的判决之后，这种冲突还是只有最朦胧的解决轮廓。每一个案件都涉及一次摊牌——不仅在政策对话和权力争夺上，而且也针对美国与基地组织冲突的性质以及在那场斗争中政府各分支的适当角色的争论。在每一种情形中，执行机构的行动导致司法部门的否决，这种否决又反过来激起了行政和立法机构的反应，然后这又导致下一轮的诉讼和对抗。至少到目前为止，这些无休止的一连串行动和反应仍然使核心问题悬而未决：最高法院的关塔那摩系列案使司法部门在全球反恐中占据了一席之地。但他们还没有回答美国军队在冲突伊始就面临的令人烦恼的问题。

---

③ 参见 Uniting and Strengthening America by Providing Appropriate Tools required to Intercept and Obstruct Terrorism Act (USA PATRIOT Act) of 2001, Pub. L. No. 107 - 156, 115 Stat. 272（散编于以下章节：8, 12, 15, 18, 22, 28, 31, 42, 49, 50 U.S.C.（2006））。

④ 参见 Letter from Kenneth Roth, Executive Director, Human Rights Watch, to Condoleezza Rice, National Security Advisor (Jan. 27, 2002)，在以下网址能找到：http://hrw.org/press/2002/01/us 012802 - ltr. htm。

⑤ 542 U.S. 466 (2004).

⑥ 548 U.S. 557 (2006).

⑦ 128 S.Ct. 2229 (2008).

关塔那摩之路

2002年2月开始到达关塔那摩的在押者相差很大。后来的听证显示，有些在押者没有隐瞒他们与基地组织的关系或者从事的恐怖活动。例如，阿布杜勒·拉赫曼·阿尔·扎赫勒（Abdul Rahman Al Zahri）——政府指控他预先知道9.11袭击计划——在一次听证会上宣布："我的确造成了对美国及其盟国的威胁。我向你们承认，我很荣幸成为美国的敌人。我是一位穆斯林圣战分子……"阿尔·扎赫勒否定了他的基地组织成员身份，但骄傲地宣称他在基地组织军营中接受了训练，并与本·拉登见过多次。他说，"我将为他而自杀，并且还会将我的家人和我的所有钱财都献给他"。"在上帝的帮助下，我们将支持圣战者组织和恐怖分子反对美国人。"⑧ 有些在押者承认自己与塔利班的关系，但把他们在该组织中的角色说得极不重要，或者描述成相对底层的角色。其他在押者否认自己参与了塔利班或基地组织的任何活动。对许多在押者来说，公开记载的证据无法完全证实这些俘虏曾经造成对美国安全的真正威胁。他们是身份误认的受害者，或者介于两者之间。⑨

有的在押者的名字出现在联邦最高法院关塔那摩系列案的案名中。这些在押者显示出更大的在押人群中存在的多样性。似乎没有理由认为莎菲克·拉苏尔对美国构成任何严重威胁。他于1977年4月15日出生在英格兰西米德兰的达德利市，在阿富汗被捕，随后被监禁在关塔那摩之前居住在提普顿。提普顿是一个有着5万人的城市，其中14%的人口是亚裔。被法学院开除之后，拉苏尔在一家电子产品商店做仓库职员。他过着一种完全西方式的生活，关注职业体育赛事，去夜总会，穿着名牌服装。他身高六英尺两英寸，据说很英俊。据其家人所说，他是一位和善的、从宗教方面来说缺乏激情的穆斯林，只是勉强去教堂做礼拜。按照《纽约时报》所说，当拉苏尔及其几位朋友开始向一位立场强硬的牧师学习时，这种生活方式改变了。这位牧师支持针对美国的圣战。拉苏尔离开了他的家人和朋友，因他们已经适应了西方文化而对他们作负面评价，并警告他们去夜总会将对他们的后半生产生不良后果。⑩

尽管他在行为上有这些变化，但拉苏尔与塔利班分子一起被俘的消息还是令他的家人很吃惊。当他离开提普顿时，他告诉他的亲戚们，他报名参加了巴基斯坦的一个计算机班，因为这个班的花费比英格兰类似学习班的花费更少。他与两位朋友阿西夫·伊克巴尔和鲁哈·艾哈迈德来到巴基斯坦。他们分别给家人的借口是安排好的婚事和度假。当他们被俘并被监禁的故事传

---

⑧ Summary of Administrative Review Board Proceedings for ISN 441 (Abd Al Rahman Al Zahri), http://www.dod.mil/pubs/foi/detainees/csrt_arb/ARB_Transcript_2196_2293.pdf。军方已经将某些听证文字记录公布在以下网址：http://www.dod.mil/pubs/foi/detainees/csrt_arb/index/html。

⑨ 关于关塔那摩在押人员构成的概括性讨论，参见 Chapter 3 of Benjamin Wittes, *Law and the Long War: The Future of Justice in the Age of Terror* (2008)。

⑩ 参见 Warren Hoge, *Hometown of British Prisoners Known for Tranquil Diversity*, N.Y. Times, Jan. 29, 2002, at A14; Sarah Lyall, *English Town Whispers of a Taliban Connection*, N.Y. Times, Feb. 3, 2002, at A14; Amy Waldman, *How in a Little English Town Jihad Found Young Converts*, N.Y. Times, Apr. 24, 2002, at A1。

开后，这三个人一起被称为“提普顿三人组”（Tipton Three）。[11] 拉苏尔的家人于 2001 年 10 月收到了他的信，当时他给他的哥哥发电子邮件询问一个与计算机有关的问题。三个月后，亲戚们得知他在阿富汗与塔利班战士一起被俘虏了，并且作为非法战士被关押在古巴。[12]

不难想象军方将如何把在阿富汗与塔利班战士一起被俘的英国激进青年视为一种威胁。但几乎没有迹象表明这三个人曾经是步兵以外的其他角色。而且他们甚至没有承认是步兵。在被释放之后的陈述中，他们否认自己曾经是塔利班成员，甚至不同意塔利班代表着激进的伊斯兰教信徒。[13] 英国记者安迪·沃辛顿总结道：

> 伊克巴尔正在筹备他与巴基斯坦的一位年轻女孩的即将到来的婚礼，阿米德是他的伴郎，拉苏尔正在计划婚礼结束后参加一个计算机课程，但他们到达后不久，当入侵阿富汗开始时，他们做了一个重大决定，即越过国境，令人激动的冒险等待着他们，只有很短的一段公共汽车车程……他们计划向阿富汗村民提供人道主义援助，这项任务还包括在一段交战地带令人刺激的猛冲，而且他们希望得到品尝阿富汗的巨大馕饼的机会。冒着来自美国炸弹袭击和塔利班（他们极度怀疑到处徘徊的没有胡须的年轻人）的危险，他们试图乘坐出租车回到巴基斯坦，却被带到了昆都士。当第一群塔利班士兵开始投降时，他们爬上了一辆即将离开该市的卡车，但这辆车接着遭到炮轰，车上几乎所有人被炸死了。由于没有其他地方可去，他们向北方联盟的士兵投降了……[14]

无论人们选择相信什么样的故事，拉苏尔在美国的敌人中最多是一个边缘人物。

相比之下，萨利姆·艾哈迈德·哈姆丹明确说自己是基地组织的成员，在该组织的最高层，虽然他看上去没有在策划其运转的过程中扮演任何角色。哈姆丹大约与拉苏尔同时到达关塔那摩，但他到达美国拘留营所走的路完全不同。记者乔纳森·马勒提供了关于哈姆丹的背景和进入基地组织的最丰富的描述，以下说明就是从中摘取的[15]：他于 1970 年出生在也门的哈德拉毛，该国南部的一个乡村，既没有经常出入夜总会，也没有穿戴名牌服装。他的父亲曾经是一位农民和小店主，他的父母在他还是小孩的时候就都去世了。在他父母死后不久，哈姆丹就退学了，从来没有受到过四年级以上的教育。然后他去了穆卡拉，和亲戚一起住。穆卡拉是位于也门南部海岸的一个港口城市。到 26 岁时，他在也门的首都萨那兼职做出租车司机，用自己可以随意使用的收入购买阿拉伯茶（khat），这是一种类似安非他命的兴奋剂，

---

⑪ 参见 Waldman，前注 10。

⑫ 同上注。

⑬ 参见 David Rose, *How We Survived Jail Hell*, The Observer (London), Mar. 14, 2004, at 5; David Rose, *Guantanamo: The War on Human Rights*, 11-16 (2004)；又见 Rasul v. Myers, 512 F. 3d 644 (D. C. Cir. 2008)。

⑭ 参见 Andy Worthington, *The Guantanamo Files: The Stories of the* 759 *Detainees in America's Illegal Prison* 19-20 (2007)。

⑮ 参见 Jonathan Mahler, *The Challenge: Hamdan v. Rumsfeld and the Fight over Presidential Power* 3-11 (2008)。

许多也门的年轻人咀嚼这种东西。他长着浓密的胡子和浓密而卷曲的黑发，但在一个经济机会不多的国家没有前途，他的收入和受到的教育也很有限。哈姆丹在宗教上从来不虔诚，但当一群圣战分子于 1996 年招募他，让他与他们一起来到塔吉克斯坦，与那个国家的小规模的伊斯兰起义团结一致对抗俄罗斯支持的政府时，他欣然接受了这个机会。他们提供路费并承诺了充裕的薪水，反正不会有损失。

这个组织从阿富汗的贾拉拉巴德一路向北，向塔吉克斯坦行进，但发现乘车或步行都几乎无法通过那些路。而且，塔吉克斯坦边境当局不准这些斗士从阿富汗的边境进入。因此，这个组织没有在塔吉克斯坦战斗，而是去寻求奥萨马·本·拉登的帮助，后者被驱逐出苏丹之后最近停留在阿富汗。哈姆丹一伙人于 1996 年年末到达本·拉登的营地。在听到本·拉登的反美发言之后，这个 35 人团中的 17 位成员（包括哈姆丹）选择留下来。

哈姆丹的工作是在坎大哈省附近的一个农业集体中为本·拉登和基础组织的其他同僚当司机。他后来说，他接受这项工作不是出于意识形态上的共鸣，而是因为他需要每月 200 美元的薪水。在本·拉登的鼓励和财政资助下，哈姆丹在萨那娶了一位也门的女人为妻，并带着她回到了阿富汗。在那里，他们住在一个泥墙屋里，地板很脏，也没有流水。当她抱怨他们的生活条件时，哈姆丹劝她保持耐心，因为某一天，他们将会回到也门。9.11 袭击之后，11 月份，哈姆丹借了一辆车把他的女儿和妻子（当时怀着他的第二个女儿）带到了巴基斯坦，他认为她们在那里会很安全。在返程途中，他被北方联盟士兵俘获，几天后被移交给了美国人。接下来的六个月，他被监禁在巴格拉姆和坎大哈的监狱营中，之后于 2002 年 5 月被转移到关塔那摩港。

两年半后，哈姆丹成为布什总统的行政命令设立的特别军事法庭系统中最初的被告之一。2004 年 7 月 14 日，国防部的公诉人指控他为共谋，宣称他在 1996 年到 2001 年间担任本·拉登的保镖和司机。在那期间，据说他为基地组织成员和同伙收集并运送武器。据说他还在基地组织资助的位于阿富汗的阿尔·法鲁克营地受到了全面的武器训练。⑯

拉赫达尔·布迈丁和一群出生于阿尔及利亚、集体被称为“阿尔及利亚六人组”的人代表了另一种在押者。不像哈姆丹和拉苏尔，他们（如果政府对他们的怀疑正确）既不是底层战士，也不是大人物的雇工。相反，他们在欧洲腹地组成了一个危险的恐怖主义组织。然而，在几个方面，他们的情形也提出了最令人烦恼的程序性问题，因为这些人看上去一点也不像受制于传统军事监禁的士兵，而且他们的被俘发生在远离任何战场的几千英里之外。简言之，他们代表了这样一类俘虏，即他们可能扬言制造最大的破坏，但他们的监禁也构成了对自由的最大威胁。他们被俘获七年后，仍然不明确他们是谁，以及他们可能做了什么。

布迈丁是一位土生土长的阿尔及利亚人，在波斯尼亚内战之后来到这个

---

⑯ 关于 *U. S. v. Salim Ahmed Hamdan* 案的最初的特别军事法庭案情记录，可在以下网址找到：http://www.defenselink.mil/news/Jul2004/d20040714hcc.pdf。《2006 年特别军事法庭法案》通过之后的一份修正版本，可在以下网址找到：http://www.defenselink.mil/news/d2007Hamdan%20-%20Notification%20of%20Sworn%20Charges.pdf。

国家，90 年代的这场内战使这个国家分裂。许多国外穆斯林志愿者迁往波斯尼亚支援针对塞尔维亚军队的战斗，军方已经宣布布迈丁可能是其中的一员。⑰ 然而清楚的是，像这些外国人中的许多人一样，他已经成为一名入籍的波斯尼亚公民。他在波斯尼亚结了婚，并有两个孩子。内战之后，许多这些外国战士开始为穆斯林慈善组织工作；布迈丁在阿拉伯联合酋长国的红新月会效力。因为美国情报部门早就怀疑波斯尼亚的这些伊斯兰教慈善组织中有些正充当恐怖分子的掩护者，所以他们密切注意它们及其雇员。

2001 年秋天，美国要求波斯尼亚当局调查几名据称是基地组织的同伙。这次调查使贝勒卡塞姆（Bensayah Belkacem）被捕，他是“阿尔及利亚六人组”中第一位被送进监狱的人。贝勒卡塞姆当时与他的妻子和两个女儿一起住在泽尼察市附近，当时警察因为他使用了伪造的也门护照进入波斯尼亚而逮捕了他。搜查他的家时，政府当局在一本图书馆的书中发现了一张纸，上面潦草地写着“Abu Zubeida”这个名字和一个巴基斯坦的电话号码。当局认为这是著名的基地组织间谍阿布·祖巴耶达（Abu Zubaydah）的联系信息。⑱ 后来，美国官员控告贝勒卡塞姆是在波斯尼亚“为基地组织提供帮助的首要分子”，部分援引了电话记录和据说他在 9.11 事件之后的一个月中拨往阿富汗的 70 个电话。⑲

在关押贝勒卡塞姆之后，美国官员将注意力集中在他的熟人，另一位阿尔及利亚人，名叫萨伯·拉马尔（Saber Lahmar）。拉马尔有一点可疑的社会关系：他与其岳父住在一起，而他的岳父是美国驻萨拉热窝大使馆的门卫。根据《华盛顿邮报》的说法，10 月 16 日对拉马尔电话的窃听获取了一项暗号信息，提到的内容听上去像是袭击美国和英国驻萨拉热窝大使馆的计划。⑳ 在一周之内，波斯尼亚警方逮捕了拉马尔和四名其他人，包括艾德尔（Ait Idr）、布德拉（Hadj Boudella）、奈克利（Mohamed Nechle）和布迈丁（Boumediene）。㉑

这些人说他们通过慈善工作彼此认识，在波斯尼亚被监禁三个月。但在那段时间中，波斯尼亚的侦察员无法找到为继续监禁他们提供正当理由的证据。电话记录没有显示贝勒卡塞姆曾经拨打过被称为阿布·祖巴耶达的电话号码，而且美国拒绝分享它掌握的显示他这样做过的任何证据。波斯尼亚最高法院最终判决，没有充分的证据证明对这六名阿尔及利亚人的监禁是正当的，并命令于 2002 年 1 月 17 日释放他们。㉒ 波斯尼亚政府试图剥夺这些人

---

⑰ 参见 Unclassified Summary of Evidence for Administrative Review Board in the case of Boumediene, Lakhdar (ISN 10 005), http://www.dod.mil/pubs/foi/detainees/csrt_arb/ARB_Round_2_Factors_900-1009.pdf。军方在这份文件中声明，“消息的提供者说这位在押者是一位前波斯尼亚圣战分子，曾计划到阿富汗去”。同上注。

⑱ 参见 Marc Perelman, *From Sarajevo to Guantanamo: The Strange Case of the Algerian Six*, *Mother Jones*, Dec. 4, 2007, http://www.motherjones.com/news/feature/2007/12/gitmo-sarajevo-guantanamo-algerian-six.html。

⑲ Unclassified Summary of Evidence for Administrative Review Board in the case of Boumediene, Lakhdar (ISN 10 001), http://www.dod.mil/pubs/foi/detainees/csrt_arb/ARB_Round_2_Factors_900-1009.pdf。又见 Perelman，前注⑱。

⑳ 参见 Craig Whitlock, *At Guantanamo, Caught in a Legal Trap*, Wash. Post, Aug. 21, 2006, at A1。

㉑ 同上注。

㉒ 参见 *Boudellaa, et al. v. Bosnia and Herzegovnia, et al.*, *Nos.* CH/02/8679; CH/02/8689; CH02/8691, Human Rights Chamber for Bosnia and Herzegovina (Oct. 11, 2002)。

的国籍并将他们驱逐回阿尔及利亚，但没有成功。但是，当那项努力失败后，它将他们移交给美国的军事人员，没有释放他们。离开波斯尼亚的监狱三天后，这六个人戴着手铐，蒙着眼睛到达关塔那摩。

像哈姆丹一样，“阿尔及利亚六人组”的每个人都等了两年多后才等到一个军事法庭审查监禁他们的依据。虽然布迈丁的律师后来提交了一卷重要材料详述他的抗辩主张，但布迈丁在其行政听证中未作陈述。[23] 每一次裁决都宣布他们为敌国战士。正当随后的行政复审仍然将这些人视为对美国的威胁时，这些控告本身已经有了进展。2005 年以来的裁决记录显示，军方已经终止了有关密谋攻击美国驻萨拉热窝大使馆的指控，而且政府在 2008 年他们的人身保护案件中基于其他理由继续前行。

无论布什政府还是其大量批评者，都容易将关塔那摩的在押者视为一个集团，但这三种人的情形提出了非常不同（尽管重叠）的问题。拉苏尔是被俘并关押在关塔那摩的数百名据称是外国战士的一个例子。他们中的大多数可能是相对来说无害的步兵，尽管可能会产生恐怖主义动机，而且他们的否认抗辩有些可能是真的。这部分在押者提出了以下问题：法院在审查底层战士的案件中应当扮演什么角色呢？——政府可能具有针对这些底层战士的有力的、不完整的或者完全不充分的交战证据。哈姆丹——布什政府想以犯罪行为审判他——提出了新的军事法庭体制的合法性和完整性问题，以及更宽泛的政策问题，即什么是审判在国外从事敌视美国的不法行为的外国国民的适当法庭。“阿尔及利亚六人组”代表了一系列更困难的问题：针对战场之外的恐怖分子，除了刑事程序外，政府拥有任何关押权力吗？如果有，这个程序能覆盖哪些人，并且规则是什么呢？适当的举证责任是什么以及谁来承担？法院在裁定这些案件时首先应该扮演什么角色？

布什政府如何解读二战时期的先例

从白宫的观点看，2004 年之前的联邦最高法院先例一致支持作为总统政策基础的所有三种主要判断。事实上，从历史角度说，行政当局的立场至少表面上占很大优势。起初，1950 年的最高法院就遇到了联邦法院是否对被跨国关押的外国人具有人身保护管辖权的问题，而且它似乎给出了一个明显的答案：它们没有。二战期间，艾森特雷格（Lothar Eisentrager），一位上海的德国情报官员，充当纳粹在远东地区开展间谍活动的先锋。一个美国军事法庭判决他是战争犯，美国军队随后在被占领的德国监禁了他。他提交了人身保护令申请，但联邦最高法院判决对人身保护令的宪法保障不适用于被美国在外国土地上关押的敌国公民。在其多数意见中，罗伯特·杰克逊写道：

> 我们从来没有过先例，其中在本国或任何知道此令状的其他国家，法院曾经以一名外国敌人的名义发布过该令状，而且这个外国敌人没有

[23] 参见 Classified Annual Review Board Submission on behalf of Lakhdar Boumediene（ISN 10 005），http：//www.dod.mil/pubs/foi/detainees/csrt_arb/ARB_Transcript_Set_15_22683-22733.pdf；又见 Memorandum in Support of the Release and the Return to Bosnia of Detainees Bensayah，Lahmar，Nechla，Ait Idir，Boumediene and Boudella，http：//www.dod.mil/pubs/foi/detainees/csrt_arb/ARB_Transcript_Set_12_22011-22244.pdf。

在相关时间内，也没有在他被监禁的任何时段内曾经在它的管辖范围内停留过。联邦宪法的条文中没有内容涉及这项权利，我们的法案中也没有内容涉及该权利。㉔

在一些地方，杰克逊的意见在管辖权问题上似乎有点模棱两可。例如，在该意见的其他地方，他似乎支持“艾森特雷格案”特别法庭的合法性，这意味着他已经触及该案的实质依据。但是他的语言几乎没有疑问地显示，他想象着这些问题超出了该法院的管辖范围：

即使从最宽大的观点来看，我们的法律也没有消除整个文明世界认可的以下固有的区分：公民和外国人；友好的外国人和效忠于敌人的外国人；定居的敌方外国人和非定居的敌方外国人，前者已经使自己服从于我们的法律，后者仍然一直归属并追随敌方政府。㉕

杰克逊从他所处的时代思考问题，那时敌方外国人一定是敌国的公民。但是不难理解布什政府可能如何适用他所阐发的原则，并且认为法院不应插手战时的监禁，只要它们涉及在国外扣押的外国人。关塔那摩是一个巧妙的解决方案：在技术意义上是外国的，在所有实际意义上是国内的。这被证明聪明过头了。

“艾森特雷格案”不是政府当局箭筒中唯一一支二战时期的弓箭。

在奎林案（Ex Parte Quirin）中，最高法院考虑了使用特别军事法庭审判非法敌国战士的适当性——这种特别军事法庭取消了美国正规司法所具有的一些程序上的慷慨——而且它支持了这项实践做法，即使适用于一位美国公民时也如此。㉖ 在这条路上，大法官们似乎明确地确认政府当局的前提有效，即它可以关押没有遵守战争法的敌国战士，但不给予这些在押者战俘的特权。

在二战的高潮时，富兰克林·德拉诺·罗斯福总统设立了一个特别军事法庭，审判八名纳粹间谍，他们曾密谋对美国工业采取破坏活动，但没有成功。在阿道夫·希特勒向美国宣战六个月后，这些纳粹间谍乘坐潜艇从法国出发，在纽约和佛罗里达登陆。其中两名是已入籍的美国公民，他们之前都居住在美国。他们的任务由希特勒亲自委派，是炸掉铝厂、水力发电厂、铁路线路和枢纽、桥梁和犹太人拥有的百货商店。当两名蓄意破坏者向美国当局泄露他们的任务后，联邦调查局将所有间谍投入了监狱。㉗

1942 年 6 月 27 日，胡佛（J. Edgar Hoover）宣布俘虏这些纳粹间谍，一周后，罗斯福发布了两项公告，这两项公告共同设立了特别军事法庭的组织结构和管辖权，并指定了这八名被告。之后不久，审判在几乎完全秘密的状态下开始；除了几张审判现场和被告的照片外，它没有向公众开放。然而，在它能够判决之前，联邦最高法院应这些破坏者的律师们的请求宣布，

㉔ *Johnson v. Eisentrager*, 339 U. S. 763, 768 (1950).

㉕ 同上注，at 769。

㉖ 参见 Ex parte Quirin, 317 U. S. 1 (1942)。

㉗ 参见 Jack Goldsmith & Cass R. Sunstein, *Military Tribunals and Legal Culture: What a Difference Sixty Years Makes*, 19 Const. Comment., 261, 263 - 266 (2002)。

它将举行一次史无前例的夏季开庭期，听审他们质疑特别军事法庭合法性的人身保护诉求。仅仅一个月后，大法官们一致判决，总统合法地组建了该法庭，而且政府关押上诉人的行动是合法的。在它发布判决的时候，最高法院明确指出，它将在晚些时候解释它的理由。三个月后，在政府已经对这六位破坏者执行死刑之后，最高法院公布了它的判决意见。[28]

从布什总统方面来看，"奎林案"确立了两个重点。第一，大法官们已经澄清，不是所有的敌方作战人员都有战俘资格，还存在一种人数更少的战时在押者类别：

> 基于普遍共识与实践，战争法区分了交战国的武装部队与和平人口，还区分了合法与非法的作战者。合法的作战者作为战俘受到对立军方的俘获和监禁。非法作战者同样受到俘获和监禁，但还因使其交战行为非法的活动而受到军事法庭的审判和惩罚。秘密并未着制服而在战时越过交战一方军事界线的间谍，企图收集军事情报并将该情报传达给敌军，或者一位敌国战士未着制服秘密穿过界线，目的是通过毁坏生命和财产从事战争行为，他们是人们熟悉的交战者的例子，一般认为无权得到战俘地位，而是违反了战争法，因而受制于军事法庭的审判和惩罚。[29]

第二，大法官们支持使用特别军事法庭对后一种在押者进行战争罪行审判。[30]

二战期间，公众对被俘纳粹分子境况的关怀非常少，联邦最高法院干预罗斯福军事法庭的行为遭到了来自国会和普通公众的普遍反对。《纽约时报》当时报道说，"在联邦最高法院寻求帮助的决定在华盛顿没有得到公众赞同。相反，这里对三个星期的军事审判已经持续的时间之长存在强烈不满"[31]。《洛杉矶时报》说这次听审"完全不必要……联邦最高法院根本不应该被拽进这项战时的军事事务中"[32]。

相反，新闻机构对最高法院迅速的橡皮图章式审判反应狂热。《华盛顿邮报》写道：

> 联邦最高法院拒绝了对八名纳粹破坏者进行民事审判，做了人们希望看到的事。整个判决仍然必须公布。人们带着浓厚的兴趣等待着它，因为它涉及的问题对我们的领土和政治安全都至关重要……在民事法院处理这些纳粹破坏者将极大地帮助希特勒，那将是不可容忍的。[33]

对于一个倾向于热爱总统权力并浸入 9.11 事件后决策大熔炉的白宫来说，"奎林案"和"艾森特雷格案"是极为诱人的先例——对总统审判本国敌人来说几乎是一张空白支票。在反恐战争中适用于敌方交战者（他们都被

㉘ 同注㉗。

㉙ Ex parte Quirin, 317 U. S. at 30 - 31.

㉚ 参见上注，at 35 - 36。

㉛ Lewis Wood, *Supreme Court is Called in Unprecedented Session to Hear Plea of Nazi Spies*, N. Y. Times, July 28, 1942, at 1.

㉜ Editorial, *The Saboteurs Seek Civil Court Relief*, L. A. Times, July 29, 1942, at A4.

㉝ Editorial, *Saboteur Case*, Wash. Post, Aug. 1, 1942, at 8.

政府当局视为非法战士），这些先例意味着强大的关押权力，使军事审判很顺畅，而且使联邦法院不能复审。从白宫的观点来看，它的完美之处在于联邦最高法院已经正式同意。在白宫顾问办公室工作的一位特别军事法庭的律师布拉德福德·贝伦森回忆说，“我们依靠罗斯福命令中的相同语言，与罗斯福所依赖的相同的国会法案，而且在要点上我们有全体大法官一致同意的联邦最高法院先例”。“作为向客户提供建议的律师，没有比那些依据更好的了。”㉞

但是时代不同了。对布什总统 2001 年 11 月 13 日军事命令的反应全然不同于对罗斯福命令的公众反应。布什总统发布命令三天后，《纽约时报》发表社论：

> 政府当局的行为是自 9.11 事件以来令人忧虑的一系列规避联邦宪法的努力中最新的一个……通过规定恐怖分子不属于民事审判和军事审判的范围，布什先生擅自设立了只向他负责的指控渠道。这项决定是对制宪者们写入联邦宪法的执法、立法和司法权力之间微妙平衡一种破坏。在这种情况下，布什先生动动笔就从根本上抛弃了美国的司法历经两个多世纪辛苦编织起来的游戏规则。他用任何独裁者都会赞赏的粗野且不负责任的体制，代替了公正审判和正当程序。㉟

在自由派舆论曾经指望法院确认总统针对纳粹破坏者行使司法权为合法的地方，现在这种舆论指望法院限制总统针对基地组织和塔利班可疑分子行使司法权。

精英态度发生这种变化的根源很难说明白。卡斯·桑斯坦和杰克·古德史密斯在早期的一篇关于该主题的具有洞察力的文章中，首次识别了精英对特别军事法庭反应的这种变化。在该文中他们强调了在两位总统行为的背景中存在的几点不同。但是他们认为这些不同没有完全解释上述反应的显著不同。他们最后将这种不同归因于政治和法律文化中的变化和普通美国人对即将到来的战争的体验。㊱ 与 9.11 袭击之后的事件相比，二战对大多数美国人具有极其不同的影响。二战期间，整个国家动员起来了，而且人们觉得美国的未来无法确定。煤气定量配给、橡胶短缺以及工资和价格控制每天都提醒着美国人，他们的国家所遭受的威胁。相反，在 9.11 事件之后的几个月里，政府当局要求美国人仅仅通过花更多的钱来改变他们的生活方式。㊲ 桑斯坦和古德史密斯认为，“1942 年人们普遍感觉到国家的生存受到威胁，这使得人们坚持使用那些民事法院更加困难”㊳。2001 年没有天天提醒国家处于战

㉞ Jack Goldsmith, *The Terror Presidency* 109 (2007).

㉟ Editorial, *A Travesty of Justice*, N. Y. Times, Nov. 16, 2001, at A24.

㊱ 参见 Goldsmith & Sunstein，前注㉗。

㊲ 例如参见布什总统于 2001 年 9 月 27 日在奥黑尔国际机场发表的声明（President Bush's Statement at O'Hare International Airport on September 27, 2001）：“这个国家从事战争的重大目标之一是恢复公众对航空工业的信心，是告诉旅行的公众：登机吧。在全国开展你的业务吧。乘坐飞机并享受美国的重要观光胜地吧。下飞机到佛罗里达的迪士尼乐园吧。带着您的家人以我们想要的方式享受生活吧。”可在以下网址找到：http://www.whitehouse.gov/news/releases/2001/09/20010927-1.html。

㊳ Goldsmith & Sunstein，前注㉗，at 281。

争中的情况，对很多人来说，当民事法院仍然可用并正常运转时，军事审判似乎不合时宜。

桑斯坦和古德史密斯还表示，这个国家中社会对政府、军队和法律的态度在 1942 年至 2001 年间已经发生了变化。在这两个军事命令中间，美国经历了越南战争和水门事件。这些事件和其他事件削弱了媒体、国会和学术界对行政分支和军队的高度尊重。然而，正当这种尊重逐渐消散的时候，桑斯坦和古德史密斯指出，在公众和法律体制中对个人权利的恪守却有所增强。撰写了"奎林案"判决意见的最高法院与在"是松诉合众国案"（*Korematsu v. United States*）[39] 中支持了排日行为的最高法院是同一个最高法院。在 1942 年至 2001 年间，联邦宪法和人身保护的审查已经发生了重大变化。

公众对法院的期望也发生了变化。美国人早已将重大的政治权力寄托于他们的司法部门，而且在"奎林案"与"艾森特雷格案"以后的这些年里，那项权力已经有了极大增长。那些判决早于"布朗诉教育委员会案"[40]。更一般地说，它们早于沃伦法院。在一个将堕胎政策[41]、枪支政策[42]、竞选筹资规则[43]、在大学录取和公立学校名额中是否允许使用种族标准[44]、甚至职业高尔夫球的比赛规则[45]（列举几个随意选取的例子）都委代给司法审查的文化中，与一个还没有将这些问题提交给法官解决时的美国相比，将一大群人严密监禁起来许多年而不受法院体系监督的想法更加不可思议。布什政府的批评者不断指责它在对抗基地组织时的非法性。然而，该政府对法律的理解比其对"奎林案"与"艾森特雷格案"判决下达后几十年间的文化和政治变化的掌握更好。一位前布什政府司法部的官员古德史密斯写道："在一个又一个问题上，政府当局都有有力的法律论证，但最后在重要的政策问题上犯了错误。具有讽刺意味的是，它的政策犯错是因为它过分守法了，因为它常常用法律分析代替政治判断，还因为它太专注于扩展总统的宪法权力了。"[46]由于二战以来发生了巨大的变化，政治当局对那个时代的原则的依赖成为一种错觉。在现代美国，总统设立自己的司法体系不可能不激起法律挑战和来自法院的怀疑态度——这正是布什总统的政策所激起的反应。

法律挑战背后的律师们

聚集起来发起这些挑战的律师们是一个身份复杂的团队。他们从那种以利用不受欢迎的委托人挑战政府政策为职业的左倾法律拥护者，到华盛顿的常春藤名校律师行文化的固定成员，到至少一位信奉强大的政府反恐怖主义权力的法学教授。这些律师们有时联合工作，有时各自工作，有时当他们的

㊴ 319 U. S. 432 (1943).

㊵ 347 U. S. 483 (1954).

㊶ 例如参见 *Roe v. Wade*, 410 U. S. 113 (1973)。

㊷ 例如参见 *District of Columbia v. Heller*, 128 S. Ct. 2783 (2008)。

㊸ 例如参见 *McConnell v. Federal Election Comm'n*, 540 U. S. 93 (2003)。

㊹ 例如参见 *Gratz v. Bollinger*, 539 U. S. 244 (2003); *Grutter v. Bollinger*, 539 U. S. 306 (2003); *Parents Involved in Cmty. Sch. V. Seattle Sch. Dist. No. 1*, 127 S. Ct. 2738 (2007)。

㊺ 例如参见 PGA TOUR, *Inc. v. Martin*, 532 U. S. 661 (2001)。

㊻ Goldsmith，前注㉞，at 102。

委托人的利益交叉和断裂时甚至会产生冲突。

这种结合的意识形态要素很早就动员起来了。宪法权利中心（Center for Constitutional Rights）的负责人迈克尔·拉特纳读了11月13日的军事命令之后就与关塔那摩的在押者混在了一起，该命令向他所视为的“警察国家的基础结构”上添加了又一片拼图。[47] 他后来描述了自己对此感到的惊讶，在他看来，这是用法律工具对保守政治议程的公然破坏。作为回应，他选择了大卫·希克斯作为他的第一位关塔那摩委托人。希克斯是澳大利亚的一位前袋鼠皮革商，改信伊斯兰教，并为塔利班而战，于2002年初到达关塔那摩。[48] 当人身保护诉讼开始增加时，宪法权利中心在协调许多案件和代理这些案件的许多律师方面扮演了重要角色。[49] 另一个早期参与者是约瑟夫·马格里斯，一位习惯于和“真正不受欢迎的客户”打交道的律师。当他于2001年与拉特纳开始合作时，他住在明尼阿波利斯，是一位私人职业律师，专门处理民权和死罪辩护案件。马格里斯当时已经在得克萨斯死罪支持中心（Texas Capital Resource Center）工作了一段时间，主要为美国死囚牢房中的墨西哥公民辩护；据他后来所说，他之前在布什任得克萨斯州州长时“已经与布什的司法遭遇过”。在讨论他对9月13日特别军事法庭命令的反应时，马格里斯后来写道，“结果中的错误风险不是需要避免的唯一灾难。它甚至不是最大的灾难。对法治的尊重本身就是一种德行，当风险增加时，这种德行变得更重要，而非更不重要”[50]。一听说这项命令，马格里斯就安排了一次与全国的同事们商量的电话会议，包括拉特纳。他们的团体很快扩展，包括了克莱夫·斯塔福·史密斯。史密斯是一位英国的死刑律师，为路易斯安那和密西西比死囚牢房中的300多名委托人作过辩护——这些委托人毫无例外都没有被执行死刑。[51]

然而，大部分关塔那摩的律师们不是政治激进分子。汤姆·威尔纳是反恐战争伊始最不可能为关塔那摩的在押者辩护的律师之一。他曾就读于华盛顿的圣奥尔本斯精英学校，与艾尔·戈尔是同学，在耶鲁时与乔治·W·布什同在兄弟会，并且曾住在华盛顿哥伦比亚特区的高档街区中，与特里萨·海因茨·克里相隔两家。当他卷入关塔那摩诉讼中时，他正在谢尔曼与斯特林律师事务所担任国际贸易合伙人。这家律师事务所位于华盛顿，在科威特和波斯湾周围有重要业务。他的事务所是2002年初科威特的在押者亲属最初联系的十家律师事务所之一。这些律师事务所中的七家拒绝了代理请求，但威尔纳来到了科威特，从他们的家人那里倾听了这些在押者的经历。虽然最初为了其事务所及妻子不愿代理这些案件，但他还是同意做他们的代理

[47] Joshua Holland, *Human Rights Crusader Michael Ratner: We'll Keep Going After Bush and Cheney When They Leave Office*, AlterNet, Dec. 3, 2007, http://www.alternet.org/waroniraq/69421/?page=1.

[48] 参见 Raymond Bonner, *Australian Detainee's Life of Wandering Ends With Plea Deal*, N. Y. Times, Mar. 28, 2007, at A17。

[49] 参见 Michael Ratner & Sara Miles, Keep the Great Writ Alive, Salon, Sept. 26, 2006, http://www.salon.com/opinion/feature/2006/09/26/hebeas/。

[50] Joseph Margulies, *Guantanamo and the Abuse of Presidential Power* 8 (2007).

[51] 参见 Jane Mayer, *The Dark Side* 91 (2008)。

人。[52] 不像具有更强意识形态的律师那样，威尔纳似乎收受了报酬，为关塔那摩的这些在押者辩护——许多报酬来自科威特政府本身。[53]

最终，大量律师事务所接纳了关塔那摩的委托人，其中大部分提供无偿服务。这种为了政府视为敌人的人的利益而出现的法律激进主义浪潮激怒了政府官员——他们中的一些人没有掩饰他们的愤怒。有一次，国防部负责在押人员事务的副助理部长查尔斯·斯廷森在接受联邦新闻广播的采访时，有点过于坦白地表达了他的愤怒。提到了一系列代理关塔那摩在押人员的大规模律师事务所，斯廷森说道，“我非常诚实地认为，当公司的首席执行官们看到那些律师事务所代理的正是早在 2001 年伤害了其底线的恐怖分子时，那些首席执行官们将会让那些律师事务所在代理恐怖分子和代理有声誉的公司之间作出选择……”[54] 受到公众的强烈抗议之后，斯廷森辞职了。[55]

在一些情形中，事务所的律师和意识形态上的律师之间的界线模糊不清。大卫·雷米斯是在哈佛法学院接受过教育的律师，之前为烟草公司做过代理，这时接下了 15 名也门在押人员的案件。处理他们的案件几年之后，他于 2008 年夏天从他的卡温顿与贝林律师事务所辞职，全职投入到人权工作上。按他的说法，这项工作已经成为“一种强烈的激情”。为了其委托人的利益，雷米斯采取了一种特别高调的处理公共关系的方式。在 2008 年也门的一次记者招待会上，他甚至脱了裤子，以说明关塔那摩的在押者遭受到的性羞辱。[56]

这伙人还包括一些明显不合适的人。尼尔·凯亚尔是一位年轻的乔治城大学法学教授，并且是前克林顿政府司法部官员，在 9.11 事件之前以国家安全的鹰派立场而闻名。即使在 9.11 袭击之后，他还主要为政府当局对 9.11 事件的反应辩护——包括《爱国者法案》——直到 11 月的这项军事命令发布。[57] 然而，被那项命令震惊之后，他开始寻找渠道挑战特别军事法庭。虽然他从未对抗过政府当局的关押政策，但他最终与萨利姆·哈姆丹的军事律师们接洽——这些律师们被委派在预定的法庭审判中为他辩护——并以他们的名义提交了一份辩护状。他最后接受了本·拉登的司机作为委托人，在联邦法院挑战这个新体制。

这些律师们面临重大的社会压力，但也受到支持——既来自预料中的地方，也来自出乎意料的地方。凯亚尔的专业指导老师建议他远离哈姆丹的案件，认为他会败诉，使他自己尴尬，并毁掉他的长期职业前途。[58] 其他律师们面临其所在事务所内部的压力，让他们远离关塔那摩的案件，特别是在开始阶段。另一方面，为关塔那摩委托人做代理的律师们可以期待看到表示同

---

[52] 参见注[51]，at 205 - 206。

[53] 参见 Debra Burlingame，Op - Ed，*Gitmo's Guerilla Lawyers*，Wall St. J.，Mar. 8，2007，at A17。

[54] Neil A. Lewis，*Official Attacks Top Law Firms Over Detainees*，N. Y. Times，Jan. 13，2007，at A1.

[55] 参见 *Pentagon Official Who Criticized Detainee Lawyers Quits*，Wash. Post，Feb. 3，2007，at A6。

[56] 参见 Dan Slater，*Covington Partner Demonstrates Treatment of Detainees*，*Wall Street Journal Law Blog*，http：//blogs. wsj. com/law/2008/07/16/to - protest-gitmo-punishment-covington-parnter-drops-trou-in-yemen/（July 16，2008，美国东部标准时间 9：53）。

[57] 参见 Mahler，前注[15]，at 76 - 80。

[58] 同上注。

情的新闻报道。[59] 这种称赞不限于新闻界。当华盛顿哥伦比亚特区的一位著名辩护律师在一次晚宴上批评威尔纳选择为关塔那摩的恐怖分子辩护时，饭桌上的另一位客人为他说了好话：联邦调查局局长罗伯特·穆勒打破了随后紧张的静寂，举起他的酒杯说道，“我敬汤姆·威尔纳一杯。他正在做一个美国人应当做的事”[60]。

较量的政府一方的团队没有那么多姿多彩，但也具有戏剧性。一开始在政府中领导这场较量的是副检察长西奥多·奥尔森，他的妻子芭芭拉死于9月11日撞入五角大楼的美国航空公司77航班的飞机上。奥尔森是一位著名的联邦最高法院出庭律师。他从未在法庭上提及反恐战争中的重大个人利害关系。然而，他自己的悲剧必然为他所辩护的任何案件增加了直观程度。在所有的敌国战士案件中一直担任奥尔森的战地将军的是他的副手保罗·克莱门特，保罗后来接替奥尔森担任副检察长。副检察长办公室在诉讼一开始就做了一个异常决定，在下级法院直接处理诉讼的大部分事务，而不是像它通常所做的那样等到这些案件到达联邦最高法院才接管它们。结果，克莱门特和副检察长办公事的一群助手发现自己在纽约、弗吉尼亚、华盛顿哥伦比亚特区甚至西雅图的联邦地区法院中为关押案件辩护，然后跟着这些案件到达联邦最高法院的审判庭。克莱门特是一位年轻的上诉律师，在他最初作为奥尔森的副手以及后来作为其继任者期间，很快在联邦最高法院出庭律师中排在前列。他是布什政府中为数不多的通过政治程序任命的、看到自己的声望因这一经历而提高的律师之一。克莱门特于2008年离职，为三个重大敌国战士案件作了辩护并败诉，并被广泛称赞为他这一代最伟大的口头辩论律师。

随着2004年后人身保护诉讼的增加，副检察长办公室指挥一切的局面就变得不现实了，于是这种诉讼又恢复到更传统的形式。司法部民事处的职业律师们在下级法院处理许多案件，副检察长办公室只是监督，并处理高级法院中的上诉事务。像许多接受关塔那摩委托人委托的事务所中的律师一样，为政府处理这些案件的律师们也不具有某种意识形态倾向；他们仅仅是靠为政府辩护谋生的律师。事实上，民事处团队的负责人、名叫道格拉斯·莱特尔的一位职业律师，在克林顿执政的最初几年就被派到白宫法律顾问办公室工作了。

与接受被控告恐怖分子委托的律师相比，政府诉讼团队面临的压力更加不明显，但它们十分真实，并且来自各个方面。首先，为政府政策辩护的律师们不得不与制定那些政策的律师们争论。经常发生的情况是，不得不在法庭前为受到挑战的政策辩护（法庭可能用怀疑的眼光看待这些政策）的律师们要求制定那些政策的集团缓和政府的立场，以使他们的观点在法庭上更容易辩解。但在这种情形中，制定这些政策的集团包括联邦政府中一些最强势和意识形态强烈的人：副总统切尼的法律顾问大卫·阿丁顿，司法部法律顾

[59] 马勒关于哈姆丹案件的著作是一个典型的例子，前注⑮。该书详细说明了在更早的时候他在《纽约时报杂志》发表的一篇专题报道。报道描写的英雄们是代理了哈姆丹的律师们，而且报道既没有批判性地评价他们的主张，也没有对诉讼的政府一方——围绕特别法庭问题与斗争的另一方展开激烈交锋——作出任何描述。

[60] 参见Mayer，前注51，at 204-205。

问办公室的实际负责人约翰·柳，以及白宫法律顾问、后来的司法部长阿尔贝托·冈萨雷斯。结果是持续不断的紧张关系，这导致了一种奇怪的瘫痪，在一些明显朝着败诉发展的案件中，虽然其自己的律师们提出败诉将至的警告，但政府无法调整方法。

反映着这种自上而下的压力，民事处还面临着来自职员层面的相反方向的压力。大量职员律师拒绝在关塔那摩人身保护案件中为政府辩护，理由是他们根本不同意政府在这些案件中采取的立场。[61] 当这些案件增加时，它们成为政府的巨大工作负担，而这一负担又因那些良心上反对政府立场的人不参与而一度加剧。但这是后来的事了。关塔那摩的案件开始并没有像洪水一样猛涨。由于这些民事法院听审关塔那摩案件的管辖权受到质疑，它们开始时只像滴流一样。

第一轮法律挑战

2002 年 2 月 19 日，拉苏尔在阿富汗被俘几个月后，约瑟夫·马格里斯、迈克尔·拉特纳、克莱夫·斯塔福德和其他人一起向位于华盛顿的联邦地区法院提交了一份请愿书，以拉苏尔、阿西夫·伊克巴尔（“提普顿三人组”中的另一名成员）和大卫·希克斯（那位澳大利亚人）的名义请求一份人身保护令状。这份请愿书宣称，政府正在对此三人实施“未经正当法律程序的拖延、无限期和任意的监禁”[62]。除别的事外，它争取这些在押者“从军队的非法监禁中”被释放；寻求一项命令，“允许律师私下里且在不被监视的情况下会见被监禁的请愿者，并与他们交换意见”；还寻求一项命令，“要求在诉讼待决期间停止对被关押的请愿者的一切直接或间接审问”[63]。几个月后，威尔纳以 12 位科威特在押者的名义提交了一份诉状；与拉苏尔的请愿不一样，这个案件并没有争取释放他们，而是寻求一项命令，允许他们与家人和律师见面，强迫政府通知他们任何针对他们的指控，并赋予他们接受“法院或其他公正法庭”审判的权利[64]。“拉苏尔诉布什”和“阿尔·欧达诉美国”这两个案件很快一起摆在科伦·科勒-科特利法官面前。这位法官是由比尔·克林顿总统任命的一位温和的自由派法官。

受联邦最高法院的先例约束的下级法院对早期关塔那摩案件的反应，既表明政府当局基于“艾森特雷格案”的法律观点的相对力量，也表明法官们对紧随恐怖袭击之后这段时间内干涉战争努力的极端谨慎。科勒-科特利以缺乏管辖权为由驳回了这个案件，理由是关塔那摩港“不在美国的统治领土之内。由于根据‘艾森特雷格案’，在美国统治领土之外被关押的外国人无法获得人身保护令，本院没有管辖权考虑‘拉苏尔案’中上诉人或‘欧达案’中原告的请求”[65]。当设在哥伦比亚特区的美国联邦巡回上诉法院中一个

---

[61] 参见 Emma Schwartz, *Respectfully Disagreeing*; *Justice Lawyers Refuse to Take Detainee Cases*, U. S. News & World Report, Sept. 10, 2007, at 28。

[62] Petition for Writ of Habeas Corpus at 15, *Rasul v. Bush*, 215 F. Supp. 2d 55 (D. D. C. 2002) (No. 02 Civ. 0299).

[63] 同上注，at 18。

[64] *Rasul v. Bush*, 215 F. Supp. 2d at 58 (D. D. C. 2002).

[65] 同上注，at 72 - 73。

哲学观点混杂的合议庭审查她的判决意见时，该合议庭一致维持了该判决。[66] 哥伦比亚特区巡回上诉法院的法官都没有建议全庭审查这个合议庭的意见。

事实上，当“拉苏尔案”到达联邦最高法院时，在这个国家中没有任何下级法院的法官撰写的判决意见接受以下主张：联邦法院对关塔那摩具有人身保护管辖权。虽然后来的确在巡回法院中产生了分歧，当时美国联邦第九巡回上诉法院判决存在对关塔那摩的管辖权，但这已是发生在联邦最高法院发出了对“拉苏尔案”的复审令之后的事了。[67] 2003 年 11 月，大法官们选取了“拉苏尔案”。当时由于没有任何下级法院争论对关塔那摩的管辖权，最高法院表达的对政府立场的忧虑就特别引人注目。政府当局中更富有洞察力的律师们知道，他们正面临麻烦，但政府作为整体没有理睬最高法院的忧虑。[68]

不是只有大法官们对政府当局在“拉苏尔案”中的立场感到忧虑。对当时正在准备挑战特别军事法庭的凯亚尔来说，联邦最高法院的判决如果禁止对关塔那摩行使人身保护管辖权无异于将他拦膝而断。凯亚尔并不想挑战关押哈姆丹的政府行为，因此他或许能够接受一项阻止拉苏尔的这类诉讼的判决。但一项宽泛的判决对他来说将是一个灾难，而且他想确认法院不会把更广泛的诉讼这盆洗澡水连同他的婴儿一起泼掉。于是他以军事律师的名义，进而调整为代表仍然未受指控的特别军事法庭被告提交了一份非当事人意见陈述，请求最高法院（无论它对拉苏尔的诉讼做了什么）保留听审一件抨击特别军事法庭的诉讼的可能性。凯亚尔“不代表任何一方”提交了这份意见：

> 本意见并不挑战或期望挑战美国在其文官和军事领导人认为适当时发动战争的权力。它并不挑战或期望挑战政府在境外的军事行动正在进行时暂时监禁敌国战士的行为。本意见挑战的是行政机构的以下行为，即剥夺联邦宪法第三条赋予的法院对总统认为是“敌国战士”的个人受到的军事指控的管辖权。虽然特别军事法庭将可能在关塔那摩成立，但这个敏感的管辖权问题并不在本案提出的问题之列，而且最高法院不应预先考虑之。[69]

就在最高法院听审“拉苏尔案”的口头辩论之前不久，凯亚尔与哈姆丹的军事辩护律师、海军少校查尔斯·斯维夫特以及西雅图一家事务所的律师们一起，向设在华盛顿州的联邦地区法院提交了一份请愿书。他们认为，“在审判前的监禁中不允许哈姆丹与外界接触”违反了“美国联邦宪法、美国法律和美国的条约义务”。他们请求一项命令，内容是“如果特别军事法庭设立于远离军事活动场所的地方，而且设立在国会没有宣战时”，要禁止军方“使用特别军事法庭审判哈姆丹先生”，还要禁止“对哈姆丹先生实行

---

[66] 参见 *Al Odah v. U. S.*，321 F. 3d 1134 (D. C. Cir. 2003)。

[67] 参见 *Gherebi v. Bush*，352 F. 3d 1278 (9th Cir. 2003)。

[68] 例如参见杰克·古德史密斯对本杰明·惠斯的谈话，被惠斯引用，前注⑨，at 63（“联邦最高法院最后一次为了判决它没有对某事的管辖权而同意复审是何时？”）。

[69] Brief of the Military Attorneys Assigned to the Defense in the Office of Military Commissions as Amicus Curiae in Support of Neither Party at 3, *Rasul v. Bush*, 542 U. S. 466 (2004) (Nos. 03 - 334, 03 - 343).

无限期监禁，等待这种法庭尚未计划的审判”[70]。

如果对“自‘艾森特雷格案’以来时代已经不同了”这一点有任何疑问，那么那种疑问在2004年4月20日明显变弱了。这一天，联邦最高法院听审了“拉苏尔案”的口头辩论。大法官们既要应对杰克逊大法官几十年前的先例的持续生命力，又要反驳这个先例在关塔那摩案件上的适用性。在关塔那摩，不受本国司法管辖在某种程度上是一种虚构。下级法院听审“拉苏尔案”时，9.11事件刚刚过去，法官们对在押者及其受到的待遇了解甚少。而最高法院的大法官们听审该案时，袭击事件发生在更遥远的地方，而且正是阿布·格莱布监狱中囚犯被虐待丑闻发生之时。下级法院的法官们面对的是的问题是，“艾森特雷格案”是否约束本案，而大法官们面对的是稍微更宽泛的系列问题：“艾森特雷格案”应当约束本案并限定着司法机构在关塔那摩案件中的角色吗？在反恐战争中，行政机构可以在国外的一个关押地点制定自己的规则是合理的吗？

约翰·吉本斯代表上诉人为该案作了辩护。吉本斯是第三巡回上诉法院的前首席大法官。在来到最高法院之前，他已经减少了参与该案的活动。[71]而且，这一点表现了出来。他一度严重误述了关塔那摩租约的条款。关于这一点，安东尼·斯卡利亚大法官很乐意地纠正了他的错误。而且他在很大程度上未能有效表达该案，脱离核心的管辖权问题，转而提到实质的国际法问题。事实上还没到讨论实质问题的时候。

几位大法官很快就露出了底牌，透露了他们最终将要撰写的判决意见的轮廓。[72]桑德拉·戴·奥康纳大法官早就提示说她正在寻求一份狭窄而不是宽泛的裁决。“你没有仅仅基于联邦宪法提出任何潜在的管辖权问题”，她明确告知吉本斯，“我们在这里基于人身保护法案讨论管辖权问题，对吗？”而且，约翰·保罗·斯蒂文斯大法官明显预示了他即将完成的多数意见，正直地努力帮助吉本斯，指出最高法院已经在某种程度上依靠“阿伦斯诉克拉克案”[73]判决了“艾森特雷格案”，而“阿伦斯案”已经基本上被推翻了。吉本斯把话题接续下去。

当辩论转到关塔那摩本身的性质，以及在“艾森特雷格案”考虑的意义上，它是否真的属于外国这些问题时，紧张关系升级了。围绕租约的条款和它的最终主权是否真的保留给古巴这一问题，吉本斯陷入了前述与斯卡利亚大法官的混乱对话中。在承认了斯卡利亚是对的并且他出现口误之后，他撇开了这个问题：“这没什么差别……伊丽莎白女王是加拿大名义上的最高统治者。那并不决定加拿大的法院是否可以发出人身保护令状。她也是澳大利亚名义上的最高统治者。”

斯卡利亚并不赞同。“我认为主权并不是在相同的意义上得到使用”，他说，“我的意思是，如果你说英格兰具有对加拿大的主权，那将是一个独特

---

[70] Petition for Writ of Mandamus Pursuant to 28 U. S. C. § 1361 或者 Writ of Habeas Corpus at 5，7，8，*Hamdan ex rel. Swift v. Rumsfeld*，No. 04 Civ. 0777 (W. D. Wash. 2004).

[71] 参见 Vanessa Blum，*A Veteran Gives Voice to Guantanamo Case*，Legal Times，Apr. 12，2004。

[72] 关于所有的引述，参见 Transcript of Oral Argument，*Rasul v. Bush.*，542 U. S. 466 (2004)。

[73] 335 U. S. 188 (1948).

见解，但我认为没有任何人会那样说。”

吉本斯澄清道，在他看来突出的要点是，古巴的剩余主权并不意味着古巴的法律“在那个基地内部可以适用”或者可以被用来裁决那里的在押者案件。他说，“印着菲德尔·卡斯特罗照片的一张邮票不会将一封信寄出这个基地”。这是这一天中吉本斯的最辉煌一刻。

副检察长奥尔森开始辩论时就提醒大家，在他发言时，美国仍然处于战争中，一万余名美国士兵驻扎在阿富汗。他没有提及他的妻子，并且很快说明，他出面不是以美国政府中最高级的 9.11 袭击事件的受害者，而是为其委托人的立场辩护，即“艾森特雷格案”约束本案并排除联邦法院介入关塔那摩的权力。

在斯蒂文斯大法官的质问下，他很快承认他的立场不是依赖当前的战争状态，即使战争已经结束法院也不能发挥作用。苏特和金斯伯格大法官逼问他，“艾森特雷格案”本质上是否真正明确地可以受到联邦最高法院管辖，奥尔森则坚持己见。苏特和斯蒂文斯大法官逼问他，“艾森特雷格案”的判决是否因“阿伦斯案”后来被推翻而受到削弱，奥尔森在这一点上也没有让步。

然后，布雷耶大法官把讨论的问题转到高级的宪法政策问题。承认了“艾森特雷格案”中的语言支持政府的立场之后，他同意它“有清晰的优点，明确的规则：不是一个公民，在美国之外，你没有跨进门。但那项同样的事实也不利于你。如果行政机构可以自由地做它们想做的事而没有制约，这似乎与设立了三个政府分支的联邦宪法的观念相反”。奥尔森回应道，行政分支已经有了制约：国会有 54 年的时间修改人身保护法案，在“艾森特雷格案”之后甚至考虑过那样做，但从未那样做过。

像吉本斯一样，在讨论美国驻关塔那摩部队的性质时，奥尔森也与大法官们展开尖锐的交流。金斯伯格大法官试图将美国在那里的控制权与巴拿马运河区域作类比；奥尔森抵制了这种类比。金斯伯格大法官逼问道，“正如我问过吉本斯先生的问题，为什么这不像联邦在一个国家的飞地”？奥尔森回答说，“因为……首先，主权问题是一项政治决定。如果司法部门决定美国在哪里具有主权，那就太奇怪了”。金斯伯格反驳道，这个问题是“实地控制权”。

奥尔森说：“金斯伯格大法官，在我们可能放置军事在押者的每一个地方，在我们已经完全控制的阿富汗有监狱的一个战场上，我们就有那种权力。”

苏特大法官反对说，但是在阿富汗，“美国的法律并不适用于生活的所有方面，而且一个世纪以来通常也是如此。我们连关塔那摩的古巴鬣蜥也要保护……在将人们从阿富汗或者他们被带出的任何地方带到关塔那摩，从功能意义上来说，我们所做的事与我们把他们带到哥伦比亚特区所做的事完全一样……”

联邦最高法院在“拉苏尔案”中的判决意见

最后，所有学说都放在一边，这种功能意义上的分析成为最高法院撰写“拉苏尔案”判决的指导精神。如奥康纳大法官已经明白表示的那样，五位大法官的多数意见——连同安东尼·肯尼迪大法官（他发表了单独的赞同意见）——作出了一项狭窄的判决，仅仅基于人身保护法案肯定了它们的管辖权。正如撰写该判决意见的斯蒂文斯大法官在口头辩论时所提出的那样，该判决意见并不依赖于推翻“艾森特雷格案”的判决，而是依赖于以下观念：最高法院在“艾森特雷格案”中对上述法案的解读已经因“阿伦斯案”被推翻而受到削弱。而且，正如几位大法官已经暗示的，变化的事实已经使情况完全不同了。斯蒂文斯大法官写道：

> 他们（“拉苏尔案”中的上诉人）不是与美国交战的国家的国民，而且他们否认自己参加或密谋了针对美国的侵犯行为；他们从未得到接受任何法庭审判的机会，更没有受到从事违法行为的指控与定罪；而且他们已经被监禁在美国行使排他性管辖和控制权的领土上长达两年多。[74]

尽管斯卡利亚大法官持有力的反对意见，多数意见还是在法定人身保护管辖权问题上采取了一种新的标准——至少适用于关塔那摩时如此：“上诉人主张他们被联邦政府监禁，违反了美国的法律。没有任何一方当事人置疑地区法院对看守上诉人的人的管辖权……根据其条款，人身保护法不需要更多的条件。”[75]

表面上，“拉苏尔案”似乎像是一次对政府当局的明确指责。总统强烈要求最高法院不要宣称对关塔那摩的管辖权，但最高法院以毫不含糊的语言做了相反的事。然而，这项判决意见实际上提出的问题比它回答的问题还多。毕竟，宣布法院对听审人身保护案件的管辖权并没有对以下问题提供指南：那些案件可能看上去像什么，或者它们应当如何进行。对于一个里程碑式的案件来说，“拉苏尔案”很奇怪不是实质性的。它没有说政府的什么行为是合法的，监禁的适当基础应当看起来像什么，在押人员有什么权利，政府可以针对他们提出什么证据，谁应当承担举证责任，以及那种责任应当是什么。此外，最高法院的判决意见仅仅基于国会法案，而没有讨论联邦宪法本身是否要求在押者有权获得人身保护审查这一根本问题，因而为国会修改该法案敞开着大门。最后，“拉苏尔案”在以下问题上也含糊其辞：管辖权是否延伸到关塔那摩之外，或者它是否取决于特定美国军事基地的独特地位。大法官们拖延了对这些以及其他问题的回答。

然而，“拉苏尔案”的判决不缺乏一些线索，显示出最高法院对其中有些问题的反应。最重要的是，虽然大法官们将这项判决仅仅植根于法案性理由，但某些段落显示，在管辖权问题上存在一种更基本的宪法基础。斯蒂文斯大法官已经判决人身保护法令适用于关塔那摩之后，又补充了以下奇妙的段落：

> 人身保护法案适用于被羁押于该军事基地的人，与历史上人身保护令状的含义一致。在普通法上，法院对被关押在该王国统治领土之内的外国人的诉求行使人身保护管辖权，也对被关押在所谓“管辖豁免区”（在那里，普通令状无效）和在主权控制之下的所有其他领土的人们的

---

[74] Rasul，542 U.S. at 476.

[75] 同上注，at 483－484。

> 诉求行使这种管辖权。曼斯菲尔德大人在1795年写道，即使一片领土“不是本国的一部分”，如果这片领土“隶属于国王”，那也“毫无疑问”法院有权签发人身保护令状……后来的案件证实，这种令状的范围不取决于领土主权的形式概念，而是取决于以下实际问题：“国王实际上行使的管辖权或统治权的范围和性质”(76)。

这段话被证明是——而且可能是有意所为——埋下了定时炸弹。虽然短期来看没什么，但从长远来看，它标下了一个记号，即最高法院对关塔那摩的管辖将不完全取决于一项法案。最高法院似乎在说，如果人身保护法案并不适用于海外的在押者——像关塔那摩的那些人一样，那么无论如何联邦宪法可能授予对他们的管辖权。然而，表面上，“拉苏尔案”没有走得那么远。相反，它似乎在挑动国会调整一个法案，因而消除它为行政分支制造的这个难题：法院监督数百项个别羁押决定。对政府当局来说，这种诱惑被证明太大了。

国会以《在押者待遇法案》回应

在“拉苏尔案”判决之后的几个月中，产生了两项重要发展。人身保护诉讼几乎立刻开始激增。例如，判决之后的几周之内，威尔默·黑尔的华盛顿律师事务所的律师们以“阿尔及利亚六人组”的名义提出申请，认为“这些被监禁的上诉人不是也从未成为敌国公民、合法或非法的交战者，或者在任何对美国公民、政府或军队具有敌意的背景中的战士”。他们认为，“未经正当法律程序，对被监禁的上诉人实行延长的、无限期的任意关押”违反了第五修正案、各种国际法文件、军事规章和联邦宪法中的战争权力条款——此外还相当于违宪中止了人身保护令状。(77) 大卫·雷米斯很快代表一群也门在押者提出申请。合计起来，政府发现自己卷入大约三百件官司。

第二项重大发展是，军方召集了被称为“战士身份审查法庭”（Combatant Status Review Tribunals）的一些专门委员会，审查每一位在押者的情形，并决定之前的审查机制认为他们是“敌国战士”是否适当。战士身份审查法庭设立的目的在于，通过提供一种法院可能尊重的正当程序措施，改善政府当局的诉讼处境。在一个与“拉苏尔案”同一天判决的案件中，大法官们的一份多元意见似乎表示，在战时背景下，即使监禁一位美国公民，军队中的非司法程序也是可以提供正当性的充分正当程序。(78) 因此，这个主意是通过向在押者提供一种军队可以严格控制的审查体系换取法院的尊重。

但是，战士身份审查法庭引发了激烈的争议，因为它们远远缺乏在联邦法院中会发生的那种听证。虽然它们最终释放了39人，说他们“不再是敌国战士”，但在押者在这个程序中无权得到律师的代理；他们只能获得最少数量的针对他们的证据概要，并且只有极其有限的能力提出自己的证据和传唤他们自己的证人；而且他们在宽泛的“敌国战士”定义之下承担了举证责

---

(76) 同注(74)，at 481-482。

(77) First Amended Petition for a Writ of Habeas Corpus at 6，13，*Boumediene v. Bush*，355 F. Supp. 2d 311 (D. D. C. 2005) (No. 04 Civ. 1166).

(78) 参见 *Hamdi v. Rumsfeld*，542 U. S. 507 (2004)。

任。此外，随着人身保护诉讼的进行，战士身份审查法庭在一些案件中开始看上去可能错得离谱。[79]

当这个过程正在走下坡路时，凯亚尔代理萨利姆·哈姆丹的案件正拉开了序幕。政府当局在“拉苏尔案”宣判之后不久就指控哈姆丹。一个月后，位于西雅图的联邦地区法院将他的请求转发到位于华盛顿哥伦比亚特区的联邦地区法院。2004年11月，美国联邦地区法院的法官詹姆斯·罗伯森作出了有利于哈姆丹的判决，发现根据《日内瓦公约》，军方不能在没有首先证明他不是一名战俘的情况下利用特别军事法庭审判哈姆丹。此外，该法案判决，被召集起来审判哈姆丹的特别法庭无论如何都违反了《军事审判统一法典》(Uniform Code of Military Justice)，因为这个特别法庭的规则可能允许基于他可能从未见过的证据定他的罪。[80]

然而，罗伯森的判决没有持续很长时间。即使在“拉苏尔案”之后，原告们在下级法院的路仍然是艰难的；政府当局所依赖的二战时代先例的残余力量仍然很强大。而且，2005年7月15日，哥伦比亚特区巡回上诉法院中的一个三位法官合议庭（包括不久之后被提名的首席大法官小约翰·罗伯茨）一致推翻了罗伯森的意见，判决“在实体问题上，哈姆丹的说理没什么内容”[81]。该法庭援引了“奎林案”的意见，判决国会已经授权审判哈姆丹的特别军事法庭；利用特别军事法庭审判他并不违反《日内瓦公约》，《公约》无论如何不能在法院中实施；并且最重要的是，法院在哈姆丹经受审判之前不能适当地听审他关于军事法庭公正性的其他抱怨。[82] 要说服联邦最高法院颠覆特别军事法庭，需要说服大法官们不仅这些法庭是不公正的，而且它们是如此内在地不公正，以至于法院无须等到它们的不公正在对哈姆丹的实际审判中表现出来才那样说。2005年11月7日，大法官们同意考虑这个问题。

然而，到了他们实际听审这个案件时，凯亚尔面临了另外一个复杂情况。“拉苏尔案”判决一年半以后，并且在最高法院发出“哈姆丹案”的调卷令之后，政府当局说服了国会通过《2005年在押者待遇法案》[83]，其主要规定剥夺了法院听审由关塔那摩在押者提起的针对政府当局的人身保护上诉或其他请求的权力。[84] 该规定既回应“哈姆丹案”本身，也回应更大的问题，即从政府当局的立场来看，它发现自己正在为大量人身保护案件辩护。最高法院在“拉苏尔案”中很明显没有超越人身保护法案。国会可以修正法案，因此，最高法院已经给的，至少在理论上国会可以拿走。

《在押者待遇法案》并不寻求剥夺法院对所有关塔那摩拘留案件的管辖权。它规定，上诉人可以从战士身份审查法庭和特别军事法庭直接上诉至哥伦比亚特区巡回上诉法院。但它另外还规定：

---

[79] 例如参见 In re Guantanamo Detainee Cases，355 F. Supp. 2d 443 (D. D. C. 2005)（除其他事项外，发出了一项保护性命令，保障律师与委托人的沟通，并且同意了在押者上诉人关于获得律师的请求。这两项请求之前都已被政府当局拒绝）。

[80] 参见 *Hamdan v. Rumsfeld*，344 F. Supp. 2d 152 (D. D. C. 2004)。

[81] *Hamdan v. Rumsfeld*，415 F. 3d 33，37 (D. D. C. Cir. 2005)．

[82] 同上注。

[83] Pub. L. No. 109－148，119 Stat. 2739（作为修正条款被分散编纂于 sections of 10，26，and 42 U. S. C. ）。

[84] 参见 Detainee Treatment Act § 1005 (e)。

法院、大法官或法官不具有管辖权听审或考虑（1）被国防部在古巴的关塔那摩军事基地关押的外国人提出或以他们的名义提出的人身保护令状申请；以及（2）任何针对美国或其代表、与国防部在古巴的关塔那摩军事基地拘留外国人的任何方面有关的其他行为……(85)

从政府的立场来看，《在押者待遇法案》代表着一种努力，即授予在押者直接获得法院审判的权利的同时，恢复“拉苏尔案”之前的状况。然而，对人身保护上诉人来说，这是一种灾难——这项法律可能强迫所有挑战进入以确定记录为基础的上诉程序，而不是具有潜在更大的机会发现证据的民事法律诉讼。许多批评家将此视为不正当中止人身保护令状的行为。

对凯亚尔来说，如果从表面上理解，《在押者待遇法案》将意味着“哈姆丹案”的终结，而且将要求他完成审判并挑战其委托人的定罪——而不是直截了当地攻击这个制度本身。凯亚尔已经在《在押者待遇法案》问题上游说了国会，试图在上述条款的生效日期问题上把水搅浑，并在剥夺法院管辖权的文字适用于待决案件问题上留下一些模糊的标准。(86) 但表面上，这些文字增加了另外的巨大障碍。

哈姆丹案的口头辩论

2006 年 3 月 28 日上午，在这场特别的 90 分钟辩论中，最初的审问主要集中于这一新的障碍。首席大法官没有出现在辩论现场——他因参与了他的同事们将要审查的下级法院的判决而回避了。凯亚尔一开始就提出，虽然国会通过了《在押者待遇法案》，但最高法院仍然具有管辖权，援引了国会围绕这项法律的生效日期展开的辩论，以及在立法语言上发生的相应变化。(87) 他说，最初的语言说，它“应当适用于该法案通过之日或之后待决的任何申请或其他行为”，这显然包括哈姆丹。然而，最后通过该法案时，这项主要规定缺少了这项对待决案件适用性的明确表述，因而如凯亚尔所说，“像本案这样的待决案件不受新法律的约束”。凯亚尔再次试图将“哈姆丹案”与所有其他人身保护诉讼割裂开来，承认“在当前的待决案件中基于《在押者待遇法案》中的其他文字将该法案解读为截短了关塔那摩的绝大部分诉求，当然是可能的”。但是，他认为，“那并不是在这里摆在你们面前的问题。这里摆在你们面前的问题仅仅是‘哈姆丹案’，而且国会有强烈的愿望不干预最高法院传统上行使的管辖权”。

刚刚任职的萨缪尔·阿利托是那天上午唯一作出评论的大法官。在其中一次评论中，他问及为什么哈姆丹不能等到最终的特别军事法庭判决下达之后提出他的诉求，就像在刑事程序之后提起诉求那样。凯亚尔解释道，不像刑事程序一样，《在押者待遇法案》意味着“你在被定罪之后不能即刻走进法院——你只能在最终的判决下达之后走进法院。而且最终判决要求美国总统的签字。因此，实际上这种解释给了一方当事人永远阻止联邦法院审查的能力”。他后来说，“支持司法节制的主张一直是，国会或某些其他机构已经

(85) 同注(84)。

(86) 参见 Mahler，前注⑮，at 218－220。

(87) 关于所有的引述，参见 Transcript of Oral Argument，*Hamdan v. Rumsfeld*，548 U.S. 557 (2006)。

公正地平衡了双方的权利。这里，你没有那项根本保障”。

转到该案的实体问题，凯亚尔指出，针对其委托人的唯一指控是同谋罪，这一点他论证说已经被二战以来的所有法庭否定了，认为这违反了战争法。肯尼迪大法官质问道，为什么本院不能将这项指控的完整性问题视为从属于该特别法庭的合法性问题。他指出，如果该特别法庭的组成不是合法的，那么这一点就没有实际意义；如果它是合法的，该特别法庭本身应当首先决定这项指控是否适当。

凯亚尔回应道，“即使我们假定该特别法庭根据国会的法案得到授权，并且其所有的微观程序得到授权，允许这项共谋罪指控也会打开防洪闸门，给予总统在特别军事法庭随意指控的能力”。

再次回到法院审判前审查军事法庭完整性的适当性问题，阿利托大法官说，在指控得到审判之前，检察官们可能会修改这些指控。他问，为什么“应当在审判之前审查一项可能会受到修正的指控呢”？凯亚尔回应道，政府当局已经有四年的时间收集针对哈姆丹的指控。“他们坚持这项并不违反战争法的共谋罪指控”，他辩论说，“阿利托大法官，实际上，今天共有十人面对着特别军事法庭，此时此刻共有十项起诉控告共谋罪。七项只控告共谋罪”。他指出，“奎林案”中的法院既审查了这种法庭的合法性，也根据战争法审查了这项控告的适当性，没有等待对有罪裁决的上诉。

在与大法官们围绕共谋罪指控进行了其他的反复问答之后，凯亚尔转向了罗伯森法官最初与其抱有同样立场的理由上：该特别法庭违反了《军事审判统一法典》。他论辩说，哈姆丹已经被排斥在其法庭程序的很多环节之外，而《军事审判统一法典》禁止在军事法庭中这样做。“我们要求最高法院将《军事审判统一法典》最低限度的规则适用于在关塔那摩基地运行的特别军事法庭”，他说，“它提供的保护之一是在场的权利，但这一点已经从根本上受到违反”。

斯卡利亚大法官打断了他，“你承认还是不承认被称作特别法庭的事物的存在？”

“我们承认。”

“如果它们必须遵循《军事审判统一法典》要求的所有程序，那么它们的使用情况会怎样呢？我是说，我原来认为该全套设置将有一个不同的程序。”

凯亚尔回答道：“斯卡利亚大法官，政府当局恰恰希望您如此认为。我认为那不正确。历史上的关系一直是特别军事法庭（military commissions）和军事法院（courts-martial）遵循同样的程序……现在，需要澄清的是，我们的立场不是特别军事法庭必须遵循军事法院遵循的所有规则……而是它们必须遵循国会制定的《军事审判统一法典》的底线规则。”

凯亚尔在结论中主张，该法庭还违反了《日内瓦公约》的公共条款第三条，“以及它的最底线要求，即设立的法院是正常组成的，并且能够提供文明的民族不可缺少的权利”。

副检察长保罗·克莱门特以一个过去使用特别军事法庭的历史经验开始了他的论辩。他说，这些法庭的使用要追溯到乔治·华盛顿，而且“国会再三承认和支持这种权力。事实上，国会每一次扩展军事法院的管辖权时，都将用心强调，那种扩展不减少特别军事法庭的管辖权”。

斯蒂文斯大法官对这个历史的诱饵很感兴趣，并追究了“这些特别法庭一般在那几年间执行的法律渊源”。克莱门特回答道，那些特别军事法庭除某些例外基本上执行的是“战争法”。此外，克莱门特主张，《军事审判统一法典》并不要求特别军事法庭遵循军事法院的规范。相反，根据过去的先例，“只有《军事审判统一法典》中明确提及特别军事法庭的那九项条款才适用，其他的留给更具有普通法性质的战争法院的步骤解决，具有更大的灵活性”。

然后苏特大法官问，既然特别法庭体系按照战争法运行，《日内瓦公约》是否适用于本案的情形。他指出了以下两种情况之间的矛盾：引用战争法作为国内设立特别军事法庭的权威，而在确定其中的程序权利时却拒绝战争法。“我的意思是……当你认为战争法是特别法庭适用的法律时，难道实际上你不是刚出狼窝又入虎穴吗?”

克莱门特回答说，“苏特大法官，我认为没有任何狼窝效果或虎穴效果”。他说，行政机构并没有“试图实现鱼与熊掌兼得。《日内瓦公约》是战争法的一部分这一事实，并不意味着上诉人有权得到那些公约的任何保护”。而且，如果哈姆丹按照使他不受该特别法庭管辖的《日内瓦公约》有所请求，他可以自由地向该法庭本身提出那些主张。这一点导致了与几位大法官围绕诉前审查的适当性问题展开对话，克莱门特主张“国会已经明示，无论什么其他的事是正确的，这些特别军事法庭的诉讼程序可以继续进行，并且专门审查可以在事实确定及定罪之后在哥伦比亚特区巡回上诉法院进行”。

然后，布雷耶大法官转向管辖问题，问道：“如果我们接受你的解释，本院如何能够避免最困难和最重要的宪法问题，即国会是否可以合宪地剥夺最高法院对人身保护案件的管辖权?”经过一些中间插入的问题之后，克莱门特回答道，“本案以及这些案件中的绝大多数没有提出严重的中止条款（Suspension Clause）问题，理由很简单，我认为延期审查或者将其输送到上诉法院不等于中止”。他声称，国会在《在押者待遇法案》中所做的一切是“将法律恢复到已经盛行了 200 年的对法律的理解上”。

苏特大法官不接受这一主张。他问道，难道在最高法院把一项规定理解为影响一种潜在的权利中止之前，国会不应当必须极其明白地表达它正在做什么吗?

克莱门特在辩护结束时匆忙地讨论了本案的实体问题——认为特别法庭受到《军事审判统一法典》的授权，并且与国际法一致；共谋罪的指控一直以来被公认为是一种战争犯罪。

最高法院对哈姆丹案的判决

大法官们于 2006 年 6 月宣布了哈姆丹案的判决。⑧ 当天，没什么人怀疑它的重要性。琳达·格林豪斯，《纽约时报》的一位通常很冷静的联邦最高法院通讯记者，将其描述为“政府当局的一次彻底而绝对的失败”，以及

⑧ 参见 *Hamdan v. Rumsfeld*, 548 U.S. 557 (2006)。

"政府分支之间不断变化的权力平衡的一个关键时刻"[89]。一位前副检察长沃尔特·德林杰称本案"简直永远是关于总统权力和法治的最重要判决，永远"[90]。他说，尽管表面上这个案件可能是关于特别军事法庭的，但在更深层次上"'哈姆丹案'是关于法律顾问办公室（Office of Legal Counsel）酷刑备忘录的案件；而且它是关于总统能否拒绝遵守关于审问手法的麦凯恩修正案的案件。它是关于所有那些法律的案件，即在总统签署它们时就说不会遵守的那些法律"[91]。最高法院评论家们公开谴责这项判决，而政府的反对者为之欢呼；但几乎没有人置疑"哈姆丹案"的重要性，或者其影响的范围，或者它标志着巨大转变的确定性。

因为首席大法官罗伯茨的回避，这项判决是以 5∶3 的票决结果宣判的。该判决席卷了国会在《在押者待遇法案》中竖立的管辖权障碍，裁决国会没有明确表达排除未决案件以及预期案件的意图。它击垮了特别军事法庭体系。而且它规定，至少《日内瓦公约》的一项关键条款——共同条款第三条——适用于美国与基地组织之间的冲突，并因而创立了一个对待美国军队可能关押的所有在押者的人道主义最低限度。至少表面上，它似乎是一个巨大的分水岭。[92]

然而，最高法院再次留下了一些关键问题没有回答，并且避开了基于联邦宪法作出判决。在管辖权方面，它没有判决国会无权排除来自关塔那摩的案件，而是仅仅判决国会在《在押者待遇法案》中没有明确命令法院驳回待决的法律诉讼。结果，就像它在"拉苏尔案"中所做的那样，最高法院使国会可以自由地改变法律。关于特别法庭，它判决它们违反了制定法和条约法，但它没有判决《权利法案》适用于这些审判，或者如果它适用，特别军事法庭违反了其任何条款。而且尽管关于共同条款第三条的裁决是对政府当局以下主张的明确否定，即《日内瓦公约》不适用于该冲突，但共同条款第三条对非人道待遇的防止很快就通过执行立法而得到解释。由于这个原因，该判决的大部分实际重要性证明是短暂的。

特别军事法庭法案

在政府当局的请求下，在仅仅几个月内国会就取消了最高法院精心制造的大部分新的现实。《2006 年特别军事法庭法案》[93] 在 2006 年中期选举前夕获得通过，对"哈姆丹案"中的每一个主要部分作了回应。它再造了特别军事法庭体系。尽管新的法定特别法庭在一些方面不同于原来的，但它们在绝大多数方面相似的更多，不同的更少——让批评旧体系的人感到气馁。虽然《特别军事法庭法案》没有推翻共同条款第三条约束反恐战争这一裁决，但

---

[89] Linda Greenhouse, *Justices, 5-3, Broadly Reject Bush Plan to Try Detainees*, N. Y. Times, June 30, 2006, at A6.

[90] Walter Dellinger, *The Most Important Decision on Presidential Power Ever*, Slate, June 29, 2006, http://www.slate.com/id/2144476/entry/2144825/.

[91] Walter Dellinger, Still "*the Most Important Decision on Presidential Power Ever*", Slate, June 30, 2006, http://www.slate.com/id/2144476/entry/2144911/.

[92] 参见 Hamdan, 548 U.S. 557 (2006)。

[93] Pub. L. No. 109-366, 120 Stat. 2600 (被散编于 10 U.S.C 的各章中)。

它的确把几乎最严重违背该条款的解释授权给总统，意味着布什总统在界定这些条约要求他避免的“非人道待遇”的含义上保留了很大的机动性。而且，国会还再一次提议剥夺法院对关塔那摩案件的管辖权，这次明确将这一障碍适用于“在该法案通过之日或以后待决的与2001年9月11日以来美国拘留的外国人的关押、转移、待遇、审判或关押条件有关所有案件，毫无例外”[94]。

《特别军事法庭法案》引起了联邦最高法院内部关于关塔那摩管辖权的第三次争执，因为它直接提出了最高法院在前两轮回避的问题：联邦宪法本身是否保证对关塔那摩的人身保护管辖权？国会如果不借助其中止人身保护令状（它只能在叛乱或入侵的情况下才能这样做[95]）的权力就不能剥夺这一管辖权。如果联邦法院的一些管辖权是宪法规定的，战士身份审查法庭的听证体制（之后是哥伦比亚特区巡回上诉法院的司法审查）是如克莱门特所说的一种可允许的延缓并导向司法审查还是对这一令状的压制？作为一个宪法问题，关塔那摩的一位在押者必须有权获得最高法院在“拉苏尔案”中的多数意见预想的那种完整的人身保护程序吗？

“阿尔及利亚六人组”案件和数百名其他在押者的案件正在下级法院中从各个角度获得考虑，并殊途同归。殊途是因为地区法院的法官完全不同地解读可适用的实体法。例如，在“阿尔及利亚六人组”案件中，理查德·利昂法官判决，在押者在美国法院中没有可认知的权利，因而同意政府关于驳回该案件的提议。按他对法律的解释，管辖权对在押者来说没什么意义，因为考虑所有情况之后，他们没有需要维护的权利。[96] 与此相反，乔伊斯·恩斯·格林法官听审了一组包括56名其他在押者的合并案件，拒绝驳回根据第五修正案的正当程序条款和《日内瓦公约》第三条提出的诉求。[97] 然而，这些案件最终都归于一途，因为那些实体问题都要让位于国会将这些案件全部从法院拿走的努力。由于管辖权法案中的这些变化，哥伦比亚特区巡回上诉法院花了很长时间审查这些案件——两整年——在此期间，它举行了两次口头辩论以及四轮基本情况介绍。当它最终于2007年2月作出裁决时，它再次判决“拉苏尔案”没有扰乱“艾森特雷格案”的宪法性判决，因而该判决仍然要求下级法院驳回这些案件。[98] 虽然朱迪斯·罗杰斯法官持反对意见，但二战时代的先例至少在下级法院已经证明是足够有力，以至于还能再次盛行。

联邦最高法院最初拒绝发出调卷令。尽管几位大法官不赞同这样做，但斯蒂文斯和肯尼迪大法官写道，“我们的惯例要求穷尽可用救济作为接受人身保护令状申请的前提，这使得此时拒绝这些诉求很合适”[99]。他们写道，《在押者待遇法案》中规定哥伦比亚特区巡回上诉法院审查战士身份审查法

---

[94] 同注[93]，at § 7 (b)。

[95] 参见 U. S. CONST. art Ⅰ § 9，cl. 2。

[96] 参见 *Khalid v. Bush*，355 F. Supp. 2d 311 (D. D. C. 2005)。

[97] 参见 In re Guantanamo Detainee Cases，355 F. Supp. 2d 443 (D. D. C. 2005)。

[98] 参见 *Boumediene v. Bush*，476 F. 3d 981 (D. C. Cir. 2007)。

[99] *Boumediene v. Bush*，127 S. Ct. 1478 (2007)．

庭的判决的那些条款应当获得适用的机会。几周之后，一位军事官员参与了战士身份审查法庭听证过程，他提交了一份具有破坏性的书面陈述，宣称战士身份审查法庭的程序不完备。在此之后，上述情况就改变了。[100] 2007 年 6 月，最高法院改变态度，突然同意审查这个案件。再一次，大法官们将考虑关塔那摩的行为规则——或者更准确地说，他们将考虑他们自己制定和监督那些规则的角色范围。

一位前副检察长塞思·瓦克斯曼在口头辩论的一开始就提醒大法官们，37 位上诉人已经被监禁了 6 年，那是最高法院听审关塔那摩案件花费的时间；“没有人曾经被告知有意义的实际监禁理由，或者得到公平的机会在中立的决策者面前辩论那些理由”；“按照下面的判决，他们没有希望得到那种机会”；而且“每个人都坚持他们是清白的，没有做任何坏事”[101]。虽然瓦克斯曼承认这些人中的一些在人身保护诉讼中可能会被发现终究是可被拘留的，但他强调，“基于《关押者待遇法案》对结构存在缺陷的战士身份审查法庭程序所做的有限审查，无法提供任何可靠的审查机制，以审查行政机构所宣称的关押这些上诉者的根据，更不用说传统人身保护审查的完备替代品了”。

围绕战士身份审查法庭的完备性问题（根据最高法院 2004 年“哈姆丹案”判决），瓦克斯曼回答了首席大法官罗伯茨的质问，并且在适当救济问题上回答了金斯伯格大法官的提问。但当斯卡利亚大法官挑战他的历史时，辩论逐渐白热化：“在我们国家 200 年的历史中，或者在英帝国 5 个世纪的历史中，你是否有一个案件，其中人身保护令授予了一位不在美国或者英国主权控制的领土上的外国人?”

瓦克斯曼回答道，“这个问题的答案是响亮的‘是的’”。然后他反复地试图让这位存疑的大法官相信，他的例子实际上满足了斯卡利亚大法官的条件。这两个人来来往往，争辩着数百年的人身保护案件。其他的大法官们偶尔插话，问及一些不太深奥的问题，但那是斯卡利亚和瓦克斯曼的表演。瓦克斯曼毫不让步，但也明显没有撼动斯卡利亚大法官。斯卡利亚大法官后来说：“我现在仍在等待一个案件，其中一位不在王室统治的领土上的外国人获得人身保护令。”让观众感到有趣的是，瓦克斯曼最终宣布精疲力竭。很明显，多数法官站在他这一边，但斯卡利亚大法官可能不是其中之一。

克莱门特在大法官们面前的辩论不会胜利，他也知道这一点。他已经注视了很多年，这期间最高法院对行政机构的尊重已经削弱。然而，他还是勇敢地跳进了这个角力场，争辩说在押者有权接受按照早期军规设立的战士身份审查法庭的审判，并且战士身份审查法庭的裁决可以受到司法审查。

他即刻面临苛刻的质问，其中大法官们暗示他们将否定基于《在押者待遇法案》的审查是人身保护令状权利的替代品。苏特大法官评论说，在某些案件中，一位在押者已经被发现不是敌国战士，政府只是将这个结果送交另一个法庭复审，后者经常推翻前一项关于敌国战士身份的判决。如果它们在

---

[100] 参见斯蒂芬·亚伯拉罕的声明，作为以下文件的一部分被提交：Reply to Opposition to Petition For Rehearing On Petition for Writ of Certiorari, *Al Odah v. United States*, 128 S. Ct. 2229 (2008) (No. 06 Civ. 1196)。

[101] 关于所有的引述，参见 Transcript of Oral Argument, *Boumediene v. Bush*, 128 S. Ct. 2229 (2008)。

适当的时候不允许释放这位在押者，战士身份审查法庭如何被称为人身保护审查的令人满意的替代品呢？

克莱门特回应道，“如果为了使《在押者待遇法案》成为一种完备的替代品，联邦宪法所要求的是发布释放令的权力，那么在《在押者待遇法案》的条文中不存在这种障碍”。

克莱门特建议，解释该令状的基准年应当是1789年。并且与普通法上的人身保护规则相比，他认为，关塔那摩的在押者在《在押者待遇法案》的框架之下得到更大程度的司法审查。他说：“甚至这还没有结束。这是对该令状的一种显著的放宽，而不是对该令状的削减或中止。”

苏特大法官回应道，“但是难道你不就是在重复论证‘拉苏尔案’吗？”多数意见植入“拉苏尔案”中的定时炸弹爆炸了。在那个案件中，被采纳的法案性解释这时定义着宪法规范。

首席大法官罗伯茨试图扔给克莱门特一根骨头，指出可用的司法审查的完备性不能完全确定，因为哥伦比亚特区巡回上诉法院还没有就一个相关案件作出判决。克莱门特接受了这一点，承认“在某种意义上这其实是一种针对规则的挑战（facial challenge）”。但是到辩论结束时，这似乎是一项注定要成功的针对规则的挑战。二战时代的先例已经跑到了尽头。

联邦最高法院对“布迈丁案”的判决

2008年6月12日以5∶4的投票结果下达的“布迈丁案”，标志着最高法院第一次在关塔那摩问题上迈出了国会无法取消的一步。[102] 在近七年的关塔那摩诉讼道路上第一次基于宪法作出判决，最高法院宣布，行政分支和立法机构都不能剥夺来自关塔那摩的请愿者向联邦法院申请人身保护的权利。在以下问题上他们仍然含糊其辞：他们的管辖权可能超越关塔那摩多远。大法官们判决，《在押者待遇法案》没有提供人身保护令状一种完备的替代品。而且他们明示，某些宪法保护措施照顾关塔那摩的监禁。撰写多数意见的肯尼迪大法官宣布：

> 我们判决，上诉人可以请求人身保护令这一基本的程序性保护。我们制定法律和联邦宪法的目的在于使它们在特别时期幸存并保持有效。自由和安全可以和谐共处；而且在我们的体制中，它们和谐共处于法律的框架之中。制宪者们决定，人身保护令作为最重要的一项权利，必须是这个框架的一部分，那种法律的一部分。[103]

苏特大法官在其赞同意见中评论说，这项判决“不是晴天霹雳”，而是将“布迈丁案”视为最高法院在“拉苏尔案”和“哈姆丹案”中开始的行为的延续。[104]

如果说苏特大法官将本案视为完成了最高法院开始做的事，那么斯卡利亚大法官——他也不赞同“拉苏尔案”和“哈姆丹案”中关于管辖权的判

---

[102] 参见 *Boumediene v. Bush*, 128 S. Ct. 2229 (2008)。

[103] 同上注，at 2277。

[104] 参见上注，at 2288（苏特大法官的赞同意见）。

决——则认为这项判决放弃了先例，并且是美国的一次安全冒险。在他的反对意见中，他写道：

> 今天的判决意见在本国最高统帅身上玩的这种诱饵调包游戏，将使我们的战争更加困难。它几乎肯定会导致更多的美国人被杀害。如果有必要保持一项历史悠久、对我们的宪政共和国至关重要的法律原则，那种后果将是可以容忍的。但正是本院公然放弃这样一项原则才产生了今天的判决。[105]

首席大法官罗伯茨加入斯卡利亚的反对意见的同时，也发表了不同的反对意见。在他看来，最高法院最重要的错误在于，甚至还没有看到它在实践中如何运作就扔掉了《在押者待遇法案》创造的哥伦比亚特区巡回上诉法院的审查体制，而他称该体制为“曾经向本国作为敌国战士而关押的外国人提供的最慷慨的一套程序性保护措施”[106]。“本院最终的确开始问基于《在押者待遇法案》的审查是否是——按照本院所表达的——人身保护令状的一种‘完备替代品’……但即使那样，它的判决意见也未能确定这些在押者拥有什么权利，《在押者待遇法案》体制是否能够令他们满意。多数意见反而比较了未经定义的《在押者待遇法案》程序与同样未经定义的人身保护权利——这项权利以后将由地区法院逐案勾勒出来。”[107]

就在“布迈丁案”判决下达几天后，这项判决就出现了一个具有讽刺意味的结尾，当时哥伦比亚特区巡回上诉法院下达了它基于《在押者待遇法案》作出的第一项判决。上诉法院的这项判决，在最高法院已经宣布为不完备的审查程序中，推翻了战士身份审查法庭的一项判决，战士身份审查法庭的这项判决认为一名突厥族在押者是一名敌国战士。[108] 这是反恐战争中第一次一个法院那样做。

尚不确定的关塔那摩案件的遗产

当乔治·W·布什总统的任期结束时，关塔那摩案件还没有结束。在许多方面，它们几乎还没有开始。在诉讼的七年中，大法官们已经确立了以下原则：政府当局不能将该军事基地上的监禁隔绝于司法审查。他们提出了在本国疆界之外适用联邦宪法和司法权力的可能性，超出了关塔那摩。他们已经强调，像设计一种审判体制这样重要的一步必须在国会的参与下前行。而且他们更加牢固地将行政分支绑在了《日内瓦公约》上。然而，他们还没有做的，是回答美国就监禁敌人问题而争论的那些核心问题。

除了最模糊的措辞外，这些关于敌国战士的案件还没有回答以下问题：总统何时有权在刑事司法体系之外监禁恐怖分子嫌疑人。它们几乎还没有开始界定谁算得上是应受监禁的“敌国战士”。它们还没有确定这样的人在人身保护案件中应有的程序权利范围，要求政府在多大程度上为关押行为提供

---

[105] 同注[102]，at 2294（斯卡利亚大法官的反对意见）。

[106] 同上注，at 2279（罗伯茨首席大法官的反对意见）。

[107] 同上注，at 2279－2280。

[108] 参见 *Parhat v. Gates*, 532 F. 3d 834 (D. C. Cir. 2008)。

正当理由，以及法院可能认可何种证据以支持一项监禁。它们还没有清楚地说明机密证据应当如何处理。简言之，它们还没有明确说明一种体制，在这一体制之下美国将监禁它在世界冲突中的敌人，这一体制具有刑事司法和战争的外观，但没有二者的任何内在特征。而且，虽然奥巴马总统决定关闭关塔那摩基地的监禁设施，并修改特别军事法庭程序，但我们没有理由相信根本冲突会很快终结。

政府当局于 2004 年 3 月释放了莎菲克·拉苏尔，就在最高法院对其案件作出判决之前不久。与“提普顿三人组”的其他两位成员阿西夫·伊克巴尔和鲁哈·艾哈迈德一道，阿西夫后来回到了英国，宣讲和撰写他在关塔那摩的经历，宣称在那里遭受的肉体和精神虐待。他们的故事被改编成电影，名字叫做《关塔那摩之路》。而且与“提普顿三人组”的其他成员以及其他的英国被关押者一道，他提交了一份民事诉讼，宣称他们遭遇的酷刑和其他虐待。2008 年，联邦最高法院命令哥伦比亚特区巡回上诉法院根据“布迈丁案”的判决，重新考虑拒绝其诉求的决定。[109]

2008 年夏，萨利姆·艾哈迈德·哈姆丹成为第一位面对特别军事法庭全面审判的关塔那摩在押者。（之前的一位在押者大卫·希克斯达成了一项认罪协议。）他面对共谋罪和为恐怖主义提供物质支持的指控，提出无罪抗辩。六名军事官员组成的审查小组发表了一份分裂判决，排除了他的共谋罪指控，但判决他提供物质支持的罪名成立。2008 年 8 月 7 日，同一个审查小组判处他 66 个月的监禁，并且可以用关押在关塔那摩的时间折抵刑期——比联邦法院审判的更次要人物得到的刑罚明显更加轻微。几个月后，军方将他送回也门，在那里服满其刑期的剩余几个星期。[110]

2008 年 11 月，“阿尔及利亚六人组”看到他们的人身保护案件在位于华盛顿的联邦地区法院受审。曾在三年前判决他们在法院中没有可认知的权利的理查德·里昂法官，听审了一个星期的机密证据。政府当局不再争辩说这六个人密谋了炸毁美国驻萨拉热窝大使馆的计划，仅仅主张 Bensayah 这一个人是基地组织成员和“提供帮助者”，以及所有六个人——按里昂的总结——“都计划在 2001 年年末到阿富汗并拿起武器对付美国和联盟军队”[111]。然而，在审理了证据之后，除了 Bensayah 的情形外，在其他所有人的问题上，里昂并没有被说服。他写道，政府当局尚未通过证据优势证明这样的密谋存在过。它的信息都来自“一份无名氏提供的机密证据”，他无法确定该无名氏的可信性和可靠性。他下令释放这六人中的五人，包括拉赫达尔·布迈丁。相反，关于 Bensayah，里昂判决，政府提出了“一系列其他情报人员基于一系列消息来源和证据撰写的报告”，已经“达到了它的举证责任要求”[112]。到 2009 年年初，政府当局已经释放了六人中的三人；但布迈丁仍然在关塔那摩。

---

[109] 参见 Rasul v. Myers, No. 08 - 235 (Dec. 15, 2008)（该命令发出调卷令并撤销了以下判决：*Rasul v. Myers*, 512 F. 3d 644 (D. C. Cir. 2008)）。

[110] 参见 Robert F. Worth, *Bin Laden Driver to Be Sent to Yemen*, N. Y. Times., Nov. 25, 2008。

[111] *Boumediene v. Bush*, 579 F. Supp. 2d 191, 196 (D. D. C. 2008).

[112] 同上注，at 198。

最后，历史是逐渐将这些案件视为法治的巨大胜利，还是法院傲慢地偷梁换柱，未能尊重其先例赋予行政机构的避风港？这可能取决于几个功能性问题：他们决定释放多少在押者？多少人将继续让美国人后悔他们的释放决定？斯卡利亚大法官认为我们将为这些决定付出血的代价对呢，还是肯尼迪大法官认为国家安全和非法战士的珍贵人身保护权利可以共存对呢？对于这些问题，美国不会在法院中回答。

《宪法故事》撰稿人简介

斯蒂芬·安索拉伯赫（Stephen Ansolabehere）是哈佛大学政府学教授。他在本书中撰写的那一章源自他的一项经验研究，这项研究的主题是 *Baker v. Carr* 案对公共政策的影响：*Equal Votes, Equal Money: Court Ordered Redistricting and the distribution of Public Expenditures in the American States*, 96 Am. Pol. Sci. Rev. 767 (2002)（与 Alan Gerber 以及 Jim Snyder 合作）。这项成果最终成为他的一本专著：*The End of Inequality: One Person, One Vote, and the Transformation of American Politics* (2008)。安索拉伯赫教授的研究广泛关注选举政治和代表问题，包括竞选资金、竞选宣传、唱名投票（roll call voting）分析和立法联盟的形成。他已经在传播学、经济学、法学、政治科学和统计学期刊上发表了关于这些主题的文章。他与别人合著了 *The Media Game* (1993)、*Going Negative* (1996)（获得古德史密斯图书奖）、*The End of Inequality* (2008) 和 *American Government* (2009)。安索拉伯赫教授领导了（从项目开始到 2004 年选举）加州理工学院/麻省理工学院投票技术项目，这是一个由工程师和社会科学家组成的团队，他们力图改良美国的投票技术和选举系统。

大卫·E·伯恩斯坦（David E. Bernstein）是位于弗吉尼亚阿灵顿的乔治·梅森大学法学院教授，自 1995 年起就一直在那里教学。伯恩斯坦教授著有 *You Can't Say That! The Growing Threat to Civil Liberties from Antidiscrimination Laws* (2003), *The New Wigmore: Expert Evidence* (2003)（与 Kaye 以及 Mnookin 合作）；*Only One Place of Redress: African-Americans, Labor Regulations, and The Courts from Reconstruction to the New Deal* (2001)；合编了 *Phantom Risk: Scientific Inference and the Law* (1993)。伯恩斯坦教授的下一本书 *Rehabilitating Lochner* 将由芝加哥大学出版社出版。

阿素托什·A·巴瓦（Ashutosh A. Bhagwat）是位于圣·弗朗西斯科的加利福尼亚大学黑斯廷斯法律学院法学教授。他的研究和教学兴趣集中在宪法、经济调控和行政法领域。他在学术期刊上发表的文章包括：*The Test That Ate Everything: Intermediate Scrutiny in First Amendment Jurisprudence*, 2007 U. Ill. L. Rev. 783; *What if I Want My Kids to Watch Pornography?: Protecting Children from "Indecent" Speech*, 11 Wm. & Mary Bill of Rts. J. 671 (2003)；*Institutions and Long Term Planning: Lessons from the California Electricity Crisis*, 55 Admin. L. Rev. 95 (2003)；*Affirma-*

tive Action and Compelling Interests: *Equal Protection Jurisprudence at the Crossroads*, 4 U. Penn. J. Con. L. 260 (2002); *Separate But Equal?*: *The Supreme Court*, *the Lower Federal Courts*, *and Nature of the "Judicial Power"*, 80 B. U. L. Rev. 967 (2000), 以及 *Purpose Scrutiny in Constitutional Analysis*, 85 Cal. L. Rev. 297 (1997)。巴瓦教授以最优秀成绩在耶鲁大学获得文学学士学位，在芝加哥大学法学院获得法律博士学位。他曾经为美国联邦第七巡回上诉法院的理查德·A·波斯纳法官以及美国联邦最高法院的安东尼·M·肯尼迪大法官做助理。

文森特·布拉西（Vincent Blasi）是哥伦比亚大学法学院公民自由学柯里斯·拉蒙特讲座教授。他最近的著作有：*Free Speech and Good Character*: *From Milton to Brandeis to the Present*，载于 Lee Bollinger 和 Geoffrey Stone 主编的 *Eternally Vigilant*: *Free Speech in the Modern Era*（2002）；*School Vouchers and Religious Liberty*: *Seven Questions From Madison's Memorial and Remonstrance*, 87 Cornell Law Rev. 783（2002）；以及 *Holmes and the Marketplace of Ideas*, 2004 Supreme Court Review 1（2005）。更早的文章包括：*The Checking Value in First Amendment Theory*, 1977 Am. Bar Foundation Res. J. 521，以及 *The Pathological Perspective and the First Amendment*, 85 Colum. L. Rev. 449（1985）。他主编了以下著作：*The Burger Court*: *The Counter-Revolution That Wasn't*（1983）以及 *Ideas of the First Amendment*（2006）。1988 年，布拉西教授被选为美国艺术与科学学院会员。

吉姆·陈（Jim Chen）于 2007 年 1 月成为路易斯维尔大学法学院院长。陈院长是一位多产并富有影响力的学者，他的著作横跨多个学科，如行政法、农业法、宪法、经济调控、环境法、产业政策、立法活动以及自然资源法。他与别人合著了 *Disasters and the Law*: *Katrina and Beyond*（2006），这是第一本全面讨论与自然灾害有关的法律问题的著作。他曾经为美国联邦最高法院的克拉伦斯·托马斯大法官以及美国联邦第四巡回上诉法院的J·迈克尔·路丁格法官做助理。陈院长是富布莱特学者，以优异的成绩从哈佛法学院毕业，曾经担任《哈佛法律评论》的执行编辑。

迈克尔·C·道夫（Michael C. Dorf）是康奈尔大学法学院罗伯特·S·斯蒂文斯讲座教授。他最近的著作包括：*How the Written Constitution Crowds Out the Extraconstitutional Rule of Recognition*，载于 Matthew D. Adler 和 Kenneth Einer Himma 主编的 *The Rule of Recognition and the U. S. Constitution*（2009）；*Dynamic Incorporation of Foreign Law*, 157 U. Penn. L. Rev. 103（2008）；以及 *Fallback Law*, 107 Colum. L. Rev. 303（2007）。道夫教授和 Laurence H. Tribe 合著了 *Reading the Constitution*（1991）。他还著有 *No Litmus Test*: *Law Versus Politics in the Twenty-First Century*（2006），并与 Trevor Morrison 合著了即将出版的（暂定书名为）*Constitutional Law*: *An Overview*。道夫教授的法律事务双周专栏在以下网站：Writ. Findlaw. com，他的博客网址是：Dorfonlaw. org。作为哈佛学院和哈佛法学院的毕业生，他曾经为美国联邦第九巡回上诉法院的斯蒂芬·莱因哈特法官以及美国联邦最高法院的安东尼·M·肯尼迪大法官做助理。在

加盟康奈尔教员队伍之前，道夫教授在罗格斯大学卡姆登法学院任教 3 年，并在哥伦比亚大学法学院任教 13 年。

克里斯托弗·L·艾斯格鲁伯（Christopher L. Eisgruber）是普林斯顿大学教务长，也在该校的伍德罗·威尔森学院和人类价值研究中心担任公共事务学劳伦斯·S·洛克菲勒讲座教授。他的著作包括：*The Next Justice: Repairing the Supreme Court Appointments Process*（2007）；*Religious Freedom and the Constitution*（2007）（与 Lawrence G. Sager 合著）；以及 *Constitutional Self-Government*（2001）。他与 Andras Sajo 合编了 *Global Justice and the Bulwarks of Localism: Human Rights in Context*（2005）。本书第 5 章吸收并修改了原先发表的以下文章中的内容：*Dred Again: Originalism's Forgotten Past*, 10 Constitutional Commentary 37（1993）。

加勒特·埃普斯（Garrett Epps）是巴尔的摩大学法学教授。他是一位前《华盛顿邮报》记者，还著有两本小说：*The Shad Treatment*（1977）和 *The Floating Island: A Tale of Washington*（1985）。他最近的著作 *Democracy Reborn* 是对第十四修正案制定过程的叙述。他的著作出现在《纽约书评》、《国家》、《新共和》、《美国展望》、《纽约时代杂志》和《纽约时报书评》中。埃普斯教授主编了 *First Amendment Freedom of the Press: Its Constitutional History and the Contemporary Debate*（2009）。他以一本书的篇幅对 *Employment Division v. Smith* 案的研究在 2009 年以 *Peyote v. The State* 为名再版。

丹尼尔·法伯尔（Daniel Farber）是加利福尼亚大学伯克利分校法学院 Sho Sato 讲座教授。他于 1971 年以很高的荣誉获得哲学学士学位，并于 1972 年获得社会学硕士学位，都是在伊利诺伊大学获得的。1975 年，他在伊利诺伊大学以优异成绩获得法律博士学位，在那里他曾担任《伊利诺伊大学法律评论》主编，并作为毕业生代表在毕业典礼上致告别辞。法伯尔教授曾为美国联邦第七巡回上诉法院的菲利普·W·通恩法官以及美国联邦最高法院的保罗·斯蒂文斯大法官做助理。在加盟伯克利之前，他在明尼苏达大学和伊利诺伊大学任教。他还在芝加哥大学、哈佛大学、米兰博克尼大学、里斯本天主教大学和斯坦福大学做过访问教授。他是美国法律学会和美国艺术与科学学院成员。法伯尔教授关于宪法主题的著作包括：*Desperately Seeking Certainty: The Misguided Quest for Constitutional Foundations*（与 Suzanna Sherry 合著，2002）；*Constitutional Law: Themes for the Constitution's Third Century*（与 Philip Frickey and William Eskridge 合著，第 4 版，2009）；*A History of the American Constitution*（与 Sherry 合著，1990，第 2 版，2006）；Lincoln's Constitution（2003）；以及 *Judgement Calls*（2008）（与 Sherry 合著）。他还撰写了许多关于环境法和宪法以及合同法、法理学和立法活动方面的文章。

露辛达·芬利（Lucinda Finley）是纽约州立大学布法罗分校教员事务副教务长，她还在法学院做教员，任弗兰克·雷克尔讲座教授。她曾在耶鲁法学院、康奈尔法学院和德保罗大学法学院任教，并曾在悉尼大学法学院演讲。她的教学领域有生育权利、妇女与法律以及侵权法。她在一流法律评论上发表了性别平等和女权主义法律理论方面的文章，并与他人合著了一部侵权法案例书，该书吸收了“侵权法如何基于性别、种族和性倾向而影响人们”这方面的议题。芬利教授经常在联邦和立法机构就侵权法改革和性别公正方面的议题作证。她是研究《自由进入诊所法案》的一流专家，该法案禁止针对生育健康服务提供者和病人的暴力活动和阻挠行为，而且她曾基于该法律为一些要案辩护。她还在以下案件中代表生育健康服务提供者在联邦最高法院出庭：*Schenck v. Pro-Choice Network of Western New York*，519 U. S. 357 (1997)，该案的主题是对反堕胎抗议的限制与第一修正案。

迈克尔·格哈特（Michael Gerhardt）是北卡罗来纳大学教堂山分校宪法学萨缪尔·阿什特聘讲座教授和法律与政府研究中心主任。他就宪法学中多方面的主题撰写了50多篇法律评论文章和随笔。他还著有7本书，包括最近的 *The Power of Precedent* (2008)。他还与他人合著了 *Constitutional Theory: Arguments and Perspectives*（第3版，2007）。格哈特教授曾多次在国会作证，包括1998年作为唯一的共同证人（joint witness）在众议院司法委员会就弹劾的背景和历史举行的具有历史意义的听证会上作证，以及2003年作为阻挠议事的合宪性问题专家在参议员规则与司法委员会作证。他曾担任全国司法风纪与免职委员会、1992年—1993年总统权力过渡以及白宫在提名斯蒂芬·布雷耶到联邦最高法院任职问题上的特别顾问。

尼尔·哥坦达（Neil Gotanda）是位于加利福尼亚富勒顿市的西部州立大学法律学院教授。他在种族理论和亚裔美国人研究领域有大量著述。他是批判法学讨论会的最早参与者，共同创建了批判种族理论讨论会，并开发了最早的亚裔美国人法学课程。他与 Kimberle Crenshaw、Gary Peller 以及 Kendall Thomas 合编了 *Critical Race Theory: The Key Writings that Formed the Movement* (1995)。他发表的其他成果包括：*Comparative Racialization: Racial Profiling and the Case of Wen Ho Lee*, 47 UCLA L. Rev. 1689 (2000)；*Failure of the Color-Blind Vision: Race, Ethnicity, and the California Civil Rights Initiative*, 23 Hastings Const. L. Q. 135 (1996)；*Towards Repeal of Asian Exclusion*, 1943—1950，载于 Hyung-chan Kim 主编的 *Asian Americans and Congress* (1996)；*The Assertion of Asian-American Rights and the "Miss Saigon Syndrome"*，载于 Hyung-chan Kim 主编的 *Asian Americans and the Supreme Court* (1992)；*A Critique of "Our Constitution is Color-Blind"*, 44 Stan. L. Rev. 1 (1991)；以及 *Other Non-Whites in American Legal History: A Review of "Justice at War"*, 85 Colum. L. Rev. 1186 (1995)。

谢丽尔·I·哈里斯（Cheryl I. Harris）是加利福尼亚大学洛杉矶分校法学院教授，教学领域包括宪法、公民权利、批判种族理论和就业歧视。她发表的成果包括：具有开创性的 *Whiteness as Property*, 106 Harv. L. Rev. 1707 (1993)，这篇文章受到广泛引用和普遍称赞；*Finding Sojourner's Truth: Race, Gender and the Institution of Property*, 18 Card. L. Rev. 309 (1996)；*Equal Treatment and the Reproduction of Inequality*, 69 Ford. L. Rev. 1753 (2001)；以及最近的 *The New Racial Preference*, 96 Cal. L. Rev. 1139（与 Devon W. Carbado 合著，2008），该文考察了从录取程序、尤其是个人陈述中去除种族身份的努力，如何能够施加种族负担

并制造种族偏袒。哈里斯教授的著作发表在许多以批判种族理论为主题的文集中，也发表在其他媒体和期刊上。她曾担任麦克阿瑟基金会的和平与国际合作项目顾问，并曾在许多论坛和一流学术机构就种族问题以及更广泛的美国法律问题发表演讲。2003 年，哈里斯任加利福尼亚大学人文研究所研究员，集中关注救济问题。

萨缪尔·以萨迦沃夫（Samuel Issacharoff）是纽约大学法学院宪法学瑞斯讲座教授。他发表的成果涵盖宪法、关于政治过程的法律、复杂诉讼的程序问题、就业法以及法律与经济等领域的话题。他发表的成果出现在所有一流美国法律评论上，也出现在社会科学和经济学期刊上。伊萨坎洛夫教授撰写了 *Law of Democracy*（与 Pamela Karlan 和 Richard Pildes 合著，第 2 版，2001），这是关于约束政治过程的法律的最重要教科书。以萨迦沃夫教授 1983 年毕业于耶鲁法学院。他在得克萨斯大学开始了教学生涯，在那里他主持约瑟夫·贾迈尔一百周年法学讲席，之后成为哥伦比亚大学法学院程序法学哈罗德·R·麦地那讲座教授，然后迁到纽约大学。他是美国艺术与科学学院会员。

迈克尔·W·麦康奈尔（Michael W. McConnell）是美国联邦第十巡回上诉法院法官。在 2002 年担任这个职位之前，麦康奈尔法官在芝加哥大学，后来在犹他大学讲授宪法学和相关课程。他目前仍然在犹他大学 S. J. 奎尼法律学院作为首席教授（Presidential Professor）、在哈佛和斯坦福法学院作为访问教授兼职教学。在他的学术工作中，麦康奈尔法官在以下主题上广泛著述：宗教自由、种族隔离、未列举的权利以及宪法历史和理论。他与别人合编了 *Religion and the Law*（2002）和 *Christian Perspectives on Legal Thought*（2002）。麦康奈尔法官毕业于密歇根州立大学和芝加哥大学法学院。他曾为美国联邦哥伦比亚特区巡回上诉法院的首席法官 J·斯凯利·赖特以及美国联邦最高法院的威廉·J·小布伦南大法官做助理，曾担任管理与预算办公室助理法律顾问以及美国副总检察长助理。在成为法官之前，麦康奈尔在联邦最高法院辩论了 11 起案件，并曾担任美国法学院协会宪法学部主席、捍卫第一修正案紧急情况委员会联合主席、总统情报监督委员会成员，以及 Mayer，Brown，Rowe & Maw 法律事务所的特别顾问。1996 年，他被选为美国艺术与科学学院会员。2008 年，圣母大学授予他名誉法学博士学位。

汉娜·尼普拉施（Hannah Neprash）是医疗保险支付咨询委员会研究助理。她毕业于欧柏林大学。这里表达的观点是她本人的，并不反映医疗保险支付咨询委员会的观点。

西娜·V·谢弗林（Seana V. Shiffrin）是加利福尼亚大学洛杉矶分校法学和哲学教授。她主要围绕法律和道德以及政治哲学交叉领域的问题著述。她的文章有：*The Divergence of Contract and Promise*，120 Harv. L. Rev. 708（2007）；*What Is Really Wrong With Compelled Association?*，99 Nw L. Rev. 839（2005）；*Speech, Death and Double Effect*，78 NYU. L. Rev. 1135（2003）；*Egalitarianism, Choice Sensitivity, and Accommodation*，载于 Philip Pettit 等主编的 *Reasons and Values: Themes from the Work of Joseph Raz*（2004）；*Lockean Theories of Intellectual Property*，载于 Stephen R. Munzer 主编的 *New Essays in the Political Theory of Prop-*

erty (2001)；以及 *Paternalism*, *Unconscionability Doctrine*, & *Accommodation*, 29 Phil. & Pub. Aff. 205 (2000)（获得 2002 年美国哲学协会为法律哲学领域最好的文章颁发的伯杰奖）。谢弗林教授也是《哲学与公共事务》的副主编。

马克·图施耐特（Mark Tushnet）是哈佛法学院威廉·纳尔逊·克伦威尔讲座教授。他参与合著了几部案例书，包括最广泛使用的宪法案例书，独自撰写了 15 余本专著，包括关于瑟古德·马歇尔大法官生活的两卷本著作，并且主编了 10 本其他著作。2003 年，他是美国法学院协会主席。2002 年，他被选为美国艺术与科学学院会员。

本杰明·惠斯（Benjamin Wittes）是布鲁金斯学会治理研究项目高级研究员。他著有 *Law and the Long War*: *The Future of Justice in the Age of Terror* (2008)。他以前的著作包括：*Starr*: *A Reassessment*（2002）以及 *Confirmation Wars*: *Preserving Independent Courts in Angry Times* (2006)。1997 年到 2006 年间，他担任《华盛顿邮报》专门研究法律事务的社论主笔。在成为《华盛顿邮报》社论版职员之前，惠斯作为《法律时报》记者和新闻编辑采访司法部和联邦调控机构。他的作品还广泛出现在一些期刊和杂志上，包括《批评》(Slate)、《新共和》、《威尔逊季刊》、《旗帜周刊》(The Weekly Standard)、《政策评论》以及《第一要事》(First Things)。惠斯毕业于欧柏林大学。

图书在版编目（CIP）数据

宪法故事/［美］道夫主编；李志强，牟效波译．—北京：中国人民大学出版社，2012.
（中国律师实训经典·美国法律判例故事系列）
ISBN 978-7-300-15548-7

Ⅰ.①宪… Ⅱ.①道… ②李… ③牟… Ⅲ.①宪法-案例-美国-高等学校-教材 Ⅳ.①D971.25

中国版本图书馆 CIP 数据核字（2012）第 164945 号

中国律师实训经典·美国法律判例故事系列
宪法故事（第二版）
［美］迈克尔·C·道夫（Michael C. Dorf） 主编
李志强 牟效波 译
张千帆 审校
Xianfa Gushi

出版发行	中国人民大学出版社		
社　　址	北京中关村大街 31 号	**邮政编码**	100080
电　　话	010－62511242（总编室）		010－62511398（质管部）
	010－82501766（邮购部）		010－62514148（门市部）
	010－62515195（发行公司）		010－62515275（盗版举报）
网　　址	http：//www.crup.com.cn		
	http：//www.ttrnet.com（人大教研网）		
经　　销	新华书店		
印　　刷	北京东君印刷有限公司		
规　　格	185 mm×260 mm　16 开本	**版　　次**	2012 年 8 月第 1 版
印　　张	26.25　插页 2	**印　　次**	2012 年 8 月第 1 次印刷
字　　数	546 000	**定　　价**	49.80 元